南都学坛：南阳师范学院人文社会科学学报

"汉代文化研究"论文集

（第二辑）

《南都学坛》编辑部 编

中原出版传媒集团
大地传媒

大象出版社
·郑州·

图书在版编目(CIP)数据

汉代文化研究论文集. 第二辑／《南都学坛》编辑部编.— 郑州：大象出版社，2017.3
ISBN 978-7-5347-8878-9

Ⅰ.①汉… Ⅱ.①南… Ⅲ.①文化史—中国—汉代—文集 Ⅳ.①K234.03-53

中国版本图书馆 CIP 数据核字(2016)第 091717 号

主　　编	刘太祥
副 主 编	李法惠
编　　辑	刘太祥　李法惠　谭笑珉
	张天景　张今歌　岳　岭

出 版 人	王刘纯
责任编辑	孙　波
责任校对	钟　骄
书籍设计	付锞锞

出版发行　大象出版社(郑州市开元路 16 号　邮政编码 450044)
　　　　　发行科　0371-63863551　　总编室　0371-65597936
网　　址　www.daxiang.cn
印　　刷　河南安泰彩印有限公司
经　　销　各地新华书店经销
开　　本　880mm×1230mm　1/16
印　　张　24.5
字　　数　681 千字
版　　次　2017 年 3 月第 1 版　2017 年 3 月第 1 次印刷
定　　价　58.00 元

若发现印、装质量问题，影响阅读，请与承印厂联系调换。
印厂地址　郑州市中原路与华山路交叉口向南 200 米路西华山路 78 号
邮政编码　450000　　　　　电话　0371-67196689

继往开来　任重道远

——评《南都学坛》"汉代文化研究"栏目

《南都学坛》是南阳师范学院主办的人文社会科学学报,名列中国人文社科学报核心期刊、全国百强社科学报、河南省二十佳社会科学期刊、河南省一级期刊、河南省社科优秀学报。该刊主编刘太祥编审和我同是秦汉史研究的专业工作者,我们多次在全国秦汉史研究会上见面畅谈,每期《南都学坛》出版后编辑部都要寄给我,我也是每期必读,从中受益匪浅,特别是由他亲为责编的"汉代文化研究"这个栏目,以其专业性强、特色鲜明、影响广泛而尤注重培养青年秦汉史才俊闻名于秦汉史学界,是《南都学坛》的特色栏目。

《南都学坛》创刊于1981年,自1986年始就开辟了该栏目的前身"南阳汉代画像石研究",1989年拓展为"东汉文史研究",1994年最终定名为"汉代文化研究",各期连续编号,始终保持栏目的连续性。迄今为止,已发表论文将近600篇,连续出版140余期,"汉代文化研究"栏目已逐步形成了以汉代历史文化、汉代艺术和汉代社会风俗为主题的学术研究园地,刊发了大量高水准、高品位的优秀文章,在汉代文化研究领域占有重要地位,在学术界影响广泛,为推动汉代文化研究、培养学术人才、促进学术交流做出了重要贡献,已经成为汉代历史文化研究的重要学术阵地。

汉代历史文化是中华文化的定型时期,所形成的社会制度和文化精神,奠定了中国文化的基础,长期影响着中国历史的发展方向。但在学术期刊如林的今天,截至目前,仍无第二家期刊开设"汉代文化研究"栏目,该刊开设这个栏目,恰好填补了这个学术空白,形成了人无我有的优势。20多年来,该栏目立足本地,立足全国,面向世界,独辟蹊径,寓地方性于学术性之中,保持和弘扬特色,与时俱进,促进栏目的可持续发展,开拓了汉代历史文化研究的新领域,促进了汉代历史文化研究的发展和创新,保持着旺盛的生命力,发展前景广阔。

《南都学坛》的办刊地南阳有着丰富的汉代文化研究资源。东汉时期,南阳是光武帝刘秀的故乡,号称"南都",皇亲国戚不可胜数,王侯将相宅邸相望,经济繁荣,文化发达,文化遗迹丰厚,汉画像石、汉画砖、陶狗称为"南阳汉文化三绝",张衡、张仲景、诸葛亮称为汉代"南阳三杰"。南阳还有张衡博物馆、张仲景博物馆、武侯祠和六处汉代冶铁遗址,是研究汉代社会、政治文化、科技文化、中医文化、文学、民俗的重要基地。南阳在文献记载中资料也极为丰富。南阳在东汉号称"帝乡""南都",光武帝刘秀起兵于南阳,跟随刘秀打天下的"二十八宿"大多是南阳人,东汉南阳出了5位皇后、30多位宰相、80多位九卿,仅《后汉书》就有100多人立有传记,可以说是名人辈出。这些都为研究汉代文化提供了丰富的文献资料。可以说"汉代文化研究"栏目是南阳的地域优势。

《南都学坛》的主办单位南阳师范学院党委非常重视人文社会科学研究,其中汉代文化是该院的重点学科。该院设立的汉代文化研究中心,是省级重点社科研究基地,还是中国社会科学院历史研究所"东汉史研究基地",该基地的汉文化研究学者刘太祥、郑先兴、季伟、高二旺等,活跃在汉代文化研究的学术前沿阵地,形成了汉代文化研究的学科梯队和学术群体,研究成果丰硕。该基地还曾多次成功地举办了大型汉代历史文化学术讨论会。南阳师范学院的学科建设和汉文化研究的学者群,为《南都学坛》"汉代文化研究"栏目的开设奠定了坚实的学术和人才基础。

人无我有的栏目设置、得天独厚的历史文化资源和南阳师范学院强大的学科学术优势,使《南都学坛》的"汉代文化研究"栏目占尽了天时、地利、人和,稿源充足,社会影响力不断扩大,成为刊载国内外汉代历史文化研究新成果的理想平台,赢得了学术界同行的肯定和尊重。近30年来,该栏目不断推出原创性的新论,荟萃了汉代文化研究的优秀成果,吸引了大批汉代历史文化领域的专家学者投稿。著名学者高敏、朱绍侯、袁祖亮、王子今、黄留珠、王云度、孙家洲、赵国华、臧知非等,都曾为该栏目撰稿。难能可贵的是,该栏目不拒新人,刊发了不少如赵凯、邬文玲、向晋卫、张忠炜等后起之秀的创新之作。该栏目刊发的文章涉及汉代思想、政治、民俗、艺术、文学等诸多领域,尤其重视汉代历史文化学术研究新领域的开拓,引领并推动学术界的前沿。如《新出封泥与西汉齐国史研究》《简牍所见秦汉律令行政》等文章利用汉代出土文物资料对汉代的政治、法律、艺术、民俗、历史等问题进行研究,提出了独到的见解,填补了文献的不足。再如朱绍侯《从居延汉简看汉代名爵八级的政治地位》,高敏《秦汉时期的官私手工业》,王子今、吕宗力《汉代"童子郎"身份与"少为郎"现象》,张涛、袁江玉《汉代的易学与史学》,孙家洲《再论"矫制"——读〈张家山汉墓竹简〉札记》等名家作品,皆是站在理论前沿上提出了自己的主张和观点,推动了本领域学术研究的深入发展。这些研究成果,全面地展示了汉代历史文化的风采,不仅弥补了汉代历史文化研究方面的缺失,而且扶持了众多学有专长的青年学者,对推动汉代历史文化研究起到了不可低估的作用,极大地丰富了汉代历史文化研究视野、研究领域,将汉代历史文化研究推向了纵深处,也为秦汉史研究会的发展和队伍壮大做出了不可磨灭的贡献。

由于刊登的文章质量上乘,名家名作众多,该栏目在学术界产生较大的反响,所发文章转载率很高。据统计,该栏目发表的文章有1/3左右都被《中国社会科学文摘》《新华文摘》《高等学校文科学术文摘》和中国人民大学"复印报刊资料"等权威文摘刊物转摘,其中有不少文章是被全文转载,有的文章还被两家以上的权威学术文摘刊物全文转载或者论点摘编。可以说在海内外汉文化研究领域,"汉代文化研究"栏目占有重要位置,学术影响广泛,提高了《南都学坛》乃至南阳师范学院的知名度,为汉代历史文化研究做出了重要贡献。

"汉代文化研究"栏目开设以来,受到了社会各界和众多专家学者的普遍好评与关注。1988年第5期《高等学校文科学报文摘》曾刊文《〈南都学坛〉开辟富有地方特色的栏目》对该栏目进行报道。1991年5月11日《中国教育报》第2版曾以《坚持正确政治方向,利用文化名城优势,南阳师专学报办出特色》为题,对《南都学坛》作过报道。2004年第6期《高等学校文科学术文摘》也发文赞扬该栏目。龙协涛教授主编的《中国人文社科学报核心期刊概览》一书"学报特色栏目集锦"中也对该栏目进行了介绍。作为一名忠实的作者和读者,我对"汉代文化研究"栏目也怀有很深的感情,我曾在2004年10月21日的《光明日报》上以《生生不息的汉文化研究》为题发表文章,表达了我对该栏目的感激和欣赏之情。在《南都学坛》创刊30周年之际,我又一次于2011年11月24日在《中国社会科学报》上发表《以质量求生存 以特色求发展》的文章,赞扬该栏目学术质量高,特色鲜明。著名历史学家高敏、朱绍侯、晁福林、王子今、孙家洲等人也高度评价该栏目并积极为该栏目撰稿。2008年在该栏目出版100期以及2011年创刊30周年之际,收到众多专家的题词、贺信和赞扬文章。

一个刊物的成功关键在于主编的办刊思路,一个栏目的成功关键在于责任编辑的编辑思想。"汉代文化研究"栏目在全国产生较大影响,应该说,与该栏目的责编刘太祥编审的精心策划是分不开的。他以自己对汉代历史文化的精深研究和扎实的学术功底,与全国的专家学者建立了广泛联系,洞察汉代历史文化研究动态,关注学术热点、焦点、难点,定下了"选题不在大小,作者资历不论深浅,材料要扎实,观点要新颖,见解要独到"的编辑原则,激活了对该学科研究的学术氛围,吸引了汉文化研究者的兴趣,推动了不同学术观点的讨论、争鸣,从而促进了对该学科的深入研究,为提高该栏目的学术品位奠定了坚实的基础。

《南都学坛》并非出自名门,主办单位南阳师范学院只是一所很普通的本科院校,但"汉代文化研究"栏目始终坚持学术质量第一的原则,强化选题意识,确保稿件的原创性、创新性和栏目设置的连续性,竭诚为学术创新服务,以名栏带动刊物建设,以特色谋求刊物发展,走出了一条适合自己的发展之路。一个栏目能够站在学术前沿,不断刊发创新性研究成果,就一定能够青春永驻。作为一名秦汉史研究的工作者,我衷心祝愿《南都学坛》的"汉代文化研究"栏目越办越好!

中国社会科学院历史研究所所长、研究员
中国秦汉史研究会会长 卜宪群

目 录

汉代政治与制度

浅议司隶校尉在东汉的特殊地位
　　——司隶校尉研究之三 ………………………………………………… 朱绍侯（ 3 ）
汉代"童子郎"身份与"少为郎"现象 ………………………… 王子今　吕宗力（ 7 ）
秦汉九卿源流及其性质问题 ………………………………………………… 卜宪群（ 18 ）
东汉尚书职权试说 …………………………………………………………… 黄留珠（ 28 ）
简牍所见秦汉律令行政 ……………………………………………………… 刘太祥（ 33 ）
东汉顺帝"八使"巡行事件始末 …………………………………………… 赵　凯（ 49 ）
汉初正统化建设及其特点 …………………………………… 赵国华　刘新然（ 59 ）
东汉时期"兰台令史"的多重职能 ………………………………………… 葛立斌（ 69 ）
社会转型——汉代国家的历史地位 ………………………………………… 雷依群（ 75 ）
也论里耶秦简之"司空" …………………………………………………… 邹水杰（ 80 ）
诏书与西汉时期的儒学传播
　　——以《汉书》帝纪为中心的考察 …………………………………… 夏增民（ 89 ）
燕秦汉时期辽西走廊与东北民族关系 ……………………………………… 王　海（ 95 ）
两汉尚书分曹再探
　　——以尚书三公曹为中心 ……………………………………………… 张　雨（102）
居延汉简所见"助吏" ……………………………………………………… 赵宠亮（108）

汉代思想、文化与风俗

论汉昭帝平陵从葬驴的发现 ………………………………………………… 王子今（117）
《淮南子》论养生 …………………………………………………………… 王云度（123）
汉代的易学与史学 …………………………………………… 张　涛　袁江玉（129）
项羽与怀王：项羽政治品格的历史分析
　　——以王夫之评论为中心 ……………………………………………… 臧知非（139）
宗法伦理与汉代家系继承制度 ……………………………………………… 刘厚琴（147）
重评班昭《女诫》的女性伦理观 …………………………………… 晋　文　赵会英（153）
论东汉中后期的奢侈风气 …………………………………………………… 王永平（160）
《白虎通》的史学思想 ……………………………………………………… 郑先兴（168）

灾异谴告与汉儒说诗 ·· 王焕然（175）
《史记》的志怪和司马迁的思想 ·· 袁　达（180）
试论曹操的儒家思想 ·· 王云林（186）
《太平经》所见汉代风水观念及理论形态 ·· 张齐明（192）
读《汉书·艺文志》札记 ··· 张忠炜（198）
天人感应思想与汉代的社会保障制度 ··· 范丽敏（210）
汉代亭鬼、亭怪故事举隅 ·· 刘　洋（218）
汉魏耳珰考 ··· 李　芽（224）
论王充的史学功能观 ··· 靳　宝（231）
论班固的风俗观 ··· 党　超（238）

汉代经济、法律与军事

秦汉时期的官私手工业 ·· 高　敏（249）
再论"矫制"
　　——读《张家山汉墓竹简》札记 ··· 孙家洲（262）
说东汉在军制问题上的历史教训 ··· 黄今言（270）
张家山汉简《奏谳书》法律地位探析 ··· 蔡万进（275）
东汉初年和末年人口数量 ·· 袁延胜（282）
尹湾汉简所载东海郡吏员总额考 ··· 周　群（290）

汉画与简帛

近三十年大陆及港台简帛发现、整理与研究综述 ······························· 于振波（301）
汉画孝子图的史料价值与思想史意义 ··· 黄宛峰（309）
以"快乐家园"为"终点"的"生命回归"
　　——论汉画像石墓门楣画像"车马出行"画面构图意义 ··············· 李　立（317）
汉画像反映墓主生前生活说辨析 ··· 陈江风（326）
南阳汉画与汉史研究 ··· 王玉金（330）
新出封泥与西汉齐国史研究 ·· 孙闻博　周晓陆（337）
汉画像石研究二则 ·· 宋艳萍（345）

附录："汉代文化研究"出版100期笔谈

向"汉代文化研究"出版百期祝贺 ··· 朱绍侯（357）
《南都学坛》：盛产汉代文化研究"金彩玉璞"的丰收园圃 ·················· 王子今（359）
以质量打造品牌　以品牌赢得读者
　　——贺《南都学坛》"汉代文化研究"栏目出版百期 ··················· 卜宪群（361）
弘扬传统文化，推进学术研究 ··· 孙家洲（363）
汉文化研究旗帜　社科类学报翘楚
　　——《南都学坛》"汉代文化研究"栏目出版百期感言 ··············· 黄朴民（364）
薪火迭传，任重道远 ··· 宋　杰（366）
祝贺《南都学坛》"汉代文化研究"栏目出版百期 ····························· 张　涛（368）

办好特色栏目　提高学报质量
　　——祝《南都学坛》"汉代文化研究"开办100期 ……………………… 宋应离(369)
《南都学坛》对特色理念的固守 ………………………………………………… 孙景峰(371)
名栏与名刊
　　——写在《南都学坛》"汉代文化研究"专栏出版100期之际 ………… 尹选波(372)
特色栏目:学术期刊品牌构建的点睛之笔 ……………………………………… 钱　蓉(375)
"汉代文化研究"与我的学术道路 ……………………………………………… 郑先兴(377)

汉代政治与制度

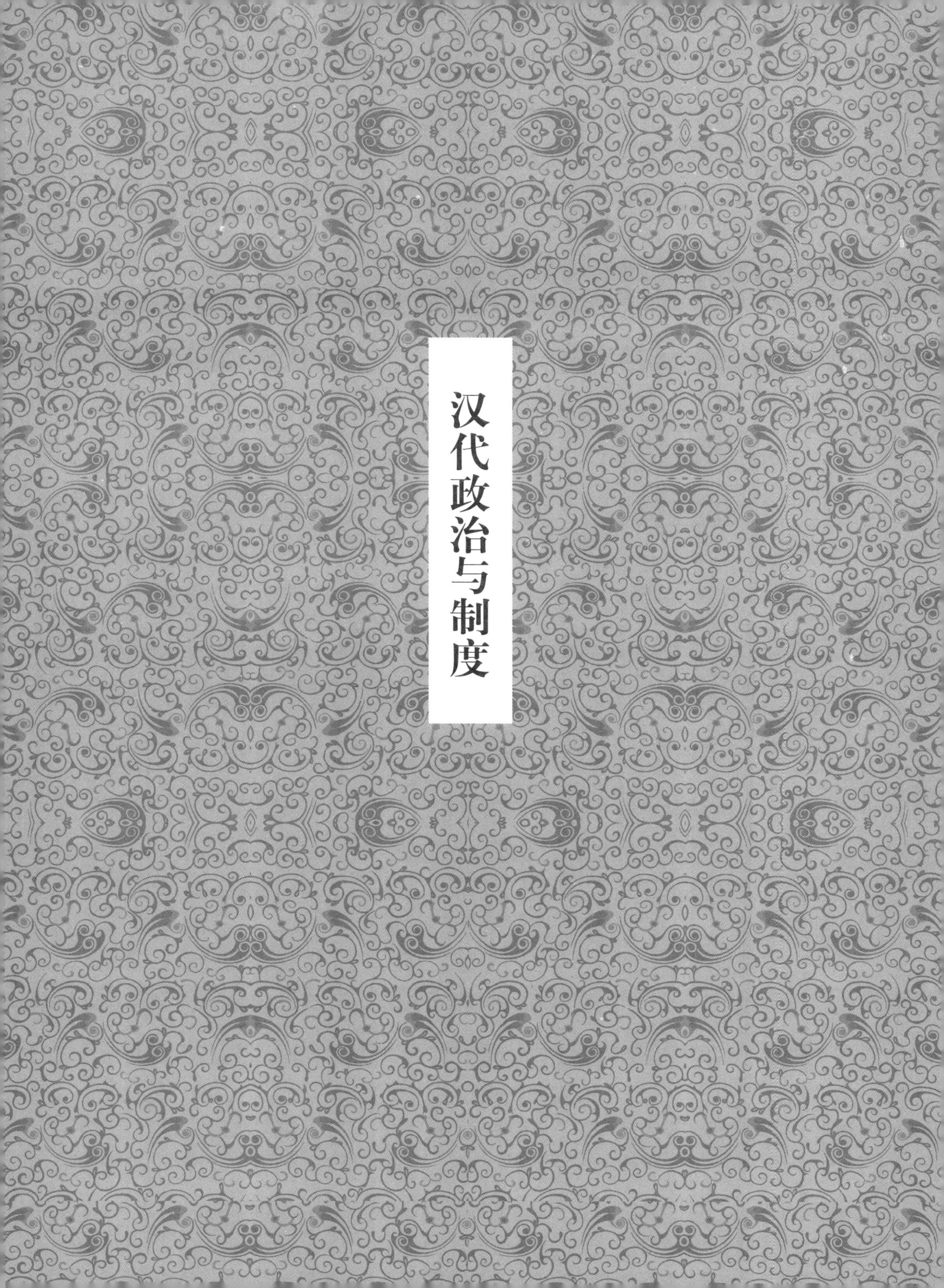

浅议司隶校尉在东汉的特殊地位

——司隶校尉研究之三

朱绍侯*

【摘　要】　东汉司隶校尉地位显著提高,其职权不断扩大,与御史中丞、尚书令朝会时专席而坐,不但监察京师百官,而且成为司州的长官,具有州刺史的监察诸郡国权力,其属员有都官从事、兵曹从事、郡国从事等,察举中央百官和所领郡国违法乱纪之事。其职的威严为朝野所瞩目,在东汉政治舞台上处于举足轻重的地位。

【关键词】　东汉;司隶校尉;职权;地位

　　自汉武帝设置司隶校尉以后,其地位和职掌就不断变化。起先是皇帝的钦命使者,持节、领兵(徒兵)可以奏弹、审讯和逮捕一切官僚和贵族。中间一夺兵权,再夺符节,又去掉校尉头衔而单称司隶。最后取消了司隶校尉的设置。[①]看来司隶校尉在西汉的地位是每况愈下,但是,到了东汉,司隶校尉的地位则日趋重要,其职掌则不断强化和多样化。

东汉司隶校尉地位的提高,可能与刘秀曾出任过更始政权的司隶校尉有一定关系。据《后汉书·光武帝纪上》记载:"更始将北都洛阳,以光武行司隶校尉,使前整修宫府。于是置僚属,作文移(《东观记》曰:'文书移与属县也。'),从事司察,一如旧章(《续汉书》曰:'司隶置从事史十二人,秩皆百石,主督促文书,察举非法。')。时三辅吏士东迎更始,见诸将过,皆冠帻,而服妇人衣,诸于绣镼,莫不笑之,或有畏而走者。及见司隶僚属,皆欢喜不自胜。老吏或垂涕曰:'不图今日复见汉官威仪!'由是识者皆属心焉。"这段记载说明,刘秀由于担任司隶校尉而获得荣誉,并得到了人民的拥护,因此,他看到了司隶校尉的重要性,所以他在当上皇帝后,重视司隶校尉也是很自然的。同时,由于刘秀当过司隶校尉,司隶校尉这一职务引起人们的重视,也同样是自然的。上引资料还说明,在西汉末年被废除的司隶校尉,在更始帝刘玄当政时就已经恢复了。

司隶校尉是在东汉什么时期恢复的?《后汉书·百官志》说在"建武中复置",其实在建武元年就已经恢复了,并给予了司隶校尉以独特的地位。《后汉书·宣秉传》记载说:"建武元年(25年)拜(宣秉)御史中丞。光武特诏:'御史中丞与司隶校尉、尚书令会同并专席而坐',故京师号曰'三独坐'。明年迁司隶校尉,务举大纲,简略苛细,百僚敬之。"上引资料中特别值得注意的是"特诏"二字,说明御史中丞、司隶校尉、尚书令的"三独坐"的特殊地位,是刘秀用特诏的形式颁布的,其重视程度非同一般,在"三独坐"特诏颁布的第二年,宣秉就由御史中丞转任司隶校尉,而且宣秉在司隶校尉任内干得非常好,故"百

---

* 朱绍侯(1926—　),男,辽宁省新民县人,河南大学历史系教授,中国秦汉史学会副会长,主要从事秦汉史研究。

① 参阅拙文《西汉司隶校尉职务及地位的变化》,《史学月刊》1994年第4期。

僚敬之"。在西汉的中央政府内,除三公之外,包括九卿在内,恐怕也难以得到"百僚敬之"的殊荣,这同样也说明了司隶校尉地位的特殊性。

在"三独坐"中,尚书令是中朝官,有皇帝作后盾,以后逐渐向宰相地位转化。御史中丞原属御史大夫,以后成为御史台的长官,专司监察职务,两者都是中央官,职掌单纯明确,唯有司隶校尉,"职在典京师,外部诸郡,无所不纠,封侯、外戚、三公以下无尊卑。入宫开中道,称使者。每会后到先去"①,显示与各种职官不同的特色。既内管京师,也外管诸郡,官僚、贵族无所不纠。特别是"入宫开中道,称使者,每会后到先去",更是司隶校尉独有的特权。笔者在《浅议司隶校尉初设之谜》一文中②,曾推断司隶校尉是从绣衣使者演化来的,事实上在正式定官名为司隶校尉之后,进入皇宫仍称使者,这从另一个角度说明了司隶校尉的渊源。

司隶校尉的官秩是比二千石,论官级低于中二千石的九卿,当然更低于列侯和三公。那么司隶校尉在朝廷中与公卿们是怎样相处的呢?这也有明确的规定:"司隶校尉诣台廷议,处九卿上,朝贺处九卿下,陪卿上。初除,谒大将军、三公,通谒持板揖。公议、朝贺无敬。台召入宫对,见尚书持板,朝贺揖。"③以上的礼仪规定,既照顾到司隶校尉的职务特点,又考虑到司隶校尉官秩较低的实际情况。廷议是议政的地方,需要发挥司隶校尉"无所不纠"的作用,所以位次就在九卿之上;朝贺是礼仪性的集会,位次就以官秩高低划分,所以就在九卿之下。尽管如此,在公议、朝贺时,对三公仍是"无敬",以表示司隶校尉的尊严。按汉代礼仪,由中央任命的官员,在接到任命状后,要谒见大将军和三公。谒见时需行跪拜礼,而司隶校尉则"持板揖",即举举笏板、拱拱手表示敬意,以显示其特殊的身份。对于中朝官的尚书,入宫召对,见面时要持板,朝贺时则作揖。司隶校尉对官秩较低的尚书为什么反而礼仪偏重呢?因为尚书接近皇帝,也有弹劾百官的职责,尚书令又是"三独坐"之一,彼此当然要客气一些了。

司隶校尉的特殊地位,还可以从"车辐"制中显示出来。据《古今注》记载:"车辐,棒也。汉朝执金吾。金吾,亦棒也,以铜为之,黄金涂两末,谓为金吾。御史大夫、司隶校尉亦得执焉。御史、校尉、郡守、都尉、县长之类,皆以木为吾焉。用以夹车,故谓之车辐。一曰形似辐,故谓之车辐也。"对于"车辐"得名的由来,可以暂且不论,仅从御史大夫、司隶校尉可以执用金吾,而御史、郡守、校尉、都尉只能执木棒来看,司隶校尉所享受的待遇,总是向上靠,而同级的州刺史,则不能用金吾。要知道金吾、木棒并不是单纯的仪仗,而是可以打杀人的法器。如曹操任洛阳北部都尉时,"乃悬五色棒于门,以威豪猾也"④。曹操所悬的五色棒,其实是木棒,可以处罚豪猾,而司隶校尉所执的"黄金涂两末"的铜棒(金吾),不仅能处罚豪民,而且还可以处罚百官。这也正是司隶校尉的威严所在。

司隶校尉的特殊地位,还表现在它不仅是能参与朝廷大政的京官,而且还是地方的一州之长。人所熟知,汉武帝时,把全国划分为十三州,每州设刺史一人,秩六百石,奉"六条诏书"巡察郡国,是监察官。成帝时,改刺史为州牧,进秩二千石,地位有明显的提高,并有由监察官向地方官转化的趋势。东汉基本继承了西汉把全国分为十三州的旧制。建武十八年(42年)刘秀恢复了刺史的官职。派"刺史十二人,各主一州,其一州属司隶校尉"⑤。这就是说,从此司隶校尉就成了司州的长官,与其他十二州刺史处于相同的地位。因此,在东汉总是州刺史(州牧)与司隶校尉相提并论。中央给州刺史(州牧)下达诏令时,其中也包括司隶校尉。早在建武六年(30年)六月,刘秀颁布并省郡县诏书时,就已经把州

---

① 《续汉书·百官志》注引蔡质《汉仪》。
② 载于《学术研究》1994年第1期。
③ 《续汉书·百官志》注引蔡质《汉仪》。
④ 《中华古今注》。
⑤ 《后汉书·地理志》。

牧和司隶校尉并提,其诏曰:"夫张官置吏所以为民也,今百姓遭难,户口耗少,而县官吏职所置尚繁,其令司隶、州牧各实所部,省减吏员,县国不足置长吏,可并合者,上大司徒、大司空二府。"①在这次并省郡县的工作中,司隶校尉和各个州牧一样,是作为州的长官来并省所部郡县,并向大司徒、大司空呈报工作的。看来司隶校尉作为州的长官,并不始于建武十八年,最晚在建武六年已经成为司州的首脑,建武十八年只是在州牧改为刺史时,再次明确一下,司州的长官是司隶校尉。

司隶校尉成为司州的长官,当然也有历史渊源可循。大约在西汉昭帝时期,司隶校尉就有了监察三辅(左冯翊、右扶风、京兆尹)、三河(河南、河东、河内)、弘农的任务,这就是《汉书·百官公卿表》"司隶校尉"条所说的"后罢其兵,察三辅、三河、弘农"。但这是以中央监察官的身份监察地方,司隶校尉还不具有州刺史的双重地位。以后,成帝于元延四年(前9年)废除了司隶校尉,可以想见监察三辅、三河、弘农的任务也就不存在了。绥和二年(前7年),哀帝复置司隶(不带校尉头衔),而改属大司空,是大司空属下的监察官,当然就更不可能具有州刺史的双重地位。总之,直到西汉末年,司隶校尉尽管有监察三辅、三河、弘农的任务,但并没有完成向州刺史双重地位演化过程。这一过程的完成是在东汉。

东汉的司隶校尉,已完全具有了中央监察官和州刺史的双重地位,这从其下属机构和属员的组成上可以看得十分清楚。

据《续汉书·百官志》记载:"司隶校尉一人,比二千石。……从事史十二人。本注曰:都官从事,主察举百官犯法者。功曹从事,主州选署及众事。别驾从事,校尉行部则奉引,录众事。簿曹从事,主财谷簿书。其有军事,则置兵曹从事,主兵事。其余部郡国从事,每郡国各一人,主督促文书,察举非法,皆州自辟除,故通为百石云。假佐二十五人。本注曰:主簿,录阁下事,省文书。门亭长主州正。门功曹书佐主选用。孝经师主监试经。月令师主时节祠祀。律令师主平法律。簿曹书佐主簿书。其余都官书佐及每郡国,各有典郡书佐一人,各主一郡文书,以郡吏补,岁满一更。司隶所部郡七。"

从以上记载分析,司隶校尉下属主要由两类人员组成,一类是从事,一类是书佐。在十二从事中,都官从事地位最高,权力最大,主察百官,其职务是监察中央的官吏。《后汉书·窦武传》注引《北堂书钞·设官部》有一条资料,可以说明都官从事的地位也是比较特殊的。该资料说:"司隶都官从事,主洛阳百官,朝会与三府掾同。"都官从事本是司隶校尉部十二从事之一,三府掾则是三公府的属员。一个比二千石的属员,在朝会时竟和中央政府地位最高的三公属员享受相同的待遇,这不能不说是一种破格式的特殊地位。当然,这可以说是工作的需要。都官从事如果没有这种特殊地位,也就难以"察举百官犯法者"了。

《后汉书·窦武传》还有一条资料,也可以从侧面说明司隶都官从事的特殊地位和它的权威性。一次汉桓帝巡狩南阳,胡腾为护驾从事,当时"公卿贵戚车骑万计,征求费役,不可胜数",简直乱糟糟一塌糊涂,胡腾这个护驾从事根本管理不了,于是他就向皇帝提出一个建议:"天子无外,乘舆所幸,即为京师,臣请以荆州刺史比司隶校尉,臣自同都官从事",桓帝同意了他的意见,"自是肃然,莫敢妄有干预,腾以是显名。"胡腾原来以皇帝护驾从事的身份都管理不了的事情,而在改换一个司隶都官从事的名义后,竟然使公卿贵戚"自是肃然",这就无可辩驳地说明"主察举百官犯法"的都官从事的权威性了。

在司隶校尉十二从事中,功曹从事地位也比较高,可以说是司州总管,主管州内人事选举和其他内部事务。由于功曹从事的职掌多在幕后,属于内部决策性质,所以在史实记载中,并没有显示出来,实际谁都知道人事权是最大的权力之一。

司隶别驾从事,是司隶校尉巡察郡国时的随行总管,既当引导又要处理在巡察中所遇到的各种事务。这是属于外向性的工作,容易引人注目,他的工作也最能显示司隶校尉地位的特殊。

---

① 《后汉书·光武帝纪下》。

据晋人崔豹《古今注》记载："两汉京兆、河南尹及执金吾、司隶校尉（出行），皆使人导引传呼，使行者止，坐者起。四人持角弓，违者则射之。有乘高窥阚者，亦射之。"毫无疑问，司隶校尉出行时的导引主管人是别驾从事，他在沿途中握有生杀大权，这种"使行者止，坐者起"，"违者则射之"的大权，其他从事是没有的，当然，这种特权是给予京师和京畿地区长官的，同样也显示了司隶校尉的威严，而司隶校尉在京官中也是最有权威的官职。

司隶簿书从事，是司隶校尉的财务总管，执掌司州的经济大权，负责管理钱粮和账目，由于簿书从事主管内部事务，对外影响不突出，不显著。

在司隶十二从事中，最值得注意的就是兵曹从事。它虽然不是常设机构，但却说明司隶校尉有兵权，在有军事需要时，可以组建兵曹，调动军队。一个监察官，有指挥军队的权力，这在中国监察制度史上，恐怕也是异乎寻常的。

除以上五从事外，所属七郡国，还各置一郡国从事，主管各郡国上报文书，察举违法乱纪之事。各郡国从事均由司隶校尉任命，官秩为百石。这是中国古代统治者以低制高政治思想的体现，它与司隶校尉官职的特点也是完全符合的。都官从事、功曹从事、别驾从事等三从事，可能由中央任命，官秩多少石没有说明，但也不会很高，这是肯定的。

关于司隶假佐，《后汉书·百官志》说有25人，但从所列举的人数统计，只有15人，可以肯定25人乃15人之误。所谓假佐，就是司隶校尉部内具体办事人员。其中主簿地位最高，管理部内众事和审查文书。门亭长管理司隶校尉部的正门，其职务不言而喻，是检查闲杂人员的出入。功曹书佐管人事派遣。孝经师管教育，但只监试孝经，这大概有点普及性质，让郡国人民学《孝经》，目的是稳定地方社会秩序。月令师主管州内的祠祀祭典必须按时按季进行，对于淫祠也有限制作用。律令师管法律，也有平冤狱的含义。簿曹书佐就是会计师，管理各种账目。都官书佐应是配合都官从事管理百官犯法案件，还有的就是七个郡国的典郡书佐，各主一郡的文书验收工作。典郡书佐由郡吏充任，一年换一次，显然这是为防止久任其事，容易产生营私舞弊的弊端。可以肯定，在上述两大类人员之外，还有相当多的勤杂人员。总之，司隶校尉部是一个很庞大的机构。

从上引《续汉书·百官志》有关司隶校尉的下属人员及其机构情况来分析，可以明显地看出来司隶校尉职务的两重性：既在中央纠弹百官，又在地方监察郡国。并且也和州刺史一样逐渐由监察官演化为地方一级的长官。不过，还有一点必须说明，上引资料可能会给人一个错觉，好像司隶校尉主要管郡国，在中央的活动并不多，其实司隶校尉的活动中心还是在中央，对此将有专文论述。

综上所述，可以证明司隶校尉的地位是比较特殊的，而且它的权威也是很大的。因此，它尽管是官秩仅比二千石，但却为朝野所瞩目，在东汉的政治舞台上处于举足轻重的地位。所以在东汉各种政治集团的斗争中，不论哪一派当权，都要千方百计把自己人安插在司隶校尉的岗位上，而且要慎重挑选其人选。最典型的事例，就是董卓当政时要任命一位"快司隶校尉"（"快"，意指得心应手，唯命是从），以便为他铲除异己服务。为此董卓特向王允征求意见，问用谁合适。王允答："唯有盖京兆（盖勋）耳。"董卓说："此人明智有余，然不可假以雄职。"①意思是说盖勋这个人明哲保身太滑头，不能让他担任这样重要的职务。"雄职"二字最准确地表达了司隶校尉的特殊地位和权威性。

司隶校尉的特殊地位，主要体现在它的职掌以及其在东汉政治舞台上所起的作用等方面，对此笔者将另撰专文详加论述。

---

① 《后汉书·盖勋传》。

汉代"童子郎"身份与"少为郎"现象

王子今　吕宗力[*]

【摘　要】汉代史籍可见"童子郎"称谓,体现出未成年人政治参与的一种特例。所谓"少为郎"成为许多行政人员最初的经历,也是行政史的特殊现象。未成年人以"郎"的身份在官廷生活中的表现,又透露出色彩微妙的文化风景。后世以"郎"作为男性青少年的社会代号,出现"儿郎""少年郎"等人称形式,应当与汉代"童子郎"称谓及"少为郎"现象有关。

【关键词】汉代;童子郎;郎;未成年人;行政;官廷生活

《后汉书》卷2《明帝纪》写道:"馆陶公主为子求郎,不许,而赐钱千万。谓群臣曰:'郎官上应列宿,出宰百里,有非其人,则民受其殃,是以难之。'"强调"郎官"职任特殊。李贤注:"《史记》曰,太微宫后二十五星,郎位也。"[1]124①也说"郎位"近卫中枢,身份重要。汉代宫廷有"童子郎"身份,又多见"少为郎"情形,可以与"少年吏"相联系[2],说明当时行政人员培养的一条特殊渠道。而未成年人在政治生活中的地位,也可以有所体现。"少为郎"者的情感生活体验,又构成宫廷文化的特殊景象,也值得研究者注意。

一、"童子郎"史例

记录汉代社会现象的史籍可见"童子郎"称谓。如《后汉书》卷58《臧洪传》记载:

　　洪年十五,以父功拜童子郎,知名太学。洪体貌魁梧,有异姿。举孝廉,补即丘长。

臧洪"以父功拜童子郎",践行成为"郎"的通常道路。后来又"举孝廉,补即丘长",成为地方行政长官,而"拜童子郎"是其行政第一履历。关于"童子郎"身份,李贤注作了这样的解说:

　　汉法,孝廉试经者拜为郎。洪以年幼才俊,故拜童子郎也。《续汉书》曰"左雄奏征海内名儒为博士,使公卿子弟为诸生,有志操者加其俸禄。及汝南谢廉、河南赵建章年始十二,各能通经,雄并奏拜童子郎。于是负书来学,云集京师"也。[1]1885

这里说到的"童子郎",除臧洪外,又有"汝南谢廉、河南赵建章"。而"洪年十五",谢廉、赵建章"年始十二",确实是"童子"无疑。《后汉书》卷61《左雄传》的记述大体一致:"雄又奏征海内名儒为博士,使公卿子弟为诸生。有志操者,加其俸禄。及汝南谢廉,河南赵建,年始十二,各能通经,雄并奏拜童子郎。于是负书来学,云集京

---

　　* 王子今(1950—　),男,河北省武安市人,中国人民大学国学院教授,主要从事秦汉史研究。吕宗力(1950—　),男,广西壮族自治区陆川市人,香港科技大学人文学部副教授,主要从事秦汉史研究。
　　① 又《后汉书》卷63《李燮传》:"昔馆陶公主为子求郎,明帝不许,赐钱千万。所以轻厚赐,重薄位者,为官人失才,害及百姓也。"(第2076页)

师。"[1]2020—2021《续汉书》"赵建章",《后汉书》作"赵建"。《北堂书钞》卷56"童子郎"题下"谢廉通经"条引《后汉书》亦作"赵建":"左雄奏征海内名儒为博士,使公卿子弟为诸生,有志操者加其俸禄。及汝南谢廉、河南赵建,年始十二,名能通经,雄并奏拜童子郎。于是负书来学,云集京师。"《太平御览》卷628引《后汉书》也称"赵建",而言"年始十三":"(左)雄又奏征海内名儒为博士,使公卿子弟为之受学,加其俸禄。及汝南谢廉、河南赵建,年始十三,各能通经,雄并奏拜童子郎。自是负书来学者,云集京师。"明人徐应秋《玉芝堂谈荟》卷4"七岁有圣德"条也取"赵建"说:"童子拜官者,汉顺帝时汝南谢廉、河南赵建,年十二,各能通经,拜为童子郎。"韦叡《松窗录》"童子郎"条引《续汉书》:"秦征公卿子为诸生,有志操者录之,号'童子郎'。"[3](卷11)所根据的是《续汉书》提供的史料,而"秦"字误。清人姜宸英《湛园札记》卷1则写道:"汝南谢连、河内赵建章及臧旻,皆为童子郎。"又取"赵建章"说。而"河内"应是"河南"之误。

《后汉书》卷61《黄琬传》又说到另一位"童子郎"黄琬的故事,时在汉桓帝建和元年(147年):

> 琬字子琰。少失父。早而辩慧。祖父琼,初为魏郡太守,建和元年正月日食,京师不见而琼以状闻。太后诏问所食多少,琼思其对而未知所况。琬年七岁,在傍,曰:"何不言日食之余,如月之初?"琼大惊,即以其言应诏,而深奇爱之。后琼为司徒,琬以公孙拜童子郎,辞病不就,知名京师。时司空盛允有疾,琼遣琬候问,会江夏上蛮贼事副府,允发书视毕,微戏琬曰:"江夏大邦,而蛮多士少。"琬奉手对曰:"蛮夷猾夏,责在司空。"因拂衣辞去。允甚奇之。[1]2039—2040

黄琬"早而辩慧",甚至对"日食"的表述亦有奇识。"琬以公孙拜童子郎"者,是上升渠道因由贵势之家的背景。然而从其言行看,确有识见而不同凡俗。所谓"辞病不就,知名京师",则体现了"童子郎"的身份地位。

谢廉、赵建"拜童子郎",在汉顺帝永建时。黄琬"拜童子郎",当在汉桓帝建和年间。臧洪"拜童子郎"故事发生在汉灵帝熹平、光和、中平时代①。后来《三国志》亦见司马朗"为童子郎"事,也可以说明有关"童子郎"的若干情形。可知"童子郎"制度未必推行得十分长久,却也绝不是偶然的孤立的个别现象。

《三国志》卷15《魏书·司马朗传》记载了司马朗"为童子郎"事,也是"年幼才俊"实例:

> 司马朗字伯达,河内温人也。九岁,人有道其父字者,朗曰:"慢人亲者,不敬其亲者也。"客谢之。十二,试经为童子郎,监试者以其身体壮大,疑朗匿年,劾问。朗曰:"朗之内外,累世长大,朗虽稚弱,无仰高之风,损年以求早成,非志所为也。"监试者异之。后关东兵起,故冀州刺史李邵家居野王,近山险,欲徙居温。朗谓邵曰:"唇齿之喻,岂唯虞、虢,温与野王即是也;今去彼而居此,是为避朝亡之期耳。且君,国人之望也,今寇未至而先徙,带山之县必骇,是摇动民之心而开奸宄之原也,窃为郡内忧之。"邵不从。边山之民果乱,内徙,或为寇钞。[4]465—466

"十二,试经为童子郎",提供了又一例反映"童子郎"具体年龄的记载。而所谓"监试者以其身体壮大,疑朗匿年,劾问",可知当时"童子郎"的征选,确实是有明确的年龄限定的。司马朗"九岁"时维护其尊亲,对"人有道其父字者"的批评,已经表现出敏锐和勇敢。"损年以求早成,非志所为也"语,自申其志,非同凡响,也透露出世风对"早成"的推重[5][6]。司马朗对冀州刺史李邵"寇未至而先徙"行为的指责,也反映了政治明识,其预言后来果然得到历史的印证。不过,我们不很清楚"朗谓邵曰"时的具体年龄。

---

① 据《后汉书》卷58《臧洪传》,"熹平元年,会稽妖贼许昭起兵句章",臧洪父臧旻"破平"有功。"洪年十五,以父功拜童子郎","举孝廉,补即丘长。中平末,弃官还家"(第1885页)。

二、"少为郎"现象

汉代官僚队伍中"少为郎"即以"郎"作为行政实践第一阶梯的情形相当多见。《汉书》卷81《张禹传》说，张禹得天子"敬厚"，"禹每病，辄以起居闻，车驾自临问之。上亲拜禹床下"。"禹小子未有官，上临候禹，禹数视其小子，上即禹床下拜为黄门郎，给事中"。[7]3350 "禹小子未有官"，其年龄未可知，不排除尚在少年的可能。

西汉时期还可以看到若干明确的"少为郎"的实例。如："(韩)增少为郎"[7](卷33《韩王信传》)；"(刘歆)少以通《诗》《书》能属文召见成帝，待诏宦者署，为黄门郎"[7](卷36《楚元王传·刘歆》)；"(杜)缓少为郎"[7](卷60《杜缓传》)；"(王吉)少好学明经，以郡吏举孝廉为郎"[7](卷72《王吉传》)；"(冯参)学通《尚书》，少为黄门郎"[7](卷79《冯参传》)；"(淳于)少以太后姊子为黄门郎"[7](卷93《佞幸传·淳于长》)；"(上官桀)少时为羽林期门郎"[7](卷97上《外戚传上·孝昭上官皇后》)；"(班嗣)少为黄门郎中常侍"[7](卷100上《叙传上》)。

又如，"(公孙述)哀帝时，以父任为郎。后父仁为河南都尉，而述补清水长。仁以述年少，遣门下掾随之官。五月余，掾辞归，白仁曰：'述非待教者也。'后太守以其能，使兼摄五县，政事修理，奸盗不发，郡中谓有鬼神"。"后父仁为河南都尉，而述补清水长"时公孙述尚"年少"，则"以父任为郎"时年龄当然更小。《后汉书》卷13《公孙述传》又明确有"少为郎，习汉家制度"的说法[1]533—541。《后汉书》卷74上《袁绍传》写道："(袁)绍少为郎，除濮阳长。"[1]2373 汉末割据政权"少为郎"者，则有射坚①、虞昺②等。

《后汉书》卷23《窦固传》："固字孟孙，少以尚公主为黄门侍郎。"[1]809 窦固已"尚公主"，说明身体发育大致成熟，然而依然称"少"，反映记述汉史的文献中，"少"的年龄界断有时是比较模糊的。

也有可以使我们得知"为郎"时年龄的史例。《三国志》卷1《魏书·武帝纪》："(曹操)年二十，举孝廉为郎，除洛阳北部尉，迁顿丘令，征拜议郎。"[4]2 可知曹操"年二十""为郎"。《汉书》卷84《翟义传》："(翟)义字文仲，少以父任为郎，稍迁诸曹，年二十出为南阳都尉。"[7]3424 当是翟义"为郎"时在"年二十"之前。《汉书》卷81《孔光传》："(孔)霸四子，长子福嗣关内侯。次子捷、捷弟喜皆列校尉诸曹。光，最少子也，经学尤明，年未二十，举为议郎。"[7]3353 也是"年未二十""为郎"的例证。《后汉书》卷34《梁冀传》有"郎中汝南袁著，年十九"的记载[1]1184。《汉书》卷66《陈咸传》说："(陈)咸字子康，年十八，以万年任为郎。"[7]2900 《三国志》卷9《魏书·曹纯传》裴松之注引《英雄记》："(曹纯)年十八，为黄门侍郎。"[4]277 《汉书》卷51《枚皋传》记载："(枚皋)年十七，上书梁共王，得召为郎。"[7]2366 《后汉书》卷10上《皇后纪上·光武郭皇后》说："帝善(郭)况小心谨慎，年始十六，拜黄门侍郎。"[1]402 "为郎"时年龄更小的例证又有：《后汉书》卷41《宋均传》记载，"(宋)均以父任为郎，时年十五"[1]1411；《三国志》卷9《曹玄传》说，"(曹玄)少知名，弱冠为散骑黄门侍郎"[4]295；又《三国志》卷13《魏书·钟毓传》写道，"(钟毓)年十四为散骑侍郎"[4]399。

据《汉书》卷68《霍光传》，"(霍去病)将(霍)光西至长安，时年十余岁，任光为郎，稍迁诸曹侍中"[7]2931。其具体年龄究竟是十几岁，尚不能确定。

又《汉书》卷36《楚元王传·刘向》说，"(刘)向字子政，本名更生。年十二，以父德任为辇郎。既冠，以行修饬擢为谏大夫"③。刘向"年十二"为郎，似是目前所见最年少的一例。

"少为郎"，应是秦时已有制度。《史记》卷6《秦始皇本纪》记载，秦二世即位，按照赵高的建

---

① 《三国志》卷32《蜀书·先主备传》裴松之注引《三辅决录》曰："(射)坚，字文固，少有美名，辟公府为黄门侍郎。"(第885页)
② 《三国志》卷57《吴书·虞翻传》裴松之注引《会稽典录》曰："(虞)昺字世文，(虞)翻第八子也。少有倜傥之志，仕吴黄门郎，以捷对见异，超拜尚书侍中。"(第1328页)
③ 颜师古注："服虔曰：'父保任其子为郎也。辇郎，如今引御辇郎也。'"(《汉书》，第1928—1929页)

议,清洗"先帝之大臣"及"生平所不可者",其政治动作之一,即"以罪过连逮少近官三郎"。司马贞《索隐》:"逮训及也。谓连及俱被捕,故云连逮。少,小也。近,近侍之臣。三郎谓中郎、外郎、散郎。"张守节《正义》:"《汉书百官表》云有议郎、中郎、散郎,又有左右三将,谓郎中、车郎、户郎。"[8]268如果"少"字在这里确指年龄"小",所谓"少近官三郎",或可理解为汉代"少为郎"现象的先例。

《汉书》卷50《冯唐传》写道:"(冯唐)为郎中署长,事文帝。帝辇过,问唐曰:'父老何自为郎?'"颜师古注:"师古曰:'言年已老矣,何乃自为郎也?崔浩以为自,从也。从何为郎?此说非也。'"[7]2312—2313这种"年已老"而仍在"郎"的系统工作,致使帝王诧异,正是因为通常情况下"为郎"者多为少年的缘故。后来冯唐的儿子在暮年时成为郎①,也是年长者任郎的又一特例。

三、未成年"郎"的出身

"以父任为郎",即因父亲的身份地位得以为郎,是非常普遍的情形。《史记》卷20《建元以来侯者年表》:"杨恽家在华阴,故丞相杨敞少子,任为郎。"[8]1066西汉时期"少以父任为郎"的明确史例,又有张安世[7](卷59《张安世传》)、翟义等。《后汉书》卷13《公孙述》说:"哀帝时,以父任为郎。"李贤注:"任,保任也。《东观记》曰:'成帝末,述父仁为侍御史,任为太子舍人,稍增秩为郎焉。'"[1]533

又如《后汉书》卷24《马廖传》:"廖字敬平,少以父任为郎。"[1]853《后汉书》卷16《邓禹传》记载,"(太傅邓禹)寝疾。帝数自临问,以子男二人为郎"[1]605。贵族高官这种政治等级的承继形式,曾经形成制度:

(建光元年二月)以公、卿、校尉、尚书子弟一人为郎、舍人。(《后汉书》卷5《安帝纪》)[1]231

(本初元年夏四月)自大将军至六百石,皆遣子受业,岁满课试,以高第五人补郎中,次五人太子舍人。(《后汉书》卷8《质帝纪》)[1]338

(汉献帝即位初)赐公卿以下至黄门侍郎家一人为郎,以补宦官所领诸署,侍于殿上。(《后汉书》卷9《献帝纪》)[1]367

除本初元年(146年)事要考虑"课试"成绩而外,完全以官员身份地位"以……子弟一人为郎","赐……家一人为郎",成为政治惯性极强的政策。据《后汉书》卷37《桓郁传》,"(桓)郁字仲恩,少以父任为郎"。桓郁的儿子桓焉,同样"少以父任为郎"[1]1254,1257。所谓"擢高第为讲郎给事近署"[1](卷79上《儒林列传上》),也就是说"高第"是拔擢"郎"的条件。明确可知"少以父任为郎"的实例,还有周䴵[1](卷61《周䴵传》)等。汉史记录又可见"以任为郎"的表述,如《后汉书》卷79下《儒林列传下·伏恭》:"恭性孝,事所继母甚谨,少传黯学,以任为郎。"[1]2571以及《太平御览》卷260引《汉书》言冯立事迹,《后汉纪》卷9"永平二年"言桓郁事迹。而《汉书》卷79《冯立传》说冯立"以父任为郎"[7]3305,《后汉书》卷37《桓郁传》说桓郁"少以父任为郎"[1]1254。可知所谓"以任为郎"很可能就是"以父任为郎"。

西汉有"吏二千石子弟选郎吏"[7](《汉书》卷56《董仲舒传》)的制度,但是"选"的形式,未必是在一定等级之上,所有的官员都得"以……子弟一人为郎","赐……家一人为郎"。有学者指出,这种"任子制","条件的限制并不绝对","从任子的数目来看,其任子弟二人以上乃至多人者极为常见,并不受一人之限"。如冯奉世"有子男九人",冯立"以父任为郎",冯参"少为黄门郎给事中",桓荣"拜二子为郎",温序"除三子为中郎",梁竦"除四子为郎"[9]217。也有学者注意到,"事实上,经过多次保任,使任子的数量远远不止一个。如:西汉时,苏武'少以父任,兄弟并为郎'……韩延寿'三子皆为郎吏'","东汉亦如此,如冯石'为安帝所宠……拜子世为黄门侍郎,世弟二人皆为郎中'","邓骘兄弟子及门从十二人悉除为郎

---

① 《史记》卷102《张释之冯唐列传》:"武帝立,求贤良,举冯唐。唐时年九十余,不能复为官,乃以唐子冯遂为郎。遂字王孙,亦奇士。"(第2761页)由"唐时年九十余"可推知冯遂"为郎"时,应当已在五六十岁以上。

中。由此可见，保任二人、三人乃至多人者，也是常见的事"[10]61—62。在这样的情况下，自然会出现"郎吏"队伍的膨胀，如《后汉书》卷66《陈蕃传》载陈蕃上疏所谓"三署郎吏二千余人"[1]2161的现象。而某些"势家郎"借家族权势施行政治影响的情形，在历史记录中也有迹象可寻。如《后汉书》卷66《陈蕃传》写道："自蕃为光禄勋，与五官中郎将黄琬共典选举，不偏权富，而为势家郎所谮诉，坐免归。"[1]2163

以货为郎，也是常见的晋身至帝王身边的路径。据《汉书》卷50《张释之传》："张释之字季，南阳堵阳人也。与兄仲同居，以货为骑郎。"颜师古注："苏林曰：'雇钱若出谷也。'如淳曰：'汉注赀五百万得为常侍郎。'师古曰：'如说是也。'"张释之十年为郎，对前程丧失信心，有"免归"之意，曾经发表"久宦减仲之产，不遂"的感慨[7]2307，似乎为郎时的费用，还要消耗家"产"。我们不清楚这是不是以货为郎者面对的特殊情形。《汉书》卷66《杨恽传》说，"郎官故事，令郎出钱市财用，给文书，乃得出，名曰'山郎'"。这一情形，据说到杨恽任中郎将，"罢山郎，移长度大司农，以给财用"之后，方得改变[7]2890。也可能张释之所谓"久宦减仲之产"，是指此类"财用钱"支出[11][12]。

前说枚皋以文采"拜为郎"，又有以学识为郎者。如《汉书》卷100上《叙传上》记述班斿故事："（班）斿博学有俊材，左将军史丹举贤良方正，以对策为议郎，迁谏大夫、右曹中郎将，与刘向校秘书。每奏事，斿以选受诏进读群书。上器其能，赐以秘书之副。"[4]4203汉顺帝时代，有阳嘉元年（132年）秋七月"除郡国耆儒九十人补郎、舍人"，阳嘉二年（133年）三月"辛酉，除京师耆儒年六十以上四十八人补郎、舍人及诸王国郎"事[1]（卷6《顺帝纪》）。《后汉书》卷8《灵帝纪》："（光和三年）六月，诏公卿举能通《古文尚书》《毛诗》《左氏》《穀梁春秋》各一人，悉除议郎。"[1]344也是类似史例。又汉灵帝熹平五年（176年）十二月"试太学生年六十以上百余人，除郎中、太子舍人至王家郎、郡国文学吏"[1]（卷8《灵帝纪》），同样是以学识任用"郎"的情形。《后汉书》卷79上《儒林列传上》所谓"除郡国耆儒皆补郎、舍人"[1]2547，成为常见的情形。

也有因达到一定道德水准而任为郎的。如《史记》卷102《张释之冯唐列传》："唐以孝闻，为中郎署长，事文帝。"裴骃《集解》："应劭曰：'此云孝子郎也。'"[8]2757①可知东汉有"孝子郎"。

《汉书》卷54《李陵传》记载，"（李陵）将其步卒五千人出居延，北行三十日，至浚稽山止营。举图所过山川地形，使麾下骑陈步乐还以闻。步乐召见，道陵将率得士死力。上甚说，拜步乐为郎"[7]2451。这是比较特殊的直接拜前线"骑""为郎"的一例。

前说淳于长"少以太后姊子为黄门郎"，因与皇家的特殊关系进入"郎"的队列，据《后汉书》卷23《窦固传》："固字孟孙，少以尚公主为黄门侍郎。"[1]809窦固则是"少"时以极特殊的"尚公主"的身份成为"黄门侍郎"的。据《后汉书》卷10上《皇后纪上·光武郭皇后》，郭况则以郭皇后弟身份"年始十六，拜黄门侍郎"[1]402。其他又有杜夔"以知音为雅乐郎"[4]（卷29《魏书·方技传·杜夔》），朱建平"善相术，于闾巷之间，效验非一"，于是为曹操"召为郎"[4]（卷29《方技传·朱建平》）等特例。三国孙吴"侍芝郎""平虑郎"任命，则更是异常情形②。有学者讨论"尊于普通郎"的"黄门郎"，指出："汉魏充任黄门郎者，不是皇亲国戚，就是将相子弟；至于其他人士，那就要有一定的条件了。"[13]72其实，"普通郎"的选用，基本上也是如此。

《三国志》卷47《吴书·吴主权传》裴松之注引《江表传》载权（赤乌二年）正月诏曰："郎吏者，宿卫之臣，古之命士也。间者所用颇非其人。

---

① 《汉书》卷50《冯唐传》："唐以孝著，为郎中署长，事文帝。"颜师古注："郑氏曰：'以至孝闻也。'师古曰：'以孝得为郎中，而为郎署之长也。'"（《汉书》，第2312—2313页）

② 《三国志》卷48《吴志·孙皓传》："有鬼目菜生工人黄耇家，依缘枣树，长丈余，茎广四寸，厚三分。又有买菜生工人吴平家，高四尺，厚三分，如枇杷形，上广尺八寸，下茎广五寸，两边生叶绿色。东观案图，名鬼目作芝草，买菜作平虑草，遂以耇为侍芝郎，平为平虑郎，皆银印青绶。"（第1173页）

自今选三署皆依四科,不得以虚辞相饰。"[4]1143 可知"郎"的选任"所用颇非其人"的情形已经相当严重。

四、未成年"郎"的出路

"郎"以特殊方式参与行政操作,因为与帝王关系的亲近①,可以施行有力的影响。有的甚至"与上卧起,公卿皆因关说"[8](卷125《佞幸列传》)。有的帝王当政时,"每朝,郎官上书疏,未尝不止辇受其言,言不可用置之,言可采用受之,未尝不称善也"[8](卷101《袁盎晁错列传》)。汉武帝时代,正如有的学者所指出的,"内朝始设之时,主要由以郎官为主的皇帝亲信侍从组成"[14]363。其中未成年人颇多。这种情形自然与少年吏直接经历政治实践有所不同[2],但是对于"郎"作为行政官员预备人才队伍的历练,是有一定的积极意义的,而且他们所接触的,是最高层的政治事务。

《汉书》卷51《枚皋传》写道:"(枚皋)与冗从争,见谗恶遇罪,家室没入。皋亡至长安。会赦,上书北阙,自陈枚乘之子。上得之大喜,召入见待诏,皋因赋殿中。诏使赋平乐馆,善之。拜为郎,使匈奴。"[7]2366 这是以"郎"的身份得以承担出使远邦之外交重任的例子。同类情形,又有张骞②。

由前引汉明帝"郎官""出宰百里"语,可知"郎"的人生前景和政治出路,更多可能是出任地方行政长官。

《后汉书》卷4《和帝纪》:"元兴元年春正月戊午,引三署郎召见禁中,选除七十五人,补谒者、长、相。"[1]193 类似例证还有汉安帝时,"(延光二年春)诏选三署郎及吏人能通《古文尚书》《毛诗》《穀梁春秋》各一人";"(延光二年)八月庚午,初令三署郎通达经术任牧民者,视事三岁以上,皆得察举"[1](卷5《安帝纪》)。又汉顺帝时,

"(永和三年八月)丙戌,令大将军、三公各举故刺史、二千石及见令、长、郎、谒者、四府掾属刚毅武猛有谋谟任将帅者各二人,特进、卿、校尉各一人"[1](卷6《顺帝纪》)。汉质帝时,"(本初元年夏四月)千石、六百石、四府掾属、三署郎、四姓小侯先能通经者,各令随家法,其高第者上名牒,当以次赏进"[1](卷6《质帝纪》)。东汉的"郎"的上进机会,往往以"通经""通达经术"为重要条件。这是与儒学成为社会意识主导的文化背景相关的。一个典型的个案,是《后汉书》卷41《宋均传》:"(宋)均以父任为郎,时年十五,好经书,每休沐日,辄受业博士,通《诗》《礼》,善论难。至二十余,调补辰阳长。"[1]1411 在儒学地位空前上升的时代,有儒学学业基础的未成年"郎"得到了较好的机会。正如《后汉书》卷79上《儒林列传上》所记述:"时樊准、徐防并陈敦学之宜,又言儒职多非其人,于是制诏公卿妙简其选,三署郎能通经术者,皆得察举。"[1]2546—2547

《后汉书》卷34《梁松传》:"松字伯孙,少为郎,尚光武女舞阴长公主,再迁虎贲中郎将。"[1]1170 前说窦固"少以尚公主为黄门侍郎"事,少年贵族梁松则是"少为郎"在先而尚主在后。《后汉书》卷34《梁商传》:"商字伯夏,雍之子也。少以外戚拜郎中,迁黄门侍郎。"[1]1175 所谓"少以外戚拜郎中"者的晋身路径也值得注意。据《汉书》卷93《佞幸传·淳于长》,"(淳于长)少以太后姊子为黄门郎,未进幸。会大将军王凤病,长侍病,晨夜扶丞左右,甚有甥舅之恩。凤且终,以长属托太后及帝。帝嘉长义,拜为列校尉诸曹,迁水衡都尉侍中,至卫尉九卿"[7]3370。这是十分特殊的外戚家族成员以"黄门郎"为职务基点而得以迅速提升的情形。

"少为郎"者因"郎"的身份获实职出任行政长官,往往也要经历漫长的时间等待机遇。薄太

---

① 据《后汉书》卷45《袁敞传》,以身份为"郎"者张俊自己的语言,称此为"近密"(第1524页)。
② 《史记》卷123《大宛列传》:"张骞,汉中人。建元中为郎。是时天子问匈奴降者,皆言匈奴破月氏王,以其头为饮器,月氏遁逃而常怨仇匈奴,无与共击之。汉方欲事灭胡,闻此言,因欲通使。道必更匈奴中,乃募能使者。骞以郎应募,使月氏,与堂邑氏胡奴甘父俱出陇西。经匈奴,匈奴得之,传诣单于。单于留之,曰:'月氏在吾北,汉何以得往使?吾欲使越,汉肯听我乎?'留骞十余岁,与妻,有子,然骞持汉节不失。"(第3157页)张骞后来成就了开通丝绸之路的宏伟功业。

后弟薄昭,也是"少为郎"的典型。《史记》卷19《惠景间侯者年表》关于薄昭事迹的一段文字,中华书局标点本作:"高祖十年为郎,从军,十七岁为太中大夫,迎孝文代,用车骑将军迎太后,侯,万户。薄太后弟。"[8]994①据文义,"高祖十年为郎,从军,十七岁为太中大夫,迎孝文代"应断作"高祖十年为郎,从军十七岁,为太中大夫,迎孝文代"。薄昭以"郎"的身份,后"为太中大夫",参与高层行政,应与"薄太后弟"的特殊背景有关。然而"为郎""十七岁",其实已经相当漫长。

《汉书》卷50《张释之传》说,"张释之为郎,事文帝,十年不得调,亡所知名"。于是"欲免归"。"中郎将爰盎知其贤,惜其去,乃请徙释之补谒者"。后来,"释之言秦汉之间事,秦所以失,汉所以兴者。文帝称善,拜释之为谒者仆射"[7]2307。《汉书》卷18《外戚恩泽侯表》:"滕侯吕更始为舍人郎中十二岁,以都尉屯霸上,用楚丞相侯。"[7]682《后汉书》卷2《明帝纪》:"赐天下男子爵,人三级;郎、从官视事二十岁已上帛百匹,十岁已上二十匹,十岁已下十匹……"[1]119可知有为"郎""二十岁已上"者。又如樊梵事迹,"为郎二十余年,三署服其重慎。悉推财物二千余万与孤兄子,官至大鸿胪"[1](卷32《樊宏传》)。他在"郎"的位置上已经停留了"二十余年"。

即使是因"郎"的贴身劳绩而终于上升的官僚,其经历也多有艰难苦辛。《汉书》卷97上《外戚传上·孝昭上官皇后》写道:"(上官桀)少时为羽林期门郎,从武帝上甘泉,天大风,车不得行,解盖授桀。桀奉盖,虽风常属车;雨下,盖辄御。上奇其材力,迁未央厩令。"上官桀大风雨中的"奉盖""材力",确实体现出勤谨。又如,"上尝体不安,及愈,见马,马多瘦,上大怒:'令以我不复见马邪!'欲下吏,桀顿首曰:'臣闻圣体不安,日夜忧惧,意诚不在马。'言未卒,泣数行下。上以为忠,由是亲近,为侍中,稍迁至太仆"。上官桀以"泣"对"怒",赢得更深层的理解和信任。后来,"武帝疾病,以霍光为大将军,太仆桀为左将军,皆受遗诏辅少主。以前捕斩反者莽通功,封桀为安阳侯"[7]3957。上官桀成为天下重臣,是从"少时"为"郎"即开始长久积累,付出无数辛劳和心机所换得的回报。所谓"日夜忧惧"者,用以形容在帝王身边心理压力之沉重,也是适宜的。

许广汉的经历,也可以从一个侧面反映即使在宫廷华贵生活中"少时"为"郎"者可能承受的屈辱。《汉书》卷97上《外戚传上·孝宣许皇后》:"(许广汉)少时为昌邑王郎。从武帝上甘泉,误取它郎鞍以被其马,发觉,吏劾从行而盗,当死,有诏募下蚕室。后为宦者丞。上官桀谋反时,广汉部索,其殿中庐有索长数尺可以缚人者数千杖,满一箧缄封,广汉索不得,它吏往得之。广汉坐论为鬼薪,输掖庭,后为暴室啬夫。"[7]3964

董仲舒说:"夫长吏多出于郎中、中郎,吏二千石子弟选郎吏,又以富訾,未必贤也。"[7](卷56《董仲舒传》)②指出了这种选官方式的问题,是不利于"贤"者的任用的。而以"郎"求任外职,亦多有通过不正当方式者,如《汉书》卷66《杨恽传》所说,"其豪富郎,日出游戏,或行钱得善部③。货赂流行,传相放效"④。

五、宫中少男:"郎"的特殊身份与特殊境遇

《汉书》卷36《楚元王传·刘向》说,刘向"年十二,以父德任为辇郎","是时,宣帝循武帝故事,招选名儒俊材置左右。更生以通达能属文辞",于是得以上升。"会初立《穀梁春秋》,征更生受《穀梁》,讲论《五经》于石渠。复拜为郎中

---

① 《汉书》卷18《外戚恩泽侯表》则说他"高祖七年为郎"。古书"十""七"字容易误写。薄昭如果"高祖十年为郎",至其"为太中大夫,迎孝文代"时,正好时隔"十七岁"。可知"高祖七年为郎"中的"七"字误。
② 第2512页。颜师古注:"'訾'与'资'同。"
③ 颜师古注:"郎官之职,各有主部,故行钱财而择其善,以招权也。"
④ 《杨恽传》又说,"(杨)恽为中郎将"后,努力纠改,"郎、谒者有罪过,辄奏免,荐举其高弟有行能者,至郡守九卿。郎官化之,莫不自厉,绝请谒货赂之端,令行禁止,宫殿之内翕然同声"(《汉书》,第2890页)。

给事黄门,迁散骑谏大夫给事中。"[7]1928—1929 刘向以"郎"的身份在帝王"左右",于是"通达能属文辞"的才能优势影响了最高执政者。又《汉书》卷51《枚皋传》:"皋不通经术,诙笑类俳倡,为赋颂,好嫚戏,以故得媟黩贵幸,比东方朔、郭舍人等,而不得比严助等得尊官。"[7]2366 则是虽在儒学"经术"方面完全无知,却能够以另一种才能在帝王身边服务,"得媟黩贵幸"。《史记》卷109《李将军列传》:"(李)广子三人,曰当户、椒、敢,为郎。天子与韩嫣戏,嫣少不逊,当户击嫣,嫣走。于是天子以为勇。"[8]2876 则是因"勇"的性格得到欣赏。因"嫣少不逊"引起的冲突,说明李当户当时也应是少年,而李椒、李敢自然年龄更小。

《史记》卷59《五宗世家》可见有关诸侯王"有爱幸少年为郎",而"为郎者""与后宫乱"的记载:"胶西于王端,以孝景前三年吴楚七国反破后,端用皇子为胶西王。端为人贼戾,又阴痿,一近妇人,病之数月。而有爱幸少年为郎。为郎者顷之与后宫乱,端擒灭之,及杀其子母。数犯上法,汉公卿数请诛端,天子为兄弟之故不忍,而端所为滋甚。"[8]2059 "爱幸少年为郎",正是青春期情爱萌动的生理特殊阶段,出入宫中,也不免引发寂寞女子的心理冲动。

一则后宫女子因嫉妒以极端方式残害对方的故事,即与"郎"有关。事见于《汉书》卷53《景十三王传·广川惠王刘越》:"……后(刘)去立昭信为后;幸姬陶望卿为修靡夫人,主缯帛;崔修成为明贞夫人,主永巷。昭信复譖望卿曰:'与我无礼,衣服常鲜于我,尽取善缯句诸宫人。'去曰:'若数恶望卿,不能减我爱;设闻其淫,我亨之矣。'后昭信谓去曰:'前画工画望卿舍,望卿袒裼傅粉其傍。又数出入南户窥郎吏,疑有奸。'去曰:'善司之。'以故益不爱望卿。后与昭信等饮,诸姬皆侍,去为望卿作歌曰:'背尊章,嫖以忽,谋屈奇,起自绝。行周流,自生患,谅非望,今谁怨!'使美人相和歌之。去曰:'是中当有自知者。'昭信知去已怒,即诬言望卿历指郎吏卧处,具知其主名,又言郎中令锦被,疑有奸。去即与昭信从诸姬至望卿所,裸其身,更击之。令诸姬各持烧铁共灼望卿。望卿走,自投井死。昭信出之,榜楚其阴中,割其鼻唇,断其舌。谓去曰:'前杀昭平,反来畏我,今欲麋烂望卿,使不能神。'与去共支解,置大镬中,取桃灰毒药并煮之,召诸姬皆临观,连日夜靡尽。复共杀其女弟都。"[7]3429 故事最重要的情节,即真正激怒刘去者,是遇害女子望卿所谓"数出入南户窥郎吏,疑有奸","历指郎吏卧处,具知其主名,又言郎中令锦被,疑有奸",与"郎"在后宫的存在有关。

《汉书》卷68《金日䃅传》说,"(金日䃅)输黄门养马,时年十四矣"。"武帝游宴见马,后宫满侧。日䃅等数十人牵马过殿下,莫不窃视,至日䃅独不敢。"所谓"莫不窃视",是少年男子面对美女的正常反应,而"至日䃅独不敢"者,只是罕见的特例。金日䃅得到信用之后,"日䃅子二人皆爱,为帝弄儿,常在旁侧"。甚至有"弄儿或自后拥上项"而汉武帝并不发怒的情形。然而,"其后弄儿壮大,不谨,自殿下与宫人戏,日䃅适见之,恶其淫乱,遂杀弄儿。弄儿即日䃅长子也。上闻之大怒,日䃅顿首谢,具言所以杀弄儿状。上甚哀,为之泣,已而心敬日䃅"[7]2959—2960。金日䃅"所以杀弄儿"者,正是出于其子"壮大",已经性发育成熟,而"恶其淫乱"的警戒之心。

据《汉书》卷93《佞幸传·董贤》记载,董贤则是以"郎"的身份得到了汉哀帝特殊的情感投入:"董贤字圣卿,云阳人也。父恭,为御史,任贤为太子舍人。哀帝立,贤随太子官为郎。二岁余,贤传漏在殿下,为人美丽自喜,哀帝望见,说其仪貌,识而问之,曰:'是舍人董贤邪?'因引上与语,拜为黄门郎,由是始幸。"董贤的父亲得到迅速提升。"贤宠爱日甚,为驸马都尉侍中,出则参乘,入御左右,旬月间赏赐累巨万,贵震朝廷。"又有著名的"断袖"故事:"常与上卧起。尝昼寝,偏藉上袖,上欲起,贤未觉,不欲动贤,乃断袖而起。其恩爱至此。贤亦性柔和便辟,善为媚以自固。"董贤的妻子和女弟也引入宫中,董贤妻父位列高官,"弟为执金吾"。"诏将作大匠为贤起大第北阙下,重殿洞门,木土之功穷极技巧,柱槛衣以绨锦。下至贤家僮仆皆受上赐,及武库禁兵,上方珍宝。其选物上弟尽在董氏,而乘舆所服乃其副也。及至东园秘器,珠襦玉柙,豫以赐贤,无不备具。又令将作为贤起冢茔义陵旁,内为便房，刚柏题凑，外为徼道，周垣数里，门阙罘罳甚盛。"董贤家族贵势的形成，起初只是由于这位少年"郎"之"性柔""美丽""善为媚"[7]3733—3734。

六、"老郎"特例

《史记》卷102《张释之冯唐列传》记载："文帝辇过，问唐曰：'父老何自为郎？'"司马贞《索隐》："崔浩云'自，从也。帝询唐何从为郎'。又小颜云'年老矣，乃自为郎，怪之也'。"[8]2757 这是"年老矣，乃自为郎"的情形。前引汉和帝"元兴元年春正月戊午，引三署郎召见禁中，选除七十五人，补谒者、长、相"事，李贤注引《汉官仪》："三署谓五官署也，左、右署也，各置中郎将以司之。郡国举孝廉以补三署郎，年五十以上属五官，其次分在左、右署，凡有中郎、议郎、侍郎、郎中四等，无员。"[1]193 可知"补三署郎"已有"年五十以上"者。

张衡《思玄赋》："尉龙眉而郎潜兮，逮三叶而遘武。"李贤注："尉谓都尉颜驷也。龙，苍杂色也。遘，遇也。"又引《汉武故事》："上至郎署，见一老郎，鬓眉皓白，问：'何时为郎？何其老也？'对曰：'臣姓颜，名驷，以文帝时为郎。文帝好文而臣好武，景帝好老而臣尚少，陛下好少而臣已老，是以三叶不遇也。'上感其言，擢为会稽都尉。"[1]《卷59《张衡传》》① 颜驷自称"景帝好老而臣尚少"，则文帝时代"为郎"时无疑尚是少年。这一著名的"老郎"故事告知我们，"郎"若至老"鬓眉皓白"而不得"擢用"，是"不遇"的表现。而实际上这样的情形并不罕见。

汉顺帝"（阳嘉元年闰十二月）丁亥，令诸以诏除为郎，年四十以上课试如孝廉科者，得参廉选，岁举一人"[1]（卷6《顺帝纪》），"年四十以上"，年龄也已经不小。前引汉顺帝"（阳嘉二年三月）辛酉，除京师耆儒年六十以上四十八人补郎、舍人及诸王国郎"事，则是"年六十以上""补郎"史例。又汉灵帝"（熹平五年十二月）试太学生年六十以上百余人，除郎中、太子舍人至王家郎、郡国文学吏"，待选试"太学生"同样"年六十以上"[1]（卷8《灵帝纪》）。据《后汉书》卷9《献帝纪》：

（初平四年）九月甲午，试儒生四十余人，上第赐位郎中，次太子舍人，下第者罢之。诏曰："孔子叹'学之不讲'，不讲则所识日忘。今者儒年逾六十，去离本土，营求粮资，不得专业。结童入学，白首空归，长委农野，永绝荣望，朕甚愍焉。其依科罢者，听为太子舍人。

李贤注引刘艾《献帝纪》曰："时长安中为之谣曰：'头白皓然，食不充粮。裹衣褰裳，当还故乡。圣主愍念，悉用补郎。舍是布衣，被服玄黄。'"[1]374—375 所谓"头白皓然"者"悉用补郎"，这种情形屡屡发生，已经透露出汉末衰世气象。

七、"郎君"称谓与后世所谓"儿郎""少年郎"

通过上文说到的"势家郎"和"豪富郎"的作用，可以发觉这一群体中特殊成分所散发出的腐恶气息。其实，通过对未成年人比较集中的"郎官"的考察，也可以感觉到体现出积极意义的"少年精神"。

《汉书》卷66《陈咸传》说："（陈）咸字子康，年十八，以万年任为郎。有异材，抗直，数言事，刺讥近臣，书数十上，迁为左曹。"[7]2900《后汉书》卷34《梁冀传》又有"时郎中汝南袁著，年十九，见冀凶纵，不胜其愤，乃诣阙上书"的记载[1]1184。可见除"年幼才俊"值得赞赏外，两汉都有少年"郎"以"愤""直"激情抗击黑暗政治势力的勇敢表现。

《后汉书》卷45《袁敞传》记录了这样一个故事："张俊者，蜀郡人，有才能，与兄龛并为尚书郎，年少励锋气。郎朱济、丁盛立行不修，俊欲举

---

① ［宋］王益之《西汉年纪》卷11《武帝》引《汉武故事》："上尝辇至郎署，一老郎鬓眉皓白，衣服不整。上问曰：'公何时为郎？何其老也？'对曰：'臣姓颜名驷，江都人也。以文帝时为郎。'上曰：'何其不遇也！'驷曰：'文帝好文而臣好武，景帝好老而臣尚少，陛下好少而臣已老。是以三世不遇也。'上感其言，将擢用之。韩安国谏曰：'无才能者，托于不遇。陛下如擢用之，臣恐名实乱也。'上弗听，乃用为会稽都尉。"

奏之，二人闻，恐，因郎陈重、雷义往请俊，俊不听，因共私赂侍史，使求俊短，得其私书与敞子，遂封上之，皆下狱，当死。俊自狱中占狱吏上书自讼，书奏而俊狱已报。廷尉将出谷门，临行刑，邓太后诏驰骑以减死论。俊假名上书谢曰：'臣孤恩负义，自陷重刑，情断意讫，无所复望。廷尉鞫遣，欧刀在前，棺絮在后，魂魄飞扬，形容已枯。陛下圣泽，以臣尝在近密，识其状貌，伤其眼目，留心曲虑，特加遍覆。丧车复还，白骨更肉，披棺发槥，起见白日。天地父母能生臣俊，不能使臣俊当死复生。陛下德过天地，恩重父母，诚非臣俊破碎骸骨，举宗腐烂，所报万一。臣俊徒也，不得上书；不胜去死就生，惊喜踊跃，触冒拜章。'当时皆哀其文。"[1]1524 又据《后汉书》卷48《杨终传》，"太后兄卫尉马廖，谨笃自守，不训诸子。终与廖交善，以书戒之"，其中写道："今君位地尊重，海内所望，岂可不临深履薄，以为至戒！黄门郎年幼，血气方盛，既无长君退让之风，而要结轻狡无行之客，纵而莫诲，视成任性，鉴念前往，可为寒心。君侯诚宜以临深履薄为戒。"所说"黄门郎年幼"，是指马廖的儿子马防和马光，据李贤注，当时"俱为黄门郎"[1]1598—1599。

杨终劝诫马廖关于马防、马光"黄门郎年幼，血气方盛"语，或可读为勇决激进，应当与张俊、张龛"年少励锋气"，陈康"抗直"，袁著"见（梁）冀凶纵，不胜其愤"对照理解。《续汉书·百官志二》"太常"题下刘昭注补引应劭曰："《汉官名秩》曰：'丞皆选孝廉郎年少薄伐者，迁补府长史、都官令、候司、马。'"[1]3574 "年少薄伐"而充政用，确实自有特别的优越之处。

《后汉书》卷69《何进传》记载："（中平六年）八月，进入长乐白太后，请尽诛诸常侍以下，选三署郎入守宦官庐。诸宦官相谓曰：'大将军称疾不临丧，不送葬，今欻入省，此意何为？窦氏事竟复起邪？'"宦官竟"拔剑斩进于嘉德殿前"。"中黄门以进头掷与尚书，曰：'何进谋反，已伏诛矣。'"[1]2251 由何进"选三署郎入守宦官庐"的计划，可知"三署郎"作为政治力量，无论主动或被动，实际上是参与了和宦官恶势力的政争的。

《后汉书》卷86《南蛮西南夷列传》写道："太守巴郡张翕，政化清平，得夷人和。在郡十七年，卒，夷人爱慕，如丧父母。苏祈叟二百余人，赍牛羊送丧，至翕本县安汉，起坟祭祀。诏书嘉美，为立祠堂。""天子以张翕有遗爱，乃拜其子湍为太守。夷人欢喜，奉迎道路。曰：'郎君仪貌类我府君。'"[1]2853—2854 这是"郎君"称谓出现较早的史例。考虑"郎君"称谓可能与"府君""使君"等称谓有共通之处，可能是合理的。又如《后汉书》卷67《党锢列传·刘佑》李贤注引《谢承书》曰："佑，宗室胤绪，代有名位。少修操行，学《严氏春秋》《小戴礼》《古文尚书》，仕郡为主簿。郡将小子尝出钱付之，令市买果实，佑悉以买笔书具与之，因白郡将，言'郎君年可入小学，而但傲很，远近谓明府无过庭之教，请出授书'。郡将为使子就佑受经，五日一试，不满呈限，白决罚，遂成学业也。"[1]2199 故事中的"郡将小子"不过"年可入小学"，而被尊称"郎君"，也值得社会称谓研究者关注。

东汉晚期，又出现少年闻人被称为"郎"的情形。《三国志》卷46《吴书·孙策传》裴松之注引《江表传》写道："策时年少，虽有位号，而士民皆呼为'孙郎'。百姓闻孙郎至，皆失魂魄；长吏委城郭，窜伏山草。"[4]1104 又有华歆称"年十一""英彦""幼童"沈友为"沈郎"的故事。《三国志》卷47《吴书·吴主权传》裴松之注引《吴录》曰："（沈）友字子正，吴郡人。年十一，华歆行风俗，见而异之，因呼曰：'沈郎，可登车语乎？'"①

---

① 《三国志》卷46《吴书·孙策传》裴松之注引《江表传》又记述："友逡巡却曰：'君子讲好，会宴以礼，今仁义陵迟，圣道渐坏，先生衔命，将以禆补先王之教，整齐风俗，而轻脱威仪，犹负薪救火，无乃更崇其炽乎！'歆惭曰：'自桓、灵以来，虽多英彦，未有幼童若此者。'弱冠博学，多所贯综，善属文辞。兼好武事，注《孙子兵法》。又辩于口，每所至，众人皆默然，莫与为对，咸言其笔之妙、舌之妙、刀之妙，三者皆过绝于人。权以礼聘，既至，论王霸之略，当时之务，权敛容敬焉。陈荆州宜并之计，纳之。正色立朝，清议峻厉，为庸臣所潜，诬以谋反。权亦以终不为己用，故害之，时年二十九。"（第1117页）

16

周瑜被称为"周郎",更是人们熟悉的史事①。而时称"陆郎"的陆绩,当时只有六岁②。孙吴地方又有"石印三郎"③传说,可推知类似"三郎"的称谓很可能已经流行于民间。

尊称未成年少儿为"郎"的情形,很可能最早出现于东南地区,或当就在"江表""吴中"。这也许即后来民间盛说"儿郎""少年郎"称谓的滥觞。这种用于人称的习用语的流行,应当与汉代"童子郎"称谓及"少为郎"现象有关。本义为"廊"的"郎",成为未成年人称谓④。相关现象或许也可以作为文化优越地方引领社会语言习惯的例证⑤。

【参考文献】

[1] 范晔.后汉书[M].北京:中华书局,1965.
[2] 王子今.两汉的少年吏[G]//文史(51).北京:中华书局,2000.
[3] 朱胜非.绀珠集:文渊阁四库全书本[M].上海:上海古籍出版社,1987.
[4] 陈寿.三国志[M].北京:中华书局,1959.
[5] 王子今.汉代神童故事[N].学习时报,2007-06-25.
[6] 王子今.汉代齐鲁"神童"[G]//齐鲁文化研究:2008(总第7辑).济南:山东文艺出版社,2008.
[7] 班固.汉书[M].北京:中华书局,1965.
[8] 司马迁.史记[M].北京:中华书局,1959.
[9] 黄留珠.秦汉仕进制度[M].西安:西北大学出版社,1985.
[10] 安作璋,陈乃华.秦汉官吏法研究[M].济南:齐鲁书社,1993.
[11] 孟彦弘.释"财用钱"[G]//北京吴简研讨班.吴简研究:第一辑.武汉:崇文书局,2004.
[12] 赵宠亮.说"财用钱"[J].历史研究,2006(2).
[13] 杨鸿年.汉魏制度丛考[M].武汉:武汉大学出版社,2005.
[14] 王克奇.论秦汉郎官制度[M]//安作璋,熊铁基.秦汉官制史稿:附录.济南:齐鲁书社,2007.

---

① 《三国志》卷54《吴书·周瑜传》:"瑜时年二十四,吴中皆呼为周郎。""瑜少精意于音乐,虽三爵之后,其有阙误,瑜必知之,知之必顾,故时人谣曰:'曲有误,周郎顾。'"(第1259页,第1265页)

② 《三国志》卷57《吴书·陆绩传》:"陆绩字公纪,吴郡吴人也。父康,汉末为庐江太守。绩年六岁,于九江见袁术。术出橘,绩怀三枚,去,拜辞堕地,术谓曰:'陆郎作宾客而怀橘乎?'绩跪答曰:'欲归遗母。'术大奇之。"(第1328页)

③ 《三国志》卷48《吴书·孙晧传》裴松之注引《江表传》记载:"历阳县有石山临水,高百丈,其三十丈所,有七穿骈罗,穿中色黄赤,不与本体相似,俗相传谓之石印。又云,石印封发,天下当太平。下有祠屋,巫祝言石印神有三郎。时历阳长表上言石印发,晧遣使以太牢祭历山。巫言,石印三郎说'天下方太平'。使者作高梯,上看印文,诈以朱书石作二十字,还以启晧。晧大喜曰:'吴当为九州作都、渚乎!从大皇帝逮孤四世矣,太平之主,非孤复谁?'重遣使,以印绶拜三郎为王,又刻石立铭,襃赞灵德,以答休祥。"(第1171—1172页)事又见《建康实录》卷4"吴后主天玺元年"。

④ 王克奇指出,"许慎《说文解字》无'廊'字,北宋人徐铉新附'廊'字,并认为,'廊……《汉书》通用郎'。可见'郎'是'廊'的省文"(《论秦汉郎官制度》,安作璋、熊铁基:《秦汉官制史稿》附录,齐鲁书社2007年1月版,第363页)。

⑤ 江南地方的文化跃进自东汉启始的历史意义,应当受到重视。正如傅筑夫所指出的,"从这时起,经济重心开始南移,江南经济区的重要性亦即从这时开始以日益加快的步伐迅速增长起来,而关中和华北平原两个古老的经济区则在相反地日益走向衰退和没落。这是中国历史上一个影响深远的巨大变化,尽管表面上看起来并不怎样显著"(《中国封建社会经济史》第2卷,人民出版社1982年12月版,第25页)。

秦汉九卿源流及其性质问题

卜宪群*

【摘 要】 "九卿"一词的出现晚于"三公",约在战国后期,其影响也不如三公说大,对战国政治制度没有影响。秦代没有"九卿"的提法,其出现在汉代官制中约是文、景时期。西汉的九卿并不是九个卿而是列卿的泛称,但王莽时至东汉,又按照儒家学说将九卿变为九个卿,形式上分属三公。东汉的九卿是专称而非泛指,秩次为中二千石。秦汉九卿经历了一个由理论向实践转化的过程。

【关键词】 九卿;三公;政制

与三公问题一样,关于"九卿"问题也有许多学者研究,但由于方法与视角不同,有的问题可以说基本解决了,但也还有许多值得探讨的地方。例如关于九卿的人数和九卿的含义问题,以往研究虽然说是比较清楚的,但还没有从动态的角度分析这个问题。因此,九卿何时形成,为什么有九卿这个说法,九卿有没有一个像三公一样由泛称向实际官制转化的过程,以及九卿的性质等问题,还需要进一步探讨。更重要的是,以往把三公视为政务官,九卿作为事务官来分析秦汉中央政权行政结构的方法是否完全符合实际?秦汉九卿与皇权、中央行政中枢的关系如何?九卿的职能是否以皇室家事为中心?凡此等等,是牵涉到怎样看待秦汉政治结构的问题,本文在结合诸家学说的基础上对秦汉九卿问题再作考释。

一、九卿学说的起源与发展

九卿的起源与三公有相似之处。《汉书·百官公卿表》云:"周官则备矣。天官冢宰,地官司徒,春官宗伯,夏官司马,秋官司寇,冬官司空,是为六卿……又立三少为之副,少师、少傅、少保,是为孤卿,与六卿为九焉。"这是以后世的三公九卿说去逆推周代的情况。当然还有比这个更早的说法,如商代伊尹曾说"三公调阴阳,九卿通寒暑",但这都不能作为商周时代有九卿设置的证据。正确的理解应当是后世的卿制可以追溯到商周时期,但那时既无九卿制,也无九卿的说法。

《左传》中无"九卿"一词。九卿较早见于史书记载的是《国语》,《国语·鲁语下》云:"是故天子大采朝日,与三公九卿,祖识地德。"《周礼·考工记·匠人》有"外有九室,九卿朝焉"之语。但这两条史料并不是没有可疑之处。《国语》通篇除此之外,再也没有提到九卿,其论各国

---

* 卜宪群(1962—),男,汉族,安徽省南陵县人,博士,中国社会科学院历史研究所研究员,主要从事秦汉魏晋南北朝史研究。

官职史事,也无九卿之制,此处显得突兀。而《周礼·考工记》又系晚出之篇,本有可疑之处,故皆不宜作为信史。

先秦文献中关于九卿之说的确切记载是《吕氏春秋》,《吕氏春秋·孟春纪》云:"立春之日,天子亲率三公九卿诸侯大夫,以迎春于东郊。"另外"十二纪"中也有类似的制度描述,可以视为"九卿"一词可信的最早出处。此外,诸子中不见"九卿"一词,如《荀子》的职官系统是天子、三公、诸侯、大夫,《墨子》也是如此。《礼记·王制》中有"天子三公九卿,二十七大夫,八十一元士"之语,但《王制》系晚出之篇。可以断定,九卿的说法在三公之后,在先秦诸子中也没有三公说影响大。

先秦文献中的九卿理论与先秦的实际政制情况并不一样。周代有卿,但无九卿。春秋列国政制颇为复杂,国君之下或有"二卿",或有"三卿",或有"六卿",殊为不一,即便有九卿也完全是一种人数上的偶合,与九卿说无涉。卿有等级之分,有的称"卿",有的称"上卿""客卿"等,但目前大家较为一致的观点是:无论周代的卿或春秋列国的卿,均是位,而不是官,卿位可袭而官职一般不可袭。这个特点对我们理解秦汉的九卿问题也很有启发意义。在秦汉官僚制度中,卿也是位次,而不是官秩。

战国时代已出现九卿的理论,但战国实际政制中并无九卿的踪影,也无将中央官吏称为九卿的说法。与三公说一样,战国时期的九卿说也是传统思想与当时政制中的若干因素相结合的产物。先秦政制中虽无九卿,但先秦政制中却有公、卿、大夫、士的位次排列,列国政制中也有"二卿""三卿""六卿"等执政的事实,这都为九卿说的产生提供了现实基础。那么,为什么要称"九"卿呢?这与为什么要称"三"公有相似的原因。"三"与"九"在中国古代哲学中都是具有特别意义的数字。据《易·系辞》,在一至十的十个自然数字中,一、三、五、七、九这五个奇数被称为天数,五个偶数被称为地数。天数与地数之分是阴与阳之分,《慎子·外篇》云:"天一阳数也","地二阴数也";《管子·五行篇》云:"天道以九制,地理以八制"。先秦文献中以"九"命名的九州、九野、九川、九天、九品、九御乃至文学作品中的《九歌》等,都是以阳数之"九"表示通天道的意思,是中国古代哲学天地感应,化生万物的朴素思想。这里的"九",固然不能看作实数,但却有着非常神圣的意义。所谓三公九卿提法的出现,都是由于"三"和"九"这两个数字的特殊意义所决定的。《后汉书·郎𫖮传》云:"陛下践祚以来,勤心庶政,而三九之位,未见其人。"直接以"三""九"这两个数字来概括公卿之位,是三公九卿最本质意义的反映。战国时期的九卿说,就是在此基础上产生的。

自战国官僚制度形成以后至秦汉,官僚除了有秩次,如多少石,有爵次,如某某爵之外,实际上还有一个位次秩序,即公、卿、大夫、士。丞相、太尉、御史大夫位为公,之下的部分中二千石位为卿,再之下为大夫位,而其他属吏为士位。这个位次关系在秦汉官僚制度中广泛存在,史籍中俯拾皆是,如《史记·曹相国世家》云:"卿大夫以下吏及宾客见参不事事,来者皆欲有言。"秦汉文书中将秦汉官僚以公、卿、大夫、士秩序来排列的实例很多,不必枚举。这种位次尽管不属于一种行政序列,但可以相互比较,如《汉书·外戚传》:"昭仪位视丞相,爵比诸侯王。婕妤视上卿,比列侯。姪娥视中二千石,比关内侯。"汉代丞相为三公,昭仪自然比公位。这虽是以内宫后妃的一种比拟,但无疑是现实的反映。位次在实际政治生活中往往还发挥出作用,《汉书·翟方进传》载,司隶校尉涓勋奏"今丞相宣请遣掾史,以宰士督察天子奉使命大夫,甚悖逆顺之理",这个意见得到大臣的响应,"议者以为丞相掾不宜移书督趣司隶"。师古注曰:"谓丞相掾史为宰士者,言其宰相之属官,而位为士也。奉使命大夫,谓司隶也。"作为行政中枢的丞相府,从行政统属关系上来说,当然有权督察司隶校尉,但大臣从督察者位次的角度来看这个问题,就是以位次秩序来干预行政秩序,在当时也有其合理性的一面。位次除了与秩次有关系外,还与爵次有关系,彼此之间有一个相互比较的关系。如江陵张家山汉简《奏谳书》案例一六载,罪犯苍等人"皆故楚爵,属汉以比士"。《续汉书·百官志》注引刘劭《爵制》:"自一爵以上至不更四等,皆士也。

大夫以上至五大夫五等,比大夫也。九等,依九命之义也。自左庶长以上至大庶长,九卿之义也。"这是先秦宗法血缘政治下的等级制度在后世的遗存,直接影响到秦汉官僚制度。

二、九卿理论与九卿制的形成

战国时代产生的九卿说,在秦汉获得更进一步的发展。《大戴礼记·虞戴德》:"九卿佐三公,三公佐天子。"《春秋繁露·官制象天》:"王者制官,三公、九卿、二十七大夫、八十一元士……天子自参以三公,三公自参以九卿。"《白虎通·封公侯》:"王者所以立三公九卿何?……以顺天成其道……一公置三卿,故九卿也。天道莫不成于三,天有三光,日月星,地有三形,高下平,人有三尊,君父师,故一公三卿佐之。"《后汉书·刘玄刘盆子列传》注引《春秋汉含孳》:"三公在天为三台,九卿为北斗,故三公象五岳,九卿法河海……合为帝佐,以匡纲纪。"

君主置公卿以为辅佐是一个古老的传统说法,也有史实依据,《左传·襄公十四年》师旷云:"有君而为之贰,使师保之,勿使过度。是故天子有公,诸侯有卿,卿置侧室,大夫有贰宗,士有朋友……以相辅佐也。善则赏之,过则匡之,患则救之,失则革之。"这种传统说法在官僚制建立以后仍然保存,贾谊《新书·阶级篇》云:"故古者圣王制为列等,内有公卿大夫士,外有公侯伯子男。"《汉书·宣帝纪》云:"(霍光)率三公、诸侯、九卿、大夫定万世策。"但如前所述,无论先秦抑或秦汉,公卿、大夫、士都只是位次,而不是实际的官制秩序。

我们注意到,九卿说也与三公说一样,在其学说产生之初往往十分简单,历史越往后发展,其理论越完备,并且与天象相联系,甚至被抬高到"北斗"的地位。九卿存在的合理性及其与皇权、三公的关系也得到更加明确、系统的解释。

九卿说产生后并没有立即与现实政治相结合。在九卿说产生的秦国,官制中有公、卿、大夫的位次排列,如始皇二十八年琅邪刻石中的秩序是:列侯、伦侯、丞相、卿、大夫。但秦代并没有人将九卿与实际官职相联系。汉初也无这种说法,如《汉书·高帝纪》载高祖六年诏中的位次排列是诸王、通侯、将军、群卿、大夫,这里是"群卿"而非九卿。高后、惠帝时也不见称中央高级官吏为九卿的说法。

细检史籍,将九卿与中央高级官吏相比拟的说法起源于文、景时:

《汉书·文帝纪》前元年六月诏:"诸从朕六人,官皆至九卿。"

《史记·日者列传》:"贾谊曰:'吾闻古之圣人,不居朝廷,必在卜医之中。今吾已见三公九卿朝士大夫,皆可知矣。'"

《史记·张释之列传》:"尝召居廷中,三公九卿尽会立。"

《汉书·晁错传》载:"故诏有司、诸侯王、三公、九卿及主郡吏,各帅其志,以选贤良明于国家之大体……"

《史记·万石张叔列传》:"景帝时尊重,常为九卿。"

自文、景时期将中央部分官僚称为九卿的说法流行后,"九卿"一词频见于史籍,以至后世学者对九卿究竟是指哪九个官职,以及是不是九个卿等,也都众说纷纭。廓清这个问题对正确理解九卿的含义十分重要,首先,我们从史籍记载统计来看哪些官职在汉代可以被称为九卿:

主爵都尉(主爵中尉)。《史记·酷吏列传》:"(杨仆)稍迁至主爵都尉,列九卿。"

执金吾。《汉书·毋将隆传》:"隆位九卿(时任执金吾)。"

郎中令(光禄勋)。《汉书·李广传》:"然广不得爵邑,官(时为郎中令)不过九卿。"

太仆。《汉书·霍光传》:"自先帝时,桀已为九卿(指太仆),位在光右。"

大司农。《汉书·食货志》:"孔仅使天下铸作器,三年中至大司农,列于九卿。"

廷尉。《汉书·田千秋传》:"未闻九卿、廷尉有所鞫也。"

少府。《汉书·召信臣传》:"征为少府,列于九卿。"

京兆尹及三辅。《汉书·王尊传》:"(京兆尹王尊)威信日废,不宜备位九卿。"又同传如淳注:"三辅皆秩中二千石,号为卿也。"

大行(大鸿胪)。《史记·汲郑列传》:"黯既辞行,过大行李息,曰:'……公列九卿……'"以上未列的宗正、太常等官是否就不是九卿呢?当然不是。班氏在《百官公卿表》中所列奉常、郎中令、卫尉、太仆、廷尉、典客、宗正、治粟内史、少府、中尉诸官后云:"自太常至执金吾,秩皆中二千石。"他们之间是平等的,并立的,自然也在九卿之列。这里已有十卿,如果再加上主爵中尉、三辅,就远远不止九个卿了。我们所列以上材料皆为西汉的材料,这说明九卿的理论与实际官制相联系时,并没有限定仅指九个卿,而是一种泛称,对于泛称我们就不必拘泥于人数的问题了。

古代史家在九卿人数问题上就已有争论,刘熙《释名》云:"汉置十二卿,一曰太常,二曰太仆,三曰卫尉,四曰光禄勋,五曰宗正,六曰执金吾,七曰大司农,八曰少府,九曰大鸿胪,十曰廷尉,十一曰大长秋,十二曰将作大匠。"三国韦昭在《辩释名》中不同意这个看法,他说:"汉正卿九,一曰太常,二曰光禄勋,三曰卫尉,四曰太仆,五曰廷尉,六曰鸿胪,七曰宗正,八曰司农,九曰少府,是为九卿。"又云:"执金吾本中尉,掌徼循官外,司执奸邪,至武帝更名执金吾,为外卿,不见九卿之列也……长秋自皇后官,非天子卿。"二者产生分歧的根本在于所依据的历史背景不同。刘熙说汉置十二卿,是以西汉历史为背景的,其中有的有所本,有的不知其所本,或许是依据他那个时代所见资料总结出来的。但这恰恰反映西汉的卿并不专指九个卿,而是泛称,或为九,或为十,或为十二。韦昭也并不是一定要为了满足九个卿的说法,才"把刘熙所举十二卿合乎情理地减去三卿",只不过九卿在西汉后期的确由一种泛称向实际九个卿的方向转化。韦昭所依据的是西汉后期制度,特别是东汉的制度。

我们知道,西汉后期三公制的形成有多种原因,但不能否认其思想基础是儒家学说。信奉儒家思想可以挽救社会危机的人,不仅提出了建三公官,实际上也提出了建九卿官的建议。《汉书·朱博传》载何武说:"宜建三公官,定卿大夫之任,分职授政,以考功效。""定卿大夫之任"就包含着建九卿的思想。因此,作为泛称的九卿在西汉后期也有向实际政制转化之趋势,当然其时间要晚于三公制,大体是在王莽时建立的。《汉书·王莽传》在莽改大司农、廷尉、太常、大鸿胪、少府、水衡诸官名后云:"与三公司卿凡九卿,分属三公。每一卿置大夫三人,一大夫置元士三人,凡二十七大夫,八十一元士,分主中都官诸职。"又云:"更名秩百石曰庶士,三百石曰下士,四百石曰中士,五百石曰命士,六百石曰元士,千石曰下大夫,比二千石曰中大夫,二千石曰上大夫,中二千石曰卿。"这样,以儒家思想设计的公卿大夫士体系建立起来了。三公司九卿之"九卿"已经被确定为九个卿,而不是泛称。王莽九卿确为九人还有一个佐证,《汉书·王莽传下》云:"莽亲迎于前殿两阶间,成同牢之礼于上西堂。备和嫔、美御、和人三,位视公;嫔人九,视卿;美人二十七,视大夫;御人八十一,视元士。凡百二十人。"九嫔视卿,反之,卿亦为九人。从上可知,王莽不仅确定了九卿的具体人数,而且还确定了一公辖三卿的制度。但王莽具体确定哪九卿,由于史料阙如,无从考证。东汉继承的正是王莽制度,《续汉书·百官志》列太常、光禄勋、卫尉、太仆、廷尉、大鸿胪、宗正、大司农、少府时皆云"卿一人",恰为九人,正是东汉实行九卿制之明证。又《通典·职官二》云:"太尉公主天(原注:部太常、卫尉、光禄勋),司徒公主人(原注:部太仆、鸿胪、廷尉),司空公主地(原注:部宗正、少府、司农)。"一公辖三卿,三公辖九卿,九卿制在东汉全面形成,但东汉之九卿是否王莽所确定的九卿就不得而知了。

还有几个问题需要解释,一是很多人认为中二千石皆是九卿,或者九卿都是中二千石,不确。应当说九卿秩为中二千石是王莽和东汉的制度,西汉未必如此。如被刘熙列为卿的将作大匠,《汉书·百官公卿表》明确记载其秩次是二千石。又《陈汤传》云"将作大匠乘马延年以劳苦秩中二千石",说明将作大匠原本确非中二千石。即便是中二千石也未必是九卿,《宣帝纪》云:"颍川太守黄霸以治行尤异秩中二千石。"如淳曰:"霸得中二千石,九卿秩也。"霸虽有中二千石,但却不是九卿。中央中二千石同样未必是九卿。《沟洫志》:"其以延世为光禄大夫,秩中二千石。"《张汤传》："后复征放为侍中,光禄大夫,秩中二千石。"光禄大夫不是九卿,却秩中二千石。二是如何看待韦昭将执金吾排除在九卿之外。执金吾在西汉为九卿之一是没有问题的,韦昭言武帝时执金吾被列为外卿,不在九卿之列,但前举毋将隆为哀帝时人,哀帝诏书中仍称"隆位九卿",可见西汉执金吾地位没有大的变化,韦昭此说不确。但东汉此职又确有变化,尽管《续汉书·百官志》仍称其为"中二千石",但不言其为卿。而且与西汉相比东汉执金吾属官也有较大幅度的裁减,据《百官志》载执金吾的丞由两人裁为一人,"又省中垒、寺互、都船令、丞、尉及左右京辅都尉",实际上式道左右中候也被省罢。《通典·职官十》云:"自中兴,(执金吾)但专徼循,不与他政。"这是与西汉相比得出的结论,是地位下降的证明。《汉旧仪》还有一条材料云"执金吾比二千石",可见其在东汉是否为中二千石的秩次问题也颇值得怀疑了。因此,东汉执金吾不列九卿是完全可能的。三是大长秋是不是九卿问题。韦昭对将作大匠似无异议,但以为大长秋为皇后宫官,非天子卿,这是事实,《汉书·百官公卿表》应劭注"将行"条(景帝更为大长秋)云:"皇后卿也。"按汉代皇后宫官确有称卿之制。《通典》卷27云:"又有将行、卫尉、少府各一人。汉景帝中元六年(前144年),改将行为大长秋,或用中人,或用士人。成帝加置太仆一人,掌太后舆马,通谓之皇太后卿。皆随太后宫为官号,在正卿上。"同卷还云:"汉制,太后三卿。"不管太后宫设几卿,但设卿是肯定的。刘熙为什么独将大长秋列为十二卿,不得而知。我们以为,在西汉九卿制尚未建立的情况下,谁是九卿,谁不是九卿,可能有较大的随意性,人数也绝非九个,不必过于拘泥。

综上所述,我们归纳如下:秦及西汉初年既无九卿制,也无将中央部分官僚视为九卿的说法,九卿只作为儒家学说的理论存在于思想之中。文景以后始将中央部分高级官吏泛称为九卿,非特指九人,其秩次既有中二千石也有二千石。西汉末年在儒家思想影响下九卿有向实际政制转变之趋势。至王莽时确定了九卿九职的制度,此制被东汉所继承。东汉的九卿是专称而非泛指,秩次为中二千石。

三、九卿与秦汉官僚政治

了解秦汉九卿制的源流,对于我们全面把握九卿在秦汉官僚政治中的作用十分有益。毕竟设官分职是体现社会管理的需要。但以往研究秦汉中央行政管理制度时,对九卿的作用缺乏系统的分析,大都仅列其执掌范围和官名、属吏的演变而已。因而对秦汉九卿的地位、作用、性质等具体研究较少。我们试图在前人研究的基础上,对秦汉九卿制中的若干具体问题作进一步的分析。

(一)九卿的性质

关于秦汉九卿的性质,学术界一般认为:三公是政务官,九卿是事务官、行政官;九卿的职能主要是与天子的私事有关,因而九卿的设置及其功能"说明封建时期设官治理国家的考虑还不成熟,也是封建社会初期国家事务不多,天子及皇族事务压倒一切的表现"。也有学者指出秦汉九卿虽有较明确的分工,"但也表现出家、国不分的特点,整个机构以皇权为中心,为皇室服务的机构多于国家的政务机构"。如果深入研究,这些观点都还有待于进一步商榷。如中央行政机构家、国不分,以皇权为中心等不仅是秦汉的特点,也是整个古代社会的共同特点;以皇族事务的多少及重要性来解释秦汉九卿的设置及其地位也缺乏必要的证据,因为后世皇室的事务比秦汉肯定还要多,我们也没有必要来比较秦汉皇室与明清皇室谁的地位更重要、事务更多。我们认为,秦汉的职官制度,包括九卿,与周制和春秋战国制度有较大的关系,大都可以从中寻求到渊源。秦汉中央政府设置地位仅次于三公的九卿,与先秦以来王权之下的设官分职方式有很大关系,这是历史发展的延续性,与皇族事务的多少、皇室的重要性没有太大关系。当然,与后世三省六部的组织机构化国家中央行政管理体制相比,秦汉的三公九卿制是一种个人开府式的管理形式,从行政学的角度看,还处于较低的层次上,但它们又是在不断的发展过程中。三公九卿制向三省制的过渡,秦汉是一个重要时期,它们组织形式的雏形大都可以在秦汉制度中找到缩影。

探讨秦汉九卿性质的关键是弄清九卿的主要职能。按照一般说法,秦汉九卿除廷尉、司农、鸿胪所掌与国家大政有关外,其他所掌皆天子之私事。事实是否如此呢?如果我们不是仅从制度史的静态记载,而是从政治史的动态活动来分析,就很难得出这个结论。因为不仅除此三卿之外的其他诸卿,同样也有国家行政管理职能,而且后世中央政府的诸多组织机构,乃至核心机构,许多都是从秦汉九卿及其属官中发展出来的。我们试将此三卿之外的诸卿与国家行政管理的职能关系情况析之如下:

太常。《汉书·百官公卿表》云:"奉常,秦官,掌宗庙礼仪,有丞。景帝中六年更名太常。"《续汉书·百官志》云:"太常,卿一人,中二千石。本注曰:'掌礼仪祭祀。每祭祀,先奏其礼仪;及行事,常赞天子。'"秦汉太常居九卿之首,其设置的本意是为掌皇室的宗庙祭祀礼仪等,所以《汉书·五行志》说"太常、宗正典宗庙骨肉之官",始终也无太大变化,从这一点来看太常的职能的确与皇室家事关系很大。

但太常所掌又非全是皇室家事,如秦汉无中央教育机构,太常即是主管全国的最高教育机构,承担着选拔人才的重任。《汉书·儒林传序》云:"古者政教未洽,不备其礼,请因旧官而兴焉。为博士官置弟子五十人,复其身。太常择民年十八以上仪状端正者,补博士弟子。郡国县官有好文学,敬长上,肃政教,顺乡里,出入不悖,所闻,令相长丞上属所二千石。二千石谨察可者,常与计偕,诣太常,得受业如弟子。一岁皆辄课,能通一艺以上,补文学掌故缺;其高第可以为郎中,太常籍奏。即有秀才异等,辄以名闻。"可见博士的选拔、教育、考试直至补吏都是由太常来完成的。如公孙弘的入仕就是一个实例,《公孙弘传》云弘被征为贤良文学,至太常,"时对者百余人,太常奏弘第居下。策奏,天子擢弘对为第一。召入见,容貌甚丽,拜为博士,待诏金马门"。东汉仍是如此,《续汉书·百官志》云太常的职能之一是"每选试博士,奏其能否"。由博士弟子考试选拔入仕是汉代一项重要的全国性制度,特别是昭宣以后博士弟子人员大增,太常的管理任务也必定相当繁重,《百官志》注引《汉官》云太常的属吏中有"九人学事,十六人守学事",这些职官应当都是与教育有关的。太常属官中有太史令,其职掌也涉及全国性的行政管理。《百官志》云:"太史令一人,六百石。本注曰:掌天时、星历。凡岁将终,奏新年历。凡国祭祀、丧、娶之事,掌奏良日及时节禁忌。凡国有瑞应、灾异,掌记之。"天时、星历、新年历等自然都是涉及全国性的重要事务。时节禁忌也牵涉到全国,居延汉简中著名的元康五年诏书,就是由太常属下太史丞提出的寝兵、别水火等时节禁忌之事,此事由太常苏昌向丞相魏相申报,由魏相转呈御史大夫丙吉,丙吉上呈皇帝,获得批准,并以诏书的形式下发,此诏既发到居延边郡,自然也要发到全国各地。

执金吾。《汉书·百官公卿表》云:"中尉,秦官,掌徼循京师,有两丞、候、司马、千人。武帝太初元年更名执金吾。属官有中垒、寺互、武库、都船四令丞。都船、武库有三丞,中垒两尉。又式道左右中候、候丞及左右京辅都尉、尉丞兵卒皆属焉。初,寺互属少府,中属主爵,后属中尉。"东汉执金吾"掌宫外戒司非常水火之事。月三绕行宫外,及主兵器",除仍掌管武库外,其他属官大大裁减。《通典·职官十》将两汉执金吾相比较后认为:"自中兴,但专徼循,不与他政。""不与他政",表明地位的降低,东汉执金吾已不在九卿之列。作为九卿之一的执金吾在西汉的主要职能是掌管京师治安,防备盗贼,管理国家武库。这些职能,特别是掌京师治安,当然与皇室有关系,但说完全是天子的私事还不准确。实际上,执金吾所参与的政事还不仅如此,如执金吾也掌选举,《汉书·百官公卿表》云:"护西域骑都尉韩立子渊为执金吾,五年,坐选举不实,免。"参与朝议,《盖宽饶传》云:"书奏,上以宽饶怨谤终不改,下其书中二千石。时执金吾议,以为宽饶指意欲求禅,大逆不道。"如果议政不力,还要受降职处分,《毋将隆传》云:"隆位九卿(执金吾),既无以匡朝廷之不逮……左迁为沛郡。"这都说明执金吾绝非仅仅是一介武夫。

光禄勋,秦及汉初称郎中令。《汉书·百官

公卿表》云："郎中令，秦官，掌宫殿掖门户，有丞。武帝太初元年更名光禄勋。属官有大夫、郎、谒者，皆秦官。又期门、羽林皆属焉。"初看起来，光禄勋似乎只是宫廷里面的宿卫官，主要职责是保卫皇帝。但实际上，此职不仅与皇权密切，而且其属官及其职掌与诸多国家政务有着重大关系。光禄勋与皇权密切的实例很多，《史记·秦始皇本纪》："赵高为郎中令，任用事。"后赵高欲易二世，又"使郎中令为内应"。汉初陈平因畏谗言，"因固请得宿卫中。太后乃以为郎中令。曰：'使教惠帝。'"《史记·张丞相列传》："孝元好《诗》，而迁为光禄勋，居殿中为师，授教左右。"郎中令与皇权密切的重要原因之一是郎中令府居宫中，与皇帝接近。郎中令的属官之一大夫，初有太中大夫、中大夫，武帝时又增谏大夫，并改中大夫为光禄大夫，王莽时增中散大夫。特别是光禄大夫，地位更高。"大夫掌论议"，但绝不仅仅如此，除论议外，还掌谏诤、顾问应对、拾遗补缺、奉使出差等，甚至还可参与机要。光禄勋的属官之二郎中有五官中郎将，左、右中郎将，合称三署。署中各有中郎、议郎、侍郎、郎中等，秦汉郎官的意义不仅是"掌守门户，出充车骑"，关键是三署郎的人选与秦汉仕进制度有极大关系，郎官是各级官僚的后备队伍。《汉官仪》云："郡国举孝廉以补三署郎，年五十以上属五官，其次分在左右署。"孝廉为郎史籍多见，而郎官又是长吏的主要后备人选，董仲舒说"长吏多出于郎中、中郎"，就是这种情况的写照。郎官还要给事内外朝，参与诸多中央事务。所以说光禄勋与中央行政管理有很大关系。

卫尉。《汉书·百官公卿表》云："卫尉，秦官，掌宫门卫屯兵，有丞。景帝初更名中大夫令，后元年复为卫尉。属官有公车司马、卫士、旅贲三令丞。卫士三丞。又诸屯卫候、司马二十二官皆属焉。"《续汉书·百官志》云："卫尉，卿一人，中二千石。本注曰：掌宫门卫士，宫中徼循事。"卫尉是宿卫皇宫的重要力量，其地位超过执金吾和光禄勋，但卫尉所掌是否就是天子的私事，与国家大政无关呢？当然不是这样，卫尉守卫皇宫，掌京师屯兵，是秦汉中央机构保持稳定的一支重要力量。所以卫尉的任用不仅显要，而且皇权为了防范，将其调动频繁。卫尉的属官公车司马令，掌"天下上事及阙下，凡所征召皆总领之"，"凡吏民上章，四方贡献，及征诣公车者"。《汉书·隽不疑传》云："胜之遂表荐不疑，征诣公车，拜为青州刺史。"同传："自谓卫太子。公车以闻。"师古曰："公车，主受章奏者。"《丙吉传》云："边郡发奔命书驰来至。驭吏因随驿骑至公车刺取。"《谷永传》："元延元年，为北地太守。时灾异尤数，永当之官，上使卫尉淳于长受永所欲言。"之所以由卫尉来接受谷永所言，是因为卫尉掌公车司马，有接受吏民上章的责任。荐人为官需经公车，边郡告急文书也上公车，大臣上章也经卫尉，可见此职与国家政治有重要关系。

太仆。《汉书·百官公卿表》云："太仆，秦官，掌舆马，有两丞。属官有大厩、未央、家马三令……又边郡六牧师苑令。"《续汉书·百官志》云："太仆，卿一人，中二千石。本注曰：掌车马。天子每出，奏驾上卤簿用；大驾则执驭。"按秦汉太仆的主要任务确是为皇帝私人服务，但也还有其他职掌，如国家的马政就是由太仆来管理的。而马政在秦汉国家政治中有重要作用。《汉书·食货志》云，"（景帝）始造苑马以广用"，"天子（武帝）为伐胡故，盛养马，马之往来食长安者数万匹"。《汉官仪》云："牧师诸苑三十六所，分置北边、西边，分养马三十万头。"太仆养马如此之多显然并非全为天子私用，而是因国家所需，如《汉书·文帝纪》云："太仆见马遗财足，余皆以给传置。"秦汉边事甚多，骑兵是国家军事力量的重要组成，太仆所养之马，必是军队重要的马源之一。东汉太仆属官又增加了考工令一职，此职"主作兵器弓弩刀铠之属，成则传执金吾入武库"。执金吾掌国家武库，而武库中的武器则是由太仆属官管理制作的。以上足证太仆的职掌并非与国事无关。

少府。《汉书·百官公卿表》云："少府，秦官，掌山海池泽之税，以给共养。"《续汉书·百官志》云："少府，卿一人，中二千石。本注曰：掌中服御诸物，衣服宝货珍膳之属。"秦汉少府属官十分庞杂，前后变化也很大。据《百官公卿表》和《百官志》的记载其属官大体可分为三类：一

24

是协助皇帝处理政务的官,如尚书、符节令、尚符玺郎、符节令史、中书谒者令、侍中等;二是管理皇帝生活的官,如太医令、太官令、乐府令、居室令、掖庭令、黄门令等;三是掌管生产管理部门的官,如东、西织令,上林十池监,东园匠令等。西汉少府"掌山海池泽之税,以给供养",反映少府的主要职能是管理帝室财政,但东汉此项职能已与大司农合并,帝室财政与国家财政不再有所区别。上述第一类职官在秦汉国家政治中的重要性自不待言,如尚书逐渐发展成为国家行政中枢所在。尽管史云东汉少府的直属机构只有太医、太官、守宫、上林苑四令,其余"皆以文属焉",但不能否认这些"文属"的机构是从少府发展出来的,至少在秦及西汉时期,少府在国家行政管理中仍有重要地位。

以西汉而论,可以列为九卿的还有京兆尹及三辅、将作大匠,他们职掌的更非皇室家事。所以从以上分析可以看出,秦汉九卿的性质,可以说有家国不分的特点,但不能说除少数几个卿外,其余的卿官都是为皇室家事服务的。他们所职掌的大都与国家政治、行政事务有关,包含着后世中央政府组织机构化发展所必需的若干因素。

(二)九卿与皇权、中枢的关系

秦汉的九卿并非单纯的皇室服务机构还可以从他们与皇权、中枢的关系上得到印证。我们习惯上将三公视为政务官,九卿视为事务官,是将九卿作为承望三公的属官。实际上,在秦汉国家中央机构中,并非是皇帝—三公—九卿这样一个层次清楚的结构,皇权之下还有一个中枢,这个中枢是变化着的,因此中央机构中何时何地谁是中枢政务机构,谁是事务机构,仅从官制表上是看不出来的。上面我们是从静态的角度分析九卿及其属官的性质,其实在实际政治活动中,九卿与皇权、中枢的关系也甚为密切,这又从另一个角度说明了九卿的性质。

首先,九卿与皇权关系密切,九卿无须经过中枢而直接与皇权联系,甚至参与中枢、节制中枢。关于皇权重用九卿参与决策,史籍多见:

《史记·秦始皇本纪》云:秦二世元年,"赵高为郎中令,任用事"。二世时的许多重大决策,都是赵高以郎中令的身份参与决定的。

《汉书·申屠嘉传》:"孝景即位。二年,晁错为内史,贵幸用事,诸法令多所请变更,议以适罚侵削诸侯。而丞相嘉自绌,所言不用,疾错。"

《史记·万石张叔列传》云:"公家用少,桑弘羊等致利,王温舒之属峻法,兒宽等推文学至九卿,更进用事,事不关决于丞相,丞相醇谨而已。"

《汉书·杜延年传》:"(太仆、右曹、给事中)延年为人安和,备于诸事,久典朝政,上任信之,出即奉驾,入给事中,居九卿位十余年,赏赐赂遗,赀数千万。"

《汉书·外戚传》:"武帝疾病,以霍光为大将军,太仆桀为左将军,皆受遗诏辅少主。"

《汉书·元后传》:"先是定陵侯淳于长以外属能谋议,为卫尉侍中,在辅政之次。"

《汉书·杨恽传》:"恽幸得列九卿诸吏,宿卫近臣,上所信任,与闻政事。"

《汉书·孔光传》:"后为光禄勋,复领尚书,诸吏给事中如故。凡典枢机十余年。"

《汉书·萧望之传》:"望之为前将军光禄勋,堪为光禄大夫,皆受遗诏辅政,领尚书事。"

《汉书·外戚恩泽侯表》:"(田广明)以左冯翊与大将军光定策,侯。"

《汉书·外戚恩泽侯表》:"(田延年)以大司农与大将军定策功,侯。"

《汉书·外戚恩泽侯表》:"(乐成)以少府与大将军定策功,侯。"

在丞相为中枢时代皇权可直接启用九卿参与决策,使丞相形同虚设,中朝形成后,皇权仍然可以利用给九卿加官的方式,使其入中朝决策。这时九卿的作用自然不能以其本来的职掌来衡量。但皇权何时、何地、用何卿参与决策则无一定的规律可循,很显然这是皇权运用九卿来调节、控制中枢的一种手段。尽管有的九卿说,"以辅两府为职,不敢不尽愚",但实际上很多时间直接指挥九卿的不是中枢,而是皇权。九卿不仅参与中枢,而且很多时间也要接受皇权指派的其他一般性任务,如在战争时期九卿为将甚为平常,《史记·樊郦滕灌列传》云:"(夏侯婴)以太仆奉车从击章邯军东阿、濮阳下,以兵车趣攻战疾。"《绛侯周勃世家》云:"匈奴大入边。乃以宗正刘礼为将军,军霸上。"《韩长孺列传》:"闽越、东越相攻,(大司农)安国及大行王恢将。"《汉书·武帝纪》:元光二年夏六月,卫尉、太仆、大行为将军。《昭帝纪》:"冬,遣大鸿胪田广明击益州。"九卿还要代表皇权出使巡行,《昭帝纪》:"遣故廷尉王平等五人持节行郡国,举贤良,问民所疾苦、冤、失职者。"《平帝纪》:"太仆王恽等八人使行风俗,宣明德化,万国齐同。"

其次,皇权还往往打破九卿的行政分工,使其职能交叉,这种现象只能从皇权加强专制的原因来解释。

《汉书·杜延年传》:"举贤良,议罢酒榷盐铁,皆自(太仆、右曹、给事中)延年发之。吏民上书言便宜,有异,辄下延年平处复奏。言可官试者,至为县令,或丞相、御史除用,满岁以状闻,或抵其罪法,常与两府及廷尉分章。"按酒榷盐铁之事本属大司农,但此时却由太仆议罢;吏民上章一般应由中枢议处,此处却由太仆处理;罪法之事本由廷尉掌管,这时也需与太仆"分章"处理。

《汉书·食货志》:"初,(颜)异为济南亭长,以廉直稍迁至九卿(大司农)。上与(张)汤既造白鹿皮币,问异,异曰:'今王侯朝贺以仓璧,直数千,而其皮荐反四十万,本末不相称。'天子不说。汤又与异有隙,及有人告异以它议,事下汤治。"国家经济问题本不属廷尉的管辖范围,白鹿皮币的产生本身也违反了经济规律,但由于皇权的信任,大司农颜异的正确意见不仅不能被采纳,反而被投进监狱。

《汉书·路温舒传》:"时,诏书令公卿选可使匈奴者,温舒上书,愿给厮养,暴骨方外,以尽臣节。事下度辽将军范明友、太仆杜延年问状,罢归故官。""选可使匈奴者"与太仆职掌的确没有太大关系,但由太仆来参与"问状",仍是皇权干预的结果。

《史记·平准书》:"乃分缗钱诸官,而水衡、少府、大农、太仆各置农官……诸官益杂置多。"集解引如淳曰:"水衡、少府、太仆、司农皆有农官,是为多。"

《史记·酷吏列传》:"上以为(赵禹)能,至太中大夫。与张汤论定诸律令。"太中大夫本属光禄勋,由于皇权的干预,又掌管起廷尉的事了。前述晁错为内史时,变更诸多法令,不仅侵夺宰相之权,也侵夺廷尉之权。

除上述外,皇权往往还根据实际需要,将公文批复、案件处理等事务交与九卿办理,有的是与该卿管辖有关,但也有很多是与该卿本身的职掌没有关系。

秦汉皇权与九卿关系的复杂性致使九卿与中枢的关系也颇为复杂,具体可以分为几种情况:第一种情况是皇权信任丞相,丞相统百官,九卿也受其节制。《汉书·王陵传》云其为相时"监宫中,如郎中令,公卿百官皆因决事"。《黄霸传》云霸"及为丞相,总纲纪号令"。但应当看到这种节制归根结底还是皇权委托、信任的结果。一旦皇权与相权的平衡被打破,九卿与中枢的关系也要随之发生变化。第二种情况是中朝出现后,中朝人物掌机要,自然也要节制九卿。第三种情况是尚书势力发展起来后,尚书对九卿也有管理权。如九卿的考绩、监督原本属丞相、御史两府,但尚书势力发展起来后,考绩、监督权又转移到尚书手中。东汉虽然名义上一公辖三卿,但实际管辖九卿的是尚书,《后汉书·左雄传》云:"大司农刘据以职事被谴,召诣尚书,传呼促步,又加以捶扑。"《无极山碑》记载的文书也是由尚书下太常的,并没有经过分辖太常的太尉。

但无论丞相、中朝或尚书何者为中枢,九卿的实际政务又并不完全受这些中枢的指导,九卿与皇权的联系可以通过中枢,也可以不通过中枢,如前面所举的元康五年诏书是九卿通过中枢上奏,再通过中枢下发的,《居延新简》E.P.T 48:56所载诏书,也是由丞相下少府、大鸿胪、京兆尹的。但也有很多实例说明九卿可以直接奏报皇帝,皇帝也可以将诏书直接批复给九卿的,如《汉书·田横传》说"文帝乃诏卫尉郦商"云云;《彭越传》有"廷尉奏请,遂夷灭宗族"的记载。九卿参与中枢决策更是十分普遍的事情。特别是中朝和尚书势力发展起来后,九卿与中枢的关系更复杂。大体说,如果某位九卿以加官身份入中朝或领尚书事,其本身就是中枢组织的一员,与其他诸卿性质就不一样了,如前面所举九卿与皇权关系的实例就证明了这一点。如果中朝人员或尚书令本人出兼九卿,这个九卿当然也是中枢组织的成员。如《汉书·何并传》云:"是时颍川钟元为尚书令,领廷尉,用事有权。"《百官公卿表》云:"尚书令涿郡赵昌君仲为少府。"这个廷尉与少府所职掌的就不完全是《百官公卿表》所讲的范围了,而是国家大政的决策者。但从总体看,由于尚书机构的组织化发展非常快,尚书组织不仅逐渐与三公出现对口化的趋势,而且也与九卿府中具有国家公共职能的部分出现对口化的趋势,这种对口化的发展,使九卿的公共职能逐步降低,在中枢中的作用越来越小。至东汉一公辖三卿,三公又受制于尚书,尚书成为中枢所在,因此东汉的九卿作用比西汉又有所降低。

东汉尚书职权试说

黄留珠*

关于东汉尚书的职权,笼统地讲,似乎没有什么问题。可以说谁都知道,东汉"虽置三公,事归台阁"①;"尚书见任,重于三公"②。不过,倘若仔细考察,也很容易发现,事情并不那么简单。这里,需要解决的突出问题有二:一是如何从众说纷纭的有关史料中理出一个明晰而又符合实际的头绪来。换言之,也就是确定东汉尚书职权的具体内容与范围。二是如何估价这些职权。其中既包括对尚书职权性质的认识,也包含对尚书本身地位的理解。

一

现有史料中,比较集中记述东汉尚书职权的,自然首推《续汉书·百官志》,其次是《宋书·百官志》《晋书·职官志》《通典》《通考》及后人辑录的"汉官六种"③等。大家知道,东汉延祚近二百年,其间尚书台的机构设置及其职掌,不可能没有变化。然各史所载,却很不全面,不少仅为一时一地之制,而且又未能说明其时间与沿革,加之记述详略不一,这样就造成了许多矛盾抵牾,成为治东汉职官史的一大难题。

那么,如何解决这一难题呢?我觉得,陈树镛的《汉官问答》对人很有启发。陈氏以《汉书》为"样本",把其中反映尚书职权的材料归纳整理,概括出五项尚书职权云:

> 大臣有罪,则尚书劾之(见《王嘉传》)。天子责问大臣,则尚书受辞(见《朱博传》)。选第中二千石,则使尚书定其高低(见《冯野王传》)。吏追捕有功,则上名尚书,因录用之(见《张敞传》)。刺史奏事京师,则见尚书(见《陈遵传》)。

当然,陈氏的这个总结,并非十全十美,尤其对东汉史来说,亦略显疏远。不过,他的这一做法,却值得借鉴。今参考陈氏的方法,我们试将范晔《后汉书》中的有关材料也做一番整理,依此来确定东汉尚书职权的具体内容与范围。这么做,虽然显得笨了些,但相对来看,却比较可靠。

据初步查检,范书中(包括补入的《续汉书》各志,但《百官志》除外)反映东汉尚书职权的材料有以下诸项:

1. 作诏板(见《窦武传》《何进传》);
2. 大臣卒,诏尚书赐钱、物(见《韦彪传》);
3. 赐大臣玺书,使尚书奉策至府(见《冯勤传》);
4. 封檄(见《鲍昱传》);
5. 诏赐由尚书案事(见《钟离意传》);
6. 诏大臣传敕(见《律历志》);
7. 晓旧典,掌故事(见《皇后纪》《邓骘传》

---

* 黄留珠(1941—),男,西北大学文博学院教授,博士生导师,主要从事秦汉史研究。
① 《后汉书·仲长统传》。
② 《后汉书·陈忠传》。
③ 指《汉官》《汉官解诂》《汉旧仪》及《汉旧仪补遗》《汉官仪》《汉官典职仪式选用》《汉仪》。

《蔡茂传》《樊准传》);

8. 收录遗文,典定旧制(见《侯霸传》《伏湛传》);
9. 收藏经籍秘要(见《王允传》);
10. 天子遇疑难,问诸尚书(见《虞诩传》);
11. 民人诣阙上疏,召诣尚书问状(见《襄楷传》);
12. 列侯上言,令尚书问状(见《梁统传》);
13. 被征者诣阙拜章,使对尚书(见《郎顗传》);
14. 大臣书奏,尚书召对其掾属(见《杨秉传》);
15. 上书有浮词言圣,尚书抑而不省(见《明帝纪》);
16. 郎官劾章,事下尚书(见《桓彬传》);
17. 刺史奏事,表上尚书(见《陈纪传》);
18. 诘责(见《杨秉传》《蔡邕传》《范滂传》《孔融传》);
19. 廷议问大臣(见《班勇传》);
20. 通议(见《朱晖传》);
21. 驳议(见《宋均传》);
22. 选三府掾能理剧者(见《韩韶传》);
23. 下达朝廷令三府辟召的尚书敕(见《杨震传》);
24. 奉敕解禁锢(见《戴凭传》);
25. 择拜吏日(见《伏湛传》);
26. 奉敕召拜(见《阳球传》);
27. 奉诏封拜已殁列侯子孙(见《光武纪》);
28. 典诸侯封事(见《冯勤传》);
29. 百官迁召需诣尚书(见《梁冀传》);
30. 官吏被谴,召诣尚书(见《左雄传》);
31. 被征者先见尚书(见《周党传》);
32. 举任(见《度尚传》《刘平传》《刘恺传》《胡广传》《韩棱传》《周兴传》《陈忠传》《庞参传》《徐秩传》);
33. 考案掖庭狱(见《皇后纪》);
34. 典案专狱(见《韩棱传》);
35. 辩正疑狱(见《张皓传》);
36. 弹劾举奏(见《韩棱传》《陈忠传》《陈禅传》《傅燮传》《朱浮传》《冯绲传》);
37. 承旨劾奏(见《虞诩传》《张纲传》);
38. 奏言陈谏(见《顺帝纪》《钟离意传》《宋意传》《乐恢传》《胡广传》《翟酺传》);
39. 交锋刃(见《顺帝纪》);
40. 持节斩将(见《王梁传》);
41. 持节操兵守省阁(见《梁冀传》);
42. 图议军粮(见《冯勤传》);
43. 升斗禀百官(见《寇恂传》);
44. 记期会(见《袁绍传》);
45. 给笔札(见《荀悦传》);
46. 奉引(见《樊英传》);
47. 护驾(见《服舆志》);
48. 载属车(见《服舆志》);
49. 封禅奉牒检,封右检(见《祭祀志》);
50. 大丧昼夜行陈(见《礼仪志》);
51. 冬至转递板书《见《礼仪志》);
52. 拜诸侯王公以玺印绶付侍御史(见《礼仪志》);
53. 合朔见读其令奉行其政(见《礼仪志》)。

上述各项,还可再归纳为如下十二类:

子.出纳主命(1—6);
丑.掌故事机要(7—10);
寅.处理臣民章奏书表(11—17);
卯.诘问(18—19);
辰.议政(20—21);
巳.选举(22—32);
午.断狱(33—35);
未.劾奏陈谏(36—38);
申.武事(39—41);
酉.庶务(42—43);
戌.文事(44—45);
亥.礼仪(46—53)。

这十二类工作,向我们展示了东汉尚书职权的具体内容与范围。如果把它与前引陈树镛所概括的尚书职权相比较,那么很容易看出,东汉时尚书职权的范围已经明显地扩大了。

这里,需要说明的有两点:

其一,以上列出的十二类公干,是东汉尚书台全体官属——自尚书令、仆射、丞,到各曹尚书、郎(侍郎)、令史的职权的综合体现。

其二,十二类公干之中,子—未类是主要的和经常性的,体现了尚书权力之所在;申—亥类仅为特殊情况下出现的,或偶有所举,或只具礼仪形式意义而已。

至此,我们已经比较清晰地理出了东汉尚书职权的具体内容与范围,不过,这还不是答案的全部。如果用以上的十二类五十三项再同其他史籍记载的尚书职掌进行验对的话,那么不难发现,其中至少还缺少下列内容:

1. 岁尽集课事①;
2. 外国夷狄事②;
3. 天下户口土田垦作事③;
4. 钱帛贡献委输事④;
5. 水火盗贼事⑤;
6. 缮修功作盐池园苑事⑥。

这六者似可概括为考课、外事、食货、治安、工程五类。现在把它们并入前述的十二类之中,这样所勾画出的东汉尚书职权的内容与范围,也许可以说是比较全面的了。不过,既然这五类工作在《后汉书》纪传中没有反映,说明它们并非最经常性的。其实,这也不奇怪。剖析以上五类公干,可知它们亦属公卿的职权范围。东汉时尚书虽然"包揽一切,无所不总"⑦,但其工作毕竟还有主次之分;三公九卿虽"备员而已"⑧,但他们毕竟还要负责一些具体事务。或者上述现象的发生,便体现了当时尚书与公卿职责的侧重点的不同吧!

二

东汉尚书职权的具体内容与范围已如前述,那么,如何估价这些职权呢?这里,让我们首先从这些职权的性质说起。

通过前文的考证,可以清楚地看到,无论是从《后汉书》中归纳出的十二类五十三项也好,抑或后补入的五类六项也好,它们原则上都只具有执行的性质,而不具有决策的性质。其中唯有辰类似乎与决策略微沾点边,但"议政"毕竟是只议不决的,所以它归根结底还不能算决策。总之,从目前所掌握的史实中,我们还看不到有如某些典籍所说的那种尚书"与人主参决"⑨的情况。

为什么尚书的职权只具有执行的性质而不具有决策的性质呢?原来这与尚书本身的地位有关。

大家知道,尚书的设置,有人曾把它追溯到远古的尧舜时代,不过严谨的说法,则认为此职始见于秦。《通典·职官四》载:"秦少府遣吏四人,在殿中主发书,谓之尚书。尚,主也。"可见最初的尚书仅仅是负责发书工作的小吏罢了。汉初,仍承秦制。自武帝以后,随着中央集权政治的不断加强,尚书的地位开始发生变化。不过,直到在尚书设置方面有重大建树的成帝朝,所设尚书五人的职权也只限于"通掌图书、秘记、章奏及封奏,宣示内外而已,其任犹轻"⑩。

尚书地位的明显提高,是在东汉时代。仲长统《法诫篇》讲:"光武皇帝愠数世之失权,忿强臣之窃命,矫枉过直,政不任下,虽置三公,事归台阁。自此以来,三公之职,备员而已。"⑪李固在阳嘉二年(133年)对策中说:"今陛下之有尚书,犹天之有北斗也。斗为天喉舌,尚书亦为陛下喉舌。斗斟酌元气,运平四时。尚书出纳王

---

① 见《汉官典职仪式选用》《汉官仪》《宋书·百官志》《晋书·职官志》等。
② 见《续汉书·百官志》《汉旧仪》《汉官仪》《晋书·职官志》等。
③ 见《汉旧仪》《汉官仪》《宋书·百官志》《晋书·职官志》等。
④ 见《汉旧仪》《汉官仪》《宋书·百官志》《晋书·职官志》等。
⑤ 见《宋书·百官志》《晋书·职官志》等。
⑥ 见《宋书·百官志》《晋书·职官志》等。
⑦ 安作璋、熊铁基:《秦汉官制史稿》(上册),齐鲁书社1984年版,第266页。
⑧ 《后汉书·仲长统传》。
⑨ 《唐六典》。
⑩ 《通典·职官四》。
⑪ 《后汉书·仲长统传》。

命,赋政四海,权尊势重,责之所归。"①这两段东汉人的议论,既说明了东汉尚书地位提高的原因,也阐述了当时尚书地位提高的具体情状。另外,从所谓的"三独坐""八座"等名号②,亦可见尚书之尊宠。然而必须看到,东汉时尚书地位尽管明显提高了,但却没有提高到已进入国家最高决策层的程度。之所以如此,是由于尚书在当时官僚横向层次结构中所处的位置决定的。

原来,汉代的官吏除纵向的上下层级结构外,还存在着横向的以与皇帝亲近程度为标准来划分的层次结构。为了更好地说明这种横向的层次结构,下面需要先简单介绍一下当时的宫省制度③。

所谓宫省制度,简单说来就是指古代皇帝办公居住的地方划分为"宫"与"省"两种不同区域的制度。"省",是皇帝平居燕处的居住区,而"宫",则为"朝廷"所在地,亦即办公处所。总的来看,皇宫禁约森严,出入均有严格的规程,不过相对而言,"省"的戒备较"宫"更为严密。这种宫省制度孕育于先秦,至秦汉已发展得相当完备。就两汉而论,东汉宫省界限似更严一些。

以宫省制度为基点,汉代官吏明显分为三个横向的层次:一为省官,即在省中工作和经常居省中,或虽不经常居省中但与省关系特别密切的官吏;二为宫官,即在省外而在宫内工作的官吏;三为外官,即在宫外工作的官吏。省官、宫官、外官之间,存在着一种出入内外的关系。凡由宫官而省官,或由外官而宫官、省官,均称为"入",反之由省官而宫官、外官,或由宫官而外官,则均称为"出";省官对宫官、外官,宫官对外官,均为"内",而外官对宫官、省官,宫官对省官,均为"外"。就同皇帝的关系而言,省官与皇帝最亲近,关系最密切,最容易得到信任;宫官要差一些;外官则最次。所以汉代官吏,特别是东汉官吏,哪怕地位再高,俸禄再多,只要是外官,就很有可能受制于内官;相反,哪怕地位再低,俸禄再少,只要是内官,也就可能掣肘外官。换言之,官吏在东汉政治生活中能否真正起作用,要看他在上述的横向层次结构之中所处的位置;一般地讲,省官起作用最大,宫官次之,外官不过徒具形式罢了。唯其如此,所以当时官场习俗,多以居内官为得志,以向外迁为失意;政治斗争,也以将对手由内官排挤为外官作为目的。平时我们所讲的加强中央集权,说穿了,无非是皇帝利用内官,由宫外而宫内而省内,将权力集中。

那么,尚书在汉代官吏横向层次结构中究竟处在什么位置呢?大量文献记载表明,尚书台设在宫内却在省外,尚书属于宫官。尽管尚书与以公卿为主体的外官相比,其为内、为亲、为近,但与侍中、中常侍、黄门郎等省官相比,却为外、为疏、为远。而且在东汉历史发展过程中,尚书有着一种明显的外官化趋势,以至在某种场合下,人们径直把它与公卿并列,视为外官。如顺帝朝李固奏言称:"今与陛下共理天下者,外则公卿、尚书,内则常侍、黄门。"④即其例证。由于尚书处在这样一种位置上,所以史籍中反映的尚书职权,仅具有执行性质而不具有决策性质,就丝毫也不奇怪了!下面,我们可以进一步用史实来证实这一点。众所周知,东汉曾发生过多起重大的皇权同外戚斗争的事件,但其中没有一例是尚书与皇权合为一体而发难的,相反都是常侍、黄门一类由宦者担任的省官,"与人主参决",共同决策,以打倒执政的外戚的。另外在一些政变中,策划者总是先要密谋"劫尚书"⑤——目的是让尚书按照自己的指令,制作诏板,发布命令。这里,尚书处在一种被动地位而非主动地位极为明显。这些,都一再证实了我们对于尚书职权性质论断的可信性。

---

① 《后汉书·李固传》。
② "三独坐"指尚书令、御史中丞、司隶校尉(见《汉官仪》)。"八座"指尚书令、仆射二人及六曹尚书(见《通考》)。
③ 笔者基本上赞成杨鸿年同志关于宫省制度的观点。杨说见所著《汉魏制度丛考》(武汉大学出版社 1985 年版)。以下多处采用杨说,兹不再一一注出。
④ 《后汉书·李固传》。
⑤ 见《后汉书·周章传》。又《续汉书·天文志》作"劫刺尚书"。

当然,判定尚书职权仅具有执行性质而不具有决策性质,绝不等于说执行权无足轻重。事实上,这个权力是很大的。为什么一些政变的发动者总需要"劫尚书",其原因正在于此。还有,汉世权臣每有"领""平""视""录"尚书事之举①,亦为同理。这里,我们必须看到两方面的问题:一是尚书比之省官,地位略差一等,它虽然也位居枢要,但却没有进入权力的最核心层;二是出于东汉最高统治者的特殊需要,所造成的尚书见任重于三公,以及尚书侵夺公卿权力的局面。我们对东汉尚书职权的认识,应以此二者为出发点。某些论著只强调后者而忽视前者的偏向,是值得商榷的。

---

① "领""平""视"尚书事多见于西汉;"录"尚书事为东汉定例,但亦偶有"平"尚书事者(见《后汉书·梁冀传》)。

简牍所见秦汉律令行政

刘太祥[*]

【摘 要】 简牍中有大量的秦汉律令资料,内容涉及人事、军事、外交、皇室警卫、社会治安、司法、监狱、田赋、户籍、赋役、交通、文化、教育、卫生、官手工业、官商业、工程兴造、水利事业、少数民族和属邦等行政管理的各个方面,规范着国家机构及其行政运营方式,是行政的主要依据,为秦汉律令行政提供了法律保障。"如律令"是秦汉行政的基本要求,在简牍中多用"以律令从事""它如律令""受报如律令""书到如律令""如诏书""如诏书律令""如府书律令"等多种变化的形式,"移年籍""劾移狱""索关""舍传舍""代罢""计校""期会"等行政行为都要求按照与之相对应的具体律令条文规定办理,反映秦汉行政一概以律令为据。秦汉在行政实践中引用律令发布政令、解决行政纠纷、审判断狱,按律令规定的时间、职责权利、行政程序办理政务,依律令检举、惩罚行政违法失职的行为,注重责、权、利的结合,讲究行政质量和效率,增强官吏的责任感,保障行政工作的正常有序进行,提高行政的质量和效率,促进经济社会的持续发展。律令行政体现了秦汉依法治国的水平,可以毫不夸张地说,秦汉是中国律令制国家的确立时期,代表了当时世界法律发展的最高水平,它不仅为唐宋明清中华律令法体系的发展和完备奠定了坚实的基础,而且为世界各国法律的发展做出了极大的贡献,也为我们建设有中国特色的法律体系、促进依法治国提供了有益的借鉴。

【关键词】 简牍;秦汉;如律令;行政质量;行政效率;律令制

  律令是秦汉重要的法律形式。律不仅是秦汉成熟的刑事法律,规定对已然的违法行为进行处罚,也是对人们的未然行为规定应当这样做或不应这样做的准则。令不是只代表君主所下达的指令,而是包括便于律的实施所制定的某些行政的细则和政府首脑征得君主同意而下达的一些政令,规定国家有关部门和人员的行为准则,一般不包含处罚性条款,不服从令要按律的相关规定处理。清人薛允升著有《汉律辑存》和《汉律决事比》,沈家本有《历代刑法考》和《汉律摭遗》,稍后的程书德《九朝律考》有将近2/5的篇幅是《汉律考》,考证了传世文献中的秦汉律令。但传世文献对秦汉律令的记载较少,而简牍中保存有大量秦汉律令。《秦律十八种》就有《田律》《厩苑律》《仓律》《金布律》《关市律》《工律》《工人程》《均工》《徭律》《司空》《置吏律》《效》《军爵律》《传食律》《行书》《内史杂》《尉杂》《属邦》等18种,《秦律杂抄》有《除吏律》《游士律》《除弟子律》《中劳律》《藏律》《公车司马猎律》《牛羊课》《傅律》《屯表律》《捕盗律》《戍律》等墓主人生前抄录的11种律文[1]。张家山汉墓中出土的《二年律令》有《盗律》《具律》《告律》《捕律》《亡律》《收律》《杂律》《钱律》《置吏律》《均输律》《传食律》《田律》《□市律》《行书律》《复律》《赐律》《户律》《效律》《傅律》《置后律》《爵律》《兴律》《徭律》《金布律》《秩律》《史律》《津关

---

[*] 刘太祥(1959—),河南省方城县人,编审,南阳师范学院期刊部主任,硕士生导师,主要从事秦汉史研究。

令》等27种[2]。居延汉简中有田律、捕律、县律和絜令、功令、禄秩令、行书令、击匈奴降者赏令等，悬泉置汉简中有盗律、囚律等。秦汉律和令最大的区别在于律是法律条文，具有稳定性和简明性；令是行政规范的汇编，具有便于随时修改补充和把其中一部分作为律的细则的性质。二者同为秦汉的法律，并称为"律令"，规范着国家机构及其行政运营方式，是行政的主要依据。邢义田先生用"律令代称秦汉行政遵循的一切法令规章"[3]5。秦汉时期非常重视"律令"行政。《商君书·定分》就指出："吏明知民知法令也，故吏不敢以非法遇民，民不敢犯法以干法官也。"《史记·秦始皇本纪》记载："治道运行，诸产得宜，皆有法式。"《睡虎地秦墓竹简·语书》说："凡良吏明法律令，事无不能殹(也)。"[1]15-19薛宣说"吏道以法令为师"，朱博说"如太守汉吏，奉三尺律令以从事耳"[4]《薛宣朱博传》。王充在其著作《论衡》中说："法令比例，吏断决也。文吏治事，必问法家。县官事务，莫大法令。"[5]应劭所著《风俗通义》中说："夫吏者，治也，当先自正，然后正人。故文书下如律令，言当承宪履绳墨，动不失律令也。"[6]438律令是秦汉官吏在履行行政职责时必须遵循的准则。简牍所见秦汉律令行政主要表现在两个方面：一是秦汉的行政执行文书通常以"如律令"作结尾，要求按律令行政，是律令行政的体现，正如邢义田先生所说："如律令尽管是公文套话，却明白反映汉代官员行事一概以律令为据。"[3]393二是秦汉在行政实践过程中，引用律令作依据进行决策、办事，按照律令规定处理政务，依律令论处行政违法失职行为。

一、简牍所见秦汉行政执行文书要求按律令行政

秦汉的行政执行文书通常以"如律令"作结尾，要求按律令行政。"如律令"在传世典籍中已有零星出现，《史记·三王世家》《汉书·朱博传》《汉书·儒林传》等都有记载，但在简牍中大量出现，据不完全统计，有343条。其中《里耶秦简》有27条：5-1、8-21、8-60背+8-656背+8-665背+8-748背、8-863、8-131、8-140、8-157、8-169+8-233+8-407+8-416+8-1185、8-657背、8-904+8-1343、8-1219、8-1456、8-1510、8-1525、8-1563、5-6、8-61+8-293+8-2012、8-143、8-155、8-462+8-685、8-657、8-758、8-700背、8-830+8-1010、8-1668、8-1901[7]。《敦煌汉简释文》有19条：释MC.69、释MC.71、释MC.89A、释MC.696、释MC.764、释MC.986、释MC.995、释HFCII.1254、释HY.1278B、释SY.1365、释SY.1372、释SY.1377、释SY.1380、释SY.1382B、释TH.1685、释TH.1759、释TH.2057、释TH.2076、释TH.2438[8]。《居延汉简释文合校》有112条：3·32、7·7A、12·1B、12·1C、12·1D、15·8、15·19、16·4A、16·10、20·7、20·11、26·32、29·7、36·3、37·2、40·6、41·27、41·32、42·4、42·20A、43·12A、50·1、55·23、57·13B、58·22、58·26、65·18、72·11、77·10、77·77、81·4A、95·4、97·10、213·1、99·6、103·10、112·26、116·10、119·45、119·64、127·3、136·41、139·36、142·33、139·38、140·1A、140·2、157·20A、160·6、160·16、170·3A、171·13、175·13、179·9、181·2A、218·2、212·86、206·29、203·49、206·31、203·49、203·44、204·5、206·26、218·2、218·64、224·24、227·105、229·15、231·107、235·9B、241·47、261·28、264·20A、268·7、271·4B、271·8、271·20A、271·21、275·13、275·24A、278·7A、278·7B、282·10、283·49、290·6、293·10A、303·12A、312·25、326·7、332·20、341·13、336·42、340·6、341·24、346·31、377·1C、401·6、421·8、454·26、478·21、484·63、487·65、495·12、506·20B、505·37A、506·9A、509·11A、513·1A、511·4、517·4、562·3A[9]。《居延新简》有133条：E.P.T 6∶56、E.P.T 6∶59、E.P.T 6∶60、E.P.T 7∶30、E.P.T 8∶39、E.P.T 13∶3、E.P.T 43∶12、E.P.T 48∶7、E.P.T 48∶43、E.P.T 48∶146、E.P.T 49∶7、E.P.T 50∶171、E.P.T 51∶40、E.P.T 51∶52、E.P.T 51∶94、E.P.T 51∶190A、E.P.T 51∶195A、E.P.T 51∶196、E.P.T 51∶236、E.P.T 51∶258、E.P.T 51∶365A、E.P.T 51∶458、E.P.T 51∶463、E.P.T 51∶510、E.P.T 52∶26、E.P.

T 52∶54、E.P.T 52∶64、E.P.T 52∶90、E.P.T 52∶96、E.P.T 52∶111、E.P.T 52∶148、E.P.T 52∶324、E.P.T 52∶808、E.P.T 53∶23、E.P.T 53∶33A、E.P.T 53∶42、E.P.T 53∶46、E.P.T 53∶74、E.P.T 53∶106、E.P.T 53∶148、E.P.T 55∶14、E.P.T 56∶115、E.P.T 57∶9A、E.P.T 57∶10A、E.P.T 57∶48、E.P.T 57∶92、E.P.T 59∶87、E.P.T 59∶88、E.P.T 59∶94、E.P.T 59∶143A、E.P.T 59∶255、E.P.T 59∶588、E.P.T 59∶591、E.P.T 59∶650、E.P.T 61∶8B、E.P.T 65∶23A、E.P.T 65∶73、E.P.T 65∶374、E.P.T 68∶3、E.P.T 68∶8、E.P.T 68∶79、E.P.T 68∶210、E.P.F 22∶35、E.P.F 22∶56A、E.P.F 22∶70、E.P.F 22∶71A、E.P.F 22∶151D、E.P.F 22∶160、E.P.F 22∶168、E.P.F 22∶173A、E.P.F 22∶247A、E.P.F 22∶251、E.P.F 22∶255、E.P.F 22∶279、E.P.F 22∶291、E.P.F 22∶295、E.P.F 22∶431、E.P.F 22∶462A、E.P.F 22∶502、E.P.F 22∶506、E.P.F 22∶507、E.P.F 22∶580、E.P.F 22∶596、E.P.F 22∶597、E.P.F 22∶681、E.P.F 22∶682、E.P.F 22∶685、E.P.F 22∶687、E.P.F 22∶691、E.P.F 22∶693、E.P.F 22∶757、E.P.F 22∶769、E.P.F 22∶698B、E.P.F 25∶11、E.P.W 115、E.P.C 32、E.P.C 39、E.P.C 7、E.P.S 4T2∶2.8A、E.P.S 4T2∶2.29、E.P.S 4T2∶2.30A、E.P.S 4T2∶2.101、E.J.T∶1—3(4条)[10]。《敦煌悬泉汉简释粹》有43条：Ⅱ0214②∶565、Ⅱ0216②∶866、Ⅱ0216②∶868、Ⅱ0216②∶869、Ⅱ0114③∶447（A）、ⅠT0114①∶1、Ⅰ0112②∶18、Ⅱ0114④∶338、Ⅱ0214③∶73（A）、Ⅱ0213②∶136、Ⅰ021①∶63、Ⅰ0110①∶5、Ⅱ0315 ②∶（A）、Ⅰ 0309③∶237、Ⅱ0314②∶220（A）、Ⅱ0314②∶220（B）、87—89C∶15（A）、Ⅱ0214③∶154、Ⅱ0114②∶292（A）、Ⅴ1309④∶40（A）、Ⅱ0215③∶3（A）、Ⅱ0216②∶243、Ⅱ0216②∶244、Ⅱ0314 ③∶34、Ⅰ 0111 ② ∶ 3、Ⅰ 0309③∶ 236（A）、Ⅱ 0115 ④∶37、Ⅱ0214②∶78、Ⅱ0216②∶881、Ⅱ0216②∶882、Ⅱ0216②∶883、Ⅰ0111②∶73、Ⅴ1312③∶6、Ⅴ1812②∶120、Ⅰ0116②∶125、Ⅱ0214②∶385、Ⅴ1412③∶100、Ⅱ0115③∶96、Ⅴ1311③∶315、Ⅱ0113③∶122（A）、Ⅱ0115③∶99、Ⅰ0210③∶6、Ⅱ0114④∶340（A）[11]。《散见简牍合辑》有9条：散47、散50、散178、散185、散190、散193、散195、散202、散1061[12]。著名的中国学者王国维、陈直、裘锡圭、李均明和日本学者大庭脩、鹰取祐司等对"如律令"都有研究，但理解都不一致，主要有三种看法：一是律令就是法令，要求按具体律令条文执行；二是下行公文的习惯用语，与具体律令无关；三是道家符咒用语[13]268—284。王焕林认为："先秦至汉初，如律令却有具体法令可按，大致在汉武帝时代，始逐渐成为公文催促命令习语，魏晋以降，则已演变为道家符箓术语。"[14]174—175我们认为秦汉时期，无论是上行、下行还是平行的官府往来文书皆可在结束时言"如律令"，就是要求按照律令办理行政事务。"如律令"有多种变形的形式，在秦简中多用"以律令从事""它如律令"，汉简中有"受报如律令""书到如律令""如诏书""如诏书律令""如府书律令"等。其含义各有不同，"苟一事为律令所未具而以诏书定之者，则曰'如诏书'。苟一事为律令所已定，但以诏书或府书、莫府书等督促之者，则曰'如律令''如诏书律令''如府书律令''如莫府书律令'等，这些用语皆只出现于转下诏书、府书、莫府书等上级下达的文书时的行下之辞里，若是官府直接对上级、平级、下级行文，则言'如律令'或'如书'"[15]105。"它如律令"就是除此之外其他的情况都要按律令去做。但是不论哪种变形形式，"如律令"中的"律令"都是指法律条文，强调的是要求以律令行政，"如律令"是秦汉公文常用语，但不是形式上的公文催促命令语。首先，在秦汉行政执行文书中，根据具体办事内容提出"律令"行政的明确要求，基本上可以找到相对应的律令条文，如："写移如律令""写移昭武狱如律令""当舍传舍，从者如律令""以次为驾，如律令""承书从事，下当用者，如律令""代罢如律令""警备如律令""积别束数如律令""移过所如律令""过河津关如律令""听书从事如律令"等。其次，在秦汉行政执行文书中，根据禁止性的法律语言规定的"律令"行政的明确要求，基本上可以找到相对应的律令条文，如："毋留如律令""毋忽如律令""毋失期如律令""毋令缪如律令"等。所以，"如律令"有明显的律令依据，就是要求按律令办事，体现出秦汉要求依律令行政。由于秦汉律令传世文献记载很少，出土文献的秦汉律令也

不是当时的全貌,下面仅就能够见到的与行政行为对应的律令条文列举数例,以资说明。

(一)"移年籍"要求按律令

廿六年五月辛巳朔庚子启陵乡□敢言之:都乡守嘉言:渚里□劾等十七户徙都乡,皆不移年籍。令曰:"移言。"今问之,劾等徒□书,告都乡曰:启陵乡未有棨(牒),毋以智(知)劾等初产至今年数□。□□□,谒令都乡自问劾等年数,敢言之。[J1(16)9正面]

迁陵守丞敦狐告都乡主:以律令从事/逐手。□□(第1行)甲辰,水十一刻(刻)下者十刻,不更成里午以来。/聿手。[J1(16)9背面] [14]

这份文书是由启陵乡上报迁陵县,报告都乡有人举报有17户迁来的移民没有移交登记年龄的户籍,违背律令。我们已核查迁徙户的年籍,启陵乡相关簿籍没有这些人的年龄和迁徙年数,请求县丞命令都乡自己询问这些户的人的年籍。迁陵县丞就下令都乡长官,依据相关律令条文处理此事。秦始皇二十六年五月二十日收到呈文,县丞的命令二十四日从启陵乡送到都乡。"以律令从事":秦代简文中常用,而汉代简文中用得较少,与汉代的"如律令"意思一样,就是"按照律令办理事务"[16](62,校注)、"指依律令办事"[7]7。在《里耶秦简》的行政执行文书中几乎都用"以律令从事",主要有 5-1、8-21、8-60背+8-656背+8-665背+8-748背、8-863、8-131、8-140、8-157、8-169+8-233+8-407+8-416+8-1185、8-657背、8-904+8-1343、8-1219、8-1456、8-1510、8-1525、8-1563 等 16 条[7]。文书中《令》曰:"移言。"就是引用秦令的规定:"需移交相关簿籍并上报。"秦汉法律对户口迁徙有严格的"移年籍"规定:"恒以八月令乡部啬夫、吏、令史相杂案户籍,副臧(藏)其廷。有移徙者,辄移户及年籍爵细徙所,并封。留弗移,移不并封,及实不徙数盈十日,皆罚金四两;数在所正、典弗告,与同罪。乡部啬夫、吏主及案户者弗告,罚金各一两。"(《二年律令·户律》)因此这份文书的"以律令从事"中的律令就是指"移年籍"的律令条文。

(二)"劾移狱"要求按律令

1. 劾章

建武五年五月乙亥朔丁丑(初三),主官令史谭劾移居延狱,以律令从事。甲渠塞百石士吏居延安国里公乘冯匡,年卅二岁,始建国天凤上戊六年,三月己亥除署第四部。病欬(咳)短气,主亭燧七所啈呼。七月□□除署四(第十)部。士吏□匡软弱不任吏职,以令斥免。五月丁丑甲渠守候博移居延,写移如律令。掾谭。

2. 状辞

建武五年五月乙亥朔丁丑(初三日),主官令史谭敢言之,谨移劾状一编敢言之。状辞:公乘居延鞮汗里,年卅(四十)九岁,姓夏侯氏,为甲渠候官斗食令史、署主官以主领吏备盗贼为职。士吏冯匡建国天凤上戊六年七月壬辰,除署第十部士吏。案匡软弱不任吏职,以令斥免。(E.P.T 68:1—12)

这份劾状不是下行文书,而是平行文书,报告的情况是有律令作依据的。这是甲渠候官属官负责监督检查法律执行情况的令史对其部属官吏士吏"软弱不任吏职"提出的检举揭发的状辞,由主管机关甲渠候官将举劾者的状辞制成追诉被举劾者责任的诉讼文书劾章,移送审判机关居延狱。秦汉对举劾有严格的法律规定,"以律令从事",就是说是按照律令举劾的。汉律规定无告劾,不得"擅罪人"。劾是审判程序的开始,有严格的制度,汉武帝作"见知故纵、监临部主之法",师古注释说:"见知人犯法不举告为故纵,而所监临部主有罪并连坐也。"[4](《刑法志》)张家山汉简《二年律令》规定:"劾人不审为失,其轻罪也而故以重罪劾之为不直。"(《具律》)"治狱者,各以其告劾治之。敢放讯杜雅,求其它罪,及人毋告劾而擅覆治之,皆以鞠狱故不直论。"(《具律》)这就是说,对负责监督检查法律执行情况的官吏,有责任检举部属内官吏的违法失职行为,若知而不举劾,是要连坐受罚的。"写移如律令",就是说拟定的劾章和移交居延狱是按照律令规定办理的,"移人在所县道官,县道官狱讯以报之,勿征逮征逮者,以擅移狱论"(E.P.S 4T2：2.101),这说明移狱是有律令规定的,不能私自移狱。"如律令""劾移狱"在简牍中多有表现,主要有释 MC.986、释 MC.995,10·11、20·11、95·4、231·107、271·21、275·12、275·13、282·10、341·24、53·73、53·74、E.P.T 22：683、E.P.T 22：684、E.P.T 22：685、E.P.T 25：11、E.P.T 68：13—28、E.P.T 68：29—40、E.P.T 68：41—53、E.P.T 68：54—76、E.P.T 68：81—102、E.P.T 68：103—122 等 24 条。

(三)过关津要求按律令

永始五年闰月己巳朔丙子(元延元年闰正月初八)北乡啬夫忠敢言之：义成里崔自当自言为家私市居延。谨案：自当毋官狱征事,当得取传。谒移肩水金关、居延县索关,敢言之。闰月丙子(闰正月初八),觻得丞彭移肩水金关、居延县索关。书到,如律令。掾晏、令史建。(15·19)

这是汉代县级政府"觻得丞彭"发往平级的肩水金关、居延县的办事文书,内容是请肩水金关、居延县按照律令规定,允许已取得过关证明的义成里崔自当,过关到居延地区从事商业活动。这里的"索关",就是请求过关,"关"指"门亭鄣河津金关"(36·3),就是包括城门、河津和山关,通称"关津",又称"过所"(Ⅱ0313S：160)。过关津的文书在简牍中还有 15·8、29·7、36·3、37·2、50·2、140·1A、213·28A、213·44A、346·31、Ⅱ0313S：160 等 10 条。"书到,如律令",就是收到文书后,按照律令办理。张家山汉简《二年律令·津关令》规定："御史言,越塞阑关,论未有□,请阑出入塞之津关,黥为城旦舂;越塞,斩左止(趾)为城旦;吏卒主者弗得,赎耐;令丞、令史罚金四两。智(知)其请(情)而出入之,及假予人符传,令以阑出入者,与同罪。非其所□为□而擅为传出入津关,以□传令阑令论,及所为传者。县邑传塞及备塞都尉、关吏、官属、军吏卒乘塞者□其□□□□日□□牧□塞邮、门亭行书者得以符出入。制曰：可。"法律规定,凡出入关津必须按照符传制度办理,严格检查,对伪造符传过关津者要处以

重刑,无符传越境者要被追捕,在过关津时严禁从内地带黄金、马匹、铁器出关。这就是过关津的律令依据。

(四)"舍传舍"要求按律令

(1)元延二年七月乙酉,居延令尚、丞忠移过所县道河津关,遣亭长王丰以诏书买骑马酒泉、敦煌、张掖郡中,当舍传舍,从者,如律令/守令史诩、佐褒,七月丁亥出。(170·3A)

(2)元凤三年十月戊子朔戊子,酒泉库令安国以近次兼行大守事,丞步迁谓过所县河津请,遣□官持□□□钱去□□取丞从事金城、张掖、酒泉、敦煌郡,乘家所占畜马二匹,当传舍,从者,如律令/掾胜胡、卒史广。(303·12A)

(3)建平四年五月壬子,御史中丞臣宪,承制诏侍御史曰：敦煌玉门都尉忠之官,为驾一乘传,载从者。御史大夫延下长安,承书以次为驾,当舍传舍,如律令。六月丙戌,西。(Ⅰ0112②：18)

(4)甘露三年四月甲寅朔庚辰,金城太守贤、丞文,谓过所县、道官,遣浩亹亭长泰(漆)贺,以诏书送施刑伊循。当舍传舍,从者如律令。(Ⅱ0114④：338)

(5)神爵四年十一月癸未,丞相史李尊,送获(护)神爵六年戍卒河东、南阳、颍川、上党、东郡、济阴、魏郡、淮阳国诣敦煌郡、酒泉郡。因迎罢卒送致河东、南阳、颍川、东郡、魏郡、淮阳国并督死卒传(檄)。为驾一封轺传。御史大夫望之谓高陵,以次为驾,当舍传舍,如律令。(Ⅰ0309③：237)

(6)五凤四年六月丙寅,使主客散骑光禄大夫田扶韦制诏御史曰：使云中太守安国、故□未央仓龙□卫司马苏□武疆,使送车师王、乌孙诸国客,与军候周充国载先俱,为驾二封轺传,二人共载。御史大夫延年□□□□承书以次为驾,当舍传舍,如律令。(A)出钱五十、出钱廿、出钱十、出钱十八、出钱卅、出钱百(B)。(Ⅱ0113③：122)

以上六例为"舍传舍"的行政办事文书,所不同的是发出的行政机构和适应地区不一样,

(1)是居延县令、县丞发往酒泉、敦煌、张掖郡的;(2)是酒泉郡库令安国兼行大守事、郡丞步迁发往金城、张掖、酒泉、敦煌郡的;(3)是御史大夫延奉诏书发往长安的;(4)是金城郡太守贤、郡丞文奉诏发往所经过的县、道官的;(5)是御史大夫望之发往高陵的;(6)是御史大夫延年奉诏发往所经过地区的。中央的御史大夫,地方郡守郡丞、县令县丞三级政府都有权发出"舍传舍"的行政命令。简牍所见"舍传舍"的行政办事文书还有释 TH.2438、81·4A、140·2、170·3A、171·13、303·12A、Ⅱ0216②:866、ⅠT0114①:1、Ⅰ0112②:18、Ⅱ0114④:338、Ⅱ0214③:73、Ⅱ0213②:136、Ⅰ021①:63、Ⅰ0110①:5、Ⅱ0315②、Ⅰ0309③:237、Ⅱ0215S:84、Ⅱ0314②:220、Ⅱ0115④:37、Ⅱ0214②:78、Ⅰ0111②:73、Ⅴ1312③:6、Ⅰ0116②:125、Ⅱ0214②:385、Ⅴ1412③:100、Ⅴ1311③:315、Ⅱ0113③:122、Ⅱ0115③:99、Ⅰ0210③:6 等29条。其中"以次为驾""为驾一封轺传"中的"驾"是享用车马的规定,《二年律令·置吏律》中有:"郡守二千石官、县道官言边变事急者,及吏迁徙、新为官,属尉、佐以上毋乘马者,皆得为驾传。"《汉书·平帝纪》载元始五年"在所为驾一封轺传"注引如淳曰引"律":"诸当乘传及发驾置传者,皆持尺五寸木传信,封以御史大夫印章。其乘传参封之。参,三也。有期会累封两端,端各两封,凡四封也。乘置驰传五封也,两端各二,中央一也。轺传两马再封之,一马一封也。""当舍传舍"指应当停留食宿之地。"如律令"就是按照律令的规定安排办事人员的车马和食宿。《睡虎地秦墓竹简》就有《传食律》,主要涉及的是人员饮食标准与喂养传马的饲料标准。《二年律令·传食律》:"丞相、御史及诸二千石官使人,若遣吏、新为官及属尉、佐以上征若迁徙者,及军吏、县道有尤急言变事,皆得为传食。车大夫粺米半斗,参食,从者粝米,皆给草具。车大夫酱四分升一,盐及从者人各廿二分升一。食马如律,禾之比乘传者马。使者非有事,其县道界中也,皆毋过再食。其有事焉,留过十日者,禀米令自炊。以诏使及乘置传,不用此律。县各署食尽日,前县以谁(推)续食。食从者。二千石毋过十人,千石到六百石毋过五人,五百石以下到二百石毋过二人,二百石以下一人。使非吏,食从者,卿以上比千石,五大夫以下到官大夫比五百石,大夫以下比二百石;吏皆以实从者食之。诸吏乘车以上及宦皇帝者,归休若罢官而有传者,县舍食人、马如令。"这就是"舍传舍"的律令依据[17]。

(五)官吏"代罢"要求按律令

(11)建武五年五月乙亥朔壬午,甲渠守候博谓第二燧长临,书到,听书牒署从事,如律令。掾谭。第二燧长史临,今调守候长真官到,若有代罢。万岁候长何建,守卅井尉。建武五年四月丙午朔癸酉,甲渠守候谓第十四燧长孝,书到,听书从事,如律令。掾谭。第十四燧长李孝,今调守第十守士吏。第十士吏冯匡,斥免缺。建武五年四月丙午朔癸酉,甲渠守候谓第十守士吏孝,书到,听书从事,如律令。掾谭。第十守士吏李孝,今调守万岁候长,有代罢。万岁候长何宪,守卅井塞尉。第一燧长秦恭,第二燧长史临,第三燧长赵匡,临木燧长陈阳,木中燧长张勋,武贤燧长张忠。(E.P.F 22:247A—259)

(12)监遮要置史张禹,罢。守属解敞,今监遮要置。建昭二年三月癸巳朔丁酉,敦煌太守强、长史章、守部候修仁行丞事,告史敞,谓效谷,今调史监置如牒,书到听与从事。如律令。三月戊戌,效谷守长建、丞,谓县(悬)泉置啬夫,写移书到,如律令。/掾武、辛史光、佐辅。(Ⅱ0216②:241—244)

简(11)是建武五年四月、五月,县级政府甲渠守候官对下属候长、士吏、燧长的任免文书,发往所在下属行政机构,要求按律令执行;(12)是敦煌郡太守强、长史章、守部候修仁行丞事下达的调史监领遮要置的任免文书,发往效谷县执行,效谷县发往悬泉置执行。简牍所见官吏"代罢"的文书还有97·10、213·1、136·41、E.P.T 51:236、E.P.T 52:111、E.P.T 57:92、E.P.T 68:79、E.P.F 22:56A、E.P.F 22:596 等9条。其中"听书牒署从事""听书从事""听与从事",就是接到任免文书后,按照规定履行公务;"如律令"就是被任免的官吏按照律令规定"代罢",办理行政交接手续。秦汉官吏"代罢"有律令依据,《秦律十八种·置吏律》规定:"除吏、尉,已除之,乃令视事及遣之;所不当除而敢先见事,及相听以遣之,以律论之。啬夫之送见它官者,不得除其故官佐、吏以之新官。"《秦律杂抄·除吏律》规定:"为(伪)听命书,法(废)弗行,耐为侯(候);不辟(避)席立,赀二甲,法(废)。"《二年律令·置吏律》规定:"有任人以为吏,其所任不廉、不胜任以免,亦任免者。其非吏及宦也,罚金四两,戍边二岁。"就是法律规定了官吏任免的条件和要求,作为官吏办理"代罢"的法律依据。

(六)"校计"要求按律令

(1)□□长丞枸校,必得事实,牒别言,与计偕,如律令。敢告卒人。(E.P.T 53:33A)□□以来,掾定,属云、延寿,书佐德。(E.P.T 53:33B)

(2)新始建国地皇上戊三年五月丙辰朔乙巳,神将军辅平居成尉伋‖丞谓,城仓闲田延水甲沟三十井殄北卒未得。□……付受相与校计,同月出入,毋令缪,如律令。(E.P.T 65:23A)甲沟掾阅兼史宪,书吏获。(E.P.T 65:23B)

(3)甲渠鄣候以邮行。(E.P.F 22:579)建……居延……卅井……□□□官奴婢捕房乃调给有书,今调如牒,书到,付受相与=校计,同月出入,毋令缪,如律令。(E.P.F 22:580)□甚毋状,未忍,檄到,分别具言□。(E.P.F 22:581)

(4)神爵二年三月丙午朔甲戌,敦煌太守快、长史布施、丞德,谓县、郡库:太守行县道,传车被具多敝,坐为论,易□□□□到,遣吏迎受翰敝被具,郡库相与校计,如律令。(A)掾望来、守属敞、给事令史广意、佐实昌。(B)(Ⅰ0309③:236)

(1)(2)(3)简文残缺不全,意思不完整,(1)可能是郡或都尉府发给县级政府的"校计"文书;(2)是都尉府发给县级政府的城仓、闲田、延水、甲沟、三十井、殄北的"校计"文书;(3)可能是甲渠候官转发的郡或都尉府下达的"校计"文书;(4)文书比较完整,是敦煌郡下达到郡库和巡行所经过的县供应传车的"校计"文书。"校计"文书在简牍中还有160·6、E.P.F 22:429、Ⅰ0111②:3、Ⅱ0115③:96、E.P.F 22:462A 等5条。其中"枸校""相与校计",就是对财务收支的会计文书进行检查,是对财政经济工作的审计监督;"毋令缪"就是不能出现失误;"如律令"就是按律令规定进行"校计"。《睡虎地秦墓竹简·效律》规定:"计用律不审而赢、不备,以效赢、不备之律赀之,而勿令赏(偿)。""校计相缪(谬)殹(也),自二百廿钱以下,谇官啬夫;过二百廿钱以到二千二百钱,赀一盾;过二千二百钱以上,赀一甲。人户、马牛一,赀一盾;自二以上,赀一甲。""计脱实及出实多于律程,及不当出而出之,直(值)其贾(价),不盈廿二钱,除;廿二钱以到六百六十钱,赀官啬夫一盾;过六百六十钱以上,赀官啬夫一甲,而复责其出殹(也)。人户、马牛一以上为大误。误自重殹(也),□罪一等。"这就是秦汉"校计"的律令依据。

(七)行政质量要求按律令

(1)地节二年六月辛卯朔丁巳,肩水候房谓候长光,官以姑臧所移卒被兵本籍,为行边兵丞相史王卿治,卒被兵以校阅亭燧卒被兵,皆多冒乱不相应或易处不如本籍。今写所治亭别被兵籍并编,移书到,光以籍阅具卒兵,兵即不应籍,更实定此籍,随即下所在亭,各实弩力石射步数,令可知。贵事诣官,会月廿八日夕,须以集,为丞相史王卿治事,课后不如会日者,必报,毋忽,如律令。(7·7A)

(2)觻得仓丞吉兼行丞事敢告部都尉卒人诏书:清塞下,谨候望,备燧火;房即入,料度可备中,毋远追,为房所诈。书已前下,檄到卒人,遣尉丞司马数循行,严兵□□禁止行者,便战斗具,驱逐田牧畜产,毋令居部界中,警备毋为房所诳利,且课毋状不忧者,劾尉丞以下,毋忽,如法律令,敢告卒人。/掾延年、书佐光、给事□。都尉事司马丞登行丞事,谓肩水候官,写移檄到,如大守府檄书律令。/卒史安世、属乐世、书佐延年。□□行曹谓□□□长充宗,官写移檄到,警备□□门□,毋为房所乘□,毋忽,如律令。(12·1A、B、C、D)

(3)效谷长禹、丞寿告遮要、县(悬)泉置,破羌将军将骑万人从东方来,会正月七日,今调米、肉、厨、乘假自致受作,毋令客到

39

不办与,毋忽,如律令。(A)掾德成、尉史广德。(B)(Ⅱ0114④:340)

(1)是肩水候官根据中央派出的行边兵使者丞相史王卿用姑臧郡所移卒被兵本籍校阅亭燧卒被兵籍,出现"皆多冒乱不相应或易处不如本籍"的行政问题,下达给候长指令,请用候官写定的被兵籍核定亭燧卒被兵籍,要求按时上报,不得出现失误。(2)是觻得郡转发中央"清塞下,谨候望,备薰火;虏即入,料度可备中,毋远追,为虏所诈"的诏书到"部都尉"、候官、候长,命令贯彻执行,要求加强巡视和警备,不得出现失误,还要检举考核工作不力的官吏,依法严惩。(3)是效谷县下达到遮要、县(悬)泉置的行政指令,要求准备好米、肉、厨、乘假的供应和制作,不得出现失误。简牍中的"毋忽,如律令",就是要求按律令认真落实、办理,不能疏忽、粗心大意,造成工作失误,保证行政质量。"毋忽,如律令"的文书在简牍中还有:释 HY.1278B、释 SY.1365、释 SY.1382B、释 TH.1685、释 TH.1759、释 TH.2057,7·7A、10·40、12·1B、12·1D、55·23、57·12、57·13A、57·13B、103·9、103·10、224·24、271·8、278·7A、278·7B、326·7、421·8、484·63、517·4、E.P.T 8:39、E.P.T 51:52、E.P.T 52:324、E.P.T 53:42、E.P.T 65:73、E.P.F 22:168、E.P.F 22:291、E.P.F 22:506、E.P.F 22:757、E.P.F 22:769、E.P.S 4T2:2.29、Ⅱ0214③:154(B)、Ⅱ0114④:340,散178、散195等40条。在《秦律十八种》和《二年律令》中有大量的禁止性规范,就是严禁出现工作失误,要求有较高的工作质量。例如:"县、都官、十二郡免除吏及佐、群官属,以十二月朔日免除,尽三月而止之。其有死亡及故有缺者,为补之,毋须时。"(《秦律十八种·置吏律》)"有事请也,必以书,毋口请,毋羁请。"(《秦律十八种·内史杂》)"群盗杀伤人、贼杀伤人、强盗,即发县道,县道亟谓发吏徒足以追捕之,尉分将、令兼将,亟诣盗贼发及之所,以穷追捕之,毋敢□界而環(还)。"(《二年律令·捕律》)"以城邑亭障反,降诸侯,及守乘城亭障,诸侯人来攻盗,不坚守而弃去之若降之,及谋反者,皆要(腰)斩。其父母、妻子、同产,无少长皆弃市。其坐谋反者,能偏捕,若先告吏,皆除坐者罪。"这些禁止性规范就是"毋忽"的律令依据。

(八)行政效率要求按律令

(1)康居王使者杨伯刀、副扁阗,苏韰王使者、姑墨副沙囷、即贵人为匿等皆叩头自言,前数为王奉献橐佗入敦煌关县次赎食至酒泉昆归官,太守与杨伯刀等杂平直(值)肥瘦。今杨伯刀等复为王奉献橐佗入关,行直以次食至酒泉,酒泉太守独与吏直(值)畜,杨伯刀等不得见所献橐佗。姑墨为王献白牡橐佗一匹,牝二匹,以为黄,及杨伯刀等献橐佗皆肥,以为瘦,不如实,冤。永光五年(前39年)六月癸酉(六月初一)朔癸酉,使主客部大夫谓侍郎,当移敦煌太守,书到验问言状。事当奏闻,毋留,如律令。七月庚申(七月十八),敦煌太守弘、长史章、守部候修仁行丞事,谓县,写移书到,具移康居苏韰王使者杨伯刀等献橐佗食用谷数,会月廿五日,如律令。/掾登、属建、书佐政光七月壬戌(七月二十),效谷守长合宗,守丞、敦煌左尉忠谓置,写移书到,具写传马止不食谷,诏书报会月廿三日,如律令。/掾宗、啬夫辅。(Ⅱ0216②:877—883)

(2)永光元年五月戊子,觻得守左尉奉移过所县亭,□取□候往,为候之觻得取麦三百石还家,家取□官,官丞等月同□赴肩水候官,移到,毋留止,如律令。(562·3A)

(3)谓甲渠候官写移书到,会五月旦,毋失期,如律令。/掾云,守,属延,书佐定、世。(42·20A)

(4)甘露三年六月癸丑朔庚辰,佐赦之敢言之,遣令史安世移簿一编,县道河津金关毋苛留止,如律令,敢言。(43·12A)

(5)神爵四年正月丙寅朔壬辰,敦煌太守快、库丞何兼行丞事,告领县(悬)泉置史光,写移书到,验问审如倚相言,为逐责(债),遣吏将禹诣府,毋留,如律令。(A)掾邮国、卒史寿、书佐光、给事佐赦之。(B)(Ⅱ0215③:3)

(1)是汉元帝永光五年六月初一日,中央主管外交事务的大鸿胪寺的属官主客部大夫下达到敦煌太守的验问文书,要求敦煌太守派官员按验、追查,康居王的使者杨伯刀、副使者扁阗,还有姑墨国王的副使沙困和姑墨国的贵人为匿等人向汉朝皇帝提出的双方贸易不公正、待遇不合理的自诉,调查结果要按时间上报,奏闻皇帝,不能滞留,一切按法律办事。(2)是觻得郡下达到所经过县亭城门关津放行的文书。(3)可能是郡或都尉府下达到甲渠候官的行政办事文书。(4)可能是郡或都尉府下达到县道河津金关放行的文书。(5)是敦煌太守快、库丞何兼行丞事下达到县(悬)泉置史光的验问文书,并要求派人把禹送到郡府。"毋留,如律令""会月廿五日,如律令""毋留止,如律令""毋失期,如律令""毋苛留止,如律令",就是按律令规定的日期及时完成并上呈传送,不准停留和拖延日期,保证有较高的行政效率。简牍中要求行政效率按律令的文书还有:20·7、72·11、112·26、179·9、204·5、312·5、227·105、312·25、377·1C、511·4、562·3A、42·20A、43·12A、77·10、181·2A、218·2、204·5、218·2、340·6、401·6、E.P.T 51:463、E.P.T 53:106、E.P.T 57:10A、E.P.C:32、E.P.T 13:3、E.P.T 50:171、E.P.T 53:46、E.P.T 56:115、E.P.T 57:48、E.P.T 65:374,Ⅱ0313S:160 等 31 条。《秦律十八种·徭律》规定:"御中发征,乏弗行,赀二甲。失期三日到五日,谇;六日到旬,赀一盾;过旬,赀一甲。"《秦律十八种·行书》规定:"行命书及书署急者,辄行之;不急者,日觱(毕),勿敢留。留者以律论之。"《二年律令·行书律》规定:"发致及有传送,若诸有期会而失期,乏事,罚金二两。非乏事也,及书已具,留弗行,行书而留过旬,皆盈一日罚金二两。"这就是行政效率的律令依据。

二、简牍所见秦汉行政记录中实践律令行政

在简牍所见秦汉行政记录中,引用律令处理政务,按律令规定办理政务,依律令追究行政违法失职的责任,实践律令行政。

(一)用律令处理政务

秦汉在行政过程中大量引用律令,作为处理政务的依据[18]。据笔者统计,简牍资料中引用"令"有 48 条,主要有:8-154、8-67+8-652、8-159、8-525+8-532+8-674、8-756、8-767、8-1418、8-1514、J1(16)9 正面、J1(16)5 正面,Ⅱ0214②:556、87—89C:9、Ⅱ0114③:54、Ⅱ0214②:565、E.P.F 22:222—235、E.P.F 22:692、E.P.F 16:1—17、E.P.F 22:70—79、E.P.T 51:47、E.P.T 52:569、E.P.F 22:221、E.P.F 22:691、E.P.T 51:466、E.P.T 53:34、E.P.T 11:1、E.P.T 51:15、E.P.T 56:337、E.P.S 4T2:8AB,释 MC.791、释 SY.1357—1361、释 2027、释 982、释 682、释 1365、释 2257、释 520、释 521,10·28、45·21、45·23、50·26、122·7、142·16、562·19、198·7、267·19、270·23、285·17 等。引用"律"28 条,主要有 3·53、8-463;4·1、157·13,185·11、395·11、157·13、255·27、113·6、139·24;E.P.T 10:2A、E.P.T 51:228、E.P.T 52:120、E.P.T 52:417、E.P.T 53:181、E.P.T 58:45AB、E.P.S 4T2:2.100、E.P.S 4T2:2.101、E.P.S 4T2:7、E.P.F 22:328、E.P.F 22:330;Ⅰ0112①:1、Ⅱ0115③:421;释 MC.983、释 TH.2325、释 2011、释 983 等。张家山汉简《奏谳书》中就引用了 13 条律文和 6 条令文。引用律令处理政务主要表现在发布指令、解决行政纠纷、审判断狱。

1. 用律令发布政令

秦汉时期简牍所见上级官府往往据律令发布指示。例如下面三简:

(1)廿七年二月丙子朔庚寅,洞庭守礼谓县啬夫、卒史嘉、叚(假)卒史谷、属尉:令曰"传送委输必先悉行城旦舂、隶臣妾、居赀赎责(债),急事不可留,乃兴繇(徭)"。今洞庭兵输内史及巴、南郡、苍梧,输甲兵当传者多,节传之,必先悉行乘城卒、隶臣妾、城旦舂、鬼薪白粲、居赀赎责(债)、司寇、隐官、践更县者。田时殹(也),不欲兴黔首,嘉、谷、尉各谨案所部县卒、徒隶、居赀赎责(债)、司寇、隐官践更县者簿,有可令传甲兵,县弗令传之而兴黔首,(兴黔首)可省少弗省少而多兴者,辄劾移县,(县)丞以律令具论。当坐者言名,夬(决)泰守府,嘉、谷、尉在所县上书嘉谷尉,令人日夜端行,它如律令。[J1(16)5 正面]

三月丙辰,迁陵丞欧敢告尉、告乡司空、仓主:前书已下,重,听书从事;尉别都乡司

空、(司空)传仓；都乡别启陵、贰春，皆勿留脱，它如律令。扣手。丙辰水下四刻，隶臣尚行。三月癸丑水下尽之，阳陵士□匀以来。邪手。七月癸卯水十一刻(刻)下九，求盗簪裹(袅)阳成辰以来。羽手。如手。[J1(16)5背面]

（2）制曰：下大司徒、大司空，臣谨案：《令》曰："未央厩、骑马、大厩马日食粟斗一升、叔(菽)一升。"置传马粟斗一升，叔(菽)一升。其当空道日益粟，粟斗一升。长安、新丰、郑、华阴、渭成(城)、扶风厩传马加食，匹日粟斗一升。车骑马，匹日用粟、叔(菽)各一升。建始元年，丞相衡、御史大夫谭。(Ⅱ0214②：556)

（3）二月戊寅，张掖大守福、库丞承熹兼行丞事，敢告张掖农都尉、护田校尉府卒人，谓县，律曰："赃它物非钱者，以十月平贾计。"案戍田卒受官袍衣物，贪利贵贾，赘予贫困民，吏不禁止，浸益多，又不以时验问。(4·1)

（1）是秦始皇二十七年洞庭郡征发徭役运送武器装备的下行指令文书，郡守府下达的指令中，引用《令》的规定"传送委输必先悉行城旦春、隶臣妾、居赀赎责，急事不可留，乃兴繇(徭)"作为征发徭役的依据，严格要求按照律令征发城旦春、隶臣妾、居赀赎责等人去运送武器，不得擅自征发农民，扰乱农业生产，对于不该征发的人而征发、该征发的人而没有征发的官吏，要逐级上报郡守府按律令惩罚，各级政府要严格检查落实。"皆勿留脱，它如律令"，就是不能有滞留和脱漏，其他一切事宜都要按相关律令执行。"弗留脱"就是法律中的禁止性语言，"它如律令"中的律令应是指"徭不当徭使者律"。张家山汉简《二年律令》规定："兴□□为□□□□及发繇(徭)戍不以次，若擅兴车牛，及繇(徭)不当繇(徭)使者，罚金各四两。"在木简的背面列举了被征发的隶臣妾等人的名单和时间，表明是按律令征发徭役的。（2）是皇帝下达的增加各类马匹饲料的诏书，诏书的内容是由宰相大司徒、大司空根据《令》"未央厩、骑马、大厩马日食粟斗一升、叔(菽)一升"的规定提出的增加邮驿传置的马、交通要道的马、三辅地区厩置的马、车

骑马的饲料，这里的《令》应该是《厩令》。(3)是张掖太守和库丞向张掖农都尉、护田校尉发出的指令，引用《律》文"赃它物非钱者，以十月平贾计"作为依据，责令有关部门对戍田卒将官府配发的"官袍衣物"高价出赁当地居民进行调查，按《律》要求以十月份官府评定出的物价对出赁"官袍衣物"进行平贾估算，以赃罪论处，就是严禁戍卒高价出卖所配给的"官袍衣物"，稳定集市交易。《二年律令·金布律》载："有罚、赎、责、当入金，欲以平贾入钱，及当受购、偿而毋金，及当出金、钱县官而欲以除其罚、赎、责，及为人除者，皆许之，各以其二千石官治所县十月金平贾予钱。"就是规定"罚、赎、责当入金"，以"十月金平贾予钱"。

2. 用律令解决行政纠纷

秦汉时期，用律令解决行政纠纷，确定行政责任。例如建武三年十二月永不当负驹册：

甲渠言，永以县官事行敬(警)檄，牢驹燧内中，驹死。永不当负驹。

建武三年十二月癸丑朔丁巳(初五)，甲渠鄣候获叩头死罪敢言之。掾谭、尉史坚。府记曰，守塞尉放记言："今年正月中从女子冯□借马一匹，从驹。今年四月九日诣部，到居延收降亭，马罢。止害燧焦永行檄还。放骑永所用驿马去。永持放马之止害燧。其日夜人定时，永行警檄。牢驹燧内中。明十日驹死。候长孟宪，燧长秦恭皆知状。"记到，验问，明处言。会月二十五日。前言解。谨验问放、宪，皆曰：今年四月九日，宪令燧长焦永行府卿蔡君起居檄，至庶(遮)虏还，到居延收降亭，天雨。永止须史去。尉放使士吏冯匡呼永曰："马罢，持永所骑马来。"永即还放马。持放马及驹随放后，归止害燧。即日昏时到呑北所，骑马更取留燧驿马一匹，骑归呑远燧。其夜人定时，新沙置吏冯章行珍北警檄来。永求索放所。放马不能得。还骑放马行檄。取驹牢燧内中去。到呑北燧□□□□罢□□□中步到……俱之止害燧取驹去。到呑北燧下，驹死。

案：永以县官事行警檄，恐负时，骑放马行檄。驹素罢劳，病死。放又不以死驹付永。永不当负驹。放以县官马擅自假借，坐

臧(赃)为盗,请行法。获教赦要领放毋状,当并坐。叩头死罪死罪,敢言之。(E.P.F 22：186—201)

这是甲渠候官对郡府或都尉府下达"驹死燧内"质询文书的"验问"结论报告文书,经过调查事实,最终得出的结论有两条:一是"焦永不必赔偿放的马驹",二是"放随意借用县官的马,其行为相当于盗罪"。这是依据律令规定划分的责任,解决了行政纠纷。"永不当负驹"是根据"以县官事行警檄,恐负时,骑放马行檄。驹素罢劳,病死。放又不以死驹付永"。永是接受官府的任务传递警檄,恐怕耽误时间,才乘放的马行檄,这是律令规定的职责和任务,必须按时间完成的,加上马驹本来就疲劳有病而死,放又没有把死马交给焦永,所以永不必赔偿马驹。放"坐臧(赃)为盗,请行法",就是依据马价适合盗罪,依法追究,这是根据"放以县官马擅自假借",就是随便借用官府的马而确定的责任。《二年律令·盗律》有明确的规定:"财(?)物(?)私自假赁(贷),假赁(贷)人罚金二两。其钱金、布帛、粟米、马牛殹,与盗同法。诸有叚(假)于县道官,事已,叚(假)当归。弗归,盈二十日,以私自叚(假)律论。其叚(假)别在它所,有(又)物故毋道归叚(假)者,自言在所县道官,县道官以书告叚(假)在所县道官收之。其不自言,盈廿日,亦以私自假律论。其假已前入它官及在县道官廷(?)诸盗□,皆以罪(?)所平贾(价)直(值)论之。"还有建武四年十一月戊寅朔乙巳,甲渠部守候对府记下达的居延都田啬夫丁宫、禄福男子王歆、郭良等入关檄留迟,要求"各推辟界中定吏主当坐者名"的报告书,经过调查得出的结论是"习典主行檄书不□时二分,不中程"(E.P.F 22：125—150)。"不中程"就是没有按律令规定的程限完成,要追究行政责任的,《二年律令·行书律》规定:"邮人行书,一日一夜行二百里。不中程半日,笞五十;过半日至盈一日,笞百;过一日,罚金二两。邮吏居界过书,弗过而留之,半日以上,罚金一两。"

3. 用律令断狱

秦汉时代的官员大都以律令为审理依据,公正裁判[19]。张家山汉简《奏谳书》保存了从春秋至汉初这一长时期内的众多裁判记录,文中有大量引用律令断罪的相关记录。例如:"律变(蛮)夷男子岁出赍钱,以当繇(徭)赋,非曰勿令为屯也,及虽不当为屯,窑已遭母忧,即屯卒,已去亡,何解"(一);"律所以禁从诸侯来诱者,令它国毋得取(娶)它国人也。阑虽不故来,而实诱汉民之齐国,即从诸侯来诱也,何解"(三);"律:取(娶)亡人为妻,黥为城旦,弗智(知),非有减也。解虽弗智(知),当以取(娶)亡人为妻论,何解"(四)。这三条是审判过程中引用的律文质询当事人,请做出合理的解释。又例如,根据《令》曰:"诸无名数者,皆令自占书名数,令到县道官,盈卅日,不自占书名数,皆耐为隶臣妾,锢,勿令以爵、赏免,舍匿者与同罪。"判决平当的结论为:"平当耐为隶臣,锢,毋得以爵、当赏、免。"(十四)根据"律:盗臧(赃)直(值)过六百六十钱,黥为城旦;令:吏盗,当刑者刑,毋得以爵减、免、赎",判决恢的结论为:"恢当黥为城旦,毋得以爵减、免、赎。以此当恢。"(十五)根据"令:所取荆新地多群盗,吏所与与群盗遇,去北,以儋乏不斗律论;律:儋乏不斗,斩。篡遂纵囚,死罪囚,黥为城旦,上造以上耐为鬼薪",判决俞的结论为:"当耐为鬼薪。"(十八)根据"律:贼杀人,弃市""律:谋贼杀人,与贼同法""律:纵囚,与同罪",判决的结论为:"信、苍、丙、赘皆当弃市,(系)。"(十六)这四例是依据律令对某种犯罪行为已有明确规定而作出的判决。再例如:"故律曰:死夫(?)以男为后。毋男以父母,毋父母以妻,毋妻以子女为后。律曰:诸有县官事,而父母若妻死者,归宁卅日;大父母、同产十五日。敖(敖)悍,完为城旦舂,铁颛其足,输巴县盐。教人不孝,次不孝之律。不孝者弃市。弃市之次,黥为城旦舂。当黥公士、公士妻以上,完之。奸者,耐为隶臣妾。"(二十一)这是廷尉在律令无明文规定的情况下,对疑难案例进行集议时引用的六条律文,论证该案的性质和量刑轻重,廷尉等人引用前三条律文得出结论:"夫死未葬",妻与人通奸,为不孝。而廷尉史认为,夫已死,妻与人通奸,不能定为不孝,完为城旦舂的刑罚,这显然是过于苛重。廷尉等人与廷史谣之间的争论,虽然二者的观点截然不同,但他们都是以律令为前提来推导自己的结论的,特别是到最后,廷尉等30人自己承认判决失当。在居延新简中有一个完整的《候粟君所责寇恩事》卷宗（E.P.F 22∶1—20），反映的是一个高层戍吏候粟君和一个平民百姓寇恩的诉讼过程，最后审判的结果是："十二月己卯，居延令守丞胜移甲渠候官，候所责男子寇恩事，乡置辞爰书自证，写移书到，□□□□□辞爰书自证（E.P.F 22∶34），须以政不直者法亟报如律令。"（E.P.F 22∶35）秩级六百石的候粟君"以政不直者法"而败诉，也因此事被调离工作岗位，反映出平民、戍卒与高层戍吏的平等法律地位。

（二）按律令规定办理政务

秦汉在行政过程中按律令规定的要求办理政务，主要表现在按律令规定时间、职责权利、行政程序办理政务，保证行政的质量和效率。

1. 按律令规定时间办理政务

秦汉行政皆有"期会"，就是要按时间完成，简牍所见行政多按律令规定时间完成。例如，《居延新简》载："官去府七十里，书一日一夜当行百六十里，书积二日少半日乃到，解何。书到各推辟界中，必得事案，到，如律令，言会月廿六日，会月廿四日。"（E.P.S 4T2∶8A）这是都尉府质询候官文书没有按时到的原因，要求二十六日将结果上报，候官提前到二十四日就上报到都尉府。秦汉每日是十六时制，每时规定了程限，大约每时行10里，这应该是步行传递，称为传行。行书按律令规定的程限完成，如："元康元年十一月甲午日餔半时，临泉亭长彭倩受广至石靡亭长塞，到乙未日入时西门亭。长步安付其廷，道延袤百廿四里廿步，行十二时，中程。"（ⅡT0213③∶26）"八分，临木燧卒仆受诚势北燧卒☑燧卒世，去临木燧十七里，当行一时七分，中程。"（E.P.T 50∶107）"中程"就是符合律令规定的程限。司法审判也是按规定的时间"复审"和"乞鞫"的。例如，《建武三年十二月候粟君所责寇恩事》（E.P.F 22∶1—36）文书分4件，第二件事时间是建武三年十二月癸丑朔戊辰，即十二月十六日。第三件事时间是建武三年十二月癸丑朔辛未，即十二月十九日，与上次相隔3天，两次审讯之间按照律令规定必须经过3日才能复审，《史记·酷吏列传·张汤传》引《集解》苏林曰："谓传囚也。爰，易也。以此书易其辞处。鞫，穷也。"张晏曰："传，考证验也。爰书，自证不如此言，反受其罪，讯考三日复问之，知与前辞同不也。鞫，一吏为读状，论其报行也。"[20]乞鞫，是按律令规定的司法审判时间办理的。依律，断狱后一年之内提出乞鞫，这是秦汉法律的规定。《二年律令》载："罪人狱已决，自以罪不当欲乞鞫者，许之。""狱已决盈一岁，不得乞鞫。"《法律答问》载："以乞鞫及为人乞鞫者，狱已断乃听，且未断犹听殹（也）？狱断乃听之。失鍪足，论可（何）殹（也）？如失刑罪。"《奏谳书》（十七）乞鞫案原案于元年十二月癸亥（二十六日）开始审理，二年二月癸亥（十七日）判决。四月丙辰（秦王政元年四月十一日），就是判决后54天就申请乞鞫，不超过一年，没过期限，按照律令的要求。

2. 按律令规定的职责权利办理政务

秦汉按律令规定的职责权利行政。简牍资料中，对符合律令规定"索关"和"当舍传舍"条件的都给予办理。例如：（1）"建平五年八月戊□□□□，广明乡啬夫宏、假佐玄敢言之，善居里男子丘张自言，与家买客田居延都亭部，欲取□□。案张等更赋皆给当得取检，谒移居延。如律令，敢言之。"（505·37A）"放行。"（505·37B）（2）"建始二年三月戊子朔乙巳，塞池长延寿移过所，遣传舍佐普就，为诏送徒民敦煌郡，乘轺车一乘，马一匹，当舍传舍，从者如律令。/掾长，令史临，佐光。·四月己亥过，西。"（Ⅰ021①∶63）（1）是符合律令规定"索关"的条件，取得过关凭证，所以"放行"，就是允许过关；（2）是符合律令规定安排住宿供应车马饮食的条件，所以"过"，就是按标准供应通过。简牍资料中依律令规定的条件任免官吏。《奏谳书》载："六年八月丙子朔壬辰，咸阳丞毄、礼敢言之。令曰：'狱史能得微难狱，上。'今狱史举闟得微[难]狱，为奏二二牒，举闟毋害，谦（廉）絜（洁）敦愨，守吏也，平端，谒以补卒史，劝它吏，敢言之。"（二二）这是按《令》的规定："狱史能得微难狱，上。"上呈举荐优秀人才闟的报告。"延城甲沟候官第三十燧长、上造范尊，中劳十月十杂日，能‖书会计，治官民，颇知律令，文，年三十二岁，长荼尺五寸，应令‖。居延阳里，家去官八十里，属延城部。"(E.P.T 59∶104)"应令"是说范尊符合《令》规定的担任燧长的条件。"甲渠塞百石士吏居延安国里公乘冯匡,年三十二岁,始建国天凤上戊六年三月己亥除署第四部。病欬(咳)短气,主亭燧七所,㖷呼。七月□□除署四(第十)部。士吏□匡软弱不任吏职,以令斥免。"(E.P.T 68∶4—6)这是说按照令的规定冯匡"软弱不任吏职"就要被免除职务。又据"建武五年五月乙亥朔壬午,甲渠守候博谓第二燧长临,书到,听书牒署从事,如律令。掾谭"(E.P.F 22∶247A)。在甲渠守候博下达到各燧的任免文书中,有"第十士吏冯匡,斥免缺"的记载(E.P.F 22∶253),说明冯匡的确"以令斥免"。汉简中还有大量"以令取宁"的记录。基层戍吏在戍守期间,如果家里亲属病逝,可以以令回家奔丧,谓之"取宁"。有关的简文如下:"甲渠候长愿以令取宁,即日遣书到,日尽遣。如律令"(160·16);"永光二年三月壬戌朔己卯,甲渠士吏疆以私印行候事敢言之,候长郑赦父望之不幸死,癸巳予赦宁,敢言之"(57·1A);"第卅八燧长蒲母死,诣官宁三月□"(59·39);"同里杨合众病死,猛为居延甲渠候长,愿以令取宁"(E.P.T 59∶53、54)。这说明"取宁"是有律令依据的。简牍中还有依律令赏赐官吏的记录,例如:(1)"居延甲渠候官第十燧长、公乘徐谭,功将,能书,会计,治官民,颇知律令,文,居延鸣沙里,家去大守府千六十三里,产居延县,中功一劳二岁为吏五岁三月十五日,其六月十五日,河平二年三年四年秋试射以令赐劳,□令其十五日,河平元年阳朔元年病,不为劳,居延县人。"(E.P.T 50∶10)(2)"等三人捕羌虏斩首,各二级当免为庶人,有书。今以旧制律=令为捕斩匈奴虏反羌购赏各如牒,前诸郡以西州书免刘玄及王便等为民,皆不当行。书=到,以科别从事官奴婢以西州。"(E.P.F 22∶221)(3)尚书丞昧死以闻:"制曰:可。赐校尉钱人五万;校尉丞、司马、千人、候,人三万;校尉史、司马、候丞人二万;书佐、令史人万。"(87—89C∶11)(1)是"以令赐劳",积劳为功,功是官吏晋升的主要条件,"赐劳"按令的规定分为两种情况。一是《北边絜令》第四规定:"候长、候史及将军吏,劳二日皆当三日。"(10·28)就是边吏辛苦要增加劳;二是《功令》第四十五规定:"士吏,候长,蓬燧长,常以令秋试射,以六为程,过六赐劳矢十五日。"(285·

17)这是秋射优秀的要增加劳。徐谭因"秋试射以令赐劳",有病不上班还要扣除劳。(2)(3)是奖赏军功的文书,律令有明确的规定。《二年律令》中的《爵律》规定了拜爵及赐的原则:"当拜爵及赐,未拜而有罪耐者,勿拜赐。诸当赐受爵,而不当拜爵者,级予万钱。诸诈伪自爵、爵免、免人者,皆黥为城旦舂。吏知而行者,与同罪。"《居延新简》有"捕斩匈奴虏反羌购偿科别"(E.P.F 22∶222—235),《敦煌汉简》中有《击匈奴降者赏令》(释792)。"诸有功校皆有信验乃行购赏"(E.P.F 22∶230),就是对有功奖赏要认真核实。这些律令就是奖赏功劳的依据。

3. 按律令规定的行政程序办理政务

秦汉按律令规定的程序行政,例如下面《奏谳书》的记载就反映出司法审判的程序:

十年七月辛卯朔癸巳,胡状、丞憙敢谳(谳)之。刻(劾)曰:临菑(淄)狱史阑令女子南冠缴(缟)冠,详(佯)病卧车中,袭大夫虞传,以阑出关。·今阑曰:南齐国族田氏,徙处长安,阑送行,取(娶)为妻,与偕归菑(淄),未出关,得,它如刻(劾)。·南言如刻(劾)及阑。·诘阑,阑非当得取(娶)南为妻也,而取(娶)以为妻,与偕归临菑(淄),是阑来诱及奸,南亡之诸侯,阑匿之也,何解?阑曰:来送南而取(娶)为妻,非来诱也。吏以为奸及匿南,罪,毋解。·诘阑:律所以禁从诸侯来诱者,令它国毋得取(娶)它国人也。阑虽不故来,而实诱汉民之齐国,即从诸侯来诱也,何解?阑曰:罪,毋解。·问,如辤(辞)。·鞫:阑送南,取(娶)以为妻,与偕归临菑(淄),未出关,得,审。疑阑罪,毄(系),它县论,敢谳(谳)之。·人婢清助赵邯郸城,已即亡,从兄赵地,以亡之诸侯论。今阑来送徒者,即诱南。·吏议:阑与清同类,当以从诸侯来诱论。·或曰:当以奸及匿黥舂罪论。

十年八月庚申朔癸亥,大(太)仆不害行廷尉事,谓胡啬夫谳(谳)狱史阑,谳(谳)固有审,廷以闻,阑当黥为城旦,它如律令。(三、吏"奸及匿黥舂罪"案)

"十年七月辛卯朔癸巳……疑阑罪,毄(系),它县论,敢谳(谳)之"是县令丞的奏谳报告;"人婢清……当以奸及匿黥舂罪论"是郡级政府的审理意见;"十年八月庚申……它如律令"是中央廷尉的最后判决。这就是秦汉律令规定的县、郡、廷尉的三级审判制。《二年律令》："诸欲告罪人，及有罪先自告而远其县廷者，皆得告所在乡，乡官谨听，书其告，上县道官。廷士吏亦得听告。"（《具律》）"县道官守丞毋得断狱及氵鬳（谳）。相国、御史及二千石官所置守、叚（假）吏，若丞缺，令一尉为守丞，皆得断狱、氵鬳（谳）狱。皆令监临庳（卑）官，而勿令坐官。"（《具律》）"都官自尉、内史以下毋治狱，狱无轻重关于正；郡关其守。"（《置吏律》）"县道官所治死罪及过失、戏而杀人，狱已具，勿庸论，上狱属所二千石官。二千石官令毋害都吏复案，问（闻）二千石官，二千石官丞谨掾，当论，乃告县道官以从事。彻侯邑上在所郡守。"（《兴律》）"罪人狱已决，自以罪不当欲气（乞）鞫者，许之。气（乞）鞫不审，驾（加）罪一等；其欲复气（乞）鞫，当刑者，刑乃听之。死罪不得自气（乞）鞫，其父、母、兄、姊、弟、夫、妻、子欲为气（乞）鞫，许之。其不审，黥为城旦舂。年未盈十岁为气（乞）鞫，勿听。狱已决盈一岁，不得气（乞）鞫。气（乞）鞫者各辞在所县道，县道官令、长、丞谨听，书其气（乞）鞫，上狱属所二千石官，二千石官令都吏覆之。都吏所覆治，廷及郡各移旁近郡，御史、丞相所覆治移廷。"（《具律》）汉高祖皇帝七年，制诏御史："狱之疑者，吏或不敢决，有罪者久而不论，无罪者久系不决。自今以来，县道官狱疑者，各氵鬳所属二千石官，二千石官以其罪名当报。师古曰：'当谓处断也。'所不能决者，皆移廷尉，廷尉亦当报之。廷尉所不能决，谨具为奏，傅所当比律令以闻。"[4]（《刑法志》）张家山汉简中《奏谳书》中的案例，大多都报中央廷尉最终裁决。例如："廷报曰：取（娶）亡人为妻论之，律白，不当氵鬳（谳）。"（四、取亡人为妻案）这些律令就是司法审判程序的依据。

（三）依律令追究行政违法失职的责任

根据简牍资料，秦汉时期依律令追究违法失职行为的责任，主要是对"主守盗""受赇枉法""受所监临"等贪污、贿赂枉法行政行为，"擅赋敛""擅兴徭""擅移狱""擅发兵""擅出界"等擅自违法行政行为，"矫制""矫诏""为伪书""计校相谬"的欺诈行政行为，以及旷职、离署、"鞫狱不直"、守备失职、选任官吏非其人、办事稽缓的玩忽职守、失职渎职行政行为追究行政责任。追究责任的形式主要是质询和举劾违法失职的官吏，以律令严惩违法失职行政的行为。

1. 依律令检举行政违法失职

秦汉律令规定行政要遵守法律，违背法律就是犯罪。如，睡虎地秦简《法律答问》："可（何）如为'犯令''废令'律所谓者，令曰勿为，而为之，是谓'犯令'；令曰为之，弗为，是谓'法（废）令'殹（也）。廷行事皆以'犯令'论。"国家法律明文规定犯令是要受到处罚的，还要依律令检举违反法律的失职行为。如，秦简《语书》中说："今且令人案行之，举劾不从令者，致以律，论及令、丞。有（又）且课县官，独多犯令，而令丞弗得者，以令丞闻。"《二年律令·徭律》规定："都吏及令、丞时案不如律者论之，而岁上簫（徭）员及行簫（徭）数二千石官。""举劾不从令者""案不如律者"都是追究违背律令者的责任。秦汉上级和领导将依律令审核下级工作中发现的违法失职造成的行政失误或行政问题，以公文的形式发给下级行政主管部门及领导，要求被问责的行政机关对行政失误或出现的行政问题作出解释，这就是行政质询。行政质询文书在秦汉简牍文献中常用"解何"一词，质询的问题也是违背律令行政的行为。例如：（1）"校甲渠候移正月尽三月四时吏名籍，第十二燧长张宣，史，案府籍，宣不史。不相应，解何"（129·22，190·30）；（2）"校候三月尽六月折伤兵簿，出六石弩、弓廿四付库，库受啬夫久廿三，而空出一弓，解何"（179·6）；（3）"官去府七十里，书一日一夜当行百六十里，书积二日少半＝日乃到，解何？书到，各推辟界中"（E.P.S 4T2：8A）。（1）燧长张宣的出身"史"与都尉府的档案不相符，（2）府库的出入不相应，（3）行书迟到半天，这些都是违背律令规定的。秦汉简牍中常用"举劾""举书""举""书"，就是上级的领导或派人行巡下级行政工作，对检查出来的违纪行为所写的纠举报告书，依律令检举揭发违法失职的官吏，条列其行政失误行为。例如，令吏×劾状（E.P.T 68：81—102）："建武五年十二月辛未朔戊子（十八日），令史劾，将褒诣居延狱，以律令从事……见木中燧有烟，不见烽。候长王褒即使丹骑马一匹驰往逆辟，未到木中燧里所。胡虏四、步人（'人'系'入'之误），从河中出，上岸逐丹，虏二骑从后来共围遮，略得丹及所骑驿马持去。·案褒，典主而擅使丹乘用驿马为虏所略得，失亡马。褒不以时燔举,而举堠上一苣火、燔一积薪。燔举不如品约,不忧事边。"这封举劾文书,列举的候长王褒罪状都是违背律令的:一是私自让丹乘驿马,被敌人俘虏走;二是不按时举烽火;三是燔举烽火不如品约,对边防事务不敬业,严重违背了《烽火品约》(E.P.F 16:1—17)的规定。

2. 依律令惩罚行政违法失职

秦汉依律令检举的结果作为案验和追诉的依据,交给下级行政主管部门,追究行政违法的责任,确定罪名,进行处罚。汉简中有"甲渠言,永以县官事行敬檄,牢驹燧内中,驹死。永不当负驹"(E.P.F 22:186—201),就是甲渠候官对都尉府质询案回复的结果,根据这个结果,"永"可以确定不负"驹死"的责任;有"候长傅育等,当负趣收责","使收责育等皆毕……诣府",就是根据候官的报告结果,已经"收责"了候长傅育等人(E.P.T 6:55—62);有"候史广德坐不循行部涂亭,趣具诸当所具者,各如府都‖吏举,部糒不毕,又省官檄书不会=日,督五十"(E.P.T 57:108A),应该也是根据行政质询案回复的结果,对候史广德行政工作失误依律令所作的处罚。《奏谳书》中司法审判依律令确定的有"邮人留书,为伪书"(二十九)、"甑、顺等受、行赇狂(枉)法"(七)、"启为伪书"(九)、"儋为伪书"(十)、"内当以为伪书论"(十二)、"受贿"(十三)等罪名。秦汉关津的犯罪罪名为"阑出入关塞"。例如:(1)"十年八月庚申朔癸亥,大(太)仆不害行廷尉事,谓胡啬夫㵲(谳)狱史阑,㵲(谳)固有审,廷以闻,阑当黥为城旦,它如律令"(《奏谳书》)。(2)"乃丁亥,新占民居延临仁里赵良兰越塞。验问,良辞曰:今月十八日毋所食,之居延博望亭部采胡于,其莫(暮)日入后欲还归邑中,夜行迷河,兰越甲渠却适燧北塞天田出。案:良兰越塞天田出入。以此知而劾无长吏使,劾者状具此"(E.P.T 68:35—40)。(1)狱史以"阑出入关塞"被"黥为城旦";(2)赵良兰以"越塞天田出入"被举劾,二者罪名都是违背《津关令》的规定而应当受到的惩罚。简牍中对违背"以文理遇士卒……毋行暴殴击"这一法令规定的,确有伤害戍卒或下级戍吏行为的,视其情节给予处罚,甚至下狱治罪。如下简:"故甲渠候长唐博,叩头死罪。博前为饼庭候长,今年正月中,坐榜卒系狱七月,廿□。"(4·9)简牍对违背"私归私舍私使作为它事"律令的给予严惩,例如,"元寿二年十二月庚寅朔戊申,张掖居延都尉博库守丞贤兼行丞事谓甲渠鄣候言,候长杨褒私使卒并积一日,卖羊部吏故贵四十五,不日迹一日以上,燧长张谭毋状,请斥免,有书。案褒私使卒并积一日,燧长张"(E.P.T 59:548A)。这是对两名基层戍吏的处分,候长杨褒的罪状之一就是"私使卒并积一日",被甲渠鄣候参报到居延都尉府,受到"斥免"处理。

【参考文献】

[1] 睡虎地秦墓竹简整理小组编.睡虎地秦墓竹简[M].北京:文物出版社,1990.
[2] 张家山二四七号汉墓竹简整理小组.张家山汉墓竹简:二四七号墓[M].释文修订本.北京:文物出版社,2006.
[3] 邢义田.治国安邦:法制、行政与军事[M].北京:中华书局,2011.
[4] 班固.汉书[M].北京:中华书局,1975.
[5] 王充.论衡[M].上海:上海人民出版社,1974.
[6] 赵泓,译注.风俗通义全译·佚文[M].贵阳:贵州人民出版社,1998.
[7] 陈伟.里耶秦简牍校释:第1卷[M].武汉:武汉大学出版社,2012.
[8] 吴礽骧.敦煌汉简释文[M].兰州:甘肃人民出版社,1991.
[9] 谢桂华,李均明,朱国炤.居延汉简释文合校[M].北京:文物出版社,1987.
[10] 甘肃省文物考古研究所,甘肃省博物馆,文化部古文献研究室,等.居延新简:甲渠候官与第四燧[M].北京:文物出版社,1990.
[11] 胡平生,张德芳.敦煌悬泉汉简释粹[M].上海:上海古籍出版社,2010.
[12] 李均明,何双全.散见简牍合辑[M].北京:文物出版社,1990.
[13] 张伯元.出土法律文献研究[M].北京:商务印书馆,2005.
[14] 王焕林.里耶秦简校诂[M].北京:中国文联出版社,2007.
[15] 汪桂海.汉代官文书制度[M].南宁:广西教育出版社,1999.
[16] 李明晓,赵久湘.散见战国秦汉简帛法律文献整理与研究[M].重庆:西南师范大学出版社,2011.
[17] 侯旭东.传舍使用与汉帝国的日常统治[J].中国史研究,2008(1).

[18] 高恒.秦汉简牍中法制文书辑考[M].北京:社会科学文献出版社,2008.

[19] 朱腾.秦汉时代的律令断罪[J].北方法学,2012(1).

[20] 司马迁.史记[M].北京:中华书局,1962.

东汉顺帝"八使"巡行事件始末

赵 凯[*]

【摘 要】 东汉顺帝汉安元年的"八使"巡行郡国事件,是研究汉代"风俗使"制度时不可多得的个案。"八使"出巡,是在当时吏治松弛、监察制度濒于失效的背景下出台的。良好的儒学修养、丰富的从政经验、清正耿直的个人品性、忠公无畏的职业操守以及由此形成的个人威望,是入选"八使"的重要条件。为便于履行使命,顺帝授予"八使"光禄大夫头衔和举劾地方官吏的特权。"八使"在"劾奏贪猾"方面的表现引人注目,其吏治整顿效果不容忽视。"风俗使"出巡郡国虽为"善政",但在实际运作过程中存在着诸多困难。担任皇帝特使的经历,对"风俗使"个人的命运、前途均有影响。

【关键词】 东汉;顺帝;风俗使;监察;八使

两汉时期,皇帝屡屡派遣使者巡行天下,以"观览风俗"的名义宣明德化、监察地方,以补治道,是为"风俗使"。作为汉代专制主义中央集权王朝行政管理体制中的一项重要措施,"风俗使"巡行记录屡见史册,但史家往往概述其事,使后人难窥其详。东汉顺帝汉安元年,朝廷派遣八位"风俗使"巡行郡国,范晔《后汉书·顺帝纪》记述道:

(八月)丁卯,遣侍中杜乔、光禄大夫周举、守光禄大夫郭遵、冯羡、栾巴、张纲、周栩、刘班等八人分行州郡,班宣风化,举实臧否。[1](卷6《顺帝纪》)

其事又分见《后汉书》之《张纲传》《栾巴传》《李固传》《杜乔传》《周举传》《崔瑗传》《种暠传》以及司马彪《续汉书》、常璩《华阳国志》。这些文献从不同角度予以记录,信息之全面,非两汉时期其他"风俗使"事例所能比拟,因而成为我们深入了解汉代"风俗使"制度的较好个案。

"风俗使"是汉代重要的政治文化现象,前人研究成果较多[①],特别是廖伯源先生的《使者与官制演变:秦汉皇帝使者考论》一书,堪称是相关问题的集大成之作。这些研究成果切入角度各不相同,但是基本上都属于"宏观性"论述。本文尝试在前人研究的基础上,专对顺帝"八

---

[*] 赵凯(1970—),男,内蒙古自治区和林格尔县人,博士,中国社会科学院历史研究所副研究员,主要从事秦汉史研究。

① 如杨宽:《战国秦汉的监察和视察地方制度》,《社会科学战线》1982年第2期。黄宛峰:《汉代考核地方官的重要环节——"举谣言"与"行风俗"》,《南都学坛》1988年第3期。葛志毅:《汉代的博士奉使制度》,《历史教学》1996年第10期。刘太祥:《汉代巡行使的职能和作用》,《史学月刊》1997年第1期;《试论秦汉行政巡视制度》,《郑州大学学报》2004年第9期。陈成军:《试论西汉巡行使者的职能和作用》,《中国历史博物馆馆刊》2000年第1期。范志军:《简论两汉时期的"风俗使"》,《濮阳教育学院学报》2002年第11期。胡守为:《"举谣言"与东汉吏政》,《中山大学学报》2004年第6期。夏增民:《遣使巡行制度与汉代的儒学传播》,《华中科技大学学报》2008年第4期。张强、杨颖:《两汉循行制度考述》,《南京师大学报》2008年第5期。

使"巡行这一政治事件作"微观性"剖析,探究其事本末,并希冀通过个案研究,能对汉代"风俗使"制度有更进一步的了解。不当之处,敬请指正。

一、"八使"巡行的时代背景

两汉时期,皇帝派遣使者巡行郡国,无论其规模大小、使命为何,总是有特定的时代背景。顺帝汉安元年八月的"八使"出巡,就是在当时吏治松弛、监察制度濒于失效的背景下出台的。

东汉中兴,自光武至明、章时期,政治较为清明,吏治情形尚可。但是和帝之后,封建国家赖以维系的官僚系统越来越运转不畅,如吕思勉先生所言,"后汉自邓后以女主御宇,朝政不纲,吏治废弛"[2]297。陵迟至于顺帝时期,吏治问题愈发严重,史称"顺帝新立,大臣懈怠,朝多阙政"[1](卷61《左雄传》)。当时的尚书仆射虞诩上疏称:"方今公卿以下,类多拱默,以树恩为贤,尽节为愚,至相戒曰:'白璧不可为,容容多后福。'"[1](卷61《左雄传》)官场上下弥漫着一股懈怠之气,而地方吏治形势尤为严峻。当时的政论家王符批评说:"今者刺史、守相,率多怠慢,违背法律,废忽诏令,专情务利,不恤公事。"[3](卷4《三式》)他甚至不无偏激地评价和、安之后官员群体为"官无直吏,位无良臣"[3](卷3《实贡》)。吏治大坏,直接导致了一系列的社会问题。在边疆,乌桓、匈奴与羌人引发的边乱连绵不绝,战火烧及旧京长安所在的三辅地区。在内地,徐、扬、荆诸州的民变此起彼伏。"夷狄叛逆,赋役重数,内外旷怨,惟咎叹息"[1](卷6《顺帝纪》),这是当时危局的真实描述。

吏治大坏,与当时行政监察体系的失灵有直接关系。东汉时期对官僚队伍特别是地方官员的监督力量,大体可分为体制外与体制内两种。

体制外的监督力量以社会舆论为主,东汉之"举谣言"制度即是借助舆论来考核吏治。但是上有政策,下有对策,东汉后期"举谣言"制度也出现了流弊。其一,在舆论生成环节,并非所有"谣言"都是民意的反映,有些地方官有意制造"风谣",以此来美化自己、攻击政敌。如果对这样的"谣言"不加甄别而径直引为考察官员政绩的依据,那么非但不能从民所愿,而且还会引发更多的社会矛盾。因此,甄别舆论真伪就显得非常重要,而甄别舆论真伪,就必须打破固有的言论采集程序。其二,在舆论信息传播环节,东汉虽然有一套臣民上书进谏的制度,但在实际执行过程中,由于官吏人为阻挠与过滤,加之交通、信息传播条件不便,言路并不通畅。朝廷要想收集真实舆论,仍需在必要时派官员到地方。总之,体制外的舆论监督力量虽然仍在发挥着作用,但是这种作用越来越小,且越来越不可靠。

体制内的监督力量,则来自于国家官僚制度设计中的监察体系。东汉后期,地方刺史、守相、令长之间,朝廷公卿、外戚、宦官与地方官之间,普遍存在着裙带朋党关系,国家正常的监督考察体系,越来越难以发挥作用。顺帝时,左雄上疏称:"监司项背相望,与同疾疢,见非不举,闻恶不察,观政于亭传,责成于期月,言善不称德,论功不据实,虚诞者获誉,拘检者离毁。"[1](卷61《左雄传》)当时监察制度的溃坏情形,由此可知。

顺帝一朝特别是其中期,梁冀尚未辅政,"外戚宦官势力相对较弱,士大夫们略占上风"[4]574。这为朝廷革新图治提供了有利时机。左雄担任尚书令之后,志在扫除积弊,整顿吏治。他提出的一系列措施,如孝廉限年四十、延长地方官任期等,都得到顺帝的支持。左雄认为,对地方官员应当考察其名实是否一致,故将官员考黜视为当务之急。在正常监察体系运转不畅的情况下,派遣"风俗使"巡行天下、监察地方长吏,就成为整顿吏治的重要手段。

顺帝汉安元年"八使"巡行意在强化吏治监察,这个判断的正确性,还可以从三十多年后的胎死腹中的另一个"八使"巡行事件得到证明。灵帝熹平六年,议郎蔡邕上书,奏陈当务所急"七事",其第四事为:

> 夫司隶校尉、诸州刺史,所以督察奸枉,分别白黑者也。伏见幽州刺史杨熹、益州刺史庞芝、凉州刺史刘虔,各有奉公疾奸之心,熹等所纠,其效尤多。余皆枉桡,不能称职。或有抱罪怀瑕,与下同疾,纲网纵纵,莫相举察,公府台阁亦复默然。五年制书,议遣八

使,又令三公谣言奏事。是时奉公者欣然得志,邪枉者忧悸失色。未详斯议,所因寝息……宜追定八使,纠举非法,更选忠清,平章赏罚……[1](卷60下《蔡邕传》)

据这条史料可知,灵帝熹平五年,朝廷曾经决议派遣"八使"分巡地方,并且以制书的形式予以确定下来,后来不知出于什么原因未予落实。在奏疏中,蔡邕先阐明司隶校尉、诸州刺史的主要职能在于督察地方郡县临民之官;又陈述当时督察现状,通过正面列举少数称职官员与反面概述多数官员之不称职,说明刺史监察失职情形的严重性和普遍性;复言"公府台阁亦复默然","公府"指三公府,"台阁"指御史台与尚书台,它们都是具有监督地方的中央官僚机构,但是同样丧失了正常的监督职能。在反映当时监察体系严重失灵的现状后,才说"五年制书,议遣八使,又令三公谣言奏事……宜追定八使"云云。从其行文逻辑可以看出,灵帝熹平五年议遣"八使",原因就在于当时监察体系问题严重,导致地方官吏管理系统混乱不堪。灵帝熹平年间这个"流产"了的"八使"议案,可以看作是对顺帝汉安元年"八使"故事的模仿。蔡邕在奏疏中说及的理由,正可看作是顺帝"八使"举措的出台理由。

二、"八使"人选的特点

皇帝使者代表天子巡行地方,既有"班宣风化"之类的务虚任务,更有"臧否举实"的务实使命;既要有专制于外、临事立断的能力和魄力,又要有行事有度、秉公办事的职业操守,还需要得到天子的信任,故使者的人选,必定是朝廷慎重考虑的问题。西汉平帝元始四年遣使巡行,"选明达政事能班化风俗者八人"[1](卷81《独行传·谯玄传》),即强调"风俗使"必须具备较强的行政能力和较高的个人素质。由于史料相对丰富,顺帝"八使"的相关记载,使我们能对汉代"风俗使"的人选特点有更为全面、深刻的了解。

《后汉书·张纲传》记载,"八使"除张纲外,"皆耆儒知名,多历显位"。《周举传》记载,"时诏遣八使巡行风俗,皆选素有威名者"。所谓"耆儒知名",强调其儒学修养;所谓"多历显位",强调其仕宦经验和行政能力;所谓"素有威名",则强调其威望和声誉。这些都是入选"八使"的基本要素,试分述如下。

就儒学修养而言,"八使"诸人之中,张纲"少明经学"[1](卷56《张皓传附子纲传》);栾巴"学览经典"[1](卷57《栾巴传》);杜乔"少为诸生"[1](卷63《杜乔传》),"学深行直"[1](卷63《李固传》);周举更是"博学洽闻,为儒者所宗,故京师为之语曰:'《五经》从横周宣光。'"[1](卷61《周举传》)。可见他们普遍具有较高的儒学造诣。汉世儒者往往需经年累月地苦习勤学,才有可能升华为"耆儒"。从年龄水平来看,张纲时年45岁①,属"八使"中年龄最小者,则"八使"年龄普遍较大,《张纲传》所谓"耆儒"并非虚言。

儒家思想是汉代的主流意识形态,儒学修养较高的官员,往往具有较高的政治理想,其行政风格也有别于寻常俗吏,在临民处政时注重柔性手段,以教化而非杀伐来立威,避免激化矛盾,而这正是汉世政治思想所推崇的为官理民之道。"八使"中的周举,担任并州刺史时,针对太原一带的寒食禁爨恶俗,"作吊书以置子推之庙,言盛冬去火,残损民命,非贤者之意,以宣示愚民,使还温食",取得了"众惑稍解,风俗颇革"的效果[1](卷61《周举传》)。这与法家官员强硬的处断方式截然不同②。栾巴在桂阳太守任上,"以郡处南垂,不闲典训,为吏人定婚姻丧纪之礼,兴立学校,以奖进之。虽干吏卑末,皆课令习读,程试殿最,随能升授"[1](卷57《栾巴传》),显然是典型的儒家循吏作风。张纲后来在广陵太守任上处理张婴

---

① 据《顺帝纪》,张纲于汉安元年八月膺命"八使";"九月庚寅,广陵盗贼张婴等寇郡县";"是岁,广陵贼张婴等诣太守张纲降",显然张纲是在本年秋冬出任广陵太守。又据《后汉书·张纲传》,张纲担任广陵太守一年之后去世,时年46岁,则其出任"八使"时的年龄应为45岁。
② 如东汉灵帝时,曹操任济南相,以"毁坏祠屋,止绝官吏民不得祠祀"的强硬手段处理当地的城阳景王祀。事见《三国志》卷1《魏书·武帝纪》注引《魏书》,第3页。

之乱的方式,也具有标准的儒学官员特征。有学者指出:"汉代遣使巡行,采获地方的民风地情,并布施政府所提倡的儒家的道德价值观。"[5] 由以上三例可以看出:汉代"风俗使"既有"班宣风化"的职责,那么选取儒学之士特别是知名耆儒充任,自是情理之中。

就仕宦情形而言,"八使"之中,唯张纲年纪较小,起家为侍御史,行政经历有限。郭遵为兖州刺史,冯羡为前青州刺史,刘班为太尉长史,周栩为守光禄大夫,政绩及其他履历不详。其余三人中,杜乔曾辟司徒杨震府,稍迁为南郡太守,转东海相,入拜侍中。周举也曾辟司徒府,后来先后担任平丘令、并州刺史、冀州刺史、尚书、司隶校尉、蜀郡太守、谏议大夫。栾巴曾任黄门令、郎中、桂阳太守、议郎,有"政事明察"[1](卷57《栾巴传》)之誉。即以事迹见于史传的此三人论,他们都具有较为复杂的仕宦经历和较为丰富的从政经验,并且都取得过较为优秀的治绩。此外,郭遵、冯羡、杜乔、周举、栾巴都曾任地方大吏,对于州郡县地方行政系统中存在的积弊沉疴必然了解较多,其以"风俗使"身份出巡地方,较常居京师的中央官员显然更有优势。又郭遵、冯羡、周举都曾任州部刺史,张纲为侍御史,刺史与侍御史都属监察系统官员,有利于履行"臧否举实"的监察职能。特别需要强调指出的是,在受命出使之前,他们多数为皇帝的顾问近臣,其中杜乔为侍中,周举为谏议大夫,栾巴为议郎,张纲为侍御史,与顺帝接触机会较多,自然更能得到天子的信任,这也是出任天子使者的重要条件。廖伯源先生研究指出,"从可考之秦汉使者见之……为使者之官员中,地方官极少,盖地方官除见召入觐之外,甚少与皇帝接触之机会,更少见遣为使者"[6]232。按照这个逻辑,兖州刺史郭遵、前青州刺史冯羡虽非中央系统官员或天子近臣,但既然入选"八使",想必也是因某些原因而得到顺帝器重之人。《后汉书·独行传·谯玄传》所谓"风俗使"须"明达政事",顺帝"八使"诸人的仕宦情形,正可为其注脚。

儒学修养与行政经验之外,官员的人品也是能否入选皇帝使者的重要条件。《后汉书》中立有本传的张纲、周举、杜乔、栾巴四人,都有为人正直、崇尚节操、口碑较好的特点。张纲"虽为公子,而厉布衣之节"[1](卷56《张皓传附子纲传》)。栾巴"性质直"[1](卷57《栾巴传》)。周举素有忠直之名,"清高忠正"(《后汉书·周举传》载大将军梁商语)、"清公亮直"(《后汉书·周举传》载朝廷评价)这样的字眼屡见史载。杜乔被同僚评价为"学深行直,当世良臣"[1](卷63《李固传》)。正直的个人品行表现在为官行政上,就是忠于王事,公而忘私,不畏强御,敢于直谏。张纲甫任侍御史,即上言指斥时弊,称:"顷者以来,不遵旧典,无功小人皆有官爵,富之骄之而复害之,非爱人重器,承天顺道者也。伏愿陛下少留圣思,割损左右,以奉天心。"[1](卷56《张皓传附子纲传》)虽然没有得到答复,但是其忠直敢言、直指时弊的风格仍然引人注目。周举在平丘令任上,"上书言当世得失,辞甚切正",其奏疏一度被推荐为规诫天子的文本典范①。据《后汉书·左雄传》记载,司隶校尉左雄举荐故冀州刺史冯直为将帅,后冯直赃罪事发,尚书周举即劾奏左雄荐人不当。其公而忘私的忠直风范,由此可见。栾巴的敢言敢谏,从其后来的行迹可窥得一二。《后汉书·栾巴传》记载:

> 会(顺)帝崩,营起宪陵。陵左右或有小人坟冢,主者欲有所侵毁,巴连上书苦谏。时梁太后临朝,诏诘巴曰:"大行皇帝晏驾有日,卜择陵园,务从省约,茔域所极,裁二十顷,而巴虚言主者坏人冢墓。事既非实,寝不报下,巴犹固遂其愚,复上诽谤。苟肆狂瞽,益不可长。"巴坐下狱,抵罪,禁锢还家。

顺帝宪陵的营建影响到附近平民坟冢,在专制国家不过是小事一桩,栾巴却接连上书苦谏,最后被定性为"狂瞽""诽谤",并被治罪、禁锢。在20年后的党锢事件中,他再次"上书极谏",为陈蕃、窦武鸣冤,结果触怒天子,系狱自杀[1](卷57《栾巴传》)。其品行和为官操守由此可见

---

① 《后汉书》卷61《周举传》:"举后举茂才,为平丘令。上书言当世得失,辞甚切正。尚书郭虔、应贺等见之叹息,共上疏称举忠直,欲帝置章御坐,以为规诫。"

一斑。

《后汉书·周举传》称"八使""皆选素有威名者"。"八使"之"威名",来自于其良好的儒学修养、丰富的从政经验、清正耿直的个人品性、忠公无畏的职业操守。史载周举为尚书,与尚书仆射黄琼同心辅政,"名重朝廷,左右惮之"[1](卷61《周举传》)。这种既得天子赏识又为群僚畏惮的"威名",是专断于外、独立行事的皇家特使必备的素质,也是其获得舆论支持的有利条件。范晔以"东京之士,于兹盛焉"来称颂顺帝一朝的显官名宦,所举20名优秀官员,包括"渊谟弘深"的周举、"牧民之良干"的栾巴、"直道以纠违"的张纲和杜乔[1](卷61《传论》)。"八使"之中,四人与焉。显然,在史家看来,汉安元年的天子"八使",可谓选得其人。

三、"八使"的身份与权势

皇帝使者出巡地方,必须要有足够的威势。其威势来自于两个方面:一是较好的个人素质,二是朝廷给予的权势,二者缺一不可。没有足够大的权势,便难以临事处置;个人素质不佳,即便特权在手也不免会处事失当、难以服众。这种情形,在顺帝"八使"巡行事件中表现得尤为明显。关于"八使"之个人素质,前文已述。这里再从"临时授衔""临时授权"两个方面,试析"八使"的权势。

(一)临时授衔

汉代充任"风俗使"的官员,其官衔多为谒者、博士、大夫。据廖伯源先生统计研究,以"视察救灾、监督官吏"为主要任务的皇帝使者,"尤其以大夫为多","及至东汉,视察地方救灾之使者,其官非大夫,乃加守光禄大夫之官衔而使之"[6]204,205。东汉的光禄大夫,秩比二千石,略低于州部刺史、郡国守相;"风俗使"以光禄大夫身份出巡地方,监督级别相匹配的地方官员,显然是为了提高皇帝使者的权威。廖伯源先生认为,顺帝"八使""皆守光禄大夫",这个判断大致是合理的。其具体情形,仍有讨论的空间。

关于"八使"出使时的官衔,文献记载较为混乱。《后汉书·顺帝纪》记载:

> (汉安元年八月)丁卯,遣侍中杜乔、光禄大夫周举、守光禄大夫郭遵、冯羡、栾巴、张纲、周栩、刘班等八人分行州郡,班宣风化,举实臧否。

据此,八人之中,杜乔为侍中,周举为光禄大夫,其余六人皆为守光禄大夫。又《后汉书·周举传》记载:

> 时诏遣八使巡行风俗,皆选素有威名者,乃拜举为侍中,与侍中杜乔、守光禄大夫周栩、前青州刺史冯羡、尚书栾巴、侍御史张纲、兖州刺史郭遵、太尉长史刘班并守光禄大夫,分行天下。

据此,八人俱为守光禄大夫,其中周举与杜乔二人另有侍中身份。但此条史料中的周栩既已是守光禄大夫,复言与诸人"并守光禄大夫",语意壅滞。

根据以上两条史料,郭遵、冯羡、栾巴、张纲、周栩、刘班皆为守光禄大夫,当无疑义。较为模糊的,一是侍中杜乔是否加光禄大夫衔;一是光禄大夫(或守光禄大夫)周举是否为侍中。

杜乔之身份,除以上两条史料外,《后汉书·杜乔传》载"汉安元年,以乔守光禄大夫,使徇察兖州";《种暠传》载"顺帝末,(种暠)为侍御史。时所遣八使光禄大夫杜乔、周举等,多所纠奏";《崔瑗传》载"岁余,光禄大夫杜乔为八使,徇行郡国"。这些史料基本能够说明,杜乔出使时具有光禄大夫头衔,即如廖伯源先生所言,"杜乔当为侍中守光禄大夫出使"[6]205。大概是由于当时侍中的实际地位高于光禄大夫之故,《顺帝纪》概述其事时,取高而弃低。

周举之身份,则模糊难以确解。按照《后汉书·周举传》的记载,周举在担任"八使"之前一年被拜为谏议大夫,后又因入选"八使"而临时加官侍中并守光禄大夫,故廖伯源先生推断周举"出使时之官衔亦当是侍中守光禄大夫"[6]205。问题是,《顺帝纪》所谓"侍中杜乔、光禄大夫周举、守光禄大夫郭遵、冯羡、栾巴、张纲、周栩、刘班",显然系以职位高低顺序来叙事的,周举若为侍中,则可记为"侍中杜乔、周举,守光禄大夫郭

53

遵、冯羡、栾巴、张纲、周栩、刘班"云云①；其若为守光禄大夫，则可记为"侍中杜乔，守光禄大夫周举、郭遵、冯羡、栾巴、张纲、周栩、刘班"云云。又《李固传》记载，将作大匠李固向朝廷举荐人才，称"光禄大夫周举，才谟高正，宜在常伯，访以言议。侍中杜乔，学深行直，当世良臣，久托疾病，可敕令起"②，暗示周举、杜乔在"八使"巡行任务结束后暂时未得迁转，这也意味着周举担任"八使"时的最高头衔为光禄大夫而非侍中。根据以上材料，或许周举在担任"八使"时就已经是光禄大夫了，这个光禄大夫是真而非守，故《顺帝纪》在叙事时将其排在侍中杜乔之后、守光禄大夫郭遵等之前。《通鉴》胡注云"按范书纪、传，周举，汝南人，时为光禄大夫"③，其判断或有所据。因此，《周举传》所记"时诏遣八使巡行风俗，皆选素有威名者，乃拜举为侍中"，"侍中"或是"光禄大夫"之误。

综上所述，"八使"除冯羡为"前青州刺史"外，其余7人都是在职官员，顺帝临时授予他们光禄大夫或守光禄大夫之衔，目的就是提高他们的地位，便于其巡行地方时行使职权。即如刘太祥先生所言，太中大夫、光禄大夫、谒者、谏议大夫、议郎等都属"帝王顾问官"，"他们都被皇帝临时差遣为出巡大使，即使以他官出巡也要冠以顾问官的身份"，"这可能因为他们是代表王权，不受其他行政部门的干预，独立行使职权，能更好地了解民情、监察地方行政工作"[7]。

（二）临时授权

两汉时期，"风俗使"的任务大体可以概括为两个方面：一是宣谕皇朝恩德与朝廷政令；二是监督并处理地方事务，尤其是奖惩地方官员。《顺帝纪》所谓"班宣风化，举实臧否"，即是此意。"班宣风化"属务虚性质，因循故实即可。"举实臧否"则牵涉统治集团内部人事调整，实为巡行之重点与难点。为了将"举实臧否"的任务落到实处，顺帝临时授予"八使"人事处置权力。《后汉书·周举传》记载：

> ……八使……分行天下。其刺史、二千石有赃罪显明者，驿马上之。墨绶以下，便辄收举。其有清忠惠利，为百姓所安，宜表异者，皆以状上。[1](卷61《周举传》)

所谓"举实臧否"，包括两方面内容：其一，表彰治绩优异、造福一方的地方官员，并向朝廷报告举荐；其二，惩治奏劾贪污不法、祸害百姓的地方官员，可谓有破有立。从史书记载来看，在吏治大坏、贪猾成风的时代背景下，后者乃是"八使"任务的重中之重。按照正常程序，东汉时"墨绶"即县令、长级别的地方官有不法行为，当由郡国守相及刺史向朝廷奏请，以决定其去留或定罪量刑。而"风俗使"则有权就地处置此一级别的官员，不必上请④。州部刺史、郡国守相系地方大吏，其有不法行为或"赃罪显明"，"风俗使"则可通过驿马迅速上报，直达天子，取旨黜免，以求特事特办，避免请托拖沓。无论是"便辄收举"，还是"驿马上之"，都强调办事效率。

此外，汉代皇家使者出巡地方，特别是较为隆重的出巡，往往具有相匹配的仪节。顺帝"八使"出巡，属于公开高调巡视，在诸如服饰、节、车

---

① 《资治通鉴》就是这样处理的："（八月）丁卯，遣侍中河内杜乔、周举，守光禄大夫周栩、冯羡、魏郡栾巴、张纲、郭遵、刘班分行州郡……"（《资治通鉴·汉纪四十四》"顺帝汉安元年"条，第1693页）

② 《后汉书》卷63《李固传》，第2081页。据《李固传》及《杜乔传》，李固先为太山太守，杜乔以"八使"身份出巡兖州，表奏李固治为第一，李固遂由太山太守迁为将作大匠。李固推荐周举、杜乔的时间，必在"八使"巡行结束之后不久。

③ 《资治通鉴·汉纪四十四》"顺帝汉安元年"条，第1693页。又清人洪亮吉也注意到了《后汉书》关于"八使"身份的混乱记载，认为"《顺帝纪》'八使'内言光禄大夫周举，亦由举后所历官言"（王先谦：《后汉书集解》，中华书局1984年版，第708页）。这个推断值得商榷。以后来官衔来追述前事，史书常见，但往往是以后任最高官职来追记。周举"风俗使"使命结束之后，先后就任河内太守、大鸿胪、光禄勋三职，后遭母忧去职，复起拜光禄大夫并卒于此职，若以后职追记其前事，则九卿级别的光禄勋无疑是最佳，无论如何也轮不到光禄大夫。

④ 惠栋曰："案汉法，墨绶有罪先请；今权时定制，如前汉吕步舒治淮南狱，专断于外，不请也。"（王先谦：《后汉书集解》，中华书局1984年版，第708页）

等出行仪节方面也应有较高的规格。《顺帝纪》《周举传》《张纲传》均未提及"八使"是否持节,但《三国志》卷45《蜀书·张翼传》注引《续汉书》曰:

> 汉安元年,拜光禄大夫,与侍中杜乔等八人同日受诏,持节分出,案行天下贪廉。[8]1073

又《华阳国志》云:

> (张纲)汉安元年,以光禄大夫持节,与侍中杜乔,循行州郡,考察风俗。[9]583

据此,"八使"似乎皆持节出巡。汉代使者出巡,"或坐使者专用之使者车;或仅坐乘由传舍供给之传车,即所谓乘传"[6]200。顺帝"八使"所乘是使者车抑或是传车,史无详载。笔者推测其为使者车。若《续汉书》《华阳国志》所记"八使"持节无误,则其使者车极有可能是《续汉书·舆服志》所说的"大使车"①。

四、"八使"出巡表现与成效

《顺帝纪》称"八使"的使命是"班宣风化,举实臧否",但是《后汉书》诸人本传不约而同地记录了他们"举实臧否"的行为,基本未见其"班宣风化"方面的作为。我们不知道是史家叙事使然,抑或事实本身就是如此。汉代的"风俗使"通常春季出巡,而此次"八使"的出巡时间为仲秋八月,这种时间上的异常特征,或许暗示着"八使"本即以监察地方官为使命之重点②。

监察地方官,即《后汉书·周举传》所谓"劾奏贪猾,表荐公清"。"八使"在"表荐公清"方面的具体作为,史书只记一例,即杜乔巡察兖州,"表奏太山太守李固政为天下第一"[1](卷63《杜乔传》)。李固是东汉后期的顶级名臣,这应该是他被史家列为"八使"表荐事例的主要原因。得到"八使"表荐的"清忠惠利,为百姓所安"官员,自然不会仅李固一人。只是与"表荐公清"相比,"八使"在"劾奏贪猾"方面的表现更为引人注目。根据史书记载,其特点有三个。

其一,纠劾处理的官员总体数量可观。到底有多少州部刺史、郡国守相、县令长被"八使"纠举收治,史书没有详载。《后汉书》所谓"多所纠奏"[1](卷56《种暠传》)、"多所劾奏"[1](卷63《李固传》),足以反映出涉事地方官数量之庞大。顺帝时期的雷义曾以守灌谒者身份"持节督郡国行风俗,太守令长坐者凡七十人"[1](卷81《独行传·雷义传》)。桓帝永寿年间第五种"以司徒掾清诏使冀州,廉察灾害,举奏刺史、二千石以下,所刑免甚众,弃官奔走者数十人"[1](卷41《第五伦传附曾孙种传》)。此二人的巡察范围不过一州,即有动辄数十名官员涉案的记录。如果以此为参考标准,则顺帝"八使"劾治的地方官当有数百人之多。

其二,受劾地方官中不乏秩级二千石的高级官员,甚至有中央高级官员。如陈留太守梁让、济阴太守氾宫、济北相崔瑗③、蜀郡太守刘宣④、汝南太守梁乾、鲁相寇仪⑤等。值得注意的是,

---

① "大使车,立乘,驾驷,赤帷。持节者,重导从:贼曹车、斧车、督车、功曹车皆两。大车,伍伯缥弩十二人。辟车四人。从车四乘。无节,单导从,减半。小使车,不立乘,有驸,赤屏泥油,重绛帷。导无斧车。"又两汉间人郭丹曾"买符入函谷关",并慨叹曰:"丹不乘使者车,终不出关。"后被更始帝征为谏议大夫,"持节使归南阳,安集受降。丹自去家十有二年,果乘高车出关,如其志焉"(《后汉书》卷27《郭丹传》,第940页)。所谓"立乘",《续汉书·舆服志上》"乘舆金根安车立车条"注引徐广曰:"立乘曰高车。"是大使车车身较普通车更高,更能彰显使者气势。

② 唐代的政肃台"岁再发使八人,春曰风俗,秋曰廉察,以四十八条察州县",春、秋时节不同,使者的主要任务亦不同。

③ 此三人系杜乔劾奏。事见《后汉书》卷63《杜乔传》,第2092页。

④ 见《后汉书》卷56《种暠传》,第1827页。劾奏者(即出巡益州的使者)不详。

⑤ 此二人系张纲劾奏,事见[晋]常璩撰,任乃强校注:《华阳国志校补图注》,上海古籍出版社1987年版,第583页。

豫州有六个郡国,其中汝南郡、鲁国二地守相遭劾①,占比约为33%;杜乔负责巡视的兖州辖有八个郡国,其中陈留郡、济阴郡、济北国三地长官被劾,占比约为38%,概率之高,密度之大,确实令人瞠目。据《后汉书·张纲传》,大将军梁冀、河南尹梁不疑等部分中央、京畿高官也被劾奏②。

其三,受劾官员多是外戚、宦官亲属和党羽。杜乔奏劾的陈留太守梁让,是大将军梁冀季父;济阴太守氾宫与济北相崔瑗,"皆(梁)冀所善"[1](卷63《杜乔传》)。《后汉书·李固传》说"八使"所劾,"其中并是宦者亲属"。

从以上三个特点来看,顺帝"八使"的按察力度相当大。如何处置数量庞大的涉事官员,随即成为东汉朝廷的焦点问题。《后汉书·种暠传》记载:

> 时所遣八使光禄大夫杜乔、周举等,多所纠奏,而大将军梁冀及诸宦官互为请救,事皆被寝遏。暠自以职主刺举,志案奸违,乃复劾诸为八使所举蜀郡太守刘宣等罪恶章露,宜伏欧刀……帝乃从之。

又《李固传》记载:

> 先是周举等八使案察天下,多所劾奏,其中并是宦者亲属,辄为请乞,诏遂令勿考……固乃与廷尉吴雄上疏,以为八使所纠,宜急诛罚……帝感其言,乃更下免八使所举刺史、二千石……

根据以上记载,对于被"八使"弹劾官员的处置,经历了一个激烈较量的复杂过程。由于地方长官与外戚、宦官及部分公卿显贵之间具有盘根错节的利益关系,以梁冀为首的外戚与宦官联手,竭力捞救属于本部派系的落马官员,他们"互为请救",导致"事皆被寝遏"。但是,以侍御史种暠、大司农李固、廷尉吴雄为代表的一批忠直官员联合起来,连续上疏,要求顺帝尊重"八使"巡行的成果,依法惩治被劾官员。作为专制王朝的最高统治者,顺帝本人在这一问题上也经历了一个反复权衡的过程。他一度听信戚、宦意见,下诏不予追究。后来又经不住李固、吴雄等正直官员的上疏极谏,重审其事,那些被劾官员才或被免职,或被下狱问罪。就史书所见,益州太守刘宣、鲁相寇仪身死服罪,济北相崔瑗则被免职。

济北相崔瑗的经历,尤能反映朝廷处置此批官员时的内部斗争。崔瑗早年曾受辟大将军梁商幕府,或许正是这一经历,使他被视为梁氏外戚的党羽。《后汉书·崔瑗传》记载:

> 汉安初,大司农胡广、少府窦章共荐瑗宿德大儒,从政有迹,不宜久在下位,由此迁济北相。时李固为太山太守,美瑗文雅,奉书礼致殷勤。岁余,光禄大夫杜乔为八使,徇行郡国,以赃罪奏瑗,征诣廷尉。瑗上书自讼,得理出。会病卒,年六十六。

杜乔巡行兖州,举奏济北相崔瑗"赃罪千万以上"[1](卷63《杜乔传》),应该是有确切证据的③。崔瑗因此被征诣廷尉,显示出"八使"确有威权。但是他"上书自讼,得理出",虽然官位不存,却得免于治罪,其免于治罪的原因,恐怕不仅在于其自讼之言,更在于他是梁冀"所善"之人。崔瑗"赃罪千万以上"而未被治罪,这显然是顺帝碍

---

① 《后汉书·张纲传》记载:"余人受命之部,而纲独埋其车轮于洛阳都亭",并以"豺狼当路,安问狐狸"为由,上疏劾奏大将军梁冀、河南尹梁不疑等人(《续汉书》所记基本同此)。此条史料容易使人产生张纲未曾巡视地方的印象。但是《华阳国志》记载,张纲"出宫垣,埋车,先奏太尉桓焉、司徒刘寿尸禄素餐,不堪其职。出城,又奏司隶校尉赵峻、河南尹梁不疑、汝南太守梁乾等赃污浊乱,槛车送廷尉治罪。天子以乾梁寞叔父,贬秩;免峻等。又奏鲁相寇仪。仪自杀。威风大行,郡县莫不肃惧"([晋]常璩撰,任乃强校注:《华阳国志校补图注》,上海古籍出版社1987年版,第583页)。据此,张纲不满朝廷只拍"苍蝇"、不打"老虎"的纠察方策,故举奏了一批公卿显宦,但这并不意味着他停驻京师而没有出巡。其所劾地方官有汝南太守梁乾、鲁相寇仪,汝南、鲁国俱属豫州,据此,颇疑张纲的出巡地即为豫州。

② 据《华阳国志》,被张纲弹劾的还有太尉桓焉、司徒刘寿。沈钦韩对此表示质疑,"按袁宏《纪》,十月辛未,桓焉、刘寿并罢,而赵峻为太傅,此云免峻等,误也"(《后汉书疏证》卷6)。

③ 《崔瑗传》说崔瑗早年"家贫",后来为官,"爱士、好宾客,盛修肴膳,单极滋味,不问余产。居常蔬食菜羹而已。家无担石储,当世清之"。本传注引《华峤书》曰:"瑗爱士,好宾客,盛修肴膳。"或言其太奢。则崔瑗并无殷实家资,长年厚养宾客,开销极大,恐非其俸禄所能承担。而揭发他的人,或许正是"言其太奢"的个别宾客。

于外戚势力而反复权衡、折中处置的结果。《李固传》所谓顺帝"更下免八使所举刺史、二千石",看似秉公处置,实则多有曲折在其中。

五、余论

东汉时期"州郡记,如霹雳;得诏书,但挂壁"的谣谚,反映了当时中央对地方控制的松弛以及皇权的式微。在这种情况下,朝廷派遣"风俗使"出巡地方,以专制一方的临时特权,举荐清忠官员,打击不法之吏,在一定程度上能够起到调整人事、改善吏治、强化皇权的作用。尽管其效能有限,即如有识者所言:"特使巡行风俗并非常制,其监督效果往往因人因时而异,民间的舆情也难以及时和持续上达。"[11]112但总体而言,是一项值得肯定的"善政"。

即以顺帝朝"八使"而言,他们在较短的时间内举荐了一些品质、治绩俱佳的官员如李固,惩治、黜免了一大批贪官污吏,并对更多地方官产生了震慑作用,其在吏治方面的整顿效果不容忽视。《李固传》记载,顺帝在处置"八使"所劾官员之后,又接受大司农李固、光禄勋刘宣"自顷选举牧守,多非其人,至行无道,侵害百姓。又宜止槃游,专心庶政"的建议,下诏诸州刺史,要求他们"劾奏守令以下,政有乖枉,遇人无惠者,免所居官。其奸秽重罪,收付诏狱"。显然是借"八使"掀波契机来强化对地方官的行政监督。顺帝朝在官制改革方面颇多作为,史家以"东京之士,于兹盛焉"(《后汉书》卷61《传论》)来称赞这一时期的吏治得人景观,在和帝之后颓势渐趋的时代背景下,这一局面的出现尤为难得。而这一短暂欣荣局面的出现,显然与"八使"出巡不无关系。吕宗力先生认为:"顺帝时期的特使,曾行使重要的监督职能。"[11]111这一论断是符合历史事实的。

这样一项"善政",在实际运作过程中存在着诸多困难。其一,"风俗使"巡行天下,在奉公官吏心目中是"善政",但对于不法官吏来说,显然是噩梦。东汉后期朝纲不整,吏治颓坏,地方政治由戚、宦势力及豪强大族把持,因此,任何整肃地方秩序的行为,都会遭到这些既得利益者的抵触和反对。其二,当东汉统治集团内部出现清流士大夫与外戚、宦官激烈对峙情形的时候,皇帝特使的劾奏,难免会存在"私情容长,憎爱在职"[1](卷33《朱浮传》)的情况,从而使这一举措有可能异化为政治斗争的工具。其三,对于东汉的最高统治者来说,"风俗使"巡行实则是一柄"双刃剑":一方面,它打击不法之吏,奖掖忠清之臣,整顿改善吏治,长远来看有利于王朝统治;另一方面,大规模、大范围的人事调整,容易激化统治阶级的内部矛盾,有可能引发国家管理阶层内部的动荡,不利于一时统治秩序的稳定。特别值得注意的是,在皇权受到宦官、外戚势力侵蚀、分割甚至鸠占时,已经公开化的矛盾如果处理不当,还会损及皇帝的权威。东汉时期的"风俗使"出巡记录明显少于西汉,而灵帝熹平年间的"八使"巡行计划竟然未得落实①,原因即在于以上所述实际操作困难。

顺帝汉安元年"八使同时俱拜,天下号曰'八俊'"[1](卷61《周举传》)。"八俊"意即一时之英,显示出当时社会舆论对其人其事的关注和正面评价。"八使"的出巡行迹与政治作用已如上述,那么,在出巡使命结束之后,他们的个人际遇又如何呢?

汉代使者出巡,若奉使称职,往往会得升迁。顺帝"八使"完成出巡任务后,多数得以升迁,张纲任广陵太守。周举迁河内太守,后征为大鸿胪。栾巴"使徐州还,再迁豫章太守"。杜乔拜太子太傅,迁大司农。其余刘班、冯羡、郭遵、郭栩四人,巡行表现不详,使命结束后的官职变动亦不明。据皇甫谧《列女传》,刘班后来或曾任酒泉太守②。据《后汉书·寇荣传》,冯羡在桓帝

---

① 胡守为先生指出,"阻挠此事者必是炙手可热的宦官及外戚"(《"举谣言"与东汉吏政》,《中山大学学报》2004年第6期)。

② 皇甫谧《列女传》记酒泉烈女庞娥事迹,有"酒泉太守刘班等并共表上,称其烈义,刊石立碑,显其门闾"之事,疑此刘班即"八使"之刘班。

时担任过司隶校尉①。这种结果表明,顺帝"八使"出巡过程中的称职表现,给他们个人带来了仕途升迁的好处。

但是,"八使"在执行巡视任务的过程中,举奏弹劾,得罪了一些权贵,这也为他们日后的仕途发展埋下了祸根。张纲弹劾大将军梁冀、河南尹隽不疑等人,遭到梁冀的忌恨。《后汉书·张纲传》记载:

> 时广陵贼张婴等众数万人,杀刺史、二千石,寇乱扬徐间,积十余年,朝廷不能讨。冀乃讽尚书,以纲为广陵太守,因欲以事中之。

广陵为东汉"剧郡",向来难治。张婴势力强盛,前后数位州郡长官,或因进剿失利而殒命疆场,或因"讨贼逗留"被下狱处死②。梁冀操纵尚书推荐张纲为广陵太守,显然是必欲除之而后快。虽然张纲后来在广陵太守任上幸运地摆脱了梁冀的暗算,但史书所记各种险恶,仍足以让人对皇帝特使的高风险一面且惧且惕。杜乔举劾的三名郡国长吏陈留太守梁让、济阴太守汜宫、济北相崔瑗,都与梁冀有关,从而被梁冀视为死敌,其后虽官至三公,最终在政治斗争中死于梁冀之手,"暴尸于城北,家属故人莫敢视者"[1](卷63《杜乔传》)。栾巴倒是未遭报复,但他终因秉持忠直、上书极谏而丢掉了官位和性命。以上张纲、杜乔、栾巴三人后来的遭遇,或可理解为行政风格所致,或可理解为个人性格使然,但他们曾经担任朝廷特使的特殊经历,也应是我们解读其仕宦走向及最终命运时无法回避的因素。身为皇帝特使,膺命钦差大臣,有风光无限、令人仰慕的短暂荣光,也有树敌夥众、中伤受害的潜在风险。

【参考文献】

[1] 范晔.后汉书[M].北京:中华书局,1965.
[2] 吕思勉.秦汉史[M].上海:上海古籍出版社,2005.
[3] 王符,著.汪继培,笺.彭铎,校正.潜夫论笺校正[M].北京:中华书局,1985.
[4] 陈苏镇.《春秋》与"汉道":两汉政治与政治文化研究[M].北京:中华书局,2011.
[5] 夏增民.遣使巡行制度与汉代的儒学传播[J].华中科技大学学报(社会科学版),2008(4).
[6] 廖伯源.使者与官制演变:秦汉皇帝使者考论[M].台北:文津出版社,2006.
[7] 刘太祥.秦汉帝王顾问官制度[J].南都学坛,2010(1).
[8] 陈寿.三国志[M].北京:中华书局,1963.
[9] 常璩,撰.任乃强,校注.华阳国志校补图注[M].上海:上海古籍出版社,1987.
[10] 周长山.汉代地方政治史论:对郡县制度若干问题的考论[M].北京:中国社会科学出版社,2006.
[11] 吕宗力.汉代的谣言[M].杭州:浙江大学出版社,2011.
[12] 班固.汉书[M].北京:中华书局,1962.

---

① 《后汉书》卷16《寇恂传附曾孙寇荣传》记载桓帝时"司隶校尉冯羨佞邪承旨,废于王命,驱逐臣等,不得旋踵"云云,疑此冯羨或即顺帝"八使"之一。
② 《后汉书》卷6《顺帝纪》载,"广陵太守王喜坐讨贼逗留,下狱死",第280页。

汉初正统化建设及其特点

赵国华　刘新然*

【摘　要】 正统是政权得以确立的凭借和资格,正统化是政权得以巩固的重要保证。正统化有合天意性和合民意性两个根本原则,又有相对性、延续性、分离性三个基本属性。正统化建设是一种相对性建设,是一种复杂的、多层次的建设。汉初开国君臣重视正统化建设,他们根据不同的竞争者采用不同的政策和策略,并呈现出无统一规划、求博不求精、主次分明等特点。这些举措奠定了汉王朝的正统地位,也使正统地位受到后世王朝的重视,其中形成的正统理论影响深远。

【关键词】 西汉;正统;正统化;政权

正统,"王者所以一民而临天下"[1]266,即政权得以确立的凭借和资格,是判定政权是否合法的政治概念。正统化是政权得以巩固的重要保证,受到历代开国君臣的重视。汉初君臣认识到正统的重要性,进行大规模的正统化建设,但历代学者对此认识不足,要么宣扬天命忽视相关的政治行为,如班彪、班固称其"承尧之祚"[2]4208、"天乃归功元首,将授汉刘"[3]1376;要么以"功""力"一语带过,如欧阳修、苏轼称其"兴者以力……强者得之"[1]282、"汉唐以功"[4]124;要么以否定正统论而把正统化建设一笔抹去,如王夫之、梁启超称其"嚚讼于廷,舞文以相炫"[5]540、"为奴隶根性所束缚,而复以煽后人之奴隶根性而已"[6]20。其实,正统化建设是一种相对性建设,是一种复杂的、多层次的建设。近期有学者注意到这一问题,着重从西汉统治者所采用的天命所授、美德所致、通于鬼神、顺乎民情四种策略,对西汉王朝的正统化加以论述[7],然就认识深度而言,仍有继续发掘的空间。本文在前人论述的基础上,拟就汉初正统化建设及其特点问题,作出较为深入的探讨。

一

战国以来,虽然"朝为田舍郎,暮登天子堂"的现象蔚为大观,但对平民来说也只是为天子、诸侯效力而已,而刘邦以平民身份承秦为正统,这就超出了人们的思维范围。那么如何向天下人诉说汉王朝的正统性呢?汉初君臣选择刘邦的神秘现象和特殊命相作为突破口来解决问题,为此从刘邦的出身开始运作。《史记·高祖本纪》记载:

> 其先刘媪尝息大泽之陂,梦与神遇。是时雷电晦冥,太公往视,则见蛟龙于其上。

---

* 赵国华(1963—),男,河南省镇平县人,华中师范大学历史文化学院教授,华中科技大学历史研究所兼职教授,主要从事秦汉史及军事史研究。刘新然(1986—),男,河北省阜城县人,华中师范大学历史文化学院硕士研究生,主要从事秦汉史研究。

已而有身,遂产高祖。[8]341

刘媪梦见与神相遇,太公亲眼看见蛟龙与刘媪相交,加上天气怪异,种种描述说明刘邦是"龙种",非常人所能及。之所以是龙种,是因为当时民间已经把龙视为皇帝的化身,如秦始皇三十六年有人献璧因言"今年祖龙死"[8]259,可见龙已成为皇帝的一种称号。对此既可以从人类学的角度去解释,更应该从维护政权而进行正统化建设的角度来理解。刘邦为龙种的说法首先出自其父母,为了说明事情的真实性,《高祖本纪》接着记载:

> (刘邦)好酒及色。常从王媪、武负贳酒,醉卧,武负、王媪见其上常有龙,怪之。高祖每酤留饮,酒雠数倍。及见怪,岁竟,此两家常折券弃责。[8]343

这里从邻人的角度论述刘邦的"龙性",证实刘邦确为龙种,并讲到龙种的某些现象:刘邦喝醉时,身上"常有龙";饮酒时,两家的酒"雠数倍"。王媪、武负已证实龙种在日常生活中的异人之处,那么也应有某些现象预示龙种当为天子,于是以吕后为中心又制造出"天子气"的神话:

> 秦始皇帝常曰"东南有天子气",于是因东游以厌之。高祖即自疑,亡匿,隐于芒、砀山泽岩石之间。吕后与人俱求,常得之。高祖怪问之。吕后曰:"季所居上常有云气,故从往常得季。"高祖心喜。沛中子弟或闻之,多欲附者矣。[8]348

刘邦自疑当天子气,吕后就宣称以天子气而找到刘邦所在地。吕后所言,一方面以应秦始皇之"东南有天子气",另一方面以应刘邦"龙种"之说。这样,刘邦的神秘性就多一层"天子气",从舆论上向天子靠近了一步,从下文"沛中子弟……多欲附者"可以看到这在民间的影响还比较大。刘邦是龙种已确定无疑,那么就会产生三个问题:一是龙种的体貌特征,二是龙种的命运,三是该条龙是何方神圣。《高祖本纪》逐一给出答案:

> 高祖为人,隆准而龙颜,美须髯,左股有七十二黑子。[8]342

> 吕公曰:"臣少好相人,相人多矣,无如季相……"[8]344

> 老父相吕后曰:"夫人天下贵人。"令相两子,见孝惠,曰:"夫人所以贵者,乃此男也。"相鲁元,亦皆贵。……(刘邦)问老父。老父曰:"乡者夫人婴儿皆似君,君相贵不可言。"[8]346

> 乃前,拔剑击斩蛇。……有一老妪夜哭。……妪曰:"吾子,白帝子也,化为蛇,当道,今为赤帝子斩之,故哭。"……后人告高祖,高祖乃心独喜,自负。诸从者日益畏之。[8]347

从引文中可看到,刘邦体貌与常人有异,颜貌似龙,以应龙种之说;身有"七十二黑子",以应赤帝72日之数。紧接着,通过两个占相说明刘邦贵不可言,把人们的思维引向刘邦为帝合乎正统的方向。为了给刘邦一个合适的名分,他们又编造出斩蛇的神话,引出刘邦乃赤帝子的"真实"身份,更为刘邦的正统性增加一个证据。随着军事斗争日益严峻,龙种神话暂时消寂下来,但正统化建设须持续下去,于是有张良的黄石神话:

> (老父)出一编书,曰:"读此则为王者师矣。后十年兴。十三年孺子见我济北,穀城山下黄石即我矣。"遂去,无他言,不复见。[8]2035

> 良数以太公兵法说沛公,沛公善之,常用其策。良为他人者,皆不省。良曰:"沛公殆天授。"故遂从之,不去见景驹。[8]2036

> 子房始所见下邳圯上老父与太公书者,后十三年从高帝过济北,果见穀城山下黄石,取而葆祠之。留侯死,并葬黄石。[8]2048

这三则引文前后联系,逻辑分明,第一则强调"为王者师",第二则强调"沛公殆天授"即沛公当为皇帝,第三则呼应第一则,强调事件的真实性。据此可以推测,黄石神话大概出自公元前206年,这时刘邦和项羽之间的矛盾日益激化,张良取黄石而"葆祠之",暗示刘邦集团对正统化建设已达成共识。之所以选择由张良制造神话,其原因有三个:一是沛丰集团内部对张良的过往不了解,再加上张良为长者,其神话具有可塑性、可信性;二是张良非沛丰人,一见刘邦就决意追随,具有相面性质,既呼应刘邦命相之贵不可言,又坚定沛丰集团内部刘邦为龙种的信心;三是张良有着六国旧贵族的身份,他的态度表明帝命不会应在旧贵族身上,对破坏旧贵族的合法性有重大影响。

针对天下万民,刘邦集团包括刘邦的父母、妻子、邻人、臣下、士卒、相士等围绕"龙种论"先后制造了一批神话,虽然也涉及贵相论的内容,但这只是证实龙种论而已。这批神话的核心在于证明刘邦起兵的合法性,既能起到号召民众的作用,又能从根本上杜绝平民起兵为乱,这是刘邦起兵后龙种神话逐渐消寂的重要原因。

这批神话是通过什么途径传播的呢?从有关文献中可以看到以下几条:借酒家客人的流动性,由王媪、武负散播出去;借吕公善沛令、交游广的优势,由吕后及吕氏成员散播出去;利用军队流动作战的特点,由反秦士卒沿途散播;利用张良旧贵族、长者的身份,与黄石神话一同散播。西汉王朝建立之初,虽然没有明文宣传,但其在大规模军事行动结束之后,"兵皆罢归家"[8]380,这批归家士卒大概也会把"龙种论"带回家乡,这无疑又是一条传播路径。

西汉王朝之所以把旧贵族和平民等而论之,是因为春秋战国以来,人们厌倦了频繁的征战,重建正统的统一王朝已成为时人的共识,加上秦始皇统一天下之后,利用这种情绪挞伐六国之弊,将旧贵族的合法性破坏殆尽,此时已无需再多作努力。

"龙种论"本质上属于天命论,而天命鬼神的观念已经受到人们的质疑,为什么刘邦集团还用此标榜自己的正统性呢?这应该是知识传播的滞后性、发展的连续性、运用的实用化造成的。孔子、孟子、墨子、荀子、韩非子等人尽管质疑甚至否定天命论,但这种声音多流于精英阶层,对民间信仰触动不大。同时,他们改造的天命论仍然承续着"顺天命"的理论,只不过是把天命和"民""道""自然"联系起来,这些对知识匮乏的民众来说是难以理解的。再加上知识运用时实用化取向,否定天命的思想本身处于摇摆不定的地位,更遑论撼动民间思想了。汉初君臣起自民间,对民间思想动态了若指掌,所以针对平民运用天命论来进行正统化建设,是完全行得通的。

二

秦王朝建立之后,秦始皇考虑政权的永久性,也为秦王朝的正统化采取过一些举措,包括利用东巡之机,刻石揭露六国的弊端,宣扬秦朝廷的功德;借用齐地流行的五德终始说,宣传秦代周德,并改正朔、易服色等以合其德运;确定以皇帝为中心的礼仪体系等正统的表现形式。从总的情形来看,秦王朝的正统地位较为稳固,因而在反秦斗争中打破秦王朝的正统地位,就成为反秦领袖的共识。

陈胜起义首先强调"天下苦秦久矣"[8]1950,提出"王侯将相宁有种乎"[8]1952的口号,试图打破贵族身份的合法性,但人们仍把暴秦作为非秦正统的依据。

三老、豪杰皆曰:"将军身被坚执锐,伐无道,诛暴秦……功宜为王。"[8]1952

两人(张耳、陈余)对曰:"夫秦为无道,破人国家,灭人社稷,绝人后世,罢百姓之力,尽百姓之财。将军瞋目张胆,出万死不顾一生之计,为天下除残也。"[8]2573

武臣说其豪杰曰:"秦为乱政虐刑以残贼天下,数十年矣。……夫天下同心而苦秦久矣。"[8]2573—2574

上述引文说明诛暴秦的合法性,正是这种合法性的宣扬,也成为秦汉之际纵横家游说的依据。

(郦生)说之曰:"夫秦为无道而天下畔之……"[7]2705

(陆贾说南越王)曰:"……且夫秦失其政,诸侯豪杰并起……皇帝起丰沛,讨暴秦,诛强楚,为天下兴利除害,继五帝三王之业,统理中国。"[7]2697—2698

蒯通说范阳令曰:"秦法重……杀人之父,孤人之子,断人之足,黥人之首,不可胜数……畏秦法耳。"[7]2574

(武涉)说齐王曰:"天下共苦秦久矣,相与戮力击秦。"[7]2622

(蒯通)对曰:"秦之纲绝而维弛,山东

大扰,异姓并起,英俊乌集。秦失其鹿,天下共逐之。"[7]2629

陈胜重视破坏秦王朝的正统地位,却忽略了正统地位的重建,导致部下叛变、旧贵族复辟,这成为其失败的一个主要原因。至于秦汉之际的纵横家,仅是将"暴秦"作为背景,针对时势作出具体分析,没有论及确立正统地位的问题。刘邦集团则沿用秦始皇的策略,一方面暴露并夸大秦之弊端,另一方面宣扬汉之功德,使破坏和建设并举。

> 诸将或言诛秦王。沛公曰:"始怀王遣我,固以能宽容;且人已服降,又杀之,不祥。"乃以秦王属吏……召诸县父老豪杰曰:"父老苦秦苛法久矣,诽谤者族,偶语者弃市。吾与诸侯约,先入关者王之,吾当王关中。与父老约,法三章耳:杀人者死,伤人及盗抵罪。余悉除去秦法。诸吏人皆案堵如故。凡吾所以来,为父老除害,非有所侵暴,无恐!且吾所以还军霸上,待诸侯至而定约束耳。"乃使人与秦吏行县乡邑,告谕之。秦人大喜,争持牛羊酒食献飨军士。沛公又让不受,曰:"仓粟多,非乏,不欲费人。"人又益喜,唯恐沛公不为秦王。[8]362

刘邦进入关中,首先摆出长者的姿态,以宽容示人,接着以具体事实,大张旗鼓地宣传秦王朝的弊端,这较之陈胜、纵横家更具感染力。约法三章与秦律相比,一宽一严、一慈一暴,一眼便可看出汉秦之高下。明令"诸吏人皆案堵如故",不干涉吏民的日常活动,以恢复地方秩序。宣布"为父老除害,非有所侵暴",以稳定民心,接着回师霸上,不使吏民感到恐惧。不受吏民牛羊酒食,严肃军纪,把汉军塑造成一支仁义之师。通过这些举措,刘邦成功地争取了民心,确立了他在关中的正统地位。等到消灭项羽之后,随着大规模军事斗争的结束,刘邦一方面令"兵皆罢归家",利用士卒宣扬汉王朝的功德;一方面利用陆贾等人总结历史经验,再一次宣扬秦王朝的弊端,以便在全国范围内争取民心、确立正统。

除采用惩弊扬善、直接建立正统的策略外,刘邦还回归社会主流,继承五德终始说来进行正统化建设。

> (汉)二年,东击项籍而还入关,问:"故秦时上帝祠何帝也?"对曰:"四帝,有白、青、黄、赤帝之祠。"高祖曰:"吾闻天有五帝,而有四,何也?"莫知其说。于是高祖曰:"吾知之矣,乃待我而具五也。"乃立黑帝祠,命曰北畤。有司进祠,上不亲往。悉召故秦祝官,复置太祝、太宰,如其故仪礼。因令县为公社。下诏曰:"吾甚重祠而敬祭。今上帝之祭及山川诸神当祠者,各以其时礼祠之如故。"[8]1378

这说明早在汉高祖二年,刘邦从东部前线回到关中,就着手进行正统化建设。首先,刘邦抓住秦四帝与五德不相匹配的缺陷,没有通过知识精英论证,直接自称为黑帝,并建立黑帝祠。这意味着刘邦将沿用秦之水德,其中大概有以下原因:一是当时楚汉之争日趋激烈,刘邦需要一个稳定的后方,关中吏民已经习惯秦王朝的统治秩序,沿用水德是对关中社会秩序的确认和保护,以免引起不必要的混乱;二是刘邦尚无建立新秩序的时机、人才和规划;三是刘邦对秦制似乎并不厌恶,甚至有所期待,这从他见到秦始皇"大丈夫当如此也"的叹息中可推断出来。不过,刘邦对此并未大肆宣传,只是低调地恢复秦"故仪礼"。选择低调处理此事,主要是因为刘邦在正统化建设中大肆宣传秦王朝的弊端,现在沿袭秦王朝统治秩序,一时不能获得各方势力的理解,甚至可能授人以柄。再者,刘邦沿用五德终始说,实际上是与知识精英对话,其范围比较狭窄,也没必要大肆宣传。

不过,刘邦还是采纳知识精英的建议,试图从历史、德运的角度补充水德之说,并为此提出三大举措。第一次是汉高祖三年,郦食其根据汤封桀后,武王封纣后等事迹,建议刘邦封六国之后。此举效法先贤,提高了刘邦的历史地位,弥补了水德在正统化建设上的缺欠,因此,刘邦未仔细分析分封所带来的危机,就命令郦食其尽快落实。第二次是筹划定都洛阳,刘邦承认定都洛阳是与周朝相比,这把人们的注意力转移到汉王朝的良好形象上,无形中提高了汉朝廷的地位。第三次是诛灭异姓诸侯王过程中,分封同姓诸侯王。这适应了秦统一以来的封建思潮,恢复了周火德传统,借助周德宣示汉德之隆。从这三大举措的结果来看,前两次因实际情况而失败,第三次较成功地把汉与周联系起来,明确了汉王朝的正统地位。但由于此举的意图比较隐蔽,又是作为补充措施来进行的,故其重要性被人为地降低。

刘邦沿袭水德的特殊性、低调性及对知识精英的部分排斥,引起了他们的困惑和不满,公孙臣、贾谊、新垣平等均上书改德,试图从经典理论中寻求汉王朝正统化建设的途径。但是,这种改制所面对的并非汉王朝沿袭的水德,而是汉王朝本身确立的正统理论和正统化建设实践。刘邦低调采用五德终始说,是一种权宜之计,似乎并未打算把它作为治国理论。因此,随着大规模军事斗争的结束,刘邦就开始正统理论重建工作。陆贾"时时前说称诗书"[8]2699,似乎已形成某种研究思路。经过进一步的考察,刘邦把这项工作交给陆贾,最终形成较易理解的理论文本——《新语》。

《新语》12篇,司马迁把它归入"辩者"之流,这种归类有失偏颇,未能凸显《新语》在汉初政治领域的地位。班固最早意识到这一点,叙述汉初政治活动时说:

> 天下既定,命萧何次律令,韩信申军法,张苍定章程,叔孙通制礼仪,陆贾造《新语》。又与功臣剖符作誓,丹书铁契,金匮石室,藏之宗庙。[2]81

班固把《新语》与律令、军法、章程、礼仪并列,并把陆贾撰著的《新语》作为一项重要的政治活动,足见其政治地位之高。王充也认识到《新语》的重要性,并明确地指出:

> 《新语》,陆贾所造,盖董仲舒相被服焉,皆言君臣政治得失,言可采行,事美足观。鸿知所言,参贰经传,虽古圣之言,不能过增。陆贾之言,未见遗阙,而仲舒之言雩祭可以应天,土龙可以致雨,颇难晓也。[9]1169

王充把陆贾和董仲舒联系起来,已经意识到他们从事的理论工作具有相似性和可比性,并从思想上对《新语》推崇备至。班固、王充分别从横、纵两个方面点出《新语》的重要性,但他们未对《新语》的性质作出明确的判断。其实,《新语》在某种程度上具有宪法性质,它以正统理论为核心构筑起一整套理论体系:

理论来源:天道自然;
历史根据:汉王朝以前的历代兴亡史;
正统的标准:崇王道,行仁义,兴功德;
治国模式:圣人——长者模式;
执政方略:无为、自律;
政治愿景:天道明,"圣人之教齐一"[10]157。

这种正统理论与五德终始说相互补充、相互配合,为汉初两大政治理论,其中前者和汉王朝的执政总纲、方略联系起来,后者则在社会生活、社会秩序领域落地生根,共同构成了汉初正统理论体系,从而证明了汉王朝的正统性。公孙臣、贾谊等试图从单方面对之进行改造,是以部分代替整体的做法,未能意识到两者的内在联系,遭到失败是必然的。直到西汉中期,董仲舒著《春秋繁露》,把这两者整合、统一到"天人合一""大一统"的理论体系中,真正构筑起一个具有可操作性的正统理论体系。

陆贾撰著《新语》作为正统理论的重建工作,受到汉初君臣的密切关注,史称"每奏一篇,高帝未尝不称善,左右呼万岁,号其书曰'新语'"[8]2699。汉初君臣高度评价《新语》,即利用朝廷的威信进行宣传,其实也就是借总结秦亡教训之机,动员整个朝廷的力量,为汉王朝的正统性进行宣传活动。这一活动取得很大成效,既确立正统的理论原则,又使汉王朝的正统地位深入人心。

三

在汉王朝正统化建设中,项羽是一个不可回避的人物:他出身于楚国贵族,身份高贵;巨鹿之战,消灭秦军主力部队,灭秦之功无人能比;实行分封,顺应秦统一以来的封建暗流,符合六国贵族的要求。这对汉初正统化建设构成极大的威胁。因此,汉初君臣重视项羽的特殊地位,从特定的历史条件出发,采用从楚尊陈的策略,来稳定汉王朝的正统地位。

秦王朝吞灭楚国,激起楚人极大的反秦情

绪,"秦楚之战激烈而持久,多有反复,在楚国遗民中留下的印象十分深刻"[11]147。"反秦复楚"成为楚地人民的一种渴望,并在陈胜起义之后突现出来。《史记》记载陈胜入陈之后,当地豪杰父老对陈胜说:

> 将军身被坚执锐,率士卒以诛暴秦,复立楚社稷,存亡继绝,功德宜为王。且夫监临天下诸将,不为王不可,原将军立为楚王也。[8]2573

陈中豪杰父老把"复立楚社稷"和"诛暴秦"相提并论,并把它视为陈胜的功德。除舆论支持外,楚地人民还纷纷起义,以实际行动配合陈胜的政权建设。武臣、张耳、陈余等渡黄河后,对河北地区的豪杰说道:

> 陈王奋臂为天下倡始,王楚之地,方二千里,莫不响应,家自为怒,人自为斗,各报其怨而攻其雠,县杀其令丞,郡杀其守尉。今已张大楚,王陈,使吴广、周文将卒百万西击秦。[8]2574

陈胜复楚称王鼓舞了楚地人民,楚地人民奋起抗秦,诛杀地方长吏,恢复楚国原来的秩序,以实际行动表达了"复楚"愿望。由此可见,楚人复楚愿望之强烈,复楚成为正统建设的重要依据。

不过,楚地人民对大楚政权的正统化建设存在歧见,产生功德原则和身份原则两种说法。上文陈中父老认为,陈胜功德甚大,"宜为王",这种"起源于功德的理念,正是平民王政的法理根据……逐渐成为一种新的政治传统"[12]80。但随着陈胜的败亡和旧贵族复辟运动的兴起,这种理念暂时沉寂下来,身份原则则甚嚣尘上。身份原则实际上在很早就被人们注意,如陈胜起义时就诈称公子扶苏、项燕,以扩大他的势力。陈婴母、范增则分别代表民众和知识精英对身份原则的态度。当苍头军起义,准备推举陈婴为王时,陈婴母对陈婴说:

> 自我为汝家妇,未尝闻汝先古之有贵者。今暴得大名,不祥。不如有所属,事成犹得封侯,事败易以亡,非世所指名也。[8]298

陈婴听从其母劝说,没有答应称王,而是对部下说:

> 项氏世世将家,有名于楚。今欲举大事,将非其人,不可。我倚名族,亡秦必矣。[8]298

苍头军因陈婴"素信谨,称为长者"而推举他为王,陈婴母亲却以陈家从未有贵者加以反对,陈婴听从其母的意见,因为项氏世代为贵族,就甘心情愿投靠项梁。至于社会上认可"长者"的个人品德为称王的依据,显然并不是主流思潮,而要服从于身份原则。

当陈胜败亡后,项梁打败秦嘉、景驹,在薛地与诸将商议政权建设问题,范增游说项梁说:

> 陈胜败固当。夫秦灭六国,楚最无罪。自怀王入秦不反,楚人怜之至今,故楚南公曰"楚虽三户,亡秦必楚"也。今陈胜首事,不立楚后而自立,其势不长。今君起江东,楚蜂午之将皆争附君者,以君世世楚将,为能复立楚之后也。[8]300

这分明是说楚人复楚的理由,就在于"楚最无罪"和怜悯楚怀王"入秦不返",故复楚当为复怀王之楚,而非新创之楚,同时突出项氏"世世楚将"和"复立楚之后"的重要性——"蜂午之将皆争附君"。从中可以看到,在功德原则、身份原则之间存在较为严重的矛盾。陈胜失败之前,虽极力压制身份原则,但其失败后,身份原则支配政权建设,并被视为陈胜失败的重要原因。在这种情况下,项梁听从范增的建议,立楚怀王孙心为楚王,企图恢复楚国秩序。

刘邦虽然早就自称天命,但因此时势力弱小,被迫通过迂回路线,逐步确立其正统地位。刘邦初起沛县,就遭受雍齿之叛,其根据地受到极大威胁,处境十分危险。雍齿之叛、防止军队被吞并,成为刘邦集团首先要解决的问题。当时,秦嘉立景驹为楚王,出于对楚国的深厚感情,加上秦嘉对沛也有威胁,刘邦决定归附秦嘉,以图谋自保。在此决定命运之际,刘邦遇到张良,改变单纯归附的想法,而采用名义上归附、实际上独立的策略。这样既化解了雍齿之叛,又防止了军队被吞并,可谓一举两得。其后,刘邦归附项梁,并一同拥立楚怀王,也使"刘邦集团由盘踞芒砀山的群盗集团转化为楚国政权的一部分"[12]126,由非法转为合法,这是刘邦谋求正统的重要步骤。

怀王政权是一个拼凑的政权,虽是以身份原

则建立,但不排斥以功德起家的草莽英雄,也包括像陈婴那样的长者。这个政权在秦汉之际具有特殊的意义:一是满足楚人"复楚"的愿望,把楚人的注意力重新转移到灭秦的行动上来,进一步促进建功立德思潮的发展;二是作为从秦王朝向汉王朝的过渡,大体上为汉王朝的创建提供了一个蓝本,也为刘邦针对项羽的正统化建设提供了依据。

巨鹿之战后,项羽率部进入关中,侵夺刘邦灭秦之功,并开始按自己的设想进行政权建设。首先是尊楚怀王为义帝,架空楚怀王的权力。"项羽怨怀王不肯令与沛公俱西入关,而北救赵,后天下约……乃佯尊怀王为义帝,实不用其命。"[8]365项羽企图做关中王,遭到楚怀王的拒绝,乃采用名尊实贬的策略,剥夺楚怀王的实权。其次是确立正统的原则,分封诸王,形成义帝—霸王—诸王的上层政治框架。项羽对诸将相说:"天下初发难时,假立诸侯后以伐秦。然身被坚执锐首事,暴露于野三年,灭秦定天下者,皆将相诸君与籍之力也。义帝虽无功,故当分其地而王之。"[8]316这就明确否定身份原则,而代之以军功原则,并把军功的范围局限于反秦战争。在此原则下,项羽分封诸王亲信,形成诸侯林立的局面。再次是驱逐义帝,并密令衡山、临江王将其暗杀,最终形成一超多强的政治格局。其中,项羽扮演的是仲裁者的角色,并非凌驾于诸王之上。此后,项羽就陷入同诸王的战争,中断了政权建设的进程。

项羽在政权建设中仅强调军功原则,排斥身份原则、道德原则和人格素质原则,加上评定军功不公平、行为暴虐和滥杀降卒,以及政权建设中断等缺陷,就给刘邦集团以可乘之机。

刘邦集团在项羽东归后,立即回师关中,吞并三秦,另立韩太尉信为韩王,以树屏障。在政权建设上,"除秦社稷,立汉社稷,施恩德,赐民爵"[2]33,优抚蜀汉、关中民众,恢复关中统治秩序,确立其正统地位。刘邦集团类似怀王政权,具有很强的张力,较之项羽狭隘的军功政权更能代表正统。在与项羽正式交战前,刘邦听从董公的建议,为义帝发丧,发使告诸侯说:

天下共立义帝,北面事之。今项羽放杀义帝江南,大逆无道。寡人亲为发丧,兵皆缟素。悉发关中兵,收三河士,南浮江汉以下,愿从诸侯王击楚之杀义帝者。[2]34

承认义帝的正统地位,为征伐项羽提供依据,也就占据了道德制高点,把项羽置于乱臣贼子的地位,使其失去道义上的支持,从而宣示了刘邦承继怀王政权的正当性。汉四年,楚汉两军对峙鸿沟,刘邦正式颁布项羽的十大罪状:

吾始与羽俱受命怀王,曰先定关中者王之。羽负约,王我于蜀汉,罪一也。羽矫杀卿子冠军,自尊,罪二也。羽当以救赵还报,而擅劫诸侯兵入关,罪三也。怀王约入秦无暴掠,羽烧秦宫室,掘始皇帝冢,收私其财,罪四也。又强杀秦降王子婴,罪五也。诈坑秦子弟新安二十万,王其将,罪六也。皆王诸将善地,而徙逐故主,令臣下争畔逆,罪七也。出逐义帝彭城,自都之,夺韩王地,并王梁楚,多自与,罪八也。使人阴杀义帝江南,罪九也。夫为人臣而杀其主,杀其已降,为政不平,主约不信,天下所不容,大逆无道,罪十也。[2]44

这些罪状揭露出项羽的行为暴虐、道德低下、自私自利、为政不公、大逆不道等,同时贬低了项羽的贵族身份,彻底否定了项羽的正统性。而项羽一向偏重武力征战,忽视政权建设,尤其是正统化建设,此时面对刘邦的舆论攻击,自然无计可施。更可悲的是,项羽根本没有意识到怀王代表的是一种正统地位,轻率地舍弃项梁的政治建树。项羽入关之后,迷信武力达到极致,这标志着项羽自我边缘化,远离了正统地位,是他失败的深层原因。刘邦集团察觉这种情况,等到项羽失败之后,并未把他作为一极来对待,而是归入怀王政权,封为"鲁公"。这再一次凸显项羽的大逆无道,也说明项羽没有承继正统的资格。

项羽虽然失败,但受他分封的则大有人在,如臧荼、英布、韩信、彭越等人,刘邦要消除项羽的影响,还必须合理地处理这批异姓诸侯王。对此,刘邦和吕后相互配合,把他们逐个铲除。其中,刘邦亲自率军以平叛的名义消灭臧荼、英布,增加了沛丰集团的功劳,巩固了汉王朝的正统地位;吕后与萧何等人一道诛杀韩信、彭越,既解决了现实威胁,又维护了刘邦的形象,不至于损害汉朝廷的正统性。刘邦保留吴芮为长沙王,为汉朝廷的包容性作点缀,也表明了汉王朝对灭秦之功的承认和对功德原则的重视。

在解除现实威胁后,汉朝廷开始对前朝帝王作出评价,从历史角度寻求正统地位的依据。刘邦击败英布回到长安,就颁布命令称:

> 秦始皇帝、楚隐王陈涉、魏安釐王、齐缗王、赵悼襄王皆绝无后,予守冢各十家,秦皇帝二十家,魏公子无忌五家。[8]391

这段引文看似简单,其实包含丰富的信息。第一,这些政治人物代表当时所有的正统性原则,包括功德原则、身份原则和人格素质原则,表明汉王朝是一个包容性极强的政权,能代表最广大势力的利益,其他政权则显得狭隘。第二,汉朝廷差别对待这些历史人物,表明其正统化建设是以功德原则为主导,身份原则退居其次,最后才是个人素质原则。第三,这较之异姓诸侯王更能说明汉王朝的正统性。第四,对于怀王政权,汉朝廷采取冷处理的办法,即不定性、不宣传、不讨论,使其自动淡出人们的视野,同时以陈胜代替怀王为楚正统,则刻意模糊了楚汉之际的历史,给人们造成陈胜首倡、刘邦灭秦的印象,从历史角度强化汉王朝的正统地位。第五,刘邦给予秦始皇的待遇,远远高于其他人物,一方面再次表明汉朝廷对功德原则的重视,另一方面承认秦始皇灭六国、统一全国之功,既为汉承秦制提供了依据,又破坏了身份原则的主导地位,打击了旧贵族势力。至此,汉朝廷基本上完成了针对项羽的正统化建设,牢固地树立起汉王朝的正统地位。

四

汉初,在汉王朝周边还存在着南越、东越、朝鲜三个政权,汉朝廷的正统化建设也涉及这些地区。这是因为汉承秦而立,必须有过秦之处,至少不能弱于秦,这些地方政权本来臣服于秦,如今在这些周边地区,汉王朝必须确立正统地位,何况确立汉王朝的正统地位,可以减少这些地方政权对内地的骚扰,为统一天下提供依据,可谓一举多得。针对这些地方政权,汉朝廷采用不同的措施,并取得初步的成效,确立了名义上的正统地位。

南越国位于汉王朝的南端,是秦王朝较晚征服的地区,拥有一定的军事实力,汉初为赵佗所占据。赵佗本为秦龙川令,继任器为南海尉。秦末中原大乱,他趁机兼并桂林、象郡,自立为南越王,与中原政权分庭抗礼。高帝五年,汉朝廷单方面把象郡、桂林、南海划分给长沙王吴芮,这种敌视态度是在刘邦因灭秦之功而分封诸王之时,暗示赵佗为秦朝余孽,其地位是非法的,向天下昭示汉朝廷在南越的正统地位。高帝十一年,刘邦派陆贾赐赵佗南越王印,再一次表明汉王朝对南越的主权。在此基础上,陆贾从多方面宣示汉朝廷的正统地位:一是从礼仪角度指斥赵佗忘本、"反天性",将其置于礼仪传统的对立面,暗示其为蛮人代表,在华夷之辨的视野下,赵佗的正统地位消于无形;二是论述刘邦诛暴秦为天功,突出赵佗秦吏的身份及其"不助天下诛暴逆",把赵氏置于天下道义的对立面;三是讲述刘邦之德,包括"怜百姓新劳苦"的公德和没有"移兵而诛王"的私德,暗示赵佗背德弃义,把赵氏置于道德素质低下的位置。这三点使赵佗"蹶然起坐",承认汉王朝的正统地位。

吕后执政期间,试图彻底解决南越问题,使汉王朝的正统地位落到实处,此举遭到南越抵制,引发汉朝廷与南越交恶。赵佗脱离汉朝廷而称帝,发兵攻打长沙地区。汉朝廷出兵失败。当时,南越除本部之外,还役属闽越、西瓯、骆越,"东西万余里"。汉王朝的正统地位在南越地区荡然无存。汉文帝即位后,根据形势发展的需要,试图采取和平手段,恢复汉王朝在南越地区的正统地位。先是"为佗亲冢在真定置守邑,岁时奉祀。召其从昆弟,尊官厚赐宠之"[2]3849,利用礼仪传统和亲情促使赵佗主动放弃帝位。继而选派陆贾携亲笔信出使南越,主旨在于宣示汉德之隆盛,既有优抚赵氏的私德,又有利天下民众的公德,还允诺南越可以高度自治。在此盛德之下,赵佗撤销帝号,重新承认汉王朝的正统地位。文帝以道德原则把汉王朝正统化建设推及南越地区,收效甚大。此后,汉朝廷一直维持着这种正统地位,直到汉武帝灭亡南越国。

东越,作为先秦越国的延续,在秦攻灭楚国后,纳入秦王朝的版图。秦朝廷对待东越,废其首领为君长,以其地为闽中郡,在东越确立了正统地位。西汉王朝建立之后,一方面通过封王,将东越划归到军功集团;一方面采用秦时的羁縻策略,允许闽越等国拥有自治权,恩抚并用,确立了汉朝廷对东越的统治。汉武帝平定南越,借助政治、军事等手段,又平定东越地区,进一步稳定了汉王朝的正统地位。

朝鲜,相传商末为箕子封地,其后"不臣"于西周王室。秦攻灭燕国,占据朝鲜西北一部分土地,并未使朝鲜臣服。汉初卢绾叛逃后,卫满率部进入朝鲜,建立卫氏朝鲜政权。至孝惠、高后时,"辽东太守即约满为外臣,保塞外蛮夷,毋使盗边;蛮夷君长欲入见天子,勿得禁止"[2]3864。据此可知,辽东太守明确了卫满的身份、职责、权力限制等,这三点规定了汉王朝在朝鲜地区的正统地位,解决了朝鲜地区长期"不臣"的问题。

通过以上论述,可见南越、东越、朝鲜三个政权各具特点:南越为历史遗留问题,在某种程度上代表着秦王朝,赵佗祖籍真定,其家族成员多在内地,可以礼仪传统说服;东越出自越国而后属楚国,参与过反秦斗争,被纳入灭秦功臣体系,经大动乱时代的融合,已经认同汉朝廷的正统地位;朝鲜为汉臣外逃所建,有长期"不臣"的历史传统。因此,汉朝廷对这三个政权的重视程度不同,南越最受重视,东越次之,朝鲜最次,并据此进行正统化建设,显示出主次分明的特点。

总的来说,汉朝廷在周边地区进行正统化建设,采取了稳步渐进的方略,即先利用秦时内属的基础和礼仪传统的向心力,以治权换主权,取得名义上的正统地位,等到国家实力强劲之后,乃以武力彻底解决周边地区问题。这种方略既是边疆政策的一部分,也是汉王朝正统化建设的一部分,两者相结合强化了汉朝廷的正统地位,稳定了周边地区的局势,促进了中央与地方关系的和谐发展。

五

正统,作为历史学和政治学中用于评判一个政权的概念,受到传统史学家和政论家的重视,形成了一套完整的理论体系。传统正统理论的主要缺陷是从结果的角度对历代王朝进行评判,并从舆论上宣扬本朝的正统地位,或者说传统史学家和政论家的缺陷,在于未从广泛的角度对正统进行解释,尤其是没有注意到一个政权的正统化建设的广泛性。

正统有两大评判原则,即合天意性和合民意性。合天意性即所谓天命论、君权神授,是人们对大自然敬畏情绪的遗传和现实中许多神秘现象相结合的产物,是中国传统哲学"法自然"的基础,也是限制人们欲望的最终法则。合民意性即民主、民本,是统治者看到民众蕴含的巨大能量,为了得到民众的支持而作出的妥协,是引导人们向善的最大依据。这两者是一切权力的总根源,任何政权失去其中之一即不能长久。不过,这两大原则有日益融合的趋势。西周中后期,出现"敬天保民"的思潮,把天民置于同等位置;汉武帝时期,董仲舒创立"天人感应""君权神授"学说,把天人置于"天—皇帝—平民"的循环理论图式。从此,天人合而为一,成为后世王朝赖以建立的根本原则,直到近代西方政治理论的传入。

正统还有三个特点:一是相对性,即正统的归属并不固定,在各种不同的政权中间,只是归属更能体现上述两大原则的政权,这为后世王朝更迭提供了依据;二是延续性和不断修订性,即正统地位一旦确立,就会按惯性延续下去,不会在短时间内发生变更,只是需要不断调整政策,以避免偏离正统根本原则,这为后世政治改良提供了依据;三是正统地位可以和实际统治权力分离开来,或者最高统治者的地位和权力不相称,表现为权力被架空或剥夺,或者中央和地方的关系不正常,表现为地方名义归属中央,实际上却割据自立,这种分离是因多种情况而形成的,其结果也不完全相同,但分离是暂时的,历史发展的总趋势是两者的统一。也正因为这些特点,历代王朝均会进行正统化建设,其中较典型的是汉初正统化建设。

汉初正统化建设的核心在证明刘氏当王天下,在此基础上整合各家学说,构成一个系统的正统理论。汉初实行分封制,诸侯国具有相对独立的政治地位,特别是那些异姓诸侯王参与过反秦斗争,并立有大功,在封国内没有朝廷掣肘,其权力可比拟皇帝。如何向诸侯国百姓证明汉朝廷的正统性,消弭诸侯国反抗朝廷的正当性,就在于证明刘氏当王天下。显然,单凭纯粹的军功评价体系是不够的,因为其涉及的对象较为狭隘,刘邦军功不占绝对优势,且这种体系易为他人所用,加上随着大规模战争的结束,其重要性日趋衰落。汉朝廷亟须提出新的适用于整个社会的评价体系和示范样本,因此,正统理论的重建成为正统化建设的重中之重。刘邦集团在起兵伊始就意识到正统地位的重要性,为此不断地进行正统化建设。司马迁用"承弊易变,使人不倦"[8]394概括汉初正统化建设的基本情形,其着重点是"承""易",说明了汉王朝正统由来的暴力性和建设的变易性。荀悦在《汉纪》中称"汉兴继尧之胄,承周之运,接秦之弊。汉祖初定天下,则从火德,斩蛇着符,旗帜尚赤,自然之应,得天统矣"[13]3,则从五德终始说的角度阐述汉王朝的正统地位,并简单地把正统和德运等同起来,相对忽视了汉朝廷的正统化建设。这两者分别代表了两汉时期对汉初正统化建设的认知,但均未就汉初正统化建设的特点作完整的分析。

概括以上论述,汉初正统化建设包含了无统一规划、求博不求精、主次分明三个特点。首先,刘邦在起兵之前已经认识到正统的重要性,并依据天命论进行正统化建设,但较之其他势力而言,则是逐步探索、无序进行的,如自称黑帝、迁都比德、为义帝发丧等,均未表现出应有的统一规划。这种无序是在战争的掩护下进行的,相对弥补了本身的一些缺陷,反而给人们一种浑然天成的感觉。其次,秦王朝建立之后,仅以法家理论整合社会秩序,即求深化不求广博,是一种取秀木而弃森林的做法。秦汉之际,社会各阶层均参与过反秦斗争,汉朝廷就秦速亡作出全面考察,加上刘邦集团整体素质低下、知识庞杂,以及刘邦个人的包容性格,正统化建设求博不求精的特点呼之欲出。这正暗合黄老学说的要义,是黄老学说兴盛的重要原因。再次是主次分明。从时间上说,刘邦起兵时主要以天命论确立自己的正统,继而先后以秦王朝、项羽为主要目标,每个时期均有不同的侧重点。从整体上讲,汉朝廷以天下万民、秦王朝、项羽为主要对象,把其他势力置于其次。这种有的放矢的正统化建设,可以集中力量、各个击破,收到事半功倍的效果。

汉初君臣重视正统化建设,一方面采取一些合理化措施,如组织军队复员、赐军吏卒以爵位、招抚流亡、释放奴婢等,借以确立和巩固汉王朝的正统地位;另一方面针对不同的竞争者,不断调整政策和策略,并根据现实情况和历史传统构筑起具有普遍意义的正统理论,从而奠定汉王朝的正统地位,至于其中的粗糙之处,则在汉武帝时期得到修饰和完善,对后世正统化建设影响深远。

【参考文献】

[1] 欧阳修.欧阳修集[M].北京:中华书局,2001.
[2] 班固.汉书[M].北京:中华书局,1962.
[3] 范晔.后汉书[M].北京:中华书局,1965.
[4] 苏轼.苏轼文集[M].北京:中华书局,1999.
[5] 王夫之.读通鉴论[M].北京:中华书局,1975.
[6] 梁启超.饮冰室文集:第九集[M].北京:中华书局,1988.
[7] 田延峰.论西汉王朝的正统化[J].宝鸡文理学院学报(人文社会科学版),1998(2).
[8] 司马迁.史记[M].北京:中华书局,1959.
[9] 刘盼遂.论衡集释[M].北京:中华书局,1990.
[10] 王利器.新语校注[M].北京:中华书局,1986.
[11] 田余庆.说张楚:关于"亡秦必楚"问题的探讨[J].历史研究,1989(2).
[12] 李开元.汉帝国的建立与刘邦集团:军功受益阶层研究[M].北京:生活·读书·新知三联书店,2000.
[13] 张烈.两汉纪[M].北京:中华书局,2002.

东汉时期"兰台令史"的多重职能

葛立斌*

【摘 要】 "兰台令史"是两汉一个具特殊性的职官,在西汉,它地位卑微,不被重视;到东汉,却位卑职重,于汉明、章两帝时大得彰显。在政治上,它在帝王与群臣之间行使"监察"和"上传"的基本职能;在文化上,它推动了汉代文字的统一规范,对汉代文献典籍的整理保护意义重大;它的群体性创作,丰富了中国古代文学的创作形式,是汉代文学创作的重要组成部分。"兰台令史"这一职官在特定时代下的多重职能,为我们了解两汉时期文官的变迁提供个案参考。

【关键词】 兰台;兰台令史;史书令史;职能

兰台,位于西汉长安未央宫,为汉藏书之室,著述之所;"兰台令史",是设置于兰台的职官。根据《汉书》《后汉书》记载御史中丞的两则材料,我们可知,兰台令史为御史中丞的属官,最初的职能为"掌奏及印工文书"[1](《百官公卿表上》);[2](《百官三》)及"掌书劾奏"[2](《班彪列传》)。兰台令史官位甚低,官秩仅为"百石"①。由于兰台令史最初只是西汉众多文职官职中官位较低的小官,其任职者应该只是核对奏书和印工文书的文字工作者,又没有特殊的表现和事迹,所以西汉史料提及其少。《史记》《汉书》曾对兰台令史的前身有所记载,但名称并非是"兰台令史",而是"史书令史"②,除此以外,在西汉的史料中很难再找到兰台令史的线索。由此可见,兰台令史在西汉应该是一个不被重视的小官。到了东汉时期,兰台令史的地位却发生了变化,突然在汉明、章两帝时期大为彰显,史料记载也甚多。首先,由史料我们发现,到东汉明、章、和三帝时期,任职兰台令史的人不再是普通的文字工作者,而是皆为博通文献典籍、文学才华出众的"名香文美"的"通人"[3](《别通篇》),如班固、贾逵、杨终、傅毅、孔僖等。其次,兰台令史官秩至东汉虽然没有提高,但却是"位卑职重"的一个重要官职,为帝王所看重,成为许多文人在官场升迁的跳板。王充在《论衡》中就曾经评价兰台令史"(兰台)令史虽微,典国道藏,通人所由进,犹博士之官,儒生所由兴也"[4](《别通篇》)。再次,由于汉明帝对文人的特殊喜好和对兰台令史这一官职的重视,兰台令

---

* 葛立斌(1976—),女,汉族人,黑龙江省抚远县人,讲师,华中师范大学历史文化学院博士研究生,主要从事先秦两汉史学与文学的教学与研究工作。

① 关于兰台令史的官秩,《后汉书》中有三处不明确的记载,《后汉书·百官三》记载是"六百石",《班超列传》与《班彪列传》中记载为"百石",根据我们的考察,应以"百石"为当。

② 这则材料并未直接提及史书令史与兰台令史的直接沿承关系,但《汉书·艺文志》第 1722 页有三国韦昭注释,认为"史书令史"即是汉代兰台令史。明代吴仁杰在《两汉刊误补遗》卷 6 中,也认为"史书令史"是汉代的"兰台令史"。根据我们的分析,这种结论是有一定根据的。

史在职能上比西汉时有了明显的扩大,除保留其"掌奏及印书文工""掌书劾奏"的基本职能以外,还被委以重任,常常任命以"郎"职去"典校秘书",《后汉书》明确记载曾经任职兰台令史的文人有7人,其中有6人被任命去"典校秘书",这对汉代文献典籍的保存整理工作起到了很大的作用。由于承担校对奏书及其图籍秘书的校对工作,所以兰台令史在汉初还是"史书令史"的时候,就对汉代文字统一规范做出了一定的贡献,到了东汉时期,因为校对图书,这种作用就更加明显。除此以外,兰台令史还常常被委以创作工作,创作了"赋""颂""奏书"等,而作为文人的身份,他们还常常自行创作,如诗、诔、连珠、酒令、祝文、七激、七叹、史书等多种文体的文学史学作品。作为汉代的一个文官,职位颇低,却集多种职能于一身,在近半个世纪的时间里受到帝王的重视,且任职者又能充分发挥自身的才能,促进了汉代文化的发展,使"兰台"变成一种文化现象的典型而被后代人所追慕,这种特殊的文化现象值得我们分析研究。

一、行"监督"及"上传"之职能

上文注释我们已经提及,兰台令史的前身是西汉的"史书令史",设立于汉高祖时期,《汉书·艺文志》对史书令史有简短却明确的说明:"汉兴,萧何草律,亦著其法,曰'太史试学童,能讽书九千字以上,乃得为史,又以六体试之,课最者以为尚书御史史书令史。吏民上书,字或不正,则举劾'。"[1](《艺文志》)这段文字将史书令史设立的几个主要问题说得很清楚:首先,它说明了史书令史创立的时间是汉初时期;其次,它提到任职史书令史的条件是"能讽书九千字以上",而且还要通"六体",说明任职者要有良好的文字和文献基础;再次,它提到了史书令史的职能是"吏民上书,字或不正,则举劾"。可见,兰台令史前身史书令史的职能是对吏民的奏书进行文字的监察,并给以校对、更正及弹劾,这便是兰台令史的基础职能,直至东汉兰台令史职能有所扩大,这一职能也一直存留,即"掌奏及印工文书""掌书劾奏"。

"兰台令史"这一基本的行政职能是与其主掌官职"御史大夫"和"御史中丞"息息相关的。我们看下面两则材料:

(西汉时)御史大夫,秦官,位上卿,银印青绶,掌副丞相。有两丞,秩千石。一曰中丞,在殿中兰台,掌图籍秘书,外督部刺史,内领侍御史,员十五人,受公卿奏事,举劾按章。[1](《百官公卿表上》)

(东汉时)御史中丞一人,千石。本注曰:御史大夫之丞也。旧别监御史在殿中,密举非法。……掌察举非法,受公卿群吏奏事,有违失举劾之。[2](《百官三》)

御史中丞有多种职能,其一便是"受公卿奏事,举劾按章"的监督职能,到了东汉,虽然发生了一定变化,但其监督举劾公卿群吏的职能没有变,都是对公卿群吏的行为行使监察和弹劾的权力。兰台令史在这个监察系统下,主要掌管文书的检查和校对工作,《后汉书·百官一》中就记载,"令史"职能为"各典曹文书"[2](《百官一》),兰台令史的职能也不例外,主要是监察各级官吏上奏的奏书,执掌文字校对工作,如有错误,则随时进行弹劾,属于御史部门工作的一个环节。

从史书令史的沿袭来看,兰台令史主要掌管文字的审核,没有更多的材料证明兰台令史还对奏书的内容也进行监察,我们认为,随着兰台令史一职从西汉到东汉的演变,很有可能兰台令史也参与了对奏书内容的监察和弹劾,对于内容合适、文字语言规范正确的奏疏,经兰台令史监察审核后上交给上级官员过目,即御史中丞、御史大夫等,最后则递交到帝王手中;而不符合规范的奏疏,兰台令史将针对错误的情况进行弹劾,由御史部门给予惩罚。从这一点上,兰台令史又不同于其他各府属的"令史",只是简单地"典曹文书"。它还在群臣与帝王之间起到了"上传"的政治功能,尽管这只是兰台令史在汉代最基础的行政职能,但却是汉代监察群吏推行中央集权的基本环节,也是群臣与帝王之间交流沟通的不可缺少的环节。

二、司文字之责

兰台令史的具体作为还有"司文字之责",这虽然并非是设置这个官职的目的所在,但是兰台令史特殊的工作性质,却在监察百官奏书之外起到了意想不到的作用,那便是促进了汉代文字的统一规范。首先,从担任兰台令史的前身史书令史的条件来看,是背诵经书9000字以上的学童,才能担任较低一级的"史"官,还要精通"六体",经考试优秀后才能担任史书令史,可见要求是相对比较严格的。《汉书·艺文志》在罗列"小学家"时,说到了汉代以前文字使用由规范到混乱的状况:"古制,书必同文,不知则缺,问诸故老。至于衰世,是非无正,人用其私。"[1](《艺文志》)古制,指的是西周时期,推行的是"书必同文"的原则;衰世,指的是诸侯混战的战国时期,这个时期文字使用混乱,各国、各地区都出现了"人用其私"的现象,虽然秦始皇曾经对汉字有过一次系统的整理规范,曾经推行"书同文",但是由于秦统治短暂,秦汉之际,很有可能文字的使用又重新归于混乱。所以建汉以后,在文字使用上,第一个迫切的任务便是要达到公文文书文字的统一性,这就是"汉兴""萧何草律"时为什么要将规范文字作为第一批势在必行的制度之一进行确立。精通"六体"文字的史书令史,职能则是"吏民上书,字或不正,辄举劾",看似职责是监察吏民上书,实际上为汉代奏书文字的使用起到了规范作用。所以班固在《艺文志》中解释所谓的通"六体",就是"皆通知古今文字,摹印章,书幡信也"[1](《艺文志》)。将六体中的"缪篆"用于摹印章,将"虫书"用于书幡信,这里这两种公文应当仅是班固所列举的例子,在汉初一定还有其他一些公文(如奏书)也都由规定的统一文字进行撰写,在这个公文文字的规范过程中,史书令史起到了重要的作用。

史书令史改称为"兰台令史"是于汉光武帝初年,改名称的原因很大程度上是因为将"史书令史"委任点校大量收集来的图籍文献。虽然名称有所改动,但担任兰台令史的条件仍然是对文字掌握的严格要求。杜佑在《通典》中指出,任兰台令史的条件是"能通苍颉史籀篇,补兰台令史"[4]。而其职能之一也依然是和文字工作有关,即"掌奏及印工文书"。东汉时期,由于起初几代帝王尤其是明、章、和三代帝王对古籍的偏爱以及对文人的重视,多把博通古今的文人首先任命为兰台令史,继而调任去进行校书工作。对图籍文献的校对整理当然不仅仅限于文字的校对,但由于东汉初年,典籍散乱,各种不同版本相继出现,兰台令史显然也承担着将各种版本的经书进行文字统一的职责,这对汉代文字的统一和规范显然也起到了一定的作用。

三、典校秘书

兰台令史发展到东汉,出现了职能上的扩大,其中最重要的便是典校秘书,这是兰台令史的一项新职能,也是兰台令史能从西汉的默默无闻到东汉大为彰显的重要因素。兰台令史担任典校秘书一职,这与东汉时期文献典籍急需系统整理的文化现状以及东汉帝王对文献典籍和文人特有的偏爱有很大的关系,两方面原因形成了东汉兰台令史和东观校书郎几乎贯穿整个东汉的校书盛况。

东汉建立后,在文化上面临的巨大难题就是典籍的残破不堪,针对这一问题,汉代帝王从光武帝直到汉灵帝时期都在持续进行校书工作,虽然在汉和帝后曾经出现过"章句渐疏,而多以浮华相尚,儒者之风盖衰矣"[2](《儒林传》)的景象,但是,汉灵帝时期的定熹平石经,确是汉代乃至整个中国古代古籍整理的大事。关于汉代的这一文化现象,《后汉书·儒林列传》有一段完备的阐述:

> 昔王莽、更始之际,天下散乱,礼乐分崩,典文残落。及光武中兴,爱好经术,未及下车,而先访儒雅,采求阙文,补缀漏逸。先是四方学士多怀协图书,遁逃林薮。自是莫不抱负坟策,云会京师。……明帝即位……帝正坐自讲,诸儒执经问难于前,冠带缙绅之人,圜桥门而观听者盖亿万计。
>
> (章帝)建初中,大会诸儒于白虎观,考详同异,连月乃罢。……又诏高才生受《古

文尚书》《毛诗》《穀梁》《左氏春秋》，虽不立学官，然皆擢高第为讲郎，给事近署，所以网络遗逸，博存众家。孝和亦数幸东观，览阅书林。

（灵帝）熹平四年，灵帝乃诏诸儒正定五经，刊于石碑，为古文、篆、隶三体书法以相参检，树之学门，使天下咸取则焉。[2]（《儒林传》）

参考上段文字，我们可以看到，由于两汉之际对古文献的破坏，造成了东汉初帝王统治者为政治统治而急需整理文献典籍的迫切感，尤其是汉光武帝、明帝、章帝、和帝四代帝王之中，采取了大量的措施。任命"通人"担任兰台令史，并担任校书工作，就是众多措施中一个重要的举措。

《后汉书》记载了担任兰台令史职务的文人有贾逵、班固、杨终、孔僖、傅毅、李尤等。除班超尚未从事校书工作便"坐事免官"之外，其余的都在校书一事上成就颇高，而且甚被帝王尊重和重视，其中贾逵便是最好的例子。

从史料来看，贾逵被范晔称为"通儒"显然毫不过分。在《贾逵列传》中记载，他弱冠便能诵《左氏传》和《五经》文本，并传授大夏侯《尚书》，还兼通《穀梁传》，可谓今古文经学兼备。未曾任兰台令史之前，便为《左氏传》《国语》解诂共51篇。贾逵于汉明帝时期担任兰台令史，并同时拜为郎，与班固并校秘书。从史料来看，在汉明、章、和三代帝王时期，贾逵似乎一直都担任兰台令史，直到汉和帝永元三年，才"以逵为左中郎将"，并得到继续升迁。在将近半个世纪的任职时间内，贾逵校书成就斐然。如汉章帝时期，他"发出《左氏传》大义"；受诏撰欧阳、大小夏侯《尚书》古文异同；又撰写齐、鲁、韩《诗》与毛《诗》异同；同时还撰写了《周官解诂》；他还曾被章帝召入北宫白虎观、南宫云台讲习古文《尚书》和《左氏传》。除此之外，他还从事教授工作。汉章帝时期，汉章帝给了贾逵特殊的待遇，令他自己挑选研习《公羊传》的严、颜诸生高才者20人，教以《左氏春秋》；又诏贾逵给诸儒传授《左氏春秋》、《穀梁春秋》、古文《尚书》、《毛诗》，其影响非常大，使得"四经遂行于世"。经范晔总结，"逵所著经传义诂及论难百余万言"，

可谓兰台令史中典校秘书成就最突出的一个。

贾逵任兰台令史一职达几十年，职位虽卑，但是却受到了几代帝王的重视和世人的尊崇。范晔用了以下一些文句来描写贾逵的特殊待遇和地位。如：在他献给汉明帝他的《左氏传》和《尚书》的51篇解诂时，"显宗重其书，写藏秘馆"；当他被召入白虎观进行讲习时，"帝善其说"；在他向帝王献上一篇奏书后，"帝嘉之，赐五百匹布，一袭衣"，而且还给了他自行挑选学生的特权；当他第二次进行教授工作时，凡是贾逵门下的弟子和门生全部都被帝王拜为章帝太子即后来和帝的"千乘国郎"，使当时的学者"皆欣欣羡慕焉"；至和帝时期，迁升为左中郎将，八年后又迁升为侍中，其当时的境况是"甚见信用"。在这段传记中，我们能看到汉章帝对他非常喜爱，当他母亲生病时，汉章帝以他校书多为理由，赏赐钱20万，让当时的颍阳侯马防交给他，当时章帝向马防说及贾逵生活状况的一段话，集了解、理解、关爱于一身，他说："贾逵的母亲病了，这家伙也不懂得和别人交际，我看快要像伯夷、叔齐一样饿死在首阳山上了。"纵观《后汉书》，帝王谈及自己的臣子尤其是像兰台令史这样一个仅有百石之秩的小职员能说出这样的话，实属少见[2]（《范郑陈贾张列传》）。

再如杨终，其校书成就虽然没有贾逵那么丰厚，但是也受诏删《太史公书》为10余万言，改定章句15万言。其地位虽然没有贾逵那么受尊崇，却也是颇受重用。如诏诸儒进行白虎观论考同异这一著名的经学事件就是由杨终提议得到章帝的采纳的。

之所以到东汉开始由文人担任兰台令史，并被任命典校秘书，受到重用和信任，在一定程度上还和帝王的喜好有关。同是喜好文人，重视典籍整理，但汉明帝偏爱兰台，汉和帝独倾"东观"，这是有确切史料记载的。"孝明世好文人，并征兰台之官，文雄会聚"[3]（《佚文篇》），"十三年春正月丁丑，（汉和）帝幸东观，览书林，阅篇籍，博选术艺之士以充其官"[2]（《孝和孝殇帝纪》）。至汉和帝统治的后几年，兰台令史校书一职渐渐被东观校书郎所替代，甚至汉安帝时期职为兰台令史的孔僖和李尤也被调往东观进行校书。在汉明帝、章

帝、和帝前后达半个世纪的统治期间，兰台令史"名香文美，委积不泄，大用于世"[3]（《别通篇》）的繁荣景象在汉和帝统治的最后几年，一去不复返了。

四、撰述著作

东汉的兰台令史除从事典籍整理校雠工作之外，还进行文学创作。如上面我们提到的7个担任兰台令史的人物，有的还是为后代所称颂的文学家。他们所创作的作品一部分是"赋""颂"一类歌功颂德的御用文学。如贾逵曾经受诏创作《神雀颂》，杨终曾创作赞颂帝王嘉瑞、上述祖宗鸿业的文学作品15章，傅毅曾依照《诗经·清庙》写了《显宗赋》10篇等。除了这类作品，这些文人还从事多种文体的创作，如贾逵曾经创作诗、诔、书、连珠、酒令等8篇；傅毅曾著诗、赋、诔、颂、祝文、七激、连珠等28篇；李尤创作诗、赋、铭、诔、颂、七叹、哀典等28篇，其中连珠、七激、七叹、哀典等都是东汉时期的新文体。在文学创作上，班固的《两都赋》、傅毅的文学作品都为汉代佳作。另外，兰台令史还从事史书的撰写，最著名的当然是班固，他担任兰台令史后，与陈宗、尹敏、孟异共同撰写了《世祖本纪》，著列传、载纪28篇，他撰写的《汉书》"潜精积思二十余年"乃成，"学者莫不讽诵焉"[2]（《班彪列传》）。杨终也曾经撰写过史书，著《春秋外传》12篇。

《后汉书》中记载担任过兰台令史的文人共7人，但我们认为在东汉明帝到和帝时期任命的人数应当更多。在洛阳宫廷中，兰台和金马门是两个重要的地方。金马门是储备人才的处所，文人入京求官，大抵都被安置于金马门，在这备有食宿的馆舍里，文人著书立说，等待皇帝的召见；而一旦被帝王诏用的文人则一部分就被安置到兰台任"兰台令史"，成为继续升迁的一个跳板①。在后代的史料中可见，那时安置到兰台任兰台令史的文人应该相当多，"兰台"与"金马门"皆成为文人会聚的场所。张衡的《两京赋》、王充的《论衡》都描写了当时文人群聚的热闹景象："兰台金马，递宿迭居。"[5]"孝明世好文人，并征兰台之官，文雄会聚。"[3]（《佚文篇》）如果说前一则材料有文人的夸张之处的话，后一则材料王充则非常明确地说明当时汉明帝是"并征"兰台之官，而且是"文雄会聚"，既然在汉明帝时期都已是"文雄会聚"，那么在明、章、和帝三代，兰台令史就不可能仅为7人了，应该远远超出范晔《后汉书》当中的记述。由此，兰台令史群体的典校经书和文学创作在东汉也一定产生了深远的影响，乃至成为一个文化现象的典型，被后代文人津津乐道。过去我们对汉代文学史的研究，大多忽略了这些文学群体的创作（再如东观校书郎），实际上，他们生活背景相似，生活经历相仿，都善于创作多种文体的文学作品，而且还善于尝试新文体，丰富了中国古代文学的创作形式，是汉代文学研究一个不可或缺的部分。

当然，我们要注意，东汉时期的秘书点校、经学研习和著述工作并不仅限于任职兰台令史的文人，如在《后汉书·儒林列传》和《文苑列传》中，除兰台令史之外，从事经书研习的有47人，从事校对经籍的有21人，以文学创作闻名的有22人，可以说，文人研经、点校、著述的繁荣景象几乎贯穿着整个东汉时期。但是，就是在这段文化繁盛的时期，"兰台"成了这种盛况的代名词，成为东汉文化繁荣的象征符号被后代凸显出来。后代的文人，常常引用"兰台"盛况来表达对文人在一个时代备受重视的追忆和艳羡，如王充、萧统、刘勰等都曾称引"兰台"，称之为"文雄会聚""名香文美""并比观好""大用于世"等等；而后代更用"兰台"一词来指代图书档案收集管理的地方，甚至成为后代图书馆的代名词。之所以影响这么大，除兰台本身就是藏书、著述的地方外，更多的是因为作为兰台的主角"兰台令史"集多重职能于一身，为汉代的文化发展做出了很大的贡献。

---

① 以上论述可参考《三辅黄图校释》一书中对"金马门"的描述。何清谷撰：《三辅黄图校释》，中华书局2005年版。

【参考文献】

[1] 班固.汉书[M].北京:中华书局,1962.

[2] 范晔.后汉书·班彪列传[M].北京:中华书局,1965.

[3] 王充.论衡·别通篇[M].长沙:岳麓书社,2006.

[4] 杜佑.通典:卷23[M].《四库全书》本.

[5] 张衡.两京赋[M]//文选.影印版.上海:上海书店,1988.

社会转型——汉代国家的历史地位

雷依群*

【摘 要】 周革殷命,开创了中国历史上一个真正意义上的封建社会,实现了中国社会历史进程中的第一次转型。而秦汉之际的历史巨变,以中央集权制度取代旧的封建制度,从而完成了中国社会历史进程中的第二次转型。在转型过程中,汉王朝使中央集权制度完善并最终确立,主要表现在三个方面:一是由"普天之下莫非王土"的封建贵族土地所有制到"使黔首自实田"的土地私有化的完成;二是在权力体制上,由封建贵族政治到中央集权制的新型官僚体制的建立;三是在思想传统上,汉代在先秦以来"礼乐"思想的孕育中,实行"独尊儒术,罢黜百家",奠定了以儒学及儒家思想为主干的中华传统思想,从而确立了汉王朝的历史地位。

【关键词】 社会转型;汉承秦制;中央集权;历史地位

秦王朝的建立及统一,标志着旧有的封建制度的结束和在战国以后逐渐形成的中央集权制度的肇始。从商鞅变法开始,秦王朝的统治者顺应历史发展潮流,用一百多年的时间,进行了一系列的制度改革与创新,最终形成了"车同轨、书同文、行同伦"的大一统中央集权制度。但和其他新生事物一样,新制度的建立与巩固,特别是思想的统一、人心的统一,那些具有顽强生命力的旧习俗的改造并非一纸命令就可以完成的。旧制度、旧势力的抗争从秦朝一建立就表现出来了,秦朝初年的封建与郡县之争,"始皇死而地分"的谶言的出现,都是这种情况的反映,秦末六国旧贵族的复辟活动把这种情况更是推向了顶峰。秦朝统治者为巩固新生政权不得已而实行的一系列严酷的高压政策,使社会矛盾和阶级矛盾更加激化,从而导致建立仅仅15年的王朝顷刻灰飞烟灭。但历史的前进和社会的转型是历史的必然趋势,而这个转型和集权制度的最终完成则是由刘邦建立的汉朝来实现的。

西汉王朝的建立,同样面临着旧制度、旧势力的顽强抵抗。高帝五年十月,楚汉战争即将进入决战的关键时刻,刘邦约韩信、彭越共击项羽,二人均失约不至,张良分析其中的原因说:"楚兵且破,未有分地,其不至固宜。君主能与共天下,可立至也。"[1](《高祖本纪》)。颜师古注释说:"共有天下之地,割而封之。"[2](《高祖纪》)可谓一语中的,道出了事情的本质,刘邦的南宫行赏,更反映出这种对旧制度的无可奈何和新制度产生之艰难。建国之后,刘邦以郡国并行制方式来调和这种新旧制度的矛盾,这种表面看来似乎倒退的历史现象,恰恰反映了旧制度对新的中央集权制度的顽强抗争,这场斗争一直延续到汉武帝时代,以"诸侯王不得复治国,天子为置吏"而结束。

"汉承秦制"是长期以来学术界认识汉代政治和社会的一个主要观点,但严格来讲,这个观点并不完全正确,即只看到了其静的一面,而没

---

* 雷依群(1949—),男,陕西省高陵县人,咸阳师范学院历史系教授,主要从事秦汉史研究。

有看到其变的一面，只看到守成，而没有看到汉王朝的创新，而这种创新，恰恰是汉王朝实现历史转型的关键。汉代的社会转型主要表现在以下四个方面。

一、经济基础的变化形成了新的社会结构，使中央集权制进一步强化

在汉代国家转型过程中，社会经济，特别是土地私有制的发展起到了非常大的作用，"秦土地有两种基本的占有形态和经营方式，一部分是由国家政府机构直接经营管理，一部分则是通过国家授田（包括庶民份地授田和军功份地益田等方式）而转归私人占有和经营使用，要之，一切土地所有权皆在国家"[3]，但是到了汉代这种情况发生了很大的变化，其最显著的特点是国有土地在全部土地中所占的比重越来越少，而私有土地的数量却迅速发展起来。

公元前202年，刘邦建立汉政权之后的第一件大事便是恢复私有土地，"民前或相聚保山泽，不书名数，今天下已定，令各归其县，复故爵田宅"[2]（《高祖纪》）。刘邦的复故爵田宅令，并非以往人们所认为的是保护封建地主土地所有权的法令，它是一项面向全国的政策，既保护地主阶级，也保护大量自耕农。

汉代土地私有化的进程大致是通过以下途径实现的：一是军功爵制，汉初的军功爵制造就了一批军功地主；二是赐田，即由皇帝将国有土地赏赐那些贵幸、国戚；三是土地买卖，这是汉代土地私有化最主要和最普遍的方式。汉代的土地买卖一方面存在于那些达官贵人、商人地主、豪强地主阶层，如张禹"及富贵，多买田至四百顷，皆泾、渭溉灌，极膏腴上贾"[2]（卷81《张禹传》）；另一方面大量存在于乡村的自耕农中，如那些农夫五口之家，在不得已情况下"卖田宅，鬻子孙以偿责者"[2]（《食货志》）。

土地私有化的结果，使汉代的社会结构与秦及此前的战国相比已发生了明显变化，在这种成熟的土地私有制度之上产生了一个多元化、多层次的社会结构，在地主阶层中不仅出现了军功地主这样的身份性地主，而且出现了大量的商人地主、豪强地主、儒宗地主等非身份性地主，在农民阶级中不仅出现了大量自耕农，而且还产生了大量的贫农和雇农。这种新的社会结构，是中央集权制度强化的重要基础。

二、建立了皇权与官僚机制相互制约的新型集权制度

从战国开始逐渐形成的中央集权制度，秦王朝将其发展到了极致。秦始皇即位后，也曾着手建立一系列新制度为巩固新政权而努力，所谓"皇帝临位，作制明法，臣下修饬……治道运行，诸产得宜，皆有法式"，但这些制度大多基于商鞅变法以来的思想统治基础，"君上之于民也，有难则用其死，安平则用其力"，"不养思爱之心，而增威严之势"[1]（《秦始皇本纪》）。这种思想渗透到秦王朝的政治生活和施政过程中，人们看到的是"天下事无大小皆决于上，上至以衡石量书，日夜有呈，不中呈不得休息"，"博士虽七十人，特备员弗用。丞相诸大臣皆受成事，倚办于上。上乐以刑杀为威，天下畏罪持禄，莫敢尽忠。上不闻过而日骄，下慑伏谩欺以取容"[1]（《秦始皇本纪》）。甚至连秦始皇死也只有赵高、胡亥及宦者五六个人知道，从而形成了赵高独擅政权的局面，让"始皇帝死而地分"[1]（《秦始皇本纪》）的谶言竟变成了现实。

在秦朝的中枢政权中，丞相和御史大夫作为皇帝一人之下的最高执政者，从其出身及施政权力上来看，与汉朝相比，有着明显的不同。秦始皇朝的两任宰相吕不韦和李斯，在他们身上战国时代为相非亲贵则客卿或外交需要的色彩十分明显。吕不韦以阳翟贾人而有恩于秦公子子楚，之后被任为宰相，他的行为也与战国诸公子十分相似，《史记·吕不韦列传》说："当是时，魏有信陵君，楚有春申君，赵有平原君，齐有孟尝君，皆下士嘉宾客以相倾。吕不韦以秦之强，羞不如，亦招致士，厚遇之，至食客三千人。"李斯以客为吕不韦舍人，又因游说而被秦王拜为客卿，进而被任为丞相。入汉则不同，汉代前期出任宰相的萧何、曹参、王陵、陈平、周勃、灌婴等人，皆为军功出身，所谓布衣将相。汉代中期以后，这种情况开始发生了变化，发生变化的原因与汉初军功

大臣大多过世有关，但更重要的一点则是由于统治思想的变化及经学的兴盛，汉武帝及其以后任相者如窦婴、田蚡，史书中说他们"俱好儒术"[2]（《窦田灌韩传》），公孙弘"以贤良征为博士"[2]（《公孙弘传》），韦贤"为人质朴少欲，笃志于学，兼通《礼》《尚书》，以《诗》教授，号称邹鲁大儒"[2]（《韦贤传》）。宣帝朝宰相翟方进入仕前曾从汝南蔡父问已之所宜，蔡父有一段话颇能说明这个时代引起官僚队伍变化的原因，蔡父在观看其形貌后说："（方进）有封侯骨，当以经术进，努力为诸生学问。"[2]（《翟方进传》）说翟方进有封侯之骨固不可信，但言其必须以经术进，却是历史的真实。

就皇权与相权的关系及中枢政权的施政方式看，秦汉两朝亦明显不同。秦始皇时，虽也有听事、咨询朝政、朝廷议论等各种方式来决定施政方针，但最终结果还是"天下事无大小皆决于上"，一人说了算，正如有的学者所说，有关国家大事，"如果皇权不加以委托，不信任宰相，那么这个中枢就形同虚设"[4]。秦朝末年，宦官赵高用事，丞相与皇帝"欲见无间"[1]（《李斯列传》）。这种把集权制度推到极端的做法应当是导致秦亡的主要原因之一。汉王朝吸取秦亡教训，在统治集团内部实行有限的民主制，其表现形式即廷议制度。定期举行朝会，决策国家政事，议论对突发事件的处理办法，为执政提供决策依据，《汉书·循吏传》讲宣帝时"五日一听事，自丞相以下各奉职以进"，从整个《汉书》的记载来看，这个制度似非特例。在许多重要的政策性决策方面，这种制度的重要作用非常清楚。《史记·周勃世家》记载，汉景帝时，窦太后曾竭力催促景帝给王皇后兄王信封侯，但在廷议中遭到了以丞相周亚夫为首的官僚的坚决反对，他们提出，"高皇帝约，'非刘氏不得王，非有功不得侯，不如约，天下共击之'"，结果"景帝默然而止"[1]（《绛侯周勃世家》）。汉武帝时，国家连年对外用兵，财政匮乏，国家决定发行新的货币以减轻压力，"于是天子与公卿议，更钱造币以赡用，而摧浮淫兼并之徒"[2]（《武帝纪》）。这种民主议政的范围也十分广泛，除丞相、公卿之外，甚至扩大至大夫、博士、议郎及待诏等，《汉书》卷86《王嘉传》记哀帝时欲益封董贤二千户，丞相王嘉封还诏书，"上乃发怒，召嘉诣尚书……事下将军中朝者。光禄大夫孔光、左将军公孙禄、右将军王安、光禄勋马宫、光禄大夫龚胜劾嘉迷国罔上不道，请与廷尉杂治……光等请谒者召嘉诣廷尉诏狱。制曰：'骠骑将军、御史大夫、中二千石、二千石、诸大夫、博士、议郎议。'"议郎龚等以为，"嘉言事前后相违，无所执守，不任宰相之职，宜夺爵土，免为庶人"。永信少府猛等10人则认为，"（王嘉）罪恶虽著，大臣括发关械，裸躬就答，非所以重国褒宗庙也，今春月寒气错谬，霜露数降，宜示天下以宽和"。结果皇帝"假谒者节，召丞相诣廷尉诏狱"。同书《贾捐之传》记载："（捐之）待诏金马门（珠崖反），上与有司议大发军。捐之建议以为不当击，上使侍中驸马都尉乐昌侯诘问捐之曰，珠崖内属为郡久矣，今背畔逆节，而云不当击，长蛮夷之乱，亏先帝功德，经义何以处之？（捐之）为主弃之，上乃从之。"这种定期举行朝会廷议国家政事的做法，保证了上层决策的科学与公正，皇权与官僚之间的相互制约成了汉代国家行政的主要方式。

三、由"郡国并行"制到"大一统"帝国的转变

为适应过渡时期的政治与经济需求，刘邦在王朝建立后并没有完全继承秦的郡县制度，而是推行郡国并行制。郡县制出现在战国时代，它是由贵族封建制向集权制过渡中形成的新体制，经历过战国诸侯林立、相互攻击、残杀不止的秦始皇对此有深刻的认识，帝国建立后，究竟采用何种政策来统治，秦朝初期曾有过一场激烈的争论，秦始皇最终选择了郡县制，否定了西周以来的封建传统。这是一种历史的进步，其积极意义在于，郡县制实现了以官僚体制的层层制约、以中央集权统一管辖，对社会各个层面进行有效控制和管理。这种制度适应了秦的土地国有制下的普遍授田制经济基础，对这种体制之功在秦始皇二十八年的琅玡刻石中有十分明确的表述："普天之下，博心辑志。器械一量，同书文字。日月所照，舟舆所载。皆终其命，莫不得意。应时动事，是维皇帝。匡饬异俗，陵水经地。忧恤黔

首,朝夕不懈。除疑定法,咸知所辟。方伯分职,诸治经易。举措必当,莫不如画。"文中虽不无歌功颂德、文过夸饰之处,但也应当有一定的历史真实在内,这是新制度的优越之处。

汉朝建立后,"高祖子弟同姓为王者九国,唯独长沙异姓,而功臣侯者百有余人。自雁门、太原以东至辽阳,为燕、代国;常山以南,大行左转,度河、济、阿、甄以东薄海,为齐、赵国;自陈以西,南至九疑,东带江、淮、谷、泗;薄会稽,为梁、楚、淮南、长沙国。皆外接于胡、越。而内地北距山以东尽诸侯地,大者或五六郡,连城数十,置百官宫观,僭于天子。汉独有三河、东郡、颍川、南阳,自江陵以西至蜀,北自云中至陇西,与内史凡十五郡,而公主列侯颇食邑其中"[1](《汉兴以来诸侯年表》)。这勾画出了当时郡国并行的大致情形。

刘邦为什么一改秦制而实行郡国并行制?有学者认为"郡国并行的本质可能是东西异制,主要意义则是允许或默许东方王国不用汉法,从俗而治"[5]。笔者对此不便苟同,郡县制是战国晋、齐诸国较早推行的制度,东西异制很难说通。汉初立诸侯王,中央为之置相,王国的相实际就是中央王朝派往王国的全权代表,代表皇帝实施治理百姓、调集军队、征发赋税徭役,自然也代表中央王朝在所在国推行汉法,1983年至1984年在江陵张家山247号墓出土的汉律,就是当时汉法颁布推行到诸侯国的明证。说诸侯国不用汉法显然难以讲通。

刘邦实行郡国并行制并无深奥的地方,是被迫中的无奈,情势使然。如果要讲理由的话,首先是秦汉去战国未远,传统的列国分裂势力还很大,只要看项羽的戏下分封,楚汉战争中东方旧贵族的复国,刘邦手下将领的所为就十分清楚。其次是任何一个新王朝的建立,都存在着一个权益再分配的问题,这是一个难以避开的话题,汉初的"布衣将相"局面只是使这个现象更为突出而已。再次是项羽戏下分封已埋下了分裂到分封的祸根。

分封制不仅对汉朝的统治不利,而且更难适应中央集权制度的要求,不符合历史发展的潮流。

从汉文帝开始,中央王朝就开始了对封国势力的斗争,景帝时代的削藩及由此而引发的吴楚七国之乱,汉武帝时令诸侯王不得复治国等,都表明中央集权制度是在血与火的斗争中逐步形成的,是促成汉代社会历史转型的重要原因。

四、独尊儒术,促成思想与文化的转型

汉王朝建立后,面临着秦末农民战争后的残破局面及旧势力的反抗,不得不以黄老之术作为维护统一的指导思想,所谓的黄老学,说实在的,其实只是一种术,是一种统治手段,只是在汉初起过阶段性的作用,而且黄老之术讲清静无为、贵柔守雌,极易形成"君弱臣强"的政治局面,这对于统一的中央集权制国家社会秩序的整合显然是不利的。

正是在这种背景下,寻求巩固中央集权制度的思想理论成为统治者关注的焦点。

汉武帝初立,即下诏"举贤良文学之士",求天命与情性,董仲舒在其著名的《天人三策》中说,"汉得天下以来,常欲善治而至今不可善治。失在于当更化而不更化也","王者承天意以从事,故任德教而不任刑"[2](《董仲舒传》),因而提出了一系列加强中央集权思想统治的措施,如:兴办太学,改变执政队伍的素质;以经术饰吏事;举贤良文学,广开谏议之路;改服色,易正朔等。董仲舒的建言献策集中到一点上,就是在思想统治上实行大一统。

何谓大一统?"春秋大一统者,天地之常经,古今之通谊也,今师异道,人异论,百家殊方,指意不同,是以上亡以持一统;法制数变,下不知所守。臣愚以为诸不在六艺之科,孔子之术者,皆绝其道,勿使并进。邪僻之说灭息,然后统纪可一,而法度可明,民知所以矣。"[2](《董仲舒传》)汉武帝全盘接受了董仲舒的意见。

儒学从此成为汉代官方的意识形态,成为大一统中央集权制度的思想基础,并成为中国传统文化的主流。这一点学者多有论及,不再赘述。

儒学与中央集权制度的结合,使汉代社会成为中国历史发展的一个重要转折点,汉代的经济立法、经济政策,汉代的法律体系、法律制度,中

央与地方行政管理,汉代的学术创新,无不受其影响。

汉代是继秦之后中国历史上统治时间较长、社会相对稳定的中央集权国家,在战国秦朝集权制的雏形上,汉朝最终完成了中央集权制,实现了历史的转型,其重要意义在于以下三点:第一,在经济上建立了成熟的土地私有化制度,在政治上建立了皇权与官僚制度相互制约、相互补充的新型集权制度;第二,把西周以来的宗法封建制通过郡国并行制的实行予以彻底地扬弃,建立了与中央集权制度相适应的各种政治、经济和文化制度,这些制度成为此后两千多年中国社会发展的基本模式;第三,汉代社会的转型充分体现了汉代人民的创新精神,汉人在总结秦亡教训的基础上总结出帝王之道,在稳定社会秩序、谋求社会发展上都具有典型意义。

【参考文献】

[1] 司马迁.史记[M].北京:中华书局,1982.
[2] 班固.汉书[M].北京:中华书局,1962.
[3] 张金光.秦制研究[M].上海:上海古籍出版社,2004.
[4] 卜宪群.秦汉官僚制度[M].北京:社会科学文献出版社,2000.
[5] 陈苏镇.汉代政治与《春秋学》[M].北京:中国广播电视出版社,2001.

也论里耶秦简之"司空"

邹水杰*

【摘 要】 里耶秦简中记载县下设有司空机构,管理县中徭役、刑徒和居赀赎债事务。但乡中并没有司空的设置,所谓"乡司空"是对简文的误读所致。秦时县司空之官长可设有秩、啬夫或守。秦简"司空曹"表示的是县廷中处理司空机构文书、事务的令史之办公场所,是汉代县下司空曹的前身。

【关键词】 里耶秦简;县司空;司空啬夫;司空曹

20世纪以来,由于简牍材料的不断出土,学界对秦汉社会的了解一步步走向深入。尤其是70年代以来睡虎地、龙岗、里耶等地大量秦简牍的出土和岳麓秦简的公布,许多我们原来不知道或没能认识清楚的秦代历史,逐渐为我们所了解。最近宋杰先生在研究秦汉国家机构中的"司空"时,结合出土简牍和传世文献,勾勒出了地方行政组织中的"司空"机构及其演变,使我们对秦汉司空的总体认识向前推进了许多。其中宋先生根据睡虎地和里耶秦简的记载,得出了一个重要观点:"秦与西汉政府在郡国县乡设置过'司空'。"[1]15—34但笔者在研读里耶出土的秦代简牍材料时,发现根据现有的文献记载,尚得不出秦及汉初在县下之"乡"设有"司空"职官的结论。现陈述自己阅读有关"司空"史料的札记,以求教于方家。

一、里耶秦简中不存在"乡司空"一职

通过对简牍文献和相关研究论著的阅读,笔者发现,所有涉及"乡司空"这一职官的考述,其材料来源均指向里耶秦简一号井 J1[16]5 和 J1[16]6 两枚牍的背面文字,且大体是依照整理者的理解和思路展开的。现按整理者发布的释文、标点,录文如下:

(1)三月丙辰,迁陵丞欧敢告尉,告乡司空、仓主,前书已下,重听书从事。尉别都乡司空,[司空]传仓;都乡别启陵、贰春,皆勿留脱。它如律令。(J1[16]5背)

(2)三月庚戌,迁陵守丞敦狐敢告尉,告乡司空、仓主,听书从事;尉别书都乡司空,[司空]传仓;都乡别启陵、贰春,皆勿

---

* 邹水杰(1971—),男,湖南省新化县人,历史学博士,湖南师范大学历史文化学院副教授,主要从事秦汉政治制度史、出土文献研究。

留脱。它如律令。（J1[16]6背）①

整理者对简（1）"乡司空、仓主"的注释为："乡啬夫的辅佐者。"这一简文的标点和注释给出了一个全新的认识：秦时乡之下设有"乡司空"一职，并且是乡啬夫的佐官。李学勤先生的《初读里耶秦简》虽然将后面一句点读为"尉别都乡、司空"，但前面一句仍然读为"告乡司空、仓主"，然在解释文字中只说了"由尉再抄送都乡、司空"，文中并未说明"乡司空"是一个新的职官，但也没有否认整理者的意见[2]78。马怡先生《里耶秦简选校》中对"乡司空"有注："官名。是秦时乡亦有司空。"并在除这两处以外的其他地方大多注以"县司空"，以示区别[3]133—186，说明马先生是认可整理者意见的。卜宪群先生《秦汉之际乡里吏员杂考——以里耶秦简为中心的探讨》中，同样采信了整理者的意见："根据这两条材料，秦乡中还有乡司空一职。以往文献中虽未见有乡司空，但秦职官系统中有'司空'这个等级系列。""'乡司空'的发现，不仅说明统一后秦仍然保留了司空系统的官职，而且证明这个系统的官职一直延伸到乡。"卜先生虽未怀疑"乡司空"这一职官，但对这里突然出现的"乡司空"隶属于乡怀有疑虑，因此，针对整理者的注释，他解释道："但根据文书下达程序及其秩次看，这个佐官所直接秉承的可能是县司空，而未必是乡啬夫，把乡司空看成县设于乡的司空应该更合理一些。汉初以后，随着大规模战争的结束，乡司空的职能逐渐消失，司空一职也不再见于乡中。"[4]1—6王焕林先生在为里耶秦简作校诂时，指出："以往的文献材料中，未见'乡司空'一职。J1[16]5背……J1[16]6背……则第一次出现了'乡司空'之名，补史之阙，其重要性自不待言。""以睡虎地秦简、里耶秦简互相参证，可以肯定，秦司空系统的官职，共分'邦司空''县司空''乡司空'三级。"但对"乡司空"的隶属，在引用了整理者和卜宪群先生的不同看法后，他没有表态，而是选择期待："相信三万余枚里耶秦简公布之后，这个问题不难得到解决。"[5]176最近，宋杰先生在综合考察秦汉时期的司空机构时指出："秦与西汉王朝曾在京师宫苑官署、郡国县乡和军队里普遍设立名为'司空'的机构。""里耶秦简J1[16]5—6表明秦朝在各县设有都乡司空和乡司空负责征派徭役、催缴逋贷。"至于其隶属，他采用卜宪群先生的说法并加以延伸："这两份文书反映各乡司空的上级应是县尉……不仅是县司空隶属于尉曹，就连各乡的司空也是直接隶属于县尉，说明他们和游徼等吏一样，都是由县廷诸曹派驻并直接领导的吏员，并非听命于各乡的主吏'乡啬夫'。"[1]15—29

不难看出，上述基于里耶秦简的研究都有一个前提，就是对整理者"告乡司空、仓主"的句读没有疑问，对"乡司空"一职的存在没有疑问。然而，如果仔细核对文书的传递过程，就会发现问题。按整理者的标点，县尉将文书传送给"都乡司空"，则后面的"司空"传给仓和都乡传给启陵、贰春乡就不可理解了。因为文书中用两个重文符号表示的"司空"肯定不是"都乡司空"，只能是"县司空"。但根据这一标点，文书并未传送给"县司空"；后面由"都乡"转送给启陵、贰春乡，但在文书中，"都乡"本身是没有收到文书的。因此，从文书传递的逻辑关系上看，整理者的标点导致文书的传送关系是混乱的②。

笔者在考察秦代简牍文书"敢告某某主"的文书程式语时，发现文书所"（敢）告"的对象与

---

① 湖南省文物考古研究所、湘西土家族苗族自治州文物处：《湘西里耶秦代简牍选释》，《中国历史文物》2003年第1期，第21、22页。另《文物》2003年第1期同样公布了部分简文的释读，但没有加上标点，文字释读也有小异，但总体上区别不大，故不另录文。

② 宋杰先生将文书开头表示发文机关与收文机关的"迁陵丞欧敢告尉，告乡、司空、仓主"标点为"迁陵丞欧敢告尉：告乡司空、仓主"，进而指出文书传递关系："上述两简背面的文字表明，此件文书送达迁陵县令之后，由县丞欧、守丞敦狐在三月丙辰、庚戌两日分别转发给迁陵县尉，再由县尉下达给所属的各乡司空……另行抄录给都乡司空，由其传达给启陵、贰春二乡……"（《秦汉国家统治机构中的"司空"》，《历史研究》2011年第4期，第19页）宋先生理解为县丞传给县尉，再由县尉传给乡司空，理由之一是乡司空隶属县尉，但宋先生此处忽略了仓。而这里的仓用这个理由是解释不通的。另外，如按照宋先生的理解，既然文书已经传递给了各乡司空，为何还要再另行抄录给都乡司空呢？

后面所示文书的传递对象是对应的。具体到这两份文书,其收文机构是县尉、乡、司空和仓四种机构①。故这里的"乡(都乡)"与"司空"之间必须要用顿号隔开,表示两个不同的收文机构。秦时官吏肯定明白这个司空、仓与乡分属不同的机构,文书中没有必要加上钩识。没想到两千多年后的今天,却造成了误读。因此,我们需要对文书,尤其是收文机构重新做出点读。现根据图版、文书格式和文书传递对象,将这两段材料重新标点为:

(1A)二月丙辰,迁陵丞欧敢告尉,告乡、司空、仓主:前书已下,重听书从事。尉别都乡、司空,[司空]传仓,都乡别启陵、贰春,皆勿留脱。它如律令。(J1[16]5背)

(2A)三月庚戌,迁陵守丞敦狐敢告尉,告乡、司空、仓主:前书已下,重听书从事。尉别都乡、司空,[司空]传仓,都乡别启陵、贰春,皆勿留脱。它如律令。(J1[16]6背)

根据这一标点,从文书的传递来看,收发关系是非常明确的:迁陵县丞直接将文书传送给县尉,再由县尉分两路转发给都乡和司空;司空收到文书后,转给同为县中诸曹的仓;都乡则转给启陵、贰春两个离乡。这个传递路线也正好与文书开头的收文机构对应。因此,这个释文与标点应该是当时文书内容的真实反映。则前引研究中所谓的"乡司空"只是来自对简文的误读所致,实为"乡"与县中"司空"两种职官②。

另外,里耶秦简中发现有贰春乡报送迁陵县司空的文书:

(3)卅年十月辛卯朔乙未,贰春乡守绰敢告司空主:令鬼薪朎、小城旦乾人为贰春乡捕鸟及羽。羽皆已备。今已以甲午属司空佐田,可定薄(簿)。敢告主。(8-1515正)[6]343

贰春乡就服徭役的鬼薪、小城旦为乡捕鸟及羽之事报告司空,文书格式是用的平行或上行文书的"敢告",而且直接由乡向县司空报告。如果乡设有司空,而且隶属于县司空,则文书应该由隶属同一系统的"贰春乡司空"向"县司空"报告。因此,简文也说明贰春乡完全没有司空的设置。

从以上考述可见,里耶秦简这两份文书中的"司空"是迁陵县司空,秦代所谓的"乡司空"并不存在。

二、秦时郡县均设有"司空"

其实,早在20世纪70年代出土的睡虎地秦简中,就出现了大量的"司空",涉及"邦司空"和"县司空"两级,二者存在隶属关系。睡虎地秦简《秦律杂抄》载:

(4)军人买(卖)禀禀所及过县,赀戍二岁;同车食,敦(屯)长、仆射弗告,戍一岁;县司空、司空佐史、士吏将者弗得,赀一甲;邦司空一盾。[7]82—83,简12—14

由于邦司空要对县司空的失职行为负连带责任,又根据"邦""县"的等级关系,可以确定"县司空"隶属于"邦司空"。对于这个"邦司空",整理小组直接注为"朝廷的司空"[8]134④,于豪亮先生认为就是《商君书·境内篇》所说的"国司空":"其实,国司空本来应该名为邦司空,西汉初,避刘邦的讳,古籍中的邦字多改为国字,邦司空就成为国司空了。今本《老子》中的国字,马王堆帛书《老子》甲种本多作邦,乙种本写于西汉初年,就已经改作国。"[9]95—96但同时县司空又由所在县的长吏管理。如睡虎地秦简《秦律杂抄》载:

(5)戍者城及补城,令姑(娕)堵一岁,所城有坏者,县司空署君子将者,赀各一甲;县司空佐主将者,赀一盾。令戍者勉补缮

---

① 邹水杰:《秦代简牍文书"敢告某某主"格式考》,载卜宪群、杨振红主编:《简帛研究二〇〇九》,广西师范大学出版社2011年版,第79—87页。尉、乡和司空后面省去"主"字,乃是与"仓"共享一"主"字,实际是"敢告尉主、告乡主、告司空主、告仓主"。"(敢)告某某主"是文书程式用语。

② 日前承《简帛》集刊编辑部一先生见告,戴世君先生已指出应这样点读。见《里耶秦简辨正(五)》,《简帛网·简帛文库·秦简》,2011年9月30日,http://www.bsm.org.cn/show_article.php?id=1559。但戴先生仍然读为"迁陵丞欧敢告尉:告乡、司空、仓主",则仍未将文书传递的关系厘清。

城,署勿令为它事;已补,乃令增塞埤塞。县尉时循视其攻(功)及所为,敢令为它事,使者赀二甲。[7]40—41

很明显,县司空由县尉分管。于豪亮先生据此指出:"秦律有邦司空和县司空,后者隶属于前者,当然也隶属于所在的县。"[9]95 于先生指出县司空既受本部门中央机关垂直管理,又受县一级地方政府管理,似乎具有都官的某些特性。高敏先生根据同条史料得出县司空的职掌,"显然与管理军人禀食事宜有关"[10]202。

然而,里耶秦简出土了一枚被学者命名为"更名方"[11]68—90 的木牍,明确记载了:"骑邦尉为骑□尉。郡邦尉为郡尉。邦司马为郡司马。"[12]68 如果按照这个逻辑,"邦司空"就应该是"郡司空"而非"国司空"。里耶秦简 8-773 有:"卅二人徒养。八十四人邦司空公白羽。"《里耶秦简牍校释》的作者就是根据里耶秦简 8-461 认为:"邦司空应即郡司空。"[6]224 而张家山汉简《二年律令·秩律》简 445 所载有"中司空"和"郡司空",且秩级均为八百石[13]71。宋杰先生也根据学者考证出的秦代官印、封泥"南海司空""南郡司空""泰山司空""琅邪司丞"等,坐实了秦设有郡司空[1]23。结合上引简(4),似乎可以做出如此推测,秦律中的"邦司空"是指"郡司空",对县司空具有一定的管辖权,因此也负有一定的连带责任;同时司空机构是郡县政府的组成机构,隶属于所在郡县,且秦时如果有一个中央机构名为"司空"的话(汉初有中司空),并不一定直接会对郡县司空行使直接管辖权。

从秦简所载县司空的职掌来看,裘锡圭先生根据秦律的记载,指出县司空有两方面的任务:"一是主管县里的土木工程等徭役,一是管理大量刑徒,让他们从事劳役。"[14]252 于豪亮先生也指出:"秦律表明,由于司空负责工程方面的工作,而秦人的徭役主要是从事城垣、廨宇等的修建,所以徭役由司空领导。"[9]96 宋杰先生也指出其职掌为:"掌管水利、土建工程,役使罪犯劳作,并负责徭役征发和追缴逋贷等事务。"[1] 秦简中有大量县吏管理刑徒的记载,里耶秦简 J1[9]1—12 的文书都是阳陵县"司空腾"的报告,文书有关刑徒和居赀赎债的事务,都由县司空管理。《史记·高祖本纪》中也记载刘邦"以亭长为县送徒骊山"[15],但从未有材料说这些事务是由乡管理的。乡的职掌,史有明文。《汉书·百官公卿表》:"啬夫职听讼,收赋税。"[16]《续汉书·百官志五》司马彪本注曰:"皆主知民善恶,为役先后,知民贫富,为赋多少,平其差品。"[17] 因此,不管是汉还是秦,乡无徭役、刑徒之职掌,乡之下也无设曹分职之必要。

简(4)(5)所示的县司空机构,包含有司空和司空佐史①,且司空佐史并未分部于各乡之中,而是与司空一道设于县治所在的都乡。也就是说,县司空只是县政府的组成机构,主官与佐史之吏均置于县治之中,不像仓、库、田、亭那样,县廷设有啬夫,另有设于离乡的"离官佐"②或"部佐"③。这可能是与司空所掌事务不需要下设于乡有关。

从司空机构的禄秩等级来看,司空与乡是同级的机构,完全不存在互相隶属的关系。西汉前期承秦的张家山汉简《二年律令·秩律》对不同秩等的县下司空、田和乡部的秩级有细致的规定:"田、乡部二百石,司空二百五十石。"(简 468)"司空、田、乡部二百石。"(简 450)"田、乡部二百石,司空及(卫)官、校长百六十石。"(简 464)[13]72—79 从这个规定可知,田、乡部和司空、校长同是县下机构,是同一层次的。虽然高秩县的司空禄秩略高于乡部,而低秩县的司空禄秩又略低于乡部,但二者不存在任何隶属关系。不管是

---

① 里耶秦简中也出现了司空佐,如简 8-163:"廿六年八月庚戌朔壬戌,厩守庆敢言之:令曰司空佐贰今为厩佐,言视事日。·今以戊申视事。敢言之。"陈伟主编:《里耶秦简牍校释(第一卷)》,第 99 页。
② 睡虎地秦简《效律》载:"官啬夫赀二甲,令、丞赀一甲;官啬夫赀一甲,令、丞赀一盾。其吏主者坐以赀、谇如官啬夫。其他冗吏、令史掾计者,及都仓、库、田、亭啬夫坐其离官属于乡者,如令、丞。"(第 124 页)《秦律十八种·效律》另有"离邑仓佐"(第 98 页)。
③ 如睡虎地秦简中的"田"就有分部于乡的"部佐"。《秦律十八种·田律》载:"百姓居田舍者毋敢酤酉(酒),田啬夫、部佐谨禁御之,有不从令者有罪。"(第 30 页)

司空还是田、乡部,其禄秩的不同只与所属县的秩次相关,并非表示有属于乡的司空和属于县的司空之等级区别。

因此,不论是传世文献,还是出土资料,显示秦时地方郡县政府中均设有司空机构,都没有乡或乡部①与司空有隶属关系的记载。

三、秦时县司空的主官可设有秩、啬夫或守

睡虎地秦简《秦律杂抄》明确记载县廷中司空机构的主官为啬夫:

(6)大车殿,赀司空啬夫一盾,徒治(答)五十。[7]84,简19—20

简(3)(4)(5)虽然只说"司空""司空佐、史",但实际上是省去了主官的称谓。从简(6)可以明确看出,司空的主官为"司空啬夫"。近年新出的里耶秦简也有相关记载:

(7)卅二年,启陵乡守夫当坐。上造居梓潼武昌。今徙为临沅司空啬夫。时毋吏。(8-1445)[6]327

这位叫夫的启陵乡守,迁任临沅县的司空啬夫。这次迁任,涉及迁陵和临沅两县,可能是由洞庭郡的主管机构任命的②。除了啬夫,也存在县司空主官为"有秩"的例子,如里耶秦简第十层有简记载了某小吏的阀阅:

(8)凡作……为守佐六岁。为县令佐一岁十二日。为县斗食四岁五月十二日。为县司空有秩□□十三岁八月廿二日。守迁陵□六……凡□□岁九月廿……(10-15)③

很明显,这是一枚功劳名籍(秦简中称为"阀阅")简,记载这位迁陵县的小吏从守佐起家,经县令佐、县斗食,然后成为县司空有秩,再守迁陵县的某职。"司空有秩"后两字不太清楚,但不妨碍"司空有秩"的释读。虽然只是孤例,但还是可以说明县司空的主官设"有秩"与"啬夫"两种职名,但是否像汉代那样为两个不同的禄秩等级则暂时不可知。张家山汉简《二年律令》所载县司空的禄秩等级从二百五十石到一百六十石不等,而根据简470"都官之稗官及马苑有乘车者,秩各百六十石,有秩毋乘车者,各百廿石"[13]80的禄秩等级规定,似乎这些县司空都为"有秩"的等级。但秦简所出的"官啬夫"很少有名为"有秩"的,故秦代有秩与啬夫的禄秩等级关系尚需等待更多资料的出现。汉代则非常明显,尹湾汉简所示西汉末年东海郡的吏员簿中,更是将县下吏员分为有秩(含官、乡有秩)、斗食(含令史、狱史和官、乡啬夫)、佐史(官佐与乡佐、邮佐)和亭长三个等级[18]77—84。从简(8)的内容来看,我们有理由相信西汉制度来源于秦。但秦县设司空有秩与司空啬夫的具体规定,现在仍然不得而知。

然而,县下职能机构的官长名称,与睡虎地秦简中出现的"啬夫"不一样,里耶秦简中大量出现了"某守"或"某官守"。上引简(7)出现了"乡守",里耶简中司空除了设有"司空有秩""司空啬夫",同样也出现了"司空守",兹举几例如下:

(9)迁陵司空守兹付洞庭都□(8-29)

(10)廿六年八月庚戌朔丙子,司空守樛敢言……(8-135)

(11)卅一年七月辛亥朔甲子,司空守譙敢言之……(8-648)

(12)仓守择付司空守得、佐忌行□(8-854)

---

① 秦及汉初乡与乡部应为同义语,都是指乡为县之分部而治者,并非一级行政单位。传世文献和睡虎地秦简中基本称乡,张家山汉简《二年律令》中大量出现"乡部",里耶秦简中多数称乡,但也有称乡部者,如简8-297+8-1600:"·伤一人赀乡部官[啬]夫、吏、主。"(《里耶秦简牍校释(第一卷)》,第129页)

② 汉代除三辅外,县中小吏只用本县人。但此处的夫,情况就很复杂。从里耶秦简中迁陵县大量外县、外郡人任职小吏的情况来看,秦时啬夫可跨郡县任职,或秦时籍贯限制尚未产生,或由于迁陵曾作为边防前线的特殊处置,尚不清楚。

③ 郑曙斌等编:《湖南出土简牍选编》,岳麓书社2013年版,第115页。本牍上部有两个字的标题,但模糊不能识读。正文分上下两列,各写7行。本释文是上列的7行,部分文字根据图版有细微修正。

这里的"司空守"是表示"代理"或"试守"的司空守啬夫(有秩)呢,还是单独用"守"表示职官名称?近年来,学界对里耶秦简中的"守"做了大量的研究,有了多种解读①。笔者认为这个"守"与"有秩""啬夫"一样,是职官名称,并且从郡到县,直至斗食机构的官长都可称"守"[19]。但大部分学者还是相信"守"为"守某某官"之省称。本文不拟深入讨论这个问题,只是补充一条最新的材料。里耶秦简第九层中有一枚牍记载:

（13）守丞枯五十五日。守丞平五十七日。守丞固二百四十二日。令佐稷卌四日。令佐贺一百卅日。令佐章百八十日。（第一栏）守加卌四日。守顾三百一十日。佐集卌四日。佐苏三百一十日。（第二栏）（9-728）[20]105

根据图版,这枚牍只记有两栏,第一栏分六列,第二栏记有四列,每一列后都有明显的竖线确认符。根据牍文的"守丞""令佐"等职官名称和记载劳绩的日数,本牍应为记载县下职官的功劳名籍。从排列顺序看,第一栏列的是三位"守丞"和三位"令佐",第二栏的两位"守"位于"佐"之前。根据职官名称和禄秩等级的排列,此处的"守"应该是相当于啬夫一级的县下吏员。但在这种单独列出职官名称的场合,仍然只使用"守",而不是写成"守啬夫"或其他"守某某官"。结合笔者对秦简中上自郡县主官,下至县小吏都可称"守"的综合考察,笔者相信这个"守"应该是单独构成一个职官名称。

然而,里耶秦简中还存在诸多"机构+人名"的表述,用在司空机构则可举以下数例:

（14）司空色敢言之（8-47）[6]40

（15）或遝。廿六年三月甲午,迁陵司空得、尉乘□□（8-133）[6]70

（16）卅四年六月甲午朔乙卯,洞庭守礼谓迁陵丞:丞言徒隶不田,奏曰:司空厌等当坐,皆有它罪,耐为司寇。（8-755正,8-756）[6]217

（17）☐☐受司空唐。沈手。（8-886）[6]242

（18）廿八年六月丙戌,司空长、佐邻符发弩守攀探、迁陵拔前,以为洞庭（8-985）[6]256

这里的"色""得""厌""唐""长"等人,毫无疑问是司空机构的官长,根据前引简（7）（8）,秦时县下司空可能置有秩,也可能置啬夫。则上述司空官长到底为有秩还是啬夫,也是难以确定的。则简(13)中与"守丞"相异的单独职名"守",或者上引简(9)—(12)中的"司空守",均表示机构官长之意。故"司空守"应该与"司空有秩""司空啬夫"一样,表示县司空官长的职官名称,而不是表示"代理""试守"的"守某某官"之省称。至于哪种情况下用"守",哪种情况用"有秩""啬夫",暂时无迹可寻。而且三种表示有何差异,只能期待更多材料披露后可能会有更明确的答案。

四、"司空曹"是处理司空事务的令史之办公场所

在《里耶秦简(壹)》公布之前,笔者曾撰文论述了县廷诸曹迟至汉武帝以后才渐次出现[21]。但最近公布的里耶秦简中却出现了"司空曹"（8-269、8-375、8-480、8-1428）、"尉曹"（8-071、8-453、8-1225、8-1616、16-3）、"仓曹"（8-481、8-776、8-1201、8-1463、8-1777+8-1868）、"户曹"（8-488、8-1318、8-1533、8-2004）、"吏曹"（8-098、9-982、9-1131）、"狱东曹"（8-022、8-273、8-959、8-996、8-1155）、"狱南曹"（8-728、8-1760、8-1874、8-1886）、

---

① 学界相关研究很多,此处只举几种有代表性的说法。武普照先生认为是除官时的"试守",满岁后为真。见氏著《秦汉守官制度考述》,《山东师范大学学报》1988年第4期。陈松长先生认为"机构+守"表示掌管、主管的泛称。见氏著《湘西里耶秦代简牍选释》校读(八则),载甘肃省文物考古研究所、西北师范大学文学院历史系编:《简牍学研究(第四辑)》,甘肃人民出版社2004年版。孙闻博先生认为"守"为代理。见氏著《里耶秦简"守""守丞"新考——兼谈秦汉的守官制度》,载卜宪群、杨振红主编:《简帛研究二〇一〇》,广西师范大学出版社2012年版。张朝阳先生认为乡守与乡啬夫一起构成基层管理的双头模式。见氏著《也从里耶简谈秦代乡啬夫与乡守:论基层管理的双头模式》,《史林》2013年第1期。

"覆曹"(8-2550),以及前面冠以"廷"字的"廷户曹"(8-263、8-1072、8-1489)、"廷吏曹"(8-241、8-554、8-699、8-829、8-1126、8-1700、8-2507)、"廷令曹"(8-778、8-1859)、"廷仓曹"(8-1288、9-1130)、"兵曹"(9-712+9-758)、"廷司空曹"(9-1130)等名称。

最近日本学者土口史记在一篇会议论文中提及仲山茂有论文指出秦县的行政组织中有"廷"(县廷)与"官"的区别[22]491—521。而青木俊介更利用里耶秦简指出,"官"与"廷"之间还有着一定的空间距离,直属于县廷的是名为金布、主户的组织[23]103—111。土口史记在二者研究的基础上认为,秦县的行政机构在制度设计上,有县廷与"官"的区别,且县廷对"官"有着绝对优势的地位[24]。则日本学者已经充分注意到了秦代县行政中的组织机构之别。郭洪伯先生在最近发表的文章中也认为,秦简中称"官"的基层机构表示"稗官",是执行各项对外事务的职能部门,而与之相应的令史、尉史等组成基层机构的辅助部门,在县廷分曹办公[25]119—145。所有这些研究,都为我们对秦代县廷之"曹"的研究提供了基础资料。由于问题较为复杂,拟另文讨论,此处仅就有关"司空曹"的问题稍作展开。

我们先看里耶秦简中的有关记载:

(19)司空曹书一封,丞印,诣零阳。七月壬申□□/(8-375)[6]140

(20)廿八年十月司空曹徒薄(簿)。尽已。(8-1428)[6]323

(21)卅二年十月以来,廷仓、司空曹已计。(9-1130)[20]107

(22)司空曹计录:船计。器计。(第一栏)赎计……赀责计。□计。(第二栏)凡五计……史尚主。(第三栏)(8-480)[6]164

(23)资中令史阳里扣伐阅:十一年九月隃为史。为乡史九岁一日,为田部史四岁三月十一日,为令史二月。(第一栏)□计。户计。年卅六。(第二栏)可直司空曹。(第三栏)(8-269)[6]125—126

简(19)表示司空曹发往零阳的文书,需要经过县丞的签署方可执行,说明各曹不能单独与县外机构进行文书往来。简(20)为司空曹所管徒隶的名籍之标题。简(21)记载的是廷仓曹、廷司空曹已经完成了上计簿。又结合简(22)"司空曹计"的记录清单,可知司空曹的计簿包含有船、器、赎、赀、债等五项内容,与县司空管理土木工程等徭役、刑徒、居赀、赎债等相关事务是契合的。但此处更需注意的是第三栏的"史尚主",表示司空曹向县廷报告的计簿文书由令史尚主管①,而非由县司空的主官处理。再看简(23),记载的是"扣"的功劳迁转,现职为资中令史,而第三栏的"可直司空曹"提示我们,他这个令史是平视、监管司空事务的令史。

综合来看这5枚简文中的"司空曹",似乎是县廷中的主管部门,但根据简(23),却又是由令史来承担的。如果从县下官与廷分工的角度考虑,则"曹"应属廷的范畴,"曹"中吏员为令史。因此,这个"曹"可能只是表示对县廷中令史职能分工的意思,并不一定像汉代那样表示是一个专门机构。为了证明这点,我们再来看相关记载。

(24)□卅三年三月辛未朔己丑,司空色、佐午出以食□□/
□令史圂视平。(8-1135)[6]281—282

(25)粟米一石二斗半斗。卅一年三月丙寅,仓武、佐敬、廪人援出禀大隶妾□。
令史尚监。(8-760)[6]218

(26)粟米一石九斗少半斗。卅三年十月甲辰朔壬戌,发弩绎、尉史过出赏罚戍士五醴阳同□禄。
令史兼视平。过手。(8-761)[6]218

(27)卅四年八月癸巳朔癸卯,户曹令史雒疏书:廿八年以尽卅三年见户数牍北(背)、移狱具集上,如请史书。/雒手。(正)廿八年见百九十一户。廿九年见百六十六户。卅年见百五十五户。卅一年见百

---

① 虽然简8-480记为"史尚主",另有8-481载"史尚主"仓曹计录,但8-7、8-45、8-211、8-351、8-760、8-1336、8-1540、8-1584、8-1815、8-2245均记为"令史尚",处理的也是司空和仓的文书,因此这个史尚就是令史尚无疑。

五十九户。(第一栏)卅二年见百六十一户囗。卅三年见百六十三户。(第二栏)(背,8-487+8-2004)[6]166

从简(24)(25)(26)的记录来看,不管是司空、仓,还是发弩、尉(此处的尉不是县尉,而是县下的尉,长官为尉守)等职能机构,其钱粮出入,都要有令史的监管。这类简在里耶秦简中极多。由于职事管理的专门化,可能某个或某几个令史会基本固定处理某个或某几个机构事务,像里耶秦简所记录的时期内,令史尚主要处理司空和仓的文书,因此简(27)就直接称主管户曹事务的令史为"户曹令史"。虽然这种"某曹令史"的称谓暂时只此一见,但从简(23)这个令史扣"可直司空曹"的语意来看,如果要称其为"司空曹令史"应该也无大误。又从简 7-67+9-631 所载"迁陵吏志"的记录来看,迁陵县共有"吏员百三人",其中有"令史廿八人""官啬夫十人"①。这就说明,平均每一"官"可至少由 2 位令史视平其文书事务。这么多的令史在县廷视平各县下职能机构事务,收发各类文书,势必需要较大规模的吏舍来办公。里耶秦简中虽然没有他们办公场所的记载,但有一枚牍却载有各令史轮流行庙的轮班表:

(28) 廿六年六月壬子,迁陵囗、[丞]敦狐为令史更行庙诏:令史行囗

失期。行庙者必谨视中囗各自署庙所质日。行先道旁曹始,以坐次相属。(正,8-138+8-522+8-174+8-523)[6]78

这是迁陵守丞敦狐安排的令史行庙值班表。牍的背面罗列了从十一月己未至六月癸巳共 16 次行庙的令史,共涉及至少 12 名令史。值得我们注意的是,牍文中规定的行庙顺序是"行先道旁曹始,以坐次相属",意即从紧挨着道路边上的曹开始,每曹又按座次论先后。这就告诉我们,虽然这些令史并没有冠以"某曹"之名,实际上却是按曹区分和安排办公地点的,同时每曹令史也可能有多名,在各曹内部还有固定的座位。因为这些令史都于县廷之中办公,因此往往称"廷某曹"。回头再看简(23)令史扣的"可直司空曹"和各种"司空曹"的记录,可知这只是以文书事务对县廷中令史的职责划分,与真正的职能机构司空本身并无多大关系。

这样,里耶秦简中"某曹"的含义终于可以弄清楚了:迁陵县下机构是称为"某官"的职能机构,其长官是啬夫一级;县廷中的有众多的令史(还有令佐)分曹董理文书,监管各"官"。根据上引简 7-67+9-631"迁陵吏志","官啬夫十人"可能就表示有 10 个职能机构,但令史却多达 28 人。每个机构都有相应的令史处理与其相关的文书,视平其日常事务。这些对应各"官"的令史是相对固定的,因此有时可以称"某曹令史",其相对固定的办公场所也称为"某曹",但这与汉代中期以降的诸曹是不一样的。秦代各曹令史只是处理相关文书,而不执行具体行政事务②。根据简(19)和简(28)所载,这些令史都由县丞统一管理。针对县外的文书都要由令史申请,县丞签发方得以执行。秦代这种以文书行政的方式,使得我们能从各级政府机构的官署遗址中出土大量行政文书,因此得以窥见秦代地方行政的诸般细节。

由于史料阙如,秦代由县令史监管职能机构的制度在汉初的承袭情况不得而知。但尹湾汉简 38 个县邑侯国吏员中各有 3—6 名令史的编制设置[26](二号木牍《东海郡吏员簿》),以及在吏员排列中仅列长吏之后的地位,反映了秦代令史制度在汉代的继承。日本学者堀毅指出:"这种县官啬夫是商鞅变法以后制定的各种行政法规的执行官员,这些官员在汉《九章律》制定以后,逐渐过渡到列曹。""但这种过渡并非与《九章律》的制定同时进行,可以推定列曹体制的健全是在汉武帝时期。因为《汉书》中出现的县官啬夫,均以汉

---

① 这是两枚残牍,但可以缀合。经笔者电话咨询整理里耶秦简的张春龙先生,张先生通过对两枚残牍进行比对后确认可以缀合。图片见郑曙斌等:《湖南出土简牍选编》,第 18、104 页。

② 刘向明有专门文章讨论了睡虎地秦简中的令史。参见氏著《从出土秦律看县"令史"一职》,《齐鲁学刊》2004年第 3 期;《从睡虎地秦简看县令史与文书档案管理》,《中国历史文物》2009 年第 3 期。刘晓满则更多地将研究重点放在了汉代的令史。参见氏著《秦汉令史考》,《南都学坛》2011 年第 4 期。

武帝时期为最后,那之后除居延等边境地带外,在史料上就再也没有出现了。"[27]114—115、122 现在看来,县廷中的令史正式取代各县属机构的"官啬夫",成为各曹的实职掾史,渐次形成瞿兑之、苏晋仁[28]与严耕望先生给我们列出的县下诸曹之格局[29]221—233,更有可能是在东汉成型的。

【参考文献】

[1] 宋杰.秦汉国家统治机构中的"司空"[J].历史研究,2011(4).

[2] 李学勤.初读里耶秦简[J].文物,2003(1).

[3] 马怡.里耶秦简选校[M]//中国社会科学院历史研究所学刊编委会.中国社会科学院历史研究所学刊:第四集.北京:商务印书馆,2007.

[4] 卜宪群.秦汉之际乡里吏员杂考:以里耶秦简为中心的探讨[J].南都学坛,2006(1).

[5] 王焕林.里耶秦简校诂[M].北京:中国文联出版社,2007.

[6] 陈伟.里耶秦简牍校释:第一卷[M].武汉:武汉大学出版社,2012.

[7] 睡虎地秦墓竹简整理小组.睡虎地秦墓竹简[M].北京:文物出版社,1990.

[8] 睡虎地秦墓竹简整理小组.睡虎地秦墓竹简[M].北京:文物出版社,1978.

[9] 于豪亮.云梦秦简所见职官述略[M]//于豪亮学术文存.北京:中华书局,1985.

[10] 高敏.从云梦秦简看秦的若干制度[M]//云梦秦简初探(增订本).郑州:河南人民出版社,1981.

[11] 游逸飞.里耶8-461号"秦更名方"选释[M]//魏斌.古代长江中游社会研究.上海:上海古籍出版社,2013.

[12] 湖南省文物考古研究所.里耶秦简:壹[M].北京:文物出版社,2012.

[13] 张家山二四七号汉墓竹简整理小组.张家山汉墓竹简·二四七号墓:释文修订本[M].北京:文物出版社,2006.

[14] 裘锡圭.啬夫初探[M]//中华书局编辑部.云梦秦简研究.北京:中华书局,1981.

[15] 司马迁.史记[M].北京:中华书局,1982.

[16] 班固.汉书[M].北京:中华书局,1965.

[17] 司马彪.续汉书·百官志[M]//范晔.后汉书.北京:中华书局,1965.

[18] 连云港市博物馆,东海县博物馆,中国社会科学院简帛研究中心,等.尹湾汉墓简牍[M].北京:中华书局,1997.

[19] 邹水杰.里耶秦简所见秦代县廷官吏设置[J].咸阳师范学院学报,2007(3).

[20] 郑曙斌,张春龙,宋少华,等.湖南出土简牍选编[M].长沙:岳麓书社,2013.

[21] 邹水杰.简牍所见秦县属吏设置及演变[J].中国史研究,2007(3).

[22] 仲山茂.秦汉时代の「官」と「曹」:县の部局组织[J].东洋学报,2001,82(4).

[23] 青木俊介.里耶秦简に见える县の部局组织について[J]//中国出土资料学会.中国出土资料研究,2005(9).

[24] 土口史记.里耶秦简所见的秦代文书行政:以县廷与"官"的关系为中心[G]//"中古中国的政治与制度"学术研讨会论文集.北京:首都师范大学历史学院,2014.

[25] 郭洪伯.稗官与诸曹:秦汉基层机构的部门设置[M]//中国社会科学院简帛研究中心.简帛研究二○一二.桂林:广西师范大学出版社,2014.

[26] 连云港市博物馆,东海县博物馆,中国社会科学院简帛研究中心,等.尹湾汉墓简牍[M].北京:中华书局,1997.

[27] 堀毅.秦汉法制史论考[M].北京:法律出版社,1988.

[28] 瞿兑之,苏晋仁.两汉县政考[M].上海:中国联合出版公司,1944.

[29] 严耕望.秦汉地方行政制度[M].台北:"中央研究院"历史语言研究所,1990.

诏书与西汉时期的儒学传播

——以《汉书》帝纪为中心的考察

夏增民*

【摘　要】　西汉中期,儒学的政治地位和社会地位大大提高,这也反映在诏书内。西汉诏书大多由儒学化的学士撰草,在行书过程中,有着与儒家经典相同的思维方式和论述模式。儒学化诏书形成于汉武帝时期,并成为古代社会通行的诏书形制。西汉诏书不仅广泛引用儒家经典如《尚书》《诗经》等的文字,其内容也体现了儒学的思想价值,是儒学思想的重要载体。这个载体因为由国家以法律的形式发布,较之儒学典籍的传播和学校教育,其覆盖面更为广大,从而成为西汉儒学传播的另一重要渠道。儒学化诏书的出现,不仅是西汉中后期主流政治价值观转向的体现,也是政府意欲推行儒学以教化民众的措施。国家以诏书形式参与儒学的政治社会化过程,促进了儒学对当时民众社会的"涵化",推进了汉代社会以儒家价值观为核心的共同价值观的形成。

【关键词】　西汉;诏书;儒学;传播

汉兴以来,儒学在学术和文化上逐渐取得优势,成为主流的社会意识形态。儒学的发展,有赖于政府主导下的儒学传播。汉代的儒学传播,除学校教育以及儒士的努力亲为和儒学教化型官吏的推行外,还有一条则未为学界所充分发掘,即诏书对儒学传播的作用。

对西汉诏书进行专题研究的论文主要有两篇。张明华的《试论汉代诏书的独特性》从文体演变和艺术风格方面讨论了汉代诏书的特征,同时也揭橥了儒学与汉代诏书的关系[1];而进一步较深入探讨汉代诏书与儒学之间关系的,是孟祥才的《从秦汉时期皇帝诏书称引儒家经典看儒学的发展》,该文详细评析了自汉武帝以后的汉代诸帝的每条诏书,对诏书中的引经据典情况进行了梳理,认为这反映了儒学在这一时期的发展,同时也说明了在以经治国的环境下,汉代皇帝意欲为自己的一切活动寻求理论支持,突出表现了政治与学术的互动以及儒学日益政治化的发展特点[2]。

汉代诏书,多集中于《史记》《汉书》《后汉书》诸帝纪,另有部分散见于各书、志、传中。由于《汉书》所载诏书较《史记》完备,而且数量更多,今以《汉书》所载为依据,以《汉书》中的帝纪为中心,对西汉诏书作一考察,进而管窥汉代诏书与儒学之关系。

一、西汉诏书内容的儒家化

据孟祥才粗略统计,《汉书》诸帝纪中保存西汉诏书约180篇,大约有发布条令、宣示褒奖、抚慰民众等分类,这些诏书共征引经文35次,如

---

* 夏增民(1972—　),男,河北省曲阳县人,历史学博士,华中科技大学人文学院讲师,主要研究政治思想史及历史人文地理。

武帝时引8次,成帝时引10次①,有的征引儒典,有的附会儒家思想,这些诏书对儒学思想价值的传播有重要的意义。

儒学自孔子之后,就衍化出不同的支派,"孔子之后,儒分为八",但无论何派,儒学自保有其基本的价值观念和核心思想,比如对民生疾苦的关注、对礼义道德的维护、对社会和谐的请求等,这是儒学之所以为儒学的共同的思想基础。我们之所以说西汉诏书的儒家化,就是因为它包括了儒学的这些基本价值观念和思想。

汉诏对儒学价值的涵括有以下13项内容。

(1)孝道。见高帝六年夏五月尊刘太公为太上皇诏,其曰:"人之至亲,莫亲于父子,故父有天下传归于子,子有天下尊归于父,此人道之极也。"[3](卷1《高帝纪下》)

又见文帝十二年三月"劳赐三老、孝者"诏,其曰:"孝悌,天下之大顺也。力田,为生之本也。三老,众民之师也。廉吏,民之表也……其遣谒者劳赐三老、孝者帛人五匹,悌者、力田二匹,廉吏二百石以上率百石者三匹。及问民所不便安,而以户口率置三老、孝悌、力田常员,令各率其意以道民焉。"[3](卷4《文帝纪》)

又见地节四年诏,其曰:"导民以孝,则天下顺。今百姓或遭衰绖凶灾,而吏繇事,使不得葬,伤孝子之心,朕甚怜之。自今诸有大父母、父母丧者勿繇事,使得收敛送终,尽其子道。"[3](卷8《宣帝纪》)汉以孝治天下,标扬孝道则是应用之义。

(2)尚贤。见高帝十一年二月求贤诏。曰:"盖闻王者莫高于周文,伯者莫高于齐桓,皆待贤人而成名。"[3](卷1《高帝纪下》)尚贤也是儒学的价值观,汉武帝以后,屡有诏书征贤良孝廉的,最知名者见元朔元年冬十一月诏。

(3)重农。见文帝二年九月诏。其中说:"农,天下之大本也,民所恃以生也。"文帝十二年三月诏曰:"道民之路,在于务本。"[3](卷4《文帝纪》)

(4)尚俭、薄赋。见昭帝元平元年二月诏曰:"天下以农桑为本。日者省用,罢不急官,减外繇,耕桑者益众,而百姓未能家给,朕甚愍焉。其减口赋钱。"[3](卷7《昭帝纪》)

(5)平狱、轻刑。见宣帝元康二年夏五月,诏曰:"狱者万民之命,所以禁暴止邪,养育群生也。能使生者不怨,死者不恨,则可谓文吏矣。今则不然。用法或持巧心,析律贰端,深浅不平,增辞饰非,以成其罪。奏不如实,上亦亡繇知。此朕之不明,吏之不称,四方黎民将何仰哉,二千石各察官属,勿用此人。吏务平法。或擅兴徭役,饰厨传,称过使客,越职逾法,以取名誉,譬犹践薄冰以待白日,岂不殆哉,今天下颇被疾疫之灾,朕甚愍之。其令郡国被灾甚者,毋出今年租赋。"[3](卷8《宣帝纪》)

(6)尊老。武帝建元元年夏四月,"复孙民年九十以上子"诏曰:"古之立教,乡里以齿,朝廷以爵,扶世导民,莫善于德。然即于乡里先耆艾,奉高年,古之道也。"[3](卷6《武帝纪》)

又,宣帝元康四年春正月,诏曰:"朕惟耆老之人,发齿堕落,血气衰微,亦亡暴虐之心,今或罹文法,拘执囹圄,不终天命,朕甚怜之。自今以来,诸年八十以上,非诬告杀伤人,佗皆勿坐。"[3](卷8《宣帝纪》)汉代很有尊老之风,在汉代的诏书中,也多有宣示。

(7)礼仪。景帝元年冬十月"议立太宗庙"诏曰:"盖闻古者祖有功而宗有德,制礼乐各有由。歌者,所以发德也。舞者,所以明功也……其为孝文皇帝庙为《昭德》之舞,以明休德。"[3](卷5《景帝纪》)此为宗庙礼仪,这一措施把儒学的理论制度化了。

又,成帝永始六年诏曰:"圣王明礼制以序尊卑,异车服以章有德,虽有其财,而无其尊,不得

---

① 孟祥才的统计表明,两汉时期共有17位皇帝在诏书中征引经书117次。计西汉7位皇帝征引55次,东汉10位皇帝征引62次。西汉时期在诏书中征引经书最多的皇帝是篡汉立新的王莽,达26次之多。东汉时期在诏书中征引经书最多的皇帝是章帝,达29次之多。自武帝以后,皇帝在诏书中征引经书尽管形成传统,但也有皇帝在诏书中不引经书。西汉的昭帝和东汉的灵帝就是两个典型。从经书被征引的次数看很不平衡。被征引最多的是《尚书》38次,几乎达到总数的1/3。其次是《诗经》36次,接近总数的1/3。以下依次是《论语》12次、《礼》10次、《易》8次、《春秋》三传6次,其他如《孝经》《逸周书》《春秋》图谶也各有1—3次。见《孔子研究》2004年第4期,第80页。

逾制,故民兴行,上义而下利。方今世俗奢僭罔极,靡有厌足。公卿列侯亲属近臣,四方所则,未闻修身遵礼,同心忧国者也。或乃奢侈逸豫,务广第宅,治园池,多畜奴婢,被服绮縠,设钟鼓,备女乐,车服嫁娶葬埋过制。吏民慕效,寖以成俗,而欲望百姓俭节,家给人足,岂不难哉!《诗》不云乎?'赫赫师尹,民具尔瞻。'其申敕有司,以渐禁之。青绿民所常服,且勿止。列侯近臣,各自省改。司隶校尉察不变者。"[3](卷10《成帝纪》)此为服制,意在维护等级分明的政治制度。

又,宣帝五凤二年秋八月,诏曰:"夫婚姻之礼,人伦之大者也。酒食之会,所以行礼乐也。今郡国二千石或擅为苛禁,禁民嫁娶不得具酒食相贺召。由是废乡党之礼,令民亡所乐,非所以导民也。《诗》不云乎?'民之失德,乾糇以愆。'勿行苛政。"[3](卷8《宣帝纪》)提倡乡间古礼,重视婚姻伦理、民间礼仪及传统风俗。

(8)从谏。成帝鸿嘉二年诏曰:"古之选贤,傅纳以言,明试以功,故官无废事,下无逸民,教化流行,风雨和时,百谷用成,众庶乐业,咸以康宁。朕承鸿业十有余年,数遭水旱疾疫之灾,黎民娄困于饥寒,而望礼义之兴,岂不难哉!朕既无以率道,帝王之道日以陵夷,意乃招贤选士之路郁滞而不通与,将举者未得其人也?其举敦厚有行义能直言者,冀闻切言嘉谋,匡朕之不逮。"[3](卷10《成帝纪》)

(9)尊师。元帝初元二年,诏曰:"国之将兴,尊师而重傅。故前将军望之傅朕八年,道以经书,厥功茂焉。其赐爵关内侯,食邑八百户,朝朔望。"[3](卷9《元帝纪》)

又,成帝阳朔二年九月,诏曰:"古之立太学,将以传先王之业,流化于天下也。儒林之官,四海渊原,宜皆明于古今,温故知新,通达国体,故谓之博士。否则学者无述焉,为下所轻,非所以尊道德也。'工欲善其事,必先利其器。'丞相、御史其与中二千石、二千石杂举可充博士位者,使卓然可观。"[3](卷10《成帝纪》)

(10)罪己。武帝元鼎五年十一月诏曰:"朕以眇身托于王侯之上,德未能绥民,民或饥寒,故巡祭后土以祈丰年。"[3](卷6《武帝纪》)汉帝多在诏书以卑下之意,又如,本始二年夏五月诏曰:"朕以眇身奉承祖宗,夙夜惟念孝武皇帝躬履仁义,选明将,讨不服,匈奴远遁,平氐、羌、昆明、南越,百蛮乡风,款塞来享。建太学,修郊祀,定正朔,协音律。封泰山,塞宣房,符瑞应,宝鼎出,白麟获。功德茂盛,不能尽宣,而庙乐未称,其议奏。"[3](卷8《宣帝纪》)这也符合儒家对君王的道德要求,即常有夕惕之心,敬天保民。在这种前提下,汉代的罪己诏最多,皇帝动辄即下诏罪己。如元帝永光二年三月,日有蚀之,诏曰:"朕战战栗栗,夙夜思过失,不敢荒宁。惟阴阳不调,未烛其咎。娄敕公卿,日望有效。至今有司执政,未得其中,施与禁切,未合民心。暴猛之俗弥长,和睦之道日衰,百姓愁苦,靡所错躬。是以氛邪岁增,侵犯太阳,正气湛掩,日久夺光。乃壬戌,日有蚀之。天见大异,以戒朕躬,朕甚悼焉。其令内郡国举茂材异等贤良直言之士各一人。"[3](卷9《元帝纪》)赵翼《廿二史札记》卷2说"汉诏多惧词",就是指此。

(11)徕远。文帝后二年六月"匈奴和亲"诏曰:"朕既不明,不能远德,使方外之国或不宁息。夫四荒之外不安其生,封圻之内勤劳不处,二者之咎,皆自于朕之德薄而不能达远也。"[3](卷4《文帝纪》)此为儒家"以德服远"的夷狄观的体现,而不主张武力征服异域。

又,宣帝甘露二年匈奴呼韩邪单于款五原塞,愿奉国珍朝三年正月。诏有司议。咸曰:"圣王之制,施德行礼,先京师而后诸夏,先诸夏而后夷狄。《诗》云:'率礼不越,遂视既发。相土烈烈,海外有截。'陛下圣德,充塞天地,光被四表。匈奴单于乡风慕义,举国同心,奉珍朝贺,自古未之有也。单于非正朔所加,王者所客也,礼仪宜如诸侯王,称臣昧死再拜,位次诸侯王下。"诏曰:"盖闻五帝三王,礼所不施,不及以政。今匈奴单于称北藩臣,朝正月,朕之不逮,德不能弘覆。其以客礼待之,位在诸侯王上。"[3](卷8《宣帝纪》)

(12)习儒。宣帝元康元年八月,诏曰:"朕不明六艺,郁于大道,是以阴阳风雨未时。其博举吏民,厥身修正,通文学,明于先王之术,宣究其意者,各二人,中二千石各一人。"[3](卷8《宣帝纪》)选官过程以儒学为政治标准,这是汉代察举制度的重要特点。

二、儒家化诏书的成型及对儒学传播的作用

如上所述,汉代诏书含有儒学的精神和内容,不仅表现在引用儒学古典上,还体现在其对儒学价值的弘扬和宣传上。同时,它还具有儒学化的形式。

上告下之辞自《尚书》即有,如《甘誓》《大诰》等,最高统治者之令专称为诏,则始于秦始皇。《史记》卷6《秦始皇本纪》载秦初并天下,改名号以尊权威,规定"命为制,令为诏"。汉承秦制,依皇帝名号制度不改,蔡邕在《独断》上说,"汉天子正号曰皇帝……其命令一曰策书,二曰制书,三曰诏书,四曰戒书"①。

总体而言,武帝以前,诏书与儒学相关的关系尚不紧密②。高帝时两个,即高帝六年夏五月"尊刘太公为太上皇"诏和高帝十一年二月"求贤"诏。文帝时则有11个之多,至景帝仅有3个。诏书真正与儒学直接关联,当在武帝时。到了汉武时代,诏书在文法及内容上都有很明显的改观,突出表现在以下几个方面。

诏书开头多称善先王,这是典型的儒家的思想方法和论述模式。在行书过程中,多引述儒家经典。比起在前代诏书中只略约体现儒学的思想价值来,显然受儒学思想影响更为直接。这个演化的过程,与儒学的发展过程是同步的。

诏书引述经典在汉文帝时期就出现了。一般来说,汉诏中引先贤之言大约有直接引用、间接引用和化用经典语句三种。

如文帝"二年十一月诏"。此篇诏书,在文法上与《尚书·汤誓》相似,首句也与《尚书·泰誓》中"天佑下民,作之君,作之师"的精神一致。而且其语颇类《左传·襄公十四年》"天生民而立之君,使司牧之,勿使失性"句和《左传·文公十三年》"天生民而树之君,以利之也"句。此为间接引用。

直接引用大量出现在武帝及其后的诏书中。但引书也有流变,西汉诏书中,引《书》15次之多,《诗》11次,《论语》8次,《易》3次,《礼记》2次,《春秋》1次。其中武帝始,对《诗经》就常有引述,后世沿之;而宣帝以后,引《书》及《论语》开始增多,这也大约反映了当时经学的嬗变及学术的发展。其原因为何,尚未有学者给出解释,本文主题不及于此,可有待以后阐发。

自汉武时,儒学化的诏书在文法和格式上开始统一。一般地,先是称述上古圣王,然后开列现世出现的若干社会问题,接着引用儒学古典,指称上古时代的解决之道,最后才说出解决这些问题的措施,并以法令的形式下发,要求各地方严格执行。如元狩元年夏四月丁卯"立皇太子诏"。其诏曰:

> 朕闻咎繇对禹,曰在知人,知人则哲,惟帝难之。(师古曰:《尚书咎繇谟》载咎繇之辞也。帝谓尧也。)盖君者心也,民犹支体,支体伤则心憯怛。日者淮南、衡山修文学,流货赂,两国接壤,怵于邪说,而造篡弑,此朕之不德。《诗》云:"忧心惨惨,念国之为虐。"(师古曰:《小雅正月》之诗也。)已赦天下,涤除与之更始。朕嘉孝弟力田,哀夫老眊孤寡鳏独或匮于衣食,甚怜愍焉。其遣谒者巡行天下,存问致赐。曰"皇帝使谒者(师古曰:谒者令使者宣诏书之文。)赐县三老、孝者帛,人五匹。乡三

---

① 《后汉书》卷1《光武帝纪》注引《汉制度》曰:"帝之下书有四:一曰策书,二曰制书,三曰诏书,四曰诫敕。策书者,编简也,其制长二尺,短者半之,篆书,起年月日,称皇帝,以命诸侯王。三公以罪免亦赐策,而以隶书,用尺一木,两行,唯此为异也。制书者,帝者制度之命,其文曰制诏三公,皆玺封,尚书令印重封,露布州郡也。诏书者,诏,告也,其文曰告某官云云,如故事。诫敕者,谓敕刺史、太守,其文曰有诏敕某官。它皆仿此。"

② 秦始皇一统中国,巡行天下,刻石纪功,多有提倡儒学思想价值之语,如秦始皇二十八年,"作琅邪台,立石刻,颂秦德,明得意。曰:以明人事,合同父子。圣智仁义,显白道理"。三十七年巡行会稽,立石刻颂秦德。其文曰:"饰省宣义,有子而嫁,倍死不贞。防隔内外,禁止淫泆,男女洁诚。夫为寄豭,杀之无罪,男秉义程。妻为逃嫁,子不得母,咸化廉清。大治濯俗,天下承风,蒙被休经。皆遵度轨,和安敦勉,莫不顺令。黔首脩洁,人乐同则,嘉保太平。"俱见《史记·秦始皇本纪》。

老、弟者、力田帛,人三匹。年九十以上及鳏寡孤独帛,人二匹,絮三斤。八十以上米,人三石。有冤失职,使者以闻。县乡即赐,毋赘聚"。[3](卷6《武帝纪》)

此诏是最典型的、具有完整格式的诏书形制。汉武帝以后的诏书大多完全依照这个格式书写。这种格式与儒家"祖述尧舜,宪章文武"的思维方式和重要特征是一致的。

按照汉代制度,诏书当大多由尚书等中人拟写,汉武以后,尚书多有中朝官承担,这些中朝官大多为儒生和儒学化了的诗赋家,赵翼在《廿二史札记》卷4中说:"汉诏最可观,至今犹诵述。盖皆简才学士充郎署之选。"这种书写方式带有浓厚的儒学意味是难以避免的,但西汉诏书也有皇帝亲自撰写的,如《史记》卷60《三王世家》所录武帝册封广陵王等三王诏,《史记索隐》注曰:按《武帝集》,此三王策皆武帝手制。赵翼《廿二史札记》中"汉帝多自作诏"条,指汉武帝、哀帝、光武帝、明帝、章帝、明德马皇后等皆有自作诏,由于汉代皇帝多自幼接受儒学教育,其所作诏书中的儒学意味于此也可略见一斑。

儒学化诏书的出现,不仅是西汉中后期主流政治价值观转向的体现,也是政府意欲推行儒学以广布民间的措施。儒学化诏书的完备,正和西汉中期"独尊儒术"的进程相吻合。同样的,从此以后,大量儒学化的官员在各级政府出现,儒学的社会影响在日益增强,而西汉后期社会也开始向"儒学社会"转型。

由此可知,西汉诏书则是儒学思想的另一个重要载体。这个载体与儒学典籍和学校教授不同,其覆盖面较广,可以说,它深入到基层民间,甚至深入到每个聚居区的具体的个人。此为其他儒家思想的载体所不能比拟的。之所以如此,这是由汉代诏书的传达制度决定的。汉代诏书,是必须逐级下传,令民众习知的。

宣帝黄龙元年诏曰:"今吏或以不禁奸邪为宽大,纵释有罪为不苛,或以酷恶为贤,皆失其中。奉诏宣化如此,岂不谬哉。"[3](卷8《宣帝纪》)为了改变这种情况,《汉书》卷89《循吏传·黄霸》载:"时上(宣帝)垂意于治,数下恩泽诏书,吏不奉宣。太守霸为选择良吏,分部宣布诏令,令民咸知上意。"也正因如此,宣帝专门下诏褒扬,说:"颍川太守霸,宣布诏令,百姓乡化……吏民乡于教化,兴于行谊,可谓贤人君子矣。"[3](卷89《循吏传·黄霸》)

另,元帝初元三年六月,诏曰:"条奏毋有所讳。有司勉之,毋犯四时之禁。丞相御史举天下明阴阳灾异者各三人。"于是言事者众,或进擢召见,人人自以得上意(颜师古注曰:人人各自以当天子之意。)[3](卷9《元帝纪》)。这说明,诏书是真正能被广泛传达的。

以故,在诏书的结尾,均标注"布告天下,使明知朕意"等字句,如高帝十一年二月求贤诏、十二年三月"不义背天子擅起兵者,与天下共伐诛之"诏,景帝后元二年夏四月诏,元帝初元元年夏四月诏;或标注"请宣布天下",如景帝元年冬十月"议立太宗庙"诏;或标注"布告天下,令明知之",如元帝永光四年九月诏;或标注"传以不知,周行天下",如成帝阳朔二年春诏等。

在汉代,诏书有着与法令同等的法律效力,杜周说"前主所是著为律,后主所是疏为令"[3](卷122《酷吏列传》)即是指此。这在诏书的文本中也有显示。武帝元朔六年六月诏曰:"朕闻五帝不相复礼,三代不同法,所繇殊路而建德一也……其议为令。"[3](卷6《武帝纪》)宣帝元康三年六月诏曰:"其令三辅毋得以春夏摘巢探卵,弹射飞鸟。具为令。"[3](卷8《宣帝纪》)平帝元始元年诏曰:"定著令,布告天下,使明知之。"[3](卷12《平帝纪》)可见,诏书为法令确为事实。而法令在当时则是必须为人民所习知的,因为秦汉时期法令的发布有一套自上而下颁布的程序,目的就是使最多的人明晓法令的内容。

先秦时期就有公布法律条文的制度,如郑国子产铸刑书、邓析做竹刑,晋国赵鞅铸刑鼎等,使法律条文为人人尽知,达到预防犯罪发生的目的。尤其到了战国之世,法家学说的主流人物更是在理论上阐述了明示法律的思想,并用于实践。法家思想集大成者韩非在《韩非子·八说》中说:"书约而弟子辩,法省而民讼简。是以圣人之书必著论,明主之法必详事。"《韩非子·难三》还说:"明主言法,则境内卑贱莫不闻知也。"意即法律要明确,还要公之于众。吕不韦作《吕氏春秋》,于咸阳城门外宣示,能增损一字者予千金,大约也是仿于法令初下的情形。至于焚书之议起,李斯说:"今陛下并有天下,别白黑而定一尊;而私学乃相与非法教之制,闻令下,即各以其私学议之,入则心非,出则巷议,非主以为名,异趣以为高,率群下以造谤。"[4](卷87《李斯列传》)可见在现实的政治生活中,秦国的确做到了法令的最大程度的公开。汉承秦制,法律明示制度当同样承袭。

近世以来,全国各地出土了很多汉代的简牍文献,其中有大量的法令条文或司法文书,如张家山汉简、胥浦汉简、武威旱滩坡律令简、楼兰尼雅出土简牍及纸质文书、敦煌汉简、居延汉简、沙市汉简、悬泉置汉简、额济纳汉简、长沙走马楼汉武帝时期竹简等[5]。这些汉简保存了丰富的汉代法制史的资料,也说明了当时法律的公布及流传情况。正如以上所说,诏书即是法令,诏书也有与法令同等的公布程序,法令的流传情况同样也能证明诏书在当时社会中的流传,也就是说,诏书在社会中得到了最大程度的公布。而且,在这些出土的简牍文献中,其中就有诏书,这也可以证明诏书的流传和传达到基层社会的现实。在这些出土的诏书中同样也有儒学化的诏书,如敦煌悬泉置汉简中的西汉元始五年《四时月令诏条》,此条与"元康三年夏六月诏"等诏内容有类似之处,均是阴阳学派与儒学合流的产物①。此外还有,武威《王杖诏书令》册、武威旱滩坡诏令、甘谷刘家山东汉墓宗正府卿刘柜关于刘氏宗室之事的请诏文及皇帝的批文等②。毋庸置疑,这些具有儒学形式和儒学思想内容的诏书的流传,对儒学为基层民众所习知起了很大的作用。

因此,负载了儒学内容和思想价值的诏书,通过法律的渠道被广泛强制传达,其受众面是儒学其他传播途径所不能比拟的。虽然其传播的效果现在已难以评估,但因为诏书的传播能跨越空间的阻隔,甚至能到达最边远的烽燧及屯田驻地,更能跨越社会的阶层限制和文化差异,无论是贵族还是平民,无论是士人还是农户、工商之家,再无论是中原百姓还是"化外边民",都能读到诏书的抄件或听到诏书的宣布。诏书传播的广度和普遍性则显示诏书是西汉最具影响力的儒学传播方式之一。儒学化诏书的出现,不仅是西汉中后期主流政治价值观转向的体现,也是政府意欲推行儒学以教化民间的措施。政府以诏书形式参与儒学的政治社会化过程,促进了儒学对当时民间社会的"涵化",推进了汉代社会以儒家价值观为核心的共同价值观的形成。

【参考文献】

[1] 张明华.试论汉代诏书的独特性[J].青海社会科学,2004(3).

[2] 孟祥才.从秦汉时期皇帝诏书称引儒家经典看儒学的发展[J].孔子研究,2004(4).

[3] 班固.汉书[M].北京:中华书局,1962.

[4] 司马迁.史记[M].北京:中华书局,1958.

[5] 李均明.简牍法制史料概说[J].中国史研究,2005(增刊).

---

① 敦煌悬泉置汉简中发现的元始五年《四时月令诏条》记载太皇太后诏,其中是要求"钦顺阴阳,敬授民时",如春天,禁止伐木、勿摘巢、勿卵等、勿焚山林、勿弹射飞鸟等。见胡平生、张德芳:《敦煌悬泉置汉简释粹》,上海古籍出版社2001年版,第192—199页。而《汉书》卷8《宣帝纪》载元康三年夏六月诏:"今春,五色鸟以万数飞过属县,翱翔而舞,欲集未下。其令三辅毋得以春夏摘巢探卵,弹射飞鸟。具为令。"这与《礼记·月令》和《孟子·梁惠王上》的说法是十分接近的。

② 武威《王杖诏书令》册和武威旱滩坡诏令都包含王杖诏书令,是汉代尊老的诏书。

燕秦汉时期辽西走廊与东北民族关系

王 海*

【摘　要】　燕秦汉时期辽西走廊密切联系着中原民族与东北各族,在地区民族关系中扮演着重要角色,"卢龙-平刚"道的盛衰与汉匈关系变化有关,汉族和乌桓、鲜卑曾在"白狼水-渝水"谷道展开激烈纷争,辽西"傍海道"是中原政权处理东北民族关系的"高速路"。辽西走廊是中原民族与东北各族交流的通道,民族人口、特色鲜明的民族物质文化借此南来北往,甚至在此碰撞融合,对走廊内外民族社会发展产生深远影响。

【关键词】　燕秦汉时期;辽西走廊;东北民族关系;民族交流

辽西走廊历来是连接中原与东北的咽喉。燕秦汉时期,中原政权以军事扩张为基础掀起开发东北的第一次浪潮,走廊大部属右北平、辽西郡[1](第2册,9—10,27—28,61—62),在考古学区划上属辽西区[2]。它主要由"卢龙-平刚"道、"白狼水-渝水"谷道和辽西"傍海道"三干道组成,形成多线并行、主次分明、布局合理的高效交通网[3]。"北边"是燕秦汉国家机体之一部,华夏政权与周边各族多在此碰撞交流,民族关系复杂多变[4]。作为"北边"重要组成部分的辽西走廊,不仅肩负保障国家安全、维护社会稳定的历史重任,更促进了中原汉族与东北各族的交流,为多元一体汉文化的形成发展做出贡献。探索该时期辽西走廊在东北民族关系史上的作用和地位,对于民族史、边疆史、军事史等领域的研究有积极意义。

一、走廊交通与东北区域民族形势

东北历来是多民族地区,燕秦汉时期,这里活跃着东胡、匈奴、乌桓、鲜卑等民族或族团。它们与华夏(汉)族政权间交流频繁,区域民族形势复杂多变,其中,连接中原与东北的辽西走廊发挥着关键作用。《东北古代交通》一书说:"汉魏时代辽西、右北平郡境内交通地理的开拓,总是与中原北出边塞的军事行动以及北方民族关系的发展变化相联系。"[5]43实际上,交通与民族关系的相互作用适于整个历史时期,不仅是"交通地理的开拓",甚至整个交通系统的演变都与民族关系息息相关。

(一)汉匈关系与"卢龙-平刚"道的盛衰

"卢龙-平刚"道的开辟当与战国中后期燕国"袭破走东胡"的历史事件密切相关。秦末汉初,匈奴势力迅速强大,《史记·匈奴列传》载,"至冒顿而匈奴最强大,尽服从北夷,而南与中国为敌国","诸左方王将居东方,直上谷以往者,东接秽貉、朝鲜"[6]2890,2891。汉朝北疆不断遭受匈奴寇掠,"上谷以往"受匈奴"左方"攻击,损失惨重。如:

---

* 王海(1981—),男,河北省秦皇岛市人,渤海大学历史学系讲师,历史学博士,研究方向为秦汉史。

燕王卢绾反，率其党数千人降匈奴，往来苦上谷以东。[6]2895

（文帝时）匈奴日已骄，岁入边，杀略人民畜产甚多，云中、辽东最甚。[6]2901

（元光六年）其冬，匈奴数入盗边，渔阳尤甚。[6]2906

（元朔元年）秋，匈奴二万骑入汉，杀辽西太守，略二千余人。胡又入败渔阳太守军千余人，围汉将军安国，安国时千余骑亦且尽。[6]2906

（元狩三年）匈奴入右北平、定襄各数万骑，杀略千余人而去。[6]2909—2910

汉廷亟须加强边防并予以反击，交通无疑扮演着重要角色。《太平寰宇记》卷49"青坡道"条引《冀州图》，说到"自周、秦、汉、魏以来，前后出师北伐"的三条道路，其中"一道东北发向中山，经北平、渔阳向白檀、辽西，历平冈，出卢龙塞，直向匈奴左地"[7]1036。该道后半段当是燕秦汉时期的"卢龙-平刚"道。

汉朝在"卢龙-平刚"干道（今老哈河谷道）及辅线上设平刚、赟、廷陵三县城和多个带有军事、交通中转性质的据点。作为右北平郡治，平刚可谓该道核心。据勘查，它位于老哈河与其支流黑里河交汇处，平面长方形，东西1800米、南北800米，墙基现宽达10.7米，墙外有护城河遗迹[8]。在迄今的辽西考古发现中，规模如此宏大的汉城址仅此一处，足见其在当时的重要地位，表明"卢龙-平刚"道在西汉走廊交通中的突出作用。

该道在汉军"直向匈奴左地"的军事行动中扮演重要角色。《史记·卫将军骠骑列传》载：

元朔之五年春，汉令车骑将军青将三万骑，出高阙……大行李息、岸头侯张次公为将军，出右北平：咸击匈奴。[6]2925

（元朔二年）夏，骠骑将军与合骑侯敖俱出北地，异道；博望侯张骞、郎中令李广俱出右北平，异道：皆击匈奴。[6]2930

汉军"出右北平"，说明"卢龙-平刚"道在汉匈关系上的突出地位。汉匈战争阶段，"卢龙-平刚"道迎来繁盛发展期。

汉朝取得对匈战争阶段胜利，如"骠骑将军之出代二千余里，与左贤王接战，汉兵得胡首虏凡七万余级，左贤王将皆遁走"，导致匈奴国家格局变化，元封六年（前105年）后，"单于益西北，左方兵直云中"[6]2911、2914。匈奴"左方"由"直上谷以往者，东接秽貊、朝鲜"西迁而"兵直云中"，走廊所受外部威胁大减。此后，汉匈关系好转，《汉书·匈奴传》说，"北边自宣帝以来，数世不见烟火之警，人民炽盛，牛马布野"[9]3826。昔日烽火频举、兵马熙攘的"卢龙-平刚"道渐趋平静。

从新朝开始，东北民族形势再度紧张。"（乌桓）结怨于莽……光武初，乌桓与匈奴连兵为寇，代郡以东尤被其害。居止近塞，朝发穹庐，暮至城郭，五郡民庶，家受其辜，至于郡县损坏，百姓流亡。""郡县损坏，百姓流亡"，"卢龙-平刚"道运转自然难以维系。此后，东北民族关系发生重大变化。《后汉书·光武帝纪下》言"乌桓击破匈奴，匈奴北徙，幕南地空"[10]75。匈奴基本退出东北民族关系舞台。

《续汉书·郡国志》载右北平郡辖"土垠、徐无、俊靡、无终"[10]3528四县，与《汉书·地理志》载该郡辖"县十六"相比，竟有十二县被省并！据《中国历史地图集》，东汉右北平郡四县均位于今燕山以南。包括"卢龙-平刚"道沿途县邑在内的该郡西汉时的燕山以北诸县被全部废弃。这主要应与东汉国力和边疆民族政策有关，而匈奴势力西迁导致"卢龙-平刚"道战略军事意义锐减，或许也对此有一定影响。《三国志·魏书·田畴传》载右北平豪杰田畴所言，"旧北平郡治在平冈，道出卢龙，达于柳城；自建武以来，陷坏断绝，垂二百载，而尚有微径可从"[11]342。说明该道于东汉的衰败。

（二）"白狼水-渝水"谷道的民族纷争

该道（今大凌河谷道）西汉时的战略军事意义并不突出，东汉时，沿途县邑被大量省并，广成、石成、白狼、宇、柳城、新安平等不见于《续汉书·郡国志》，呈衰落之势。与汉廷弃用"卢龙-平刚"道不同，"白狼水-渝水"谷道继续运行。据《中国历史地图集》，东汉辽西郡五县，四县位于今燕山以南，郡治"阳乐"置于走廊要地。《东北历史地理》一书认为后汉辽西郡郡治阳乐"应在今朝阳东南百里,即义县西南百里之处。当为今朝阳、义县间,北票县南境"[12]387。阳乐控扼"白狼水-渝水"谷道中下游,是连接中原与东北的交通枢纽。

汉族政权与乌桓、鲜卑和战成为东汉东北民族关系主流。据研究,"乌桓、鲜卑出现于中国文献记载的时代,他们主要是活动在西辽河流域的森林草原游牧人群……在这区域内,主要包括西辽河(西拉木伦河)及其支流老哈河流域、大小凌河流域、燕山山地等地理区"[13]198。东汉初,乌桓服属汉廷,被安置在包括走廊在内的"北边"多郡塞内,"及明、章、和三世,皆保塞无事"。鲜卑南下至塞外,因无法获取塞内资源而面临困境,它是东汉社会稳定后最先入寇的北方民族之一。

"白狼水-渝水"谷道沟通塞内外丘陵森林地带,特别是富庶的燕山以南,其于东汉的衰弱客观上利于鲜卑入寇。《后汉书·乌桓鲜卑列传》载:

> (永元九年)辽东鲜卑攻肥如县,太守祭参坐沮败,下狱死。[10]2986
>
> (元初四年)辽西鲜卑连休等遂烧塞门,寇百姓。乌桓……共郡兵奔击,大破之,斩首千三百级,悉获其生口牛马财物。[10]2987
>
> (熹平六年)冬,鲜卑寇辽西。[10]2994

另据《后汉书·独行列传》载:

> (赵苞)迁辽西太守……遣使迎母及妻子,垂当到郡,道经柳城,值鲜卑万余人入塞寇钞,苞母及妻子遂为所劫质,载以击郡。苞率步骑二万,与贼对阵……即时进战,贼悉摧破,其母妻皆为所害。[10]2692

辽东鲜卑攻肥如最便捷的路线莫过于循"白狼水-渝水"支流入干道,溯源抵今凌源或建昌,沿青龙河谷道南下即入肥如境。鲜卑长途奔袭肥如,沿途未遇有效抵抗,或许是"太守祭参坐沮败,下狱死"的根本原因。柳城本是谷道枢纽,鲜卑从此至阳乐很可能沿"白狼水-渝水"干道行,继而循支流南下。塞内军民顽强反击,双方在交通线上激战。辽西郡兵与乌桓联合追击"辽西鲜卑连休"部,人口、财物失而复得。面对鲜卑万骑,太守赵苞舍家卫国,"与贼对阵","即时进战"。

东汉末,乌桓强大,《三国志·魏书·乌丸传》言:

> 中山太守张纯叛入丘力居众中……为三郡乌丸元帅,寇略青、徐、幽、冀四州,杀略吏民……蹋顿有武略、代立、总摄三王部……遣使诣绍求和亲,助绍击瓒,破之。绍矫制赐蹋顿、峭王、汗鲁王印绶,皆以为单于。[11]834

同书《武帝纪》载:

> 三郡乌丸承天下乱,破幽州,略有汉民合十余万户。袁绍皆立其酋豪为单于,以家人子为己女,妻焉。辽西单于蹋顿尤强,为绍所厚,故尚兄弟归之,数入塞为害。[11]28

帝国衰败为乌桓(丸)崛起创造良机,三郡乌桓结盟并勾结中原军阀,"入塞为害","杀略吏民"。

建安十二年,曹操亲征乌丸。《三国志》记载:

> 引军出卢龙塞,塞外道绝不通,乃堑山堙谷五百余里,经白檀,历平冈,涉鲜卑庭,东指柳城。未至二百里,虏乃知之。尚、熙与蹋顿、辽西单于楼班、右北平单于能臣抵之等将数万骑逆军。八月,登白狼山,卒与虏遇……纵兵击之,使张辽为先锋,虏众大崩,斩蹋顿及名王以下,胡、汉降者二十余口……九月,公引兵自柳城还。[11]29

同书《田畴传》亦载:

> 太祖令畴将其众为向导,上徐无山,出卢龙,历平冈,登白狼堆,去柳城二百余里,虏乃惊觉。单于身自临阵,太祖与交战,遂大斩获,追奔逐北,至柳城。[11]342

曹操采取出敌不意战术,进军路线的选择成为胜利关键。

曹军由"卢龙(塞)"抵"白狼山(堆)"再达"柳城",必循"白狼水-渝水"谷道。在白狼山(堆)一带,曹军与乌桓、袁氏残余激战,"虏众大崩",蹋顿阵亡,曹军追奔逐北。该道在汉末决定东北民族形势的战役中发挥了重要作用,帮助中原政权出奇制胜。

（三）辽西"傍海道"——中原政权处理东北民族关系的"高速路"

辽西"傍海道"直抵渝水（今大凌河）西岸，渡渝水乃辽东郡境，更可往朝鲜。它是走廊通行效率最高的交通线[14]，是中原政权稳定东北乃至朝鲜局势、掌控地方民族关系的有力凭借。《史记·朝鲜列传》说："自始全燕时尝略属真番、朝鲜，为置吏，筑鄣塞。"[6]2985 全盛的燕国将真番、朝鲜作为附属，对其采取政治军事管理，燕国中心区蓟（今北京）与真番、朝鲜发生联系，辽西"傍海道"可能已发挥作用。

秦汉时期，该道在帝国处理东北民族关系中的作用更加突出。首先，帝王曾踏足于此。《史记·秦始皇本纪》说："三十二年，始皇之碣石，使燕人卢生求羡门、高誓。刻碣石门"；二世于元年春"东行郡县，李斯从。到碣石，并海，南至会稽……遂至辽东而还"[6]251、267。《汉书·武帝纪》载元封元年武帝出巡，有"行自泰山，复东巡海上，至碣石"[9]192。帝王出巡有粉饰太平、满足私欲等需求，巡幸远至"北边"的"碣石""辽东"，当有更现实考虑。二世出巡前对赵高说："朕年少，初即位，黔首未集附。先帝巡行郡县，以示强，威服海内。今晏然不巡行，即见弱，毋以臣畜天下。"[6]267 武帝在出巡前诏曰："南越、东瓯咸伏其辜，西蛮北夷颇未辑睦，朕将巡边垂，择兵振旅，躬秉武节，置十二部将军，亲帅师焉。"[9]189 帝王巡行边疆也意在处理民族关系，"之（到、至）碣石""至辽东"亦在震慑东北塞外民族。这恰好借助适合帝王出巡的"高速路"——辽西"傍海道"。

该道在中原政权对东北民族军事行动中发挥重要作用。《史记·朝鲜列传》说，武帝"募罪人击朝鲜。其秋（元封二年），遣楼船将军杨仆从齐浮渤海；兵五万人，左将军荀彘出辽东；讨右渠"。又说"左将军素侍中，幸，将燕代卒"[6]2987、2988。《汉书·昭帝纪》"元凤三年"条有"冬，辽东乌桓反，以中郎将范明友为度辽将军，将北边七郡郡二千骑击之"[9]229。荀、范所部必经走廊，从地理位置看，朝鲜、辽东乌桓更偏东，汉军取道辽西"傍海道"可能性最大，该道地势平衍，通行效率最高，行军时间最短，符合远征军求快的战术要求。

二、走廊与东北民族交流

战争抑或和平年代，走廊都是中原民族与东北各族交流的通道，不同族属的人口、特色鲜明的民族物质文化借此南来北往，甚至在此碰撞融合，影响走廊内外民族社会发展。

（一）走廊与民族人口流动和文化交流

边疆民族人口流动、文化交流最大特点是双向性。一方面，中原华夏（汉）族人口、物资外流，有以下三种方式。一是异族寇掠。除前文所引，与走廊明确相关的还有：

> 灵帝立，幽、并、凉三州缘边诸郡无岁不被鲜卑寇抄，杀略不可胜数。[10]2990

> （建安十年）袁熙大将焦触、张南等叛攻熙、尚，熙、尚奔三郡乌丸……三郡乌丸承天下乱，破幽州，略有汉民合十余万户。[11]27、28

二是自主流动。主要指人口流动。如，西汉初，"（卫）满亡命，聚党千余人……稍役属真番、朝鲜蛮夷及故燕、齐亡命者王之"[6]2985。灵帝时，对于鲜卑频寇，蔡邕说："关塞不严，禁网多漏，精金良铁，皆为贼有；汉人逋逃，为之谋主，兵利马疾，过于匈奴。"[10]2991 社会动荡、关禁不严时，人员、物资多流向民族地区。从朝鲜、鲜卑居地与走廊的交通关系看，当有较多人口由此流出。张纯、袁氏逃入乌桓也属此类情况。三是有组织流动。主要指物资流动。中原政权与边疆民族有关市贸易，双方互通有无、各取所需。燕秦汉时期，"北边"关市贸易普遍[15]，走廊自然包括在内。中原政权对边疆民族的赏赐也可归入其中。如，东汉初，光武帝"以币帛赂乌桓"，乌桓入塞后汉廷"给其衣食"。东汉末，"（袁）绍遣使即拜乌丸三王为单于，皆安车、华盖、羽旄、黄屋、左纛"[11]（注引《英雄记》）。

另一方面，少数民族人口、物资也流入边疆乃至内地，主要有以下两种途径。一是中原政权的安置。主要是人口流动。涉及走廊的有：

建武二十五年，乌丸大人郝旦等九千余人率众诣阙，封其渠帅为侯王者八十余人，使居塞内，布列辽东属国、辽西、右北平、渔阳、广阳、上谷、代郡、雁门、太原、朔方诸郡界，招来种人，给其衣食，置校尉以领护之，遂为汉侦备，击匈奴、鲜卑。[11](注引《魏书》)

建安十一年，太祖自征蹋顿于柳城……其余遗迸皆降。及幽州、并州柔所统乌丸万余落，悉徙其族居中国，帅从其侯王大人种众与征伐。由是三郡乌丸为天下名骑。[11]835

二是进贡、关市贸易。主要是物资流动。如："(建武)二十五年，辽西乌桓大人郝旦等九百二十二人率众向化，诣阙朝贡，献奴婢牛马及弓虎豹貂皮。"鲜卑"禽兽异于中国者，野马、原羊、角端牛，以角为弓，俗谓之角端弓者。又有貂、豽、鼲子，皮毛柔蝡，故天下以为名裘"，"永宁元年，辽西鲜卑大人乌伦，其至鞬率众诣邓遵降，奉贡献"[10]2982、2985、2987。以上当是与走廊有关的进贡行为。中原民族还通过关市贸易获得游牧民族特色物资，这比进贡频繁且惠及面广，也体现民族物质文化双向流动。

考古资料亦反映走廊在上述历程中的重要作用。有学者研究战国燕墓陶器中的非燕文化因素，认为与燕国扩张有关，外围地区燕民中存在其他民族，这些墓葬可能是其他民族遗存[16]。又有学者据辽西区战国燕文化遗存中少量非燕文化因素推论，燕国击东胡后并未将该地原住民驱赶殆尽[17]。可见，燕国占领期间走廊即存在民族共处、文化交流。

西丰、巴林左旗、科右中旗、科左后旗等地发现汉魏北方游牧族遗址、墓葬，出土陶器明显分为两类，粗糙的手制夹砂陶和精细的轮制灰陶[18]397—406。有学者认为："秦汉以来在内蒙古地区一般认为是非汉人墓葬或住址中同时存在两种不同的制陶工艺……同一人群遗存中制陶工艺方面，表现出相距甚远的两个技术发达水平，而且是两种技艺传统……应是有熟悉这种生产技术的人口在北方当地生产的。"[19]365—368掌握先进轮制法的人口应是由塞内流入的汉人。以上遗址、墓葬位于走廊之外，他们很可能经走廊出塞。西岔沟西汉早中期游牧族墓群出土大量汉族文物，如弦纹陶壶、绳纹陶罐、灰陶豆，木柄长剑、带镡和带玉王奉的剑、刻有汉字的铜矛、汉式铜镞，变形蟠螭纹、草叶纹、星云、日光、四禽四螭纹铜镜等。这可能以战争、关市方式得自塞内汉族，走廊或许是其出塞通道之一。

走廊以南今冀东典型汉墓出土具有北方游牧族特征的文物。如，抚宁邴各庄汉墓出土饰物多件，包括金银手镯、玛瑙粒、绿松石串饰等，另有两件陶俑，跪式，高鼻深目[20]。迁安于家村汉墓出土两件庖厨俑，跪姿，粗眉大眼，大鼻[21]。玉田大李庄汉墓出土两件侈口舌唇陶壶，属早期东部鲜卑典型陶器[22]。滦县塔坨乡发现具有游牧族文化性质的墓群，出土把杯、金制马形嵌件、金花、金泡、石珠等文物[23]。它们可能是汉人经关市贸易获得；"高鼻深目""大鼻""粗眉大眼"的跪姿陶俑可能反映汉人以胡人为仆，游牧族墓群则反映较大规模的民族人口迁徙。这些游牧族人口、物资的流入应与走廊密切相关。

(二)走廊内外民族社会发展

中原与东北民族人口、物质文化频繁往来，势必影响各自的社会发展。农耕文化对游牧社会影响最为显著。

农业方面。《史记·卫将军骠骑列传》载卫青击匈奴，至寘颜山赵信城，"得匈奴积粟食军，军留一日而还，悉烧其余粟以归"。《汉书·匈奴传》说匈奴杀死李广利后，居地"会连雨雪数月，畜产死，人民疫病，谷稼不熟"。农业在匈奴社会中占较重要地位。乌桓社会也有农业，"其土地宜穄及东墙。东墙似蓬草，实如穄子，至十月而熟"[10]2980。通过走廊进入北方游牧社会的汉人的生活情况虽无史载，游牧族却很可能利用其从事农耕①,很难想象三郡乌桓略有的"合十余万户"汉人会全部从事手工、畜牧业。

手工业方面。上文所述两类制陶工艺反映汉人对游牧社会手工业发展的影响。而游牧民族金属(尤其铁器)制造水平发展迅速。西岔沟墓葬出土马具多为铁制马衔,衔镳皆熟铁锻制,共60余副。榆树老河深东汉初或略晚鲜卑墓群中,M1、M11、M56、M57、M58出土大量铁器,有马镳、马衔、刀、锥、凿、镬、镞、铠甲及甲片、环、带卡等[24]。兴安盟、通辽、赤峰发现2世纪初至3世纪中期鲜卑墓葬,亦出大量铁器,有刀、环、镞、斧、剑、甲片等[25]。北方游牧族社会内部本有金属制造业,如乌桓"男子能作弓矢鞍勒,锻金铁为兵器"[10]2980,但随其与中原汉族交往日深,金属制造业必得到较大发展。蔡邕所言"精金良铁,皆为贼有……兵利马疾,过于匈奴",说明鲜卑获得汉地大量"精金良铁",用其达到"兵利"效果。推想其他民族亦然。上述墓葬中铁器的制造原料可能有经走廊流出者。与铁器相关的生产力发展必促进生产关系、社会结构变化。恩格斯就铁器广泛使用与蛮族社会发展关系指出:"以前打仗只是为了对侵犯进行报复,或者是为了扩大已经感到不够的领土;现在打仗,则纯粹是为了掠夺,战争成了经常性的行当。"[26]164

思想意识、社会管理方面。主要对游牧社会统治者而言。蔡邕分析鲜卑强大的原因,其一是"汉人逋逃,为之谋主"。灵帝时,"前中山太守张纯畔,入丘力居众中,自号弥天安定王,遂为诸郡乌桓元帅,寇掠青、徐、幽、冀四州"[10]2984。献帝时,袁氏残余逃奔乌桓蹋顿。这些汉人经过走廊与游牧社会上层联系,将汉文化某些意识(如重农)、先进社会管理方法(如人口财物统计)传播给对方,影响社会发展。

文帝时,贾谊建议"制吾弃财,以与匈奴逐争其民,则敌必怀",颜师古释曰:"末业既困,农人敦本,仓廪积实,布帛有余,则招诱胡人,多来降附。故言制吾弃财逐争其人也。"[9]《食货志下》"匈奴好汉缯絮食物",降人中行说为单于分析:"匈奴人众不能当汉之一郡,然所以强者,以衣食异,无仰于汉也。今单于变俗好汉物,汉物不过什二,则匈奴尽归于汉矣。"[6]2899农耕文化产物受游牧族青睐,通过人口、物资流入,农耕文化渐浸于游牧社会,对许多游牧族汉化做出贡献。

游牧文化对汉族社会影响也不能忽视。牲畜、毛皮等特产的流入丰富中原汉人社会生活。众多东北游牧族降者,除少数成为仆隶外,多被用于军事行动或协助戍边出击,如东汉初乌桓归附,汉廷"令招徕种人,给其衣食,遂为汉侦候,助击匈奴、鲜卑"或跟从征伐天下,如曹操征乌桓得胜,"其余遗迸皆降。及幽州、并州柔所统乌丸万余落,悉徙其族居中国,帅从其侯王大人种众与征伐"。这会对边疆、内地社会产生一定影响。走廊对游牧族物产、人口流入发挥作用。

综上所述,燕秦汉时期辽西走廊在东北民族关系中扮演着重要角色,中原民族与东北各族借助走廊进行广泛深入交流,双向流动的人口与物质文化对游牧、农耕社会发展产生深远影响。

【参考文献】

[1]谭其骧.中国历史地图集[M].北京:地图出版社,1982.
[2]张忠培.辽宁古文化的分区、编年及其他[J].辽海文物学刊,1991(1).
[3]王海.燕秦汉时期辽西走廊考[J].(待刊).
[4]王海.秦汉时期"北边"略说[J].史学月刊,2010(6).
[5]王绵厚,李健才.东北古代交通[M].沈阳:沈阳出版社,1990.
[6]司马迁.史记[M].北京:中华书局,1982.
[7]乐史.太平寰宇记[M].王文楚,等,点校.北京:中华书

---

① 20世纪四五十年代,蒙古乌兰乌德发现数件铁镰、铁铧,林幹先生认为是公元前1世纪遗物,分析说:"从镰、铧的出土和治楼藏谷之使用汉人看来,匈奴人的农业,受到了汉人很大的影响,农业技术可能就是从汉人那里传入,而从事农业生产的劳动者,我以为大多也是汉人。"(林幹:《匈奴社会制度初探》,载《匈奴史论文选集(1919—1979)》,中华书局1983年版,第289页)

局,2007.
[8] 冯永谦,姜念思.宁城县黑城古城址调查[J].考古,1982(2).
[9] 班固.汉书[M].北京:中华书局,1962.
[10] 范晔.后汉书[M].北京:中华书局,1965.
[11] 陈寿.三国志[M].北京:中华书局,1982.
[12] 孙进己,王绵厚.东北历史地理[M].哈尔滨:黑龙江人民出版社,1989.
[13] 王明珂.游牧者的抉择:面对汉帝国的北亚游牧部族[M].桂林:广西师范大学出版社,2008.
[14] 史念海.秦汉时代国内之交通路线[J].文史杂志,1944,3(1/2);王子今.秦汉时代的并海道[J].中国历史地理论丛,1988(2).
[15] 王子今,李禹阶.汉代北边的"关市"[J].中国边疆史地研究,2007(3).
[16] 郑君雷.战国燕墓的非燕文化因素及其历史背景[J].文物,2005(3).
[17] 王立新.辽西区夏至战国时期文化格局与经济形态的演进[J].考古学报,2004(3).
[18] 孙守道."匈奴西岔沟文化"古墓群的发现[J].文物,1960(Z1);中国科学院考古研究所内蒙古工作队.内蒙古巴林左旗南杨家营子的遗址和墓葬[J].考古,1964(1);钱玉成,孟建仁.科右中旗北玛尼吐鲜卑墓群[M]//内蒙古文物考古研究所.内蒙古文物考古文集:第一辑.北京:中国大百科全书出版社,1994;田立坤.科左后旗新胜屯鲜卑墓地调查[J].文物,1997(11).
[19] 刘观民.从一类发现谈一个认识问题[M]//内蒙古文物考古研究所.内蒙古文物考古文集:第一辑.北京:中国大百科全书出版社,1994.
[20] 秦皇岛市文物管理处,抚宁县文物保管所.河北抚宁邴各庄古墓清理简报[J].文物春秋,1992(2).
[21] 迁安县文物保管所.河北迁安于家村一号汉墓清理[J].文物,1996(10).
[22] 郑君雷.乌桓遗存的新线索[J].文物春秋,1999(2).
[23] 唐山市文物管理处,滦县文物管理所.滦县塔坨鲜卑墓群清理简报[J].文物春秋,1994(3).
[24] 吉林省文物工作队,长春市文管会,榆树县博物馆.吉林榆树县老河深鲜卑墓群部分墓葬发掘简报[J].文物,1985(2).
[25] 孙危.内蒙古地区鲜卑墓葬的初步研究[J].内蒙古文物考古,2001(1).
[26] 恩格斯.家庭、私有制和国家的起源[M]//马克思,恩格斯.马克思恩格斯选集:第四卷.北京:人民出版社,1995.

两汉尚书分曹再探

——以尚书三公曹为中心

张 雨*

【摘 要】 两汉尚书曹的发展可分为五曹五尚书、四曹四尚书、六曹六尚书和五曹六尚书几个阶段,反映了作为单纯文书收发和保管者的尚书逐步参与到政务裁决的过程,并由此开启了尚书省在隋唐之际成为全国日常政务的总汇和最高裁决机构的演变。其开始演变的标志就是发生于东汉初的尚书分曹标准由文书外生的身份(上书者)属性向内生的职能(政务)属性的转折,推动这一转折的却是西汉晚期昙花一现的"主断狱事"的三公曹。此外,东汉初尚书三公曹之所以由二千石曹分出,是因为西汉末三公曹被废置时,断狱事被合并入了二千石曹。而根据蔡质《汉仪》的记载,东汉尚书吏曹在很长时期内都是以从属三公曹的形式存在的。这是前人尚未注意到的一个现象。

【关键词】 两汉;尚书分曹;三公曹;吏曹

关于两汉尚书制度,祝总斌先生已有精深的研究,见于所著《两汉魏晋南北朝宰相制度研究》一书[1]。他对于尚书的起源、尚书曹的出现及其分合过程,做了严谨周密的分析,澄清了很多疑惑之处,著为不刊之论。而王素先生在《三省制略论》中[2],对此也多有涉及。这些研究成果,正是本文得以展开的前提和基础。

为探究隋唐尚书省刑部的渊源,笔者对两汉魏晋南北朝的尚书曹及尚书郎曹的设置和变动情况做过一番考察。其中两汉尚书制度部分,得益于祝先生处甚多。不过,笔者对个别史料的解读,与祝、王二位先生的看法略有分歧,所以在两汉尚书分曹的问题上,产生了一些新的想法。故而草成此稿,以就教于大家。

需要说明的是,尚书机构在发展演变中,逐步扩大和细化。具体表现是,不仅尚书分曹治事,而且尚书郎亦分曹承务。不过,由于尚书郎曹在两汉时期尚无明确区分,故而本文所讨论的尚书分曹,若无特别说明,皆就尚书曹而言。

一、尚书曹的出现与西汉尚书分曹

尚书之职,出现于秦。《汉官仪》载"秦代少府遣吏四人在殿中,主发书,故号尚书"[3]141。尚书即主管、典掌文书之意。按:少府是秦汉九卿之一,为天子私府,属官有六尚,尚书即其一,其余还有尚冠、尚衣、尚食等。可见,少府六尚都是为皇帝日常生活提供服务的低下职任。秦代的尚书机构,不仅有尚书四人,还有尚书令、仆射、二丞等[4]3596;[5]728;[6]598。作为一个殿内文书收发机构,也算是比较完备了。汉兴,因之不改。

汉代前期遵行黄老之术,与民休息,国家很快就富足起来了。有了这样的经济基础,又遇上了雄才大略的汉武帝(前141—前87年在位),

---

* 张雨(1983—),男,河南省南阳市人,历史学博士,中国人民大学经济学院博士后,主要从事秦汉史研究。

汉代国策发生了转向。"是时征伐四夷,开置边郡,军旅数发,内改制度,朝廷多事。"[5]2775 事情多了,对人才的渴求也加大了。因而汉武帝便"征天下举方正贤良文学材力之士,待以不次之位。四方士多上书言得失,自衒鬻者以千数"[5]2841。人多事多,文书自然也就多了起来。在这种情况下,汉武帝无论是学识还是精力,都不可能独力处理。这样,"与闻政事"的中朝官制度和领尚书事制度便应时而生[1]71—95。尚书的分曹,正是在这样的背景下出现的。

武帝之后,由于昭帝(前87—前74年在位)幼年即位,领尚书事的权力因而扩大。特殊的政治环境,使得当时中外朝界限逐渐明显。由此尚书成为沟通内外朝的一个桥梁,职权也不仅限于传递文书。文书增多,事任拓展。在这样的情况下,尚书机构也需要进一步扩大。成帝建始四年(前29年),"初置尚书,员五人",尚书丞亦增至四人[5]732,308。祝总斌先生认为,在建始四年之前,尚书只有大体的分工,至此才在尚书四人的基础上,加一员,分置五曹、尚书各一人,各主其事(文书)[1]85—88。这是现有史料中关于尚书曹出现的标志性事件。

当时的尚书分曹,据《汉旧仪》的记载:"尚书四人为四曹:常侍尚书主丞相、御史(大夫)事,二千石尚书主刺史、二千石事,民曹尚书主庶民上书事,客曹尚书主外国四夷事。成帝初置尚书员五人,有三公曹,主断狱事。"[3]64 不过,尚书三公曹很快便被废置。至西汉末年,尚书曹又由五曹恢复为四曹:"常侍曹尚书主公卿事,二千石曹尚书主郡国二千石事,民曹尚书主凡吏上书事,客曹尚书主外国夷狄事。"[4]3597 而其职掌,除常侍曹由"主丞相、御史(大夫)事"变为"主公卿事"而不同之外,二千石曹、民曹和客曹的职掌并没有什么明显变化。

从其职掌来看,这样的尚书分曹,在某种程度上又可以视作是当时汉帝国对政务文书的分类及其标准。从政务文书的分类及其标准来看,西汉尚书分曹中,引人注目的正是"主断狱事"的三公曹的出现和废置。西汉三公曹的旋置旋废,原因有二。

首先,与其他尚书曹是以上书者的身份进行区分不同,三公曹是按照政务文书所处理事务的性质进行分类的。应该是尚书曹分类标准的不统一,导致了三公曹的废止。其次,从三公曹出现的时代来看,要早于汉代三公(大司徒、大司马、大司空)制的建立。汉初,人们只是根据流行的儒家学说,将当时品秩最高的丞相(相国)、御史大夫、太尉比附为三公。而太尉又并非常设之官,所以西汉前期实际存在的是二公(或者称二府)制。为了迎合三公之说,同时为了保证统治质量,摆脱当时所面临的日益严重的政治危机,成帝绥和元年(前8年)才设计了权力平等、鼎足而立的三公制,改变了过去丞相独大的比附的三公制[1]18—23,52—57。随着三公制的正式出现,原来主断狱事的三公曹就显得不太合适了。因为断狱只是三公众多职掌中一项[4]3559,且远非最重要的内容,所以将主断狱事的尚书曹命名为三公曹,并不太合适。

此外,随着三公九卿制正式的确定,原来"主丞相、御史(大夫)事"常侍曹职掌便被相应地改称为"主公卿事",即负责三公九卿的文书处理。这就是西汉常侍曹职掌变化背后的制度史背景。

二、东汉尚书分曹及其标准的转折

上面简单梳理了西汉尚书分曹的脉络。尚书职能的拓展和机构的扩大,是尚书分曹出现的背景,而其标志是以新置三公曹为契机而增置尚书为五人。然而三公曹的旋置旋废,是否意味着之前出现的尚书机构扩大趋势产生了逆向发展呢?应该不是的。

西汉三公曹的停废,是由于尚书机构内部及其与外朝机构的关系没有理顺,并不意味着尚书机构扩大的趋势出现了拐点。到了东汉,尚书不仅规模扩大加速了,而且机构独立性也越来越强了。

尚书机构的扩大,主要体现为三方面:一是尚书曹的增加。光武帝(25—57年在位)在西汉末尚书四曹的基础上,"分二千石曹,又分客曹为南主客曹、北主客曹,凡六曹"[4]3597。而据《宋书》所载,"光武分二千石曹为二"[7]1234,似乎存在两个二千石曹。对此,祝先生认为应该是光武帝从二千石曹中分出了三公曹[1]127-128。二是新置尚书郎。光武帝时初置尚书郎四人[1]129-131，"其一郎主匈奴单于营部，一郎主羌夷吏民，民曹一郎主天下户口垦田功作，谒者曹一郎主天下见钱贡献委输"[3]64，随后又增至36员，"一曹有六人，主作文书起草"[4]3597;[7]1236。三是新置尚书令史。明帝永平十三年（70年）置令史十八人[1]119-120，和帝永元三年（91年）又以剧曹事繁增置三员[4]3598。

不过，新分出的三公曹不再"主断狱事"。据蔡质《汉官典职仪式选用》（即《汉仪》）所载，三公曹应该是"典三公文书"[1]124-129;[4]3597。与之相适应，常侍曹职掌改为"主常侍黄门御史事"，其他各曹大体未变[4]3597。这样，光武帝所置尚书六曹①，仍延续西汉尚书机构以上书者身份作为分曹标准的旧制。对比西汉成帝的尚书五曹与光武帝初的尚书六曹，尚书分曹的内在逻辑，毫无疑问，后者更加的统一。

不过，尚书机构很快又发生了变化。变化体现在尚书分曹标准的转换。就政务文书分类而言，以上书者身份作为分类的标准，是基于一种外生性的差异。这种外生的分类标准，在尚书机构出现之初，作为文书的传递机构而言，是合理的，也适应了机构职能的需要。但它并不适合于之后尚书制度"外朝化"发展的趋势。作为政务处理的一个环节，对日益增加的文书进行处理，并归档、保管，尚书机构就需要根据内生性的差异来对文书进行分类管理。这种内生性，无疑应该源于政务文书所要处理事务的性质[1]128-129。而政务文书分类标准的改变，又进一步影响了尚书分曹标准的变化。

从上文的分析来看，西汉末昙花一现的尚书三公曹，就折射出了新的意义。虽然它很快就消失了，但是这种按照职事性质，或者说按照所掌政务文书所处理事务的性质作为尚书分曹依据的思路，在东汉初年变成了现实。

如前所引，光武帝最初所置四员尚书郎中，既存在着以职事为区分的尚书郎（民曹郎、谒者曹郎），也存在着以上书者身份为区分的尚书郎。这种分曹内在逻辑的不统一，与西汉成帝初置尚书五曹时是相似的。不过，在增置尚书郎为36员后，尚书郎之间的职能区分就不再见于记载，而是变为"一曹有六人，主作文书起草"。这表明东汉尚书台还没有形成后世的尚书郎曹，尚书郎的职掌是从属于诸尚书曹的职掌，故而机构分曹仍以尚书曹为主。

上文提到，光武帝之初的尚书分曹，依然延续西汉以上书者身份作为分曹标准的旧制，但从应劭《汉官仪》所载东汉末年的情况来看，"三公尚书二人，掌天下岁尽集课；吏曹掌选举、斋祠；二千石曹掌中都官水火、盗贼、辞讼、罪眚；客曹掌羌、胡朝会，法驾出，护驾；民曹掌缮治、功作、监池、苑囿、盗贼事"[4]3597;[7]1235，尚书诸曹完全是以其所掌政务来划分的。也就是说，按尚书机构所掌政务文书处理事务的性质作为分曹标准，已经在东汉末年变成了现实。

那么，东汉尚书分曹标准变化的转折点又在哪里呢？光武帝将常侍曹改为吏曹[4]3597，很可能就是这个转折点。改常侍曹为吏曹，虽然现有文献未明言其职掌承袭变动情况，但从西汉以来尚书分曹的发展和东汉末年尚书之制来看，笔者推测尚书曹名由常侍曹为吏曹，标志着尚书分曹标准由外生的身份属性向内生的职能属性的转折。不过，史有阙文，不得而详，聊备一说，以待新知。

三、东汉三公曹尚书职掌及其变化

上面提到，光武帝分二千石曹为二曹，但未言新分出的尚书曹名，祝总斌先生认为所分出之曹为三公曹，诚为卓识。这个看法虽然合理，但毕竟是基于东汉后期尚书分曹的情况作出的结论。笔者更感兴趣的是，为什么光武帝是从二千石曹，而不是从其他尚书曹中分出了三公曹？史无明言。就笔者所及，祝先生和其他学者也未从这个角度进行分析，故而试论如下。

---

① 之所以将三公曹尚书列为尚书首曹，是以上书者身份为依据，这与西汉和东汉光武帝初皆以常侍曹为首曹是一致的。

西汉末年虽废"主断狱事"的三公曹,但其所掌事务并不因为尚书曹的消失而消失,而是合并入二千石曹所掌郡国守相事务中。这就相当于将之前的三公曹合并入二千石曹中,所以到了东汉初,光武帝又从二千石曹中分出了之前"合并"进来的三公曹。但是新分的三公曹,所掌不再是断狱事务,而是如前所述,"典三公文书"。这样,与断狱相关的"盗贼、辞讼、罪眚"事,仍归"主郡国二千石事"的二千石曹负责。之后,当东汉尚书机构不再延续以上书者身份的分曹标准后,新制下二千石曹就改"掌中都官水火、盗贼、辞讼、罪眚",保持了制度演进的延续性。

之所以有这样的看法,考虑有二:一方面是因为二千石曹既"主郡国二千石事",而断狱之事又多从地方郡国申奏上来,如此来理解断狱事被集并入二千石曹,似乎也是可以成立的;另一方面是以东汉二千石曹"掌中都官水火、盗贼、辞讼、罪眚"为旁证的。虽然据此记载,似乎二千石曹所掌只是与中都官有关的"水火、盗贼、辞讼、罪眚",并不负责地方郡国事务。不过,据《晋书·职官志》所载东汉尚书"二千石曹主辞讼事,中都官曹主水火盗贼事"[8]731。虽然这是《晋书》误增一"曹"字,才导致出现了并未存在过的中都官,原文应是"二千石曹主辞讼、中都官水火、盗贼"[1]125—126,但《晋书》的记载,却恰好反证了"中都官水火"是一个词。中都官并不统摄"辞讼""盗贼"等,所以二千石曹所掌"盗贼、辞讼、罪眚"事①,并不局限于中都官,也应包含郡国断狱文书。

总之,经过两汉之际与二千石曹的一番合并析置之后,尚书三公曹的职掌就完成了由"主断狱事"向"典三公文书"的过渡。而随着东汉初年尚书分曹标准的转折,三公曹职掌又改为"典天下岁尽集课事"。《续汉志》载:"太尉,公一人。"本注曰:"掌四方兵事功课,岁尽即奏其殿最而行赏罚……凡国有大造大疑,则与司徒、司空通而论之。国有过事,则与二公通谏争之。""司徒,公一人。"本注曰:"掌人民事……凡四方民事功课,岁尽则奏其殿最而行赏罚……凡国有大疑大事,与太尉同。""司空,公一人。"本注曰:"掌水土事……凡四方水土功课,岁尽则奏其殿最而行赏罚……凡国有大造大疑,谏争,与太尉同。"[4]3557,3560—3562可见东汉三公虽各有分工,但就"岁尽则奏其殿最而行赏罚"而言,是相同的。这正是界定宰相之职所必须具备的两项职权中的一项,即"监督百官执行权"[1]4—6。由此可知,尚书三公曹"典天下岁尽集课事",正与东汉三公职掌是一致的。内、外朝官相互配合,以集课殿最督促百官履行职责。

不过,对于东汉三公曹尚书的职掌,笔者的看法与祝总斌先生有所不同。对于东汉末年的三公曹尚书两员,祝先生认为其中一人主岁尽课州郡事,一人继续主断狱事,并以东汉安帝时"世典刑法"的陈宠、陈忠父子为例来证明[1]128—129。《后汉书·陈宠传》载,陈宠初为司徒府辞曹,掌天下狱讼。撰《辞讼比》七卷,肃宗(75—88年在位)初,为尚书。"是时承永平(58—75年)故事,吏政尚严切,尚书决事率近于重,宠以帝新即位,宜改前世苛俗。""遂诏有司,绝鈷鈷诸惨酷之科,解妖恶之禁,除文致之请谳五十余事,定著于令。"为廷尉,"数议疑狱,常亲自为奏,每附经典,务从宽恕,帝辄从之,济活者甚众。其深文刻敝,于此少衰。宠又钩校律令条法,溢于《甫刑》者除之"。未及施行,坐免。复拜为尚书[4]1548—1554。《后汉书·陈忠传》载,陈忠为廷尉正,永初中(107—113年),"司徒刘恺举忠明习法律,宜备机密,于是擢拜尚书,使居三公曹。忠自以世典刑法,用心务在宽详。初,父宠在廷尉,上除汉法溢于《甫刑》者,未施行,及宠免后遂寝。而苛法稍繁,人不堪之。忠略依宠意,奏上二十三条,为《决事比》,以省请谳之敝。又上除蚕室刑;解赃吏三世禁锢;狂易杀人,得减重论;母子兄弟相代死,听,赦所代者。事皆施行"。后为仆射[4]1555—1562。祝先生认为陈宠为尚书,虽史未言所居为何曹,但从他屡次上书言断狱事看,应该是三公曹尚书。这实际上是根据其子陈忠

---

① 民曹尚书所掌亦有"盗贼"事,应如何理解?笔者认为民曹"典缮治功作,监池、苑、囿、盗贼事",或其与负责池、苑、囿等"缮治功作"有关的盗贼之事,或者民曹是"监盗贼事",与二千石曹的"掌盗贼事"是并行不悖的。

的经历及其家学背景作出的推论。首先来看陈忠。他虽然以"明习法律",被擢为尚书,但这是因为他"宜备机密",而不是因为他善断狱事。至于其"居三公曹",以"苛法稍繁"而奏行《决事比》等事,也只是遵从其父在廷尉职上的未竟事宜,可能与三公曹的职掌并不相关。至于陈宠,史文所谓的"吏政尚严切,尚书决事率近于重",大概是针对所有尚书而言,并不专指三公曹尚书。所以据此而推论陈氏父子皆为三公曹尚书,"主断狱事",稍显不足。

退一步讲,即便确实如祝先生所论,陈氏父子皆以三公曹尚书而"主断狱事",这也只是反映了东汉中期的制度。与近百年之后应劭《汉官仪》、蔡质《汉仪》所记载三公曹尚书"典天下岁尽集课事"的汉末制度并不相同,也完全可能。

此外,前文所引三公职掌中包括"国有大造大疑"时,三公要"通而论之"。这确实与断狱有关,亦可与祝先生所论相合。不过,笔者以为这里体现的是宰相职权中的"议政权",并非不同于日常司法政务的处理。至于日常断狱之事,司徒府有辞曹"掌天下狱讼"[4]1548,3559,尚书有二千石曹掌"盗贼、辞讼、罪眚",相互配合以处理日常司法政务。

四、尚书吏曹与三公曹关系新说

本文之所以认为东汉末年三公尚书两人,并不是一主岁尽课州郡事,一主断狱事,还与笔者对东汉尚书分曹的发展有如下认识有关。

如前所述,东汉之初的尚书六曹是三公曹、常侍曹、二千石曹、民曹、南主客曹和北主客曹,尚书各一员。到了东汉末年,尚书台形成了五曹六尚书的局面,即三公曹二人,吏曹、二千石曹、民曹、客曹各一人。其中,比较关键的是从常侍曹到吏曹的变化。这不仅因为它体现了尚书分曹机制的转型(如前),还在于它背后所隐藏的三公曹与吏曹更为复杂的关系。

根据现存史志的记载,东汉初光武帝改常侍曹为吏曹后,吏曹就与三公曹等其他尚书曹一样,独立为曹,分置尚书。但实际并非必然如此。

据蔡质《汉仪》所载,三公曹尚书"典天下岁尽集课事。三公尚书二人,典三公文书。吏曹尚书典选举斋祀,属三公曹。灵帝末,梁鹄为选部尚书"[4]3597。《晋书》也有类似的记载,东汉"尚书虽有曹名,不以为号。灵帝以侍中梁鹄为选部尚书,于此始见曹名。及魏改选部为吏部,主选部事"[8]731。《汉仪》保留了一个很有意思的记载,即吏曹尚书"属三公曹"。大概光武帝在改常侍曹为吏曹的时候,不仅将原来"主公卿事"的职掌改为"典选举斋祀",同时还确立了吏曹"属"三公曹的关系。也就是说,虽有"吏曹"之名,但是与他曹不同,吏曹并非完全独立的尚书曹,而是从属于三公曹之下。这也就是《晋书》所谓"灵帝以侍中梁鹄为选部尚书,于此始见曹名"的原因。为什么会出现这种情况?可以从两汉尚书曹的次第与执掌来考虑。

首先,西汉诸尚书曹是以常侍曹为首曹。这与常侍曹最初负责丞相和御史大夫所奏文书有关。但是随着三公制的真正建立和"典三公文书"的三公曹的出现,东汉尚书台便以三公曹为首,常侍曹次之。三公曹地位的上升,为吏曹从属三公曹提供了可能。其次,当东汉尚书分曹改以政务性质划分时,三公曹"典天下岁尽集课事",吏曹则"典选举斋祀"。而从太尉府东曹"主二千石长吏迁除及军吏"[4]3559,以及司徒府东曹掌一般郡国二千石长吏迁除、司空府东曹典选举来看[1]66,"典选举斋祀"的吏曹尚书从属三公曹[4]3559,是有可能的,也是合理的。

由于东汉很长时间内尚书台虽然分曹治事,但是尚书并不以曹名为号,所以才有《后汉书·陈忠传》"擢拜尚书,使居三公曹"的记载。这样,在东汉前期吏曹"属三公曹"的情况下,三公曹便出现了尚书两人的局面。

不过,由于吏曹"典选举斋祀",而人事权在国家权力架构中的实际作用和影响更为突出,所以东汉中后期便出现了"吏曹任要,多得超迁"的情况[7]1235。这种经常性的任要超迁,自然导致吏曹地位的上升。吏曹及其尚书的独立性也逐渐在加强。"灵帝末,梁鹄为选部尚书"的说法,一方面反映了尚书以曹名为号的开始,另一方面则反映了吏曹及选部尚书(吏曹尚书)从三公曹中独立出来的完成。曹魏以降,吏曹(部)尚书冠诸尚书,也渊源自此。

随着吏曹及吏曹尚书的独立,以及南、北主客曹重新合为客曹,同时为了保持"八座"体制的稳定[9]6,使得原来三公曹有尚书两人的传统被延续了下来。只是此时不再是吏曹从属于三公曹,而是增三公曹尚书为二员。以上是东汉末五曹六尚书局面出现的原因及过程。既然东汉末年三公尚书二人的出现,最初是由吏曹"属三公曹"所造成的,那么也就不应该存在所谓三公尚书二人,一主岁尽课州郡事,一主断狱事的分工。

总之,通过对两汉尚书分曹情况的梳理,可以大体将其发展分为五曹五尚书、四曹四尚书、六曹六尚书和五曹六尚书几个阶段,详见表1。而东汉末年尚书台五曹六尚书的局面,同时又成为魏晋南北朝以后,尚书省体制演变的新起点。此外,东汉前期吏曹从属三公曹的渊源,也成为理解西晋太康中(280—289年),"省三公尚书,以吏部尚书兼领刑狱"制度的关键[9]179。有关魏晋南北朝时期尚书省体制的发展,俟后将以专文讨论,此不多及。

表1 两汉尚书分曹及置员沿革表

建始四年	西汉末	东汉初	东汉前期	东汉末
据上书者身份分曹			据政务性质分曹	
常侍曹1人	常侍曹1人	三公曹1人	三公曹2人	三公曹2人
二千石曹1人	二千石曹1人	常侍曹1人	(含吏曹1人)	吏曹1人
民曹1人	民曹1人	二千石曹1人	二千石曹1人	二千石曹1人
客曹1人	客曹1人	民曹1人	民曹1人	客曹1人
三公曹1人		南主客曹1人	南主客曹1人	民曹1人
		北主客曹1人	北主客曹1人	

【参考文献】

[1] 祝总斌.两汉魏晋南北朝宰相制度研究[M].北京:中国社会科学出版社,1998.
[2] 王素.三省制略论[M].济南:齐鲁书社,1986.
[3] 孙星衍,等.汉官六种[M].北京:中华书局,1990.
[4] 范晔.后汉书[M].北京:中华书局,1965.
[5] 班固.汉书[M].北京:中华书局,1962.
[6] 杜佑.通典[M].北京:中华书局,1988.
[7] 沈约.宋书[M].北京:中华书局,1974.
[8] 房玄龄,等.晋书[M].北京:中华书局,1974.
[9] 李林甫.唐六典[M].北京:中华书局,1992.

居延汉简所见"助吏"

赵宠亮*

【摘　要】 就现有材料而言,汉简所见"助吏"一般为下级的基层官吏,其担任的职务有燧长、府佐、置佐、令史等。在担任职务时,助吏的身份一般要注明,其格式则为"助+职务名"。这种为吏方式和我们通常了解的"守""行""假"等不同。分析相关文字记录,可以加深我们对汉代边地状况和汉代为吏的具体形式的认识。

【关键词】 居延汉简;助吏;为吏方式

西北汉简中有很多下级官吏的称谓,它们大多不见于史书。研究这些称谓,对于我们了解当时的政治、军事制度当有一定的帮助。居延汉简文字遗存中数见"助吏"这一称谓,分析相关记录,对于我们加深有关汉代边地状况的认识,也是有意义的。相关简例,如:

(1) 第六燧助吏东郭尊见　　助吏王囗☑（110·20[①]）

(2) 助吏第一燧长囗　囗见
　☑……燧长朱囗卿
　　　卒囗囗……见（E.P.T 40:33）

(3) 助吏郑冯见
　☑骏见
　　　卒左隆见（E.P.T 43:104）

(4) 助吏
　☑囗还　　☑
　　　囗月（E.P.T 43:387）

(5) 助吏郑阳见
　第十五燧长宋党见
　　　卒田隆见（E.P.F 22:410）

(6) 助吏干嘉见　堠西囗
　第十九燧长张诩见　　☑
　　　卒谢凤见（E.P.F 22:411）

(7) 第廿一燧长孙建　第四助吏陈勋　第☑（E.P.T 44:3）

(8) 书言官三月毋邮书过界中者书中上下不相应长又言城北助吏李同受吞远（E.P.T 65:30）

(9) 蓬坞上大表一燔一积薪城北燧助吏李丹（E.P.T 68:85）

(10) 大表一燔一积薪城北燧助吏李丹候望见（E.P.T 68:97）

(11) 乃十二月甲午第十三助吏高沙燧长居延关都里王尊（E.P.T 68:164[②]）

---

* 赵宠亮(1982—),男,河北省永年县人,博士,四川省文物考古研究院馆员,主要从事秦汉史研究。

① 本文所引居延汉简,凡引简简号为阿拉伯数字者,均出自谢桂华、李均明、朱国炤:《居延汉简释文合校》,文物出版社1987年版;凡简号阿拉伯数字前为E.P.T、E.P.F者,均出自甘肃省文物考古研究所等编:《居延新简——甲渠候官与第四燧》,文物出版社1990年版。

② 李振宏、孙英民先生认为简(11)中的王尊,"同时兼任第十三燧助吏和高沙燧长二职"。见其《居延汉简人名编年》,中国社会科学出版社1997年版,第364页。

(12)☑午第十三助吏高沙燧长（E.P.T 68：181）

(13)付城北助燧长王明下铺八分明付吞远助燧长董习习留不以时行（E.P.F 22：143—144）

(14)北燧长岑铺时勋付城北燧助吏王明下铺八分明付吞远助吏□□皆中程留迟不在界中敢言之（墨迹脱落，据简面侵蚀痕影辨认）（E.P.F 22：464）

(15)临之燧未到燧一里半燧助吏杜悓举蘲燔薪至今为吏（E.P.F 22：272）

(16)代成则恭属尉朱卿候长王恭即奏恭到燧视事燧有鼓一受助吏时尚鼓常县坞户内东壁尉卿使诸吏旦夕击鼓积二岁尉罢去候长恭序免鼓在燧恭以建武三年八月中（E.P.F 22：331）

(17)铺时付第十三燧长王习习即日下铺付第十燧助吏陈当（E.P.F 22：343）

(18)第十九燧助吏石永……☑（E.P.F 22：777）

(19)当曲助吏宋普　　五月食三石　　五月癸未自取（E.P.F 22：103）

(20)临止燧助吏王敞　　五月食三石五月癸未自取（E.P.F 22：105、118、121）

(21)　　　官吏三人
　　　　士吏二人
官府调正月尽二月吏卒食三百六十六斛载谷吏守鄣凡五人
鄣卒六人（以上为第一栏）
　　助吏三人　●有余三十二斛
万岁尽第十吏卒三十三人
凡五十三人人六斛用谷三百二十三斛（以上为第二栏）（E.P.F 22：451）

根据简例，简（1）（2）（3）（5）（6）当为检查烽燧戍卒是否在岗的记录，这和居延汉简中常见的"不在署""私去署"有关[1]；简（7）为申请廪食的名籍简[2]54；简（19）（20）为发放廪食的名籍简[2]57；简（8）（13）（14）（17）当与邮书传递有关；简（9）（10）（15）似为边塞吏卒守烽燧、警烽火的反映。据简文，简（13）与简（14）所记当为同一件事，所以简（13）"城北助燧长王明"和简（14）"城北燧助吏王明"当指一人；"吞远燧助吏□□"当为"吞远助燧长董习"。又据简（2）"助吏第一燧长"的记载，所以"助燧长"当即为"助吏"。然而结合简（21）又特别指出"助吏三人"，则似乎"助吏"为一种身份，和表示职务的"燧长"不能简单直接地画等号。

相关简文所见的燧名，则有：

第一燧（2）；

第四燧（7）；

第六燧（1）；

第十燧（17）；

第十五燧（5）；

第十九燧（18）；

城北燧（9）（11）（10）（13）（14）；

当曲燧（19）；

吞远燧（13）（14）；

临止燧（20）。

看来有助吏的燧还是不少的，且不限序数燧或实名燧。简（11）（12）则不易判断助吏所属的燧。

关于助吏的职责，由简（8）（9）（10）（13）（14）（15）（17）可知，助吏也和西北边塞其他下级吏卒的日常工作没有什么不同。他们也同样承担传递邮书、守烽燧、举烽火等任务。李振宏、孙英民先生曾对简（5）中出现的郑阳有过讨论，认为："简中郑阳是第十五燧助吏。助吏比燧长更低一级，从居延简中看，只是在个别燧设有此职，以作为燧长之助手。"[3]296 刘增贵先生也认为："助吏很可能是燧长的副手。"[4]39 从简（2）"助吏第一燧长"的记载来看，似乎第一燧的燧长就是一名助吏，而非"作为燧长之助手""燧长的副手"。看来，在有助吏活动身影的烽燧，其中一些是有燧长和助吏，后者可能为"燧长之助手""燧长的副手"；而在另外一些烽燧，担任燧长者本身即为一位助吏。

关于助吏的待遇，由简（19）（20）（21）可知，助吏的粮食配给和其他吏卒并无差别，均为每月三斛（石）。值得注意的是，简（21）中提到"官吏""士吏""助吏"三种称谓，说明这三者当有某种不同，尤其是官吏与士吏的差别，应给予一定的重视。

至于助吏的俸禄，因材料所限，未能知晓。

但据其在简(2)(5)(6)(7)等的排名顺序,其俸禄可能不会高于燧长①。

居延汉简中除"助吏"称谓外,尚有"助府佐",如:

(22) 掾临卒史平助府佐嘉(E.P.T 51:189B②)

(23) ☐兼掾临属霸书佐音助府佐☐(E.P.T 51:657B)

(24) 十二月乙丑张掖大守延年长史长寿丞梵下居延都尉县承书从事下当用者如诏书律令/掾段昌卒史利助府佐贤世(E.P.T 52:96)

(25) 三月丙午张掖长史延行大守事肩水仓长汤兼行丞事下属国农部都尉小府县官承书从事下当用者如诏书/守属宗助府佐定③(10·32)

敦煌悬泉汉简也数见"助府佐"称谓,如:

(26) 神爵四年六月癸巳朔甲寅敦煌大守快库丞何兼行丞事谓县广至东鱼泽亭长安世案县置见器少前遣小府佐广成将徒复作☐☐A

掾☐国守属敞广利助府佐庆……B(ⅠT0309③:86AB[5]119)

(27) ☐☐☐壬午敦煌大守常乐骑千人禹行长史事仓长广汉兼行丞事谓效谷广至写

☐☐书到如护部使者书如律令/掾德守属广利助府佐广意富昌(ⅠT0309③:88[5]124)

(28) 甘露二年三月庚寅朔庚戌敦煌大守千秋丞破胡☐☐☐

二匹当舍传舍从者如律令/掾禹助府佐☐☐(ⅡT0115③:204[4]125)

(29) 甘露二年四月庚申朔癸亥敦煌守部候贤行大守事丞破胡谓县丞史助府佐樊羌案事郡中当舍传舍从者如律令S(ⅡT0214③:46[6]3)

(30) 甘露三年十一月辛巳朔乙巳敦煌大守千秋长史奉憙丞破胡谓过所县河津遣助府佐

杨永视事上甘露三年计丞相御史府乘用马一匹当舍传舍从者如律令十一月丙辰东(ⅡT0213②:139[5]125-126)

(31) 甘露四年六月丁丑朔丁丑敦煌大守千秋长史奉憙谓县遣助府佐敞罢卒郡中

以令为驾……如律令六月☐☐西(VT1410④:1[5]126)

(32) ☐敦煌大守宏以月八日☐☐☐道置用乘车六乘马廿四匹敞车卌☐☐

☐☐务约省尉以下谨备列毋令道督留物故界中事当奏闻☐☐

☐☐掾崇守卒史相助府佐谭

☐掾尊啬夫并(牍)(ⅠT0109S:116[5]140)

根据文书中所记的具体承办者,我们可以判断文书的发书单位。由相对完整的简文,我们推知以上的文书均应发自太守府。而太守府所发文书的具体承办者,一般为"掾、卒史、书佐、府佐",或"掾、卒史、府佐",或"掾、属、府佐"。而在简(22)(23)(24)(25)(26)(27)(28)(32)中,"府佐"的位置记作"助府佐"。联想到"助燧长"的称谓,似乎"助府佐"的身份也当为"助吏"。简(29)(30)(31)则表现了"助府佐"除作为书吏外的其他公务活动。这些公务分别是"案事郡中""视事上甘露三年计丞相御史府"以及"罢卒郡中"。

汉简中又可见"助佐":

(33) 闰月辛未敦煌大守千秋长史奉憙敢告中部宜禾都尉卒人谓郡库守部千人县写移书到亟召遣

---

① 陈梦家先生说:"燧史、助吏当是燧长下极小之吏。"他认为燧长下为燧史、助吏、吏、伍百。见其《汉简所见居延边塞与防御组织》(《汉简缀述》,中华书局1980年版,第56、69页);《甘肃汉简的学术价值》一文,认为燧长下有燧史、助吏、戍卒。见薛英群、何双全、李永良著:《居延新简释粹》(兰州大学出版社1988年版,第13页)。永田英正先生对于陈梦家先生的上述说法有所疑问,他说:"……助吏又仅见此一简,助吏究竟是什么样的吏,现在还无法弄清。"见其《居延汉简研究》,张学锋译(广西师范大学出版社2007年版,第342页)。

② 大庭脩先生标点为"助(?)府佐",表示对此字释读的不确定。见其《汉简研究》,徐世虹译(广西师范大学出版社2001年版,第215页)。

③ 大庭脩先生把"守属宗、助府佐定"句读断为"守属宗助、府佐定",似不准确。又,他认为两者"均为张掖太守府的属吏"(《汉简研究》,第15页)。永田英正先生也同意此断句,见其《居延汉简研究》,第337页。李振宏、孙英民先生则认为,其为"肩水都尉府助府佐"(《居延汉简人名编年》,第21页)。

吏将日夜诣御史在所敦煌传舍物故白报如律令敢告卒人/掾禹守卒史尊书佐义助佐敞（ⅡT0114③：465[5]135）

（34）出东苇箧书一封蒲封书三记二

苇箧书一封敦煌长史诣凉州牧治所　＝

蒲封书一封敦煌长史诣凉州牧治所　＝

蒲封书一封敦煌中部都尉诣凉州牧治所　＝

蒲封书一封□□诣督邮李掾治所

记二敦煌千人诣渊泉

元始四年十二月癸丑日食时县泉马医并付鱼离助佐蹱戎（ⅡTO114②：216A[6]4—5）

简（31）（33）中都出现了"敦煌大守千秋长史奉憙"，所以简（33）中"助佐敞"很可能即为简（31）中"助府佐敞"。那么"助佐"则很有可能是"助府佐"的漏写或漏释；但"助府佐"省写为"助佐"的可能性也不能排除。简（34）则是有关发送邮书的记录，其中的"鱼离助佐蹱戎"为当时鱼离置的官吏，其职位是佐，身份则可能是一位助吏。他又见于下面一枚简：

（35）入西板檄二冥安丞印　一诣樊掾治所
　　　　　　　　　　　　　一诣府

元始四年四月戊午县泉置佐宪受鱼离置佐蹱卿实时遣即行（ⅡT0214①：125[6]5）

简（35）中，其职位为"鱼离置佐"，与简（34）所记不同。其原因除了漏写或漏释外，也很有可能将"鱼离置佐"省写为"鱼离助佐"。

居延汉简里又有"助府令史"：

（36）☑□□察□史书毋犯者四时

☑/掾章守卒史充助府令史霸（简上沾染红色）（E.P.T 16：6）

（37）☑史□助府令史☑（E.P.T 52：768）

敦煌悬泉汉简相关简例，如：

（38）六月庚午敦煌大守快长史奉憙仓长广□兼行丞事……☑

□写移书到如刺史书律令/掾何□□助府令史敕之佐□□☑（ⅤT1510②：40[4]121）

居延汉简中尚有"助府史"：

（39）☑事下官县承书从事下当用☑

☑助府史武韦佐钦☑（E.P.T 59：293）

疑"助府史"中间脱一"令"字，或即为"助府令史"之简称。助府佐、助府令史等称谓，当和助燧长即为助吏一样，似亦应属于助吏一类。

下列简不清楚是否在"助"字后有无脱漏，置此待考。

（40）建始四年闰月癸酉朔丁丑榆中守长允街尉守丞贺☑

武威张掖酒泉敦煌界中当舍传舍从者如律令A

☑大守贤长史福丞憙☑

当舍传舍从者如律令/掾登属元助谭B（ⅡT0314②：220AB[4]132）

至于助吏的来源、身份构成、变迁等一些问题，由于材料所限，我们都不清楚。检索居延汉简，下列简文可能和前引简文中的助吏有关：

（41）买官畜吏名　　第六燧长常业
　　　　　　　　　第八燧长孙知
第十六燧长郑阳
第二燧长九百诩（E.P.F 22：461）

（42）☑第十六燧长居延利上里上造郑阳年卅七　始建国地（231·106）

（43）吞北燧长陈勋召诣官　正月甲午日中入（E.P.T 17：2）

（44）☑陈勋吞远言食时尽☑（156·27）

（45）燧即广北当山燧长李同八月十九日去署亡至二十三日（E.P.F 8：1）

（46）☑白昨日病心腹　第十二卒李同昨日病

☑日病心腹　卅井□守士☑（211·6A）

（47）☑长董放乘当曲遣李丹归部☑（E.P.T 65：28）

（48）建武四年三月壬午朔己亥万岁候长宪敢言之官记曰第一燧长秦恭时之俱起燧

取鼓一持之吞远燧李丹孙诩证知状验问具言前言状·今谨召恭诣治所验（E.P.F 22：329）

（49）徙补第一燧长至今年二月中女子齐通耐自言责恭鼓一恭视事积三岁通耐夫当未

□□□鼓□将尉卿使执胡燧长李丹持当燧鼓诣尉治所恭本不见丹持鼓诣吞（E.P.F 22：694）

（50）远爱书自证证知者李丹孙诩皆知状它如爱书（E.P.F 22：556）

(51) 李丹归取（486∶20）

(52) 临之燧卒乐护 ⊋ 三月食三石三斗三升少 二月甲子卒王尊取（E.P.T 52∶436）

(53) 人二日积四人 · 第十卒王尊 · 三☒（E.P.T 53∶1）

(54) 省城仓卒名 三堠卒王尊 第三十三卒魏崇 舍甲春卿舍 薛崇舍中春卿舍 胡毒舍☒掾舍 （E.P.T 65∶66）

(55) ☒自山卒周骏梁多及三堠卒王尊财用皆（E.P.F 22∶505）

(56) 次吞燧长时尚 黎月禄帛三丈三尺 八月戊申母☒取 ☒（E.P.T 6∶76）

(57) ☒罚萌诚服恭所数绝书荅过在萌自今见

☒长秦岑时尚乏食状今吏皆乏饿（E.P.T 20∶31）

(58) 肉廿斤直谷三石 次吞时尚见☒☒部候长☒

麦少石七斗 吞远秦恭负石五斗赵☒☒五☒（E.P.T 65∶99）

(59) 第十一燧长陈当 腊钱八十 十二月乙丑妻君闲取（E.P.F 22∶208）

(60) ☒长石永☒（E.P.F 31∶6）

(61) 止北燧长宋普☒（76·14）

(62) 甲渠部候☒ 即日壬申 五月壬寅府告甲 铺后遣 渠部候遣乘燧骑士王晏王阳王敞赵康王望（E.P.F 22∶473A）

(63) ☒验问永辞今月十日壬寅代骑士王敞乘燧教教（E.P.F 22∶526）

(64) ·甲渠鄣候☒ 甲渠言燧长赵永代骑士王敞 乘燧穀少永留十三日乙巳到官 ☒（E.P.F 22∶586）

(65) ☒坐之根意恐☒昌充白根☒王敞☒（123·61）

(66) ☒卿足下 · 愿毋与令史王敞言宽置之

☒☒武强☒（158·7）

(67) 临桐燧长王敞（214·105）

(68) 却适燧长王敞☒（231·93A）

上述简文中，疑简（41）（42）与简（5）中的"助吏郑阳"相关；简（43）（44）与简（7）中的"第四助吏陈勋"相关；简（45）（46）与简（8）中的"城北助吏李同"相关；简（47）至（51）与简（9）（10）中的"城北队助吏李丹"相关；简（52）至（55）与简（11）（12）中的"王尊"相关；简（56）（57）（58）与简（16）"助吏时尚"有关；简（59）与简（17）"第十燧助吏陈当"有关；简（60）与简（18）"第十九燧助吏石永"有关；简（61）与简（19）"当曲助吏宋普"有关；简（62）至（68）疑与简（20）"临止燧助吏王敞"有关。上述几组相关简文中虽然姓名相同，但不易判断所指是否为同一人，故助吏的来源、升迁等问题，现在我们还是无法明了①。

另外，汉简中又有"一人守园，一人助"（267·17），"一人守园，一人助园"（267·22）②，"右助九百卅九人"（513·50），"☒☒中助薪病者三日一饮久病者☒"（E.P.F 22∶817）等关于"助"的记录；《续汉书·百官志五》"州郡"条注引《汉官》记河南尹官吏的情况，其中有"文学守助掾六十人"的记载；在印章中又有"助军司马"[7](卷13)、"助郡都尉章"[8](卷7)、"赵郡助郡都尉"[8](卷10)，我们不清楚这些和上述西北汉简所见"助吏"有无相类似的地方。置此以俟来日。

虽然我们对于"助吏"了解还很有限，然而就现有的材料而言，我们发现"助吏"一般为下级的基层官吏，其担任的职务有燧长、府佐、置佐、令史等。其担任职务时，助吏的身份一般要注明，其格式则为"助+职务名"。这种任职方式和我们了解的"守""行""假"等不同，是一种我们以前未能充分注意的为吏方式。尽管目前我们对其还有太多不明白的地方，但是我们毕竟已经掀开了覆盖其身神秘面纱的一角。通过研究

---

① 刘增贵先生根据汉简中助吏又为燧长的记载，认为："助吏很可能是由他燧燧长临时调派，支援此燧一段时间，协助处理燧务。因为是临时性的，所以仍保留本职，事毕可能仍回原职。"见其《〈居延汉简补编〉的一些问题》，史语所简牍整理小组编：《居延汉简补编》，（台北）文渊企业有限公司1998年版，第40页。但这种认识似乎不适于诸如助府佐、置佐、令史等助吏的情况。

② 简267·17、267·22中的"助"也可能通"锄"。

这一问题,我们对于汉代边塞军事、地方行政的状况,无疑可以得到一些新的认识。当然,我们需要做的工作还很多。

[附记]

本文的写作,得到了李迎春、徐畅的帮助,谨致谢忱。

【参考文献】

[1] 李振宏.小议居延汉简中的"私去署"问题[J].郑州大学学报(哲学社会科学版),2001(5).

[2] 李天虹.居延汉简簿籍分类研究[M].北京:科学出版社,2003.

[3] 李振宏,孙英民.居延汉简人名编年[M].北京:中国社会科学出版社,1997.

[4] 刘增贵.《居延汉简补编》的一些问题[M]//史语所简牍整理小组.居延汉简补编.台北:文渊企业有限公司,1998.

[5] 张俊民.敦煌悬泉汉简所见人名综述(三):以敦煌郡太守人名为中心的考察[M]//卜宪群,杨振红.简帛研究2005.桂林:广西师范大学出版社,2008.

[6] 张俊民.敦煌悬泉出土汉简所见人名综述(二):以少数民族人名为中心的考察[J].西域研究,2006(4).

[7] 罗福颐.汉印文字征[M].北京:文物出版社,1978.

[8] 罗福颐.秦汉南北朝官印征存[M].北京:文物出版社,1987.

汉代思想、文化与风俗

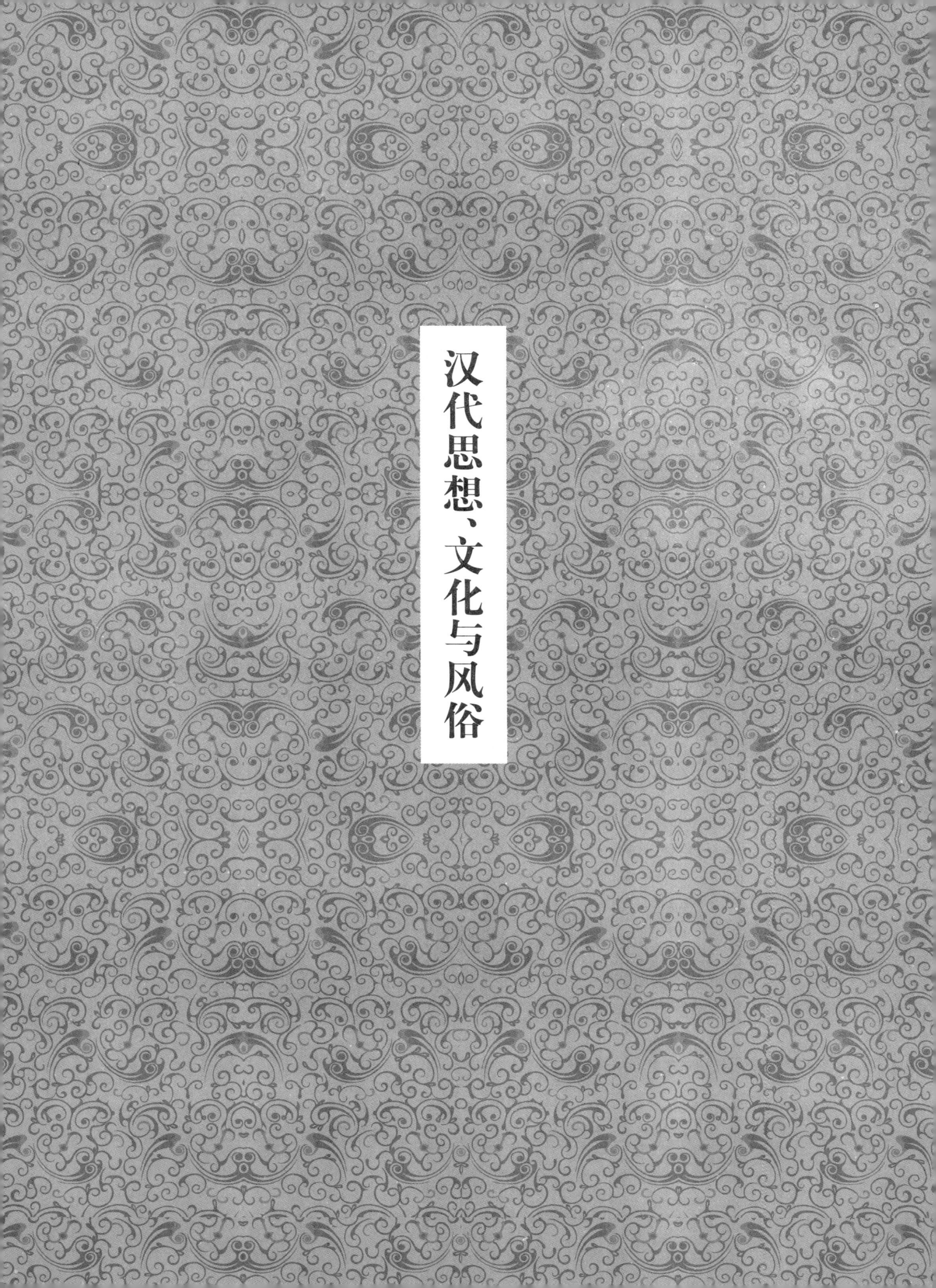

论汉昭帝平陵从葬驴的发现

王子今*

【摘　要】 汉昭帝平陵2号从葬坑发现驴骨,不排除驴作为帝后宠物的可能。这是最早的数量集中的驴进入中原社会生活的实体证据。大约战国时期,驴被中原人看作"奇畜",文献记录与考古发现可见片段迹象。关于"驴"的知识,汉初已在社会初步普及,然而"驴"的大量引入,应当是在汉武帝时代。汉简资料也可以提供西域人进献"驴"的相关信息。正是在此之后,驴逐步为中原人所利用、养殖、繁育,成为北方应用十分普遍的畜种。《后汉书》屡见"乘驴车""驾驴车""驴车转运"的记载。《三国志》"诸葛子瑜之驴"的故事,则说明驴已经进入江南地方。平陵驴骨骼的发现,为中西文化交流提供了动物考古的实证。驴作为交通动力自西北引入,也是交通史研究者应当关注的史实。

【关键词】 驴;汉昭帝;平陵;文化交流;动物考古;交通史

汉昭帝平陵2001年发掘2号从葬坑,出土骆驼、牛和驴的骨骼,分别为33具、11具、10具。由3号坑放置车驾,有驾车骆驼4匹,或可推知2号坑发现的骆驼、牛和驴也是作为交通动力。然而随葬帝陵,不排除亦是平陵葬主汉昭帝或上官皇后生前宠物的可能。这是在汉帝国重心地区迄今发现最早的驴的骨骼。尽管战国时有历史文献指示"駃騠"曾经为王家宝爱,当时应当已经有驴的引入,考古发现也可见青铜制作的驴的模型,但是最早的数量集中的驴的实体证据则是在平陵出土。

根据动物学者的研究,世界上所有作为家畜的驴,都来自非洲野驴种群,亚洲野驴未曾被驯化。因此,平陵驴骨骼的发现,为中西文化交流提供了动物考古的实证。据《汉书》卷96上《西域传上》,鄯善国、乌秅国"有驴"。《汉书》卷64上《匈奴传上》说,"驴"是匈奴"奇畜"。汉武帝击大宛,"驴橐驼以万数赍粮",已经以"驴"作为军事运输的主要动力。

平陵发现印证了《盐铁论》关于丝绸之路开通之后"骡驴馲驼,衔尾入塞"的记载。贾谊赋作有"腾驾罢牛,骖蹇驴兮"语,可知关于"驴"的知识,汉初已在社会初步普及,然而"驴"的大量引入,应当是在汉武帝时代。汉简资料也可以提供西域人进献"驴"的相关信息。正是在此之后,驴逐步为中原人利用、养殖、繁育,成为北方应用十分普遍的畜种。《后汉书》屡见"乘驴车""驾驴车""驴车转运"的记载。《三国志》"诸葛子瑜之驴"的故事,则说明驴已经进入江南地方。这些现象,应当为交通史与交通考古研究者关注。

---

* 王子今(1950—),男,河北省武安市人,中国人民大学国学院教授,博士生导师,主要从事秦汉史研究。

一、平陵动物考古发现

2001年,陕西省考古研究所和咸阳市考古所在对西汉平陵进行考古钻探和局部发掘时,获取了三个从葬坑的资料。据报道,1号坑东西长108 m,宽约6 m,深6 m,发现漆器、漆木马等。2号坑南北长59 m,宽2—2.2 m,深4 m,北端为一斜坡,坑道两侧对称开凿了54个洞室,每个洞室内有一具兽骨,均为大型动物,初步确认的有牛和骆驼。3号坑南北长16 m,底宽2.5 m,深5 m,发现了木车痕迹。消息发布者重视骆驼骨骼的出土:"陕西乃至中原地区发现最早的大量骆驼骨架的出土,对汉代中外文化交流的研究具有十分重要的意义。""平陵骆驼的出土,对汉代中外文化交流和中西交通史的研究有着十分重要的意义。"[1]平陵2号从葬坑的54个洞室中,其实还有初步判定为马骨的发现,据动物考古专家鉴定,起初判断为马的骨骼的遗存,其实是驴的骨骼。袁靖在《动物考古学揭密古代人类和动物的相互关系》一文中写道:"陕西省考古研究院于2001年发掘了陕西咸阳平陵的丛葬坑。""其丛葬坑中的二号坑为南北向的长方形,北端有一道斜坡方便上下,坑内东西两侧各对称地开凿了27个拱形顶长方形洞室,共计54个。每个洞室里都放置了一头大型哺乳动物。因为洞内底部被人为地修整过,呈斜坡状,推测当时是把动物杀死后放在木板上,在洞口抬高木板,将其滑入洞内。通过鉴定,全部动物可以分为骆驼、牛和驴三大类。其中骆驼33匹,牛11头,驴10匹。"袁靖在论文中告诉我们:"我们在这里要强调的是驴与马在不少地方有相似之处。但是它们之间的区别也是很明显的,比较典型的区别在于牙齿。如驴的齿列比马的短,驴的臼齿无马刺,马的臼齿有马刺。驴的臼齿下后尖和下后附尖呈U字形,马的则呈V字形。驴可以分为亚洲野驴和非洲野驴两种,根据动物学家的研究,世界上所有家养的驴都来自非洲野驴,亚洲野驴没有被驯化为家养的驴。"[2]

看来,平陵从葬驴的发现,提供了确定的动物考古学信息。

汉代人与动物的亲近形式,有一种是宠物豢养。这种形式可以通过陵墓随葬方式有所体现。西汉薄太后南陵20号从葬坑曾经出土犀牛骨骼和大熊猫头骨,犀牛头部位置放一陶罐[3],说明是墓主珍爱的豢养动物。大葆台汉墓发掘报告记录:"1号墓东侧外回廊隔板外侧的南北两端各殉1兽,南侧外回廊隔板外侧甬道两边亦各殉1兽。"据北京自然博物馆鉴定,东侧外回廊北端殉葬的是一头豹子,其余3副殉葬动物骨架"均为马"[4]。古人宠爱马的史例历代多见。豢养豹以为宠物,则很有可能与西汉薄太后南陵陪葬坑发现殉葬犀牛的情形类似,也许反映了汉代贵族生活亲近自然同时崇尚雄健粗野的倾向[5]。豢养虎的例证,在汉代画像资料中也有表现。

以通常以为运输动力的动物为宠物者,除了有关马的故事,还有《吕氏春秋·爱士》赵简子"白骡"故事①和《史记》卷83《鲁仲连邹阳列传》燕王"骏骥"故事②。据李斯《谏逐客书》,秦王亦以"骏骥"为"快意""所重者"。按照段玉裁注修正的文字,《说文》以为"骏骥"是马父驴母所生,也就是"骡"[6]。"骏骥"的生育条件,是必须有"驴"的驯养的。讨论这一问题,秦人在畜牧"蕃息"方面的技术优长应当受到重视③。

我们还不能确切说明平陵从葬驴的宠物性质,但是这一发现无疑可以理解为汉昭帝时代的

---

① 《吕氏春秋·爱士》:"赵简子有两白骡而甚爱之。阳城胥渠处广门之官,夜款门而谒曰:'主君之臣胥渠有疾,医教之曰:得白骡之肝病则止,不得则死。'谒者入通。董安于御于侧,愠曰:'嘻!胥渠也,期吾君骡,请即刑焉。'简子曰:'夫杀人以活畜,不亦不仁乎?杀畜以活人,不亦仁乎?'于是召庖人杀白骡,取肝以与阳城胥渠。处无几何,赵兴兵而攻翟。广门之官,左七百人,右七百人,皆先登而获甲首。人主其胡可以不好士?"

② 《史记》卷83《鲁仲连邹阳列传》:"苏秦相燕,燕人恶之于王,王按剑而怒,食以骏骥。"裴骃《集解》:"《汉书音义》曰:'骏骥,骏马也,生七日而超其母。'敬重苏秦,虽有谗谤,而更膳以珍奇之味。"

③ 《史记》卷5《秦本纪》:"非子居犬丘,好马及畜,善养息之。犬丘人言之周孝王,孝王召使主马于汧渭之间,马大蕃息。"

最高执政者对来自西方的这种"奇畜"的特别看重。

二、"骡驴馲驼,衔尾入塞":丝路交通风景

顾炎武《日知录》卷29《驴骡》讨论了"驴"和"骡"引入中原的历史:"自秦以上,《传》《记》无言驴者,意其虽有,而非人家所常畜也。"原注:"《尔雅》无驴而有䑕,鼠身长须而贼,秦人谓之'小驴'。""驴"的畜养,可能始自"秦人",是值得特别注意的现象。顾炎武又写道:"《逸周书》:伊尹为献令,正北空同、大夏、莎车、匈奴、楼烦、月氏诸国,以橐驼、野马、騊駼、駃騠为献。"顾炎武综述了"驴骡"随后引入畜养的历史:"司马相如《上林赋》:'駃騠橐驼,蛩蛩驒騱,駛騠驴骡。'王褒《僮约》:'调治马驴,兼落三重。'其名始见于文。而贾谊《吊屈原赋》:'腾驾罢牛兮骖蹇驴。'《日者列传》:'骐骥不能与罢驴为驷。'东方朔《七谏》:'要褭奔亡兮腾驾橐驼。'刘向《九叹》:'郤骐骥以转运兮,腾驴骡以驰逐。'扬雄《反离骚》:'騁骅騮以曲囏兮,驴骡连蹇而齐足。'则又贱之为不堪用也。尝考驴之为物,至汉而名,至孝武而得充上林,至孝灵而贵幸。"①顾炎武强调"驴骡"来自"北蛮""北狄"地方:"然其种大抵出于塞外。"顾炎武写道:"自赵武灵王骑射之后,渐资中国之用。《盐铁论》:'骡驴馲驼,衔尾入塞;驒騱騵马,尽为我畜。'杜笃《论都赋》:'庌㕏,驱骡驴,驭宛马,鞭駃騠。'《霍去病传》:'单于遂乘六骡。'《匈奴传》:'其奇畜则橐驼、驴骡、駃騠、騊駼、驒奚。'《西域传》:'鄯善国有驴马,多橐它,乌秅国有驴,无牛。'而龟兹王学汉家仪,外国人皆曰:'驴非驴,马非马,若龟兹王所谓骡也。'"

所谓"骡驴馲驼,衔尾入塞",见于《盐铁论·力耕》大夫曰。所说"驴"等物种的引入,是丝绸之路贸易的结果:"夫中国一端之缦,得匈奴累金之物,而损敌国之用。是以骡驴馲驼,衔尾入塞,驒騱騵马,尽为我畜,鼲貂狐貉,采旃文罽,充于内府,而璧玉珊瑚琉璃,咸为国之宝。是则外国之物内流,而利不外泄也。异物内流则国用饶,利不外泄则民用给矣。《诗》曰:'百室盈止,妇子宁止。'"《盐铁论》所说,反映了汉代西北方向的商业经营以织品交换牲畜的情形。所谓"骡驴馲驼,衔尾入塞",也是丝路贸易史值得重视的贸易方式[7]。

三、有关"驴"的简牍史料

《史记》卷123《大宛列传》记载,汉武帝太初三年(前102年),益发军再击大宛,"岁余而出敦煌者六万人,负私从者不与。牛十万,马三万余匹,驴骡橐它以万数。多赍粮,兵弩甚设,天下骚动"。说明驴骡等西方"奇畜"在交通运输活动中已经表现出相当重要的作用。敦煌所出西汉晚期简中,也可以看到驴应用于交通的内容,如:

□降归义乌孙女子

复冪献驴一匹骍牡

两拔齿□岁封颈以

敦煌王都尉章(1906)

☑□武威郡张掖长□☑驴一□(1913)

"降归义乌孙女子复冪献驴一匹骍牡两拔齿□岁","敦煌王都尉"以"章""封颈",是相当特殊的表记形式。

从现有资料看,驴大致较早在西北地区用作运输动力。《说文·马部》:"驴,兽,似马,长耳。从马,卢声。"段玉裁注:"驴骡駃騠,騊駼驒騱,太史公皆谓为匈奴奇畜,本中国所不用,故字皆不见经传,盖秦人造之耳。若《乡射礼》'闲中'注云:'闲,兽名。如驴一角,或曰如驴岐蹄。'引《周书》'北唐以闲'。闲断非驴也,而或以为一物,何哉?"[8]段玉裁指出"驴"字"盖秦人造之耳"的意见是正确的。他不同意"闲"即"驴"的说法,认为"闲断非驴也"。然而放马滩秦简《日

---

① 原注:"《后汉书·五行志》:'灵帝于宫中西园驾四白驴,躬自操辔,驱驰周旋,以为大乐。于是公卿贵戚转相仿效,至乘辎軿,以为骑从,互相侵夺,贾与马齐。'"黄汝成按:"如《僮约》,则驴亦人家所常畜矣。"(顾炎武著,黄汝成集释,秦克诚点校:《日知录集释》,岳麓书社1994年版,第1009页)

书》乙种中言三十六禽的内容，"间"，有学者论证即"驴"。如225简：

・日中至日入投中蕤宾间殴长面长颐尖耳□行殴白皙善病要[9]

程少轩所作释文：

・日中至日入投中蕤宾：间（驴）殴，长面，长颐，免耳，□□行殴，白皙，善病□[10]

他以为"间"即"驴"的意见，已先自发表于台湾学术刊物[11]。这样的判断，应当是可以成立的。

《汉书》卷70《常惠传》写道，汉宣帝本始二年（前72年），"汉大发十五万骑，五将军分道出"击匈奴。"以惠为校尉，持节护乌孙兵。昆弥自将翕侯以下五万余骑从西方入至右谷蠡庭，获单于父行及嫂居次，名王骑将以下三万九千人，得马牛驴骡橐佗五万余匹……"据《汉书》卷96下《西域传下》："（龟兹王）后数来朝贺，乐汉衣服制度，归其国，治宫室，作徼道周卫，出入传呼，撞钟鼓，如汉家仪。外国胡人皆曰：'驴非驴，马非马，若龟兹王，所谓骡也。'"由"驴非驴，马非马，若龟兹王，所谓骡也"俗语，应当考虑到龟兹等西域地方作为驴骡引入原生地的情形。

西域地方出产"驴"。据《汉书》记述，鄯善国"民随畜牧逐水草，有驴马，多橐它"，乌秅国"有驴无牛"，罽宾国"驴畜负粮""又历大头痛、小头痛之山，赤土，身热之阪，令人身热无色，头痛呕吐，驴畜尽然"。"驴畜"的说法，透露"驴"是用作交通动力的主要畜种。康居国"敦煌、酒泉小郡及南道八国，给使者往来人马驴橐驼食，皆苦之"[12]（卷96上《西域传上》）。"匈奴发骑田车师，车师与匈奴为一，共侵乌孙"，汉与乌孙联军合击匈奴、车师，仅汉军就缴获"马牛羊驴橐驼七十余万头"。

汉武帝轮台诏有言："朕发酒泉驴橐驼负食，出玉门迎军。"[12]（卷80《文苑列传上·杜笃》）可知河西地方较早役使"驴"。司马迁以为"驴""为匈奴奇畜"语，见于《史记》卷110《匈奴列传》："居于北蛮，随畜牧而转移。其畜之所多，则马、牛、羊。其奇畜则橐驼、驴骡、駃騠、騊駼、驒騱。"匈奴以"驴"为"奇畜"，应与对西域的早期经营有关[13]。匈奴使用的"驴"，应当也是由这一通路走向蒙古草原。而中原文字体系中标志"驴"的符号"盖秦人造之耳"，是因为秦人与西北民族长期的密切交往。

四、汉代文明史历程中"驴"的蹄迹

驴由西北方向"衔尾入塞"，后来才逐渐为中原人骑乘役使。

东汉时期，驴骡用于交通运输的情形更加普遍。杜笃《论都赋》中，有"驱骡驴，驭宛马，鞭駃騠"的文辞[14]（卷80上《文苑列传上·杜笃》）。武都"运道艰险，舟车不通"，曾使"驴马负载"[14]（卷58《虞诩传》）。《说文·木部》所谓"极，驴上负也"正可以为证。段玉裁解释说："当云'驴上所以负也'，浅人删之耳。《广韵》云'驴上负版'，盖若今驮鞍。"东汉时北边"建屯田"，"发委输"供给军士，并赐边民，亦曾以"驴车转运"[14]（卷22《杜茂传》）。汉灵帝中平元年（184年），北地先零羌及枹罕河关人起义，夜有流星光照营中，"驴马尽鸣"[14]（卷72《董卓传》），说明驴还被用作主要军运动力。河内向栩"骑驴入市"[14]（卷81《独行列传·向栩》），蓟子训"驾驴车"诣许下[14]（卷82下《方术列传下·蓟子训》），都说明中原役用驴的情形。《太平御览》卷901引《风俗通义》说，当时"凡人相骂曰死驴，丑恶之称也。董卓陵虐王室，执政皆如死驴"。巴蜀地区亦有用驴挽车情形，成都人张霸"家贫无以为业，常乘驴车至县卖药"[14]（卷36《张霸传》）。诸葛瑾面长，孙权曾以驴取笑之。《三国志》卷64《吴书·诸葛恪传》："恪父瑾面长似驴，孙权大会群臣，使人牵一驴入，长检其面，题曰'诸葛子瑜'。恪跪曰：'乞请笔益两字。'因听其笔，恪续其下曰：'之驴。'举坐欢笑，乃以驴赐恪。"裴松之注引恪《别传》又说道："（孙）权尝飨蜀使费祎，先逆敕群臣：'使至，伏食勿起。'祎至，权为辍食，而群下不起，祎嘲之曰：'凤凰来翔，骐驎吐哺，驴骡无知，伏食如故。'"恪又为趣答。是为巴蜀地区和江汉地区俱已多见驴骡的例证。可见到了东汉末年，江南地区也已不再视驴为珍稀的"奇畜"了。

驴较适宜于"屈曲艰阻"的山地运输，又堪粗食，寿命长于马，抗病力也较其他马属动物强。骡则又有挽力强的特点。因而驴骡都很快在交通运输中成为普及型动力。

汉明帝永平年间(58—75年)曾计划从都虑至羊肠仓通漕,"太原吏人苦役,连年无成,转运所经三百八十九隘,前后没溺死者不可胜筭"。于是汉章帝建初三年(78年)"遂罢其役,更用驴辇",驴成功地承担起转运任务,"岁省费亿万计,全活徒士数千人"[14](卷16《邓禹传》)。这一史例说明"驴辇"曾经成为大规模运输的主力。王褒《僮约》以"食马牛驴"①"调治马驴"作为庄园中主要劳作内容,又体现出驴骡在更普遍的社会经济生活中的作用。诸葛恪败曹魏军,"获车乘牛马驴骡各数千"[15](卷64《吴书·诸葛恪传》),也说明驴骡已经普遍应用于军事运输,活跃于军事生活之中。

五、对于"驴"的交通史与交通考古关注

山东滕州黄安岭汉画像石所见运车画面,运载的似乎是兵员。牵引车辆的牲畜品种,突出显示与马明显不同的"长耳",很可能是驴或者是骡。

山东邹城石墙村汉画像石所见辎车,后有人俯首行礼。乘车者当为身份尊贵者。牵引辎车的牲畜"长耳",似是驴。考虑到画面上方龙的形象后足可能与牲畜的耳部重叠,则畜种也可能是骡。

袁靖指出:"驴可以分为非洲野驴和亚洲野驴两种,根据动物学家的研究,世界上所有家养的驴都来自非洲野驴,亚洲野驴没有被驯化为家养的驴。""由于汉昭帝死于公元前74年。我们可以断定至少在公元前74年以前","出自非洲的驴已经作为家养动物,通过文化交流传到了陕西西安一带"[2]。平陵发现的驴,是迄今最早的内地有关"驴"的文物资料。取得帝陵从葬的资格,可能因远方"奇畜"而受到皇族的宠爱。这些"出自非洲的驴",应是经由西域进入中土。

承袁靖见告,平陵从葬的驴的骨骼左近还发现了铁链的遗存。这或许更突出地显现了这些"驴"可能作为宠物的性质。也就是说,这些"驴"很可能并未参与社会交通实践。但是应当注意到,在汉武帝时代的军事运输中,"驴"已经作为交通动力受到重视。思考"驴"在当时社会文化中的作用,应当重视这样的事实。现在看来,平陵从葬坑与骆驼和驴同时出土的牛的骨骼,似乎也有重新鉴定的必要。与西来骆驼和驴接受同样的处置,推想这些牛大概并不是本地所产,很可能也属于丝绸之路开通之后"衔尾入塞",来自西域方向而被中原人视为"奇畜"的物种。

【参考文献】

[1] 杨永林.汉昭帝平陵考古发现骆驼骨架[N].光明日报,2011-11-06.
[2] 袁靖.动物考古学揭密古代人类和动物的相互关系[G]//西部考古:第2辑.西安:三秦出版社,2007:94.
[3] 王学理.汉南陵从葬坑的初步清理:兼谈大熊猫及犀牛骨骼出土的有关问题[J].文物,1981(11);王学理.汉"南陵"大熊猫和犀牛探源[J].考古与文物,1983(1).
[4] 大葆台汉墓发掘组,中国社会科学院考古研究所.北京大葆台汉墓[M].北京:文物出版社,1989(12):12.
[5] 王子今.大葆台汉墓出土猫骨及相关问题[J].考古,2010(2);北京市大葆台西汉墓博物馆.西汉"黄肠题凑"葬制的考古发现与研究[M].北京:北京燕山出版社,2013.
[6] 王子今.李斯《谏逐客书》"駃騠"考论:秦与北方民族交通史个案研究[J].人文杂志,2013(2).
[7] 王子今.騾驢駝駝,衔尾入塞:汉代动物考古和丝路史研究的一个课题[J].国学学刊,2013(4).
[8] 许慎,撰.段玉裁,注.说文解字注[M].经韵楼藏版(影印).上海:上海古籍出版社,1981:469.
[9] 甘肃省文物考古研究所.天水放马滩秦简[M].北京:中华书局,2009:98.
[10] 程少轩.放马滩简《三十六禽占》研究[J].文史,2014(1).

---

① 日本学者宇都宫清吉《僮约研究》中"《僮约》校勘记"说,《初学记》"喂食马牛"四字《类聚》作"食马牛驴"四字。按:《太平御览》卷500引文作"饮食马牛"。

[11] 程少轩.放马滩简所见式占古佚书的初步研究[J]."中研院"历史语言研究所集刊:第83本第2分册(台北),2012.
[12] 班固.汉书[M].北京:中华书局,1965.
[13] 王子今."匈奴西边日逐王"事迹考论[J].新疆文物,2009(3/4);王子今.论匈奴僮仆都尉"领西域""赋税诸国"[J].石家庄学院学报,2012(4);王子今.匈奴"僮仆都尉"考[J].南都学坛,2012(4).
[14] 范晔.后汉书[M].北京:中华书局,1965.
[15] 陈寿.三国志[M].北京:中华书局,1965.

《淮南子》论养生

王云度*

【摘　要】　由刘安及其宾客于文景时编撰的《淮南子》是西汉前期以道家为主、融合各家的理论结晶。《淮南子》全书虽主要是论天地宇宙的自然之道以及齐俗治国的帝王之道，然而最终的落足点则是贵身反情的养生之道。重视养生亦是道家学说的一个重要特点。《淮南子》根据当时生理学、医学的新知识，继承和发展了老庄的养生之道。其中不乏卓见，至今仍有益于保健。

【关键词】　《淮南子》；刘安；西汉前期；自然之道；帝王之道；养生之道

由刘安及其宾客于文景时编撰的《淮南子》是西汉前期以道家为主、融合各家的理论结晶。《淮南子》"其旨近《老子》……其大归之于道"，《淮南子·要略》在概括《原道训》主旨时说：

> 欲一言而寤，则尊天而保真；欲再言而通，则贱物而贵身；欲参（三）言而究，则外物而反情。

《淮南子》全书虽主要是论天地宇宙的自然之道以及齐俗治国的帝王之道，然而最终的落足点则是贵身反情的养生之道。重视养生亦是道家学说的一个重要特点。所谓养生之道，就是使人的身心（肉体和心理）健康，以延年益寿之道，其中既有"天道无为"的哲学思想，亦有生理卫生知识。《淮南子》根据当时生理学、医学的新知识，继承和发展了老庄的养生之道。其中不乏卓见，至今仍有益于保健。

《淮南子·精神训》专门论人的形体与精神，起首论述宇宙演化一直讲到人类的形成：

> 古未有天地之时，惟像无形，[高诱注（下同）：惟，思也。念天地未成形之时无有形。生有形，故天地成焉。俞樾云：惟乃恫字之误。]窈窈冥冥，芒芠漠闵，澒濛鸿洞，莫知其门。[皆未成形之气也。……皆无形之象，故曰"莫知其门"也。]有二神混生，经天营地，[二神，阴阳之神也。混生，俱生也。]孔乎莫知其所终极，滔乎莫知其所止息，[孔，深貌。滔，大貌。]于是乃别为阴阳，离为八极，刚柔相成，万物乃形，[离，散也。八极，八方之极。刚柔，阴阳也。]烦气为虫，[烦，乱也。]精气为人。是故精神，天之有也。而骨骸者，地之有也。精神入其门，而骨骸反其根，[精神无形，故能入天门。骨骸有形，故反其根归土地也。]我尚何存？[言人死各有归，我何犹常存。]

人和万物一样都是在天地生成后，阴阳二气相合而成的，所不同的是精气为人，烦气为虫，这就否定了上帝创造人的说法，具有唯物因素。但又说精神源于天，骨骸源于地，就存在着形神二元论的缺陷。

《精神训》还接着说：

---

* 王云度（1935— ），男，江苏省无锡市人，江苏师范大学教授，主要从事秦汉史研究。

是故圣人法天顺情，不拘于俗，不诱于人，[诱，犹惑也。]以天为父，以地为母，阴阳为纲，四时为纪。天静以清，地定以宁，万物失之者死，法之者生。夫静漠者，神明之宅也；虚无者，道之所居也。是故或求之于外者，失之于内；有守之于内者，失之于外。譬犹本与末也，从本引之，千枝万叶，莫不随也。

这样"道"也就是为人处世、养生的法则。

之后，《精神训》接着具体阐述了人的胚胎发育及其过程，并以天地自然的属性来比附人的器官功能和精神状态：

夫精神者，所受于天也；而形体者，所禀于地也。故曰："一生二，二生三，三生万物。[一谓道也，二曰神明也，三曰和气也。或说：一者，元气也。生二者，乾坤也。二生三，三生万物。天地设位，阴阳通流，万物乃生。]万物背阴而抱阳，冲气以为和。"（《老子》四十二章）[万物以背为阴，以腹为阳，身中空虚，和气所行。为阴，故肾双；为阳，故心特。阴阳与和，共生物形；君臣以和，致太平也。]故曰一月而膏，[始育如膏也。文典谨按：《御览》三百六十三引，膏作气。]二月而胅，[文典谨按：《御览》胅作血。]三月而胎，四月而肌，五月而筋，六月而骨，七月而成，八月而动，九月而躁，十月而生。形体以成，五藏（脏）乃形，是故肺主目，[肺象朱雀，朱雀，火也，火外景，故主目。]肾主鼻，[肾象龟，龟，水也。水所以通沟，鼻所以通气，故主鼻。]胆主口，[胆，勇者决所以处，故主口。]肝主耳，[肝，金也，金内景，故主耳。王念孙云：《文子》作"肝主目，肾主耳，脾主舌，肺主鼻，胆主口"，说肝肾肺之所主与此互异，而多脾主舌一句。按：此言五藏之主五官，不当独缺脾与舌……此当为"脾主舌"一句，但未知次于何句下耳。]外为表而内为里，开闭张歙，各有经纪。[歙，读胁也。]故头之圆也象天，足之方也象地。天有四时、五行、九解，[四时，春夏秋冬。五行，金木水火土也。九解，谓九十为一解。一说：九解，六一之所解合也。一说：八方、中央，故曰九解。俞樾云：……当以"八方、中央"之义为确。]三百六十六日，人亦有四支（肢）、五藏、九窍（窍，孔穴。九窍，指人体耳、目、口、鼻七窍合前阳、后阴之总称）、三百六十六节，[王念孙云："三百六十六日""三百六十六节"，本作"三百六十日"，"三百六十节"。……]天有风雨寒暑，人亦有取与（与，给予）喜怒。故胆为云，[胆，金也，金石，云之所出，故为云。]肺为气，[肺，火也，故为气。]肝为风，[肝，木也，木为风生，故为风。王念孙云："肝为风"，本作"脾为风"，注"肝，木也"本作"脾，木也"，"脾为雷"本作"肝为雷"，皆后人改之也。上注曰："肝，金也。"是高不以肝为木也。……]肾为雨，[肾，水也，因水故雨。雨或作电。肾，水也，水为光，故为电。]脾为雷，以与天地相参也，而心为之主。

这段文字本于《文子·九守》，《文子·九守》则是吸收了当时的医学、生理学的新知识，如作为中医理论经典的《黄帝内经素问》卷三，就有"肝主目""心主舌""脾主口""肺主鼻""肾主耳"的记载。这里对人体胚胎发育史的阐述大体上是符合实际的，使唯物的形神观被进一步具体化、科学化，而以天地自然属性来比附人体，则是不科学的。但这不是用神秘的"天"，而是力图从自然界来阐明人的器官功能和精神活动，是具有唯物倾向的，《精神训》正是以此作为养生论的客观依据。

《精神训》接着说：

是故耳目者日月也，血气者风雨也。……日月失其行，薄蚀无光；[薄者，迫也。]风雨非其时，毁折生灾；五星失其行，州国受殃。[五星，荧惑、太白、岁星、辰星、镇星也。……]夫天地之道，至纮（音hóng，通宏）以大，尚犹节其章光，爱其神明，人之耳目曷能久熏劳而不息乎？[息，止。……孙诒让云：熏劳无义，熏作勤。]精神何能久驰骋而不既乎？[既，尽。]

这就是以日月星辰风雨自然现象的变化，作为人们必须节制耳目等感官和精神活动的依据。

《精神训》接着进一步就养生之道展开全面

的论述：

> 是故血气（血气，在《淮南子》中又称气、气志，指运行于人体内，支持生命活动的无形物质）者，人之华也；而五藏者，人之精也。夫血气能专于五藏[专，一。]而不外越，则胸腹充而嗜欲省矣。胸腹充而嗜欲省，则耳目清，听视达矣。耳目清，听视达，谓之明。五藏能属于心（心，在《淮南子》中既指人体的主要脏器，又指心所产生的精神，亦指道在人体中的驻屯地。详细论述可参看徐复观《两汉思想史·淮南子与刘安的时代》五，"精、神、精神、心"）而无乖（乖，不和谐），则敎（同勑）志胜而行不僻矣。[敎志胜，言己之敎志也。僻，邪也。]敎志胜而行之不僻，则精神（精神，在《淮南子》有时分称精、神，是支配着人的生命活动）盛而气不散矣。精神盛而气不散则理，理则均，均则通，通则神（神在此指微妙不测），神则以视无不见，以听无不闻也，以为无不成也。是故忧患不能入也，而邪气不能袭。……夫孔窍（耳目等九窍）者，精神之户牖（牖，音yǒu，窗）也；而气志者，五藏之使候也。[王念孙云：气可言五藏之使候，志不可言五藏之使候，气志当为血气……]耳目淫于声色之乐，则五藏摇动而不定矣。五藏摇动而不定，则血气滔荡而不休矣。血气滔荡而不休，则精神驰骋于外而不守矣。[多情欲，故神不内守。]精神驰骋于外而不守，则祸福之至，虽如丘山，无由识之矣。[丘山喻大。识，知也。]

这是首先论述人类形体与精神相互影响的关系。血气和五脏是人体的精华，耳目等孔窍是人体与外界连通之门窗；血气能专一于五脏，则人的体内就会充实而减少嗜欲，以使耳目保持清明，正常发挥其听视作用；五脏能归于心支配而无不和谐，就能克服昏乱之志而不会有邪僻行为，这样精神就会旺盛而血气不会散失，使人体功能作用达到神的境界，可以什么都能看见，什么都能听见，什么都能成功，忧患、邪气就不能侵入人体。反之，滥用作为精神窗户的耳目，使精神活动过度，五脏和血气就会受到损害，那么祸福即使如大山一样来临，也就无从识别。

《精神训》接着说：

> 使耳目精明玄达而无诱慕，气志虚静恬愉而省嗜欲，五藏定宁充盈而不泄，精神内守形骸而不外越，则望于往世之前，而视于来事之后，犹未足为也，[犹，尚也。为，治也。]岂直祸福之间哉！故曰："其出弥远者，其知弥少。"（《老子》第四十七章）[言难以道故也。]以言夫精神之不可使外淫也。是故五色乱目，使目不明；[不明，视而昏也。]五声哗耳，使耳不聪；[不聪，听无闻也。]五味乱口，使口爽伤，[爽，病。病伤滋味也。]趣舍（取舍，得失）滑心，使行飞扬。[滑，乱也。飞扬，不从轨度也。]此四者，天下之所养性也，[性，生也]然皆人累也。故曰：嗜欲者使人之气越，而好憎者使人之心劳，弗疾去，则志气日耗。[越，失。劳，病。耗，犹乱也。]夫人之所以不能终其寿命而中道夭于刑戮者，何也？以其生生之厚。夫惟能无以生为者，则所以修（长）是生也。[言生生之厚者，何必极嗜欲，淫滥无厌，以伤耳目情性，故不终其寿命，中道夭殒，以刑辟之戮也。无以生为者，轻利害之乡（向），除情性之欲，则长得生矣。]

这是进一步指出什么是正确的，什么是错误的养生之道。正确的养生之道是清心寡欲，使身心健康，而能够很好地适应外界变化；错误的养生之道是追求享受得失，使身心受到损害，而终于夭折。过于将生命看重，刻意追求享受的人反而会夭折；只有将生命看得淡薄，轻于利害情欲的人才会得长寿。"以其生生之厚"，"所以不能终其寿命"；"惟能无以生为者"，"所以修是生"，真可谓至理名言。这虽是针对当时社会经济繁荣中富民、宗室、公卿"争相奢侈"而言的，但至今仍不失其警世作用，一切贪得无厌者应得猛省！

《精神训》接着又说：

> 夫天地运而相通，万物总而为一。[总，合。一，同也。万物合同，统于一道。]……譬吾处于天下也，亦为一物矣。……虽然，其生我也，将以何益？[言生我，自然之道，亦当以何益乎？]其杀我也，将以何损？

[损,减。]夫造化者既以我为坯矣,将无所违之矣。[言既以我为人,无所离之。喻不求亦不避也。]吾安知夫刺灸而欲生者之非惑也?又安知夫绞经而求死者之非福也?或者生乃徭役也,而死乃休息也?天下茫茫,孰知之哉!其生我也不强求已,[已,止也。言不恶生也。]其杀我也不强求止。[言不畏死。]欲生而不事,[事,治。]憎死而不辞,[唯义所在,故不辞也。]贱之而弗憎,贵之而弗喜,[人有恶贱己者,己不憎也,人有尊己者,己不喜也。]随其天资而安之不极。[资,时也。一曰:性也。极,急也。喻道人不急求生也。]吾生也有七尺之形,吾死也有一棺之土。吾生之比于有形之类,犹吾死之沦于无形之中也。然则吾生也物不以益众,吾死也土不以加厚,吾又安知所喜憎利害其间者乎![不知憎死之害,守其正性也。]

这是又以"道"作为原理,更进一步论述如何对待生与死的观点。认为人亦是天地万物中的一物,天地万物不因个人的生死而有所增益、减损。所以人亦如同土坯,生死都一样,甚至认为用针灸治病延长生命的人,未尝不是一种烦恼,用上吊实现死亡的人,未尝不是一种幸福。或许活着是在受无尽的劳役之苦,死去才是得到了永久的休息。这论述粗看是一种轻生的消极观点,然而细究起来则不无道理,对一些身患苦楚绝症的人来说,依靠医疗延长生命,实际也是延长痛苦。这可以说是对近年来日益受人重视的安乐死主张的最早阐述。所以《精神训》的这段话并不是在宣扬死比生好,而是提出人要正确对待生死,既不恶生,亦不畏死,更不必因地位的贵贱而强求生死,一切要"随其天资而安之不极",这是一种实事求是的正确的生死观。

随后《精神训》对如何养生进行了具体的阐述:

是故圣人因时以安其位,当世而乐其业。[业,事也。]夫悲乐者,德之邪也;而喜怒者,道之过也;好憎者,心之暴也。[王念孙云:暴,当依《父子·九守篇》作累。]故曰:"其生也天行,[似天气也。]其死也物化,[如物之变化也。]静则与阴俱闭,动则与阳俱开。"[王念孙云:"与阴俱闭""与阳俱开",本作"与阴合德""与阳同波"。](《庄子·天道》)精神澹然无极,不与物散,而天下自服。

这是说为人要安其位,乐其业,生、死、动、静都要顺其自然,这就得到了养生之道的要领。

故心者,形之主也;而神者,心之宝也。形劳而不休则蹶,[蹶,颠。]精用而不已则竭,是故圣人贵而尊之,不敢越也。

这是说形、神与心都有密切关系,养生既要保养形体,不因劳累过度而倒下,又要保养精神,不因使用过度而枯竭,也就是养生要形神全面兼顾。

夫精神之可宝也……是故无所甚疏,而无所甚亲,抱德炀和,以顺于天。[炀,灸也。向火中灸和气,以顺天道也。]与道为际,与德为邻;[际,合也。邻,比也。]不为福始,不为祸先。魂魄处其宅,而精神守其根,死生无变于己,故曰至神。[变动。]

这是说对作为生命之玉的精神保养要顺于天道,也就是要无为,使精神内守形体而不外越。

若只呴(音xù,嘘气)呼吸,吐故内(纳)新,熊经鸟伸,凫(音fú,野鸭)浴猿躩(音jué,跳),鸱(音chí,鹞鹰)视虎顾,是养形之人也。不以滑心,使神滔荡而不失其充,日夜无伤而与物为春,[充,实也。体道人同。日夜,喻贼害也。无伤,无所贼害也。与物为春,言养物也。]则是合而生时于心也。[若是者,合于道,生四时化其心也。言不干时害物也。刘绩云:……干乃于字之误。]……轻天下,则神无累矣;[轻薄天下宠势之木者……故其精神无留累于物也。]细万物,则心不惑矣;[以万物为小事而弗欲,故心不惑物也。]齐死生,则志不慑矣;[齐,等也。不畏义死,不乐不义生,其志意无所慑惧,故曰等也。]同变化,则明不眩矣。[眩,惑。]众人以为虚言,吾将举类而实之。

这是说进行深呼吸,模仿动物活动头部、肢体,只是保养形体的普通人的养生方法,真正得道的人更着重于养神,他们不以形乱神,使神永远充实不受伤害,为此就要"轻天下""齐生死""细万物""因变化",这四点实际上有人是能做到的。这是在对人主进行说教。

> 人大怒破阴,大喜坠阳,大忧内崩,大怖生狂。除秽去累,莫若未始出其宗,乃为大通。清目而不以视,[清,明。]静耳而不以听,钳口而不以言,委心而不以虑,弃聪明而反太素,休精神而弃知故,觉而若昧,以生而若死,[昧,暗也,厌也。楚人谓厌为昧,喻无故也。王引之云:昧与厌义不相近,昧皆当为眯,(音米,梦魇)字之误也。注中"暗也"二字乃后人所加。]终则反本未生之时,而与化为一体。[言人之未生时。欲同死生也,故曰与化为为一体也。]……今夫儒者,不本其所以欲而禁其所欲,[本所以欲,谓正性恬漠也。所欲,谓情欲骄奢权势也。]不原其所以乐而闭其所乐,是犹决江河之源而障之以手也。[障,蔽也。言不能掩也。]……夫颜回、季路、子夏、冉伯牛,孔子之通学也。然颜渊夭死,季路菹于卫,[颜渊十八而卒,孔子曰:"回不幸短命死矣!"故曰夭也。季路仕于卫,卫蒉父子争国,季路死,孔子曰:"若由不得其死然。"言不得以寿命终也,故曰然。卫人醢(音hǎi,把人剁成肉酱)之为酱,故曰菹(音zū,同葅,剁成肉酱)。]子夏失明,冉伯牛为厉(通疠,染疫病。子夏学于西河,丧其子而失明,曾子哭之。伯牛有疾,孔子自牖执其手曰:"斯人也,而有斯疾也!")此皆迫性拂情而不得其和也。……故莫能终其天年。……故以汤止沸,沸乃不止,诚知其本,则去火而已矣。[已,止也。]

这是说人过于动感情会影响健康,而要控制感情,就只有从根本上回归到自然状态,儒家用礼义克制欲望、情感仅是"以汤止沸",而"诚知其本"才是釜底抽薪。

《淮南子》其他各篇也有不少关于养生的论述,如《原道训》:

> 夫形者,生之舍也;气者,生之充也;神者,生之制也。一失位,则三者伤矣。是故圣人使人各处其位,守其职,而不得相干也。故夫形者非其所安也而处之则废,气不当其所充而用之则泄,神非其所宜而行之则昧。[昧,不明也。]此三者,不可不慎守也。

这是说"形""神""气"三者是人体生命的基本要素,要谨慎地加以守护,使它们各处其位,否则三者就会受到伤害。

《泰族训》说:

> 治身,太上养神,其次养形;治国,太上养化,其次正法。神清志平,百节皆宁,养性之本也;肥肌肤,充肠腹,供嗜欲,养生之末也。

这是强调要以养神为主。

《诠言训》说:

> 凡治身养性,节寝处,适饮食,和喜怒,便动静,使在己者得,而邪气因而不生,岂若忧瘢疵之与痤疽之发,而豫备之哉!

这是说养生要主动节制饮食起居调和情绪,这样就不必担忧患病。

《人间训》说:

> 得道之士,外化而内不化。外化,所以入人也(指与人相交);内不化,所以全其身也。

这是说养生既要不受外界影响引起变化,以保持内心安静而全其身;又要适应外部的变化,以便与世人和谐相处。

《俶真训》说:

> 今夫树木者,灌以潎(音fán,水暴溢)水,畴以肥壤,一人养之,十人拔之,则必无余蘖(音niè),又况与一国同伐之哉?虽欲久生,岂可得乎!

这是以树作比喻,说明人的养生还受到外部社会环境的制约,社会环境摧残人,人就无法长生。

由上可见《淮南子》的养生论基本上是承继了庄子学说,强调以养神为主,但能吸收当时有关生理学、医学的知识,丰富了庄子的养生学说,并能注意到外部环境对养生的影响,这是很大的进步。不过,《淮南子》的养生论也发挥了《庄子》逍遥出世的幻想,追求神秘的精神境界。

如《原道训》说:

> 是故大丈夫恬然无思,澹然无虑;以天为盖,以地为舆;四时为马,阴阳为御;乘云陵霄,与造化者俱。[大丈夫,喻体道者也。

造化,天地。一曰,道也。]……令雨师洒道,使风伯扫尘。电以为鞭策,[电,激气也,故以为鞭策。]雷以为车轮。[雷,转气也,故以为车轮。]上游于霄雿之野,下出于无垠之门。[霄,高峻貌也。无垠,无形状之貌。]

《精神训》说:

> 所谓真人者也,性合于道也。[真人者,伏羲、黄帝、老聃是也。]故有而若无,实而若虚……大泽焚而不能热,河、汉涸而不能寒也,大雷毁山而不能惊也,大风日晦而不能伤也。[言体道之人,闭情守虚,虽此四者之大,不能惑也。]……其动无形,其静无体,[无形无体,道之容也。]存而若亡,生而若死,出入无间,役使鬼神[言耐化也,人不与鬼同形,而耐使之者,道也,天神曰神,人神曰鬼也。]……

这里所说达到"与造化者俱""生而若死""役使鬼神"境界的"大丈夫""真人",就非凡人,而是仙人。这种神仙思想使刘安及其宾客蒙上了神秘色彩。所以后世有刘安和八公得道成仙的传说。

汉代的易学与史学

张 涛* 袁江玉

【摘 要】 两汉时期,我国传统史学的发展进入一个新的阶段,取得了辉煌成就。与此同时,易学也得到迅速发展,并对史学产生了深刻影响。陆贾、司马迁、班固、荀悦等著名史家深受易学的启迪和濡染,其史学著作中蕴含着丰富的易学思想。汉代易学的发展为史学提供了丰富的理论源泉,而史学的发展又促进了易学思想的广泛传播。易学与史学相得益彰、交相辉映,共同推动汉代学术不断前行。

【关键词】 汉代;易学;史学;司马迁;班固;荀悦

一

众所周知,易学在中国传统学术思想中占有举足轻重的地位,它对史学发展的影响也特别突出。史学与《周易》之间联系密切。中国古代巫史同源,史从巫出,最初的史官除了记时书事、掌管典籍,还负责观察天象、制定历法以及卜筮之事。古代典籍文献中,史亦往往与巫、祝、卜等连称。《周易·巽卦》九二爻辞曰:"巽在床下,用史巫纷若,吉,无咎。"《国语·楚语下》曰:"夫人作享,家为巫史。"《左传·昭公四年》记述周初王室曾以"祝、宗、卜、史"赐鲁。在《左传》中,史苏、史赵、史墨、史龟、史嚚等虽以史称,但又多言其占卜之事。在《周礼》中,太史与太祝、太卜同居春官宗伯之属,而其职掌之事亦与卜、祝相近。长沙马王堆汉墓帛书《周易》之《要》篇称述孔子之语,也提到"史巫之筮"[1](《要》)。《周易》就成于宗教巫术特别是卜筮之官和史官之手,而成书后的《周易》一般亦由史官收藏和管理。《左传·庄公二十二年》载:"周史有以《周易》见陈侯者。"昭公二年,晋国韩宣子来鲁,就是"观书于太史氏,见《易象》与《鲁春秋》"。再者,《周易》和易学偏重天道,其产生、发展也与天文、历法的进步密不可分。史官既然掌管观测天象和制定历法之事,也就很容易将天人联系起来,用自然现象和规律来考察、附会社会问题,特别是从四时、天象的往复运动中得到某种启发,悟出社会人生也有盛衰变化且遵循一定规律的深刻道理。唯其如此,史官才得以在创作、保存和解释、运用《周易》方面做出巨大贡献。另一方面,《周易》所蕴涵着的深刻、丰富的历史哲学,它所展现出的发展的、进化的社会历史观,也为史官记述历史、评论古今、预断未来提供了重要依据。《左传》所载庄公二十二年周史论陈厉公生子敬仲事,昭公三十二年史墨论鲁国季氏专权事,都是如此。可以说,易学和史学之间存在着某种不

---

* 张涛(1961—),男,山东省临清县人,历史学博士,北京师范大学历史学院教授,博士生导师,主要从事中国学术思想史、易学史研究。

解之缘,而在两汉时期,两者的相得益彰、相互促进更是表现得十分显著。探讨、梳理两者之间的关系,对于我们全面、深入地认识汉代易学和史学的发展规律及特点,具有重要的学术意义。

汉初,学术思想领域气氛活跃,易学得到较大的发展空间,出现了大批致力于《周易》研究的学者,陆贾是其中的典型代表。陆贾是著名的史学家、思想家,著有《新语》《楚汉春秋》。《楚汉春秋》是一部优秀的史学著作,它翔实地记述了秦汉之际楚汉战争的历史,具有重要的史料价值。班固在《汉书·司马迁传》中说:"故司马迁据《左氏》《国语》,采《世本》《战国策》,述《楚汉春秋》,接其后事,讫于大汉。"刘知幾在《史通·制言》中说:"刘氏初兴,书唯陆贾而已。子长述楚汉之事,专据此书。"可见,《楚汉春秋》是司马迁著《史记》的重要参考文献,只是现在已经亡佚。作为史学家,陆贾的历史思想是极其丰富的,而且其历史思想的形成是与易学思想的影响分不开的。他继承、发挥《易传》革故鼎新、与时变化的思想和推天道以明人事的整体思维方式,认为人类社会同宇宙万物一样,是不断运动变化和发展的。根据《周易·系辞下》论古代圣人观象制器的一段文字,陆贾将古史分为"先圣""中圣""后圣"三个不同的发展阶段,对人类社会进步和文明发展予以礼赞[2](《道基》)。"三圣说"或许对后来班固论述《周易》一书的形成时提出的"人更三圣,世历三古"说有某种启迪意义。陆贾的历史发展观还表现在他对"厚古薄今"的世俗倾向进行了批评。他说,"世俗以为自古而传之者为重,以今之作者为轻","道近不必出于久远,取其至要而有成"[2](《术事》)。陆贾在《新语》中描绘了自己理想中的政治蓝图,为了实现这一蓝图,他对《易传》的尚德、尚贤、养贤思想多有取资,并将儒家的仁义学说与《周易》的变化之道结合起来。他说,天生万物,"圣人成之,所以能统物通变,治情性,显仁义也"[2](《道基》)。在陆贾的思想体系中,易学思想和历史思想、政治思想相互融合、相互渗透,密不可分。

汉武帝即位后,"独尊儒术,罢黜百家",儒家经学成为正统思想和官方学术,《周易》和易学颇受其惠,出现了许多以易学名家的经师和大批关注、研究易学的学者、思想家。董仲舒即是其中一位,他的理论体系的形成,是与取资、借鉴易学研究成果分不开的。他所创立的天人感应的神学目的论,是一种典型的天人之学,是继承和发挥《易传》天人合一思想及推天道以明人事的整体思维的结果。《周易》的根本精神在于变易,董仲舒对此领悟颇深,他说:"《易》无达占。"[3](《精华》)本于《周易》的变易思想,结合邹衍的五德终始理论,他提出了"三统、三正说",认为人类社会是不断变化发展的,要求统治者实行改制,"改正朔,易服色,制礼乐"[3](《三代改制质文》)。他还明确肯定了尧舜易位、汤武革命的重大意义。由于董仲舒的今文经学得到统治者的大力扶持,被确立为正统官方学术,对汉代学术尤其是史学产生了重要的影响。其天人感应理论和"三统、三正说"对汉代史学家注重以天道论人道,注重探讨历史的变易规律颇有启迪。

司马迁是汉武帝时期的伟大史学家,其著作《史记》所取得的史学成就与易学思想的影响是分不开的。司马迁的易学思想与史学思想交相辉映、浑然一体,是他著史的思想源泉和理论根据,对后世易学、史学及整个思想文化的发展产生了广泛而深刻的启示和影响。司马迁的家学传统中有着深厚的易学渊源。司马迁的易学出于其父司马谈,学术渊源可以上溯到孔子。孔子授商瞿《易》,商瞿传《易》经六世而至田何。汉兴,田何传王同,王同又传杨何。司马谈即受《易》于杨何。再者,如前所述,史学与易学之间、史官与《周易》之间均存在着密切关联,而司马氏世守史官,司马氏父子先后任汉朝太史令,自然对《周易》非常熟悉。

司马迁充分肯定了《周易》在宗教巫术方面的价值和作用。他说:"自古圣王将建国受命,兴动事业,何尝不宝卜筮以助善!……王者决定诸疑,参以卜筮,断以蓍龟,不易之道也。"[4](《龟策列传》)《史记》中专设《日者列传》《龟策列传》,也说明他高度重视卜筮之事。司马迁继承父亲遗愿,立志"正《易传》,继《春秋》"[4](《太史公自序》)。在《史记·司马相如列传》中,他说:"《春秋》推见至隐,《易》本隐之以显。"在这里,"《春秋》以人事通天道,是推见以至隐也;《易》以天道接人事,是本隐以之明显也"[4](《司马相如列传》司马贞索隐引虞喜《志林》)。司马迁认为,立足于人事的《春秋》是通过史实的记述来反映其中隐含的微言大义,本于天道的《周易》则是依据普遍的思想原理来推出具体实践所应遵循的规律和准则。就哲学思想水平而言,《周易》要高于《春秋》。即是说,《周易》为本,《春秋》为用,二者是彼此互通、相辅相成、相得益彰的。这表明,最使司马迁倾心的,还是《周易》深邃的思想内涵、独特的思维方式。

司马迁继承、发挥《易传》天人合一思想及推天道以明人事的整体思维方式,力求通过历史记载来沟通天人,"究天人之际"。他本于《系辞下》"古者包牺氏之王天下也,仰则观象于天,俯则观法于地"云云,在《天官书》中剪裁熔铸各种天文知识,专记天象,并与地上之事一一对应:"仰则观象于天,俯则法类于地。天则有日月,地则有阴阳。天有五星,地有五行。天则有列宿,地则有州域。"其中详细阐述了天运、天变、天数及其与人事之间的关联,显现出《周易》的深刻影响。司马迁在《历书》中也强调:"王者易姓受命,必慎始初,改正朔,易服色,推本天元,顺承厥意。"另外,在确定《史记》的体例时,他也注意由天道来推衍人道。如《太史公自序》说:"礼乐损益,律历改易,兵权山川鬼神,天人之际,承敝通变,作八书。二十八宿环北辰,三十辐共一毂,运行无穷,辅拂股肱之臣配焉,忠信行道,以奉主上,作三十世家。"司马迁撰著《史记》,就是想通过对天道、对自然界演变规律的探讨和把握,来更好地理解和揭示人道即人类社会的发展规律。

"通古今之变"是司马迁史学思想的核心,而这又是深受《易传》变通思想启示和影响的结果。《太史公自序》说"《易》著天地、阴阳、四时、五行,故长于变",又说"《易》以道化",这表明司马迁是很重视《周易》变化之道的,而且视之为易学之本。他志在"正《易传》",就是要根据《易传》变通思想来更好地考察社会,记述历史。他认为,社会历史发展到一定阶段,必然会发生某种变化。另外,司马迁继承、发挥《易传》革故鼎新的思想观念,以极大的热情歌颂了汤武革命、陈涉起义、项刘灭秦等历史上一系列社会变革。他将陈涉起义与汤武革命联系起来,加以极力推崇:"桀纣失其道而汤武作,周失其道而《春秋》作,秦失其政而陈涉发迹。诸侯作难,风起云蒸,卒亡秦族。天下之端,自涉发难。"[4](《太史公自序》)读罢此语,人们自然会想起《易传》中那激动人心、耳熟能详的名言:"天地革而四时成,汤武革命,顺乎天而应乎人。革之时,大矣哉!"[5](《革·彖传》)

司马迁的变革思想又是与他对现实社会问题的分析、与他本于《周易》的忧患意识分不开的。汉武帝即位后,对外连年用兵,对内大兴功作,社会矛盾渐趋激化,政治危机不断加深。这引发了司马迁强烈的忧患意识。他反复强调宇宙间万事万物盛极则衰、盈极则亏的变化规律,力倡"综其终始"[4](《十二诸侯年表序》),"原始察终,见盛观衰"[4](《太史公自序》),主张吸取历史上的经验教训,采取相应的改革措施,缓和社会矛盾,避免由于弊政发展到极限而走向灭亡。他说:"汤武承敝易变,使人不倦,各兢兢所以为治。"[4](《平准书》)又说:"汉兴,承敝易变,使人不倦,得天统矣。"[4](《高祖本纪》)应该指出的是,司马迁的变通思想也与《易传》一样带有明显的循环色彩。他在《平准书》中说:"物盛则衰,时极而转,一质一文,终始之变也。"《高祖本纪》则将夏、商、周三代政治特点的变化总结为忠、敬、文的终始之变,指出:"三王之道若循环,终而复始。"《历书》则提出:"夏正以正月,殷正以十二月,周正以十一月。盖三王之正若循环,穷则反本。"这些都反映了司马迁在历史发展观方面的局限性。另外,司马迁继承、发挥了《易传》尊卑定位的思想,为封建宗法等级制度的巩固和延续服务。当然,司马迁此举也是以《易传》的中正、太和理想为最后归依的。在《易传》看来,人们必须通过顺应、效法自然的和谐以求得社会秩序、人际关系的和谐,从而实现天人整体和谐。这是《易传》要求确立和巩固等级秩序的理论前提,也是司马迁基本的政治理念和价值理想。

正是因为有了这种政治理念和价值理想,司马迁对《易传》"厚德载物""振民育德"的尚德思想多有继承和发挥。在《太史公自序》中,他颂赞禹、汤、文、武等古圣先贤为仁德之君,说夏禹"德流苗裔",周文王"德盛西伯",而对夏桀、殷纣、周幽王、周厉王及秦始皇、秦二世等残暴君王则加以贬抑。司马迁认为"国君强大,有德者昌",要求统治者"太上修德"[4]《天官书》,发挥德治精神,仁民爱物,赢得百姓爱戴。为了实现这一主张,他又取资于《易传》的养贤、尚贤之说,借助正反两方面的历史事例,强调贤人在国家兴衰存亡中至关重要的作用。他在《楚元王世家》中说:"国之将兴,必有祯祥,君子用而小人退。国之将亡,贤人隐,乱臣贵。使楚王戊毋刑申公,遵其言,赵任防与先生,岂有篡杀之谋,为天下僇哉?贤人乎,贤人乎!非质有其内,恶能用之哉?甚矣,'安危在出令,存亡在所任',诚哉是言也!"他希望最高统治集团真正发挥贤士的聪明才智,将尚贤、养贤思想落到实处。

司马迁的人生理想、人格风范对《易传》自强不息、刚健有为、及时立功的观念多有取资。司马迁接受父亲遗训,定下了通过修史来建立辉煌功业的远大目标。惨遭腐刑后,他忍辱含愤,超越自我,以名山事业为重,克服重重困难,终于完成了《史记》的撰写,实现了自己的人生价值和崇高理想。他曾向任安(少卿)表露自己的心迹:"勇者不必死节,怯夫慕义,何处不勉焉!仆虽怯耎欲苟活,亦颇识去就之分矣,何至自湛溺累绁之辱哉!且夫臧获婢妾犹能引决,况若仆之不得已乎!所以隐忍苟活,函粪土之中而不辞者,恨私心有所不尽,鄙没世而文采不表于后也。"[6]《司马迁传》附《报任少卿书》司马迁将这种自强刚健的人生观同样贯彻到著史活动中。在司马迁笔下,不论何种历史人物,只要他们能把握时机,建立功业,实现了内在价值、政治抱负和人生理想,都能得到较高评价和充分肯定。在这些人物中,既有辅佐圣明帝王的功臣将相、贤士大夫,又有身处下层的侠客、隐士、商贾、俳优、博徒、屠夫、妇女等。对他们的赞颂和倾羡之语,常常是情不自禁、不由自主地流注于司马迁的笔端,闪现在《史记》的字里行间。这些都显示出《易传》对司马迁的巨大感染力和影响力。

在治学风格方面,司马迁亦颇得《易传》和易学之影响。司马谈、司马迁父子深谙《易传》"天下同归而殊途,一致而百虑"[5]《系辞下》这一学术风格和特色,并着意加以发扬、光大。《太史公自序》载司马谈《论六家之要指》:"《易大传》:'天下一致而百虑,同归而殊途。'"司马谈对"采儒、墨之善,撮名、法之要"的道家黄老之学极为推崇,同时又不排斥阴阳、儒、墨、名、法之学,志在融会贯通百家学说而建立起带有历史超越性的思想体系和史学体系。司马迁著史的重要目的之一就是"厥协六经异传,整齐百家杂语"[4]《太史公自序》,其中既包括已在思想文化领域取得至高无上地位的儒家学说、六艺经传,又包括道、法、阴阳等诸家学说。司马迁的"成一家之言",是本于《易传》,站在一个更高的层次上对先秦和汉初诸子之说和史学作品进行研究、总结、吸收、扬弃和融会的结果。这与《周易》弥纶天地之道、包容古今智慧有着异曲同工之妙,二者都具有很强的融合性、包容性和超越性。

应该说,正是对诸家学说中各种学理、各种知识的融会贯通、综合超越,才成就了司马迁这位史学大师。司马迁所建构的史学体系和一家之言,主要是易学与史学结合的产物。司马迁的易学思想与史学思想、易学成就与史学成就彼此烘托、交相辉映、浑然一体,成为后世学者治史治《易》的范例。

二

西汉后期,由刘向创始而由刘歆最后完成的《七略》,首列《六艺略》,其中又首列《易》类,系统著录了一批易学书目,成为我国最早的一篇易学目录文献,为后来的易学研究提供了重要的线索和依据。刘向在编撰《说苑》《新序》《列女传》等著作时,对易学思想多有取资。他强调天人感应,试图从天道的运行中找到解决现实社会问题的方法,要求统治者居安思危,慎终敬始,时刻抱定危机感和警惕心。本于《周易》的变化之道,结合董仲舒的"三统、三正说",他强调社会历史是不断变化、发展的。他继承、发挥《易传》的中正、太和观念以及天尊地卑、乾坤定位思想,主张保持等级制度和人际关系的相对稳定,力求实现以自然和谐为根据的社会和谐。他说:"众贤和于朝,则万物和于野";"朝臣和于内,万国欢于外";"诸侯和于下,天应报于上";"和气致祥,乖气致异;祥多者其国安,异众者其国危,天地之常经,古今之通义也"[6](《楚元王传》)。他还强调:"四马不和,取道不长;父子不和,其世破亡;兄弟不和,不能久同;夫妻不和,室家大凶。《易》曰:'二人同心,其利断金。'"[7](《敬慎》)很显然,这些取资于《易传》的文化价值理想,是具有某种积极意义的。刘向、刘歆父子曾根据《易传》"帝出乎震"云云,利用五行相生说,论述历史的演变源流,建构古代帝王谱系,对后世影响甚深。

进入东汉,班固撰《汉书》,又实现了易学与史学的紧密结合。班固不仅是著名的史学家,而且对易学颇有研究。他在《汉书》中屡屡称述《周易》,由其撰集而成的《白虎通义》亦含有丰富的易学思想。班固撰《艺文志》,在刘向、刘歆父子《七略》的基础上系统著录了易学文献,弥足珍贵。在《艺文志》中,关于《易》之起源,在总结《易传》及司马迁等人的观点的基础上,班固概括出了"人更三圣,世历三古"的理论。他说:"《易》曰:'宓戏氏仰观象于天,俯观法于地,观鸟兽之文与地之宜。近取诸身,远取诸物,于是始作八卦,以通神明之德,以类万物之情。'至于殷周之际,纣在上位,逆天暴物,文王以诸侯顺命而行道,天人之占可得而效,于是重《易》六爻,作上下篇。孔氏为之《彖》《象》《系辞》《文言》《序卦》之属十篇。故曰易道深矣,人更三圣,世历三古。"在《艺文志》中,班固还肯定了《周易》在六艺中的特殊地位:"六艺之文,《乐》以和神,仁之表也;《诗》以正言,义之用也;礼以明体,明者著见,故无训也;《书》以广听,知之术也;《春秋》以断事,信之符也。五者,盖五常之道,相须而备。而《易》为之原。故曰'《易》不可见,则乾坤或几乎息矣',言与天地为终始也。"这就将《周易》置于群经之首。在提到"六艺"等各类文献的起源和性质时,班固每每引《易》以论。其中论《书》,班固说:"《易》曰:'河出《图》,洛出《书》,圣人则之。'故《书》之所起远矣。"这是引《系辞上》之说,用以强调《书》与《易》之间紧密的同源关系。论《礼》,他说:"《易》曰:'有夫妇父子君臣上下,礼义有所错。'而帝王质文,世有损益,至周曲为之防,事为之制。"这是依《序卦》之语,来诠释《礼》的出现合乎《易》之精神。论《乐》,他说:"《易》曰:'先王作乐崇德,殷荐之上帝,以享祖考。'故自黄帝下至三代,乐各有名。"这是以《豫·象传》之辞,来说明《乐》之起源。在论及诸子、兵略、数术等各类文献的起源和性质时,班固也曾引《易》以论。很明显,班固是要强调《周易》在文化学术中的核心、灵魂和源头的重要地位。"《汉志》论学术渊源变化反映出来通变的思想,是以《易》为经籍之源,乃至诸子之源来把握的。他的辨章学术,考镜源流,是建立在《易》学基础之上的。"[8]正因为这样,富有《易》之通变意蕴的《汉书·艺文志》才会对后世易学、后世学术的发展产生既深且广的影响。

班固继承、发挥《易传》《易纬》之说,提出了关于宇宙生成、万物起源和社会演进的理论。这主要表现在其辞赋作品中。《典引》曰:"太极之元,两仪始分,烟,有沉而奥,有浮而清。沉浮交错,庶类混成。肇命民主,五德初始,同于草昧,玄混之中。逾绳越契,寂寥而亡诏者,《系》不得而缀也。厥有氏号,绍天阐绎,莫不开元于太昊皇初之首,上哉琼乎,其书犹得而修也。亚斯之代,通变神化,函光而未曜。"[9](卷48)在这里,班固先是引用《易传》太极生两仪以及"天地纲缊,万物化醇"[5](《系辞下》)之说,次则引用《易纬·乾凿度》"清轻者上为天,浊重者下为地"之语,认为"太极之元"是宇宙的本原,它分成阴阳两仪,经过交错变化,产生天地万物,而《易传》"天地纲缊,万物化醇"的"纲缊"与元气是同质同格的。接下来,在天地草创万物混沌之时,天为民立主,从而开始了"五德"的交替运行,而其始则是以木德王的伏羲。这显然是刘向父子依据《易传》"帝出乎震"所排列的世系,是《易传》太极说与阴阳五行学说的巧妙结合。在《幽通赋》中,班固也本于《易传》之说,谈到自然界和人类社会的产生、发展。如赋中说"天造草昧,立性命今""浑元运物,流不处兮"[9](卷14)。"天造草昧"乃《周易·屯·彖传》之语,《周易·说卦》则有"昔者圣人之作《易》也,将以顺性命之理"云云,而"浑元运物,流不处兮",《文选》李善注引曹大家注曰:"浑,大也。元气运转也。物,万物也。言元气周行,终始无已,如水之流,不得独处也。"可见,班固的这些理论,较之扬雄的"太易"说,又有了进一步发展。

作为正统思想的代表,班固引《易》用《易》往往与现实政治联系在一起。如关于礼乐、刑法,《汉书·叙传》曰:"上天下泽,春雷奋作,先王观象,爰制礼乐。""雷电皆至,天威震耀,五刑之作,是则是效,威实辅德,刑亦助教。"他的目的还是要论证刘汉政权的合理性、神圣性。在《律历志》中,承于刘歆之说,班固强调三统、四时与《周易》的大衍之数是一个整体,并大致以《系辞下》提及的伏羲氏、神农氏、黄帝、尧、舜等世系为线索,按照五德相生的理论,具体展示了中国古史的发展脉络,落脚点则是刘汉皇朝接续尧的统运,以火德而兴。班固在《典引》中也说:"若夫上稽乾则,降承龙翼,而炳诸《典谟》,以冠德卓绝者,莫崇乎陶唐。陶唐舍胤而禅有虞,有虞亦命夏后,稷契熙载,越成汤武。股肱既周,天乃归功元首,将授汉刘。"[9](卷48)班固认为,中兴汉室的光武帝同样也是得自天统。他在《东都赋》中说,"往者王莽作逆,汉祚中缺,天人致诛,六合相灭",于是光武帝"绍百王之荒屯,因造化之荡涤。体元立制,继天而作。系唐统,接汉绪。茂育群生,恢复疆宇。勋兼乎在昔,事勤乎三五。岂特方轨并迹,纷纶后辟,治近古之所务,蹈一圣之险易云尔哉?且夫建武之元,天地革命。四海之内,更造夫妇,肇有父子。君臣初建,人伦始。斯乃伏氏之所以基皇德也。分州土,立市朝,做舟舆,造器械,斯乃轩辕氏之所以开帝功也。龚行无罚,应天顺人,斯乃汤武之所以昭王业也。"[9](卷1)在班固看来,刘秀建立东汉皇朝的情景,就如同《易传》所谓"包牺氏之王天下"和"神农氏作"云云,就如同其推崇和颂扬的汤武革命。这些都反映出《周易》变通思想的某种影响。

《易传》的中正说及天人和谐思想对班固也颇有影响和启示,这主要表现在他关于社会和谐的政治理想方面。他向往贫富平均,呼吁人际之间保持和谐融洽。他主张士农工商"各安其居而乐其业,甘其食而美其服"[6](《货殖传》),严格遵守封建等级秩序,"大不淫侈,细不匮乏,盖均无贫,遵王之法"[6](《叙传》),使"小不得僭大,贱不得逾贵",最终做到"上下序而民志定"[6](《货殖传》)。为了更好地表述这一政治理念,班固又将易学理论与阴阳五行说结合起来。《汉书·五行志》曰:"说曰:木,东方也。于《易》,地上之木为《观》。其于王事,威仪容貌亦可观者也。故……使民以时,务在劝农桑,谋在安百姓。如此,则木得其性矣。若乃田猎驰骋不反宫室,饮食沉湎不顾法度,妄兴繇役以夺民时,作为奸诈以伤民财,则木失其性矣。"这是要求最高统治者爱护百姓,使民以时。在豪强大族疯狂兼并土地,田庄经济迅速发展,流民问题日益严重的情况下,班固此论,还是具有某种积极意义的。为了消除各种危机,实现社会和谐的理想,班固主张不拘远近幽隐,广招天下贤才,使其建功立业,安邦济民。他说:"鸾凤养六翮以凌云,帝王乘英雄以济民。《易》曰:'鸿渐于陆,其羽可用为仪。'"在他看来,"听决价而资玉者,无楚和之名;因近习而取士者,无伯玉之功。故玙璠之为宝,非驵侩之术也;伊吕之为佐,非左右之旧"。他要求杜绝"驽与良而为群","贤与愚而不分"的现象[10](卷26《拟连珠》),呼吁"总揽贤才,收集明智,为国得人,以宁本朝"[11](《班固传》),并将这种政治主张贯穿于《易》说之中。《五行志》:"说曰:火,南方,扬光辉为明者也。其于王者,南面乡明而治。……故尧舜举群贤而命之朝,远四佞而放诸野。……贤佞分别,官人有序,帅由旧章,敬重功勋,殊别适庶,如此则火得其性矣。若乃信道不笃,或耀虚伪,逸夫昌,邪胜正,则火失其性矣。"应该说,这些都是对《易传》养贤、尚贤思想的继承和发挥。

《易传》和易学兼容并包的学术风格,对班固也有所濡染。一方面,与刘向、刘歆父子一样,班固肯定了诸子百家对儒家学说的补益之功,这较为集中地表现在《汉书·艺文志》中。就经学流派而论,班固属古文学家。他曾批评今文经学在"禄利之路"上的日趋僵化、烦琐,赞同刘歆争立古文博士的举动,对平帝时将《左氏春秋》等古文经立于官学表示肯定。另一方面,身为古文学者的班固却又能撰集成包含大量今文经学及谶纬之学内容的《白虎通义》,并在《汉书》尤其是其中的《五行志》中屡屡引述京房《易传》，并借助孟、京易学的卦气说解说各种复杂的历史现象，将自然灾异与人事祸福联系起来。这些都体现了一种兼容并包的学术思想。

三

东汉后期，特别是党锢之祸之后，易学研究不再紧随政治需要而亦步亦趋，古文费氏易学逐步兴盛。马融治费氏古文易学，注重以义理解《易》，用史实阐发易学理论。如《革》卦九五："大人虎变，未占有孚。"马融注："大人虎变，虎变威德折冲万里，望风而信，以喻舜舞干羽而有苗自服，周公修文德，越裳献雉，故曰未占有孚矣。"[12](卷10) 这是试图借助周公修德进业而使百姓服悦的历史事实来呼吁最高统治者实行德治，以振兴日渐衰弱的刘汉皇朝。郑玄治易，以象数为主，兼宗义理，亦注重以史注易。如注《否》卦九五"其亡其亡，系于苞桑"曰："犹纣囚文王于羑里之狱，四臣献珍异之物而终免于难，系于苞桑之谓也。"注《大有》"大有元亨"曰："元亨者，又能长群臣以善使嘉会礼通，若周公摄政朝诸侯于明堂也。"[12](卷4) 注《随》卦初九"官有渝，贞吉；出门交有功"曰："昔舜慎徽五典，五典克从，纳于百揆，百揆时序，宾于四门，四门穆穆，是其义也。"注《临》卦"至于八月有凶"曰："临卦斗建丑而用事，殷之正月也。当文王之时，纣为无道，故于是卦为殷家著兴衰之戒，以见周改殷正之数云。临自周二月用事，讫其七月，至八月而遁卦受之，此终而复始，王命然矣。"[12](卷5) 这些都体现了郑玄以史注《易》的倾向。

在东汉末年的社会批判思潮中，易学与史学再次表现出相互交融、相互濡染的趋势。在《潜夫论》中，王符将《周易》奉为表述上古历史发展史之圭臬，按照五德终始理论记述上古兴亡史，因为有关史料"于五经皆无正文，故略依《易·系》，记伏羲以来，以遗后贤。虽多未必获正，然略可以浮游博观，共求厥真"。其中还明确提到伏羲"其德木"，"作八卦，结绳为网以渔"[13](《五德志》)。在叙述古代姓氏来源时，王符也曾提及："昔者圣王观象于乾坤，考度于神明，探命历之去就，省群臣之德业，而赐姓命氏，因彰德功。"[13](《志氏姓》) 这体现了《周易》对王符的深刻影响，并反映出王符积极的、进化的社会历史发展观。仲长统的历史观受《周易》的濡染非常明显。《易传》肯定了自然界和人类社会都是不停地变化、发展的，但其发展观又带有明显的循环论色彩。它曾进一步发挥《易经》"无平不陂，无往不复"[5](《泰》) 的命题，将循环往复当作宇宙运动的核心。《复·彖传》："复，其见天之心乎！"在《易传》看来，从乾卦到未济卦是一个循环往复的无限过程，与此相应的宇宙万物亦是如此。受《易传》之说的影响，仲长统推出了治乱循环的历史发展观，提出了有治有乱、有损有益的思想主张。综观上古秦汉的历史，仲长统得出结论："存亡以之迭代，政乱从此周复，天道常然之大数也。"[11](《仲长统传》) 也就是说，历代皇朝都经历了由乱世到治世再到乱世的三个阶段。仲长统看到了治与乱的循环往复和相互转化，但却不明白这一过程并不是在原地简单地绕圈子，而实际上是一种螺旋式上升或波浪式前进。这样仲长统的历史观又在一定程度上陷入了循环论和悲观主义。

荀悦是社会批判思潮中史学成就最为突出的学者，所撰《汉纪》在中国思想文化史特别是史学史上占有重要地位。而在中国易学史上，荀悦其人其书也同样值得一述。他的《汉纪》《申鉴》中蕴涵着丰富的易学思想，而且荀悦乃荀子十三世孙，易学大师荀爽之侄，在易学上自有其家学渊源。

荀悦的易学思想受《周易》的影响，大体表现在自然观、历史发展观和社会政治观等几个方面。我们知道，《易传》借助推天道以明人事的整体思维方式，以人效法天地、顺应自然为基础，构筑了一个天人合一、天地人一体的宇宙图式。《系辞上》说："《易》与天地准，故能弥纶天地之道。"又说："夫《易》开物成务，冒天下之道，如斯而已者也。"《系辞下》则说："《易》之为书也，广大悉备，有天道焉，有人道焉，有地道焉，兼三才而两之，故六。"也就是讲，《易经》总括了宇宙间天地人的一切道理。与此同时，《易传》又忽视了天道与人道、自然界与人类社会之间的本质区别,在论述社会问题时,自觉不自觉地机械搬用自然规律,而在探讨自然事物及其规律时又将某些道德属性强加于它们。这样,在《易传》中就出现了天人感应和阴阳灾异思想的端倪和萌芽。一方面,荀悦承认天人之间可以通过气来相互感应。他说:"天人之应,所由来渐矣。故履霜坚冰,非一时也;仲尼之祷,非一朝也。"[14]《时事》"或问祷请可乎。曰:气物感应则可,性命自然则否。"[14]《俗嫌》《汉纪》中也多记有祥瑞、灾异之事。但另一方面,荀悦又继承、发挥《易传》推天道以明人事的整体思维方式,对天人之间的这种感应做了新的解释。他强调,人的言行举止应该顺承天地,而行事顺利,天自然会显示吉祥之兆。他说:"人承天地,故动静焉顺。顺其阴阳,顺其日辰,顺其度数。内有顺实,外有顺文。文实顺理也。休征之符,自然应也。"[14]《俗嫌》此处天地基本上是指自然界,顺理则是指顺应阴阳、日辰和度数等自然规律。这就在一定意义上冲淡了当时流行的精诚动天等神秘说教的影响。

关于天人关系,荀悦还提出了著名的"三势"说。他认为,天道、人道有同有异。"夫事物之性,有自然而成者;有待人事而成者,有失人事不成者;有虽加人事,终身不可成者。是谓三势。"但他同时强调,尽人事,因异求同,就能成功,相反,执着其同,而行为有异,就会走向失败。他说:"《易》曰:'有天道焉,有地道焉,有人道焉。'言其异也;'兼三才而两之',言其同也。故天人之道,有同有异。据其所以异而责其所以同,则成矣;守其所以同而求其所以异,则蔽矣。"对于人事和天命,荀悦都较为重视,认为既不能轻视人事,也不能否定天命。一方面,他强调"君子尽心力焉,以任天命"[15]《卷6》,要求人们"乐天知命",反对"乘天命以骄","违天命以滥";另一方面,他又指出,对于大多数人来说,可以通过后天努力,使本来相近的命运发生变化,取得不同的吉凶后果。他说,天命人事,"有三品焉。上下不移,其中则人事存焉尔。命相近也,事相远也,则吉凶殊矣"[14]《杂言下》。这在一定程度上肯定了人事对吉凶的决定性作用。

宗教巫术是《周易》的外在形式,也是其神秘主义思想的重要表现。对此,荀悦基本上持否定态度。《申鉴·俗嫌》:"或问卜筮。曰:德斯益,否斯损。""吉而济,凶而救之谓益;吉而恃,凶而怠之谓损。"这就是说,人事的吉凶最终还是取决于人们自身的努力,而不是取决于卜筮的结果。荀子曾提出"善为《易》者不占"[16]《大略》,强调了《周易》的知识性和学术性,突出了其道德内涵和人文价值,在易学史上意义重大。我们从荀悦的有关论述中,似可窥见其先祖遗风。与此相应,对于神仙之术、时日方位禁忌等,荀悦也进行了猛烈抨击:"或问时日群忌。曰:此天地之数也,非吉凶所生也";"苟无其实,徼福于忌,斯成难也"[14]《俗嫌》;"尊天地而不渎,敬鬼神而远之、除小忌,去淫祀,绝奇怪,正人事,则妖伪言塞,而性命之理得矣"[15]《卷10》。这样,在荀悦看来,应该强调的不是天命,而是人事,是人后天的努力。他称述《说》卦之语道:"'立天之道曰阴与阳,立地之道曰柔与刚,立人之道曰仁与义。'阴阳以统其精气,刚柔以品其群形,仁义以经其事业,是为道也。故凡政之大经,法教而已。教者,阳之化也;法者,阴之符也。仁也者,慈此者也;义也者,宜此者也;礼也者,履此者也;信也者,守此者也;智也者,知此者也。是故好恶以章之,喜怒以之,哀乐以恤之。若乃二端不愆,五德不离,六节不悖,则三才允序,五事交备,百工惟厘,庶绩咸熙。"这里所谓"二端"(教、法)、"五德"(仁、义、礼、智、信)、"六节"(好、恶、喜、怒、哀、乐)都属于人事。在荀悦看来,"俗乱则道荒,虽天地不得保其性矣"[14]《政体》,而如果人事处理得好,天、地、人三才就可以依据正常的秩序运转和发展。

很明显,荀悦并没有将天、人对立起来,而是试图沟通天、人,认为人事最高的合理性依据在于天道,而不是在于人事本身。所以,荀悦既强调人事的重要性,同时又处处把人事的最后依据归结为天道。比如他说:"天作道,皇作极,臣作辅,民作基。""惟先哲王之政,一曰承天,二曰正身,三曰任贤,四曰恤民,五曰明制,六曰立业。"[14]《政体》《易传》曾要求人们效法天道的健行不息,保持自强不息的积极进取精神,所谓"天行健,君子以自强不息"。这既强调了天道是人道的合理性依据,又突出了人的主体意识和能动作用。荀悦之论当有取于此,而且可以说是向魏晋玄学的天、人新义迈进了一步[17]740—741,对后来"全释人事"的王弼易学的兴起,可谓导夫先路。

运动、变化是《周易》的根本意蕴。荀悦吸收、借鉴这一思想,在对天人感应之说进行改造的过程中指出,天人有时未得相感,并非没有相感的能力,而是由于气类发生了某种变化。在《汉纪》中,他说:"故气类有动而未应,应而未终,终而有变,迟速深浅,变化错于其中矣。"[15](卷6)荀悦强调及时变化,是为现实政治活动服务。他告诫汉家天子,应该根据时势的变化,采取相应的对策,从而维护汉家统治。他说:"圣人之道,必则天地,制之以五行,以通其变,是以博而不泥。"在处理教化与刑法关系问题时,他的这一思想表现得尤为突出:"先王之道上教化而下刑法,右文德而左武功,此其义也。或先教化,或先刑法,所遇然也。""安平之世则刑教并用,大乱无教,大治无刑,时不用也。"[15](卷23)在《申鉴》中,荀悦屡屡提及"与时消息"。而在著史活动中,他又将"通古今"作为一条重要宗旨。凡此种种,都反映出《周易》变通思想特别是趋时说对荀悦的濡染。正如有的学者所指出的:"对于荀悦这样的史学家和古典思想家来说,变化之道可以辩证地或类推地加以理解。儒家经典《易经》就给他的这种探求提供了启发和权威指导。"[18]202

承于《易传》太和、中正之说,荀悦将包括自然和谐与社会和谐在内的天人整体和谐作为自己的最高追求。"以天道作中,以地道作和,以仁德作正。"在社会人际关系方面,荀悦认为,君臣、君民应该是相互为应、信赖合作的关系。他说,"民犹水也","水可使不滥,不可使无流";"天下国家一体也。君为元首,臣为股肱,民为手足。下有忧民,则上不尽乐;下有饥民,则上不备膳;下有寒民,则上不具服。徒跣而垂旒,非礼也。故足寒伤心,民寒伤国"[14](《政体》)。荀悦还将天命、天意与民心、民意联系起来,认为重民与否直接关系着能否顺从和执行天的旨意。他说,"圣王先成民而后致力于神"[14](《时事》);"人主承天命以养民者也。民存则社稷存,民亡则社稷亡。故重民者,所以重社稷而承天命也"[14](《杂言上》)。他要求"民主两利,上下俱便"[15](卷5),认为"上以功惠绥民,下以财力奉上,是以上下相与","君臣亲而有礼,百僚和而不同,让而不争,勤而不怨,无事唯职是司,此治国之风也"[14](《政体》)。这些都反映出荀悦追求整体和谐的崇高的政治理念。

荀悦意识到自己的这种追求不会有实现的可能性。于是,他以《周易》为本,产生了浓重的忧患意识。为了缓解和消除现实的社会政治危机,他又继承、发挥《易传》的重德精神,呼吁统治者实行仁义德治。他说,"夫道之本,仁义而已矣"[14](《政体》),"非德无以建业"[15](卷4)。在荀悦看来,当时社会危机的主要症结在于土地兼并,因而仁义德治的一个重要体现就是遏止贫富两极分化,解决土地和财富的兼并问题。他主张由国家将荒地分给农民耕种,但农民只有使用权,而无所有权,"耕而勿有"[14](《时事》),"不得买卖","以防兼并"[15](卷8)。他要求重本抑末,"绝末伎,同本务"[14](《时事》),"不求无益之物,不畜难得之货,绝靡丽之饰,遏利欲之巧,则淫流之民定矣,而贪秽之俗清矣"[15](卷10)。他还主张任贤使能,认为"用臣不贤,则国非其国也"[14](《政体》)。为此他要求对官吏进行全面考核,"以兹举者试其事,处斯职者考其绩","有事考功,有言考用,动则考行,静则考守"。同时他主张"正贪禄,省闲冗"[14](《时事》),彻底澄清吏治。

当然,与《易传》倡导社会变革的前提相类似,荀悦的根本目的在于维护宗法制度,重振汉家雄风。因此,在荀悦向往的这种天人和谐中,占主导地位的还是封建纲纪,还是阳尊阴卑,还是上下相安、各得其位的伦理道德秩序。他说:"经称:'立天之道曰阴与阳,立地之道曰柔与刚,立人之道曰仁与义。'阴阳之节在于四时五行,仁义之大体在于三纲六纪。上下咸序,五品有章;淫则荒越,民失其性。于是在上者则天之经,因地之义,立度宣教以制其中,施之当时则为道德,垂之后世则为典经,皆所以总统纲纪,崇立王业。"[15](卷25)"天子南面听天下,向明而治,盖取诸离,天之道也。"[14](《时事》)荀悦还取资《周易》阳尊阴卑、男尊女卑的观念,对东汉后期一直较为严重的外戚专权、母后当政现象进行了抨击。他指出:"古有掌阴阳之礼之官,以教后宫,掌妇学之法,妇德妇言妇功,各率其属,而以时御序于王,先王礼也。宜崇其教,以先内政,览列图,诵列传,尊典行。内史执其彤管,记善书过,考行黜陟,以章好恶。男女正位乎外内,正家而天下定矣,故二仪立而大业成。"他还批评汉朝实行的尚主之制:"尚主之制,非古也。厘降二女,陶唐之典;归妹元吉,帝乙之训;王姬归齐,宗周之礼。以阴乘阳,违天;以妇凌夫,违人。违天不祥,违人不义。"[14]《时事》此举虽是在宣扬男尊女卑的陈腐观念,但在当时特定的历史条件下,其主张又具有一定的积极意义,并反映出荀悦的政治敏锐性。

作为史学家,荀悦在著史过程中反映出的易学思想更为明显、更为系统、更有特色。他曾提出自己的著史宗旨:"昔在上圣,惟建皇极,经纬天地,观象立法,乃作书契,以通宇宙,扬于王庭,厥用大焉。先王以光演大业,肆于时夏,亦惟翼翼,以监厥后,永世作典。夫立典有五志焉:一曰达道义,二曰彰法式,三曰通古今,四曰著功勋,五曰表贤能。于是天人之际,事物之宜,粲然显著,罔不备矣。世济其轨,不殒其业,损益盈虚,与时消息,虽臧否不同,其揆一也。"[15]《高祖皇帝纪》其间受易学思想的濡染是显而易见的。我们说,尽管荀悦并非易学专家,亦未留下专门的易学著作,但他的易学思想还是极其丰富的,在易学发展史上具有重要的地位。

总之,两汉史学的发展,史家史学思想的形成,史著的内容及体例特点等都与易学有着千丝万缕的联系,易学与史学的联系是多方面、全方位的。两汉史学取得的辉煌成就,是吸收、借鉴包括易学思想在内的各家学术思想的结果。这对后世产生了广泛而深刻的启示和影响。后来的许多史学家兼治易学,有的本身就是易学家、易学大师,如袁宏、魏征、欧阳修、李焘、朱熹、李心传、李贽、黄宗羲、顾炎武、王夫之、章学诚、邵晋涵、柯劭忞等。不少易学家则兼治史学,以史释《易》,易学史上"两派六宗"中以南宋李光、杨万里为代表的"参证史事"宗即是如此。而直承汉代史家,使易学与史学结合得最为成功、最为完美的,当推晋代的干宝、北宋的司马光。他们均以史学名家,以良史著称,但又潜心研究易学,且造诣极深、成就卓然。应该说,这一切均得益于汉代学者的努力。

【参考文献】

[1] 邓球柏.帛书周易校释[M].修订本.长沙:湖南人民出版社,2002.
[2] 王利器.新语校注[M].北京:中华书局,1986.
[3] 苏舆.春秋繁露义证[M].北京:中华书局,1992.
[4] 司马迁.史记[M].北京:中华书局,1982.
[5] 周易正义[M].影印《十三经注疏》本.北京:中华书局,1980.
[6] 班固.汉书[M].北京:中华书局,1962.
[7] 向宗鲁.说苑校证[M].北京:中华书局,1987.
[8] 吴怀祺.汉《易》与《汉书》[J].齐鲁学刊,2001(3).
[9] 六臣注文选[M].北京:中华书局,1987.
[10] 严可均.全上古三代秦汉三国六朝文·全后汉文[M].北京:中华书局,1958.
[11] 范晔.后汉书[M].北京:中华书局,1965.
[12] 李鼎祚.周易集解[M].上海:上海古籍出版社,1989.
[13] 汪继培,笺.彭铎,校正.潜夫论笺校正[M].北京:中华书局,1985.
[14] 荀悦.申鉴[M].上海:上海古籍出版社,1990.
[15] 荀悦,袁宏.两汉纪:汉纪[M].北京:中华书局,2002.
[16] 王先谦.荀子集解[M].北京:中华书局,1988.
[17] 任继愈.中国哲学发展史:秦汉卷[M].北京:人民出版社,1985.
[18] 陈启云.荀悦与中古儒学[M].沈阳:辽宁大学出版社,2000.

项羽与怀王:项羽政治品格的历史分析

——以王夫之评论为中心

臧知非*

【摘 要】 从先秦至汉初,不存在后人所理解的君臣尊卑之道,君尊臣卑以君守君道为前提,不能以后世的君尊臣卑观念衡量项羽与怀王的关系。怀王排抑项羽在先,项羽独立发展在后,以当时君臣权利和义务衡量之,项羽没有绝对服从怀王的义务。古今学者对项羽放逐义帝而后弑之、背怀王之约的理解并非历史的真实。刘邦对项羽的批评正体现了项羽政治品格的光明磊落。

【关键词】 项羽;背约;放弑;政治品格

项羽与怀王的关系,是认识项羽政治品格的关键,不仅关系到对秦汉之际历史大变局真相的认识,而且关系到如何把握史学研究中的价值判断和事实判断的关系问题。本文以王夫之的评论为例,从历史传统和现实实践的不同层面,透过历史迷雾,还原项羽与怀王关系的历史真相,探究项羽政治品格的内涵。

一

众所周知,自项羽领兵救赵伊始,项羽与怀王的关系就成为当时舆论的焦点,成为刘邦打击项羽的武器之一,刘邦列举项羽的十大罪状就是以项羽和怀王关系为核心的:

始与项羽俱受命怀王,曰先入定关中者王之,项羽负约,王我于蜀汉,罪一。项羽矫杀卿子冠军而自尊,罪二。项羽已救赵,当还报,而擅劫诸侯兵入关,罪三。怀王约入秦无暴掠,项羽烧秦宫室,掘始皇帝冢,私收其财物,罪四。又强杀秦降王子婴,罪五。诈坑秦子弟新安二十万,王其将,罪六。项羽皆王诸将善地,而徙逐故主,令臣下争叛逆,罪七。项羽出逐义帝彭城,自都之,夺韩王地,并王梁楚,多自予,罪八。项羽使人阴弑义帝江南,罪九。夫为人臣而弑其主,杀已降,为政不平,主约不信,天下所不容,大逆无道,罪十也。[1]376

这十大罪状里,除第六、第七两项之外,其余都是指项羽身为怀王之臣而不听号令、专权自恣,不仁不义,其中最为核心的是违背怀王之约、放逐义帝而弑之这两项。无论后人对刘邦所述十大罪状的真伪做何评论,对项羽的一生持何种

---

* 臧知非(1958—),男,江苏省宿迁市人,苏州大学社会学院教授,博士生导师,主要从事秦汉史、中国古代思想史研究。

① 拙稿完成,发现 20 年前张子侠先生在《刘邦数项羽"十罪"考评》(《淮北煤炭师范学院学报》1992 年第 4 期)一文中已对刘邦所数项羽十大罪一一提出质疑,对"怀王之约"和"矫杀卿子冠军"辨析尤其深刻。笔者和子侠在 1985 年即相识、相知,20 余年往来频繁,却未悉子侠兄的高见,深为自己读书不逮而惭愧,为交流不够而后悔。而子侠兄英年早逝,已永远失去请益的可能。出于对子侠兄高见的补证和彰显,同时表示对故友的追忆,还是呈现给读者,特此附言。

态度,是肯定,是否定,是同情,是惋惜,还是哀叹,项羽违背怀王之约,放逐而后杀之,则被认定为是不争的事实,形成了后人认识项羽政治品格的基本坐标,而以王夫之的评论最具有学理性和历史高度。王夫之评论说:

> 若夫项羽之所以失者,非吝封爵之故。信之说,不如陈平之言之允也。陈平曰:"项王所任爱,非诸项,即妻之昆弟,虽有奇士不能用。"故羽非尽不知人,有蔽之者也。琐琐姻娅,踞膺仕,持大权,而士恶得不蔽?虽然,亦有由耳。羽,以诈兴者也:事怀王而弑之,属宋义而戕之,汉高入关而抑之,田荣之众来附而斩艾掠夺之。积忮害者,以己度人而疑人之忮己。轻残杀者,大怨在侧而怨不可狎。左顾右盼,亦唯是兄弟姻党之足恃为援,则使轻予人以权,己且为怀王,己且为宋义。惴惴栗栗,戈戟交于梦寐,抑恶能不厚疑天下哉?然而其疑无救也。为汉王之腹心者项伯也,其兄弟也;追而迫之到者吕马童也,其故人也。从之于大败之余者三十余骑,而兄弟姻娅不予焉。怀匮求援,而终以孤立。非刓印不予者欺己而贼之其亲戚之叛已久矣。[2]10

刘邦和韩信、陈平曾经讨论项羽失败、自己成功的原因。韩信认为项羽失败在于舍不得土地权利,不愿意分封有功之士,"项王暗恶叱咤,千人皆废,然不能任属贤将,此特匹夫之勇耳。项王见人恭敬慈爱,言语呕呕,人有疾病,涕泣分食饮,至使人有功当封爵者,印刓敝,忍不能予,此所谓妇人之仁也"[1]2612。而陈平则认为项羽不信任外人,"其所任爱,非诸项即妻之昆弟,虽有奇士不能用"。用历史的眼光看问题,那些在刘邦面前反复强调项羽舍不得封爵的功臣们,他们的目的并不在于总结刘邦、项羽的成败得失,而在于如何获得和保护自己的爵位封邑。韩信的评论就带着强烈的个人目的。韩信在向刘邦说这番话的时候,秦朝刚刚灭亡,项羽已经封了十八个王,尽管项羽在封王问题上有处置失当的地方,但总的来说是按照功劳大小分封的,刘邦列举的十大罪状之一——"项羽皆王诸将善地,而徙逐故主",恰恰说明了项羽按照功劳分封的这一原则。在反秦战争中,韩信在项羽帐下虽然有过建议,但没被采用,谈不上战功,当然谈不上受封;而此时的刘邦受封汉中,终日想的是如何回归故乡,根本谈不上分封的问题。用"至使人有功当封爵者,印刓敝,忍不能予"批评项羽,实际上是在向刘邦提条件:我在项王手下没有封爵,投到汉王帐下的目的就是为了封爵。所以,王夫之说韩信的批评失之于公允,指出"信之为此言也,欲以胁高帝而市之也",已经揭示了其人生悲剧的必然性,"协市心以市主,主且窥见其心,货已雠而有余怨。云梦之俘,未央之斩,伏于请王齐之日,而几动于登坛数语"[2]9。因此之故,王夫之认为,陈平之语较韩信公允。刘邦在总结自己成功的原因即在于"得人",而不是什么舍得爵位封邑。

但是,王夫之并没有停留在项羽失败原因的"是什么"与"不是什么"的总结上,而是进一步总结项羽为什么会像陈平批评的那样只信任"诸项"和"妻之昆弟"。王夫之的结论是项羽不是不知人,项羽完全知道那些"奇士"们的作用,但是,项羽怀疑他们,不信任他们,才不使用他们。项羽之所以怀疑他们,是因为项羽是"以诈立":"事怀王而弑之,属宋义而戕之,汉高入关而抑之,田荣之众来附而斩艾掠夺之"就是项羽"以诈立"的典型体现。项羽担心这些"奇士"谋臣也"以诈立"——欺诈自己去建功立业,所以只有信任"诸项"和"妻之昆弟"。

王夫之说羽以"诈"立的依据也是刘邦列举项羽十大罪状的组成部分。当然,在王夫之看来项羽之与怀王固然是"以诈立",刘邦也不是什么忠信之辈。王夫之指出,刘邦并"无哀义帝之心",为义帝发丧是为了陷项羽于不义,列举项羽的各项罪状不过"以此正项籍之罪"而已,是为了"途饰耳目",使天下人"耻戴之(项羽)为君长"。这是很深刻的见解,但是,并不能因此将刘邦和项羽等量齐观,因为项羽和怀王的关系与刘邦有别,二者不能混而为一——作为政治手段,利用怀王号令天下,在项羽就属于"诈",在刘邦则不属于"诈"。王夫之谓:

> 籍者,芈氏之世臣也。援立义帝者,项梁之以令诸侯者也。刘氏世不臣于楚,其曲而君怀王也,项制之耳。高帝初无君怀王之心,则可不哀怀王之死。为天下而讨弑君之

贼,非人弑己而有守官之责者也。故发丧之后,高帝亦终不协此以令天下;而数项羽之罪,不嫌以背约不王己于秦为首。则栋董公之说,亦权用之一时,而高帝亦终不以信诸心。[2]11

王夫之认为,尽管刘邦、项羽都曾经听命于怀王,但二者性质不同,义务有异。项氏世世为楚国重臣,拥立怀王就应该听命于怀王、忠于怀王。刘邦不是楚国"世臣",对楚国王室没有尽忠义务,听命于怀王是受项梁的胁迫,不得不然。所以,怀王死后,刘邦也没有为怀王复仇的义务。因此,虽然刘邦为义帝发丧是为了收揽人心,并非出于本分和内心,但是与"诈"无涉。而项羽身为楚国王室世臣,"援立义帝者,项梁之以令诸侯者也",本来就有忠于义帝的义务,起兵以后又依靠义帝号令诸侯,自然应该遵守君臣之道,忠信第一。而项羽不仅不守怀王之约,专权自恣,而且将义帝放逐直至杀掉,所有这一切,只能以"诈"概括之。"诈"的结果,固然得以主宰天下,但导致内心恐惧,不敢相信人,只能信任那些姻娅昆弟,结果就是这些姻娅昆弟不仅能力有限,其人品也不怎样,或者成为内奸,或者叛逃,项羽最终成为孤家寡人。

从学术的眼光看,王夫之对楚汉兴亡的分析是深刻的,对项羽、刘邦的评论有诸多过人之处,对刘邦的分析尤其如此。但是,用一个"诈"字总结项羽的失败,是不能成立的,是站在宋明理学的立场上作出的价值评判,是理学家的君臣伦理的片面应用。今人对项羽的评论虽然没有像王夫之那样以"诈"来概括项羽的品格,但是,无论对项羽怀着怎样的同情与理解,对项羽违背怀王之约、不听怀王号令,以至于逐杀怀王的种种行为均没有作出历史的分析,项羽的政治品格始终在"不义"的阴影笼罩之下。因此对项羽的认识,首先要跳出既定的价值观念,本着历史主义的立场原则,对项羽与怀王的关系作出历史的评判,才能真正地走进那个风云激荡的历史时代,透过表象,把握历史的时代脉搏。

二

这首先要对先秦以来的君臣观念做一个简单的梳理,把握楚国的政治特点,才能对项羽与怀王的关系作出历史的把握。

用历史的眼光看问题,跳出后世经学家、理学家的价值局限,我们不难发现,先秦至汉初不存在王夫之所说的君臣观,君臣观念有着较大的相对性,君权并非绝对的神圣不可侵犯,不存在后世的忠君观念。孔子曾谓:"君使臣以礼,臣事君以忠。"[3]2468这儿的"忠"是指尽心职守,而不是服从。臣尽心职守是有条件的,就是"使臣以礼",其基本内涵就是"敬事而信"[3]2457,君也要尽心自己的职责而严守诚信,只有"君使臣以礼",臣才会"事君以忠"。这儿的"事君以忠"并非忠于国君本人,而是尽心于国君安排给自己的职守。孟子主张:"君之视臣如手足,则臣视君如腹心;君之视臣如犬马,则臣视君如国人;君之视臣如土芥,则臣视君如寇仇。"[4]2726这些并不是思想家们的玄想,而是有着一定的现实基础的,是以世族世官制为历史基础的。在世族世官制传统之下,君臣关系以宗族血缘关系为基础,君臣都是统治宗族成员,国家为他们所共有,国家权力为宗族贵族共同享有,都要对本宗族利益、国家利益负责,都要遵守宗族传统,也就是说,此时的君权是有限的,要在族权的制约之下行使;群臣是宗族贵族,对国君有着相应的制约。孔子说的"君使臣以礼,臣事君以忠"就是指此而言,"礼"和"忠"都以宗族贵族政治为基础。

战国时代,官僚政治勃兴,君臣关系的基础转变为功劳和爵位的交换,族权从国家权力运作过程中剥离,君权的绝对性日益明显。而思想家们出于对现实的批判,凭借着列国纷争所提供的广阔的生存空间,本着"仁政""德治"的理想,以圣王之道衡量现实,以国家利益为重,对君权依然提出种种限制,主张君臣之间以"道"为重,"道"高于"势"。当国君行为违背了"道",成为天下公害时,群臣和天下起而攻之是正义之举。孟子和齐宣王的一段对话典型地说明了这一观点:齐宣王问:"汤放桀,武王伐纣,有诸?"孟子对曰："于传有之。"曰："臣弑其君，可乎？"曰："贼仁者谓之'贼'，贼义者谓之'残'。残贼之人，谓之'一夫'。闻诛一夫纣矣，未闻弑君也。"[4]2679—2680 商汤是夏桀之臣，武王是商纣之臣，从君臣名分上说，"汤放桀，武王伐纣"当然属于"弑君"之举。孟子的回答则相反：因为夏桀、商纣是伤害仁义的"残贼之人"，是"一夫"也就是独夫民贼，死有余辜，人神共怒，起兵反抗，推翻他们，是正义之举，不能用形式上的君臣之义衡量商汤、周武王的举动。这既是孟子之徒的看法，也是社会的普遍观念。其时之各国国君对士人无不礼敬有加，不仅仅因为士人群体以为自己道义在握，社会意识也把士人看作道义的代表，国君出于对道义的敬畏不得不礼敬他们。

现在看楚国的政治特点。战国时代各国官僚政治的发展是不平衡的，秦国从商鞅变法以后对世族世官制的传统剥离得比较彻底，六国还在一定程度上保留着世族世官制的传统，国家军政大权主要由宗室贵族把持，是为体现，特点是亲疏有别、卑不逾尊，选贤任能也必须遵循这一原则，而楚国尤其突出。楚国的景、昭、屈就是贵族的代表，世世掌握楚国枢要，无论是论功行赏，还是任贤使能，军政长官不出这几个大族。项氏世世为楚将，本来封于项，后迁于下相，虽是楚国贵族，但系枝疏，地位在景、昭、屈诸族之下。因此之故，在秦始皇的"徙豪"过程中，景、昭、屈诸氏则受到沉重打击，力量衰微，项氏力量得到保存，无论是在其故地下相，还是在其避难的吴中，都有广泛的社会基础，所谓八千子弟既有吴中少年也有为数众多的项氏子弟，"每吴中有大徭役及丧，项梁常为主办，阴以兵法部勒宾客及子弟，以是知其能"[1]296。这"阴以兵法部勒宾客及子弟"不仅仅是指项梁，也包括了项羽，"以是知其能"是指项梁通过"阴以兵法部勒宾客及子弟"知道项羽的才干，并得到吴中子弟的拥戴，"虽吴中子弟皆已惮籍矣"就是因为项羽"才气过人"。所以在起兵反秦时，项氏的力量反而在景、昭、屈诸氏之上。

明白战国时代君臣关系和楚国政治特点以后，对怀王与项氏之间的关系就好理解了。鉴于六国地区响应陈胜、吴广反秦的六国王室之后大都直接起兵，项氏叔侄立怀王之孙熊心为王仍号为怀王以提高号召力，但怀王毕竟是王室嫡孙，血统高贵，并不甘心做一个招牌。而随着楚军力量的扩大，楚国贵族纷纷归附，在怀王周围逐步形成一股政治势力，如何做一个真正的君王而不是有名无实的傀儡自然而然地浮现在怀王的脑海里，这就要设法削弱项氏权力。怀王明白，项梁德高望重，传统观念较重，既是军队主帅，又有拥立之功，其地位不能轻易撼动。而项羽是一热血青年，较少传统观念束缚，固然"才气过人"、军功显赫，若是任其发展，不要说扩大自己的权力，怕是连现在的尊严也难以保证，怀王自然要防范、限制项羽。所以，当项梁战死的消息传到盱眙的时候，"怀王恐，从盱台之彭城，并项羽、吕臣军自将之。以吕臣为司徒，以其父吕青为令尹。以沛公为砀郡长，封为武安侯，将砀郡兵"[1]304。盱眙远离前线，从军事的层面看，彭城处于秦军的兵峰之下，要比盱眙危险得多，而"怀王恐，从盱眙至彭城，并项羽、吕臣军自将之"。很显然，怀王"恐"的对象不是新战胜项梁的秦军，而是项羽，担心军权落入项羽手中，才从盱眙赶到彭城"并项羽、吕臣军自将之"。

项梁战死之后，前线领兵的分别是刘邦、吕臣、项羽，"吕臣军彭城东，项羽军彭城西，沛公军砀"。在这三人之中，项羽影响最大、威望最高、战功最为显赫，起兵吴中时，项梁为主帅，项羽就是副帅，吕臣和刘邦根本不能和项羽相提并论。而怀王夺项羽、吕臣军之后，立即对吕臣作出补偿，"以吕臣为司徒，以其父吕青为令尹"；对刘邦则是加官晋爵，"以沛公为砀郡长，封为武安侯，将砀郡兵"，不仅继续命刘邦领其部众，而且任命为砀郡长，封为武安侯，使之名正言顺，而唯独把项羽晾在一边。这只能说明一个问题：那就是怀王处心积虑地运用项梁战死的机会剥夺项羽兵权，削弱项羽的影响力，从而使自己的王位迅速地摆脱项氏宗族的阴影。

怀王剥夺项羽军权以后，在任命大将和分兵救赵与攻秦的问题上，淋漓尽致地体现出了怀王对项羽的抑制和排挤。项梁死后，怀王拒绝项羽攻秦的请求，任命宋义为上将军，就是为了防止项羽在攻秦过程中势力做大。怀王对宋义的了解是因为齐国使者的推荐,"召宋义与计事而大说之,因置以为上将军,项羽为鲁公,为次将,范增为末将,救赵。诸别将皆属宋义,号为卿子冠军"[1]304。"计事"的内容不得而知,从逻辑上判断,既有如何攻秦救赵的计划,也会有楚军内部人事关系的分析,而怀王首先要解决的就是巩固自己的地位,自然是和宋义"计事"的内容之一。宋义本来是项梁帐下的谋士,曾劝项梁不要骄傲轻敌,谓"战胜而将骄卒惰者败。今卒少惰矣,秦兵日益,臣为君畏之"[1]303。宋义建议被拒,料定项梁必败,趁出使齐国之机,脱离楚军大营,路遇出使项梁的齐国使者高陵君显,宋义劝高陵君显推迟和项梁见面,避免和项梁同归于尽。项梁败亡以后,是高陵君显向怀王推荐了宋义,才有怀王"召宋义与计事而大说之"的发生。辩证地分析宋义的建议与行为,一方面说明宋义对敌我形势判断准确,确有先见之明,有相应的谋略;另一方面说明宋义对项梁因为意见分歧而心存芥蒂,对项梁的军事指挥特别是独断专行是持批评态度的。在这一点上,和怀王不约而同。

但是,项梁败亡之后,怀王固然掌握了最高领导权,面临的形势却不容乐观:一方面要面对强敌,亟须大将;另一方面又要防止项氏实力膨胀,不能让项羽领兵,以保证自己永远做一个名副其实的楚王。这就需要一个既能听命于自己而又能服众的人物,而宋义正好满足了这一需求。对于怀王个人来说,"计事而大说之"说明宋义与怀王看法一致,尽管这个一致性究竟是二人的不约而同,还是宋义投其所好,后人不得而知,但有一点是可以肯定的:做过令尹的宋义确实得到了怀王的信任,这个信任不仅仅是因为宋义军事见解过人,更主要的还是为巩固怀王地位提出了对策。而对外的理由更加冠冕堂皇,就是项梁的败亡证明了宋义才干出众,任命宋义为上将军,其他人等意见再大也没有公开反对的理由。怀王此举,一举三得:既能控制兵权,又可以钳制项羽,同时项羽不得不尽力攻秦。

然而,这一任命是包含着相当的危险性在内的,既不合楚国历史传统,也不合当时实际需求。上文已指出,战国时代,君臣关系具有相对性,君有君道,臣有臣道,各守其道,君臣关系才能成立。项梁死后,无论是按照楚国世族世官制的历史传统,还是论功行赏,怀王都应摆脱个人私欲,以大局为重,首先安抚项氏宗族,肯定项羽的功劳,即使不扩大项羽的军权,起码也要承认项羽对其旧部的指挥权。而事实恰恰相反,怀王先是剥夺项羽的领兵权,后又任命宋义为上将军。如果说远在盱眙的怀王因为项梁的军权独揽曾经令人同情的话,现在项梁战死、项羽兵权被夺反而使项氏宗族获得了人们的同情。

项梁叔侄起兵的目的是推翻秦朝,为楚复仇,拥立楚怀王的目的就是要利用秦楚世仇扩大反秦号召力。只要有利于反秦,并不在乎个人得失。所以项羽对怀王的任命虽然心有不悖但并没有明确的反对,而是主动请缨,要求尽快攻秦。令项羽愤怒的是,宋义出兵"行至安阳,留四十六日不进"。项羽建议"疾引兵渡河",而宋义则说"先斗秦赵","我承其弊",并明确对项羽说:"夫被坚执锐,义不如公。坐而运策,公不如义。"当时的客观形势是,赵地军情危急,而楚军粮草不济,天气阴寒,士卒冻馁,士气低迷。而宋义却不顾救赵任务是如何紧急,也无视士卒的冻馁饥寒,继续驻军不前,尽力结好齐国,"遣其子宋襄相齐,身送之至无盐,饮酒高会",同时下令军中,"猛如虎,狠如羊,贪如狼,强不可使者,皆斩之"。宋义对当时的形势是了解的,并非不懂用兵之道,拒绝出兵,固然是因为用兵先后看法不同,也可能是在贯彻怀王的抑制项羽的思想,担心项羽立功势力做大,这才激发了项羽以兵变的方式夺回兵权。项羽于军帐之中杀掉宋义之后,"诸将皆慑服,莫敢枝梧,皆曰:'首立楚者,将军家也。今将军诛乱。'乃相与共立羽为假上将军"。这看上去是因为项羽的威武勇猛强悍慑服了将士,实际上也许并不尽然。对当时的形势稍加分析就不难发现,对宋义行为不满的并不是项羽一人,杀宋义,也并不是项羽的个人行为。宋义驻军不前的理由是"今秦攻赵,战胜则兵罢,我承其敝。不胜,则我引兵鼓行而西,必举秦矣。故不如先斗秦赵"。项羽认为这是一厢情愿,并不可行:

将戮力而攻秦,久留不行。今岁饥民贫,士卒食芋菽。军无见粮,乃饮酒高会,不引兵渡河因赵食,与赵并力攻秦,乃曰"承其敝"。夫以秦之强,攻新造之赵,其势必举赵。赵举而秦强,何敝之承。且国兵新破,王坐不安席,埽境内而专属于将军,国家安危,在此一举。今不恤士卒而徇其私,非社稷之臣。[1]305

这段话充分体现了项羽的全局眼光。起兵的目的是攻秦,百姓饥寒,军粮缺乏,应该尽快歼灭秦军以减少百姓负担;以秦军之强,赵军必败,秦军只能是越战越强,谈不上渔翁之利;而楚军新败,亟须抓住战机以胜利鼓舞士气,怀王举全国之兵属之宋义的目的就在这里。宋义不顾"国家安危","不恤士卒而徇其私",显然不是"社稷之臣"。怀王任命宋义为上将军的目的是否如项羽说的那样,不得而知,但项羽是这样理解的。这显然不是项羽的自说自话,更不是一时的冲动,而是反复谋划的结果,有着相当的支持率,项羽才能以"宋义与齐谋反楚,楚王阴令羽诛之"的名义除掉宋义。如果说"诸将皆慴服,莫敢枝梧"和项羽的勇武暴烈有着因果关系的话,诸将异口同声地说"首立楚者,将军家也。今将军诛乱",则透露出了诸将对项氏与怀王关系的共识。

至此,我们可以得出结论,王夫之把项羽杀宋义视为"诈"的证据,显然是不能成立的。项羽除掉宋义根本不是什么"诈"的问题,而是由当时的历史条件所决定的。用当时的君臣之道衡量,是怀王违背君臣之道在前,项羽杀宋义是对怀王错误的纠正。怀王无视楚国的历史传统和现实需要,蓄意排斥异己,抑制打击项氏,而宋义统军之后置楚国亡国之仇于不顾,无视军情紧急,专心个人利益,项羽杀之,完全正义。因为按照宋义设想,拒绝救赵,赵军战败,秦军进一步强大,推翻秦朝显然要困难得多,起码要付出更多的代价,而楚军怕是等不到秦赵之战的结局就会因为军粮缺乏而溃不成军。

三

明白了项羽与怀王的关系以及当时的君臣之道的历史基础之后,我们可以重新认识项羽之"违约"和"弑君"问题。所谓"违约"就是项羽违背了怀王和诸将"先入关者王之"的约定。《史记》对"先入关者王之"的约定有多处记载,综合言之,怀王移都彭城之后,命宋义、项羽、范增等人北上救赵,命刘邦等人领兵向西攻秦,行前,和诸将约定:"先入关者王之。"按照一般的理解,就是谁先入关,谁就做关中王。刘邦先于项羽入关,"当王关中",项羽请示怀王时,怀王的回答是"如约"。结果项羽把关中分给了秦朝的三个降将,把刘邦封在汉中,是为"违约"。项羽对怀王"如约"的回答不满意,一方面尊怀王为义帝,一方面把怀王迁离彭城,以"古之帝者地方千里,必居上游"为名,迁义帝于长沙郴县。后又"阴令衡山、临江王击杀之江中"。这就是项羽的"弑君"大罪。

两千多年以来,项羽始终背着杀义帝的恶名,但是,若深入思考,则大有疑问。从《史记》《汉书》关于义帝被杀的记载来看,存在诸多疑点。《史记·项羽本纪》谓项羽"阴令衡山、临江王击杀之江中"。《高祖本纪》谓击杀义帝于江南。《史记·黥布列传》谓:"项氏立怀王为义帝,徙都长沙,乃阴令九江王布等行击之。其八月,布使将击之,追杀之郴县。"《汉书·高帝纪》记载:"二年,冬十月,项羽使九江王布杀义帝于郴。"据此,参与谋杀义帝的有衡山、九江、临江三个王,当然,这三个王不一定亲自动手而由其部下执行,最后杀死义帝的可能是九江王英布的手下。至于地点,一说江中,一说江南,一说是追杀于郴县。显然,在当时,义帝之死的许多环节已经说不清楚,其被杀原因和过程要复杂得多,并不能肯定是项羽所为。从逻辑上说,项羽既然是命人悄悄除掉义帝,参与其事者应该越少越好,就当时义帝实力来说,也不需要三位王爷共与其事。从当时的历史形势分析,巨鹿大捷之后,项羽实际上已经是诸侯之主,亡秦之后,项羽更毫无争议地主宰天下,怀王对项羽没有任何威胁。项羽尊怀王为义帝,迁之于郴,和项梁虚尊怀王于盱眙一样,义帝不过是个傀儡而已,根本没有必要派人杀之而落得个弑君的罪名。吕思勉先生曾经指出:"义帝在当时,既无足忌,项羽杀之何为?衡山、临江、九江主名尚无一定,则义帝死事,实已不传,史之所书,皆传闻诬妄之说耳。"[5]45这是有一定道理的。

现在讨论项羽"背约"问题。王夫之谓"汉高入关而抑之"是指项羽没有执行怀王"先入关者王之"的约定而把刘邦封于巴、蜀、汉中,这也是今人分析刘邦、项羽矛盾的立足点之一。但是,仔细分析事实,事情并非这样简单。

人们对怀王之约的一般理解都是谁先入关谁就是关中王。刘邦先入关,刘邦就应该称王关中。项羽封刘邦为汉王,领汉中、巴蜀之地,这就违背了怀王之约。然而,这个理解是有问题的,起码是带有先入为主色彩的狭隘理解。

首先,从事实发生的顺序来看,谓项羽背约就打错了板子,项羽不应该担负背约的责任。怀王是在命将出征时和诸将决定的,当时兵分两路:一路西进伐秦,由刘邦率领;一路北上救赵,宋义任主帅。"先入关者王之"是指刘邦和宋义两人而言。当时项羽只是个次将,即使先入关也没有"王之"的资格,怎么能把违约的责任算在项羽的头上?项羽的上将军是从宋义手中抢过来的,怀王只不过是追认既成事实而已,怀王和宋义的约定不等于是对项羽的约定。而就宋义的行为来看,似乎也没把怀王的约定当回事,驻军不前,坐山观虎斗,结好齐国,根本不打算入关去抢什么关中王,不把怀王的约定放在心上。这是符合当时局势的,其时楚军新败,秦军正盛,胜负还在两可之间,"先入关者王之"最多是个口号而已,并无实际意义,对此,宋义是清楚的。

宋义不把怀王之约放在心上,刘邦也不像人们想象的那样时时记着怀王之约。刘邦领兵西向攻秦是为了发展个人空间,因为刘邦明白,六国宗室,纷起复国,在六国的地面上是没有自己发展空间的,要开拓地盘,只有西向攻秦,而后再做他图,至于是否称王关中,那倒是次要的。就封汉中以后,无论是刘邦自己,还是其下属,日思夜想的不是如何称王关中,而是如何"东归"——回到关东老家;称帝以后,刘邦首选洛阳为都城,直到娄敬等人的建议之后才迁都关中。刘邦的这一心态,也间接地说明了"先入关者王之"的实际意义有限。显然,后人过高地估计了怀王之约的作用。

其次,无论是刘邦、宋义,还是项羽,或者是其他反秦领袖,都没有谁把先入关谁就称王关中作为进军的指导思想。因为他们都明白,只有秦朝灭亡之后才有是否称王、如何称王的问题,"先入关者王之"并非"入关"这么简单,而是指推翻秦朝而言。"入关"简单,亡秦可就复杂了。"入关"可以根据时间排出先后顺序,亡秦就不那么简单了。就从军事层面说,可以单独入关,也不排除多路人马同时入关的可能。就以入关先后而言,如果发生同时入关的事情,究竟由谁称王关中?显然只能按照在亡秦战争中功劳大小排次序,这就不能排除多人称王关中的格局。对此,无论是刘邦,还是其他反秦将领都是明白的,也都采用各种手段打击、瓦解敌人,以实现尽早推翻秦朝统治的目标,而不以"先入关者王之"为意。如巨鹿之战后,陈余曾写信劝降章邯,在历数朝政昏暗以后,谓:"今将军内不能直谏,外为亡国将,孤特独立而欲常存,岂不哀哉。将军何不还兵与诸侯为从,约共攻秦,分王其地,南面称孤,此孰与身伏铁质,妻子为戮乎?"最后,"项羽乃与期洹水南殷虚上。已盟,章邯见项羽而流涕,为言赵高。项羽乃立章邯为雍王,置楚军中。使长史欣为上将军,将秦军为前行"[1]308。陈余以分王关中为条件劝章邯归降在前、项羽封章邯为雍王在后,显然是因为章邯投降、减少进军阻力使然,而项羽丝毫没有在意自己入关以后是否称王的问题。刘邦抵达武关,赵高派使者和刘邦结盟,准备杀掉秦二世,"欲约分王关中","沛公以为诈,乃用张良计,使郦生、陆贾往说秦将,啖以利,因袭攻武关,破之"[1]361。秦王子婴也曾谓"我闻赵高乃与楚约,灭秦宗室而王关中"[1]275。这里要强调的是,刘邦并没有担心赵高"分王关中"的建议会瓜分自己未来的封地,和怀王之约有什么冲突,没有反对结盟的条件,而是担心赵高使诈,才用张良之计破袭武关。又如刘邦亡秦之后,有人建议,"秦富十倍天下,地形强。今闻章邯降项羽,项羽乃号为雍王,王关中。今则来,沛公恐不得有此。可急使兵守函谷关,无内诸侯军,稍征关中兵以自益,距之"[1]364。刘邦接受了这一建议,派兵守函谷关。显然,此时刘邦没有把怀王之约放在心上。否则,就没有必要派兵守关去激怒项羽,因为既然怀王有约在先,自己已经入关亡秦,只要派人还报怀王,由怀王主持履约就是了,何必以武力拒绝项羽率领的诸侯军?如果说怀王无权,难以主持履约,只能武力保卫自己的胜利果实,在当时的实力来说只能是自取灭亡。人人都明白,刘邦虽然先入关,但秦军主力是项羽消灭的,刘邦派兵守关显然是不义之举。派兵守关和请怀王主持履约相比,显然后者划算得多。刘邦为什么没有想到还报怀王?唯一合理的解释只能是怀王的约定要复杂得多,远远不是后人所理解的那样简单。当刘邦受封于巴、蜀、汉中,章邯、司马欣、董翳分王关中时,没有谁批评项羽违背怀王之约,固然不排除对项羽的畏惧,更主要的还是因为"先入关者王之"并不等于关中之地就是谁的封地,如何分封,要根据实际功劳而定。项羽分封,固然有其不平失当之处,但基本上坚持功劳优先的原则,刘邦批评项羽"皆王诸将善地,而徙逐故主,令臣下争叛逆",正是这一原则的体现,那些被"徙逐"的"故主"大都是因其功劳不足。这些史籍俱在,翻检便知,毋庸赘言。

【参考文献】

[1] 司马迁.史记[M].北京:中华书局,1959.

[2] 王夫之.读通鉴论[M].北京:中华书局,1975.

[3] 孔子.论语[M]//阮元.十三经注疏.影印本.北京:中华书局,1980.

[4] 孟子.孟子[M]//阮元.十三经注疏.影印本.北京:中华书局,1980.

[5] 吕思勉.秦汉史[M].上海:上海古籍出版社,1983.

宗法伦理与汉代家系继承制度

刘厚琴[*]

【摘 要】 汉代继承关系的法律,传世古籍未有具体记载,张家山汉简之《二年律令》所见汉代继承关系的法律却多达 20 款。汉代家系继承法主要体现在爵位继承和户主继承上。张家山汉简律对家系继承关系的规定,展现出汉代家系继承制度之宗法伦理特色:一是家系继承以血缘亲等为中心,体现出家庭成员的身份等差;二是兼顾婚姻关系,规定了妻子的继承权;三是宗法血缘关系之入律是从立法方面开始的,也体现在司法实践过程中,家系继承法律规定与家系继承实践存在差异;四是父系血统关系是逐渐增强的。汉代家系继承法既以立法的形式强调了宗法伦理关系,又以立法的形式肯定并加强了家庭内部的不平等关系。

【关键词】 宗法;伦理;汉代;继承;制度

关于汉代继承关系的法律,传世古籍未有具体记载,阻碍了汉代继承关系研究的深入发展。而张家山汉简之《二年律令》所见汉代继承关系的法律却多达约二十款,主要存于其《户律》《置后律》和《傅律》中,涉及家系继承、财产继承等问题,揭示了汉代继承关系的原则与特色。虽然学术界以往对汉代继承制度有所探研①,但作为汉代伦理与制度整合的重要表征之一的家系继承制度仍然非常值得关注。

一

爵位继承是身份继承,即家系继承的一个最重要方面。从家系继承看,汉代十分重视立"后","后"即家内继承人或者嗣子[1],由汉代人的立"后"规定可显示出爵位继承状况。

要探讨汉朝的家系继承关系,我们不能不先

---

[*] 刘厚琴(1965—),女,山东省高密市人,历史学博士,曲阜师范大学孔子研究所研究员,研究方向为儒家思想、秦汉社会史。

① 相关论文可参考尹在硕(韩)的《睡虎地秦简和张家山汉简所反映的秦汉时期后子制和家系继承》,载《中国历史文物》2003 年第 1 期;徐世虹的《张家山〈二年律令〉所见汉代的继承法》,载《政法论坛》2002 年第 5 期;臧知非的《张家山汉简所见西汉继承制度初论》,载《文史哲》2003 年第 6 期;等等。以上学者只是论及张家山汉简继承法,没有将汉代家系继承法律条文与法制实践结合、比对,展示法律条文与司法实践的差异及其发展演变。为弥补这一缺失,本文在对汉代家系继承制进行论述时,将注重这些现象,以期揭示汉代家系继承制度的发展演变及其深远影响。

看秦朝的家系继承关系①，睡虎地秦墓竹简《法律答问》："'擅杀、刑、髡其后子，讞之。'可(何)谓'后子'？官其男为爵后，及臣邦君长所置为后大(太)子，皆为'后子'。"后子即嫡子或经认可的充当继承人的后嗣。胡亥在伙同赵高玩弄阴谋之前，担忧"废兄而立弟，是不义也"[2](卷87《李斯列传》)，说明秦朝已有立嫡立长的观念。

汉承秦制，立嗣以嫡观念已经比较突出。《史记·孝文本纪》："立嗣必子，所从来远矣……子孙继嗣，世世弗绝，天下之大义也。"景帝欲传位于其弟梁孝王，大臣窦婴谏道："汉法之约，传子适孙，今帝何以得传弟，擅乱高帝约乎？"[2](卷58《梁孝王世家》褚少孙补)足见嫡长子孙继承爵位与王位是"汉法之约"。这也正符合高祖之诏："人之至亲，莫亲于父子，故父有天下传归于子，子有天下尊归于父，此人道之极也。"[3](卷1《高帝纪下》)

汉初张家山汉简律所规定的家系继承法也认可了嫡长子继承制的合法性。关于爵位的身份继承顺序，《二年律令》之《置后律》规定：

疾死置后者，彻侯后子为彻侯，其毋适(嫡)子，以孺子[子、良人]子。关内侯后子为关内侯，卿后子为公乘，五大夫后子为公大夫，公乘后子为官大夫，公大夫后子为大夫，官大夫后子为不更，大夫后子为簪袅，不更后子为上造，簪袅后子为公士。其毋适(嫡)子，以下妻子、偏妻子。[4]182—183

"疾死置后"即被继承人因病死亡后依法确定其继承人。"后子"是诸子中之为"后"者。按律文，继承人按血缘亲等关系确定，以嫡长子为第一继承人。彻侯的继承顺序为嫡子、孺子子、良人子，关内侯以下各爵级则是嫡子、下妻子、偏妻子。这是关于军功爵者的法定身份继承，强调的是父系血统的子男之继承权利。

虽然后子是祖先血统的继承者，一般要由有父系血统之子男继承。若有特殊原因，其继承人顺序则另有规定。《置后律》云：

□□□□为县官有为也，已其故死若伤二旬中死，皆为死事者，令子男袭其爵。毋爵者，其后；勾公士。毋子男以女，毋女以父，毋父以母，毋母以男同产，毋男同产以女同产，毋女同产以妻。诸死事当置后，毋父母、妻子、同产者，以大父，毋大父以大母与同居数者。[4]183

"县官"是官府的代称，因公而死或者因公受伤二旬而死都是"死事"，即以身殉职，其子男继承其爵位，死者没有爵位则赐予其子男为公士，以示优抚。若无子男则由第二继承人继承其爵位，其继承人的顺序是子男—女—父—母—兄弟—姐妹—妻—祖父—祖母。这里"毋子男以女"之"女"是指未婚女子。由此可见，汉代的女儿、姐妹和妻子在特殊情况下是可以继承代表身份的爵位的。

汉初法律虽然规定嫡长子为身份继承即家系继承的第一人选，但综观汉代文献资料，嫡长子继承制度在实践中并没有得到较好的执行，嫡庶之别尚未如后世那么壁垒森严[5](558"嫡庶之别"条)。汉代爵位继承保护嫡长子继承制，虽有因为非嫡长子继承爵位而受到法律制裁的案例。如成帝元延三年，荣平侯赵岑"坐父钦诈以长安女子王君侠子为嗣，免"；平帝元始三年，平周侯丁满"坐非正免"[3](卷18《外戚恩泽侯表》)。然而，上层社会之立嗣不如法者也时常出现，如"丞相庆卒，谥为恬侯。庆中子德，庆爱用之，上以德为嗣，代侯"[2](卷103《万石张叔列传》)。连至高无上的皇帝为臣下立嗣也废嫡立庶，上行下效，足见汉代嫡庶之别观念之淡薄。东汉时类似的事例仍不断发生。如公沙穆迁缯相，缯侯刘敞多为不法，穆"乃上没敞所侵官民田地。废其庶子，还立嫡嗣"[6](卷82《方术传下》)。东汉末，董卓议欲废立，袁

---

① 关于秦朝的家系继承关系，学界大体有三种不同看法：一是认为秦朝没有实施宗法制从而并不存在嫡长子继承制度；二是认为秦朝继承原则是直系同代层位的均等共承制；三是认为秦朝已经认可了嫡长子继承制的合法性。笔者同意第三种观点。三种观点的代表分别为：林剑鸣的《试论商鞅变法成功的原因》，载《西北大学学报》1978年第2期；张金光的《商鞅变法后秦的家庭制度》，载《历史研究》1988年第6期；尹在硕的《秦汉律所反映的后子制和继承法》，载《秦汉史论丛》第9辑，三秦出版社2004年版。

绍曰："若公违礼任情，废嫡立庶，恐众议未安。"[6](卷74《袁绍传上》)可见，立嫡已经成为时人的共识。但是从汉代皇位继承和一般家系继承看，皆存在废嫡立庶的现象，这既与个人好恶有直接关系，也与当时嫡庶之别观念淡薄有关。

需要指出的是，作为他人嗣子的"后子"在汉代必须遵守为人后之礼，否则就会背上不孝罪名而受到惩罚。如宣帝即位后，为故皇太子立谥，有司奏请："礼'为人后者，为之子也'，故降其父母不得祭，尊祖之义也。"[3](卷63《武五子传·戾太子刘据传》)可见，既为其"后"，则当以子礼事之，"为人后则为之子"是汉代的立"后"规定。西汉晚期已非常重视"为人后之谊"，违之者为不孝。平帝时，金当与族昆弟金钦俱封，分奉金日䃅、金安上之后。钦谓当曰："名为以孙继祖也，自当为父、祖父立庙。"金钦因为继祖封而欲立父庙，违背朝廷的立后规定，被指为"乱国大纲，开祸乱原，诬祖不孝，罪莫大焉"而自杀[3](卷68《金日䃅传》)。可见汉代将为人后之礼上升到法律的高度强力推行，以维护宗法伦理。

令人注意的是，汉代虽有"大宗不可以绝"[3](卷68《金日䃅传》)的观念，但因"无子，国除"的诸侯王比比皆是。如文帝之子刘揖（亦作"胜"）封为梁王，史云"好《诗》《书》，帝爱之，异于他子"，立10年死。刘揖死而无子，时为梁王太傅的贾谊上疏建议"为梁王立后"，不见采纳，最终"无子，国除"[3](卷47《文三王传·梁怀王刘揖传》)。直到东汉时期仍然有不少诸侯王因"无子，国除"。这一方面说明汉代上层社会的父系继嗣观念还比较淡薄，另一方面也是汉代统治者加强中央集权的政治需要。

二

户主继承也是家系继承的一个重要方面，它涉及每个家庭，与户主相关的是国家税收的实现和徭役的顺利征发，是个体家庭对国家的一种义务。户主通常由嫡长子继承，嫡长子作为"为父后者"，是未来的家长，他将继承父爵，继承对祖先的祭祀[1]。

张家山汉简律有"代户"和"为户"的区别。一般意义上的户主继承即"代户"，虽然也是按血缘亲等确定，但继承人的范围要大得多。《二年律令》之《置后律》云：

> 死毋子男代户，令父若母，毋父母令寡，毋寡令女，毋女令孙，毋孙令耳孙，毋耳孙令大父母，毋大父母令同产子代户。同产子代户，必同居数。弃妻子不得与后妻子争后。后妻毋子男为后，乃以弃妻(子)(男)。[4]184

按律文，户主权的继承通常为嫡长子，除嫡长子外，户主权的继承范围甚广，其继承人的顺序依次是子男—父母—寡妻—女儿—孙—耳孙（曾孙，或曰玄孙曾孙）—祖父母—同产子（侄）—后妻子—弃妻子。可见西汉前期的法律对户主继承虽然以嫡长子为先，但继承范围相当广泛，主要依据血缘、婚姻、抚养及其一些特定关系，其中血缘最重要[7]。但是汉初的继承法定次序在以男性为主的同时，对女性也比较惠顾①。

若被继承人死亡时，其妻已怀孕，则要等到新生儿出生之后再确定其继承人，保护遗腹子的继承权利。《置后律》云："死，其寡有遗腹者，须遗腹产，乃以律为置爵、户后。"[4]184若遗腹子不

---

① 学者对汉初女性继承权有不同看法。韩国学者尹在硕的《睡虎地秦简和张家山汉简所反映的秦汉时期后子制和家系继承》认为，"《二年律令》的继承法，是基于直系嫡长子继承制而制定的"，"西汉初期的后子制，以直系嫡子继承制为中心而组成"。其论否定了女性的继承权，女儿继承的主要特点是继承田宅，并没有继承爵位的事实，应欠妥。徐世虹的《张家山〈二年律令〉所见汉代的继承法》与臧知非的《张家山汉简所见西汉继承制度初论》稍稍提到继承法所反映的女性在家庭中的重要地位，主要指未婚女子有一定继承权。邢义田的《张家山汉简〈二年律令〉读记》（《燕京学报》第15期，北京大学出版社2003年版，第35—36页）注意到分产与立户中对母方的重视，认为有别于后世以父系为主，基于五服的亲属与法律关系。侯旭东的《北朝村民的生活世界——朝廷、州县与村里》（商务印书馆2005年版，第69页）认为在立后问题上，父系继嗣关系与联姻关系均得到尊重，只是在子—(本人)—父机会优先，而其他较远的父方亲属的机会则要排在母、妻、女的后面。机会优先唯有限的直系父方亲属可以享受。与后世只考虑父系关系的做法大相径庭。其论比较妥当。

是子男,再由第二顺序继承人继承。

汉初对寡妇为户主也有具体规定,若寡妇为户主之后坐家招夫,重新组建家庭,其继承人的顺序与男子为户主者有异。《置后律》云:"寡为户后,予田宅,比子为后者爵……毋子,其夫;夫毋子,其夫而代为户。"[4]185 "寡为户后,予田宅,比子为后者爵",说明丈夫死后,妻子可以继承土地、爵位,和第一继承人相同。"毋子,其夫;夫毋子,其夫而代为户",指寡妇为户主而再嫁者仍为户主,其前夫之子是第一顺序继承人,在前夫无子的情况下,还要看与后夫是否生子,只有在前夫无子,与后夫也没生子的条件下,后夫才能"代为户"。足见"寡为户后"而再嫁者,其继承人的顺序是前夫子—与后夫所生之子—后夫。这也强调了血缘关系在户主权继承中的首要位置。

汉代分家分财建立新户籍是自由而合法的,户主继承的权利与义务是连带的。《二年律令》之《户律》对"为户"之户主继承的特殊情况进行了规定:

> 孙为户,与大父母居,养之不善,令孙且外居,令大父母居其室,食其田,使其奴婢,勿贸卖。孙死,其母而代为户。令毋敢逐(逐)夫父母及入赘,及道外取其子财。[4]178

如果孙为户主,有义务善待同居之祖父母,否则就强令孙子出外另居,而祖父母依法可占有其孙的房产和田地、使用其奴婢,只是不得将其外卖。孙死后由母继为户主者,既不允许驱逐夫之父母,也不允许入赘,更不允许转移财产。这强有力地维护了家庭伦理。汉律强调子孙对父母和祖父母必须尽孝,尽力赡养好。后来的封建法典如《唐律》把对父母或祖父母"供养有缺"的行为定为"不孝罪",可能即渊源于此。

虽然汉代户主继承法条文规定十分明确,但是在社会实践中似乎并没有得到认真执行,有时甚至弃之不用。这在东汉时期最为突出,东汉出现丈夫去世之后,寡妻对丈夫财产有全权继承权和处理权的情况。如程文矩妻穆姜,在丈夫去世之后,善待前妻所生四子,"衣食资供皆兼倍所生"[6](卷84《列女传·程文矩妻传》)。江苏仪征出土的《先令券书》载,母亲全权负责析产,先是"妪予子真、子放自为产业",后又因"子女仙君、弱君等贫毋产业,五年四月十日妪以稻田一处、桑田二处分予弱君,波田一处分予仙君"[8]106。《隶释》卷15之《金广延母徐氏纪产碑》载其在丈夫去世后掌握着家产的管理权和处置权。这些事例皆不符合汉初之继承法律规定。这应当与汉代强调"孝治",子女必须对父母孝顺有直接关系。父母与子女同居,父家长作为户主支配家庭财产,父家长死后,出于孝伦理,子女自然需要服从母亲的意志,这就在某种程度上导致寡母成为真正家长,从而导致了与汉初继承法相背离的现象。丈夫去世或者无子时,寡妇占据家里主动权是一个事实。丈夫去世后,以家产为中心的全部家事方面,寡妇发挥较大作用之事例常见。

三

通过以上考察,汉代将宗法伦理纳入家系继承法,宗法伦理与家系继承法制整合的基本面貌已经比较清晰地呈现了出来。从总体上看,汉代家系继承制度之特点主要有四。

一是家系继承以血缘亲等为中心,体现出家庭成员的身份等差。从继承人的顺序来看,汉代继承制度的一个明显特点是以血缘关系为中心,与爵位直接联系在一起的是个人及其家庭在社会上的政治地位和权益,正常情况下的爵位继承强调父系血统的子男之继承权利,汉初法律保护嫡长子继承制,但为了保持社会的稳定,在保护嫡长子继承优先权的同时,也给予家庭其他成员有条件的爵位继承权。正常情况下,户主继承的范围比爵位继承的范围要广泛得多,它涉及直系和旁系亲属。从西汉初年的爵位继承和户主继承法看,爵位继承比户主继承的要求要高。从中反映出家庭成员的身份地位是不同的,存在一定的等级差别。

值得注意的是,女儿继承权的肯定,既可以继承爵位,也可以继为户主,尤其是对爵位继承权的确定,反映了女儿在家庭中的地位是得到法律认可的,也在一定程度上反映了汉初女性的社会地位。《二年律令》对家系继承关系的规定,对法定继承范围和次序的规定是十分详细而具体的,体现了当时社会家庭中家庭成员的等级性地位差序,这就以立法的形式肯定并加强了家庭内部的不平等关系。

二是兼顾婚姻关系,规定了妻子继承权。《二年律令》规定了寡妇的继承权①,妻子的继承人身份在一般情况下位于第三顺序;被继承人之子和父母与被继承人有血缘关系,故处于第一和第二继承顺序。其"寡为户后"者以其前夫之子和与后夫新生之子为第一、第二顺序继承人也是基于血缘关系。而在被继承人因"死事"县官时,妻子则处于第七继承顺序。可见婚姻关系与血缘关系在继承关系中的轻与重。这反映了汉代父家长制的观念及其法律实践。当然,法律虽然肯定了寡妇有一定的继承权,但没有优先权,其排序是在其儿子之后的。但从《二年律令》的其他一些规定可以反映出女性在西汉初年的社会地位和在家庭中的地位是比较高的。此当与西汉初年稳定社会秩序的需要有关。

三是宗法血缘关系之入律是从立法方面开始的,也体现在司法实践过程中,家系继承法律规定与家系继承实践存在差异。汉初家系继承法对继承人范围、次序的明确规定,是将宗法血缘关系之入律的表现;而对违背为人后之礼者实行法律惩罚又是从法律实践上贯彻宗法血缘关系。虽然有明确的立后法律规定,但还是有不少人违背立嗣规定,汉代法律似乎很少严厉追究违背立嗣规定者的法律责任。此当与汉代重视孝伦理,强调家长权威有关。汉代通过立法和司法实践两个方面将宗法血缘关系与继承法制整合,借助法制强制人们遵守宗法伦理道德规范。

四是父系血统关系是逐渐增强的。汉初所规定的家庭继承顺序是发展变迁的。《奏谳书》编号为21的西汉初年案例,有一条涉及当时继承问题的法律规定,应当属于秦末或汉初的法律,"故律曰:死夫(?)以男为后。毋男以父母,毋父母以妻,毋妻以子女为后"。很明显,此

"后"包括死者最亲近的直系亲属,不等于"后子",只是继承人而已。张建国指出:"这条律文之所以弥足珍贵,是由于它规定了继承法定顺序,即案例里所说的'置后之次'。"[9]而上举为"死事县官""置后",女儿的顺序是第二。这与《置后律》所谓"毋子男以女,毋女以父,毋父以母,毋母以男同产,毋男同产以女同产,毋女同产以妻"中规定的女儿继承顺序是相一致的。比较二者,我们可见其差别,那就是女儿的继承顺序由第四位提到第二位,而妻子的继承顺序则由第三位退后到第七位,女儿对爵位的继承优先于除儿子外的其他家庭成员,就是因为女儿是被继承人的直系血亲。虽然是未婚女儿才有继承权,但从中反映出汉代对家庭直系血缘亲属关系的逐渐重视。

事实上,伴随着孝伦理观念的强化,汉代父系继嗣观念也逐渐增强。东汉时出现"无子听妻入狱"现象,以求得子,不绝后嗣,如安丘男子毋丘长杀辱其母者,以械自系,胶东侯相吴"祐问长有妻子乎?对曰:'有妻未有子也。'即移安丘逮长妻,妻到,解其桎梏,使同宿狱中,妻遂怀孕"[6](卷64《吴祐传》)。让无后的囚犯传宗接代,既体现出对孝伦理的关注,也体现出对父系继嗣观念的增强。东汉民间养异姓为后较普遍,吴商曰:"神不歆非族,明非异姓所应祭也。"[10](卷69引后汉吴商"异姓为后议")这里强调的是父系血统观念,说明时人的父系继嗣观念较之以前强化。

总之,张家山汉简律中对家系继承关系的规定,既以立法的形式强调了宗法伦理关系,也以立法的形式肯定并加强了家庭内部的不平等关系。汉初法律在维护嫡长子继承关系的同时,规定了广泛的继承顺序,目的无非就是在建立伦理新秩序的同时,努力稳定家庭,保持小家庭经济的稳定发展,从而改善因为汉初战乱导致的经济

---

① 寡妇是否能继承爵位,尹在硕与李国锋皆持否定意见。上引尹在硕先生的文章否定了女儿和寡妇的继承爵位权,他认为,后子是祖先血统的继承者,寡妇不是血统和爵位的继承者,只能继承田宅,是为了避免绝户而采取的措施。而李国锋则只肯定女儿的继承爵位权。为保证家庭血统的纯洁性,寡妇不得继承爵位。但是对户主的继承,寡妇则优先于女儿可能是出于对母女有不同的法律责任能力的考虑。参见李国锋《试论汉初对家庭关系的法律调整》,载《河南师范大学学报》2004年第4期。

凋敝和社会混乱的情况。但西汉初年法律规定的家系继承关系在社会实践中并没有真正地被贯彻执行。到东汉时其实质上已出现了较大变动，即随着孝伦理教化的普及，父亲去世之后母亲的家庭地位大大提高，母亲往往上升为理念上的家长，凌驾于嫡长子之上。这就出现了法律规定的继承关系与社会实践之差异现象，当然这种差异也是宗法伦理与家系继承法制逐渐融合的必然结果。

【参考文献】

[1] 黄金山.汉代家庭成员的地位和义务[J].历史研究, 1988(2).
[2] 司马迁.史记[M].北京：中华书局,1982.
[3] 班固.汉书[M].北京：中华书局,1962.
[4] 张家山汉墓竹简整理小组.张家山汉墓竹简[M].北京：文物出版社,2001.
[5] 吕思勉.吕思勉读史札记[M].上海：上海古籍出版社,1982.
[6] 范晔.后汉书[M].北京：中华书局,1987.
[7] 李均明.张家山汉简所见继承关系的法律[J].中国历史文物,2002(2).
[8] 李均明,何双全.散见简牍合辑[M].北京：文物出版社,1990.
[9] 张建国.秦汉时一条珍贵的有关继承权的律文[J].法学研究,1996(5).
[10] 杜佑.通典[M].王文锦,等点校.北京：中华书局,1988.

重评班昭《女诫》的女性伦理观

晋 文 赵会英*

【摘 要】 班昭是东汉时期著名的女性史学家和教育家。她所写的《女诫》一书,历来被视为中国历史上第一部女性劝诫要籍。尽管其中不无糟粕,但深入考察她的男女有别、夫尊妻卑的伦理观、谦恭柔顺的女性观和委曲求全的家庭观,实际还有着明显的历史进步作用和维护家庭稳定的功能。特别是某些一以贯之的中华妇女道德传统,至今仍有其强大的感召力。

【关键词】 班昭;《女诫》;女性伦理观

班昭,亦名曹大家,是东汉时期著名的女性史学家和教育家。她在晚年所写的《女诫》一书,历来被视为中国历史上第一部女性劝诫要籍。全文以"妇行"为本,分为"卑弱第一""夫妇第二""敬慎第三""妇行第四""专心第五""曲从第六""和叔妹第七"①[1](《烈女传·曹世叔妻》),汇聚了班昭对妇女地位、妇女言行、夫妻关系、家庭关系等问题的主要观点。尽管近代以来许多人都把她斥为"中国妇女界第一个罪人"[2],并批判《女诫》给妇女套上了一副沉重的"枷锁"[3]47—48,但仔细分析,实际其中却不无合理之处。

一、男女有别、夫尊妻卑的伦理观

远古时代,"其民聚生群处,知母不知父,无亲戚兄弟夫妻男女之别,无上下长幼之道"[4](《恃君览·恃君》)。随着对偶婚的出现,必然要求以一定的规范来维护个体家庭的存在,男女有别的思想由此形成。《周礼·天官冢宰·九嫔》曰:"九嫔掌妇学之法,以教九御,妇德,妇言,妇容,妇功,各帅其属,而从时御叙于王所。"即体现了对男女之别的强调。《史记·秦始皇本纪》载秦始皇《泰山刻石》曰:"贵贱分明,男女礼顺,慎遵职事。昭隔内外,靡不清静。施于后世,化及无穷。遵奉遗诏,永承重戒。"从中也可见对于男女有别、内外分工的肯定。故《礼记·昏义》曰:"男女有别而后夫妇有义,夫妇有义而后父子有亲,父子有亲而后君臣有正。"

以男女有别为基础的男尊女卑观念出现很早,战国时便有"产男则相贺,产女则杀之"[5](《六反》)的恶俗。《周易·系辞上》开宗明义第一句就是"天尊地卑,乾坤定矣,卑高以陈,贵贱位矣","乾道成男,坤道成女","一阴一阳之为道"。《列子·天瑞》云:"男女有别,男尊女卑,以男为贵。"《礼记·内则》曰:"子生,男子设

---

* 晋文(1958—),男,江苏省徐州市人,南京师范大学历史系教授,博士生导师,主要从事秦汉史研究。赵会英(1981—),女,山东省潍坊市人,硕士,主要从事秦汉史研究。

① 以下凡引《女诫》,均不再注明。

弧于门左,女子设于门右。三日,始负子,男射女否。"孙希旦释云:"男射而女否者,女子卑,略其礼也。"故《礼记·郊特牲》曰:"妇人,从人者也:幼从父兄,既嫁从夫。"

汉代以《周易》为代表的"阴阳五行和天人感应说开始渗入婚姻思想中"[6]。董仲舒便用阴阳五行来论证男尊女卑——"男女之法,法阴与阳""阴阳亦可以谓男女,男女亦可以谓阴阳"[7]《循天之道》。"君臣父子夫妇之义,皆与诸阴阳之道""夫为阳,妻为阴"[7]《基义》,而且"丈夫虽贱皆为阳,妇人虽贵皆为阴"[7]《阳尊阴卑》。而《白虎通》则更进一步把男尊女卑的伦理观神圣化和法典化了。如《白虎通·嫁娶》称:"男娶女嫁何?阴卑,不得自专,就阳而成之。故《传》曰:'阳倡阴和,男行女随。'""夫妇者,何谓也?夫者,扶也,扶以人道者也;妇者,服也,服于家事,事人者也。"《白虎通·爵》曰:"妇人无爵何?阴卑无外事。是以有三从之义:未嫁从父,既嫁从夫,夫死从子,故夫尊于朝,妻荣于室,随夫之行。"所以彭卫先生指出:"进入封建社会的汉王朝,婚姻关系中男尊女卑倾向十分明显,构成了这一时代的主流。"[8]160

事实也正是如此。《张家山汉墓汉简(二四七号墓)·二年律令·贼律》便明确规定:

> 妻悍而夫殴笞之,非以兵刃也,虽伤之,毋罪。(三二)
>
> 妻殴夫,耐为隶妾。(三三)

可见汉初对于妻子的暴力行为是严格规定和管制的。妻子如果殴打丈夫,不管是什么原因,都要被"耐为隶妾",而丈夫如果是因为"妻悍"而打伤对方,只要未使用兵刃,就不会受到惩罚。汉初社会对所谓悍妻、悍妇的极力压抑,正是这一历史时期对女性人格特征进行人为塑造的重要表现之一。

班昭完全接受了这一思想,如其"阴阳殊性,男女异行。阳以刚为德,阴以柔为用,男以强为贵,女以弱为美"云云。可以说,《女诫》一书的前提和核心就是以阴阳关系来分析夫妻的不同地位和行为。她在"卑弱第一"中,开篇就以《诗经·小雅·斯干》"乃生男子,载寝之床。载衣之裳,载弄之璋。其泣喤喤,朱芾斯皇,室家君王。乃生女子,载寝之地。载衣之裼,载弄之瓦。无非无仪,唯酒食是议,无父母诒罹"为依据,认为"卧之床下,明其卑弱,主下人也",女子从一生下来就注定应该是卑弱的。具体到夫妻关系,班昭主张:"夫妇之道,参配阴阳,通达神明,信天地之弘义,人伦之大节也。……不可不重也。"并强调"妻妇之不可不御,威仪之不可不整","夫主之不可不事,礼义之不可不存",因为"夫不御妇,则威仪废缺;妇不事夫,则义理堕阙"。

班昭基于"男女有别"所论述的这些阳尊阴卑、男尊女卑观念,一度曾遭到学界的强烈反对和贬斥。但必须承认,这些观念在当时的历史条件下还是值得肯定的。恩格斯指出:

> 母权制的颠覆,乃是女性的具有全世界历史意义的失败。男子掌握了家中的管理权,而妇女失掉了荣誉地位,降为贱役,变成男子淫欲的奴婢,变成生孩子的简单工具了。[9]54

而"男女有别",无疑就是这次划时代革命的一个主要内容。正如李衡眉先生所说:"'男女有别'的原则正是用以巩固人类这次具有世界历史意义的革命成果的有力措施。"[10]39顾颉刚先生也指出:

> "男、女有别"和"夫、妇有别"等反噬、报的封建制度及其思想造成的痛苦长期由妇女承担,不知道曾流出了多少血泪,送掉了多少生命,但如果一分为二地看,它也有一些些的好处,就是一夫一妻制被它固定下来了,除了法定的妻和正名定分的妾之外,一个男子倘使和别的女性发生关系时,就被社会上看作不道德,在法律上也得受处分了。[11]

更重要的是,班昭的女性观虽然以男尊女卑为基调,但她在夫妻关系中却强调"夫不贤,则无以御妇;妇不贤,则无以事夫",即妇顺要以夫贤为前提,只有夫妻双方都"贤"才可以做到"夫妇之好,终身不离"、和谐相处的观点。这种观点无论在过去还是现在都是难能可贵的。

滥觞于先秦而完成于汉代的"三从"思想起源于男女有别,包括"未嫁从父,既嫁从夫,夫死从子"三个方面的规范。《说文解字·从》曰:

"从,随行也。"一般认为,"三从"思想是男尊女卑的集中体现,女性因此而被束缚于父权和夫权,甚至许多人认为女性已完全沦为男性的附属品。实则并不尽然①。尽管"三从"理论使得女性从被动到主动越来越认同自己的依附地位,并逐渐遵守男权社会的一整套男尊女卑的伦理规范,丧失了自己的独立人格和对个人价值的追求,但它在实际生活中却又赋予男性更多、更重的社会和家庭负担——作为父亲,应承担其教育、抚养子女的职责;作为丈夫,要能够养家糊口;而作为儿子,在父亲去世后则必须接过父亲的重担。这些都被看作理所当然,否则就不是一位合格的父亲、丈夫或儿子,不是被认为无能,也会被认为不孝。

二、谦恭柔顺的女性观

班昭在《女诫》中还以阴阳殊性为基础提出了女性应该遵守的一系列日常行为规范,主要包括"女人之常道""敬顺"之妇道、谨守"四德"和"从一而终"等内容。

(一)"女人之常道"

《女诫》"卑弱第一"中提出"卑弱下人""执勤""继祭祀","三者盖女人之常道,礼法之典教矣"。

"谦让恭敬,先人后己,有善莫名,有恶莫辞",要求女性应该具备谦恭的美德。这不仅仅是汉代女性,也是自古以来所公认的全社会的美德。

"晚寝早作,勿惮夙夜,执务私事,不辞剧易,所作必成,手迹整理。"要求女性应该具备勤劳的美德,也是无可厚非的。当然,从现在的角度看,她的这些要求同时埋没了女性作为独立个体的地位,忽视了女性自己的独立人格和要求。

"正色端操,以事夫主,清静自守,无好戏笑,洁齐酒食,以供祖宗,是谓继祭祀也。"女性还应该能够操办家庭的祭祀活动。在中国古代,祭祀活动往往由女性完成。女子从小就要学习祭祀之礼数,《礼记·内则》曰:"女子十年不出,姆教婉、娩、听从……学女事,以共衣服;观于祭祀,纳酒浆、笾豆、菹醢,礼相助奠。"故《女诫》强调妇人应尽到"继祭祀"的职责。

班昭在《女诫》中对女性"常道"的要求局限于家庭范围之内,这实际反映了"男主外,女主内"的传统观点。

(二)"敬顺"之妇道

汉代是一个女性地位比上不足比下有余的时代。女性在婚姻关系中所扮演的角色十分复杂,既有如《汉书·王章传》所载,在丈夫穷困时激励丈夫面对生活中的困厄发奋努力,后来又劝解丈夫"人当知足"的患难之妻,也有因各种理由杀夫者。史载宣帝时魏相便上书说:"案今年计,子弟杀父兄、妻杀夫者,凡二百二十二人。"[12](《魏相传》)

面对当时混乱的社会状况,班昭认为:"男以强为贵,女以弱为美。"女性应该发扬自身"柔""弱"的特点来"修身""避强",以达成"敬顺之道"。因为"房室周旋,遂生媟黩。媟黩既生,语言过矣。语言既过,纵恣必作。纵恣既作,则侮夫之心生矣","侮夫不节,谴呵从之"。夫妻之间长期相处难免产生矛盾,如果矛盾产生以后在语言上不加控制,自然就可能会有过分的言语,而遭到丈夫的苛责。"夫事有曲直,言有是非。直者不能不争,曲者不能不讼。讼争既施,则有忿怒之事矣","忿怒不止,楚挞从之",而"楚挞既行,何义之存?谴呵既宣,何恩之有?恩义俱

---

① 就拿"未嫁从父"来说,汉代女子的通常婚龄是15岁,故未嫁之前大多数女子实际属于未成年人,而未成年人理所当然要接受其父亲即主要监护人的管教,这在今天也仍然为法律所认同。糟粕最多的当属"既嫁从夫",但这实际也与当时"男耕女织"的家庭经济结构相适应。至于"夫死从子",虽表面上是要求母亲服从、听从或跟从儿子,但在其丈夫去世已失去家庭生活最主要支柱的情况下,这在很大程度上实际是规定了儿子必须赡养母亲的义务,否则便是不孝。明白了这一点,我们也就不难理解为什么汉代许多"孝子"的孝行都是父亲去世后所对母亲的孝养,甚至是对继母的"孝谨"。参看晋文《论"以经治国"对我国汉代社会生活的整合功能》,《社会学研究》1992年第6期;《论经学与汉代忠孝观的整合》,《江海学刊》2001年第5期。

废,夫妇离矣"。所以"夫为妇者,义以和亲,恩以好合",这就是所谓"妇人之大礼也"。"夫敬非它,持久之谓也。夫顺非它,宽裕之谓也。持久者,知止足也。宽裕者,尚恭下也。"妻子应该懂得自我控制、谦恭卑下、宽以待人,这样才能做到"夫妇之好,终身不离","故妇专以柔顺为德,不以强辩为美也"。

(三)谨守"四德"

班昭在《女诫》中第一次明确了"四德"的具体内容,她说:"夫云妇德,不必才明绝异也……清闲贞静,守节整齐,行己有耻,动静有法,是谓妇德。"女子不一定要才华出众,贤明、仁智,只要能够做到安守本分,遵守礼节,做事情有原则和尺度就是妇德了。

"妇言,不必辩口利辞也……择辞而说,不道恶语,时然后言,不厌于人,是谓妇言。"班昭所说的妇言,主要侧重于女子个人的语言修养,说话时应该注意自己的语言修辞,不要说伤害别人的话,想好了以后才能发言,不要让别人感到厌恶。班昭所说的"妇言"并没有像《礼记·内则》所要求的"男不言内,女不言外。……内言不出,外言不入"那般严格。

"妇容,不必颜色美丽也……盥浣尘秽,服饰鲜洁,沐浴以时,身不垢辱,是谓妇容。"女子要对自己的外表有所要求,但不必过分追求容貌漂亮,能够做到刷污秽,衣服、服饰干净整洁,适时洗澡,讲究卫生就可以了。

"妇功,不必工巧过人也……专心纺织,不好戏笑,絜齐酒食,以奉宾客,是谓妇功。"女子不必手巧过人,能够专心致志做好纺织工作,不爱好玩耍嬉笑,可以置办酒饭招待客人就好。

《女诫》强调女子应该加强自己的个人修养,包括遵守礼制,注重品德,三思而后言,不要惹人讨厌,讲究卫生,干净整洁,做好自己的"本职工作",专心纺织,招呼客人,这些都是无可厚非的。尤其是"慎言",这是每个人应该必修的教育内容,慎言有助于维护家族的和睦团结。当然,在传统社会中,女性往往被局限于家庭活动范围之内,家长里短成为女性们谈论的主要内容,而这些却恰恰成为培养"长舌妇"的温床。

(四)"从一而终"

汉朝是传统礼教形成的重要时期,西汉宣帝神爵四年(前58年)曾经诏赐"贞妇顺女帛"[12](《宣帝纪》),这是中国有史以来史籍中第一次关于褒奖贞妇的记载。《白虎通·嫁娶》曰:

> 夫有恶行,妻不得去者,地无去天之意也。夫虽有恶,不得去也。《礼记·郊特牲》曰:"一与之齐,终身不改。"悖逆人伦,杀妻父母,废绝纲纪,乱之大也。义绝,乃得去也。

班昭在《女诫》"专心第五"中也特别强调了妇女的忠贞问题,她说:"《礼》,夫有再娶之义,妇无二适之文,故曰夫者天也。天固不可逃,夫固不可离也。"因为丈夫就是妻子的天,所以丈夫可以再娶,妻子却不能离婚再嫁。

班昭在这里强调的"妇无二适之文",根据下文"夫固不可离"的说法,应当是指妻子不可以主动离婚,而不包括丈夫死后改嫁的情况①。她所说的忠贞并不等同于后世所说寡妇不能再嫁之忠贞。《女诫》成书后不久,在班昭的影响下,东汉王朝即出现旌表贞节之事。《后汉书·安帝纪》载:"元初元年(114年)春正月甲子,改元元初。赐民爵,人二级……贞妇帛,人一匹。"元初六年"二月,诏赐贞妇有节义谷十斛;甄表门闾,旌显厥行"。朝廷用名利来奖励"贞妇",充分表明了政府对妇女忠贞的重视。至后世,宋明理学将这一理论做了进一步的发挥。《二程遗书》云:"饿死事极小,失节事极大。"[13]235这时的忠贞观已经发展为片面的节烈观,与班昭的忠贞观有着明显区别。

班昭强调女性应该"从一而终"的道德规范,这实际就是秦汉时期社会现实问题的反映。秦汉时期是传统礼教开始发展的时期。《史记·秦始皇本纪·会稽刻石》记载:

> 皇帝并宇,兼听万事,远近必清。……饬省宣义,有子而嫁,倍死不贞。防隔内外,

---

① 董仲舒《春秋决狱》明文规定:"夫死无男,有更嫁之道也。"

禁止淫佚,男女洁诚。夫为寄豭,杀之无罪,男秉义程。妻为逃嫁,子不得母,咸化廉清。大治濯俗,天下承风。蒙被休经,皆尊度轨。

所谓"妻为逃嫁",即指"有夫之妇逃离夫家与他人再婚"[14]。《睡虎地秦墓竹简·法律答问》中也记载了关于妻子逃亡再嫁的社会现象和实例。如:"女子甲去夫亡,男子乙亦阑亡,相夫妻,甲弗告请(情),居二岁,生子。"从中可以窥见,秦汉时期妇女逃离夫家与他人再婚是一个比较重要的社会问题。特别是有子女的家庭,妇女的"逃嫁"更加被视为不贞,这使孩子失去母亲,影响了家庭和整个社会的稳定,所以秦汉时期强调妇女的忠贞问题也确有必要。虽然有学者认为贞节作为夫妻之间需要遵循的一种规范,"是婚姻的衍生物,而婚姻又是由男女两性缔结的,所以贞节是对两性行为的限制和约束,而并非如人们通常所理解的那样,仅仅是对女性而言的"[15],但在男权社会中,由于"一夫一妻制从其开始之日起,就具有了一种特殊的性质,使它成为只是对妇女的一夫一妻制,而不是对男子的"[9]60,因而"从一而终"的道德规范也就只能成为"一夫一妻制"下对女性单方面的规范,而男性却享有事实上的多妻制。

三、委曲求全的家庭观

东汉时期的经济基础在理论上虽然是男耕女织式的小农家庭,但它往往被包含在大家族之中。由于土地兼并的发展,大地主田庄经济是实际上社会经济的主角,这时所形成的大家族较前代数量明显增加。而根据沙波特家庭关系与家庭人数(N)的关系公式 $N^2-N/2$,每当家庭成员增加一人,家庭成员之间的关系就增加 $N-1$ 种,故如何处理好大家庭的内部秩序就显得尤为重要。

《女诫》不仅强调女性与丈夫和睦相处的重要性,同时也提出应该重视与舅姑和睦相处。"曲从第六"中,班昭把与丈夫的关系定位为"恩",与舅姑的关系则为"义"。她说:"物有以恩自离者,亦有以义自破者也。夫虽云爱,舅姑云非,此所谓以义自破者也。"在二者之间,儒家经典更加强调舅姑意见的重要性,《礼记·内则》曰:

> 子甚宜其妻,父母不说,出。子不宜其妻,父母曰:"是善事我。"子行夫妇之礼焉,没身不衰。

《大戴礼记·本命》言妇有七去,其一就是"不顺父母"。所以班昭在《女诫》中特别强调应求得舅姑的欢心。而求得舅姑欢心的最好方法,"固莫若尚于曲从矣"——"姑云不尔而是,固宜从令;姑云尔而非,犹宜顺命。勿得违戾是非,争分曲直。此则所谓曲从矣"。

承接"曲从第六",班昭认为如果只是单纯曲从舅姑仍远远不够,她又在"和叔妹第七"中说:"妇人之得意于夫主,由舅姑之爱己也;舅姑之爱己,由叔妹之誉己也。由此言之,我臧否毁誉,一由叔妹,叔妹之心,复不可失也。"要在夫家安身立足,除了应做到舅姑满意外,还要注意处理好与丈夫兄弟姐妹的关系,因为"室人和则谤掩,外内离则恶扬。此必然之势也"。聪明之人"则能依义以笃好,崇恩以结援,使徽美显章,而瑕过隐塞,舅姑矜善,而夫主嘉美,声誉曜于邑邻,休光延于父母";而愚蠢之人"于嫂则托名以自高,于妹则因宠以骄盈。骄盈既施,何和之有!恩义既乖,何誉之臻!是以美隐而过宣,姑忿而夫慍,毁誉布于中外,耻辱集于厥身,进增父母之羞,退益君子之累"。要得到叔妹之心,最好的方法也莫过于谦虚顺从,因为"谦则德之柄,顺则妇之行。凡斯二者,足以和矣"。如果能够做到这一点,在叔妹则不会有妒忌和猜疑,在丈夫亦没有了不满。

汉代是一个转型中的时代,社会伦理关系远没有后世那样严格,西汉前期贾谊曾发出"妇姑不相说,则反唇而相稽。……曩之为秦者,今转而为汉矣"[12](《贾谊传》)的感叹。而维持大家庭秩序的重要纽带之一,就是"孝"。孝不仅是家庭伦理道德的核心,也是以忠孝为家国同构的汉代政府维护社会和国家秩序的最重要的政治手段之一。汉代除开国者高祖刘邦及光武帝刘秀以外,诸帝皆以"孝"作为谥号,足见对孝行的重视。故汉代治国的主要特点,就是"以孝治天下"[16](《孝治章》),"以经义断事"[17]26。

"曲从舅姑""和叔妹"的主张在注重表彰"孝道""孝行"的汉代社会[18]57,63是有很重要的现实意义的。正如贾谊所说:"夫和妻柔,姑慈妇听,礼之至也。……夫和则义,妻柔则正,姑慈则从,妇听则婉,礼之质也。"[19]《礼》妻子侍舅姑如侍父母,若要做到尽孝,也就更多地体现为孝敬舅姑和顺从舅姑。况且,从家庭的社会功能看,在秦汉时期,家庭暴力问题较为普遍,而班昭所提倡的顺从舅姑、和睦叔妹,有利于得到丈夫的认可和恩爱,从客观上来说也有利于促进整个社会的稳定。

当然,"姻缘关系的成员(妻、媳)处于从属地位,是以血缘关系为重心的家族关系结构特点之一"[20]139,也是这种观念在后世不断片面强调所造成的恶果之一。"在中国人的心理世界中,占支配地位的,是人伦,而非人权。人权的立足点是独立的自我,人伦的立足点则是自我所从属的各种亲属关系"[21]4—6。《女诫》中的许多观点反映了传统社会伦理意识中极强的依附色彩。由此产生的是社会群体力量对个体个性追求的否定,家族宗法关系对个体独立意识和空间的剥夺。尤其是女性,由于片面地自我约束,就更加丧失了自我,这是一种历史的悲哀。

中国传统女教并不完全是现代社会发展的障碍,仔细分析,其还有很多值得肯定之处。具体到班昭的《女诫》,其中"谦让恭敬,先人后己,有善莫名,有恶莫辞""执务私事,不辞剧易,所作必成,手迹整理""夫为妇者,义以和亲,恩以好合"以及倡导"四德"、不要轻易离婚、和睦家庭等,即使在现在,它的规范作用和道德感召力量仍然是不容忽视的。"现在成为思想包袱的一些传统观念,在过去却曾起过进步的作用,而且一些传统观念似乎是应该彻底抛弃的东西,但只要换一个角度,却可以看到它的合理性。"[22]147

"长期以来,由'保护'政策所造成的弱者心态,潜伏在我们心中,从各个方面影响着我们的生活",故"表现在(弱)女人身上,仍然是对社会、对男人的期待:期待理解和扶助,而不是从自己脚下做起"。我们"在放弃'女性'的同时丢失了身为女人的自信"[23]。女性应该以自身的特点担负人类的重担,在追求个人价值实现的同时来达到两性的和谐相处。在破除依附心理的同时,坚持宽厚仁德、勤劳节俭、为他人着想、敬奉长辈、克己容人、奉献牺牲、知耻有节的传统道德仍然十分必要。

【参考文献】

[1] 范晔.后汉书[M].北京:中华书局,1965.
[2] 周之风.班昭是中国妇女界第一个罪人[J].广西妇女,1942(22).
[3] 陈东原.中国妇女生活史[M].北京:商务印书馆,1937.
[4] 吕不韦.吕氏春秋[M].上海:上海古籍出版社,1989.
[5] 韩非.韩非子[M]//诸子集成.上海:上海书店,1986.
[6] 彭卫.论汉代婚姻思想的时代特征[J].上海社会科学院学术季刊,1987(2).
[7] 董仲舒.春秋繁露[M].上海:上海古籍出版社,1989.
[8] 彭卫.汉代婚姻形态[M].西安:三秦出版社,1988.
[9] 恩格斯.家庭、私有制和国家的起源[M].北京:人民出版社,1954.
[10] 李衡眉.早期儒家婚姻观论略[G]//中国古代婚姻史论集.吉林:吉林文史出版社,1992.
[11] 顾颉刚.由"烝""报"等婚姻方式看社会制度的变迁:下[J].文史,1982(15).
[12] 班固.汉书[M].北京:中华书局,1962.
[13] 程颢,程颐.二程遗书[M].上海:上海古籍出版社,1992.
[14] 晋文.秦始皇未曾破坏母系制遗存:与张岩先生"破坏"说商榷[J].南京师范大学学报,1999(3).
[15] 郭玉峰,王贞.中国古代的贞节:并非仅对女性的规范[J].天津师范大学学报,2002(5).
[16] 孔丘.孝经[M].北京:中国纺织出版社,2007.
[17] 赵翼.廿二史札记·汉时以经义断事[M].北京:中国书店,1987.
[18] 晋文.以经治国与汉代社会[M].广州:广州出版社,2001.
[19] 王渊明,徐超,校注.贾谊集校注[M].北京:人民文学出版社,1996.
[20] 乌丙安.中国民俗学[M].沈阳:辽宁大学出版社,

1985.

[21]韩德民.孝亲的情怀[M].北京:北京语言文化大学出版社,2001.

[22]周桂钿.董学探微[M].北京:北京师范大学出版社,1989.

[23]李小江.中国妇女在社会转型中的变化和作为[J].延边大学学报,1997(3).

论东汉中后期的奢侈风气

王永平*

【摘　要】　东汉中后期,社会风气逐渐由节俭转为奢侈,并愈演愈烈,表现在:婚娶之风崇尚奢靡;厚葬之风盛行;服饰、饮食、器用均追求靡丽、新奇;宅第、园囿豪奢;广蓄妓妾,放纵情欲。奢侈风气给东汉后期的政治、经济、社会带来了诸多不良影响,造成了巨大的社会危害。这种奢侈风气的形成与时代的政治、经济、思想文化密不可分。

【关键词】　东汉中后期;奢侈风气;社会危害

东汉初年,由于光武帝刘秀等统治者"务用安静",倡导节俭,以至"勤约之风,行于上下"[1](《循吏列传》)。及至和帝永元年间,社会风气发生了明显的变化。《后汉书》59卷《张衡传》上说:"时天下承平日久,自王侯以下,莫不逾侈,衡乃拟班固《两都》,作《二京赋》,因以讽谏。"此后,奢侈之风愈演愈烈,直至东汉王朝灭亡。以往人们对这一现象重视不够,其实,奢靡之风的盛行不仅有着深刻的社会根源,而且产生了广泛的社会影响。因此,对这一风气进行综合研究,既可加深对当时社会生活状况的了解,又可以对许多相关的政治、经济和文化现象得出更客观和完善的认识。本文就此略作探讨,抛砖引玉,以祈教正。

一

关于东汉中后期统治阶级奢侈生活的主要内容,仲长统在《昌言·理乱篇》上说:"……乃奔其私嗜,骋其邪欲,君臣宣淫,上下同恶。目极角抵之观,耳穷郑、卫之音。入则耽于妇人,出则骋于田猎。"[1](《王充王符仲长统列传》)王符《潜夫论·浮侈》也说:"今京师贵戚,衣服、饮食、车舆、文饰、庐舍,皆过王制,僭上甚矣。"根据这一线索,下面我们具体地分析和描述当时奢侈风气的情况。

(一)嫁娶崇尚侈靡

迎娶送嫁是生活中常见的现象,是人生中的大事,历来受到重视。东汉中后期上流社会在这一活动中大讲排场,互相攀比,形成一股奢侈之风。当时的聘礼、嫁妆和婚宴是三项巨额开销。王符描述说:"富贵嫁娶,车軿各十,骑奴侍僮,夹毂节引。富者竞欲相过,贫者耻不逮及。是以一飨之费,破终身之本业。"[2](《浮侈》)验之事实,王符的话是确实可信的,如汉末董卓为相国,闻得皇甫规遗孀"容色美","娉以軿辎百乘,马二十匹,奴婢钱帛充路"[1](《列女传》)。正由于聘礼数额甚巨,有些人便把嫁女视为营利的事,竟"一女许数家",待价而沽,甚至有些"不仁世叔、无义兄弟","利其娉币",强迫誓愿守节的寡妇再嫁,演出一幕幕"强中欺嫁,处迫胁遣送,人有自缢房中,饮药车上,绝命丧躯"[2](《断讼》)的惨剧。当

---

* 王永平(1962—　),男,江苏省南京市人,扬州师范学院历史系教师,主要从事中国古代史研究。

然，有些富贵人家陪嫁也是很丰盛的，如马融嫁女给汝南大族子弟袁隗，"融家世丰豪，装遣甚盛"[1]（《列女传》），连袁隗都感到羞愧。可以说当时的婚嫁活动充满了金钱交易，"富者竞欲相过，贫者耻不逮及"[2]（《浮侈》），流弊所及[3]（《散不足》），很多老百姓都不敢谈论婚嫁。

（二）死以奢侈相高

自西汉以来，祖先崇拜的观念已深入人心，厚葬之风大盛，史称"死以奢侈相高"，"厚葬多藏，器用如生人"[3]（《散不足》），形成了所谓"事死如生"的丧葬观。东汉中后期，这一风气得到进一步发展，不少政治家和思想家都把它视为当时主要的弊端之一。对当时的厚葬之风，王符《潜夫论·浮侈》上有一段概括的描述："今京师贵戚，郡县豪家，生不极养，死乃崇丧。或至刻金镂玉，檽梓楩楠，良田造茔，黄壤致藏，多埋珍宝偶人车马，造起大冢，广种松柏，庐舍祠堂，崇侈上僭。宠臣贵戚，州郡世家，每有丧葬，都官属县，各当遣吏赍奉，车马帷帐，贷假待客之具，竞为华观。"这种风气是在孝道的幌子下风行的，而本质上早已丧失了孝的意义，成为统治阶级奢侈的方式，从而出现了"生不极养，死乃崇丧"的现象。时人崔寔也揭露说，面对这一风气，"天下踧慕，耻不相逮，念亲将终，无以奉遣，乃约其供养，豫修亡殁之备"，一些平民百姓则"竭家尽业，甘心而不恨，穷厄既迫，起为盗贼"[4]（《政论》）。这使我们看出当时厚葬之风的严重危害。

从东汉中后期的历史文献看，统治阶级厚葬的记载举不胜举，从封建帝王、宗室王侯、名门大族，到外戚、宦官，无不如此，耗费了巨大的社会财富。仅就制造棺材一项而言，"必欲江南檽梓豫章楩楠"，从深山中将木材运到京师，所耗甚巨，"工匠雕治，积累日月，计一棺之成，功将千万。夫既其终用，重且万斤，非大众不能举，非大车不能挽。东至乐浪，西至敦煌，万里之中，相竞用之"[2]（《浮侈》）。还有造墓、陪葬等项，一次丧葬所耗实难想象。下面请看两则实例。永元二年，中山简王刘焉死，和帝赐钱一亿，诏命"济南、东海二王皆会，大为修冢茔，开神道，平夷吏人冢墓以千数，作者万余人。发常山、巨鹿、涿郡柏黄肠杂木，三郡不备，复调余州郡工徒及送致者数千人。凡征发摇动六州十八郡，制度余国莫及"[1]（《中山简王焉传》）。又如永和元年，顺帝梁皇后父梁商死，遗命薄葬，但"朝廷不听"，顺帝亲临其丧，"赐以东园朱寿之器、银镂、黄肠、玉匣、什物二十八种，钱二百万，布三千匹。皇后钱五百万，布万匹"[1]（《梁统传》附《梁商传》），还有大量的陪葬仪仗。

由于当时普遍崇尚厚葬，使盗墓成为有利可图的营生，十分昌盛。据载，"延熹中，京师游侠有盗发顺帝陵，卖御物于市，市长追捕不得"[1]（《周荣传》附《周景传》注引蔡质《汉仪》），可见此风之盛。东汉末年，不少军阀都公然开掘陵墓，如董卓在洛阳，"及何后葬，开文陵，卓悉取藏中珍物"，后又使吕布"发诸帝陵，及公卿已下冢墓，收其珍宝"[1]（《董卓传》）。掘墓之风的盛行，也从一个侧面说明厚葬的严重。对此曹丕曾深有感触地说："丧乱以来，汉氏诸陵，无不发掘，至乃烧取玉匣金缕，骸骨并尽……祸由于厚葬封树。"[5]（《终制》）曹丕有切身的经历，他的看法是很能说明问题的。

此外，当时人们的鬼神迷信很普遍，除了国家的大规模封禅、郊祀外，社会上普遍设祠祭祖，还有名目繁多的鬼神祭祀。不少贵族妇女"不修中馈，休其蚕织，而起学巫祝，鼓舞事神，以欺诬细民，荧惑百姓"[2]（《浮侈》）。这些祭祀活动都由豪门贵族或富商大贾操纵，责使人民交纳钱物。此风盛行各地，以青州一带为最。史载："初，城阳景王刘章以有功于汉，故其国为立祠，青州诸郡转相仿效，济南尤盛，至六百余祠。贾人或假二千石舆服导从作倡乐，奢侈日甚，民坐贫穷，历世长吏无敢禁绝者。"[6]（《武帝纪》注引《魏书》）一个狭小的郡国竟有祠六百多，全国各地总数会有多少，巫祝祭祀的耗费又有多大，实在令人触目惊心。

（三）服饰讲究新奇、华贵

东汉中后期，上流社会喜好交际，而衣着是一个人的身份地位最好的标志，王公显贵无不讲究装扮修饰，形成"奢衣服"之风。他们的衣着华贵典丽，多是珍贵的丝绸品，质地优良，做工精细。贵族们都大胆破坏服饰制度，"多委王服"，如汝南袁氏"车马衣服极为奢侈"[1](《杨震传》附《杨彪传》注引华峤《后汉书》),桓帝梁皇后"恣极奢靡,宫幄雕丽,服御珍华,巧饰制度,兼倍前世"[1](《桓帝梁皇后纪》)。

上流社会不仅在服饰上"骄奢僭主,转相夸诧",而且极为崇尚新奇,以图超过别人。如梁冀别出心裁,自己设计"埤帻、狭冠、折上巾、拥身扇、狐尾单衣"[1](《梁统传》附《梁冀传》)。据《潜夫论·浮侈》上描述,"或裁好缯,作为疏头,令工采画,雇人书祝,虚饰巧言,欲邀多福。或裂拆缯采,裁广数分,长各五寸,缝绘佩之。或纺彩丝而縻,断截以绕臂。……或剋削绮縠,寸窃八采,以成榆叶、无穷、水波之纹,碎刺缝纾,作为笥囊、裙襦、衣被,费缯百缣,用功十倍"。此外,王公贵族们为了攀比斗富,对从事服务的奴婢也盛服装扮,于是"从奴仆妾,皆服葛子升越,筒中女布,细致绮縠,冰纨锦绣"[2](《浮侈》)。

由于上流社会普遍"奢衣服",使之成了社会风气,甚至出现了以衣取人的情况。这些在官场上尤为突出。下级官吏要想获得上司的好感,以求升迁,必须在衣着上花功夫。有人甚至借贷以置办衣服。如东汉末,会稽郡周规应公府征辟,"当行,假郡库钱百万,以为冠帻费,而后仓卒督责,规家贫无以备"[1](《朱俊传》)。一些俭约的人也难以免俗。如幽州牧刘虞以"俭素为操,冠敝不改,乃就补其穿",但后来发现其"妻妾服罗纨,盛绮饰,时人以此疑之"[1](《刘虞传》)。

(四)追求口腹之欲的满足

当时上流社会"侈饮食",以此显示富有。在频繁的交际中,逐渐形成了一种游宴之风,互相竞赛,因此他们都不惜在宴席上花费钱财,力图做出独特的风味,不仅要保证佳肴丰盛,还讲求精细,食用春鹅秋雏冬葵温韭之类的稀罕物。上流社会中多是一些"甘肥饮美,单天下之味"[1](《襄楷传》)的美食家,由于他们吃惯了各种"珍膳",时间长了都引起了生理的变化。如汉末大乱,天下饥馑,人相食,而袁术及其妻妾竟"厌粱肉"[1](《袁术传》)。民间也重饮食,婚丧嫁娶时办宴席,往往"一飨之费,破终身之本业"。

与此相关的是酗酒成风。在当时可以说无酒不成宴,一些王公子弟豪饮为高。这在东汉末年更为严重。贵族子弟相聚,"狐蹲牛饮,争食竞割"[7](《疾谬》)。孔融有言:"座上客恒满,樽中酒不空,吾无忧矣"[1](《孔融传》),可见此风之盛。据曹丕《典论·酒诲》记载:"孝灵之末,朝政堕废。群官百司,并湎于酒,贵戚尤甚。斗酒至千钱。中常侍张让子奉,为太医令,与人饮酒,辄牵引衣裳,发露形体,以为戏乐,又乱鸟履,使小大差跱,无不颠倒僵仆,跌乱手足,因随而笑之。"[8](卷148引)不少持重的经学家也善豪饮,如卢植"能饮酒一石"[1](《卢植传》)。当时贵族人物游宴之中还有各种节目,主要是欣赏伎女的表演,故称为"作乐饮宴",不仅如此,他们对服务也甚为用心,如洛阳令郭珍,"家有巨亿,每暑召客,侍婢数十,盛服饰,罗縠披之,袒裸其中,使进酒"[9](卷845引《典论·酒诲》)。上流社会如此吃喝,其耗费是很大的,有一条材料可以反映这一点:汉末郑太"家富于财,有田四百顷,而食常不足,名闻山东"[1](《郑太传》)。一个人如此,整个社会的情况简直无法想象。

(五)器用以靡丽,时髦为右

东汉中后期,上流社会对生活器皿刻意追求靡丽、时髦,把实用性放在次要地位;对一些装饰品,更是精雕细琢,前文已提到贵族服饰上的种种花样,"费缯百缣,用功十倍"。当时宫廷中的御府、尚方、织室等部门专门生产锦绣、冰纨、绮縠、金银、珠玉、犀象、玳瑁之类的"雕镂玩弄之物"。一些地方官员也诱使手工业者大量制作,但往往"器成之后,更不与直",如不应募,"因乃捕之,劫以威势,心苟不乐,则器械行沽"[4](《政论》)。各级官僚都大肆征集,或上贡贿赂,或牟取暴利,或珍藏玩赏,弄得人民无法生活。如交趾"土多珍产,明玑、翠羽、犀、象、玳瑁、异香、美木之属,莫不处出。前后刺史率多无清行,上承权贵,下积私赂,财计盈给,辄复求见迁代,故吏民怨叛"[1](《贾琮传》)。

当时贵族社会在生活小事上很用心,名人的一个扮相、一个喜好,很快就风靡京邑。如梁冀妻孙寿"色美而善为妖态,作愁眉,啼妆,堕马髻,折腰步,龋齿笑,以为媚惑"[1](《梁统传》附《梁冀传》),元嘉中,"京都歙然,诸夏皆放效"[1](《五行》)。在时髦心理的驱使下,上流社会的服饰式样、生活用品变化无常,更新周期加快,甚至一味地以奇为美。这在《后汉书·五行志》上有大量的记载,如灵帝"好胡服、胡帐、胡床、胡坐、胡饭、胡空侯、胡笛、胡舞,京都贵戚皆竞为之"。

上流社会的贵公子热衷各种游戏,形成时尚。如梁冀,"少为贵戚,逸游自姿","性嗜酒,能挽满、弹棋、格五、六博、蹴鞠、意钱之戏,又好臂鹰走狗,骋马斗鸡"[1](《梁统传》附《梁冀传》)。当时最流行的是弹丸之戏,贵公子常"怀丸挟弹,携手遨游",甚至有人"取好土作丸卖之",以投其所好,他们"妄弹鸟雀,百发不得一,而反中面目"。又喜玩弄竹簧、泥车、瓦狗、马骑、倡俳等"诸戏弄小儿之具"[2](《浮侈》)。东汉后期的封建帝王也纵情游戏,如汉灵帝常于宫中西园"驾四白驴,躬自操辔,驱驰周旋,以为大乐。于是公卿贵戚转相放效,至乘辎軿以为骑从,互相侵夺,贾与马齐"[1](《五行志》),又于西园"弄狗,著进贤冠,带绶",甚至"作列肆于后宫,使诸采女贩卖,更相盗窃争斗。帝著商估服,饮宴为乐"[1](《灵帝纪》)。

(六)广辟宅第、园囿

东汉中后期,上流社会普遍讲求住宅的豪华庄丽,并结合自然景观,广辟园林。自和帝以来,宫殿官府不断扩建,增辟新的园苑,这遭到许多大臣的反对,如桓帝时刘瑜指出:"今第舍增多,穷极奇巧,掘山攻石,不避时令。"[1](《刘瑜传》)汉灵帝更是营建不已,中平二年诏令"税天下田,亩十钱",以建宫室;他已拥有西苑、显阳苑、平阳苑、上林园、鸿德苑,仍不顾反对,营建毕圭灵琨苑。上行下效,统治阶级莫不如此。宗室王侯如琅邪王刘京,"好修宫室,穷极伎巧,殿馆壁带皆饰以金银"[1](《琅邪孝王京传》);官僚贵族如马防,"资产巨亿,皆买京师膏腴美田,又大起第观,连阁临道,弥亘街路,多聚声乐,曲度比诸郊庙"[1](《马援传》附《马防传》);宦官如徐璜、具瑗、左悺、唐衡"四侯","皆竞起第宅,楼观壮丽,穷极伎巧",侯览"起立第宅十有六区,皆有高楼池苑,堂阁相望,饰以绮画丹漆之属,制度重深,僭类宫省"[1](《宦者列传》)。从这些材料可以看出,当时上流社会的居宅已带有园林化的色彩,而且室内装修十分豪奢。在这方面最有代表性的是梁冀,他与其妻孙寿"殚极土木,互相夸竞。堂寝有阴阳奥室,连房洞户。柱壁雕镂,加以铜漆,窗牖皆有绮疏青琐,图以云龙仙灵。台阁周通,更相临望,飞梁石蹬,陵跨水道"。这是典型的园林化的居宅。他又"广开园囿,采土筑山,十里九坂,以像二崤,深林绝涧,有若自然,奇禽驯兽,飞走其间。冀、寿共乘辇车,张羽盖,饰以金银,游观第内,多从倡伎,鸣钟吹管,酣讴竞路。或连继日夜,以骋娱姿"[1](《梁统传》附《梁冀传》)。在这庞大而优雅的私家园林中,他们任情地纵欲享乐,至于耗费,则根本不放在心上。

(七)广蓄妓妾,放纵情欲

在上流社会看来,拥有美女的多少,是显示地位和富有的标志。当时帝王后宫多达数千人,如桓帝"多内幸,博采宫女至五六千人,及驱役从使,复兼倍于此"[1](《桓帝邓皇后纪》),"衣食之费,日数百金"[1](《宦者列传》)。王公贵族也无不"妖童美妾,填乎绮室",甚至宦官"亦广妻娶","多妻良人美女以为姬妾,皆珍华佟,拟则宫人"[1](《宦者列传》)。

当时上流社会男女交往比较随便,普遍纵情放荡,而"所论极于声色,举口不逾绮襦之侧"[7](《疾谬》)的风气,更助长了他们的性放纵,有的已发展到极端变态的程度。如顺帝之姑阴城公主嫁给班始,"贵骄淫乱,与婢人居帐中,而召始入,使伏床下"[1](《班超传》附《班始传》)。普遍的性放纵,促进了道教房中术的流行。汉末不少方术之士以养生术之名传授房中术,如甘始、东郭延年、封君达三人"率能行容成御妇人术"[1](《方术传》)。关于房中术的盛行,《后汉书·方术》注引《典论》说:"左慈到,又竞受其补导之术,至寺人严峻往从受问,阉竖真无事于斯术。人之逐声,乃至于是。"这也从一个侧面反映了当时上流社会的性放纵发展到了何种程度。

二

东汉中后期上流社会如此纵欲享乐,引起了奢侈性浪费的恶性膨胀,造成了广泛的社会影响,其中以下几点尤应引起我们的注意。

(一)煽起了聚敛之风,加剧了官场的腐败

在古代专制主义的国度里,统治阶级的生活与封建政治的好坏有着密切的关系。东汉中后期上流社会奢侈成俗,使拜金主义蔚然成风,于是上至皇帝,下至乡里小吏,各个政治集团无不疯狂地贪污聚敛。如汉灵帝为捞钱,竟"开西邸卖公卿,公千万,卿五万"[1](《灵帝纪》),汉末的三公如段颎、崔烈、樊陵、张温,都是"入钱上千万下五百万"买来的,其他各级官职就可想而知了。这些人走马上任后,毫无顾忌地贪污。当时人聚敛成癖,如灵帝母永乐太后"好聚金为堂",灵帝则常把国库的财物转到私库之中,各部门所征得的财物必须以"导行之财"的名义给他提成。这一点连有见识的宦官吕强都看不过去,说:"天下之财……归之陛下,岂有公私?"[1](《宦者列传》)一国之主的皇帝如此,当时社会的贪婪心态昭然若揭。这样的实例举不胜举,如梁冀所贪"合三十余万万,以充王府,用减天下税租之半"[1](《梁统传》附《梁冀传》)。他们如此聚敛,目的是为了个人享受,这也导致了人们道德的沦丧,《潜夫论·考绩》上说:富贵之人"皆疏骨肉而亲便辟,薄知友而厚狗马。财货满于仆妾,禄赐尽于猾奴。宁见朽贯千万,而不忍赐人一钱;宁积粟腐仓,而不忍贷人一斗"。他们对亲人尚且如此自私,对别人只有争夺了。各级官吏对人民横征暴敛,甚至肆意劫掠。如宦官侯览之兄侯参为益州刺史,"民有半富者,辄诬以大逆,没入财物,前后累亿计",离职时运财宝的车辆有三百多,"皆金银锦帛,不可胜计"[1](《宦者列传》)。当时官吏贪污数量都很大,少则数百万,多则上亿,令人发指。面对这股风气不是没有人反对,但这些有见识的士大夫都被当道者以各种名义诛杀了,于是汉末形成了"田野空、朝廷空、仓库空"的所谓"三空之厄"[1](《陈蕃传》),动摇了封建统治的根本利益。

(二)奢侈性消费的膨胀影响了社会再生产的正常进行,严重阻碍了社会生产的发展

马克思的剩余价值学说告诉我们:剩余劳动中直接或间接表现为奢侈形式的部分过大,必然会妨碍积累或扩大再生产[10](第3册)。我们知道,在古代农业社会中,生产的剩余是有限的,只有限制消费,维持消费与生产的平衡,才能保证生产的重复与扩大再生产。否则,生产与消费之间的平衡被破坏,必然引起生产关系的强烈震动和社会关系的混乱。这是一个规律。从东汉中后期的情况看,在消费结构中奢侈性消费资料所占比例不断扩大,这使各级政府财政中生产性开支日益下降。当时中央财政主要用于军费,如仅两次对西羌作战就耗资320多亿钱,而政府的收入因各级官吏的贪污不断减少。在这种情况下,上流社会大肆聚敛,过度纵侈,造成了社会财富的巨大浪费,使相当一部分可能的生产力无法转化为现实的生产力。封建政府无法履行兴修水利等经济职能,严重阻碍了农业生产的发展。

此外,我们还可以从人口结构与消费结构的关系这一视角,来考察奢侈性消费所引起的再生产萎缩。生产者和非生产者的比例,是衡量生产发展程度的重要标尺。生产者人数多,便有较大量的年收入是为了再生产而消费,因而每年会生产较大量的价值,非生产者人数多则反之[10](第1册)。在古代自然经济占支配地位的农业社会尤其如此,从东汉中后期人口社会构成的变化趋势看,地主阶级及为他们服务的非生产性人口在总人口中的比例日益增大。由于社会的动荡,国家的兵士增多,统治阶级追求奢侈,导致从事浮末之业的游食人口增加。关于这一点,当时人王符指出:"今举世舍农桑,趋商贾,牛马车舆,填塞道路,游手为巧,充盈都邑,治本者少,浮食者众。商邑翼翼,四方是极。今察洛阳,浮末者什于农夫,虚伪游手者什于浮末,是则一夫耕,百人食之,一妇桑,百人衣之,以一奉百,孰能供之?天下百郡千县,市邑万数,类皆如此,本末何足相供?"[2](《浮侈》)王符已看出人口结构的变化所带来的生产与消费的关系紧张,这是很深刻的。社会生产已无法满足社会不断扩大的消费,农民已被剥削殆尽,从何谈论扩大再生产!另外,当时大地主豪强多拥有成千上万的奴婢,如马防兄弟"贵盛,奴婢各千人已上"[1](《马援传》附《马防传》),梁冀有奴婢"至数千人"[1](《梁统传》附《梁冀传》),其中虽不

乏从事生产的,但也有不少专门从事服务性活动的,比如厨膳、卫生、陪侍,还有数目可观的伎妾。这些人长期脱离生产,成为上流社会奢靡生活的伴生物,时间长了,他们也厌恶生产劳动,过着畸形的寄生生活。这都造成了社会劳动力的严重浪费。

(三)奢侈性消费的膨胀不仅加剧了社会财富分配中的阶级对立,而且激化了地主阶级内部由财富再分配所引发的矛盾斗争

从经济史的角度来看,社会各阶级的斗争与冲突,其重要的原因之一,就是争夺社会财富分配中的优越地位。在中国古代,当一个统治集团处于上升阶段时,它总是倡俭抑奢,在社会财富分配中,能够照顾到被统治阶级起码的生存需要和简单再生产的能力,从而使阶级关系处于缓和的状态。这就是所谓的"治世"。但随着统治阶级的日益腐朽,侈欲泛滥,必然加紧盘剥劳动人民,这种现象不断恶化。东汉中后期各级官吏"视民如寇仇,税之如豺虎",各种"特选横调,纷纷不绝"[1](《左雄传》),以致"小民困贫,多不养子"[1](《党锢列传》)。这样,统治阶级的恣情纵欲造成了下层社会的极端贫困化,激化了社会财富分配中的阶级对抗,广大农民纷纷逃亡,最终演变成规模巨大的暴力斗争。

奢侈性消费的膨胀还激化了统治阶级瓜分财富的斗争。封建政权中不同阶层或集团及其个体成员,在奢靡之风的鼓惑下,争夺经济利益的现象日益突出。最普遍的是各级官吏大肆贪污,把国家财富尽可能多地变成个人财富。在个体成员之间争夺财富的斗争很激烈,如章帝时就发生了外戚窦宪贱买明帝沁水公主园田的情况,"主逼畏,不敢计"[1](《窦融传》附《窦宪传》);东汉后期更加严重,如扶风人士孙奋"居富而性啬",梁冀索取钱五千万,"奋以三千万与之,冀大怒……遂收考奋兄弟,死于狱中,悉没赀财亿七千余万"[1](《梁统传》附《梁冀传》)。此外,还造成统治阶级各集团或各阶层之间的斗争。过去对东汉中后期的士大夫集团与外戚和宦官集团之间的斗争,从政治上着眼的比较多,而忽视了他们之间争夺社会财富的矛盾。从当时情况看,外戚与宦官两股势力交替得势,任何一方上台都立刻成为经济上的暴发户,穷奢极欲,而失势后,经济上也被剥夺,往往倾家荡产。而士大夫集团中的一些清醒之士,他们从维护封建统治的根本利益出发,强烈反对贪污聚敛和群小干政。但也不应回避,他们排斥宦官、外戚,也带有维护他们既得经济利益的因素,因为宦官、外戚这两个集团通过非正常方式挤进了上层,分割了相当大的社会财富,损害了他们的利益。

(四)奢侈之风造成了手工业的畸形发展

东汉中后期,从事工商业的人数迅速增多,工商业也有很大发展,但这并不是经济自然发展的结果,而是统治阶级奢侈之风的产物。当时受重视的并不是生产性的手工业,而是那些制造奢侈品的部门,比如丝织、酿酒、漆器、金银镂刻、车舆、玩具、饮食器皿等。王公贵族对这些东西精益求精,不仅重视质量,而且更重视外观。当然,这在客观上对一些生产领域也有一定的促进作用,有益于工艺水平的提高,也产生了一些发明,如灵帝时发明了洒水车,称为"翻车渴乌",在宫内"用洒南北郊路,以省百姓洒道之费"[1](《宦者列传》)。但从本质上说,这些手工业产品是与生产无关的,不可能带动其他生产领域的进步。而当时在这些部门集中了大量的手工业技师和资金,这就严重阻碍了那些与国计民生相关的手工业部门的发展。不仅如此,这类手工业的繁荣,又必然反过来加剧浮华侈靡之风。当时的商业也主要是贩运奢侈品。这样看来,当时工商业的发展是畸形的,它造成了严重的危害。对此,王符指出:"百工者,所使备器也。器以便事为善,以胶固为上。今工好造雕琢之器巧伪饰之,以欺民取贿,虽于奸工有利,而国界愈病矣。商贾者,所以通物也,物以任用为要,以坚牢为资。今商竞鬻无用之货、淫侈之币,以惑民取产,虽于淫商有得,然国计愈失矣。……故为政者,明督工商,勿使淫伪,困辱游业,勿使擅利,宽假本农……则民富而国平矣。"[2](《务本》)王符看到了当时工商业的畸形发展及其危害,这是深刻的,但他尚待"为政者"来"明督工商",重本抑末,以实现封建统治秩序的稳定,这在当时只能是一个幻想。

如果再具体罗列,奢靡之风的影响当然不止这些。但仅上述四方面的分析,已足以说明它所产生的巨大的社会危害。这似乎正应验了马克思的一句话,"古代国家灭亡的标志不是生产过剩,而是达到骇人听闻和荒诞无稽程度的消费和疯狂消费"[1](卷46)。因为封建社会的生产力难以随着统治阶级消费力的增长而增长,本已潜伏着危机,当过度的奢侈导致再生产停滞萎缩时,潜伏的危机就会变成现实的危机。这样,封建王朝的灭亡就为时不远了。东汉王朝的命运不正是如此吗?当统治阶级在奢靡之风中耗尽了生机和活力而无法控制社会时,历史便毫不留情地做出了裁决。

三

为什么在东汉中后期奢靡之风盛行不衰,泛滥成灾呢?这是一个不可回避的问题。从中国封建社会中统治阶级的生活和消费来看,具有一定的发展规律。首先,以自然经济为主的经济结构使地主阶级只能将大部分的收入用于生活消费,所入愈丰,奢欲愈旺,因为他们无法把剩余资金投入到新的经济领域,所以奢侈化成为他们生活的必然趋势。其次,当一个封建王朝由盛转衰后,统治阶级及其政权严重腐败,势必造成大部分人沉湎于纵欲享乐之中,掀起浮华侈靡之风。东汉中后期的奢侈风气当然受到这一普遍规律的支配。但这一规律在不同的历史条件下具体的表现形式则有差异。下面我们分析一下体现东汉中后期时代的经济、政治和思想文化的原因。

(一)大土地私有制的发展和社会财富的高度集中提供了雄厚的物质基础

自西汉中期以来,土地私有化现象日益严重,不少政治家、思想家都提出过限田的主张,也产生过王莽"王田"制的改良,但收效甚微。东汉初,情况虽有所调整,但东汉政权的性质决定它不可能根本解决这一问题。大土地私有制在东汉中后期获得了空前的发展。地主阶级中各阶层通过各种形式兼并了大量的土地,纷纷建立起庄园。如梁冀的一处林苑"西至弘农,东界荥阳,南极鲁阳,北达河、淇,包含山薮,远带丘荒,周旋封域,殆将千里"[1](《梁统传》附《梁冀传》),汉末大宦官张让等人占有"京畿诸郡数百万膏腴美田"[1](《董卓传》注引《典略》),此类事例甚多,不一而足。大地主庄园内有众多的私附、奴婢、部曲,从事生产劳动。每一个庄园就是一个经济实体,这就给他们的奢侈提供了雄厚的物质基础。对庄园经济的发展与奢靡之风的兴盛这两者之间的关系,当时人仲长统已明确认识到了,他说:"豪人之室,连栋数百,膏田满野,奴婢千群,徒附万计。船车贾贩,周于四方;废居积贮,满于都城。琦赂宝货,巨室不能容;马牛羊豕,山谷不能受。妖童美妾,填乎绮室;倡讴伎乐,列乎深堂。……三牲之肉,臭而不可食;清醇之酎,败而不可饮。"[1](《仲长统传》)这既描述了豪强地主的奢侈状况,又指出了它的经济根源,是相当深刻的。另外,东汉统治阶级拥有极大的政治特权,而这种政治权力往往会带来极大的经济利益,如接受赏赐,大肆贪污,还有人利用特权经商,牟取暴利,这都造成了社会财富的高度集中,刺激了奢靡之风的发展。

(二)东汉中后期黑暗的政治局势加剧了奢侈风气的发展

自和帝以降,皇权中衰,王纲不振,外戚和宦官交替操政,士大夫社会的进取之士不断遭到禁锢和杀戮,政治极端黑暗。由于专制统治的腐败,使得一整套依附其上的礼法制度也逐渐破坏,以致越礼犯僭的现象层出不穷,尽管也有个别的统治者看到奢靡之风的危害,并力图加以扭转,但他们的抑奢措施是那样的空洞无力,几乎发挥不了任何作用。当时得势的外戚和宦官集团由于无知和短视,也由于他们在经济上的先天不足,拼命地兼并社会财富,疯狂地挥霍纵欲。士大夫社会中的不少有识之士以维护封建统治的根本利益出发,反对过度盘剥人民,痛斥腐败的外戚与宦官势力,甚至批判失道的王权。但是,他们一次次上疏抗争,一次次失败,很多人被禁锢,被诛杀,这极大地挫伤了他们的感情,造成了无法排解的苦闷。于是有人遁迹归隐,也有人纵情享乐,排遣忧愁。此外,对大部分平庸的士大夫子弟来说，他们拥有优越的经济条件，又有"贡荐则必阀阅为前"①的门阀制度的政治保障，他们自然成为奢靡之风中的主力军。

（三）从思想文化的角度看，奢靡之风是儒家思想丧失独尊地位的必然产物

众所周知，自从汉武帝"罢黜百家，独尊儒术"以来，儒家克己主义的伦理道德日益成为人们普遍遵守的教条，规范和制约着人们的生活与情感。它极力强调社会的责任与义务，抹杀个人的享乐与快慰，以求得社会的和谐与稳定。在儒学独尊的时代，士人视克己为美德，安贫乐道，规行矩步。《后汉书·马援传》引马少游谈论人生目的的话就说明了这一点："士生一世，但取衣食裁足，乘下泽车，御款段马，为郡掾史，守坟墓，乡里称善人，斯可矣。致求盈余，但自苦耳。"但是，人总是有不可泯灭的天性与情感的。对这种天性与情感，除了用社会的伦理道德加以约束，不予泛滥外，还应让它得到正常的释放与排解。一个社会，没有共同的伦理道德观念的约束，当然要造成社会的混乱，但如果伦理道德观念对感情约束到了极端的地步，使之无法正常表达，也便只能导致悖于常理的行为，造成社会的混乱。东汉中后期的情况正是这样，儒家的一整套道德说教越来越暴露出它的虚伪性，一大批敏感的士人开始冲决礼教的规范，率直地表现人的自然情感。但是，对于上流社会的大部分人来说，由于极端禁欲主义道德的压制，造就了他们不健全的心态，他们几乎已分不清人性与兽性的差别，而一旦旧的规范破坏后，他们便从禁欲主义滑入了纵欲主义。"义"被看轻了，人们唯利是图，"理"被抛弃了，人们公然地泄欲。东汉末年的很多生活现象都说明了这一点。此外，当时士人的生命意识觉醒，他们真切地感受到人生原来只有一次，而且又是那么短暂，面对政治黑暗，战乱将起，人命危浅的时局，他们放弃了追求人生的长度，而着力加浓人生的密度，于是他们尽情地纵乐求欲，让短暂的人生充满了享受。这些士人的行动，冲决了禁欲主义的大门，其他社会阶层蜂拥而入，一场旷日持久的物质消费竞赛就这样开始了。

最后有一点必须强调，把奢靡风气与反礼法思潮相联系，并不意味着我们肯定它的某种进步意义。我们这样做是企图使人们从这一角度去认识传统文化的一个深刻的痼疾，那就是禁欲与纵欲变奏。对这一奢靡风气，我们的态度是坚决否定的，因为我们懂得：东汉上流社会的纵欲主义人生观在本质上与禁欲主义一样，是非理性的，它没有科学而健康的哲学的指导，终究无法超越传统的藩篱；尽管这一风气刺激了某些工艺技术的进步，创造了不少艺术财富，产生了美化生活的意识，但它没有真正的社会进步和整个社会比较富裕的前提，只是在原有社会状态下，通过最大限度的剥削与聚敛，限制大多数人的生存需要，以供他们挥霍，从而在本质上是颓废的，是一种破坏力，它只能表明传统内部的断裂与变态，而无法真正展示走向新途的路径。

【参考文献】

[1] 范晔.后汉书[M].北京：中华书局，1965.
[2] 王符.潜夫论笺校正[M].新编诸子集成：第一辑.北京：中华书局，1985.
[3] 桑弘羊，著.王利器，校注.盐铁论校注[M].北京：中华书局，1992.
[4] 严可均.全后汉文[M].影印本.北京：中华书局，1958.
[5] 严可均.全三国文[M].影印本.北京：中华书局，1958.
[6] 陈寿，撰.裴松之，注.三国志[M].北京：中华书局，1959.
[7] 葛洪.抱朴子·外篇[M].诸子集成：第八册，1954.
[8] 虞世南.北堂书钞[M].四库全书本.
[9] 李昉，等.太平御览[M]//四部丛刊三编.北京：中华书局，1960.
[10] 马克思.剩余价值理论[M].北京：人民出版社，1975.
[11] 马克思，恩格斯.马克思恩格斯全集[M].北京：人民出版社，1956-1986.

---

① 《潜夫论·交际》。

《白虎通》的史学思想

郑先兴*

【摘　要】《白虎通》将史学看作评价性的学问,即通过研究人的行为而赋予其相应的评价,又将史学看作政治性的事宜,即研究统治者,劝诫、督促统治者行善政。史学最基本的功用是根据人物的贡献赋予相应的名号,从而享受不同的社会地位和待遇,鼓励人们积极为历史发展做出贡献。历史就是文明创制的过程:一部远古到汉代的中国历史,实际上就是"三皇""五帝""三王""五霸"创造历史的过程。礼乐既是历史创造的最高境界,也是历史创造的基本条件和规则,其因在于能够彰善抑恶,使那些能够给百姓带来好处的官员获得福利,激励他们的善行。历史认识主体通过学习和认知,掌握了历史规律,从而达到精通历史发展的认识程度。历史认识的范畴是"质与文""五行",其最高境界就是准确地把握历史的本质"道"。史学研究方法主要有历史事实分析法、历史理论分析法和历史价值分析法。

【关键词】《白虎通》;史学思想;历史观

《白虎通》,又名为《白虎通义》《白虎通德论》,是东汉章帝建初四年(79年)在京师洛阳的白虎观所召开的经学会议的记录。《白虎通》凡10卷,汇集了43条(另有补遗一条)有关经典阅读的名词解释。历代学者都把《白虎通》看作传统社会的"法典""法宪"[①]。笔者也曾经从"礼治"思想的角度指出《白虎通》是"对礼学的神学解释"。其实,《白虎通》所作的词语解释,多是对历史现象,尤其是对历代政治的阐释,因此,它本身实际就是一部史学著作。唯所不同的是,作为史学著作,《白虎通》不像《史记》《汉书》那样是叙述历史,而是直抒大意,议论历史。仅此而言,《白虎通》所蕴含的史学思想是极为丰富的,需要我们深入地挖掘和探讨。遗憾的是,相关的研究却极少论及。

一、"行生于己,名生于人"的史学论

准确地把握史学的本质特点,是构成史学思想的核心基础。《白虎通》在解释政治词语中,也对史学的性质从理论和实际两个方面予以了阐释。

从理论上来讲,《白虎通》将史学看作评价性的学问。《白虎通·谥》:"行生于己,名生于

---

* 郑先兴(1961—　),男,河南省南阳市人,博士,教授,主要从事汉文化研究。

① "这部书继董仲舒《春秋繁露》之后,进一步把儒家经学和谶纬迷信糅合起来解释封建社会政治制度和道德伦理,成为当时统治阶级的一部封建法典"(何兆武等著:《中国思想发展史》,湖北人民出版社2007年版,第90页)。"章帝命班固作《白虎通德论》一书,这是一部钦定的哲学、神学、经义的法典"(白寿彝:《中国史学史》第1卷,上海人民出版社2006年版,第36页)。

人。"这就是说,史学的研究对象是"行",其研究的任务为"名"。也就是说,历史学是通过研究人的行为而赋予其相应的评价。如果历史人物做出了巨大的贡献,那么就给予伟大的名号,否则就给予相应之名,所谓"大行受大名,细行受小名"是也。在《白虎通》看来,属于"行"范畴的,有生产生活方面的"耕桑""商贾""田猎""嫁娶",有政治法律方面的"礼乐""三军""诛伐""谏诤""乡射""巡守""考黜""王者不臣""三正""三教""三纲六纪""五刑""朝聘""贡士",有宗教信仰方面的"社稷""五祀""灾变""蓍龟""瑞赞""丧服""崩薨""郊祀""宗庙",有文化知识方面的"五行""辟雍""圣人""性情""寿命""天地""日月""四时""五经""衣裳""绂冕""车旗"。而属于"名"范畴的,有关系政治的"爵""号""谥""封公侯",也有关系每个社会成员的"宗族""姓名"。在这里,无论是"行"的考察,或者是"名"的确定,都是历史学要思考的问题。换句话说,这些事情都属于历史学研究的内容和范围,是历史学所研究的课题。

从实际上来说,《白虎通》将史学看作政治性的事宜。《白虎通·谏诤》:"王法立史记事者,以为臣下之仪样,人之所取法则也。《礼·玉藻》曰:'动则左史书之,言则右史书之。'《礼·保傅》曰:'王失度,则史书之,工颂之,三公进读之,宰夫撤其膳。'是以天子不得为非。故史之义,不书过则死,宰不撤其膳亦死。所以谓之史何?明王者使为之也。"史官的职责就是记录帝王即统治者的言行,使其成为臣民即百姓的榜样。如果帝王即统治者有不轨的言行,那么,史官将通过记录的方式警告他,使其改过。由此而言,历史学的研究对象就是帝王即统治者,其任务就是劝诫、督促统治者行善政。"人臣之义,当掩恶扬美,所以记君过何?各有所缘也。掩恶者,谓广德宣礼之臣。"由此而言,传统史学的性质在其实践中扮演着谏官的角色。

在这里,史学政治性事宜的特征,显然需要评价性学问的支撑;反过来说,史学评价性特征的宗旨当然是政治性的。由此,在《白虎通》的视野中,历史学实际上是政治性的学问,历史学就是政治学。

在《白虎通》看来,历史学作为政治性的学问,其最基本的功用就在于它是政治统治的基本策略。而其具体的实施细则,有以下几点。第一,根据人物的贡献赋予相应的名号,从而享受不同的社会地位和待遇。《白虎通·爵》:"爵者,尽也,各量其职尽其才也。"这里的"各量其职尽其才",表象是要求历史人物要履行个人的职责,实际是说,历史人物可以依据所获得或者曾经拥有的名号享受相应的权利。《白虎通·封公侯》说分封大夫之后裔:"大夫功成未封而死,子得封者,善善及子孙也。《春秋传》曰:'贤者子孙宜有土地也。'"第二,鼓励人们积极为历史发展做出贡献,争取好的名号。《白虎通·号》:"号者,功之表也,所以表功、明德、号令臣下也。"《白虎通·谥》则说"谥之为言引也,引列行之迹也。所以进劝成德,使上务节也"。就是通过概括评价人的一生活动,鼓励活着的人们成就事业功德。第三,警示人们自律律人,增加智慧。《白虎通·姓名》:"人必有名何?所以吐情自纪尊事人者也。"《白虎通·蓍龟》说占卜一定要在祖庙里进行,就是要借助于历史(祖先)增加智慧:"托义归智于先祖至尊,故因先祖而问之也。"概括来说,在《白虎通》看来,历史学就是贯彻儒家名教思想的基本途径。所以《白虎通·姓名》引《论语》:"名不正则言不顺。"

二、"功成作乐,治定制礼"的历史观

与陆贾一样,《白虎通》也将历史看作文明史,亦即历史是人类不断地创制文明、不断地进步的过程。所不同的是,陆贾强调"仁",亦即人在历史文明创制过程中的作用,而《白虎通》更强调"礼""乐",亦即制度在历史创制过程中的重要性。

《白虎通·号》在帝王名号的解释中流露出推崇文明进步的历史观念。在《白虎通》看来,历史就是文明创制的过程:一部远古迄汉代的中国历史,实际上就是"三皇""五帝""三王""五霸"创造历史的过程。参看表1"文明创制一览表"。

从表1可以看出,历史之所以发展,是由那

些能够创制文明的英雄所造就的。所以,《白虎通·号》在解释"皇""帝""王""霸"时,都给予了很高的评价。如:"皇,君也,美也,大也。天人之意,美大之称也";"烦一夫,扰一士以劳天下不谓皇也,不扰匹夫匹妇故为皇也";"帝者,谛也,象可承也;王者,往也,天下所归往"。

那么,这里就提出一个问题,即文明是如何创制的?换句话说,文明创制的历史条件和基本规则是什么呢?对此,《白虎通》作了明确的解释。《白虎通·礼乐》:"功成作乐,治定制礼。"这就是说,礼乐既是历史创造的最高境界,也是历史创造的基本条件和规则。所谓礼,就是顺应历史规律创造文明。用《白虎通》的话说就是践行人伦道德,"礼之为言,履也,可履践而行","夫礼者,阴阳之际也,百事之会也,所以尊天地,傧鬼神,序上下,正人道也"。礼的核心就是遵从自然规律和社会的伦理道德。在自然发展方面,《白虎通》中的《天地》《日月》《四时》篇专门论述了自然发展的规则;在社会方面,《白虎通·三纲六纪》专门论述了社会伦理规则,即所谓的"君为臣纲,父为子纲,夫为妻纲",以及所谓的"诸父"有"敬","兄弟"有"亲","族人"有"序","诸舅"有"义","师长"有"尊","朋友"有"旧"。乐的核心就是发挥人们的才干,遵从历史规律,促使事业有成。《白虎通·礼乐》:"乐者,乐也。君子乐得其道,小人乐得其欲。"又:"乐所以象德表功,而殊名也。"所以,如表1所列,黄帝、颛顼、尧、舜、禹等,都有能够表示自己成功的乐曲。

礼乐之所以成为历史发展的条件,主要在于能够彰善抑恶。《白虎通·礼乐》:"故乐所以荡涤,反其邪恶也。礼所以防淫泆,节其侈靡也。"由此而言,《白虎通》实际上是把历史看作人类自身发展的过程,历史要想取得进步,必须克服人类自身的丑恶和邪佞,积极发挥人们的仁爱精神。所以,传统圣人注重明教。《白虎通·封公侯》说建都中原的原因,"所以均教道,平往来,使善易以闻,为恶易以闻,明当惧慎,损于善恶"。《白虎通·谥》说人身后封给谥的目的就是"别善恶,所以劝人为善,戒人为恶也"。

表1 文明创制一览表

序号	创制者	文明内涵	备注
1	三皇 伏羲	仰观象于天,俯察法于地,因夫妇正五行,始定人道,画八卦以治下	
2	神农	因天之时,分地之利,制耒耜,教民农作,神而化之,使民宜之	
3	燧人氏(祝融)	钻木燧取火,教民熟食,养人利性,避臭去毒 续三皇之道而行之	
4	五帝 黄帝	始作制度,得其中和,万世常存	咸池
5	颛顼	能专正天人之道	六茎
6	帝喾	能施行穷极道德	五英
7	尧	清妙高远,优游博衍,众圣之主,百王之长	大章
8	舜	能推信尧道而行之	萧韶
9	三王 夏	明当手持大道	大夏
10	殷	明当为中和之道	大濩
11	周	道德周密无所不至	大武象
12	五霸 昆吾氏	昔三王之道衰,而五霸存其政,率诸侯朝天子,正天下之化,兴复中国,攘除夷狄	夏代
13	大彭氏		殷代
14	豕韦氏		

续表

序号	创制者	文明内涵	备注
15	齐桓公		周代
16	晋文公		
另说	齐桓公、晋文公、秦穆公、楚庄王、吴王阖闾	霸者,伯也,行方伯之职,会诸侯朝天子,不失人臣之义	春秋

在这里,又提出了一个问题,《白虎通》所讲的"善"是什么呢?综观《白虎通》,所谓的"善"当由以下三个方面构成。第一,"善"就是能在遵守历史规律之中创造历史。《白虎通·爵》:"王者有改道之文,无改道之实。"又引《春秋》所说的"元年春王正月,公即改元即位也",解释说:"王者改元,即事天地;诸侯改元,即事社稷。"这就是说,文明的具体形式是多种多样的,每一个历史创造者都可以尽其能力进行创制,但是文明的核心是相同的,任何一个创制者必须认可并坚守之。第二,"善"就是能够在承继传统中创造历史。《白虎通·礼乐》解释"功成作乐,治定制礼"说,"王者始起何用正民?以为且用先代之礼乐,天下太平乃更制作焉"。历史的发展,首先是继承前代的成绩,然后再予以创造。第三,"善"就是能够一以贯之遵从历史规律。《白虎通·封公侯》:"物成于三:有始、有中、有终,明天道而终之也。"这里的"天道"即可看作历史规律,就是说,文明的创制,必须要自始至终遵从历史规律。

至于如何实现"善",即如何彰善抑恶,亦即怎样遵从历史规律推进文明进步,《白虎通·考黜》发扬了传统的民本思想:"王者所以能勉贤抑恶,重民之至也。""然安民然后富足而后乐,乐而后众乃多贤,多贤乃能进善,进善乃能退恶,退恶乃能断刑,内能正己,外能行备,孝道乃生。"进而,又指出彰善抑恶的具体措施就是使那些能够给百姓带来好处的官员得到福利,激励他们的善行。"能安民故赐车马,以助其功德,安其身;能使人富足、衣食仓廪实,故赐衣服,以彰其体;能使民和乐,故赐之乐则,以事其先也。"由此可见,民本思想的贯彻就是实行礼治,根据每个人的贡献大小,赐之待遇,"既能进善,当能戒恶"。

三、"天质地文"的历史认识论

在《白虎通》看来,由于历代执政者都将自己的功绩著之于竹帛,所以历史是可以认识的。《白虎通·封禅》,"王者易姓而起",皆封禅泰山,"皆刻石纪号者,著己之功迹以自效也"。因此孔子说:"升泰山观易姓之王,可得而数者七十余君。"然而就历史认识的主体而言,《白虎通》却给了矛盾的解释。一方面,说理解和把握历史规律是天生的。《白虎通·圣人》:"圣人所以能独见前睹,与神通精者,盖皆天所生也。"甚至还分析说,如伏羲、颛顼、帝喾等圣人都有精通历史的貌相,"皆有异表"。另一方面,又说历史知识和历史规律的认识是学习而得的。《白虎通·辟雍》说人在8岁之后,"始有识知","学之为言觉也,以觉悟所不知也"。并指出,学习必须通过老师的指导才能有所成效,"是以虽有自然之性,必立师傅焉"。古代帝王、圣人如颛顼(绿图)、帝喾(赤松子)、帝尧(务成子)、帝舜(尹寿)、夏禹(国先生)、商汤(伊尹)、文王(吕望)、武王(尚父)、周公(虢叔)、孔子(老聃)都分别拜师学艺,学习历史知识,"皆就师于外者,尊师重先王之道也"。在这里,如果我们将前者看作《白虎通》对于历史认识境界的说明,后者看作对于历史认识途径的说明,那么,关于历史认识主体解释的矛盾就不存在了。换句话说,历史认识主体通过学习和认知,掌握了历史规律,从而达到了精通历史发展的认识程度。

在《白虎通》看来,历史认识的范畴主要是

"质文"与"五行"。

所谓"质文"是指历史实际的发展有两种形式,或者说两个阶段,即"质""文",正是两者的互相交替,构成了历史发展的基本样式。"质"就是朴素率直,不加雕琢,而作为历史发展的阶段,主要是以殷代创造历史的样式为核心特征。《白虎通·姓名》:"殷家质。"因此殷代人命名总是以出生的日子取名,如"太甲、帝乙、武丁"。"文"就是讲究纹饰雕琢,以形式夸张其内涵,而作为历史发展阶段,主要是以周代创造历史的样式为核心特征。《白虎通·号》:"周者,至也,密也,道德周密无所不至也。"由"质""文"的交替,推进历史的发展。《白虎通》"质者居质,文者据文","质文再而复"。《白虎通·崩薨》说到棺葬时指出,"虞尚质","夏侯氏益文"。如果联系起来看,则虞、夏、商、周四代的更替,即可看作"质""文"的互相交替。

所谓"五行"是指决定历史发展的内在因素和外在表现以及历史发展的阶段性皆由"金""木""水""火""土"来构成。根据《白虎通》的《五行》《五祀》《性情》等篇,"木""火""土""金""水"不仅决定着方位、味觉、四时、色彩、声调,也决定着帝王、神祇、四象、神祀,甚至决定着脏器和五常之性。可见表2"'五行'的历史发展情况示意表"。

表2 "五行"的历史发展情况示意表

五行	方位	味觉	四时	颜色	声调	帝王	神祇	四象	神祀	脏器	五常	五经
木	东	酸	春	青	角	太皞	句芒	青龙	户	脾	信	诗
火	南	苦	夏	赤	徵	炎帝	祝融	朱鸟	灶	肺	义	书
土	中	甘	六月	黄	宫	黄帝	后土		中溜	心	礼	礼
金	西	辛	秋	白	商	少皞	蓐收	白虎	门	肝	仁	乐
水	北	咸	冬	黑	羽	颛顼	元冥	龟蛇	井	肾	智	易
来源	五行								五祀		性情	五经

根据《白虎通》的意思,作为历史认识的范畴,"质文"与"五行"是建立在天人合一思想基础上的。《白虎通·三正》:"天质地文。""王者必一质一文何?所以承天地,顺阴阳。阳之道极则阴道受,阴之道极则阳道受。明二阴二阳不能相继也。质法天、文法地而已。故天为质,地受而化之,养而成之,故为文。"《白虎通·爵》说爵位的设置,商代分为公、侯、伯三等,而周代则设为公、侯、伯、子、男五等,前者是"法三光",后者是"法五行"。"质家者据天,故法三光;文家者据地,故法五行。"

据此,《白虎通》进而分析了人类历史的发展之所以由简单到复杂、由低级到高级亦即文明创制的原因,就是源自自然的天主地辅原则。《白虎通·天地》说事物的原始形态由"太初""太始""太素"所构成,然后逐渐演化,"精者为三光,号者为五行。五行生情性,情性生汁中,汁中生神明,神明生道德,道德生文章"。《白虎通·三正》也说:"帝王始起,先质后文者,顺天地之道、本末之义、先后之序也。事莫先有质性,后乃有文章。"

根据"质文再而复"的原则,《白虎通》还提出了"三"的概念,以作为历史认识的范畴。《白虎通·三正》:"王者受命必改朔何?明易姓示不相袭也。"由此就造就了夏、商、周三代的所谓"三统"。《白虎通·三教》:"王者设三教何?承衰救弊,欲民反正道也。""夏人之王教以忠,其失野,救野之失莫如敬。殷人之王教以敬,其失鬼,救鬼之失莫如文。周人之王教以文,其失薄,救薄之失莫如忠。继周尚黑,制与夏同。三者人顺连环,周而复始,穷则反本。"由此,"三"概念就构成了历史循环论的思想基础①。

历史认识如何检验？这是任何一种史学思想都必须要回答的问题。《白虎通》虽没有论及，但从天人合一的观念出发，指出，历史认识的最高境界，就是准确地把握历史的本质"道"。《白虎通·圣人》："道无所不通，明无所不照，闻声知情，与天地合德，日月合明，四时合序，鬼神合吉凶。"可见，洞察天地，顺从规律，推进历史发展，既是历史认识的基本宗旨，也是其最高的境界。而能够实现这一目标的，现实生活中当然是很少的"圣人"。"圣人者何？圣者，通也，道也，声也。"由此，《白虎通》自然地显露出英雄史观的本色。

四、"史实""理论"与"价值"的史学研究法

《白虎通》作为议论史学的著作，专门用以解释当时的史学用语，由此就决定了在历史研究方法上有着特别不同于《史记》《汉书》的明显特征。细究起来，《白虎通》所使用的史学研究方法主要有历史事实分析法、历史理论分析法和历史价值分析法。

历史事实分析法。所谓历史事实分析法就是在表明思想观点时，举出实际的历史事例，使人从事例的了解中生发出相应的观念。如，周代实行分封制，各个诸侯国国君的爵位是不同的，但是一般都可以称为"公"。《白虎通·号》举例说，齐国国君，"齐侯也"，但是《春秋》称之为"葬齐桓公"；秦国国君，"秦伯也"，但是《尚书》曾用语"公曰：'嗟'"；覃国国君，"覃子也"，但是《诗》称之为"覃公维私"；许国国君，"许子也"，但是《春秋》称之为"葬许穆公"。《礼·大射经》所说的"公则释获大射者"，属于"诸侯之礼"，但是"伯子男皆在也"，说明分封制所推行的爵位制，虽然讲究差别，但是在独当一面江山这方面，却并没有差别。又如，祭祀社稷要用"三牲礼"，《白虎通·社稷》一方面说这是"重功故也"，一方面又举历史事件，《尚书》："乃社于新邑，牛一、羊一、豕一。"再如，古人认为日月食必须拯救，因为这是阴阳不调的象征。《白虎通·灾变》："阴侵阳也"，而拯救的方法就是敲鼓和社祭。其因在于历史有先例。《春秋传》："日有食之，鼓，用牲于社。"

历史理论分析法。所谓历史理论分析法就是用现成的公认的观点来分析历史。《白虎通》作为解释性的史学著作，广泛地采用了这一方法。在分析实践中，《白虎通》经常使用的理论主要有两个方面：一方面是来自原始儒家的观点；另一方面是来自神异化和世俗化的儒学思想，亦即秦汉时期的谶纬思想②。如谈到"天子是爵位"的问题，《白虎通·爵》就引《尚书》"天子作民父母，以为天下王"；又引《援神契》"天覆

---

① 有学者说，《白虎通》集成了董仲舒的"三统""三正"循环说，"《白虎通》根据三统三正的思想，说明历史的演化就像连环那样，周而复始。它认为，这种王朝的替代虽然是承天地，顺阴阳，符合天命的，但还是必须在改正的时候加强思想教化，承衰救弊"[北京大学哲学系中国哲学史教研室编写：《中国哲学史》（上），中华书局1980年版，第235页]。

② 在这方面，学者的意见是不一致的。根据张广宝的统计，《白虎通》四十四篇，总计五万八千余字，引文合计六百三十二条"，其中，"《尚书》及传八十四条，礼类（包括《三礼》及《逸礼》）一百七十四条，《春秋》经传一百零八条，《论语》六十三条，《诗》类六十九条，《易》类二十三条，《论语》六十三条，《孝经》九条，《尔雅》两条，各类纬书三十三条。其中援引纬书的数量并不算很多"（姜广辉主编：《中国经学思想史》第二卷，中国社会科学出版社2003年版，第386—387页）。但是根据台湾淡江大学中文系周德良先生的统计，《白虎通》所征引典籍种类、次数及百分比为：《诗》类，58则，9.74%；《尚书》类，79则，13.72%；《礼》类，231则，38.82%；《易》类，20则，30.36%；《春秋》类，114则，19.15%；《孝经》类，9则，1.51%；《论语》类，51则，8.57%；《尔雅》类，1则，0.16%；《管子》类，1则，0.16%；《谶纬》类，31则，5.21%（周德良：《论〈白虎通〉与汉代经学之关系》，《儒学释蕴》，上海古籍出版社2007年版）。又，按照清代今文学家庄述祖的意见，仿佛谶纬的成分更多一些："传以谶记，援纬证经，自光武以赤伏符即位，其后灵台郊祀，皆以谶决之，风尚所趋然也。故是书论郊祀、社稷、灵台、明堂、封禅，悉噪括纬候，兼综图书，附世主之好，以馄道真，违失六艺之本。"（《珍艺宧文钞》卷5，《白虎通义考序》）所以，今人指出，"其实，将《白虎通义》全部文句与散引于各书之中的谶纬文句相排对，你就会发现，各篇均同，90%的内容都出于谶纬。从这一角度讲，我们毋宁说《白虎通义》是一部纬书——毕竟，它是一部经学著作"（王余光、宁洁主编：《塑造中华文明的200本书》，武汉大学出版社1997年版，第354页）。

地载谓之天子,上法斗极",《钩命决》"天子,爵称也"。又如在解释拜师学艺的重要性时,《白虎通·辟雍》引"子夏"语("百工居肆以成其事,君子学以致道")、《曲礼》("十年,曰幼学")和《论语》("吾十有五而志于学,三十而立",又"生而知之,上也;学而知之,次也"),又引《论语谶》("五帝立师,三王制之。帝颛顼师绿图,帝喾师赤松子,帝尧师务成子,帝舜师尹寿,禹师国先生,汤师伊尹,文王师吕望,武王师尚父,周公师虢叔,孔子师老聃")。在这里,既注意原始儒家思想,又观照谶纬思潮,这可以说是《白虎通》理论分析的主要特征。考其因,主要是当时儒学全面和深入的发展,使得流行于当时的经今古文日益走向融合,而东汉统治者又需要整饬借助于神学迷信来颠覆政权的行为和思想。仅此而言,白虎观会议既肩负着重要的文化建设使命,也充斥着诸多理性的科学的因素,这都需要我们认真来挖掘和拣选。明了于此,就没有必要如有的学者所攻讦的,《白虎通》完全是封建迷信、不值得一提的东西。

历史价值分析法。所谓历史价值分析法就是出于历史认识主体的需要给予历史认识客体进行评价和解释。《白虎通》作为解释性的史学著作,本身就是为了给众所纷纭的各种历史观点予以统一的、带有权威性的说明,其价值分析的意味是非常突出的。汉代作为春秋战国的承继者,其政治统治和政治思想仍然是礼制与礼治,所以,《白虎通》在解释历史问题时,往往站在执政者的角度,从礼治的需要来解释。比如穿衣,除了保暖,还被赋予了政治的内涵。"圣人所以制衣服何?以为絺绤蔽形,表德劝善,别尊卑也。"又:"古者缁衣羔裘,黄衣狐裘。禽兽众多,独以狐羔何?取其轻暖。因狐死首丘,明君子不忘本也;羔者取其跪乳驯顺也。故天子狐白,诸侯狐黄,大夫狐苍,士羔裘。亦因别尊卑也。"《白虎通·田猎》解释帝王和诸侯经常打猎的政治意义,"为田除害,上以共宗庙,下一简集士众也"。有时,《白虎通》为了说明政治行为的合理性,还会站在精通天地规律的角度,从符合阴阳五行规则需要来解释。《白虎通·耕桑》说耕桑仪式分别在东西两个方向,"东方少阳,农事始起","西方少阴,女工所成"。《白虎通·礼乐》解释"功成作乐,治定制礼"中的"作"和"制"时说:"乐者,阳也,动作倡始,故言作;礼者,阴也,系制于阳,故言制。乐象阳也,立法阴也。"

灾异谴告与汉儒说诗

王焕然*

【摘　要】　灾异谴告说风靡汉代朝野,具有不容置疑的无上权威性。它积淀于每个儒生的灵魂深处,内化为一种思维定式。汉儒每每以灾异谴告说诗,指陈时弊,警醒人君,大大强化了诗的匡恶功能,成为《诗》学史上一道独特的风景线。

【关键词】　汉代;灾异谴告;诗

有汉一代,大概无一种学说堪与"阴阳五行"说争锋,胡适称之为"中国中古思想的一个中心思想"[1]276。董仲舒对先秦儒学加以改造,最浓重的一笔莫过于将"阴阳五行"说纳入其中,建构了"天人感应"神学目的论。天人之间可互感互应,当人类悖逆天意、行凶作恶时,上天便降下灾异,以示警诫,是为灾异谴告。汉儒往往借此指陈时弊,规劝天子,进计献策。讲灾异之风大盛,灾异谴告内化为一种思维定式,对经生解经范式有着异常深刻的影响,皮锡瑞说:"汉有一种天人之学,而齐学尤盛,《伏传》五行,《齐诗》五际,《公羊春秋》,多言灾异,皆齐学也。《易》有象数占验,《礼》有明堂阴阳,不尽齐学,而其旨略同。"[2]汉儒以灾异谴告言诗,大大强化了诗的匡恶功能,成为《诗》学史上的一大景观。

在董仲舒建构的"天人感应"神学目的论中,天被神化了,升格为宇宙间的最高主宰,"天者,百神之君也,王者之所最尊也"[3](《郊义》)。天人同类,"以类合之,天人一也"[3](《阴阳义》)。"人之为人,本于天,天亦人之曾祖父也,此人之所以乃上类天地。"[3](《为人者天》)天是人的曾祖父,人是天的副本。人副天数,天有366日,人有366个小骨节;天有四时,人有四肢,天有五行,人有五脏。天子是天的儿子,是天在人间的代理人,"唯天子受命于天,天下受命于天子,一国则受命于君"[3](《为人者天》)。天子必须唯天命是听,百姓必须唯君命是从,天下安危系于天子一人。天人同类,同类相感,因此人的作为,尤其是天子的一举一动皆可招致上天变化,若人君不遵天命,滥施暴政,残害百姓,必遭上天严惩,出灾异以示警告。汉儒于此多有论及,董仲舒说:

> 凡灾异之本,尽生于国家之失。国家之失,乃始萌芽,而天出灾害以谴告之。谴告之而不知变,乃见怪异以惊骇之。惊骇之尚不知畏恐,其殃咎乃至。以此见天意之仁而不欲陷人也。[3](《必仁且智》)

谷永也说:"臣闻灾异,皇天所以谴告人君过失,犹严父之明诫。"[4](《谷永传》)灾异类型是由不同的政治过失决定的,"凡异灾之发,各象过失,以类告人"[4](《谷永传》),不同的灾异谴告不同的过失,以类区而别之。上天感知凡间得失乃以阴阳二

---

*　王焕然(1970—　),男,河北大学中文系博士生,主要从事古典文学研究。

气为媒质，天、地、人及万象皆由阴阳二气构成，人间阴阳变易引起天、地间阴阳变易。政治昏暗，阴阳失调，传感上天，上天显现灾异，加以谴告。

上天仁慈宽厚，天子听从其谴告，检讨咎错，痛改前非，尚可转危为安，变祸为福；若执迷不悟，一意孤行，必遭灭顶之灾。这也是汉儒通识，杜钦说："能应之以德，则异咎消亡，不能应之以善，则祸败至。"[4](《杜钦传》)谷永亦言："畏惧敬改，则祸消福降；忽然简易，则咎罚不除。"[4](《谷永传》)

灾异谴告在汉有着不可思议的威慑力，人人谈灾异色变，就连皇帝亦不例外。汉文帝诏曰："乃十一月晦，日有食之，适见于天，灾敦大焉！"[4](《文帝纪》)光武帝诏曰："吾德薄致灾，谪见明，战栗恐惧，夫何言哉！"[5](《光武帝纪》)每有灾异发生，天子常常召集群臣，让他们畅所欲言。光武诏曰："其令百官各上封事，上书者不得言圣。"[5](《光武帝纪》)明帝诏曰："今之动变，倘有可救，其言事者，靡有所讳。"[5](《明纪》)皇帝的激励更给了儒生大展身手的机遇，他们殚精竭虑，各展其能，借言灾异之名，行揭时弊之实。他们面刺天子不施德政，痛击权幸胡作非为，历述黎民饥寒之苦，进献去灾良计妙方，约言之，去恶进善。因为打着天命旗号，代天立言，替天行道，故他们言辞激烈，无所顾忌，皇帝也不能轻易怪罪。他们对皇亲国戚、后宫妃嫔、权奸幸臣敢于直呼其名，历言其罪，对皇帝亦敢耳提面命地教训，甚至有时竟口出改朝易姓的大逆不道之言警醒皇上，为我国以后历代封建王朝少见。天子对儒生所进忠言常常采纳不疑，"成帝以灾异用翟方进言，逐出宠臣张放于外，赐萧望之爵，登用周堪为谏大夫，又因何武言，擢用辛庆忌。哀帝因灾异用鲍宣言，召用彭宣、孔光、何武，而罢孙宠、息夫躬等"[6]。皇帝既以灾异谴告之言治国，上有所行，下必效之，汉朝朝野，无不靡然向风，灾异谴告遂得大行于世，对人们的思想、行为产生了深远影响。

汉代经学与政治缠结在一起，为历朝所仅见。汉人有以《禹贡》治河者，有以《春秋》断狱者，有以《三百篇》作谏书者。《诗经》在汉代不再是文学作品，而异化为行伦理教化的工具，正如闻一多先生所论："汉人功利观念太深，把三百篇做了政治的课本。"[7] 儒生以言诗指陈时弊，打击邪恶，与灾异谴告的政治目的不期而合。灾异谴告既已成为人们的思维定式，说诗难免受其浸染，说诗以灾异谴告出之，可谓如虎添翼，大增了论说的权威度、自由度，使诗的政教功能得以淋漓酣畅地发挥。

首开以灾异谴告说诗之风气者，当归"为儒者首"的董仲舒。"今灾害生，见天下未和平也。天下所未和平者，天子之教化不行也。《诗》曰：'有觉德行，四海顺之。'觉者，著也，王者有明著之德行于世，则四方莫不响应，风化善于彼矣。"[3](《郊祭》)他把灾异出现归罪于天子教化不利，并引诗加以反证。但他并没有谈及具体灾异，只是给后来者提供了一种说诗范式。其后以灾异谴告说诗者，不乏其人，蔚为大观，形成汉朝特有的《诗》学现象。

刘向善推阴阳灾异，他"集上古以来历春秋、六国至秦汉符瑞灾异之记，推迹行事，连传祸福，著其占验，比类相从，各有条目，凡十一篇，号曰《洪范五行传论》"[4](《楚元王传》)。其书今已不传，但检视《汉书·五行志》，刘向推灾异之言，在在皆是。他又承家学，《诗》学颇有造诣。上述两方面得天独厚的条件如此完美地集于一身，使刘向得以娴熟地运用以灾异谴告说诗的批评范式，最突出地体现于《条灾异封事》一文中：

> 下至幽、厉之际，朝廷不和，转相非怨，诗人疾而忧之曰："民之无良，相怨一方。"众小在位而从邪议，"歙歙訿訿，亦孔之哀！谋之其臧，则具是违，谋之不臧，则具是依！"……当是之时，日月薄蚀而无光，其诗曰："朔日辛卯，日有食之，亦孔之丑！"……又曰："日月鞠凶，不用其行，四国无政，不用其良！"天变见于上，地变动于下，水泉沸腾，山谷易处。其诗曰："山川沸腾，山冢卒崩，高岸为谷，深谷为陵。哀今之人，胡憯莫惩！"……此皆不和，贤不肖易位之所致也。

幽、厉之际，"政教尤衰，周室大坏。《十月之交》《民劳》《板》《荡》，勃而俱作，众国纷然，刺怨相寻"[8]，刺诗大兴。《十月之交》中既有日蚀月蚀、地震山动、河水泛滥的生动再现，又有权奸跋扈、"艳妻煽方处"的真实记述,为汉儒以灾异谴告说诗提供了绝好文本。

刘向剖析诗中灾异频频之因,"此皆不和,贤不肖易位之所致也"。联系该诗知,皇父、番维、家伯、仲允、聚子、蹶氏、楀氏等奸臣高高在上,德高贤能之士屈尊下位,招致上天惩罚,灾异频出,把国家推向危亡边缘。刘向置身其中的元帝朝,与幽、厉间何其相似!弘恭、石显等小人位高权重,迫害周堪、张猛等忠贞之士,"数谮毁焉"[4](《楚元王传》)。天灾人祸接踵而至,永光二年(前42年)、四年两见日食,初元二年(前47年)两发地震。刘向以灾异谴告论诗,绝非无为而作,借言诗中灾异,类推今日致灾之因:"夫乘权借势之人,子弟鳞集于朝,羽翼阴附者众,辐凑于前,毁誉将必用,以终乖离之咎。"[4](《楚元王传》)痛斥权贵朋比为党,一手遮天,并给天子当头棒喝:"夫遵衰周之轨迹,循诗人之所刺,而欲以成太平,致雅颂,犹却行而求及前人也。"[4](《楚元王传》)

《齐诗》的中坚人物翼奉持"五际"说对此诗予以独特的解读:"臣奉窃学《齐诗》,闻五际之要《十月之交》篇,知日蚀、地震之效昭然可明……阴气盛矣。"[4](《眭两夏侯京翼李传》)何谓"五际"?指卯、酉、午、戌、亥。孔颖达云:"亥为革命,一际也;亥又为天门出入候听,二际也;卯为阴阳交际,三际也;午为阳谢阴兴,四际也;酉为阴盛阳微,五际也。"[9]按"五际"说推论,《十月之交》在酉,正为五际,乃应阴盛。以三百篇配阴阳五行的天干地支,以此附会诗中祥瑞灾异,其荒诞性显而易见。但翼奉循此所析灾之所由来,颇中时弊:"今左右亡同姓,独以舅后之家为亲,异姓之臣又疏。二后之党满朝,非特处位,势又奢僭过度,吕、霍、上官足以卜之,甚非爱人之道,又非后嗣之长策也。阴气之盛,不亦宜乎!"[4](《眭两夏侯京翼李传》)阴气过盛乃因外戚当政而致。对重用外戚、疏远贤臣的天子,颇有微辞。

刘向、翼奉所处时代相当,所推灾异均为元帝初元二年的地震。据钱穆先生推断,刘向上《条灾异封事》在初元三年,而此年并无地震,所言为前一年地震无疑。翼奉之封事上于震后对皇帝问,当在初元二年。同一灾异,刘向以为因石显等权臣当道而作,而翼奉则以为因外戚势重而发,推演结论不尽相同。但我们也注意到他们所论并无实质区别,不论是石显当政或是外戚掌权,皆可归为小人当政一类。正因为众儒演说不尽相同,才使他们能够多层面、多角度地揭批政局之失,更有利于改善治国之道,其积极意义不容置喙。但另一方面也恰恰昭示了灾异和社会之间并无必然联系,故有人各异辞现象的产生。

治《尚书》、"独好《洪范》灾异"[4](《眭两夏侯京翼李传》)的李寻,对当日水灾有一番推古及今的论述:"今汝、颍畎浍皆川水漂踊,与雨水并为民害,此《诗》所谓'烨烨震电,不宁不令,百川沸腾'者也,其咎在于皇甫卿士。唯陛下留意诗人之言,少抑外亲大臣。"[4](《眭两夏侯京翼李传》)把今日之灾归于外戚权重位显,和翼奉所论颇有相通之处。同一首诗,可用于不同时代,揭批诸种政治过咎,诗之刺时功能,大放光彩。

以上诸人,皆以《十月之交》为依托,首先探寻诗中灾异起因,进而指刺当下弊端,最终得出消灾去异计策,此乃最常见、最典型的以灾异谴告论诗的模式。但述及灾异的诗篇在《诗经》中毕竟为数不多,这使上述模式的运用受到很大局限。汉儒不得不另辟蹊径,以今之灾异言诗,换言之,引诗证事,使多数诗篇有了用武之地,可称为广义的以灾异谴告言诗。刘向在《条灾异封事》中引诗刺时:"是以群小窥见间隙,缘饰文字,巧言丑诋,流言飞文,哗于民间。故《诗》云:'忧心悄悄,愠于群小。'小人成群,诚足愠也。"对小人搬弄是非、哗众取宠、屡进谗言,深致不满之意。以上诸例,皆针对现实灾异而发,以灾异谴告言诗,实属情理中事,即使在四家传诗与纬书中,以这种范式说诗者,亦不在少数。

汉代传授《诗经》的齐、鲁、韩、毛四家中,《齐诗》最善言阴阳灾异,其代表人物翼奉说:"《易》有阴阳,《诗》有五际,《春秋》有灾异,皆列终始,推得失,考天心,以言王道之安危。"[4](《眭两夏侯京翼李传》)以灾异谴告言诗,干预时政、博取天子青睐,是《齐诗》的特异之处。这大概与齐地特殊的思想文化背景有关,"阴阳五行"说发轫于此,创立"五德终始"说,将阴阳五行与改朝换代相提并论的邹衍,亦属齐人,此地还盛产通数术、推灾异的方士。武帝朝,董仲舒治《公羊春秋》,善说阴阳灾异,并将"阴阳五行"说纳入经其改造过的先秦儒学体系中,使之具有官方哲学的地位,在汉朝盛极一时,这无疑更推动了齐人讲阴阳灾异的风气。在《诗经》授受进程中,无形中受其地方固有思潮的浸染,说诗多言灾异。

《齐诗》《鲁诗》《韩诗》三家诗均属今文经学,其显著特点为偏重微言大义,善于发挥经文,附会当前政治,通经致用的功利色彩极浓。在灾异谴告说流布甚广的汉代,三家诗自动向其靠拢,受其熏染是不言而喻的。刘向治《鲁诗》善言灾异,前文已论及。《韩诗》因资料匮乏,散佚太甚,以灾异谴告说诗者凤毛麟角,但汉时异于是,窃以为当不会大错。即使是偏重训诂的《毛诗》,也颇受时风影响,不脱以灾异谴告说诗之习气。《毛传》解《十月之交》篇首章云:"之交,日月之交会。丑,恶也。月,臣道。日,君道。"郑笺曰:"周之十月,夏之八月也。八月朔日,日月交会而日食。阴侵阳,臣侵君之象。……微,谓不明也。彼月则有微,今此日反微,非其常,为异尤大也。君臣失道,灾害将起,故下民亦甚可哀。"把月视为臣之象征,日为君之象征,日食为臣重君轻所致,与今文经学家并无本质区别。李寻说:"夫日者,众阳之长……人君之表也。"[4](《眭两夏侯京翼李传》)"臣闻月者,众阴之长……妃后大臣诸侯之象。"[4](《眭两夏侯京翼李传》)杜钦说:"臣闻日蚀、地震,阳微阴盛也。臣者,君之阴也。"[4](《杜钦传》)在释"百川沸腾,山冢卒崩。高岸为谷,深谷为陵"四句时,《传》云:"沸,出。腾,乘也。山顶曰冢。'高岸'二句,言易位也。"《笺》云:"'卒'者,崔嵬。百川沸出相乘陵者,由贵小人也。山顶崔嵬者崩,君道坏也。"将河水泛滥、山崩地震归结为小人得志,贤人处下,与刘向、翼奉、李寻有着惊人相似的见解。如果说今文经学与古文经学在许多层面冰炭不容,聚讼不已,那么,至少在以灾异论诗这一范式的运用上,在具体诠释上,它们达成了难得的一致。

儒生以灾异谴告犯颜直谏,指刺权幸,虽满怀一腔忠诚,但横遭排挤报复者,亦不在少数:"仲舒下吏,夏侯囚执,眭孟诛戮,李寻流放,此学者之大戒也。"[4](《眭两夏侯京翼李传》)看来代天立言很难保证自身安危,形势所迫,他们不得不转换自己的言论方式,将自己的言词附会为上天和孔子的意志,使之蒙上一层浓厚的神秘色彩,导致西汉正统经学向谶纬神学迅速蜕变。"谶是'诡为隐语,预决吉凶'的宗教寓言。"[10]417纬相对经而言,是用神学解释经义并且托命天帝、孔子的书。两汉纬书繁多,据不完全统计达36种之多,仅《诗纬》就有《推度灾》《汜历枢》《含神雾》等三种。

后人猜测《推度灾》得名原因:"以阴阳五行,天人感应据天的行度,以推天意,占验灾异,故曰《推度灾》。"[10]437其推验《十月之交》灾异曰:"及其食也,君弱臣强,故天垂象以见征。""百川沸腾,众阴进,山冢卒崩,人无仰。高岸为谷,贤者退,深谷为陵,小临大。"所得结论为小人居高位,英俊沉下僚,故致灾异频现,与一般儒生所言并无二致。

《汜历枢》以三百篇配阴阳五行天干地支,"《大明》在亥,水始;《四牡》在寅,木始;《嘉鱼》在巳,火始;《鸿雁》在申,金始",以"四始"配四行。又以"五际"比附阴阳际会,推测灾异祥瑞之变,"卯酉之际为革政,午亥之际为革命,神在天门出入候听。卯,《天保》也;酉,《祈父》也;午,《采芑》也;亥,《大明》也"。它把《诗经》和阴阳五行糅合在一起,每一首诗因所配天干地支不同,而有了预设的、必然的人事变故。午亥之际为革命,配《大明》,即武王伐纣革命之诗。但多数篇章依此而论多抵牾不合,《采芑》在午,"午为阳谢阴兴",而此诗叙宣王南征、蛮夷臣服之事,实为"阳兴阴谢",与"阳谢阴兴"恰恰相反。蒋凡先生批评它"简直把一部《诗经》,附会成为推算阴阳灾异的占卜之书了"[11],正中其弊。《诗纬》以灾异谴告论诗,虽也多联系政治,但却很少论及当下具体而微的弊政,诗的刺时功能大打折扣。

【参考文献】

[1] 胡适.中国中古思想史长编[M]//胡适学术文集.北京:中华书局,1991.
[2] 皮锡瑞,著.周予同,注释.经学历史[M].北京:中华书局,1959.
[3] 董仲舒.春秋繁露[M].北京:中华书局,1975.
[4] 班固.汉书[M].北京:中华书局,1962.
[5] 范晔.后汉书[M].北京:中华书局,1982.
[6] 赵翼.廿二史札记·汉儒言灾异[M].北京:中华书局,1984.
[7] 闻一多.神话与诗[M]//闻一多全集.北京:生活·读书·新知三联书店,1982:356.
[8] 郑玄,撰.孔颖达,正义.诗谱序[M]//毛诗正义.北京:中华书局,1964.
[9] 十三经注疏·毛诗正义[M].北京:中华书局,1980.
[10] 任继愈.中国哲学发展史:秦汉卷[M].北京:人民出版社,1985.
[11] 顾易生,蒋凡.先秦两汉文学批评史[M].上海:上海古籍出版社,1990:419.

《史记》的志怪和司马迁的思想

袁 达[*]

【摘 要】 《史记》中有关自然异常、鬼怪、梦兆、死生有命、因果报应等天命神怪的记载多达 270 多处,这表明司马迁不是否定神怪的存在,恰恰相反,司马迁对神怪基本是肯定的。《史记》的志怪描写与司马迁个人的思想倾向不无关系。殷周以来汉民族迷信风俗的影响、汉代统治思想的侵润、严格的正统教育以及个人的不幸遭际,造成了司马迁思想的矛盾性。

【关键词】 《史记》;志怪;司马迁思想;矛盾

一部文学作品,总要或深或浅地打上作家的思想印记,一个作家的思想总要对他的作品产生这样或那样的影响。名垂千古的文学与史学巨著《史记》,是司马迁留给中华民族的一件瑰宝,同时也留给后人不少思索:表现在《史记》里的思想是什么?司马迁的思想对《史记》产生了哪些影响?弄清这些问题,有助于正确理解《史记》的文学价值,有助于科学评价司马迁的历史地位。本文拟从《史记》的神怪描写上,探索一下司马迁的思想及其对《史记》的影响。

一

赖长扬先生在《论司马迁历史哲学中的唯物主义观点》一文中指出,《史记》"显示在著作结构中的联系,是人、事间的联系,没有鬼神的影子"[①],并说司马迁"否定天人之间的联系"。在《论司马迁的历史哲学》中,赖先生认为,"对于历史上的重大事件,司马迁也基本上反对由天决定的","司马迁基本上是否定的,也完全没有'天人相与'的意味"[②]。果真如此吗?

笔者曾作过一个粗略的统计,《史记》中有关天命神怪的具体记载有 270 处之多。这些记载几乎囊括了神怪迷信的一切领域。下面从五个方面略加介绍。

(一)有关自然异常的记载

《孝景本纪》载:"秋,衡山雨雹,大者五寸,深者二尺。荧惑逆行,守北辰,月出北辰间,岁星逆行天庭中。……长星出西方。天火焚洛阳东宫大殿城室。吴王濞、楚王戊、赵王遂、胶西王卬、济南王辟光、菑川王贤、胶东王雄渠反,发兵西向。"荧惑、岁星逆行,彗星出现,接着就发生了吴楚之乱。这是否是一种记事的巧合呢?试想,从荧惑逆行到吴王叛乱,其间天下不知发生了多少事,而司马迁都略而不记,偏偏把自然现象和社会政事编排在一起,这不能不说是作者的有意安排:要从二者

---

[*] 袁达,广西师范大学中文系研究生。
① 《史学史资料》1980 年第 6 期。
② 《司马迁研究新论》,河南人民出版社 1982 年版。

的关系中寻找天象异常的原因。

《张耳陈余列传》载,甘公劝张耳跟从刘邦,因为刘邦进了函谷关,五星聚于东井,这是得天下的征兆。东井是秦的分野,关西正是秦地。地上的刘邦进了咸阳,天上的五星聚于东井。天上的五星聚于东井,刘邦就所向披靡,最后登上了皇帝的宝座。张耳也因为听了甘公的劝告,不仅避免了一场厄运,而且福临泰至,南面称王。

赵国灭亡前,代地发生了大地震,建筑倒塌,地面裂开一条130步的缝隙。接着,赵军败北,秦灭赵①。

(二)有关看见鬼怪的记载

齐襄公趁鲁桓公酒醉,派力士彭生抱桓公上车,"因拉杀鲁桓公"。后来,鲁质问齐,齐襄公杀了彭生这个替罪羊,才搪塞过去。后来,襄公到沛丘打猎,"见彘,从者曰:'彭生。'公怒,射之,彘人立而啼。公惧,坠车伤足,失履"。

吕后参加祓除仪式回来的路上,一个怪物靠在她的腋下,眨眼之间不见了。吕后从此得了腋伤病,过了四个月死了。

"(三十六)秋,使者从关东夜过华阴平舒道,有人持璧遮使者曰:'为吾遗滈池君。'因言曰:'今年祖龙死。'使者问其故,因忽不见,置其璧去。"使者报告了秦始皇,经辨认,证实这块璧是二十八年秦始皇巡行渡江时,为镇江上风浪而投下的那块玉璧。祖龙指秦始皇。过了几个月,秦始皇真的死了。

赵襄子有个随从叫原过的,一天走到王泽,遇到三个只能看见衣带以上部分的怪人。他们交给原过两节没有打通的竹子,请他转给襄子。襄子剖开竹子,里面装着一封信,信里说:"赵毋恤(襄子),余霍泰山山阳侯天使也。三月丙戌,余将使女反灭扣氏。女亦立我百邑,余将赐女林胡之地。"接下去,记载了赵襄子和韩、魏、知氏的一场战斗,襄子"城不浸者三版,城中悬釜而炊,易子而食",危在旦夕,但是一夜之间,竟和韩魏结成联盟,奇迹般地转危为安,消灭了知氏,

这一天正是三月丙戌。

(三)有关梦兆的记载

穆公睡了七天,醒后对臣下说:"我之帝所甚乐,吾所以久者,适有学也。帝告我:'晋国将大乱,五世不安;其后将霸,未老而死;霸者之子令而国男女无别。'"天帝的话,后来都应验了。

赵简子睡了七天半才醒,他说他到天帝那里去了,无数的神仙陪他游玩,举办了大型舞会,乐队演奏了动人的音乐。他射死了两只狗熊,天帝很高兴,赏给他两个竹笥和一只狗,又讲了晋国的未来。此后,简子在路上遇到子晰,这个人是简子在天帝家里认识的。子晰向简子逐条解释了天帝的话,并说,天帝担心简子不解其意,又专门派子晰来解释。据《史记》记载,天帝的话,后来也变成了现实。

"赵盾在时,梦见叔带持要而哭,已而笑,拊手而歌。"史援占卜,说这预示赵氏将有大难。后来,赵盾的子孙几乎被屠岸贾杀光,只剩下赵武幸存下来。

此外,《史记》还记载了卜筮的灵验。

(四)有关死生有命的记载

豫让要杀襄子为智伯报仇。第一次躲在厕所里。襄子走到厕所门口,忽然心跳起来。让人搜查,豫让被抓出来。第二次躲到桥下,襄子走到桥前,忽然马惊,豫让又被抓出来。在生命攸关的时刻,都有一种力量保护襄子,使他免于大祸。

贯高要谋杀汉高祖,高祖走到柏人,忽然心动,决定在此地留宿,因而避免了一场灾难。

项羽在泗水杀了刘邦的十几万士卒,剩下的十几万人也被挤到睢水中。刘邦被重重包围,情况非常危急。忽然暴风从天而降,拔树折木,飞沙走石,天昏地暗,冲着稳操胜券的楚军迎面猛刮过去,于是楚军大乱,四散奔逃,刘邦得以在一片混乱之中仓惶逃命。

亚夫没有发迹时,相面先生许负说:"君后三岁而侯。侯八岁为将相……其后九岁而君饿

---

① 《史记·赵世家》。

死。"亚夫不以为然,但他后来虽位居丞相,权倾朝野,最后仍逃不脱饿死的结局。

(五)有关因果报应的记载

殷朝武乙,"为偶人,谓之天神,与之博,令人为行,天神不胜,乃僇辱之。为革囊,盛血,卬而射之,命曰'射天'"。后来武乙在一次打猎时,被暴雷劈死了。

田蚡为泄私愤,以莫须有的罪名杀了窦婴和灌夫,结果被两个冤魂死死缠住,不久也跟着无常走了。

我们知道,司马迁是个治学严谨的史官,在动笔写《史记》之前,曾对史料作过认真的筛选和辨证。他认为黄帝以前的传说不合经传,不可相信,因而删去了大量的神话故事。经过这样的甄别,写入《史记》的神怪,起码是符合作者的标准,作者起码是相信的。司马迁在写了神怪之事后,或记载其在人事上的回应,或描述其在因果上的应验,始终不忘文字上的照应交代。有时,相同的事实,分别出现在不同的篇章中。例如,《扁鹊仓公列传》和《赵世家》中,都有秦穆公、赵简子见天帝的记载,两处的行文几乎一字不差。在文风简约的古代,这位文章妙手,总不至于糊涂到把自己不相信的东西不加批判地写来写去。由此可见,司马迁的不疑,不是明明白白的吗?

《史记》里,司马迁也写了一些自己不相信的东西,但是,他常在字里行间微言大义,或讥讽,或否定,在叙述之中表露自己的观点。《秦始皇本纪》有这样几句话:"方士徐市等入海求神药,数岁不得,费多恐谴,乃诈曰……"这里,作者用一"诈"字,表明了贬斥怀疑方士的态度。在上文所举事例中,行文多为作者直接叙述,字里行间看不出对神怪有什么怀疑。

《史记》中的一些地方,司马迁还亲自出面,直接肯定天命,肯定天人感应。《魏世家》里,太史公说:"说者皆曰魏以不用信陵君故,国削弱至于亡,余以为不然。天方令秦平海内,其业未成,魏得阿衡之助,曷益乎?"《留侯世家》里,太史公说:"学者多言无鬼神,然言有物。至于留侯所见老父予书,亦可怪矣。高祖离困者数矣,而留侯常有功力焉,岂可谓非天乎?"这里的

"天",显然指"上天"。"物",据《索隐》解释:"物,谓精怪药物也。"其实,和鬼神是近义词。有没有天帝呢?《天官书》开头就说:"中宫天极星,其一明者,太一常居也。"天极星即北极星。太一,据《正义》解释:"太一,天帝之别名也。"如果说,《赵世家》里的秦穆公、赵简子只是在梦中见到天帝的话,那么,《天官书》中的天帝,就明明白白地挂在人们的头顶上。天人能不能感应呢?《天官书》这样说:"三能色齐,君臣和;不齐,为乖戾","火犯守角,则有战"。"火守南北河,兵起,谷不登。""此其荦荦大者,若至委曲小变,不可胜道。由是观之,未有不先形见而应随之者也。"司马迁讲得很清楚,不论大事小事,都是上天先表现出来,而后在人间得到响应。

古希腊的唯心主义哲学家柏拉图认为,在我们耳闻目睹的现象世界背后,有一个理念的世界。这个理念世界是正本,是原型,而现实世界则是它的摹本、影子。黑格尔认为,在自然和社会之外,存在着一种绝对精神,这种绝对精神在自然界存在之前就已经存在着,它是世界的基础和本质,世界上的一切事物,人类社会、自然界,都是它的外化和表现。司马迁说的太一和柏拉图的理念世界、黑格尔的绝对精神,实质上是一回事。在司马迁看来,天上有一个井然有序的世界,这个世界由太一领导着。人世间的政局动荡、朝代更替、灾害异常、生死祸福,全是上天感应而成的,是它的外化和延伸。

由此看来,我的看法和赖长扬先生的论见大相径庭,《史记》中不是没有鬼神的影子,而是神怪描写布漫其中,司马迁对神怪不是基本否定,恰恰相反,他通过自己的不少记载和评论表明他对神怪是基本肯定的。

二

但是,《史记》中还有一些怀疑神怪和天命的记载。

武王伐纣前,曾问卜鬼神,卜象不吉,又刮起了风,下起了雨。武王听从姜太公的劝告,毅然出师,结果一举告捷,打败了商的军队,灭掉了商。

司马迁认为蒙恬被杀,是他轻百姓之力、阿

意兴功的结果,和地脉无关。司马迁还批评项羽专事攻伐,违背盟约,崇尚暴力以致失去民心而造成失败,不能归罪于天。《伯夷列传》中,司马迁说得更加直截了当,颜回品学兼优,却穷得连糟糠也吃不饱,年纪轻轻就离开了人世;伯夷、叔齐道德高尚,竟饿死在首阳山上;横行不法的强盗却享尽天年,"倘所谓天道,是邪?非邪?"

可见,司马迁《史记》中,一方面相信神灵,另一方面又怀疑天道;一方面认为命由天定,另一方面又说能者可以富至巨万,与王者同乐。很明显,他对自然、对社会、对人生的看法,充满着矛盾。司马迁解释历史和自然,有时候把它放在唯心主义基础上,有时候又把唯物主义作为出发点,他的思想呈现出十分复杂的状态。司马迁用唯物的态度解释天体运行。他正确地指出了日月星辰的位置及其运行路线。在他主持下制定的《太初历》,基本上改正了周秦以来《颛顼历》长期积累起来的差误,避免了"朔晦月见,弥望满亏"的缺点,成为我们两千年来一直沿用的夏历的基础。然而司马迁在解释历史现象时却承认上帝,在一系列问题上倒向唯心主义。

我们知道,董仲舒用阴阳五行解释孔子的学说,把天人感应系统化、理论化,因为统治者提倡,又使它法律化,成了社会的统治思想。司马迁生在这样一种社会氛围中,又从小师事董仲舒,天人感应思想自然会在他心里打下深深的印记。

心理学家卡尔·荣格认为,每个人都是人类亿万年历史的继承者,本民族亿万年的思想、习惯、经历凝聚在一个人的潜意识中,构成一种心理能量,他称之为"种族记忆"①。我们可以把这种种族记忆看作现存文化、礼仪、习俗的根源。我们的祖先从远古时候起,就形成对天的崇拜、对神灵的信仰,使汉民族产生了巫觋文化,使上古习俗中充满了迷信色彩。这种习俗发展到汉代,由于天人感应学说的创立而更加兴盛。如果说教育是用灌输的方法强制司马迁接受天人感应影响的话,那么,社会习俗则是用潜移默化的方式引导他相信鬼神。

按照董仲舒的说法,万物统一于五行,五行统一于阴阳,阴阳统一于天,天是人类和自然的创造者。天创造了人,就是为了体现它的意志,人违反了天的意志,天就要生出各种灾异以示谴责。人只要顺应了天意,就可以免除灾难。《史记》记载了那么多神怪灾异的事例,如果我们坚持唯物观,就不能避而不谈,更不能简单地否定它。其实,《史记》中的神怪气氛正是董仲舒天人感应观念的反映。人既然是上天创造出来体现自己意志的,对那些违背天意的人,如果是帝王将相,通过地震山崩等大的自然现象示警惩罚;如果是一般百姓,只有让顺从天意的人替天行事。这里也是天人合一的。好人行正道符合天意,坏人行邪道陷害好人,反过来,让好人消灭坏人,既报了仇,又体现了天意。由此可见,《史记》中流露的因果报应和天人感应思想是一致的。

因此,殷周以来汉民族迷信风俗的影响,汉代统治思想的影响,无孔不入的传统习惯的影响,严格的正统教育,都争相在司马迁的思想上寻找结合点,最后形成一股强大的合力,牵引着司马迁,使他无论如何也摆脱不掉天命思想的强大影响。这种思想一旦在他的头脑中形成,就会积淀到他的潜意识中,形成一种心理定式,不知不觉地流露到他的创作中。这就是《史记》中神怪描写产生的根源。

另一方面,司马迁是位严谨的史学家。为了写一部《春秋》那样的信史,他走遍半个中国,实地考察古迹和传说。对年代久远的上古神话,司马迁持怀疑态度,加上受孔子不言乱力怪神思想影响,不仅删掉上古的许多神话,也砍去了《左传》等史书中的神怪部分,因而使《史记》更接近历史的本来面目。司马迁具有史官的真正品格,不为尊者讳,不为当权者屈,事情是怎样发生的,他就怎样写。他敢于在《武帝本纪》里秉笔直书"今上"的恶行就是一个例证。本着这种实录精神,司马迁记载了龟策不灵一类的事情。

在我国的科学史上,天文、医学等学科很早就发达起来。到了汉代,科学有了新的发展。作为一个知识渊博的学者,司马迁学贯古今,对于当时科学的发展,他了如指掌,他运用这些知识,不断

---

① 傅延修、夏汉宁:《文艺批评与方法基础》,江西人民出版社1986年版,第111页。

地认识自然和历史,发现问题,探索奥秘。《史记》中表现出来的唯物观点和这种情况密切相关。

李陵之祸是司马迁生命旅途的转折点。在蒙受屈辱的过程中,他原有的一些信念产生了动摇,他对儒家的教条,对汉朝的最高统治者,对社会,对人生,都进行认真的思考。他从自己的不幸联想到和他同病相怜的历史人物,自然感到这个世界太不公平。既然皇帝的主张人间的政治是上天感应的结果,那么,天道也是不公的。正是这些痛苦的折磨,使他面对残酷的现实,用唯物的观点看待人生、社会和自然。

司马迁遇到的现实的和思想的矛盾,鞭策他去探索,然而探索的结果,常常使他陷入更深的矛盾,这就迫使他进行更深入的思考。司马迁已经感到有一种力量在支配着宇宙,人们无法改变,只有服从它,适应它。司马迁隐隐约约地觉得它是一个无所不在的力量,但是这种力量又是潜在的,隐藏在物质世界后面,有时感觉到它的存在,有时又感觉不到,因而增加了它的神秘色彩。瑞士心理学家皮亚杰在《发生心理学原理》一书中认为,人们认识事物的时候,常常是"把给定的东西整合到一个早先就存在的结构中,或者甚至是按照基本格局形成一个新结构"。这个过程皮亚杰称为同化①。在司马迁的时代,科学还无力解释成千上万困惑人们的事物,新的科学的哲学体系还没有形成,这位勤奋的学者在他的探索中,从他已经形成的认识结构中搬出天命论来解释他百思不得其解的问题。因此,从人类认知的心理功能来考察,司马迁相信天人感应,也是合情合理的。

司马迁头脑中存在着唯心主义和唯物主义的矛盾,我们如何评价这种矛盾呢?

在《礼书》和《货殖列传》里,司马迁肯定人们的正常欲望,指出人们对于物质生活的依赖和追求是一种不断向前发展的"势",是阻挡不了的,试图说明欲望对历史发展的动力作用,这是唯物的观点。但是,人们的欲望是历史发展的最终动力吗?历史都是按照人们的欲望前进的吗?

从欲望出发,可以沿着客观主义走向唯物论,也可以沿着主观主义走向唯心论。社会的发展有它自身的规律性,人们的欲望不是件件都能实现的。司马迁似乎也看到了这一点。《孝文本纪》载,相面先生说邓通将来是要饿死的。文帝说,邓通富不富在我。于是赐给邓通一座铜山,允许他私人铸钱。邓通很快成了巨万富翁。但是这个富翁最后还是落个饿死的下场。在命运面前,皇帝也无可奈何! 由此可见,在司马迁看来,只有天命,才是决定欲望能否实现的最终原因。

细心的读者一定会注意,司马迁对上帝、对天道从来没有否定过,他只是迷惑。在《伯夷叔齐列传》里,他说:"余甚惑焉。"他对于"天道无亲,常与善人"的圣人遗训感到困惑,他埋怨天道不公,实际上暗含着对天道公,人道也公的期望。

《史记》中记载了一些为人主祈求长生不死的方士,他们枉费了钱财、时光,结果没有一个能找到不死之药。施丁先生认为,这是司马迁"对武帝封禅求神之事,极尽揭露嘲笑之能事",并举例说:"先是写武帝'求神君',时长陵女子,会装神弄鬼,'闻其言,不见其人',哪里是神!"司马迁写《封禅书》的目的是"以一个跟从者的亲眼目睹和细心观察,来揭露用事鬼神的戏法"②。表面看来,施先生的话是很有道理的。如果我们深入一步,从另一个角度分析,就会明白,司马迁也是在嘲笑那些帝王和方士们都是不知天命的可怜虫。冥冥之中早已为人安排了命运,你们却去祈求长生不死,岂不是痴心妄想?

肯定陈胜起义,是《史记》中辉煌的篇章。司马迁从历史的发展过程中,高度评价陈胜、项羽的功绩,这种远见卓识,无论现在和将来,都值得称颂。但是,秦汉之际的历史是不是以陈胜为代表的人民群众创造的呢?司马迁是如何回答这个问题的呢?据《高祖本纪》和《封禅书》记载,天有五帝,即白帝、青帝、黄帝、赤帝、黑帝。刘邦是赤帝的儿子。"秦汉之际,五年彗星四现,久者八十日,长或竟天。其后秦遂以兵灭六王,并中国,外攘四夷,死人如乱麻,因以张楚兴起,三十年间,兵相骀

---

① 皮亚杰:《发生心理学原理》,商务印书馆1981年版,第25页。
② 北京师范大学史学研究所:《司马迁研究新论》,河南人民出版社1982年版,第149—153页。

藉,不可胜数。"秦亡六国,汉代秦兴,在司马迁看来,这都是天帝的安排,陈胜、吴广、项羽,不过是天帝用来表现其意志的工具罢了。

由此看来,司马迁对哲学的一些重要问题的回答,尽管在不少地方表现了唯物主义的倾向,但他的最终答案,都是唯心主义的,因此,我们只能说,司马迁的思想是含有唯物因素的客观唯心主义。我们的这个结构论,是从哲学的归根到底的意义上得出的,并不绝对涵盖司马迁某时某地具体思想的具体成分,并不代替对司马迁思想的具体构成的深入分析。司马迁的思想是在对前人和汉代精神成果吸收的基础上,经过他的生活冶炼而成的既不是道家也不是儒家的一种新的思想。其实,随着人类思想的不断深入发展,我们应当用新的观念认识《史记》,认识司马迁的思想,不应当局限在旧有的范畴中。

三

司马迁的思想对《史记》产生了深刻的影响,这里仅就几个方面作一粗浅分析。

列宁在《唯物主义和经验批判主义》中指出,徘徊于唯物主义和唯心主义之间,必然走向不可知论。司马迁经常在唯物主义和唯心主义之间徘徊,这就使《史记》不少地方带上了神秘的色彩。《项羽本纪》末尾说:"吾闻之周生曰:'舜目重瞳子。'又闻项羽亦重瞳子。羽岂其苗裔邪!何兴之暴。"项羽崛起于垄亩,叱咤于天下,司马迁怀疑他是否长相不凡,有着圣人的血统。这就把项羽的成长史蒙上一层帷幕,变得深不可测,令人难以捉摸。这种不可知的影子,限制了司马迁的眼光,使他的思想在唯物主义和唯心主义产生矛盾的时候,向唯心史观作出让步。

《史记》在描写悲剧人物的时候,常常表现出宿命论的倾向。《李将军列传》里寄寓了作者对李广的无限同情。那些才能、功劳不及李广的人,有的封侯,有的入相,唯独李广没有封赏,最后竟落得引刀自杀的悲惨结局。这本来是皇帝赏罚不公的过错,但是司马迁却认为是李广"八字"不好。

司马迁也认为历史是发展的,但是这种发展不是像长江大河一样的滚滚向前,而是一种类似田径场里的圆周运动:"三王之道若循环,终而复始。"似乎天帝在做游戏。这种历史循环论是他唯心史观的延伸。

《史记》的作者在写人物的时候,把自己满腔的激情灌注到人物身上,把自己对历史人物的憎恶、嘲讽、喜爱和颂扬,透过字里行间,淋漓尽致地表露出来,以至使人"读游侠传即欲轻生,读屈原、贾生传即欲流涕,读庄周、鲁仲连传即欲遗世,读李广传即欲立斗,读石建传即欲俯躬,读信陵、平原君传即欲养士"。鲁迅先生也称它是"无韵之离骚"。但是,我们知道,文学和史学的一个重要区别就在于:一个靠感情凝结,一个靠冷静地观察。文学是以描写人为中心的,人是有感情的,一部好的文学作品,无不凝聚着真情实感,只有充满感情的作品才能打动人心,赢得读者,获得艺术的魅力。文学作品的创作,从感情出发,文学作品的欣赏在感情的共鸣中完成,文学作品从孕育到它功用的发挥,自始至终伴随着感情。但是,历史作为一门科学,它的任务是在研究人类社会的发展过程中总结出规律性的东西来。历史的发展虽然也离不开人的有感情的活动,但历史规律本身却是不以人的好恶而客观存在的。人们要发现它,就不能从感情出发,而必须以客观的态度冷静地考察历史,从大量的史料中,剔除虚假的现象,发现内在的本质。在这里,掺杂任何一点感情,都会导致偏离真理。一个历史学家,如果个人主观感情太浓,必然会影响他的研究工作,他的语言可能偏激,他对史料的选择甄别可能失误,他对历史的评价可能悖谬。在这个意义上,我们可以说,《史记》的文学价值是第一位的,史学价值是第二位的。

应当说明,我们分析司马迁的思想矛盾,分析他的思想局限在《史记》中造成的影响,绝不是苛求古人,也不是要贬低司马迁的历史地位。正确地把握他的思想,恰恰是为了对他的作品作出科学的估价。无论在思想上,还是在文学上、史学上,司马迁都达到了他那个时代的高峰。司马迁用他的《史记》建立起来的丰碑,永远是中华民族的骄傲。

试论曹操的儒家思想

王云林

【摘 要】 曹操的基本思想是儒家,这是贯穿于曹操思想中的主旋律。曹操的思想特质主要表现在:修身齐家为曹操的理想人格;治国平天下为曹操的人生理想;忠义兼备为曹操的用人标准。这些都和儒家思想相符合。

【关键词】 曹操;儒家思想;修身齐家;治国平天下;忠义兼备

曹操是东汉末年杰出的政治家、军事家和文学家。而作为一个多才多家的人物,对其思想的研究者大都认为曹操是法家杰出的代表人物,也即认为其思想倾向属于法家。笔者认为,曹操的基本思想是儒家,这是贯穿于曹操思想中的主旋律,这种看法是比较切合曹操的思想实际的。本文主要拟据下面三个问题试作论述。

一、修身齐家——曹操的理想人格

和其他儒家知识分子一样,曹操也很注意内在的修养,时时向内用功,修炼心性,建立自己理想的人格主体,从而使自己达到儒家知识分子所应该具有的修身齐家的"内圣"境地。

谦让是儒家知识分子提倡的美德。曹操作为一军主帅南征北讨取得诸多胜利,但他从不将这些功劳归于自己。207年他下达《封功臣令》就将征伐十九年"所征必克"之功,归于"贤士大夫之力",并且还说"若年殷用足,租奉毕入,将大与众人悉共飨"[1](《魏书·武帝纪》注引《魏书》)表示愿与众人共享甘苦。当曹操为匡扶汉室做出很大贡献时,献帝多次下令给他封爵加侯,曹操于196年接连数次上书献帝以辞所封官爵,并且谦称自己"束脩无称,统御无绩"[2]。在《上书让增封武平侯》表中曹操说:"伏自三省,姿质顽素,材志鄙下,进无匡辅之功,退有拾遗之美,虽有犬马微劳,非独臣力,皆由部曲将校之助。"在《上书让增封》表中曹操更明确地说:"无非常之功而受非常之福,是用忧结。比章归闻,天慈无已,未即听许。臣虽不敏,犹知让不过三。所以仍布腹心,至于四五,上欲陛下爵不失实,下为臣身免于苟取。"经过多次谦让,曹操始终未接受献帝的加封。196年九月曹操迎献帝都许后,献帝任命曹操为大将军,十月任命袁绍为太尉,袁绍耻居曹操之下不肯接受,于是曹操就将大将军职位让给了袁绍。

曹操不仅对于皇上,即便对于部下也经常谦让甚至自责。198年曹操征讨张绣,谋士荀攸对他说:"绣与刘表相恃为强,然绣以游军仰食于表,表不能供也,势必离,不如缓军以待之,可诱而致也。若急之,其势必相救。"曹操不从,"遂进军之穰,与战,绣急表果救之,军不利"[1](《魏书·荀攸传》)。事后曹操感到很抱歉,他真诚地对荀攸说:"不用君言至是。"201年曹操追封枣祗的儿子处中时也承认自己的过失,他说:"祗宜受封,稽留至今,孤之过也。"[1](《魏书·任峻传》)

曹操不仅自己谦让,同时要求自己的下属也要谦让。他有一个谦让的理论,即他下达的《礼让令》中所说的"礼让一寸,得礼一尺"。他认为这种谦让是符合儒家经书要旨的,即所谓"斯合经之要点"。接着他又进一步解释说:"辞爵逃禄,不以利累名,不以位亏德之谓让。"表明他自己不以利位而累名亏德的儒家"重名轻利"思想。

曹操重视个人品性的修养还从他崇尚节俭的精神中表现出来。他在其诗《度关山》中写道:"侈恶之大,俭为共德。"[2](《内诫令》)这个"共德"正是儒家所提倡的个人品德。史书称曹操"雅性节俭,不好华丽"。他一生中不图享受,所用"帷帐屏风,坏则补纳,茵蓐取温,无有缘饰"。他的"衣被皆十岁,岁岁解浣补纳之耳"[2](《内诫令》)。他连盛水用的器皿也由银质改为木质。对于身后之事,他在生前即多次交代后人:"有不讳随时以敛,金珥珠玉铜铁之物一不得送。""坟墓因高为基,不封不树。"[1](《魏书·武帝纪》)后来他又特别交代:"吾死之后持大服如存时,勿遗。……敛以时服,无藏金玉珍宝。"[1](《魏书·武帝纪》)

曹操一方面严于律己,修炼心性,追求"修身";另一方面严格"齐家"。

曹操常告家人说:"孤不好鲜饰严具(按:"严具"即"庄具",箱子也,因避汉明帝刘庄讳而改。——笔者)所用杂新皮韦笥以黄韦缘中。遇乱世无韦笥,乃更作方竹严具,以皂韦衣之,粗布作里,此孤平常所用者。"[2](《内诫令》)他以此告诫家人不能奢侈。在江陵时曹操曾得到一批各式各样好看的丝鞋,他分一部分给家里人穿时要求他们"当著尽此履,不得效作也"[3]卷697。在女儿出嫁时,曹操"悯嫁娶之奢僭,公女适人,皆以皂帐,从婢不过十人"[1](《魏书·武帝纪》),这与汉末王公贵族"大起第舍,殚极土木,互相夸竞"[4](《梁冀传》)以及嫁女时从婢成群结队形成了鲜明的对照,表现了曹操难能可贵的精神。其家在他的模范带头作用和大力整治下"后宫衣不锦绣,侍御履不二彩"[1](《魏书·卞皇后传》),上下形成了一股勤俭持家的好风尚。由于他的严格要求,皇后卞氏也"性约节,不尚华丽,无纹绣珠玉,器皆黑漆"。卞后还因"国用不足,减损御食,诸金银器物皆去之"[1](《魏书·卞皇后传》)。

曹操对子女要求很严,决不姑纵他们成为纨绔弟子。214年七月曹操率兵南征孙权,派曹植留守魏都邺城(今河北临漳县西南),教诫他说:"吾昔为顿丘令,年二十三,思此时所行无悔于今。今汝年亦二十三矣,可不勉欤。"[2](《戒子植》)他要求曹植也要像他一样有所作为。211年曹植被封为平原侯,214年又徙封为临菑侯。曹操下令为曹植选属吏,他明确地提出了属吏的标准,赞扬邢颙为"德行堂堂邢子昂",要求选属吏"宜得渊深法度如邢颙辈"[1](《魏书·邢颙传》),表示希望自己的儿子也像邢颙那样德才兼备。曹操在《诸儿令》中还说:"儿虽小时见爱,而长大能善必用之,吾非有二言也,不但不私臣吏,儿子亦不欲有所私。"在这里曹操明确表示等儿子长大后择优任用,决不偏爱,并强调他说话是算数的。210年司徒赵温征辟曹丕做官,曹操上表献帝认为"温辟臣子弟,选举不以实"[1](《魏书·文帝纪》),于是以渎职罪而叫侍中守光禄勋郗虑持节奉策罢免了赵温的官职。可见当曹丕还没有政绩时曹操决不让部属谋私而提拔,这正是曹操所说的"能善必用之,儿子亦不欲有所私"的最好明证。后来的事实也应验了他遵循这一原则是坚决的,对子女是严格的。217年曹植私开司马门,曹操为此很生气,下令说:"始者谓子建(曹植的字——笔者)儿中最可定大事。自临菑侯植私出,开司马门至金门,令吾异目视此儿矣。"[1](《魏书·陈思王植传》注引《魏武故事》)本来曹操是看准了曹植的才能想让他来继承己业,但因开司马门事件惹怒了曹操。史载:"二十二年(217年)植尝乘车行驰道中,开司马门,太祖大怒,公车令坐死。由是重诸侯科禁,而植宠日衰。"[1](《魏书·陈思王植传》)接着曹操又下达了《又下诸侯长史令》,加强对儿子们的管束措施。不久曹操下达《立太子令》,立曹丕为太子。

二、治国平天下——曹操的人生理想

《大学》又说:"古之欲明德于天下者,先治其国,欲治其国先齐其家,欲齐其家先修其身。"曹操追求修身齐家的"内功"正是为了奠定向外用功的基础,展其抱负——治国平天下。

187

东汉末年,豪宦专权,政治腐败,天道大乱。174年曹操只有二十岁,举孝廉为郎担任洛阳北部尉,开始了其政治生涯。一上任他就整顿吏治,缮治四门,处死违禁的灵帝宠爱的小太监蹇硕的叔父,由是曹操得罪了京都豪强被调离了京都。此后他多次上书灵帝痛陈"正直而见陷害,奸邪盈朝,善人塞"的国情,强烈要求整治国家,但终因灵帝无权而不了了之。210年他在《让县自明本志令》中回忆自己的艰难历程时说:"孤始举孝廉,年少……欲为一郡守,好作政教以建立名誉,使世士明知之;故在济南,始除残去秽,平心选举。""好作政教以建立名誉"是青年时代的曹操所立下的治国宏愿。184年,而立之年的曹操由骑都尉迁任济南相,他到任就罢免了济南所属县的十个县令中的八人,"禁断淫祀",使"奸宄逃窜,郡界肃然"。

曹操在其诗《度关山》中描述了自己的政治理想,他表示要"黜陟幽明",使"黎庶繁息",实现"于乐贤圣,总统邦域,封建五爵,井田刑狱"的政治局面。使世人皆像许由那样推让,不必为辩曲直而打官司,使大家"兼爱尚同,疏者为戚"。这里曹操所要努力实现的正是儒家所提倡的"礼治"的理想。曹操在诗中还极力推崇"仁义礼乐",他说:"仁义为名,礼乐为荣。"可见,他正是要恢复被破坏了的儒家统治秩序和伦理道德。

曹操在其诗《对酒》中更是描述了一幅太平盛世的理想图景。儒家强调"仁政",曹操要实现"吏不呼门"即减少对百姓的压迫剥削以巩固封建统治的目的;儒家强调"圣主良臣",曹操要求"王者贤且明,宰相股肱皆忠良";儒家以"礼"行治,以维护封建统治秩序,曹操要求人们"咸礼让,民无所争讼",这正是儒家所要求的人际关系的和谐。"公侯伯子男"是儒家规定的封建等级秩序,曹操也希望维护这样的等级秩序,他说"爵公侯伯子男,咸爱其民"。"咸爱其民"同儒家孔子所讲的"爱人"和孟子所宣扬的"仁政"如出一辙,儒家强调"孝""悌",曹操要求"人耄耋,皆得以寿终"。曹操是一个极富想象力的诗人,他用诗歌所表达出的政治理想中不免会有浪漫主义色彩,甚至他的这种政治理想近乎空想,在当时是根本不可能实现的,但他的美妙理想却都是儒家思想精髓的表现。

东汉末年的豪宦专权造成政治的腐败,终于导致了官逼民反的184年的黄巾大起义。大起义爆发后各地豪强纷纷招兵买马,割据一方。而豪强董卓乘机控制朝纲,专权作乱,于是曹操加入了讨董行列,从此开始了消灭割据、统一天下的戎马生涯。在完成统一大业的过程中,曹操始终牢记着儒家的"义"。"义"是曹操的精神支柱,是他用以号召天下的旗帜,因此"义"也成了他取胜的法宝。

190年他在答袁绍信中说:"董卓之罪,暴于四海,吾等合大众举义兵,而远近莫不响应,此以义动故也。"[2](《答袁绍》)东汉末年儒风荡然无存,人们皆希望有谁能树起义旗将被颠倒了的社会秩序重新颠倒过来,曹操正是看准了当时的这种社会心理,因而打出他所崇尚的儒家的"义"旗。202年他下达的《军谯令》[2]中说:"臣始举义兵,为天下除暴乱。"203年他在《请爵荀彧表》[2]中又说:"臣自始举义兵,周游征伐,与彧勤力同心。"207年他在《封功臣令》[2]中说:"吾起义兵诛暴乱,于今十九年,所征必克。"可见"所征必克"正是由于"义"的作用。天下人心向"义",曹操时刻不忘"义","义"的旗帜使曹操周围云集了四海文武之士,这成了他取胜的一个特别重要的原因。

196年,曹操迎献帝都许,取得了"挟天子以令诸侯"的政治优势。其政敌攻击他有"不逊之志",以此来瓦解人心。210年曹操下达《让县自明本志令》,驳斥了政敌对他的攻击,表达了他"投死为国,以义灭身"的心迹。他引用秦将蒙恬的话说:"今臣将兵三十余万,其势足以背叛,然自知必死而守义者,不敢辱先人之教以忘先王也。"并说自己"每读此书,未尝不怆然流涕也"。曹操洞烛政敌之奸,深察众人心理,及时表露了自己一定像乐毅、蒙恬那样守"义"的决心,于是打消了众人的疑虑,稳定了军心,争取了民心。219年孙权上书向曹操称臣,曹操将孙权的信拿给众人看并说:"是儿欲踞吾著炉火上邪!"[1](《魏书·武帝纪》注引《魏略》)可见曹操深知"义"的作用,一旦他篡汉权谋帝位那他就将失去"义"而无异于作茧自缚,导致其事业的彻底覆没。显然"义"不是曹操狡诈的伪装,而是他灵魂深处儒家思想的体现。荀彧总结曹操有"四胜",其中就有"德胜";郭嘉更总结曹操有"十胜",其中有"道义德仁明"等。

东汉政治腐败时,曹操立下了整治国家的志向,184年天下大乱后他又立下了统一天下的志向。这就是他要追求的"外功"——治国平天下,即要将被外戚、宦官、豪强、军阀颠倒了的封建统治秩序重新恢复到儒家的轨道上来。为此曹操203年下达的《修学令》[2]云:"丧乱以来,十有五年,后生者不见仁义礼让之风,吾甚伤之。其令郡国各修文学,县满五百户置校官,选其乡之俊造者而教学之,庶几先王之道不废,而有以益于天下。"这里曹操所称的"先王之道"正是儒家之道。儒学中讲"中庸"之道,讲和谐,而曹操204年下达《抑兼并令》[2]说:"有国有家者不患寡而患不均,不患贫而患不安。"表示他要通过抑挫兼并以减轻不和不均不安的社会现象。而这段话也是儒家思想的重要内容之一,它出自儒家重要经典之一《论语·季氏》篇。207年曹操北征乌桓经过涿州(今河北涿州市)时,他下了《告涿郡太守令》[2],其中他盛赞卢植"名著海内,学为儒宗,士之楷模,乃国之桢干也",号召人们以这位儒宗为楷模,向他学习,成为国家的栋梁,从而支持他实现儒家的政治理想。

曹操一生中为实现治国平天下的理想而进行了不懈的奋斗,这正是他孜孜以求的。这种治国平天下的目标正是儒家所提倡并追求的"外王"。"外王"是一种建功立业型的人生追求,是一种积极向上的人生态度。只有这样才能更好地改造旧世界,开创新未来,推动社会向前发展。曹操始终不渝地执着追求"外王"的人生理想,他不仅很年轻时即立下"治国平天下"的志向,即便到了晚年他这颗雄心也从未平静过。他在其诗《步出夏门行》[2]中写道:"老骥伏枥,志在千里;烈士暮年,壮心不已。"表现了他老当益壮,一生不断进取的精神。其实这正是儒家"外王"精神本质的表露。他在《让县自明本志令》中对自己一生奋斗进行总结评估时说:"设使国家无有孤,不知当几人称帝,几人称王。"表明他在当时风云变幻的情势下所起的举足轻重的作用,而这种作用正是他通过追求"外王"实现的。

三、忠义兼备——曹操用人的政治标准

曹操虽然提出"唯才是举,吾得而用之"的用人原则,但这个原则只是一个"业务"标准。它一方面是曹操在急需人才的条件下提出的,正如他自己所说:"今天下尚未定,此求贤之急时也。"[1](《魏书·武帝纪》)另一方面,东汉选举人才的制度是"察举"制,这种制度随着东汉末年吏治的腐败而越来越流于形式。当时就有人一针见血地指出"举秀才,不知书,察孝廉,父别居"。有许多人为了以"孝廉"升官而不惜追求虚名,粉饰行为,更有花钱买得"孝廉"者。显然,这样的选举制度只会使大量真正有才能的人被埋没,他们往往不粉饰行为,不追求虚名,或行为上有些不检点。曹操正是看穿了"察举"制度埋没人才的弊端,才先后多次下达"求贤令",针锋相对地提出"取士勿废偏短"[2](《敕有司取士勿废偏短令》),"举贤勿拘品行"[2](《举贤勿拘品行令》),强调不要因为一个人身有某些"负污辱之名""见笑之行"就舍弃不用。曹操在当时的情况下打破了用人将品行和才能完全对立起来的陈腐框框,他说:"有行之士未必能进取,进取之士未必有行。"正是由于曹操用人不拘一格,所以他身边谋士如云,战将如林。

曹操用人虽重才能胜过重德行,但他用人从未忽视过"政治标准",这个"政治标准"就是"为我所用",即要符合儒家的"忠""义",否则此人很可能被置于死地。有人说曹操善用人但又杀人,这正是曹操重视"政治标准"的体现。

曹操希望所用的人才要符合"忠义",凡恪守者曹操极力赞扬并加以重用。

203年他称赞崔琰有"伯夷之风,史鱼之直"[1](《魏书·崔琰传》),于是任命他为东曹掾。206年他表扬战将乐进、于禁、张辽,说他们"质忠性一,守执节义"[2],要求献帝"论功征用,各宜显宠"。207年他表扬田畴"文雅优备,忠武又著,和于抚下,慎于事上",并说他"节义可嘉,诚应宠赏"[1](《魏书·田畴传》注引《先贤行状》)。同年他褒扬郭嘉"尽节为国,忠良渊淑,体通性达"[1](《魏书·郭嘉传》注引《魏书》),并请求献帝追增郭嘉

封邑。208年曹操盛赞刘琮"心高志洁……轻荣重义,薄利厚德……茂万里之业,笃中正之体,敦令名誉"[1](《魏书·刘表传》注引《魏武故事》),于是任命他为"谏议大夫,参同军事"。212年曹操致书王修,称赞他"澡身浴德,流声本州,忠能成绩,为世美谈,名实相副,过人甚远"[1](《魏书·王修传》注引《魏略》)。214年曹操更称赞荀攸是"真贤人也,所谓温良恭俭让以得之",这是《论语·学而》中子贡对孔丘的评价;曹操还说荀攸就像孔子所称的"晏平仲(即晏婴——笔者)善与人交,久而敬之"[1](《魏书·荀攸传》注引《魏书》)。这一切足以说明曹操用人的政治标准就是要坚守"忠义",而"文行忠信"则是儒家鼻祖孔子对其弟子的要求,汉代大儒董仲舒"独尊儒术",更将它发展成为"仁义礼智信"的五常规范,曹操将之变为自己用人的政治标准。其实,中国的伦理和政治从未分过家。

另一方面,曹操杀了不少违背"忠义"的人才。孔融曾多次讥讽反对曹操,曹操碍于他的名望,一忍再忍,先于208年免其官,后又对之警告并再次笼络他为太中大夫,但孔融仍然反对曹操。208年曹操下令杀了孔融并下令宣示他的罪状是"违天反道,败伦乱理",可见是用儒家标准来翦除他的。当名医华佗不肯作为曹操的私人医生时,曹操认为他对自己不忠,容他不得,将他杀害。崔琰多次受曹操赞扬,但在曹操晋魏王这件事上获罪而被赐死。许攸矜功贪财,经常在曹操面前出语随便,弄得曹操很狼狈,最终曹操将他杀了。姜圭少与曹操友善,归附后经常参与军国大计,破马超他功居首位,但也因为他与曹操过意不去而被杀。杨修是三国时代难得的奇才,他聪颖过人,但因反对曹操立曹丕为太子而被杀。荀彧在曹操整个统一事业中出谋最多、立功最大,曹操也非常信任他,但他反对曹操"复九州""加九锡",他认为曹操"本兴义兵以匡朝宁国,秉忠贞之诚,守退让之实,君子爱人以德,不宜如此"[1](《魏书·荀彧传》),这大大刺伤了曹操,于是曹操设法害死了他。可见曹操用人的"政治标准"是非常苛刻的,一定要"为他所用",对他恪守"忠义",否则将遭杀身之祸。

综上所述,曹操的基本思想倾向属于儒家,这是确定无疑的。但曹操不是一个生活在儒学真空中的人,他的思想或多或少会受到其他学派的影响,这也是不容否定的。史载曹操"文武并施,御军三十余年,手不舍书,昼则讲武策,夜则思经传,登高必赋……才力绝人"[1](《魏书·武帝纪》注引《魏书》)。又孙盛说他"博览群书,特好兵法"。由此观之,一个"手不舍书""博览群书"的人其思想受多种派别的影响是不可避免的,但我们不能因此采取"和事佬"的方法笼而统之地称曹操为杂家,否则就不能抓住曹操思想的特质,也就不能正确地理解曹操的事业从而正确地评价曹操。有人说曹操是法家思想,这也不是毫无道理的,史称他"持法峻刻",司马光也评价他"用法峻急,有犯必戮"[5](卷69)表面上看来这些都是法家"严刑峻法"的表现,但必须指出,法家无论是治军或是治民,无论是战时或是平时,一律采用严刑峻法,于是才有秦朝"二世而亡"的教训;而曹操一生中教民一贯以德以礼以仁,治军是以法为主辅之以礼。军事是政治的继续,是特殊的政治,治军必须以法,否则任何人也无法带兵打仗,所谓"军中无戏言""军令如山倒"正说明了这一点。诸葛亮那么宽仁,他也只好"挥泪斩马谡",所以我们不能因为曹操以法治军就说他是法家。以法治军正是曹操所坚持的"军容不入国,国容不入军,礼不可以治兵"[6]的原则。因而他把以"礼"化民跟以"法"治军结合起来,既带好了军队,又争取了民心。另一方面还须指出,曹操以法治军,统一天下,正是为了更好地实现他所追求的儒家理想,重建儒家的"礼"序,故表面上的某些法家思想只是手段,实现儒家思想才是其真正目的。笔者还有一点必须强调,如果哪一位采取断章取义"贴标签"的方式从曹操的诗文言行中找出几点符合诸如道家或其他什么家思想的依据来,这也不是困难的。若是,就不能从大方面上准确地把握曹操的思想,其结论将是令人难以接受的。

【参考文献】

[1]陈寿.三国志[M].北京:中华书局,1971.
[2]曹操.曹操集[M].北京:中华书局,1974.
[3]李昉.太平御览[M].北京:中华书局,1963.
[4]范晔.后汉书[M].北京:中华书局,1965.
[5]司马光.资治通鉴[M].北京:中华书局,1956.
[6]孙武.孙子兵法新注[M].北京:中华书局,1986.

《太平经》所见汉代风水观念及理论形态

张齐明[*]

【摘　要】　成书于东汉中晚期的《太平经》所提出的"起土"吉凶观念及"魂神还养"的丧葬风水理论,是汉代社会风水信仰急剧膨胀的反映,它也标志着丧葬风水术理论形态基本形成。《太平经》中风水文献表明,道教对风水术的吸收与改造是在宗教体系之内进行的,这并不是对民众信仰的无限制迎合,而是加以引导和转化,从而纳入其信仰体系之中。

【关键词】　《太平经》;风水;汉代

汉代是中国古代风水信仰的确立时期,也是风水术形成、发展的重要阶段。正是在两汉时期,风水术逐步摆脱单纯禁忌形态,引入阴阳五行理论,开始理论化、体系化的努力,并初步形成了体系较为完备的风水理论形态。但是,由于这一时期可以直接运用的材料有限,因此,关于汉代风水信仰及其理论形态的研究仍然显得非常薄弱。所幸散见于《太平经》中的一些材料,可以让我们一窥两汉时期风水信仰特别是风水理论形态的历史面貌。学术界已经注意到了《太平经》中关于风水观念和理论的一些记载,并对此进行了程度不一的研究①。但总体上来看,这些研究仍然不充分,大多局限于一般性的介绍。本文以《太平经》中所见风水材料为中心,深入分析和揭示汉代风水信仰的观念系统和理论形态。这一研究将有助于我们清除两汉时期风水信仰研究中的一些盲点,廓清其历史本来面目。

一

《太平经》是早期道教的主要经典,大致形成于东汉中晚期。道教,是中国土生土长的宗教,在其经典和实践中,吸收、容纳了大量的术数知识。作为两汉时期逐渐发展和成熟的一种术数,风水当然也会被道教所吸收和改造。关于道教典籍中的风水之说,唐代释法琳在《辩正论》中就曾指出:

> 其连山、归藏、周林、太玄、黄帝、金匮、太公阴符、阴阳书、五姓图宅、七十二葬书,亦得为道书乎?[1]113

虽然这种指责是释法琳在批评道教时所提出的,但它的确也指出了一个事实,那就是在道教典籍中存在着大量风水术数文献。道教典籍对

---

[*]　张齐明(1972—　),男,安徽省泗县人,历史学博士,讲师,主要从事中国古代思想史、汉魏六朝时期民间信仰研究。

①　牧尾良海:《道教的风水思想》,载《青冈博士还历纪念道教研究论集》,第213—224页;詹石窗:《道教风水学》,台北"文津出版社"1994年版。

风水术的吸收和改造,在汉代就已经开始,《太平经》中就载有不少与风水相关的内容。《太平经》卷45 的《起土出书诀》就提出了一系列基于与风水吉凶有关的营建禁忌。

所谓起土,是指社会生活中人们造宅建屋、修建陵墓、打井开沟等种种营建活动。《起土出书诀》认为这些营建活动中,会取地血、破地骨、穿地肉,对地母造成种种伤害,从而导致天父地母交相怨怒,给人类社会带来种种灾殃。它借"天师"之口宣称:

> 天者,乃父也;地者,乃母也。父与母俱人也,何异乎?天亦天也,地亦天也,父与母但以阴阳男女别耳,其好恶者同等也。天者养人命,地者养人形……人乃甚无状,共穿凿地,大兴起土功,不用道理,其深者下著黄泉,浅者数丈。母内独愁恚,诸子大不谨孝,常苦愤愤悃悒,而无从得通其言。[2]114

人们在建筑活动中的种种动土兴工的行为,因为"不用道理",导致"地母"愤愤悃悒。这种行为不仅犯地之禁,而且违天之教,导致天父地母交相怨怒,灾殃凶祸,夺人性命,王治不平。"天师"说:

> 今有一家有兴功起土,数家被其疾,或得死亡,或致盗贼县官,或致兵革斗讼,或致蛇蜂虎狼恶禽害人。大起土有大凶恶,小起土有小凶恶。是即地忿忿,使神灵生此灾也。故天地多病人,此明证也。[2]116

针对世间有起土无害反吉的情况,"天师"认为:

> (起土兴工)皆有害,但得良善土者,不即病害人耳;反多四方得其凶,久久会且害人耳;得恶地者不忍人可为,即害之也。复并害远方。[2]116

"天师"对世俗起土兴工有吉有凶的解释,是建立在营建中所在之地的善恶基础之上的。这就是说地的善恶可以影响人的吉凶,这正是风水术的存在基础。

既然起土兴工会危害地母,造成种种灾殃,那么解除之道是什么呢?"天师"提出:

> 今天不恶人有室庐也,乃其穿凿地大深,皆为疮病,或得地骨,或得地血,何谓也?泉者,地之血;石者,地之骨也;良土,地之肉也。洞泉为得血,破石为破骨,良土深凿之,投瓦石坚木于中为地壮,地内独病之,非一人甚剧,今当云何乎?地者,万物之母也,乐爱养之,不知其重也,比若人有胞中之子,守道不妄穿凿其母,母无病也;妄穿凿其母而往求生,其母病之矣。人不妄深凿地,但居其上,足以自彰隐而已,而地不病之也。……凡动土入地,不过三尺,提其上。何止以三尺为法?然一尺者,阳所照,气属天;二尺者,物所生,气属中和;三尺者,属及地身,气为阴。过此而下者,伤地形,皆为凶。[2]120

"天师"在这里一方面承认了人类营建活动的必要性,同时又指出,在营建中"不过三尺",这就是"天师"所反复强调的"道理"。"天师"在后文就三尺之限提出了种种阐发,如对水乡作室庐,宅基宜更浅,免伤地母经脉;旱区饮用水,尤须故井共用,打新井,"宜应填故井",剔除井中瓦石材木,"意塞地气",谨防地衰。

综上所论,《起土出书诀》以"地母"为其起土兴工禁忌的理论基础,提出了"泉者,地之血;石者,地之骨也;良土,地之肉也"的大地有机说,并为种种营建活动设置了"不过三尺"的吉凶标尺。

《起土出书诀》所提出的吉凶禁忌,是汉代"解土术"的一种宗教解释,而解土术正是风水术的一种巫术形态。"解"或称"解除",是汉时常见的巫术之一,本是由巫师主持祭祀或作法施术,以达到驱除凶神或恶鬼的目的。解除作为一种巫术,其运用范围甚广,当然也用于房屋建筑之中。按王充《论衡》所言,这种应用大致可以分为两类:一是解土术,二是解宅术。从实质上看,两者没有什么区别,只是实施的时机不同而已:解土术一般是在建筑活动结束时的一种祈求土神仪式,而解宅术,是指解除在住宅使用前或使用过程中宅中神煞对居住者的种种干扰。

关于解土术,王充说:"世间缮治宅者,凿地掘土,功成作毕,解谢土神,名曰'解土'。"[3]1044解土术反映了当时人们这样一种观念和基本认识:建筑中"穿凿动土"必然会触犯各种神煞,而这种触犯就会给修造和使用者带来严重的厄难，只有通过某种仪式、符咒来礼谢或驱除神煞，方可保证使用安全。这种观念为当时人们所普遍接受，可以从一些相关史料中得到证实。据《后汉书·来历传》所载："时皇太子惊病不安，避幸安帝乳母野王君王圣舍。太子乳母王男、厨监邴吉等以为圣舍新缮修，犯土禁，不可久御。"[4](卷15)这条史料记载的是汉顺帝为太子时，到其乳母家避难养病，因为是新修住宅，"犯土禁"，所以王男等人认为顺帝不可在宅中久待。原因就在于移房动土，会触犯各种神煞，必须解谢后方可居住。《后汉书·郭陈列传》还提供了一个相反的例证："肃宗时，司隶校尉下邳赵兴亦不恤讳忌，每入官舍，辄更缮修馆宇，移穿改筑，故犯妖禁，而家人爵禄，益用丰炽，官至颍川太守。"[4](卷46)

从上文所论可以看出，解土术在实施对象和时机上有其特殊性，那就是在宅第"功成作毕"后人们居住前实施的一种仪式，目的就是解谢"土神"。其具体方法是，拌和泥土做成偶人，用以象征土神，请巫师向它祷告。在仪式完成之后，房主就认为取得了土神的原谅，因而"心快意善，谓鬼神解谢，殃祸除去"[3]1044，就可心安理得地乔迁新居了。

如果说王充的记载还过于简单的话，《后汉书》为我们提供了一个鲜活的解土仪式。《后汉书·钟离意传》注引《东观记》曰：

> 意在堂邑，为政爱利，轻刑慎罚，抚循百姓如赤子。初到县，市无屋，意出奉钱帅人作屋。人赍茅竹，或持材木，争起趋作，浃日而成。功作既毕，谓解土，祝曰："兴工役者令，百姓无事。如有祸祟，令自当之。"人皆大悦。[4](卷41)

以上记载尽管相当简单，但还是可以看出解土的基本仪式：一是要有专门的"解土巫"负责解土；二是解土的手段主要是念诵祝文、表达祈愿。

将解土术与《起土出书诀》做一简单比较，我们不难发现，二者之间所提出的营建活动中的吉凶禁忌在本质上是一致的，但也有明显的区别，解土术中运用了大量神煞观念，而《太平经》则是一种大地有机说。但是，无论是解土术还是《起土出书诀》都强调一点，那就是地有善恶，而且建筑活动与人事吉凶密切相关。这种观念正是风水术的一个基本预设。这充分说明，社会民众的风水信仰在道教经典《太平经》的形成中产生了很大的影响，风水术及其信仰系统，被加以改造和吸收，构成了早期道教信仰系统的重要组成部分。当然，这种影响是相互的，《太平经》所提出的"水为地之血脉"说，也是后世风水理论的一个重要组成部分。

二

《太平经》不仅提出了营建活动中的一些吉凶禁忌，还有一些关于丧葬风水的论述。《太平经》卷50所载《葬宅诀》就是目前我们所能见到的最早的丧葬风水文献，它从一个侧面为我们展示了汉代丧葬风水的理论形态和吉凶判定原则。

众所周知，风水术从其施与对象上言，有所谓阴宅和阳宅之说。这种阴、阳相分，并不仅仅是因为住宅和坟墓在使用功能上的截然对立，更是因为从风水术自身演进的轨迹来看，阳宅的宅法与阴宅的墓法，不仅有不同的渊数，而且在具体的吉凶推演模式上也有明显的不同①。以冢墓吉凶为核心的丧葬风水观念正是在两汉时期

---

① 阳宅与阴宅之名，在风水术的不同历史发展阶段，有不同的含义。在汉魏六朝隋唐时期，阴阳二宅并非是指住宅和坟墓，而是指按照八卦之位向，以乾坎艮震及辰位为阳宅，巽离坤兑及戌为阴宅（详见《黄帝宅经》，丛书集成初编本，中华书局1991年版）。而宋代官修《地理新书》中又提出："凡宅居以在山东及南为阳宅，山西及北为阴宅；水西及北为阳宅，水东及南为阴宅；路东及北为阳宅，路西及南为阴宅；地形高处为阳宅，低处为阴宅；见日多处为阳宅，见日少处为阴宅；在官府门东及南为阳宅，门西及北为阴宅；在城郭四通之街，则遂地分以配八卦，得乾坎震艮为阳宅，坤兑巽离为阴宅。"（北京大学图书馆藏金刻本《重校正地理新书》，载《续修四库全书》子部·术数类，第1054册，上海古籍出版社2002年版，第21页）在两汉时期的历史文献中，住宅与坟墓的吉凶趋避之术是严格相分的，比如《后汉书·王景传》中称"冢宅禁忌"，《论衡》中提到《图宅书》《葬历》等。

不断膨胀,并最终成为社会各个阶层广泛接受的信仰形态。信仰形态的形成,不仅是社会各阶层风水活动的结果,也是风水理论不断完善发展的结果。也就是说,作为一种信仰形态,风水必须要有理论体系加以支撑。令人遗憾的是,在传世文献中,并没有系统的汉代丧葬风水理论相关记载。尽管如此,根据一些零散的文献片段,还是可以得知在两汉时期已经出现了较为系统的风水典籍。风水文献的出现,无疑要历经一段很长时间,累积了许多的经验,才可能逐渐发展出一套吉凶判断方法,然后才有著作的出现。从有传人到有传书,风水著作由无到有。近年出土文献显示,先秦时期已经有择地之书。《九店楚简》及《睡虎地秦简》中有关宅宇吉凶的文本,是目前所见最早的风水文献。但就其文本形式而言,它是依附于《日书》体系的,这一时期是否有独立流传的风水文献,尚不得而知。目前所见,最早著录风水典籍的是《汉书·艺文志》,其形法类下有《宫宅地形》20卷,并称:

> 形法者,大举九州之势以立城郭室舍形,人及六畜骨法之度数、器物之形容以求其声气贵贱吉凶。[5](卷30)

对此,泷川资信《史记考证》认为它是"说风水方位之书"。张舜徽在《汉书艺文志通释》中也称:"《汉志》著录之《宫宅地形》,本谓庐舍之建造也。《诗·大雅·公刘》篇所谓'相其阴阳,观其流泉',即斯术之滥觞。至于辨方位,审燥湿,皆营造之事所宜讲求者,故为书至二十卷之多。此乃世俗所谓阳宅之术也。"①其书早已佚失,是否一定是所谓"阳宅"之术,不可确证,但其为风水之书则无疑义。到了东汉时期,风水文献的记述开始逐渐增多,如《论衡》《潜夫论》《太平经》中都有风水文献的具体记载。而据《后汉书·循吏列传》载:

> 景以为《六经》所载,皆有卜筮,作事举止,质于蓍龟,而众书错糅,吉凶相反,乃参纪众家数术文书,冢宅禁忌,堪舆日相之属,适于事用者,集为《大衍玄基》云。[4](卷76)

这是最早的有明确著者的风水文献。据本传所载,王景,字仲通,乐浪䛁邯人,其"八世祖仲,本琅邪不其人。好道术,明天文"。据此,可知其家族本好道术,而其本人也"好天文术数之事,沉深多伎艺"。后以治河功,迁徐州、庐江太守。王景所集《大衍玄基》一书,是因当时"众书错糅,吉凶相反",于是"参纪众家"之书而成,这充分说明风水文献在东汉时期已经颇为盛行。

东汉时期风水文献的盛行、风水信仰的膨胀,必然影响到《太平经》的造作。《葬宅诀》无疑是对世俗社会风水文献吸收并加以改造后形成的。在历史演进中,汉代风水文献已经散佚殆尽,而《葬宅诀》反而因为依附于道教典籍得以传承至今,它成为我们了解、研究汉代风水理论的基本文献。正因为如此,其文献及理论价值不言而喻。

《葬宅诀》所提出的"魂神还养"理论,是我们目前所能见到的最早关于阴宅风水的理论阐释。一般而言,人们认为阴宅风水理论出现较晚,通常把托名郭璞的《葬书》视为阴宅风水理论形成的开端。而《葬书》的形成年代,最早的推论也不会早于南北朝时期。但《葬宅诀》中的"魂神还养"之说,将阴宅风水理论的形成提前

---

① 《汉志》五行类下有《堪舆金匮》之书,张舜徽以为:"凡言地道者,必连及天道,故今俗称风水家为堪舆,盖实兼仰观俯察于一身。此书名《堪舆金匮》,疑即相地望气之书。"此为推论之词,对此《四库提要》则称:"其文不明。而《史记·日者列传》有武帝聚会占家,问某日可娶妇否,堪舆家言不可之文。《隋志》作堪余,亦皆日辰之书,则堪舆占家也。"《四库提要》所论较为合理,至少到东汉时期堪舆尚不指风水,《后汉书·循吏列传》言及王景撰《大衍玄基》以"冢宅禁忌、堪舆日相之属"并称,堪舆与冢宅风水之术并不相同,其文甚明。一般以为两汉时期的堪舆当为占卜日辰吉凶之术,有学者更认为堪舆是式占的一种。而颜师古《汉书·扬雄传》注引:"孟康曰:'堪舆,神名,造图宅书者。'""图宅书"为风水术数之书当无疑义,《论衡》中所载《图宅术》一书可证,则曹魏时期已经出现堪舆与风水相关联之说。另外唐人吕才在《叙宅经》中也曾引《堪舆经》中"五姓之说",而"五姓之说"(即以宅之五音所属判定吉凶)正是王充所引《图宅术》一书的基本吉凶判定系统。综上所述,风水术数之体系原本驳杂,在其早期更是如此,且风水术中本来就包括时日禁忌之说,以此言之,《汉志》所载之《堪舆金匮》虽非直接相地之说,但其中有营造吉凶占断的内容是完全可能的。可参见史箴的《风水典故考略》,余建的《堪舆考》,载《建筑学报》2000年第9期,第62—63页。

到了汉代。所谓"魂神还养"理论,就是在墓地与生者之间建立起祸福感应的对应关系。阴宅风水所必须面临的问题就是要解决死者的坟墓为何会影响生者的祸福,坟墓的方位、地形及时间的选择为什么会对死者的后代产生或吉或凶的影响,这是风水信仰形成的前提。《葬宅诀》用"魂神还养"的理论回答了这一前提。《葬宅诀》开篇就提出了这一论述:

> 葬者,本先人之丘陵居处也,名为初置根种。宅,地也,魂神复当得还,养其子孙,善地则魂神还养也,恶地则魂神还为害也。五祖气终,复反为人。天道法气,周复反其始也。[2]182

在作者看来,墓地是"先人"的"根种宅地",是死者亡魂生活和居住的场所。死者在另一个场所生活的好与坏,会对死者的后代的生活、命运产生很大的影响。这种影响是通过墓地的好与坏而产生的,如果墓地选择得好,是所谓的"善地",那么死者的"魂神"就会"还养"子孙;如果墓地选择得不好,是所谓的"恶地",那么死者的"魂神"就会"为害"子孙。"魂神"为什么只"还养"或"为害"子孙呢?是因为"五祖气终,复反为人",也就是说,祖先和子孙之间是"同气",同气才能相感。"魂神还养"实质就是一种祖先崇拜。早在殷商时期,祖先崇拜的观念就非常兴盛。人们通过一套严格的祭祀、祈祷仪式,赋予亡者以超自然的神秘力量。春秋、战国时期,祖先崇拜进一步得到了强化,人们把祖先亡魂视为鬼,而且在某些情况下会作祟生者。《日书》中有许多相关记载,如"甲乙有疾,父母为祟","丙丁有疾,王父为祟"等。到了两汉时期,先秦时期的祖先崇拜得到了更大的发展,而且融入了更多的时代因素,如阴阳五行、谶纬、神仙方术等观念,各个阶层的人们热衷于鬼神之事。在这种情况下,墓地也得到了空前的重视。墓地不仅是存放死者的场所,也是死者生活的世界,人们按照现实生活去想象亡者的世界。这就使得汉代的墓室日益复杂化,而且日益宅居化,阴宅即亡者宅院的观念在民众中被普遍认同,

关于宅居的种种吉凶观念有可能被直接移植、比附到墓地的营建中,这就是阴宅风水出现的最重要推动力。不论是出于对祖先的崇敬还是畏惧,汉代的人们认为祖先可以影响和决定子孙的祸福吉凶。出土的许多镇墓文都反复强调"安冢墓,利子孙",就是这种观念的直接反映。由此而言,"魂神还养"观念正是来自世俗的阴宅风水信仰。

《葬宅诀》的观念虽然来自世俗民众的风水信仰,但又进行了理论化、系统化总结。如它所提出的"五祖气终,复反为人,天道法气,周复反其始"的理论,就是汉代"气"论与风水相结合的结果。"气"作为一种思想范畴,在先秦时期就已经得到广泛应用。到了两汉时期,"气"被作为一种本质的存在成为一种思想共识。同时,还要看到,"气"的概念在两汉时期具有哲学和数术的两重性①。在两汉的思想观念中,"气"是构成世界的物质形式,还是天人、人神之间相互感应的中介。这种感应是建立在"同气相感"的理论之上的。两汉时期,正是"同气相感"思想的形成和确立时期。"同气相感"最经典表述见于董仲舒的《春秋繁露》:"今平地注水,去燥就湿;均薪施火,去湿就燥。百物去其所与异,而从其所与同,故气同则会,声比则应,其验皦然也。试调琴瑟而错之,鼓其宫则他宫应之,鼓其商则他商应之,五音比而自鸣,非有神,其数然也。美事召美类,恶事召恶类,类之相应而起也。如马鸣则马应之。"这种"同气相感"的观念,成为丧葬风水术的观念基础。在当时的人们看来,人的身体受之于父母,父母与子孙之间同为一气,气同则相互感应,如《后汉书·陈宠传》中所称:"夫父母于子,同气异息,一体而分。"[4](卷46)

为了更加清晰地认识"魂神还养"理论的重要意义,我们不妨将其与《葬书》做一简单的比较。托名郭璞的《葬书》在开篇也直接提出了"气感而应,鬼福及人"观念,它说:

> 葬者,乘生气也。
> 五气行乎地中,发而生乎万物。
> 人受体于父母,本骸得气,遗体受荫。

---

① [日]小野泽精一、福光永司、山井涌编著,李庆译:《气的思想——中国自然观和人的观念的发展》,上海人民出版社1990年版。

《经》曰：气感而应，鬼福及人。[6]89

这是《葬书》一书的总纲，也是中国古代阴宅风水理论的经典表述。"气感而应，鬼福及人"与"魂神还养"理论，无论是在内容上还是在论证逻辑上都具有高度的一致性。这种对比不仅有助于理解《葬宅诀》的实质，也有助于认识《葬宅诀》在风水典籍传承中的文献价值。必须强调指出的是，"魂神还养"理论并非《葬宅诀》所独有，张衡在《冢赋》中还有更为文学化的表述："幽墓既美，鬼神既宁，降之以福，于之以平。如春之卉，如日之升。"

《葬宅诀》不仅论述了"魂神还养"的丧葬理论，还提出了一种墓地吉凶选择原则和方法：

欲知地效，投小微贱种于地，而后生日兴大善者，大生地也；置大善种于地，而后生日恶者，是逆地也；日衰少者，是消地也。……本根重事效，生人处也，不可苟易；而已成事，□□邪文为害也，令使灾变数起，众贤人民苦之甚甚。故大人小人，欲知子子孙孙相传者，审知其丘陵当正，明其故，以占来事。置五五二十五丘陵以为本文，案成事而考之。录过以效今，去事之证以为来事。真师宜详，惟念书上下，以解醉迷，名为占阴覆文，以知祖先，利后子孙，万世相传，慎无闭焉。[2]182—183

风水术固然需要理论建构，但就其实质而言，它更加强调吉凶推演、趋避的方法。《葬宅诀》提出了一种操作简单的吉凶选择方法，那就是投种于地，然后根据种子的发芽、成长状况，判断墓地是属于"生地""逆地"抑或"消地"，从而作出墓地吉凶的判断。仅就吉凶判断原则而言，《葬宅诀》所提出的方法无疑显得单一、稚嫩，但这恰好准确地反映了在阴宅风水信仰形成的初期，存在着方法论不足的状况。以"投种于地"来选择墓地吉凶，与后世风水术的吉凶原则并不矛盾。按照后世风水之说，墓地选择就是要寻求所谓的"生气"之地。而所谓"生气"之地，并非直观目视就可以决定的，必须借助某些方法来加以判断，其中草木茂盛就是一个基本的原则。《葬宅诀》所提出的"投小微贱种于地，而后生日兴大善者，大生地"的判断方法，为后世风水典籍所继承，如《葬书》中就明确提出"童山不可葬""茂草乔木，开府建国"[6]104，《葬经》也强调"草木郁茂，吉气相随"[7]12。

综上所论，《太平经》卷50所载《葬宅诀》集中反映了两汉时期阴宅风水信仰的观念系统，它将世俗社会的风水信仰加以提炼、升华，并以宗教化的表述方式加以阐释。这充分说明早期道教对民众风水信仰的关注和重视，同时，也是两汉社会风水信仰的急剧膨胀的最好证明。当然，还必须看到，道教对风水术的吸收与改造是在宗教体系之内的，这就决定了道教对民众风水信仰并不是无限制地迎合，而是试图加以引导和转化，从而纳入其信仰体系之中。

[参考文献]

[1] 释法琳.辩正论[M].大正新修大藏经本.
[2] 王明.太平经合校[M].北京：中华书局，1960.
[3] 黄晖.论衡校释[M].北京：中华书局，1990.
[4] 范晔.后汉书[M].北京：中华书局，1965.
[5] 班固.汉书[M].北京：中华书局，1962.
[6] 郭璞.葬书[M].丛书集成初编.北京：中华书局，1991.
[7] 青乌子.葬经[M].丛书集成初编.北京：中华书局，1991.

读《汉书·艺文志》札记

张忠炜*

【摘　要】《汉书·艺文志》中"史书附于'春秋家'",直至东汉中期,"史"仍为书写、记事之人,在观念上不符合后世所说之"史"。从今所见传世及出土文献看,故事、传记类文体尽管较常见,附属性质强烈,难将之视同为史书;从魏晋以来史部独立发展反观之,西汉时史书部类不多,似亦难独立发展。刘向父子校雠群书时,将史书附丽于"春秋家",诚得其宜。《汉书·艺文志》中"律令不载于汉《志》",从刘向父子校雠群书的重心看,即以篇目固定取代往日之单篇别行,或可对律令不载于汉《志》提出新的解释。当时是由单篇律与令共同构成律令法系,不存在由政府统一编纂的律令,理官厘定律令并无实质进展,刘向父子恐亦难为之,故不载录。通过探求董仲舒治狱佚文的表现形式,亦即虚拟甲乙之事或讲述历史故事,考察为何融经义入律令,如何融经义入律令,窥见经义与律令之互动关系,或可丰富对经义折狱的认识。

【关键词】《汉书·艺文志》;余嘉锡;《公羊董仲舒治狱》

一般认为,《汉书·艺文志》系班固删约刘歆《七略》而来,歆之《七略》又以其父刘向《七略别录》为本。后来学者,或是注释拾遗,或广校雠之义,或是辑佚佚文。1911年以来之研究,大体不出此范畴。随着简牍帛书的不断出土,学界得以重新审视《志》。在前辈时贤研究的基础上,结合出土及传世文献所见,笔者拟就汉《志》略述读书心得,以就教于方家。

一、史书附于"春秋家"

与荀勖《中经新簿》及隋唐之"四部"分法不同,汉《志》中史书并非独立而附丽于六艺略"春秋家"。至于原因,学者多从阮孝绪之说,"刘氏之世,史书甚寡,附见春秋,诚得其例"[1]3;[2]1563、1619。后来学者,对史书附丽于"春秋家",或讥为体例不纯,如郑樵、焦竑[3]728;[4]548。对郑、焦之说,章学诚分别驳之,认为"史家之言皆得春秋之一体",当时史书不多,"附著春秋,最为知所原本";尽管对汉《志》一些书之归类有看法,但章氏大体仍认同现有部类①。今人亦多认同章学诚说[5]128—129;[6]74。近年来,中外学界结合出土文献,提出一新认识:今所见先秦学术体系生成于汉代,是汉代人的建构,或者说反映汉代的意识形态;汉《志》将史书附于"春秋家",与汉代"尊经"有关,未必能反映先秦两汉史学的本来面貌[7]1—12;[8]1—5;[9]89—95。此举既承袭前人审视、部类汉《志》之举,又以简帛古书

---

* 张忠炜(1977—),男,河南省郑州市人,历史学博士,副教授,主要从事秦汉史研究。

① 章氏认为《世本》当归入历谱,《汉志》既有历谱专门,不当犹附春秋耳,"然历谱之源,本与春秋相出入者也"。参见章学诚著,王重民通解:《校雠通义通解》卷二《郑樵误校汉志第十一》《焦竑误校汉志第十二》,上海古籍出版社2009年版,第61—64页。

虽如此，仍可从"史"职职掌，以及早期文献的性质，赓续逯耀东说①，继续审视此问题。

春秋战国之前，官师政教合一，私学著述未兴[10]62,232;[11]1—2。此点对考察早期史官尤为重要。如何界定史官，素来争议不断②，此处从朱希祖说：早期史官为书记官而非历史官（尽管太史或兼主撰述），大抵是掌管册籍、起草文书之人，故先秦有史记（史官所记）而无以史命名之书；专主历史撰述之官出现年代较晚，是时间观念、因果关系等历史意识形成后的产物[12]98—115，沈刚伯观点与朱氏大体同，不赘言[13]19—29。之所以从朱、沈之说，并不是认可他们对"史"字本意的具体解释③，而是今所见各类文献较能印证他们的说法：西周以来诸"史"职，如太史、内史、史、御史等，掌宣册命虽较为普遍，记事、卜筮、备顾问、掌典籍仍为其职事重心[14]132—144;[15]72—90，倾向于文事（文字记录及保管）始终相一，且为"畴官"。这不仅是商周宗族政治的反映，亦与"史"职职掌特殊性相关。战国为古今一大变革之会，"史"职依然延续，张家山汉简《史律》似可证明之。此篇虽名为《史律》，内容却不限于史，祝、卜亦包含在内。"史"不仅有记事之职，亦有卜筮、祭祀等事，与祝、卜之职有相似处，故史、卜、祝一并论之（与《周礼》记载相契合）④。《史律》规定：

> 史、卜子年十七岁学。史、卜、祝学童学三岁，学佴将诣大（太）史、大（太）卜、大（太）祝，郡史学童诣其守，皆会八月朔日试之。[16]296—297

简文大意是说：史、卜之子17岁始学，经过三年学习后，于（当年）八月初一，由学佴或郡史带着，拜见太史、太卜、太祝或郡守。按，古人有大小学之别：小学习历算、书法，读《论语》《孝经》，约在9—14岁；大学习五经，在15—20岁[17]215—237。若将这视为古时教育的一般情况，则"史、卜子十七岁学"显然与之有别。律文明确限定为史、卜子，将其他人员排除在外，与睡虎地秦简"非史子殹（也），毋敢学学室，犯令者有罪"规定相合[18]63，显现出此类职务的世袭性。史、卜学童所学，似乎不同于一般"大学"教育，而接受相关领域的专业学习，故考课内容亦有特殊规定。以史学童为例：

> 试史学童以十五篇，能风（讽）书五千字以上，乃得为史。有（又）以八膞（体）试之，郡移其八膞（体）课大（太）史，大（太）史诵课，取冣（最）一人以为其县令史，殿者勿以为史。三岁一并课，取冣（最）一人以为尚书卒史。[16]298

史学童要接受诵读、书写测试，合格方能为史；还要接受"八体"书写能力的测试，由太史评判，最优者可任县令史，差者不能为史。三岁考课一次，最

---

① 逯耀东认为史部独立与否，与数量多寡无关。汉代经史没有分立，史学仍依附于经学。司马迁《史记》追述《春秋》，不过是《春秋》家学罢了。而且，汉代"史"偏重文书应用，虽或主记事，但多非专门记载历史之人，直到东汉末年，史学独立概念方才浮现，经魏晋南北朝之发展，方与经、子、集并称，独立成类。参见逯耀东《魏晋史学的思想与社会基础》，中华书局2006年版，第22—50页。又，关于经史、文史关系，可参见胡宝国《汉唐间史学的发展》，商务印书馆2003年版，第30—72页。

② 古人或倡"六经皆史"，循此思路，史官出现年代肯定早；今人研究又主史料，视甲骨、金文为史料，史官出现自不晚于商周。认定标准有别，故难分是非，本文从狭义说。参见金毓黻《中国史学史》，中华书局1962年版，第20—21页。

③ 殷商甲骨所见"史"字，与"事""使"通，确实无记录书文之意，详见于省吾主编，姚孝遂按语编撰：《甲骨文字诂林》，中华书局1996年版，第2941—2961页。

④ 《周礼》中卜、祝、史属春官，叙述亦前后相连。《周礼》成书年代素有争议，或可据《史律》再研讨之。值得注意的是，三者序次有别：《周礼》中一卜、二祝、三史，《史律》中一史、二卜、三祝。为何如此，似亦有待考察。参见十三经注疏整理委员会整理《周礼注疏（十三经注疏）》卷第24、卷第25、卷第26、卷第27，北京大学出版社2000年版，第746—837页。

优者可任尚书卒史①。"十五篇"所指不详,或许是汉《志》所列周代史官教学童之"《史籀》十五篇";"八体"多认为是许慎所说秦书八体,即大篆、小篆、刻符、虫书、摹印、署书、殳书、隶书。如将能书、会算、知律令视为一般为吏者的基本素质[19]499—510;[20]30—39,卜、祝学童测试有其"专业"特色[16]298,史学童亦如此。"八体"这样专业的书写技能,对于一般官吏是否必要,值得怀疑。古书所谓黄帝史仓颉造字,周宣王太史史籀作《史籀》十八篇,秦太史令胡母敬作字书《博学》,《史律》对史学童特殊书写技能的规定,等等,无不折射出"史"与文字的密切关系,似可借此凸显"史"职特点:偏重于文字书写、记事。此情形至东汉中期之前未有改变[21]26—27。"史"职如此,如上所述,又是"畴官",则史书独立存在、发展似亦难。

从早期文献看,早期"史"职,尤其是太史,其最初记事内容,不外乎一时代之政典礼仪,以及辨世系、昭穆而已[12]102。即便是"史书",如鲁国之《春秋》,魏之《竹书纪年》,新见战国简《系年》[22]70—74;[23],纪事无不简单,甚者不载日月。此类记录或名"书",或名"志",或名"乘",或名"春秋",但无一以"史"为名,"史记"亦不过是史官记录的泛称[13]29;[21]29—30,这应可反映出早期记录的发展程度。而且,审视战国至西汉著述的性质,亦有助于探究所谓的"史书"。东周以降,王官学衰而诸子渐兴。今所见诸子百家所述,或被学者视为"历史",与之并存者是"传记"。诸子百家的记载,有历史成分在内,是《史记》素材来源之一,故有所谓"整齐百家杂语";但"厥协六经异传"之语[24]3319,则揭示出传记的重要性。

战国时代的诸子百家,喜欢造作或引述"故事",今所见战国晚期竹简中,此类故事也较为多见[25]267—278,但能否视之为史书,值得考虑。余嘉锡论及"古书多造作故事",并分析造作其原因,指出引用时当审慎②。实际上,不论是借问答形式展开论辩,还是通过征引故事以证明观点,从某种情况而言,关注的应是问答或故事背后的意义。对此,沈刚伯一语中的,"先秦诸子实无一人专治史学,他们都是把历史当作哲学资料,用过去的史实来迁就他们自立的义法;因而对于史料的运用与解释,往往有不实不尽之处"[13]47。正因为此,同是传说人物,由于立论不同,形象各异,"鲁人宿敦礼让,故说汤、武俱为圣智;晋人宿崇功利,故说舜、禹皆同篡窃;楚人宿好鬼神,故称虞、夏极其灵怪。三方称道古史不同,当即源自三方之思想各

---

① 后来文献引用《史律》这两条规定时,如《汉书·艺文志》《说文解字·叙》,省约合并,传写或误,带来不少误解:凡学童均17岁入学,接受诵读、书写等测试,合格者方能为吏。实际上,若以这样的标准考核为吏之人,即讽书9000字以上,恐怕没有多少人会符合要求。尽管至今尚不清楚汉人的识字率,但反观《说文解字》方收9000余字,博学多闻如许慎者尚且如此,则一般官吏识字量只低不高,殆可断言。秦汉时代的读写问题,参见 Enno Giele(纪安诺), *Ways to assess ancient literacy*,未刊稿。又,一般认为,官僚政治取代贵族政治,是战国最重要之变化。问题是,官僚政治建立后,如何进行运作呢?《史律》及相关条文反映出的"史职吏员化",或许有助于揭示出官僚政治运作的部分事实。即商周宗族政治时代,各类"史"职普遍存在,他们作为起文书草之人,使文书运作得以建立、巩固并维系统治。经历春秋战国之变革,贵族政治逐渐退出,官僚政治得以建立,掌起文书草的各级"史"职人员,仍是不可或缺的各级权力运作者。秦汉之时,县令长有佐史、县令史,郡国守相有郡史,边郡守置长史,九卿、三公有掾史,丞相、相国及(部分)将军有长史,不一而足。"史"职秩有高下,位有尊卑,主要职掌如一:书写记录。即便经历春秋战国巨变,此点依然被承袭且行用,尽管部分"史"职职掌会发生变化。通读《史律》可知,"史"学童选择标准较高,经过一段时间学习后,优者或被选任郡县乃至中央吏职,部分折射出各级"书史"之来源。这不仅可解释官僚政治如何运作,亦可深化对秦汉文书行政的认识。秦汉文书行政,可参见永田英正著,王勇华译:《文书行政》,载佐竹靖彦主编:《殷周秦汉史学的基本问题》,中华书局2008年版,第224—243页;对之论述翔实,堪称集成之作,参见富谷至著,刘恒武、孔李波译:《文书行政的汉帝国》,江苏人民出版社2013年版。

② 对于战国诸子书中的这一特点,除余嘉锡外,章学诚亦早有觉察,尽管他针对的是取辨甲乙、假设问答。参见余嘉锡:《古书通例》卷2《古书多造作故事》,载《中国现代学术经典·余嘉锡杨树达卷》,第215—227页;章学诚著,叶瑛校注:《文史通义校注》卷4《匡谬》,中华书局1985年版,第404—409页。

异"①。这样的立论传统,不局限于诸子百家②,实亦影响法律之学(详下)。孤立看传世及出土文献中的记述,或有真实的历史叙述在其中,与历史记载有一定相似性,但因其具有浓厚的附属性,充当着以"史"翼"经"的角色,难以与百家杂语明显分离,似难将之视为独立的史书。

传记之书,或如章学诚所言,"盖与六艺先后杂出",依经而行,各傅其说,后来"始以录人物者,区为之传;叙事迹者,区为之记"[10]248,传记之兴,约始于《春秋左氏传》,《左传》之于《春秋》,如刘勰所言:"传,转也;转受经旨,以授予后;实圣文之羽翮,记籍之冠冕也。"[26]178—179只是传记似乎不限于六艺,故程千帆引赵翼语说道:"古书凡记事、立论及解经者,皆谓之传,非传记一人事迹也;其专记一人为一传者,则自迁始。"[27]38这样的解释仍体现出传记带有附属性,但不可否认,这确实是古代文献(尤其是传记)的特色③。这不仅成为私人著述发展的推动力,且成为各类著述的有效组成部分。刘向序次《说苑》《新序》,取材于"传记行事"[28]1958,似可见这类记载的普遍性。不论是《文心雕龙·史传篇》,抑或是《史通·列传》,均视史为"传";《七录》以"记传录"作为史部代称[1]6;[29]907,显见记传之与史书的密切关系。

故事之与传记,难以截然分别。郑樵颇有见地地指出:"古今编书,所不能分者五。一曰传记,二曰杂家,三曰小说,四曰杂史,五曰故事。凡此五类之书,足相紊乱,又如文史与诗话亦能相滥。"[3]726之所以如此,大概与这些书传人记事内容或风格相关,或本于档案,据实而书,多严谨;或出自口传,逸闻演绎,语多不经。此类故事或传记的简牍文献,在今后仍有可能大量出土。然而,若充分考虑到诸子百家著述的形式及性质,即故事或传记具有强烈的从属或依附性,无法剥离诸子百家思想而独立存在。而且,史书类文献独立与否,亦取决于观念之发展。春秋战国之世,此类故事或传记的兴起,与诸子百家之兴密切相关,虽具有强烈的附属性质,却是"人之发现"的产物[30]13—19,故"传记体"成为《史记》《汉书》乃至历代正史的主体;东汉中后期以来,儒学定于一尊的局面被打破,促成魏晋时代个人意识之觉醒,故史部杂传类记载蔚然兴盛,不仅成为魏晋史学发展的表征之一,也成为推动史部独立发展的重要原因④。

所以,从早期"史"职性质及职掌看,"史"职世代相袭,职掌侧重于文字,记事而非撰述,至西汉且如此,此史书独立存在之一难也;审视诸子百家著述的性质,不论是故事,还是传记,呈现出以史翼经的特点,依附色彩强烈,此史书独立存在之二难也。若经学衰落是史学兴起之因[30]30—49,则史学独立发展自然要晚,时间大概始于东汉中期。既有此两难存在,经史关系又如此,则不宜将史书类单独列出,附丽于"春秋家"诚得其宜。此外,诵读汉《志》,反观阮氏《七录》、隋《经籍志》,可知史部独立不仅取决于纪传、编年或杂传,实际也是史

---

① 蒙文通援引9个事例证明之,颇能说明诸子"故事"的附属性质——立场决定"故事"中的人、事及理、义。参见氏著:《中国史学史》,上海人民出版社2005年版,第20、20—25页。
② 徐复观指出先秦至西汉的思想家,表达思想主要有两种方式。一种是用自己的语言表达,赋予概念性的说明,譬如《论语》《老子》,是最常见的诸子百家所用的方式;另一种是把自己的思想,主要用古人言行表达出来,以之作为思想成立的依据,如《春秋》系统,是诸子百家用作表达的一种特殊方式。《韩非子》《韩诗外传》《新序》《说苑》等,无不受第二种体裁影响。参见氏著:《两汉思想史(第三卷)》,华东师范大学出版社2001年版,第1—4页。
③ 六艺类如此,诸子类亦如此,数术类似亦如此。刘向《五行传记》,属汉《志》"书家",引故事、传记以证其说,见《汉书·五行志》;刘向《列女传》入"儒家",载古之贤妃、贞妇及孽嬖乱亡之人,用意在于劝诫;虎溪山汉简《阎氏五占》,按汉《志》部类,当隶属于数术略"五行",亦引往事以证明其占。《阎氏五占》的基本情况,参见郭伟民:《虎溪山一号汉墓墓制及出土竹简的初步研究》,载艾兰、邢文编:《新出简帛研究》,文物出版社2004年版,第53页;传记类史书具有的这一特点,参见逯耀东:《抑郁与超越:司马迁与汉武帝时代》,生活·读书·新知三联书店2008年版,第361—369页。
④ 逯耀东指出,《史记》《汉书》列传之与魏晋兴起的别传(或杂传),虽然表面上都以人物为主,但表现意义不同。前者以人系事,依附本纪而存在,围绕本纪而叙事与阐述,表现这些人物在其生存的历史时期中,对他们生活的社会群体所做的贡献;别传以传叙人,比较注重个人在群体社会中的表现,已不仅仅局限于政治一隅。参见氏著:《魏晋史学的思想与社会基础》,中华书局2006年版,第1—10、51—70页;又参见氏著:《抑郁与超越:司马迁与汉武帝时代》,第343—360页。

部部类内涵、外延扩大的结果。旧有纪传、编年"二体"虽列于史部之首,职官、仪注、刑法、地理、谱系及簿录亦列于史部,古人对史部认知观念变迁之巨一目了然。此观念刘向父子校雠群书时尚未出现,则列"谱牒"或"世谱"于史书部下,恐亦未必合适吧。

二、律令不载于汉《志》

汉《志》中,除《公羊董仲舒治狱》附于"春秋家"外(详下),不载律令或法制,故补录汉《志》者,均增律令于诸子略"法家"。汉《志》不载律令,章学诚说法有二。其一,"凡著录之书,有当时遗漏失载者,有著录残逸不全者",汉《志》残逸不全,故萧何之律令不见于汉《志》;其二,律令藏于"理官",章程存于掌故,刘向校次群书时,"不责成于专官典守,校定篇次,是《七略》之遗憾也"[31]232、[11]40,46—47、[10]31。残逸之说属章氏臆断,不可信,且与第二说自相矛盾,可置不论。后者针对郑樵而发,郑樵訾议刘、班不载律令、章程,章氏驳之,认为律令由于专官典守,故刘向无从整理编目。此说渊源似甚早。《文心雕龙》有言:"按《七略》《艺文》,谣咏必录;章表奏议,经国之枢机,然阙而不纂者,乃各有故事,布在职司也。"[26]263—264 此言虽未针对律令,但对后人有启示意义。章炳麟说道:"独萧何之九章,叔孙通之礼器制度,王官所守,布在九区",故皆阙不录[32]359。简言之,律令由专司典守且行用于天下,故汉《志》不载。余嘉锡认为,律令作为经国大典,私人刊剟一字罪至于死,无须校雠,故不载①。

按,律令由专官典守,源出《汉书》,"叔孙通所撰礼仪,与律令同录,藏于理官"[28]1035;刘向校雠中祕群书时,是否如章学诚所言,中祕无律令而不著录,无从知晓。律令是否因行用而不著录,今亦无证据证实或反驳之。余氏所言源自《商君书》②,私人删削律令罪至死;但律令文本传抄过程中,错简、讹字并不罕见③,甚至篇题亦能出错④,校雠实有必要,故有"岁雠辟律于御史(简199)"之法[18]64,新见里耶秦简中亦有"令史操律令诣廷雠(简8—173)"之规定[33]21。虽如此,余氏所言校雠,仍有启发意义。学界素重刘向父子校书的学术及思想史意义,即辨章学术、考竟源流[11]1;余嘉锡从古书单篇别行的文本形态入手,肯定刘向合中外书、除重复、写定篇目之举[5]25—26,37。余氏揭橥的这点,即古书篇目写定,契合编校群书宗旨,使古书文本大体固定,既是先秦古书经典化的延续,也是古书经典化的初步完结[34]50—68,实亦奠定汉代在中国文化史上的意义。

不得不提及的是,富谷至早已指出:《隋书·经籍志》只见晋以降之律令法典,无非是因为晋以前并不存在具有完成形态的律典及令典;换言之,汉《志》在著录典籍时,律、令被视为何种书籍,是必须考虑的问题[35]189、125—126、159—163。前辈先贤论律令不载于汉《志》,已如上述;下所述者,从余氏着力揭橥之校雠,依据秦汉律令简牍文献,通过对律令存在形态的考察,审视律令不载于汉《志》的原因,或更可旁证富谷至说法之可从。

或以为古书记载萧何"九章",九章之名具在;学者又视之为"法典",结构自是固定。但这恐

---

① 余氏就章炳麟上述说法,亦即律令、礼仪不载汉《志》,写道:"盖其大者国之典章,刊剟一字,罪至殊死,固不待校,其细者笾豆之事,佐史之职,官别为书,亦不暇校雠缮写,是以不著于录也。"参见氏著:《古书通例》卷1《案著录第一》,载《中国现代学术经典·余嘉锡杨树达卷》,河北教育出版社1996年版,第164页。
② 《商君书》有言,"有敢剟定法令一字以上,罪死不赦"。参见蒋礼鸿撰:《商君书锥指》卷5《定分第二十六》,中华书局1986年版,第141页。
③ 睡虎地秦简及张家山汉简中,均有此类情形存在。比如,《法律答问》中"可(何)谓'家罪'"条等,张家山《金布律》中"不幸流"条、"诸收人"条等。参见睡虎地秦简竹简整理小组:《睡虎地秦墓竹简》,文物出版社1990年版,第119页;彭浩、陈伟、工藤元男主编:《二年律令与奏谳书:张家山二四七号汉墓出土法律文献释读》,上海古籍出版社2007年版,第254、255页。
④ 张家山汉墓竹简整理小组及日本学者富谷至注意到,《二年律令·金布律》的部分条文,在睡虎地秦简中载入《关市》;今岳麓秦简所见,律名清楚,知睡虎地秦简抄写有误。岳麓秦简资料,参见陈松长:《睡虎地秦简"关市律"辨正》,《史学集刊》2010年第4期,第16—20页。

与事实不符。从某种情况而言,认为汉律篇目固定,既是概念混乱的产物,也是记载歧异的结果。所谓概念混乱,即指"法典"(Code)。西方学界在使用"法典"时多会进行概念界定,譬如 John W. Head、Geoffrey MacCormack①,尽管这些界定未必能恰如其分地说明问题。这固然源于学界对"法典"认知分歧较大,亦显现用专业术语解释古代法律时需审慎。国内学者多对"法典"采取"拿来主义",很少注意概念的差异或进行内涵界定,动辄称谓中国古代法律为"法典"。如视"法典"为法律的泛称或代称,无可厚非,但若从法典编纂技术入手衡量之,情况会发生根本变化。简言之,用"法典"称谓中国古代法律,无形中遮蔽了法律编纂形态的演变:秦汉时尚不存在由政府统一编纂的法律,单篇律与令共同构成当时的律令体系;符合法典编纂意义的法律始于魏晋新律——律典结构自此固定,逻辑严密,律令分途趋于明朗②。

综观当下出土的秦汉法律文献,大致可以得出以下基本认识。其一,各律篇间并无明显轻重、主次之别,睡虎地秦简《秦律十八种》中《田律》居于篇首,张家山汉简《二年律令》中《贼律》置于最前,似可说明各律篇排列有一定的随意性,篇章固定的律令体系尚未形成。其二,尽管律令是由朝廷统一颁行,但统一的法律编纂物尚未出现。当时若确实存在由国家统一颁行的律令编纂物,该如何解释张家山汉律令会有近三十篇与十五篇之别?难道国家统一颁行的编纂物,会在短期内改变如此之多,律令篇目会如此不固定?而且,不同文本收录律篇变化较大,多者近三十种,中者或十余种,少者仅一两种。"同律不同篇"(同一律篇收录于不同的律令文本),似亦可映现出统一编纂物的不存在。一个墓葬中出土的律令不足以下如此断语,但不同墓葬或多或少地都反映出此趋势,使我们不得不再审视秦汉律令的存在形态及其体系。其三,诸律篇颁行年代不尽为一,是以单篇别行的方式行世。《二年律令》不是短期内统一颁行的律令,而是不同时间颁行的律令的集合体。诸律既然不是统一颁行于某一时间,"随时所作,即以行世"就成为常态[5]227。诸律令颁行年代既有先后之别,亦旁证统一的法典编纂未出现。

学者对汉律令的研究,除《汉书·刑法志》外,便是《晋书·刑法志》。唐人撰修《晋书》时,依据已有的认知观念,建立律令发展之系谱:李悝撰"法经"六篇,商鞅受之以相秦,至萧何而成"九章",后又有傍章、越宫律及朝律,至汉武帝时计为60篇。学者多据此叙述汉律令,质疑者少。近年来,或结合出土秦汉简牍,提出质疑,或仍坚信,不一而论[36]215—235;[37]86—91。不过,若从汉律篇目来看,这段记载虽未必否定,但至少不该确信不疑。保守统计,今所见汉律篇(主要是西汉)约三十三种[37]99—108。汉律篇实际多于此数。睡虎地七七号汉墓年代属文帝末至景帝时。墓中出土法律简有两种:一种含盗、告、具、捕、亡律等16种,一种含金布、户、田、工作课、祠、葬律等24种。用整理小组的话说:"律名前均有墨块作为标记。这40种律名多见于张家山汉简《二年律令》和云梦睡虎地秦墓竹简法律文献,但也有少数篇名为首次出现,如《葬律》等。"[38]35 如整理者所言无误,《晋书·刑法志》所载即便有出处,也不能不令人生

---

① John W. Head, *Codes, cultures, chaos, and champions: Common features of legal codification experiences in China, Europe, and North America*, Duke Journal of Comparative & International Law, Volume 13:1(2003), pp.1-38;又见 John W. Head and Yanping Wang, *Law codes in dynastic China: A synopsis of Chinese legal history in the thirty centuries from Zhou to Qing*, Durham, N.C: Carolina Academic Press, 2004; Geoffrey MacCormack(马若斐), *The transmission of penal law (lü) from the Han to the T'ang: A contribution to the study of the early history of codification of in China*, Revue Internationale des droits de l'antiquité, Tome LI 2004, pp.47-83.按:John W. Head 认为"法典"是指在一定法律体系内,用以涵盖民法、刑法或程序法等全部或多数领域的法律集合体。马若斐认为法典有广义、狭义及编纂技术之分别。广义指在特定时期或某个朝代,统治者所有立法的集合物,未必有特别的组织原则,内容亦未必有特别归置;狭义指王朝全部法律的一部分,尽管不同朝代会有不同立法;编纂意义上的法典是现代学者的产物,依据一定主题而被划分的部门法律,除非在结构上有联贯的逻辑性,否则便不能被称为法典。

② 富谷至、徐世虹等学者均指明此点,详见拙篇:《〈二年律令〉年代问题研究》,载《历史研究》2008年第3期,第148—149页;拙著:《秦汉律令法系研究初编》,社会科学出版社2012年版,第217—219页。

疑：武帝前汉律已达40种之多，则这些律篇是经过怎样的选择，才能与晋《志》记载吻合？

以上分别从概念内涵及文献记载两方面，考察汉律令的存在形态。考察或许有背离主题的嫌疑，但似乎也只有如此，才能厘清汉律令的编纂。秦汉时由单篇律与令共同构成律令体系，从校雠重心确定文本篇目看，自然有必要进行系统、全面的条理。但是，刘向父子不仅未这样做，就连律令也未收录其中。这恐怕另有原因。西汉初年以来，律令数量不断增多，武帝时尤甚。这招致儒者的强烈批评："方今律令百有余篇，文章繁，罪名重，郡国用之疑惑，或浅或深，自吏明习者不知所处，而况愚民？律令尘蠹于栈阁，吏不能遍睹，而况愚民乎？"[39]566,570—571班固也说道："文书盈于几阁，典者不能遍睹。是以郡国承用者驳，或罪同而论异。奸吏因缘为市，所欲活则傅生议，所欲陷则予死比，议者咸冤伤之。"[28]1101此类批评或有夸大处，但律令繁杂确为事实，元、成二帝亦承认这点①。基于这样的事实，厘定律令势在必行。从西汉宣帝至东汉献帝，此类提议屡见史书，且确实见之于实行。问题是，律令厘定并没有取得实质性进展；对法律条文进行为数有限的数量增减，并没有办法突破既有的律令体系框架[40]272—278。那么，刘向诸人处境如此，即律令繁杂、篇章错糅且轻重乖异，专门理官如廷尉者对之尚无可奈何，则诸人即便有心校雠律令，恐亦非其能力所及。而且，刘向诸人有无校雠律令能力且不论，西汉律令学不足以推动这番变革，也是重要原因。律令学出现于西汉，至东汉时方极于兴盛[41]247—316。有学理上的深入探讨，方有魏晋新律的诞生。毕竟，魏晋新律具有的特点，如篇章固定、结构严谨，如富有逻辑、相互呼应，不仅有撰律诸人的贡献，也是律令学发展之表征。

三、《公羊董仲舒治狱》的形式及其他

汉《志》所载《公羊董仲舒治狱》，仅简单提及此书有16篇而已。传至后世书名屡易，代有散佚，至两宋之际而遂亡②。由仲舒倡议或此书推动，春秋决狱或经义折狱，成为汉律研究不可或缺的内容。学者研究，从最初的春秋决狱案例搜集，到从现代法学原理入手剖析；对其评价，从最初近乎完全的否定，今则承认其尚存合理性，变化之大可见一斑③。今所见董仲舒春秋治狱，一般认为有6例，黄源盛、黄静嘉均逐一析论，无须多言。但对《公羊董仲舒治狱》的表现形式，即到底确有其事，抑或是虚拟问答，学者关注似乎不多，故围绕此展开叙述。

何四维似率先指出：董仲舒春秋决狱事例并非实例，原因在于其中虚拟甲、乙等人物。对此问题，何氏本欲放在 Remnants of Han Law（《汉律辑逸》）第二卷叙述，但第二卷迟迟未能完成，故不得知其详[42]52。后来，邢义田据《法律答问》所见，指出春秋决狱与其有相似之处：采取问答的形式，以甲乙虚设案情，以及"何论"等术语。邢氏引董仲舒春秋决狱并述其形式，意在解答《法律答问》的性质，指出此类答问产生在法律咨询的场合[41]268—269。张伯元亦指出董仲舒春秋决狱多虚拟成分，且据文献指出部分事例的出处[43]63—66，较之何、邢所论，深化不少。我们倾向于认同何、张所论，董仲舒春秋决狱的佚文为虚拟问答；用意则

---

① 元帝说道："夫法令者，所以抑暴扶弱，欲其难犯而易避也。今律令繁而不约，自典文者不能分明，而欲罗元元之不逮，斯岂刑中之意哉！"成帝亦言："今大辟之刑千有余条，律令繁多，百有余万言，奇请它比，日以益滋，自明习者不知所由，欲以晓喻众庶，不亦难乎。"参见班固：《汉书》卷23《刑法志》，中华书局1962年版，第1103页。
② 东汉时称为《春秋决狱》，隋《经籍志》作《春秋决事》，新、旧《唐书》作《春秋决狱》，《崇文总目》作《春秋决事比》，本文中多用《春秋决狱》。参见张舜徽：《汉书艺文志通释》，湖北教育出版社1990年版，第65—66页。
③ "春秋决狱"的辑佚，见沈家本著，邓经元、骈宇骞点校：《历代刑法考》，中华书局1985年版，第1770—1779页；程树德：《九朝律考》卷1《汉律考七》，中华书局1963年版，第163—177页。对"春秋决狱"事例的注释、分析，见黄源盛：《春秋折狱的当代诠释》《两汉春秋折狱案例探微》《春秋折狱的方法论与法理观》《春秋折狱"原心定罪"的刑法理论》，见氏著：《汉唐法制与儒家传统》，元照出版有限公司2009年版，第10—173页；高恒：《春秋公羊学与中国传统法制》、黄静嘉：《中国传统法制之儒家化之登场、体系化及途穷——以程树德编两汉春秋决狱案例为切入点》，载柳立言主编：《传统中国法律的理念与实践》，"中央研究院"历史语言研究所2008年版，第1—33、161—245页。

如富谷至、鲁惟一所言从儒家思想或观念的角度解释法律(详下)。问答体式的著作自战国以来频见,至秦汉时尤然。张家山汉简《盖庐》以盖庐发问、伍子胥回答的形式呈现,马王堆帛书中的《十问》以黄帝发问、岐伯对答的形式呈现,例多不赘举,与上述诸子百家著述形式之一契合。

这种问答式的论著形式亦影响法律之学。《法律答问》即采用问答形式①。或以为《法律答问》为吏民问法记录,但似乎还有另一种可能存在。《唐律疏议》中亦载有不少问答②,综观相关记载及答问的内容,知此类问答似非真正的问法记录。究其实,不过是为解说、辨明律意而虚设之问答,虚设问答恐不过是注律方法之一罢了③。若《法律答问》属此类情况,其即便是以问答的形式呈现,恐亦不能将之视为问法记录。更何况,《法律答问》中虚设问答的情况并不罕见,尤其是那些甲乙问答。顾炎武在《日知录》"假名甲乙"条中指出[44]1037—1038,假名甲乙有人名失载而以甲乙代之、虚设甲乙而论设说理两种情形。按,结合今所见及学者研究,知顾氏所言有不全面处:以甲、乙代称出现者,或可能是文书范本"式"[45]304;[46]230—238;[47]68—69。但就《法律答问》而言,显然属于虚设说理。正如《奏谳书》所载"异时卫狱",有意改造"故事",从而实现其用意,"故事"不过是"工具"罢了[48]236—253;[37]147—154。董仲舒春秋决狱事例除"君猎得麑"外,均采甲乙之问;从这个角度看,其为虚拟问答完全是可能的。

为说明问题起见,据黄源盛《两汉春秋折狱案例探微》文,迻录董仲舒决狱一例如下:

甲父乙与丙争言相斗,丙以佩刀刺乙,甲即以杖击丙,误伤乙,甲当何论?或曰:"殴父也,当枭首。"论曰:"臣愚以为父子至亲也,闻其斗,莫不有怵怅之心,扶伏(杖)而救之,非所以欲诟父也。春秋之义,许止父病,进药于其父而卒,君子原心,赦而不诛。甲非律所谓殴父也,不当坐。"[49]43—46

甲为救父乙而误伤之,论当何罪。或据律令行事,殴父以枭首论处④;董仲舒否认殴父罪,原其心本为救父而误伤父,不当坐。黄源盛指出如此判法,自有其相当的合理性。文献中有与此例极相近而治春秋决狱者极少注意之事例:

《异义》云:"妻甲夫乙殴母,甲见乙殴母而杀乙。《公羊》说甲为姑讨夫,犹武王为天诛纣。"郑驳之云:"乙虽不孝,但殴之耳,杀之太甚。凡在宫者,未得杀之。杀之者,士官也。[50]370—371

《礼记》有论弑父之事,故许慎《异义》云云,郑玄观点与许慎有别。夫乙殴母,妻甲杀之而当如何论处,与上引董仲舒春秋决狱事例较为相似,不仅采用虚设甲乙的表述形式,更重要的是引《公羊》经义以折狱,认为甲杀乙名正言顺,如武王替天讨伐商纣。初看《异义》所言,很难不将之视为春秋决狱事例;是否属《董仲舒公羊治狱》佚文,无法断言。再三品味《礼记》原文、郑玄注及孔颖达《正义》,殆可确定《异义》所云为虚构。经、注中并未言及妻弑夫事,许、郑分歧在于对经义的理解,设喻事例仅为明经之需要。贾公彦指出:"云甲乙者,兴喻之义耳。"[51]1110 以虚设甲乙来明晰经义,董仲舒春秋决狱恐亦相似。

春秋决狱是否均虚拟不宜断言,取材于司法

---

① "甲谋遣乙盗杀人,受分十钱,问乙高未盈六尺,甲可(何)论?当磔。"又如:"士五(伍)甲斗,拔剑伐,斩人发结,可(何)论?当完为城旦。"参见睡虎地秦墓竹简整理小组:《睡虎地秦墓竹简》,第109、113页。
② 譬如,"犯罪共亡捕首"章载:"又问曰:甲乙二人,轻重罪等,俱共逃走,甲捕乙首,甲免罪否?答曰:律称'获半以上首者,皆除其罪',甲乙共亡者,甲能获乙,逃罪已尽,更无亡人,获半尚得免辜,况其逃亡全尽,甲合从原。假有十人共死,俱共逃亡,五人捕五人,亦是首,获相半。既开首捕之路,此类各合全免。"参见长孙无忌等撰,刘俊文点校:《唐律疏议》卷第五《名例》,中华书局1983年版,第107页。
③ 《疏议》可以确定不是吏民问法记录。这种问答式的法律解释之传统,在唐以后的律注中仍然被沿用。参见张伯元:《古代判例考略》,载《律注文献丛考》,社会科学文献出版社2009年版,第39—43页。
④ "子贼杀伤父母,奴婢贼杀伤主、主父母妻子,皆枭其首市。"参见彭浩、陈伟、工藤元男主编:《二年律令与奏谳书:张家山二四七号汉墓出土法律文献释读》,第103页。

实践亦有可能①，后代确有这种实例。譬如，《晋书》记载张华造甲乙之问事，从而引出朝廷重臣一番议论。安丰太守程谅先已有妻，后又娶，立嫡子有二；前妻亡，后妻子疑所服，中书令张华造甲乙之问，"甲娶乙为妻，后又娶丙，匿不说有乙，具家如二嫡，无有贵贱之差。乙亡，丙之子当何服？本实并列，嫡庶不殊，虽二嫡非正，此失在先人，人子何得专制析其亲也。若为庶母服，又不成为庶。进退不知所从"[29]640。而且，董仲舒春秋决狱事例中，"何论""吏议"等文字表述经常出现，与当时社会司法实践中的法律术语同，似显现出其表现形式向真实案例靠拢，但今所见六例佚文殆可认定为虚拟。

考察春秋决狱的表现形式，是我们的目的之一，但并非全部。分析事例本身自然必要，但也应着眼于以下问题：为何融经义入律令，经义如何融入律令，经义与律令之关系，经义之取舍。这些非只言片语所能解答，但结合部分事例能窥其一斑。

经义折狱的精髓是"原心定罪"，可弥补刚性法律规定之弊。此点无须赘言。然而，上引"误伤己父"，下文"私为人妻"，以及未引述的"拾儿道旁"，显现在"原心定罪"原则外，尚有另一精髓隐而不彰：基于人伦或道德的考量。之所以隐而不彰，并非说学者未注意到这点，而是其多被"原心定罪"遮蔽。"原心定罪"强调的本其事而原其志，侧重行为人的意图或动机②。但反复分析上述三个事例可知，行为人的举动多基于人伦或道德。误伤或法有明文，只是子误伤父非同一般，董仲舒着眼于父子之情，法吏则据一般律文惩处③；"私为人妻"可能无法律规定，但妇无淫行之心，且系威姑之命，亦基于道德考虑④；"拾儿道旁"潜含着"亲隐"，当时法律似无"亲隐"之制[52]221—237，仲舒亦基于父子情论狱。不仅此三例如此，《异议》"为姑讨夫"，显然亦如此。唯有"加杖所生"一例，仲舒未尝不基于人情，只不过存争议罢了[49]50—53。从这个角度看，若"原心定罪"为其表，则人伦道德实为其里。这是否为董仲舒春秋决狱的通例，无法断言；今所见经义折狱事例中仍不乏其事，则视此为春秋决狱重要原则之一，或合董仲舒之意吧。

经义如何融入律令，上述所言或证明之；引述历史故事而赋予解释，也是重要途径之一。董仲舒决狱事例"君猎得麑"，无疑是说明问题的不二选择。仍据《两汉春秋折狱案例探微》文，迻录如下：

> 君猎得麑，使大夫持以归。大夫道见其母随而鸣，感而纵之。君愠，议罪未定，君病恐死，欲托孤幼，乃觉之，大夫其仁乎！遇麑以恩，况人乎？乃释之，以为子傅。于议何如？仲舒曰："君子不麛不卵，大夫不谏，使持归，非仁也。然而中感母恩，虽废君命，徙之可也。"[49]53—56

---

① 或认为董仲舒春秋决狱"拾儿道旁"事例，有"诏不当坐"语，认定其以司法实践的事件、案例为素材。按：今所见董仲舒春秋决狱事例中，二例写作"不当坐"，一例为"不应坐"，一例为"当坐弃市"。"诏不当坐"或写作"一不当坐"。从文意上看，"诏不当坐"一句突兀，不如"一不当坐"句顺。说其取材于司法实践，有待更多例证支持。参见张伯元：《问答式律注考析》，载《律注文献丛考》，第64页。又，《法律答问》及董仲舒春秋决狱事例中，"何论""吏议"等文字表述经常出现。这是当时法律常用语的反映。譬如，《奏谳书》中"狱史阑案"，"•吏议：阑与清同类，当以从诸侯来诱论。•或曰：当以奸及匿黥舂罪论"；又如，"男子毋忧案"中，"•吏当：毋忧当要（腰）斩，或曰不当论。参见彭浩、陈伟、工藤元男主编：《二年律令与奏谳书：张家山二四七号汉墓出土法律文献释读》，第339、333页。

② 关于"原心定罪"的叙述，若无标注，均源自黄氏。参见氏著：《春秋折狱的方法论与法理观》《春秋折狱"原心定罪"的刑法理论》，《汉唐法律与儒家传统》，第117、132—173页。

③ 《二年律令》中有贼伤、斗伤、过失伤、戏伤及自贼伤，不见误伤；若以子殴父论，当弃市，与枭首有别。参见彭浩、陈伟、工藤元男主编：《二年律令与奏谳书：张家山二四七号汉墓出土法律文献释读》，第98—100、105页。

④ 从私为人妻当弃市看，可能法律有相关规定，但《二年律令》中似无明文，唯见禁娶人妻为妻。参见彭浩、陈伟、工藤元男主编：《二年律令与奏谳书：张家山二四七号汉墓出土法律文献释读》，第157页。又，戴梅可比较此案与《奏谳书》中的"合奸案"而认为，两者间的差异可正确反映出武帝时代的历史变迁。"私为人妻"始更强调道德而被（误）视同为儒家化，"合奸案"反映出秦及西汉初公与私、法律与道德之分离。参见Michael Nylan, *Notes on a case of illicit sex from Zhangjiashan: a translation and commentary*, Early China, Volume 30(2005-2006), pp.36、44-45。

"君猎得麑"事例,见于《白氏六帖》,文句且有不通处。《白氏六帖》述此事例时,间述及《淮南子》中的文字,今据《淮南子》迻录如下:

> 孟孙猎而得麑,使秦西巴持归烹之,麑母随之而啼。秦西巴弗忍,纵而予之。孟孙归,求麑安在,秦西巴对曰:"其母随而啼,臣诚弗忍,窃纵而予之。"孟孙怒,逐秦西巴。居一年,取以为子傅。左右曰:"秦西巴有罪于君,今以为子傅,何也?"孟孙曰:"夫一麑而不忍,又何况于人乎?"此谓有罪而益信者也。[53]1251

不论是《淮南子》,还是董仲舒决狱,两者在叙事方面的相似自不必言①。不同的是,《淮南子》中用以说明"有罪而益信",讲"趋舍不可不审"之理;仲舒春秋决狱傅以经义,用黄源盛的话说,"出于顾全仁爱的动机而违背君命,可以减刑"。是否有"君猎得麑"事不可知,但借此事而说理则属无疑:一为设喻以明道理,一为融经义以入法律,仅此而已。从此事例看,融经义以入法律,如富谷至、鲁惟一所言,是从儒家立场解释法律问题②。

融经义以入律令,固然有其优长处,只是经义与律令,有时也存在矛盾,复仇则为显例[49]85—88;[54]434—501。上引"为姑讨夫",不论其是否为董仲舒决狱佚文,也不论其为虚拟或源自案例,亦能说明问题。从《春秋公羊传》的角度看,妻之行为无可厚非;从法律角度看,惩治权在官府而非个人,故有郑玄反驳许慎之语。暂置是非不论,经义与律令之矛盾,清晰可见。经义、律令并非单向关系,即经义只可融入、改造律令;两者实际亦有互动,律令或凌驾乃至限制经义③。经义有别,援引时亦会有矛盾,徐偃矫制案即如此[49]60—63。"为姑讨夫"之注疏,也能反映此点。《正义》引《异义》"卫辄拒父"事,列许、郑两人之说:许慎据《公羊》指出孝子不以父命辞王父之命,郑玄驳斥曰"以父子私恩言之,则伤仁恩",故孔颖达以为"郑意以《公羊》所云,公义也;《左氏》所云,是私恩也"[50]370—371。按,孔氏所言似有助于理解经义折狱为何又称"公羊折狱",这显然与《春秋公羊传》侧重的主旨有密切关系,即所谓"公义"。由于经义选择有别,故判定亦未必相同。由此,折射出来的问题是:当治狱之人不熟知经义,或未必基于公平、公正心,势必会带来问题或危害。

以上,分别围绕"史书附于'春秋家'""律令不载于汉《志》""《公羊董仲舒治狱》"的形式及其他"展开。其一,先秦及西汉时,史官仍为畴官,职掌文书记录,记录而非撰述,故史书独立存在、发展似受限制。今所见传世及出土文献,确有故事、传记类,将来可能会有更多的此类文献出土。但若充分考虑这些记载的附属性质,我们认为很难将之视同为史书。而且,若从魏晋以来史部独立发展反观之,即史部独立亦是史部内涵扩大之结果,则秦汉时人对"史"的认识,显然仍停留在文字书写的阶段,观念上亦不具备后世所说之"史"。刘向父子校雠群书时,将史书附丽于"春

---

① "君猎得麑"或认为源自《说苑》而假托仲舒名,误。淮南王刘安于武帝建元元年(前140年)献《淮南子》。《公羊董仲舒治狱》,一般认为是仲舒老病致仕后所著,成书时间可以确定晚于《淮南子》。又,《淮南子》中的记载,似源自《韩非子》:不论文字表述,还是阐说道理,均无甚差别。参见王先慎撰,钟哲点校:《韩非子集解》卷第七《说林上第二十二》,中华书局1998年版,第178—179页。

② 富谷至认为,与其说《春秋决狱》是审判或判例集,倒不如说是董仲舒叙述的法律解释书。他还指出,用问答的形式体现法律解释,从睡虎地秦简《法律答问》持续到董仲舒《春秋决狱》,唐开元二十五年(737年)完成的《开元律疏》,即传至今日的《故唐律疏议》,有不少处也存在着以问答形式解释、注释条文。可以说,《故唐律疏议》正处于秦汉法律注释书的延长线上,即所谓的"唐律答问"。参见富谷至:《古代中国的刑罚》,日本中央公论社1995年版,第119—120页。又参见 Michael Loewe, Dong Zhongshu as a Consultant, Asia Major, Volume XXII (Part I, 2009), pp.163-182。按:结合《封诊式》《奏谳书》及董仲舒春秋决狱事例,鲁惟一指出前两者并未有引述经典的尝试,或出于道德考量而决定律令的适用问题。

③ 高恒亦指出经义与律令间存在矛盾,但我们认为未尝不可据此展开再讨论,梳理经义与律令间的双向互动关系,而非仅着眼于儒家对律令的改造,或者是通常所说的"法律儒家化"。参见高恒:《公羊春秋学与中国传统法制》,载《传统中国法律的理念与实践》,第24—25页。

秋家",诚得其宜,亦契合学术源流。其二,从刘向父子校雠群书的重心看,即以篇目固定取代往日之单篇别行,或可解释律令不载汉《志》之原因。今所见秦及西汉律令,是由单篇律与令共同构成的律令法系,在当时尚无政府统一编纂之律令;武帝以来,律令日渐繁多,使用不甚便利,虽有厘定律令之举,但并无实质进展。对专门理官而言,尚不能系统厘清律令,刘向父子恐亦难为之;律令厘定并不仅仅是删定条文,当时律令学的发展似亦不足以推动这番变革。其三,通过探求今所见董仲舒治狱佚文的表现形式,亦即虚拟甲乙之事或讲述历史故事,来考察为何融经义入律令,如何融经义入律令:在认同"原心定罪"这一核心原则的前提下,据部分佚文指出此原则强调的是人伦与道德。在经义融入律令时,经义与律令可能存在矛盾,经义因取舍有别亦会如此,显现经义与律令的互动关联,亦显现经义折狱的主观性,或可丰富对经义折狱的认识。

[附记]

本文初稿完成于2011年3月,后又有修改,徐世虹、李晓菊、陈立强、蓝悟非诸先生或检示、补充材料,或通读全文并提出改正意见,或协助英文摘要翻译及修改,于此一并表达诚挚谢意。札记之第二小题,不少内容源自旧文,此处为说明问题起见,故不避重复。虽如此,仍文责自负。

【参考文献】

[1] 阮孝绪.阮氏七录[M]//臧庸,辑.《续修四库全书》编辑委员会.续修四库全书:919册.上海:上海古籍出版社,2002.
[2] 马端临.文献通考[M].上海:商务印书馆,1936.
[3] 郑樵.通志略[M].上海:世界书局,1936.
[4] 焦竑.国史经籍志附录[M]//《续修四库全书》编辑委员会.续修四库全书:916册.上海:上海古籍出版社,2002.
[5] 余嘉锡.目录学发微[M]//刘梦溪.中国现代学术经典:余嘉锡杨树达卷.石家庄:河北教育出版社,1996.
[6] 张舜徽.汉书艺文志通释[M].武汉:湖北教育出版社,1990.
[7] 李振宏.论汉代学术体系的汉代生成[J].河南大学学报,2008(2).
[8] 李零.兰台万卷:读《汉书·艺文志》[M].北京:生活·读书·新知三联书店,2011.
[9] [美]柯马丁.早期中国文学:开端至西汉[M]//孙康宜,宇文所安.剑桥中国文学史:上卷 1375年之前.刘倩,等译.北京:生活·读书·新知三联书店,2013.
[10] 章学诚,著.叶瑛,校注.文史通义校注[M].北京:中华书局,1985.
[11] 章学诚,著.王重民,通解.校雠通义通解[M].上海:上海古籍出版社,2009.
[12] 朱希祖.中国史学之起源[M]//周文玖.朱希祖文存.上海:上海古籍出版社,2006.
[13] 沈刚伯.说"史":为纪念胡适之先生冥寿作[M]//沈刚伯先生文集.台北:"中央"日报出版社,1982.
[14] 徐复观.两汉思想史[M].上海:华东师范大学出版社,2001.
[15] 谢保成.中国史学史[M].北京:商务印书馆,2006.
[16] 彭浩,陈伟,工藤元男.二年律令与奏谳书:张家山二四七号汉墓出土法律文献释读[M].上海:上海古籍出版社,2007.
[17] 张政烺.六书古义[M]//张政烺文史论集.北京:中华书局,2004.
[18] 睡虎地秦墓竹简整理小组.睡虎地秦墓竹简[M].北京:文物出版社,1990.
[19] 劳干.《史记·项羽本纪》中"学书"和"学剑"的解释[J]."中研院"历史语言研究所集刊:三十周年纪念专号,1959(30下).
[20] 张金光.论秦汉的学吏制度[J].文史哲,1984(1).
[21] 逯耀东.魏晋史学的思想与社会基础[M].北京:中华书局,2006.
[22] 李学勤.清华简《系年》及有关古史问题[J].文物,2011(3).
[23] 清华大学出土文献研究与保护中心.清华大学藏战国竹简:贰[M].上海:中西书局,2011.
[24] 司马迁.史记[M].北京:中华书局,1982.
[25] 李零.简帛古书与学术源流[M].北京:生活·读书·新知三联书店,2004.
[26] 戚良德.《文心雕龙》校注通释[M].上海:上海古籍出版社,2008.
[27] 程千帆.《史通》笺记[M].武汉:武汉大学出版社,2008.
[28] 班固.汉书[M].北京:中华书局,1962.
[29] 房玄龄,等.隋书[M].北京:中华书局,1974.
[30] 胡宝国.汉唐间史学的发展[M].北京:商务印书馆,2003.

[31] 王应麟,著.张三夕,杨毅,点校.汉制考·汉艺文志考证[M].北京:中华书局,2011.
[32] 章太炎.七略别录佚文征序[M]//上海人民出版社.章太炎全集:第1册.上海:上海人民出版社,1982.
[33] 湖南省文物考古研究所.里耶秦简:壹[M].北京:文物出版社,2012.
[34] 李零.从简帛古书看古书的经典化[M]//清华大学历史系,三联书店.清华历史讲堂初编.北京:生活·读书·新知三联书店,2007.
[35] [日]富谷至.通往晋泰始律令之路(Ⅰ):秦汉的律与令、通往晋泰始律令之路(Ⅱ):魏晋的律与令[M]//中国政法大学法律史学研究院.日本学者中国法论著选译.朱腾,译.北京:中国政法大学出版社,2012.
[36] 徐世虹.近年来二年律令与秦汉法律体系研究述评[M]//中国政法大学法律古籍整理研究所.中国古代法律文献研究:第三辑.北京:中国政法大学出版社,2007.
[37] 张忠炜.秦汉律令法系研究初编[M].北京:社会科学文献出版社,2012.
[38] 湖北省文物考古研究所,云梦县博物馆.湖北云梦睡虎地M77发掘简报[J].江汉考古,2008(4).
[39] 桓宽,著.王利器,校注.盐铁论校注(定本)[M].北京:中华书局,1992.
[40] 徐世虹.中国法制通史:第二卷 战国秦汉[M].北京:法律出版社,1999.
[41] 邢义田.秦汉的律令学:兼论曹魏律博士的出现[M]//秦汉史论稿.台北:东大图书公司,1987.
[42] [荷兰]A. F. P. Hulsewé. Introductory Studies and an Annotated Translation of Charpters 22 and 23 of the History of the Former Han Dynasty [M].Leiden:E.J. Brill,1955.
[43] 张伯元.问答式律注考析[M]//律注文献丛考.北京:社会科学文献出版社,2009.
[44] 顾炎武,著.黄汝成,集释.栾保群,吕宗力,点校.日知录[M].石家庄:花山文艺出版社,1991.
[45] 邢义田.从简牍看汉代的行政文书范本:"式"[M]//李学勤,谢桂华.简帛研究:第三辑.南宁:广西教育出版社,1998.
[46] 高恒.汉简牍中所见的"式"[M]//秦汉简牍户法制文书辑考.北京:社会科学文献出版社,2008.
[47] 张金光.论秦汉的学吏教材:睡虎地秦简为训吏教材说[J].文史哲,2003(6).
[48] 张忠炜.读《奏谳书》"春秋案例"三题[M]//中国政法大学法律古籍整理研究所.中国古代法律文献研究:第三辑.北京:中国政法大学出版社,2007.
[49] 黄源盛.两汉春秋折狱案例探微[M]//汉唐法制与儒家传统.台北:元照出版有限公司,2009.
[50] 十三经注疏整理委员会.礼记正义[M].北京:北京大学出版社,2000.
[51] 十三经注疏整理委员会.周礼注疏[M].北京:北京大学出版社,2000.
[52] 韩树峰.汉魏无"亲亲相隐"之制论[M]//中国政法大学法律古籍整理研究所.中国古代法律文献研究:第六辑.北京:社会科学文献出版社,2012.
[53] 何宁.淮南子集释[M].北京:中华书局,1998.
[54] [日]牧野巽.汉代的复仇[M]//杨一凡.中国法制史考证丙编第一卷:日本学者考证中国法制史重要成果选译·通代先秦秦汉卷.徐世虹,译.北京:中国社会科学出版社,2003.

天人感应思想与汉代的社会保障制度

范丽敏[*]

【摘　要】 从某种意义上讲,两汉时期的一切文化与制度都受天人感应思想的影响与制约,尤其是在建构社会保障制度、实施社会保障措施的过程中,将天人感应思想奉为重要的理论依据。面对"灾异",社会保障主体的种种表现、社会保障措施的贯彻执行,无不包蕴着天人感应思想,无不与祥瑞灾异有关联,而此举又极大地推动了我国传统社会保障制度的进一步发展。在加强政府社会保障职能、重视民本思想、强化环境保护、构建和谐社会四个方面,汉代社会保障制度对我国当代社会具有重要的借鉴意义。

【关键词】 天人感应思想;社会保障制度;社会保障措施;社会保障主体

两汉时期,我国的社会保障制度得到长足发展,而这种发展又是与天人感应思想的广泛影响和作用密切联系在一起的。二者这种相互促进、相得益彰的关系,成为中国传统社会和传统社会保障制度发展过程中的独特现象,值得我们关注并有必要做进一步研究,从而广泛、深入地挖掘有益的成分和成功的经验。

一、社会保障主体活动的理论依据

(一)"灾异"与皇帝自谴结缘

董仲舒的天人感应思想中,"天亦有喜怒之气、哀乐之心,与人相副。以类合之,天人一也"[1](《阴阳义》)。在人类犯下错误之时,拥有七情六欲的"天"即主动降下"灾异"以示惩戒。"灾""异"是两个不同的概念,两种不同的谴告方式,"其大略之类,天地之物有不常之变者,谓之异,小者谓之灾。灾常先至而异乃随之。灾者,天之谴也;异者,天之威也"[1](《必仁且智》)。如若"天"降"灾"而没有达到效果,"异"即接踵而至;降"异"仍然被置若罔闻,"大异"即降临人间。"常星不见,地震,梁山沙鹿崩,宋、卫、陈、郑灾……《春秋》皆书以大异。"[1](《奉本》)这些"大异"现象的出现,是政权颠覆的先期征兆。如成帝"元年九月黑龙见,其晦,日有食之。今年二月己未夜星陨,乙酉,日有食之",谷永认为这些反常的天象就是"大异",它即使在"三代之末,春秋之乱,未尝有也"[2](《谷永传》)。由"灾"而"异",由"异"而"大异"的天意表达,和皇帝从小过到大错、从量变到质变的发展过程一一吻合。皇帝是封建国家的最高统治者,也是"天"在人间的代表,"故曰王者配天"[1](《四时之副》)。如果君主勤政爱民、体恤百姓,就会"世治而民和,志平而气正,则天地之化精,而万物之美起";反之,"世乱而民乖,志僻而气逆,则天地之化伤,气生灾害起"[1](《天地阴阳》)。在《春秋繁露·王道》中,董仲舒进一步指出,皇帝的行为和社会上所出现的

---

[*] 范丽敏(1980—),女,河南省郑州市人,硕士研究生,主要从事中国学术思想史研究。

"祥瑞"或"灾异"息息相关,"王正则元气和顺、风雨时、景星见、黄龙下。王不正则上变天,贼气并见"[1]。在"天"示下的"灾异"面前,皇帝纷纷下自谴诏书,仰则向"天"承认自己的过失,俯则向文武大臣、普通百姓明确自己的态度。公元前178年,日食,文帝下诏:"朕下不能理育群生,上以累三光之明,其不德大矣。"[3](《孝文本纪》)这是汉代帝王面对"灾异"所下自谴诏书的发端。在元帝统治的16年中,平均1年7个月下一次自谴诏书,共10次。所下诏书之频、次数之多,在我国封建社会中是绝无仅有的。初元元年(前48年)发生水、疾疫、地震,次年又出现两次地震,元帝下诏,检讨自己"明不能烛,德不能绥",导致"灾异并臻,连年不息"。永光二年(前42年),元帝下诏:"朕之不明,政有所亏。咎至于此,朕甚自耻。"[2](《元帝纪》)据统计,"两汉皇帝因灾异所下罪己诏书凡58条,西汉28:文2、宣4、元10、成9、哀2、莽1;东汉30:光武4、明3、章3、和4、殇1、安5、顺4、质1、桓5"[4]。

无论两汉帝王的自谴是出于真心抑或假意,但是毋庸置疑他们都相信天命,坚信"灾异"是"天"对自己的警示,表现出虚心纳谏的姿态,鼓励公卿大臣"悉意陈朕过,靡有所讳"[2](《元帝纪》),或令"百僚及郡国吏人,有道术明习灾异阴阳之度琁机之数者,各使指变以闻"[5](《安帝纪》),从而"成为其启动社会保障制度或措施的内驱力,于是才十分积极地采取灾前预防和灾后救助措施,以防出现更大的疢疬。这实际上是中国古代官方社会保障措施的前提"[6]。然而,从本质上来说,皇帝的自谴诏书是缓和、巩固封建统治的一个相当完美的托辞,具有很大的迷惑性。

(二)儒臣假天道进谏

清代学者皮锡瑞讲道:"后世君尊臣卑,儒臣不敢正言匡君,于是亦假天道进谏。以为仁义之说,人君之所厌闻;而祥异之占,人君之所敬畏。陈言既效,遂成一代风气。故汉世有一种天人之学。"[7](《易经·论阴阳灾变为〈易〉之别传》)董仲舒的这种"天人之学"安排了"屈民而伸君,屈君而伸天"[1](《玉杯》)这"其实就是在权力已经无限的君主之上再安放一个权力更加无限的'天'"[8]269。

因此,在阴阳失和的"灾异"面前,经世致用的儒家知识分子就会以"天"作为"尚方宝剑",条陈皇帝的过失,指责皇帝的行为。武帝以降,地震、决堤、干旱、雨涝等自然灾害频繁光顾。元帝永光五年(前39年),黄河决口;成帝建始三年(前30年),"日食地震同日俱发"[2](《谷永传》),次年黄河"决于馆陶及东郡金堤,泛溢兖、豫,入平原、千乘、济南,凡灌四郡三十二县,水居地十五万余顷,深者三丈,坏败官亭室庐且四万所"[2](《沟洫志》)。面对这样的"灾异",皇帝颇为震惊,文武大臣纷纷以"天人感应"上书言事,百姓也窃窃私语。当时一个叫谷永的人上言:"往年郡国二十一伤于水灾,禾黍不入。今年蚕麦咸恶。百川沸腾,江河溢决,大水泛滥郡国五十有余。比年丧稼,时过无宿麦。百姓失业流散,群辈守关。大异较炳如彼,水灾浩浩。"之所以造成这么严重的后果,"黎庶穷困如此",是因为"宜损常税小自润之时,而有司奏请加赋,其缪经义,逆于民心"。所以,皇帝应该"定心为善,损忘邪志,毋贰旧怨,励精致政,至诚应天",这样才能"积异塞于上,祸乱伏于下,何忧患之有"[2](《谷永传》)。

两汉时期,儒家学者运用天人感应思想这把"尚方宝剑",批判当朝政治,借以匡正辅君,从而在一定程度上限制了皇帝的专权,促进了社会保障措施的实施,改善了百姓的生活。所以,两汉时期"但有庸主,而无暴君"[9](《汉诏多惧词》)。三国以降,天人感应思想在魏晋玄学和外来佛学的冲击挑战之下,日渐式微。同时,由于其思想本身的不严密,辅以现实的利害关系,"历经禁谶之后,中国古代的绝大多数文人士大夫都'不敢复言灾异',甚至连敢在学说层面上议论感应问题者也寥若晨星"[10]。

(三)对文武大臣的奖惩制度

西汉时期,由于"灾异",股肱大臣或地方官吏大多主动上书延揽责任、请求罢官。永光元年(前43年),春季下霜,夏季寒冷,四季失常,日月无光。面对如此严重的"灾异",元帝下诏自责,丞相于定国上书自劾,辞相位,归侯印,罢官归故里。绥和二年(前7年),地震、雨涝、水灾接踵而至,大司空师丹认为这些"灾异"是"臣之大罪也",并且"不敢言乞骸骨归于海滨,恐嫌于伪",所以自己应该"负重责,义不得不尽死"[2]（《师丹传》）。同时,"西汉自武帝以后,凡遇自然灾害,汉皇帝皆下诏选拔人才,罢免不称职的官吏"[11]62。"成帝以灾异用翟方进言,遂出宠臣张放于外,赐萧望之爵,登用周堪为谏大夫。又因何武言,擢用辛庆忌。哀帝亦因灾用鲍宣言,召用彭宣、孔光、何武,而罢孙宠、息夫躬等。"[9]（《汉儒言灾异》）永初元年（107年）,太尉徐防"以灾异寇贼策免,就国","凡三公以灾异策免,始自防也"[5]（《徐防传》）。据统计,以此为起点,到兴平元年（194年）因日食策免太尉朱隽,凡88年,因灾异策免三公62人次,平均每10年策免7人次,其中安帝时4次,顺帝时12次,桓帝时13次,灵帝时24次,献帝时9次,明显呈递增趋势。东汉共策免太尉28次,大多是因日食;司空23次,大多因地震;司徒11次,大多因疾疫[4]。西汉时期,皇帝和大臣"多遇灾而惧"[9]（《汉儒言灾异》）,所以主动自谴自责。到了东汉,皇帝逐渐将遇灾即罢免一批将相大臣变为定制,从而推卸独自承担"灾异"的责任。整体而言,大臣由于"灾异"而被降级、罢官甚至入狱虽然在一定程度上不合情理,但却成为整顿吏治的一个契机。"灾异"造成灾荒,灾荒引发社会危机,从而导致政治体制种种弊端的总爆发。为了巩固统治,皇帝必然会大力整顿。建武五年（29年）,光武帝下诏"务进柔良,退贪酷,各正厥事焉"[5]（《光武帝纪》）。因而,从某种程度上讲,"灾异"已经成为悬于文武大臣头顶的警钟,如果他们不勤政爱民、兢兢业业,如果他们救灾不力,接踵而至的天灾将会降临到他们自己的头上。

二、天人感应思想指导下的社会保障措施

（一）阴阳五行学说与黄河水患的治理

春秋战国甚或更早,我国已经出现了五行学说:"一曰水,二曰火,三曰木,四曰金,五曰土,水曰润下,火曰炎上,木曰曲直,金曰从革……土爱稼穑。"[12]（《洪范》）古人认为,虽然金、木、水、火、土各自拥有典型的个性,但它们并不是孤立地存在,而是相互之间有着内在的联系。董仲舒总结道:"木生火,火生土,土生金,金生水,水生木"[1]（《五行相生》）;"金胜木,木胜土,土胜水,水胜火,火胜金"[1]（《五行相胜》）。人们坚定不移地相信,凡事顺五行则昌,逆五行则亡。

两汉时期,五行生克的思想继续向前发展,人们将木、水、金、火、土与东、北、西、南、中一一对应,再辅之以阴阳变化。《白虎通》讲道:"水位在北方。北方者阴气,在黄泉之下,任养万物。"[13]（《五行》）《淮南子》认为"积阴之寒气为水","北方,水也"[14]（《天文训》）。这种观点在两汉时期大为流行,并且成为一种治水思想流传开来。西汉鸿嘉四年（前17年）,黄河泛滥,淹没了渤海、清河、信都三郡,31个县邑。大臣李寻、解光等人认为,"阴气盛则水为之长,故一日之间,昼减夜增,江河满溢,所谓水不润下"[2]（《沟洫志》）,据此提出治理方案,即不加塞治、顺从天意、令黄河自行改道,这样才能自然而然地治理好黄河,并且最省财力、人力。

哀帝非常相信天人感应思想,曾经诏告天下:"朕承宗庙之重,战战兢兢,惧失天心。间者日月亡光,五星失行,郡国比比地动;乃者河南、颖川郡水出,流杀人民,坏败庐舍。朕之不德,民反蒙辜,朕甚惧焉。"[2]（《哀帝纪》）鉴于此,绥和二年（前7年）,哀帝下诏,"博求能浚川疏河者",贾让应诏上书,提出了我国历史上著名的"治河三策"。"治河三策"的基本原则是"不与水争地",上策是"徙冀州之民当水冲者,决黎阳遮害亭,放河使北入海"。采取这一措施后,"河西薄大山,东薄金堤",根据"金生水""土胜水"的原则,他认为黄河"势不能远泛滥,期月自定"。上策中,贾让一方面吸收了"水位在北方"这种五行与五方相结合的思想,另一方面借鉴了天人合一,人应该与天、地和平共处的思想,这在上策的结尾处进一步得到了证明:"大汉方制万里,岂其与水争咫尺之地哉?"贾让的中策是"多穿漕渠于冀州地,使民得以溉田,分杀水怒"。具体措施:"淇口以东为石堤,多张水门",并在水门以东修一长堤,"北行三百余里,入漳水中";在长堤旁多开渠道,"旱则开东方下水门溉冀州,水则开西

方高门分河流"。这样,贾让认为可以避三害、兴三利:"民常罢于救水,半失作业;水行地上,凑润上彻,民则病湿气,木皆立枯,卤不生谷;决溢有败,为鱼鳖食:此三害也。""若有渠溉,则盐卤下湿,增淤加肥;故种禾麦,更为秔稻,高田五倍,下田十倍;转漕舟船之便:此三利也。"如此则"富国安民,兴利除害,支数百岁"。在贾让的中策里,他依然秉承天人合一思想,试图把黄河控制在一定的空间范围内,从而为人类谋福利。如若只是在原来狭窄弯曲的河道上"缮完故堤,增卑倍薄",贾让认为其后果必然是"劳费无已,数逢其害,此最下策也"[2]《《沟洫志》)。然而,天人感应思想在某种程度上、某个特定的时间亦会阻碍黄河水患的治理。如武帝元光三年(前132年),黄河冲破濮阳的瓠子堤,"东南注巨野,通于淮、泗"[3]《《河渠书》),泛滥16个郡。最初,武帝曾命汲黯、郑当时等人堵塞黄河,但未成功。此时,以丞相田蚡为代表的一部分人操持天人感应学说,认为"江河之决皆天事,未易以人力为强塞,塞之未必应天"[3]《《河渠书》)。武帝听信了这些话,造成塞决工程一直延缓了20余年,从而导致"岁不登数年,人或相食,方一二千里"[3]《《平准书》)。直到元封二年(前109年),武帝亲眼看到河决之患,于是重新命汲仁、郭昌等人堵塞。另外,他还到瓠子堤举行了隆重的祭祀河神的仪式,沉白马、玉璧于黄河之中。在付出了巨大的代价之后,终于堵塞成功。

(二)社会救助措施

"自然灾异群发期是指自然灾害和异常的发生及其强度在漫长的自然史中并非均匀的,有着活跃期与平静期的相互交替,自然灾异,特别是大的灾异明显集中于少数几个时期。"[15]1我国三大自然灾异群发期为夏禹洪水期、两汉宇宙期、明清宇宙期。两汉宇宙期,"从地震、渤海海侵、冰川推进、火山和火山灰、大雪严寒、人口大减耗、太阳黑子衰减期等十数种自然异常和人文异常得到证实"[15]41。

1.救灾措施。面对如此频仍的"灾异",深受天人感应思想影响的两汉皇帝一方面下自谴诏书,一方面采取一系列的救灾措施。

(1)开仓赈粮。面临挣扎在死亡线上的百姓,政府采取的第一个救灾措施往往都是赈济粮食,两汉时期亦不例外。武帝元狩四年(前119年),"山东被水灾,民多饥乏,于是天子遣使虚郡国仓廪以振贫民"[3]《《平准书》)。献帝时期,出现了挽救灾民生命的既简单、快捷,又有效的方法——施粥。兴平元年(194年)秋七月,三辅持续大旱,献帝诏曰:"谷一斛五十万,豆麦一斛二十万,人相食啖,白骨委积。帝使侍御史侯汶出太仓米豆,为饥人作糜粥。"[5]《《献帝纪》)在某种紧急状况下,一些地方官吏在未得到皇帝诸如开仓赈粮等诏书时提前开仓,虽然违反规定,但非但未被罚,反而加官晋爵。据《史记》记载:"'臣过河南,河南贫人伤水旱万余家,或父子相食,臣谨以便宜,持节发河南仓粟以振贫民。臣请归节,伏矫制之罪。'上贤而释之,迁为荥阳令。"[3]《《汲郑列传》)

(2)施医问药。"灾异"之时,瘟疫往往如影随形,降临人间。为此,两汉政府派遣官员和医疗人员深入灾区,向灾民提供救助、治病施药,以减少灾民的死亡。元始二年(2年),"郡国大旱,蝗,青州尤甚,民流亡"。面临这种状况,王莽对"民疾疫者,舍空邸第,为置医药"[2]《《平纪》)。这是我国历史上对病人实行隔离治疗的最早记载。元初六年(119年)夏四月,会稽地区疫病流行,安帝"遣光禄大夫将太医循行疾病,赐棺木,除田租、口赋"[5]《《安帝纪》)。除了皇帝的派遣之外,一些地方官员同样非常注意对灾民施医问药。如建武十四年(38年),钟离意看到"会稽大疫,死者无数",于是"独身自隐亲,经给医药,所部多蒙全济"[5]《《钟离意传》)。

(3)调粟。灾荒之时,两汉政府调运粮食到灾区。永初元年(107年)秋九月,"调扬州五郡租米,赡给东郡、济阴、陈留、梁国、陈国、下邳、山阳"[5]《《安帝纪》)。然而,两汉时期由于人口分布不均,交通不便,将大量的救灾物资运往灾区比较困难,而将灾民迁到富饶之地却是可行的。元狩四年(前119年)春,山东发生水灾,武帝下令"徙贫民于关以西,及充朔方以南新秦中,七十余万口,衣食皆仰给县官"[3]《《平准书》)。为了鼓励灾民迁徙至富饶之地,政府往往会追加一系列的优惠政策。由于牛疫所造成的"谷食连少",元和元年(84年)二月,章帝"令郡国募人无田欲徙它界就肥饶者,恣听之",辅以"勿收租五岁,除算三年"的政策[5]（《章帝纪》）。

2. 防灾减灾措施。两汉时期,为了抵抗"灾异",政府在实行上述消极的救灾措施之外,还实施积极的防灾减灾措施。

（1）重视农业生产。楚汉战争刚刚结束,刘邦就下令士兵"各归其县,复故爵田宅"[2]（《高帝纪》）,恢复农业生产。文帝多次强调"农,天下之本",为了提倡农业,他曾经"开籍田""亲率耕,以给宗庙粢盛"[3]（《孝文本纪》）。在农民无地少地之时,汉朝政府还有假田的措施。"安帝永初三年,天下水旱,人民相食,帝以鸿陂之地假与贫民。"[16]（《食货志》）另外,两汉政府积极推广先进技术,提高生产效率,从而增加农作物产量。如武帝时期,在搜粟都尉赵过的主持下,开始广泛推广牛耕,先在三辅公田,又波及"边郡及居延城",最后,"边城、河东、弘农、三辅、太常民皆便代田"[2]（《食货志》）。此后,牛耕成为一种主要的生产方式,大大促进了农业的发展,增加了粮食的产量,从而提高了抗灾救灾的能力。

（2）储备粮食。宣帝时期,"大司农中丞耿寿昌奏设常平仓"[2]（《宣帝纪》）。"作为一种社会调控政策,常平仓的实质在于防止富商囤积粮食牟取暴利,以增加国家的收入。在谷贱时收购,在谷贵时以平价卖出,以此平抑物价。凭实而论,救灾保障只不过是它的衍生功能。这种衍生功能积谷于未荒之时,散食于灾成之日,惠而不贵,既起到了缓解灾民生存危机的作用,又避免了无偿给付所导致的公仓短缺。"[6] "晁错在《论贵粟疏》中则具体阐明增加积贮的较佳途径,就是通过国家宏观控制,提高粮食价格,引导民众积极投身农业生产,从而达到'畜积多而备先具'应付大的自然灾害的效果。"[17]

（3）厉行节约。在我国封建帝王中,文帝以节俭而闻名于世,在位23年,"宫室苑囿狗马服御无所增益",他的那段反对增修露台的话语更是千古传诵:"百金中民十家之产,吾奉先帝宫室,常恐羞之,何以台为!"[3]（《孝文本纪》）建武七年(31年),在"世以厚葬为德,薄终为鄙"的状况下,光武帝一面下诏提倡薄葬,"令知忠臣、孝子、慈兄、悌弟薄葬送终之义",一面身体力行,"制地不过二三顷,无为山陵、陂池裁令流水而已"[5]（《光武帝纪》）。封建帝王节俭,一方面确实节省了大量的人力、物力、财力,减轻了百姓的负担;一方面起到了带头作用,上行下效,有助于节约政府开支,增强国家抗灾救灾的能力。另外,一些廉洁的官吏亦相当节约。如第五伦担任会稽太守之时,俸禄"虽为二千石",却"躬自斩刍养马,妻执炊爨"[5]（《第五伦传》）。

天人感应思想对两汉社会保障制度的影响,集中体现于上述社会救助措施的实行。

（三）社会福利事业

在天人感应思想的导引下,两汉政府对社会上的弱势不幸群体,如鳏、寡、孤、独、喑、聋、跛、躄、侏儒等人更是照顾有加,实行了一系列的社会福利政策和措施。

1. 对鳏寡孤独贫病残疾之人的特殊照顾。"灾异"之后,皇帝经常派遣钦差大臣专门慰问这部分群体,并且给以优待。如初元元年(前48年)夏四月,地震,元帝"遣光禄大夫褒等十二人循行天下,存问耆老鳏寡孤独困乏失职之民"[2]（《元帝纪》）。据统计,"关于这方面的诏令多达80多条,平均不到5年就有一次,是各种诏令中最多的一种"[18]。1981年,在甘肃武威缠山发现的"王杖诏书令"中,同样记录了有关对鳏寡孤独贫病残疾之人特殊照顾的诏令。"汉成帝建始元年(前32年)九月甲辰诏,规定孤、独、盲者以及侏儒,官吏不得擅自征召,凡有狱讼,不得缚绑、拘执。鳏寡之人结合为夫妻后,双方都没有儿子,即为独寡,农耕不收租,经商不征赋。"[19]91

2. 掩埋骸骨。河平四年(前25年),黄河泛滥,死人无数,成帝"遣光禄大夫博士嘉等十一人行举濒河之郡水所毁伤困乏不能自存者,财振贷。其为水所流压死,不能自葬,令郡国给槥椟葬埋。已葬者与钱,人二千"[2]（《成帝纪》）。永寿元年(155年),洛水、南阳地区发生水灾,桓帝下令"被水死流失尸骸者,令郡县钩求收葬;及所唐突压溺物故,七岁以上赐钱,人二千"[5]（《桓帝纪》）。

两汉政府的这种举措,既是对死者的交代,也是对生者的安慰。

3. 福利立法。建武六年(30年),光武帝诏曰:"其命郡国有谷者,给禀高年、鳏、寡、孤、独及笃癃、无家属贫不能自存者,如《律》。"[5]《《光武帝纪》)《后汉书》记道:"其婴儿无父母亲属,及有子不能养食者,禀给如《律》。"[5]《《章帝纪》) 鉴于此,我们可以断定,《律》是汉代的一种法律条文,其中必然包含对于鳏寡孤独等人特殊照顾的内容。另外,在汉代历史上,文帝的"除肉刑"可以说是最大的德政措施之一。文帝十三年(前167年)五月,齐太仓令淳于公论罪当为肉刑,其女缇萦上书,愿替父亲领罪。文帝大为感动,诏曰:"夫刑至断支体,刻肌肤,终身不息,何其楚痛而不德也,岂称为民父母之意哉!其除肉刑。"[3]《《孝文本纪》) 肉刑的废除,是社会上残疾人数量急剧下降的重要举措,亦是我国法律制度史上的一大进步。

三、天人感应思想对建立现代社会保障制度的借鉴

(一)加强政府社会保障职能

两汉时期,既无专门的社会保障机构,亦无系统的社会保障理论,社会保障措施的执行是以封建帝王为核心,以中央政府官员和地方政府官员为辅助的一种社会实践。然而,这一社会保障主体却是毫无保障的,是没有任何监督的。他们是否实施社会保障措施、执行社会保障措施的程度等完全依凭个人的喜好,而这种喜好又集中体现于封建帝王的好恶。如此,两汉时期的社会保障措施将基本无法实施,停滞不前。怎么办?董仲舒巧妙地安排了"屈民而伸君,屈君而伸天"的顺序,以"天"来监督无限权力的君主的行为,从而在一定程度上相当完美地解决了这个问题。若皇帝实行仁政,体恤百姓,天下则风调雨顺,国泰民安;若皇帝不理政事,昏庸残暴,天下则"灾异"不断。面对"天"的惩罚,两汉帝王断然会毫无疑问地听从"天"的安排,实行开仓赈粮、施医问药、重视农业生产等社会保障措施。否则,"天"即降下"大异",重新选择代理人。所以,天人感应思想随时影响着皇帝,从而促进了两汉时期社会保障措施的更好实行。天人感应思想还是一把"双刃剑",它不仅时时刻刻悬在皇帝的案几之前,而且分分秒秒吊于文武大臣的头顶之上。从某种程度上讲,文武大臣为了保住头顶上的乌纱帽,然后步步高升,一方面,逢遇"灾异"之时,他们会认真执行救灾措施,拯救万民于水火之中;另一方面,平时的工作中,他们会想百姓之所想,急百姓之所急,兢兢业业地为百姓做实事。因此,"天人感应思想……的价值观念,使得我国历史上各朝政府从一开始就成为救灾活动的责任主体",成为"启动社会保障制度或措施的内驱力","并在整个体系中扮演了制度制定与推广、财政支付与兜底、检查与监督的重要角色"[20]。

(二)重视民本思想

董仲舒所谓的"天意",实质上就是"民意",只是如骨鲠在喉,没有明确表达。他安排"屈民而伸君,屈君而伸天","天"是什么?蒙培元指出:"天不是上帝,也不是绝对超越的精神实体,天是自然界的总称,但是有超越的层面。其'形而上者'即天道、天德,便是超越层面;其'形而下者'即有形天空和大地,便是物质层面。但在中国哲学中,'形而上者'和'形而下者'不是分离的两个世界,而是统一的一个世界。不能说,'形而上者'是天,'形而下者'不是天。事实上,'运于无形'之道是天,那'苍苍者'也是天。"[21] 从本质上来讲,董仲舒所谓的形而上的"天"即是民意的集中体现。尽管他吸收消化了黄老、阴阳家、法家、方术等学派的众多言论,但是,作为两汉时期儒家学者的代表人物,他仍有重民仁民思想。在"唯上智下愚不移的古代社会",孟子斗胆说了一句"民贵君轻",表面上,大多数帝王好像无动于衷,但是,在他们的内心深处却一直耿耿于怀。再者,作为天子的帝王,作为至高无上的君主,怎么能够听从黔首的逆耳忠言呢?董仲舒深谙此道,因此,他没有直接提出民意不可违之类的言论,而是搬出了"天"这个封建帝王都深信不疑的实体,用"天意"来代替"民意",而

"天意"的实质就是"民意",以此指导监督他们的行为。这样的说法,既维护了皇帝的尊严,又照顾到民众的利益,堪称为二者的完美结合[22]49。

(三)强化环境保护

阴阳失调、"国家之失""刑罚不中"等可以导致"灾异"的发生,"阴阳调而风雨时,群生和而万民殖,五谷熟而草木茂,天地之间被润泽而大丰美,四海之内闻盛德而皆徕臣,诸福之物,可致之祥,莫不毕至"[2]《董仲舒传》。由此可见,"祥瑞和灾异是自然界内部的'共振''共鸣'现象以及自然对人类社会活动反映的必然结果,不是超自然的人格神的降命"[23]。从现代科学的角度出发,"灾异"的确不是神的降命,而是一种自然现象。这种自然现象从本质而言也是一种社会现象,是自然界对人类的报复,是人类社会和自然界没有和谐共处的必然结果。两千多年前的董仲舒当然理解不到这一点,但是,他却意识到"天"和"人"必须和谐共处,"天人合一",要求统治者"无伐名木,无斩山林"[1]《求雨》,这是一种极其珍贵的环保思想。

(四)构建和谐社会

董仲舒指出,"天地人,万物之本也。天生之,地养之,人成之。……三者相为手足,合以成体,不可一无也"[1]《立元神》。若"三者皆亡,则民如麋鹿,各从其欲,家自为俗。父不能使子,君不能使臣,虽有城郭,名曰虚邑。如此,其君枕块而僵,莫之危而自危,莫之丧而自亡,是谓自然之罚"。而"三者皆奉,则民如子弟,不敢自专,邦如父母,不待恩而爱,不须严而使,虽野居露宿,厚于宫室。如是者,其君安枕而卧,莫之助而自强,莫之绥而自安,是谓自然之赏"[1]《立元神》。无论是自然之罚,抑或是自然之赏,都与天、地、人是否和谐息息相关。董仲舒"追求天人合一、物我合一,追求人与自然生态环境之间的和谐"[17]。他认为天、地、人和谐共处最理想的时代即三皇五帝时代,"五帝三王之治天下,不敢有君民之心。什一而税。教以爱,使以忠,敬长老,亲亲而尊尊,不夺民时,使民不过岁三日。民家给人足,无怨望忿怒之患,强弱之难,无谗贼妒疾之人。民修德而美好,被发衔哺而游,不慕富贵,耻恶不犯。父不哭子;兄不哭弟。毒虫不蛰,猛兽不搏,抵虫不触。故天为之下甘露,朱草生,醴泉出,风雨时,嘉禾兴,凤凰麒麟游于郊。囹圄空虚,画衣裳而民不犯。四夷传译而朝。民情至朴而不文"[1]《王道》。从继承渊源来讲,董仲舒实质上是将孔子的"大同"社会理想做了进一步的补充和完善,从单纯的"人"的和谐发展到"天""地""人"三个方面的共同和谐,三皇五帝所治理的天下是一幅人和自然和谐共处的美好景象。所以,"我们将董仲舒的理想社会称之为儒家'理想生态社会'并不过分,因为董仲舒的理想社会不仅仅是人与人之间的和谐,还是天地人三者的和谐"[24]。

【参考文献】

[1]苏舆.春秋繁露义证[M].北京:中华书局,1992.

[2]班固.汉书[M].北京:中华书局,1962.

[3]司马迁.史记[M].北京:中华书局,1982.

[4]吴青.灾异与汉代社会[J].西北大学学报(哲学社会科学版),1995(3).

[5]范晔.后汉书[M].北京:中华书局,1965.

[6]王君南.基于救助的社会保障体系:中国古代社会保障体系研究论纲[J].山东大学学报(哲学社会科学版),2003(5).

[7]皮锡瑞.经学通论[M].北京:中华书局,1954.

[8]葛兆光.七世纪前中国的知识、思想与信仰世界:中国思想史第1卷[M].上海:复旦大学出版社,2000.

[9]赵翼.廿二史札记校正:订补本[M].北京:中华书局,1984.

[10]余治平.董仲舒的祥瑞灾异之说与谶纬流变[J].吉首大学学报(社会科学版),2003(6).

[11]孙绍聘.中国救灾制度研究[M].北京:商务印书馆,2004.

[12]孔颖达.尚书正义[M]//十三经注疏.上海:上海古籍出版社,1990.

[13]陈立.白虎通疏证[M].北京:中华书局,1994.

[14]刘文典.淮南鸿烈集解[M].北京:中华书局,1989.

[15] 宋正海,等. 中国古代自然灾异群发期[M]. 合肥:安徽教育出版社,2002.

[16] 房玄龄,等. 晋书[M]. 北京:中华书局,1980.

[17] 张涛,等. 对中国传统救灾思想的认识[N]. 光明日报,1999-06-25.

[18] 甄尽忠. 两汉社会救助思想[J]. 南都学坛(人文社会科学学报),2005(4).

[19] 王子今,等. 中国社会福利史[M]. 北京:中国社会出版社,2003.

[20] 张涛. 中国传统救灾体系刍议[N]. 中国社会科学院院报,2006-03-09.

[21] 蒙培元. 中国哲学生态观论纲[J]. 中国哲学史,2003(1).

[22] 陈江风. 天人合一[M]. 北京:生活·读书·新知三联书店,1996.

[23] 陈豪珣. 试论董仲舒天人合一思想[J]. 齐齐哈尔大学学报(哲学社会科学版),2004(11).

[24] 刘湘溶,任俊华. 董仲舒的"和谐社会"蓝图[J]. 文史,2005(4).

汉代亭鬼、亭怪故事举隅

刘 洋*

【摘 要】 亭鬼、亭怪故事是汉代诸多神秘社会文化现象之一。其中冤魂申冤、鬼怪杀人等内容虽然荒诞,但一些情节却具有特殊的历史内涵,不仅隐约地反映着某些历史真实,而且影响了后世志怪小说的创作。亭鬼、亭怪故事的出现和流传除有汉代人普遍相信鬼怪真实存在的背景外,亭所具有的特殊治安环境和功能,也使人们经常将亭与鬼怪之事相附会,这些构成了孕育这类故事的社会文化氛围。

【关键词】 汉代;亭;鬼怪;故事

秦汉时期,诸多社会文化现象都笼罩在神秘主义的氛围中。鲁迅先生将这种时代特征称之为"巫风""鬼道",他说:"中国本信巫,秦汉以来,神仙之说盛行,汉末又大畅巫风,而鬼道愈炽。"[1]43在考察这些散发着浓郁神秘气息的现象时,我们注意到,汉代社会流传着许多有关亭中鬼怪的故事。据笔者的统计,仅见于《风俗通义》的就有15则,其他如《搜神记》中有7则,《后汉书》中有3则,《汉武故事》中有1则。所以,对于这类故事应当给予充分的关注。

关于"亭",由于《汉书·百官公卿表上》说"大率十里一亭,亭有长。十亭一乡,乡有三老、有秩、啬夫、游徼",通常认为亭是介于乡与里之间的一级行政机构。其实这是误解。实际上,亭与乡、里性质不同,属于不同的系统。乡、里是地方行政系统的机构,而亭则是地方的治安机构,主要职责是逐捕盗贼、维护地方治安[2]297。亭有亭长,《后汉书·百官志》载"亭有亭长,以禁盗贼",本注曰:"亭长,主求捕盗贼,承望都尉。"也说明亭不隶属于乡,都尉和亭长是同一治安系统的上级和下级[3]182。亭除具有治安职能外,同时还兼有驿馆的作用。《周礼·地官·遗人》郑玄注:"若今亭有室矣。"又《太平御览》卷194引《风俗通义》:"亭,留也。今语有亭留、亭待,盖行旅宿食之所馆也。"亭可以接待政府官员,也能留宿普通百姓。前者如《后汉书·郭伋传》载,郭伋为并州牧,行部既还,遂止于野亭;后者如《后汉书·郭躬传》记郭躬"寄宿乡亭"。

汉代在地方设有大量的亭。西汉平帝时,全国有亭29635所[4](《百官公卿表上》);东汉顺帝时,全国有亭12442所[5](《郡国志》引《东观记》)。所设之亭,因位置不同,有不同的名称。如,位于城市中,地位较为重要的称"都亭",设在市场中的叫"市亭",城门上的是"门亭",街道旁的是"街亭",而设于乡村之亭被称为"乡亭""下亭""野亭"等[6]239—240。由于亭遍布全国,许多位于人烟稀少的偏僻荒凉之地,加之留宿亭中的旅客多是外乡人,他们不熟悉当地的风俗地理,于是亭成为汉代各种鬼怪故事经常发生的地点。

在汉代的亭鬼、亭怪故事中扮演主角的鬼怪

---

* 刘洋(1978—),男,安徽省宿州市人,博士,主要从事秦汉法制史和社会史研究。

往往各不相同,如有狸怪、犬怪、狐怪等,也有鬼魂或不知属性的鬼怪。其中鬼魂诉冤的故事是较为常见的一类。我们先看《后汉书·独行·王忳传》记载的郿令王忳于𦸂亭受理女鬼诉冤的故事:

> (王忳)除郿令。到官,至𦸂亭。亭长曰:"亭有鬼,数杀过客,不可宿也。"忳曰:"仁胜凶邪,德除不祥,何鬼之避!"即入亭止宿。夜中闻有女子称冤之声。忳呪曰:"有何枉状,可前求理乎?"……女子乃前诉曰:"妾夫为涪令,之官过宿此亭,亭长无状,贼杀妾家十余口,埋在楼下,悉取财货。"忳问亭长姓名。女子曰:"即今门下游徼者也。"忳曰:"汝何故数杀过客?"对曰:"妾不得白日自诉,每夜陈冤,客辄眠不见应,不胜感恚,故杀之。"忳曰:"当为汝理此冤,勿复杀良善也。"……明旦召游徼诘问,具服罪,即收系,及同谋十余人悉伏辜。

这个故事中的女鬼生前投宿𦸂亭,被贪财的亭长杀死,埋在亭下。每当夜晚女鬼就出来诉冤,因以往投宿亭中的旅客对其置之不理,她就杀害这些旅客。后王忳到来,惩治了亭长等人,为女鬼报了仇。故事意在赞扬王忳为官的勇敢、正直,表达了人们对冤死女鬼的哀怜。当然,也谴责了亭长的罪恶和亭鬼滥杀无辜的行为。

又如,《太平御览》卷194引谢承《后汉书》所记"苏娥"的故事:

> 仓梧广信女子苏娥,行宿鹊巢亭,为亭长龚寿所杀,及婢致富,取财物埋置楼下。交阯刺史周敞行部宿亭,觉寿奸罪,奏之,杀寿。

这则故事也见于《搜神记》《水经注》《太平广记》等书中,只是文字稍有出入,情节也更具有神秘的色彩。例如,严可均辑《全后汉文》卷43引《搜神记》曰:

> (何)敞为交阯刺史,行部,夜宿梧鹊奔亭。有女鬼自称苏娥,前年以财色为亭长龚寿所枉杀,及其婢俱埋寿楼下。敞捕寿考实,并父母兄弟系狱。

又,《太平广记》卷127《报应》记这个故事较详:

> 汉何敞为交阯刺史,行部苍梧郡高要县,暮宿鹊奔亭,夜犹未半,有一女从楼下出,自云:"妾姓苏名娥,字始珠,本广信县修理人……有杂缯帛百二十匹,及婢一人,名致富,孤穷羸弱,不能自振,欲往傍县卖缯,就同县人王伯赁车牛一乘,直钱万二千,载妾并缯,令致富执辔。以前年四月十日到此亭外,于时已暮,行人既绝,不敢前行,因即留止。致富暴得腹痛,妾往亭长舍乞浆取火,亭长龚寿操刀持戟……因捉臂欲污妾。不从,寿即以刀刺胁,妾立死,又杀致富。寿掘楼下,埋妾并婢,取财物去。……妾死痛酷,无所告诉,故来告于明使君。"……敞乃遣吏捕寿,拷问具服。

可见,这类故事的情节一般是弱女子夜晚投宿亭中,被贪财色的亭长杀害,埋尸亭下。后高官到亭,鬼魂诉冤,最后得以昭雪沉冤。这些见于正史的记载,经《还冤记》《列异记》《冤魂记》等古代笔记小说的铺陈推演,流传千年,成为其中的一大主题。

在这些故事中,除了冤死的鬼魂外,还有更多的厉鬼、恶怪。它们经常在亭中作祟,残害夜晚寄宿亭中的旅客,使亭中充斥着一股阴森恐怖的气氛。东汉的汝南郡汝阳城就流传过一个令人毛骨悚然的鬼魅杀人故事,当地人应劭在其《风俗通义·怪神》中比较详细地记载了这件事的始末:

> 汝南汝阳西门亭有鬼魅,宾客宿止,有死亡,其厉厌者皆亡发失精。寻问其故,云先时颇已有怪物。

可知这个鬼魅已经在汝阳的西门亭中活动了很长时间,残害了不少旅客,当地人谈之色变。但初来乍到的外乡人由于不了解情况,往往成了牺牲品。下面我们看郑奇遇害的经过:

> 郡侍奉掾宜禄郑奇来,去亭六七里,有一端正妇人乞寄载。奇初难之,然后上车,入亭,趋至楼下,亭卒白:"楼不可上。"奇曰:"我不恶也。"时亦昏冥,遂上楼,与妇人栖宿。未明,发去。亭卒上楼扫除,见一死妇,大惊,走白亭长。亭长击鼓会诸庐吏,共集诊之,乃亭西北八里吴氏妇,新亡,夜临

> 殡,火灭,及火至,失之,其家即持去。奇发,行数里,腹痛,到南顿利阳亭,加剧,物故。楼遂无敢复上。

这个故事中西门亭中的鬼魅借尸还魂,勾引郡侍奉掾郑奇。虽然亭吏卒提醒郑奇,亭中夜晚有鬼魅害人,但郑奇由于贪享女色,根本没有将吏卒的告诫放在心上,结果丢了性命。汉人对此事看来颇为相信,对鬼怪之事持怀疑态度的应劭似乎也不怀疑它的真实性,在记载了此事后,他评论道:"汉淮阳太守尹齐,其治严酷,死未及殓,怨家欲烧之,尸亦飞去,见于书传。楼上新妇,岂虚也哉!"[7](《怪神篇》)这个鬼怪假借别人尸体杀人的故事,与后世志怪小说中流行的死尸复活害人的尸变故事非常相似。可见,后世的尸变故事是有其历史渊源的。

这个在西门亭中残害旅客的鬼魅是何种鬼怪呢?后来郅伯夷来到亭中,将其捕捉到,发现原来是一只狸怪在作祟:

> 北部督邮西平郅伯夷,年三十许,大有才决,长沙太守郅君章孙也。日晡时,到亭……夜时,有正黑者四五尺,稍高,走至柱屋,因覆伯夷。伯夷持被掩之,足趹脱,几失,再三,以剑带击魅脚。呼下火照上,视之,老狸,正赤,略无衣毛。持下烧杀。明旦,发楼屋,得所髡人结百余,因此遂绝。

西门亭中的鬼魅的原型是赤色老狸,可知应当是人们所熟知的狐精、狸怪之类的鬼怪。从死者"皆亡发失精",以及郅伯夷从亭楼中找到"髡人结百余"来看,这个狸怪伤害人的手段是割取亭中宾客的毛发,吮吸人的精气,使其失去精气而死。

那么,当时人们为什么相信人的毛发被鬼怪获得,就会失去精气而死呢?实际上,这反映了古人对毛发的观念与后世不同。头发对于今天的人来说,除具有一定的美观及保护作用外,似乎已没有其他神秘的功能,但古人的看法却有所不同。如《孝经》说:"身体发肤,受之父母,不敢毁伤,孝之始也。"又《左传》昭公三年载:"齐侯田于莒,卢蒲嫳见,泣且请曰:'余发如此种种,余奚能为?'"杜预注曰:"嫳,庆封之党,襄二十八年放之于境。种种,短也。"庆氏是齐国大族,庆封曾执掌国政,后被驱逐流亡楚国。其党羽卢蒲嫳以发短自证精力衰竭,不能再作乱了。睡虎地秦简《法律答问》有"拔其须眉""斩人发结"要加以刑罚的条文:"或与人斗,缚而尽拔其须麋(眉),论可(何)也,当完城旦。""士五(伍)甲斗,拔剑伐,斩人发结,可(何)论,当完为城旦。""完城旦"即不但剃去头发,而且还要服六年劳役的法定刑。可见,对伤害他人头发、须眉的刑罚,是相当严重的,这反映当时人们对头发、须眉的重视。又如《云笈七签》卷47《秘要决法》说:"凡梳头发及爪,皆埋之,勿投水火,正尔抛掷,一则敬父母之遗体,二则有鸟曰鸺鹠,夜入人家取其发爪,则伤魂。"关于毛发的这种观念,不仅存在于中国,古代其他民族也有类似的迷信。例如,《旧约全书·士师记》中的大力士参孙的超人力量来源于他的一头长发,被剃去长发后,他就丧失了力量。古代欧洲法兰克人认为若被髡去头发,就如同失去生命一般;西非的一个黑人氏族——霍人认为,如果某人的头发实在太长,本身必须向神祷告,祈求允许将发梢部分剪去。事实上,他们认为发须是个人的神祇居住之处,如果剪去了发须,则身上的神祇就失去了居处。托拉加人总要在小孩的头顶留下一绺头发作为小孩魂魄隐蔽之处,否则,魂魄无处可依,孩子便会生病[8]344—345。

可见,古人非常重视头发、须爪等,认为它们与人有交感关系,乃是人身精神之所在,一旦失去头发、须爪,会丧失精气,其性命将受威胁。特别是为人所怕的精怪、鬼魅、鸟兽、虫豸等,通常被认为是喜欢髡发、吞爪的。发须若落入仇人或妖物、鬼怪之手,人的意志会被控制,寿命及健康也会受到影响[9]52—53。如前引《云笈七签》提到的鸺鹠鸟,喜欢夜晚飞入人家,叼走人的头发、须爪,会伤害其魂魄。又如《太平广记》卷447《狐》"孙岩"条云,后魏人孙岩"取妻三年,妻不脱衣而卧,岩私怪之,伺其睡,阴解其衣,有尾长三尺,似狐尾。岩惧而出之,甫临去,将刀截严发而走,邻人逐之,变为一狐,追之不得"。《魏书·灵征志上》中记有:"太和元年五月辛亥,有狐魅截人发。""熙平二年自春,京师有狐魅截人发,人相惊恐。"《北史·齐本纪下》也载,武平四年正月

"有狐媚,多截人发"。在这个故事中,狸怪髡取人的发结,被髡者会失去精气而死的情节,无疑也是这种观念的生动反映。

又,《抱朴子·登涉卷》中还记有亭中犬怪加害过客,郅伯夷驱怪的故事:

> 林虑山下有一亭,其中有鬼,每有宿者,或死或病。常夜有数十人,衣色或黄或白或黑,或男或女。后郅伯夷者过之宿,明灯烛而坐,诵经,夜半有十余人来,与伯夷对坐,自共樗蒲博戏。伯夷密以镜照之,乃是群犬也。……伯夷怀小刀,因捉一人而刺之,初作人叫,死而成犬。余犬悉走,于是遂绝。

此外,《搜神记·变化篇》中"庐陵亭""宋大贤""安阳亭"等条也记载着几则相似的亭中鬼魅害人的故事。如"庐陵亭"条云:

> 庐陵郡都亭重屋中,常有鬼魅,宿者辄死。……时丹阳人姓汤名应者,大有胆武,使至庐陵,便入亭宿焉。……至三更中……复有扣阁者。言是部郡、府君诣来。应乃疑曰:"此夜非时,又部郡、府君不应同行。"知是鬼魅,因持刀迎之。见有二人,皆盛衣服,俱进。坐毕,称府君者便与应谈。谈未毕,而部郡者忽起,跳至应背后。应乃回顾,以刀击中之。府君者即下坐走出。应急追,至亭后墙下及之,斫伤数下。去其处已,还卧。达曙,将人往寻之,见有血迹,追之皆得。云称府君者是老猯魅,云部郡者是老狸魅。自后遂绝,永无妖怪。

可见,这类故事的情节大都是亭中鬼怪残害过客,后来一些有胆略的人来到亭中,立志为民除害,制服作祟的鬼怪。值得注意的是,故事中的鬼怪被杀死后都变回了动物原形,而在此之前,这些鬼怪似乎与人类有相似之处,它们有男有女,身着衣服,"自共樗蒲博戏",甚至还能与人谈话,可以像人一样活动。可见,它们虽为鬼怪,却已大致具备了人的一些特征。饶有趣味的是,这些细节描写与后代志怪小说的一些情节颇为相似。我们读《西游记》《聊斋志异》《子不语》等,经常可见某种动物经过修炼成为精怪,以人的形象从事一些活动,死后又恢复动物原形的情节。这些亭中鬼怪故事的情节虽不如志怪小说曲折,但仍可能是同类故事的滥觞,值得重视。

从唯物主义的观点来看,汉代的这些亭中鬼怪的故事当然是荒诞的。但若细加分析,就会发现亭鬼、亭怪故事在汉代社会的发生和流传,有其特殊的社会文化氛围。下面我们就做些具体分析。

总的看来,汉代的亭鬼、亭怪故事,或是鬼魂诉冤,恶人受惩;或是鬼魅施媚,诱害旅客;或是鬼怪作祟,人战胜之。一言以蔽之,在现实生活中难以实现的东西,在鬼怪故事的世界却得以实现了。这些故事除了表达了人们疾恶扬善的愿望以外,至少还有一些劝善惩恶、警诫世人的意义,热爱生活的人们由此能得到一种心灵的慰藉。当然,更反映了这个时期人们独特的万物有灵的观念,即多数人认为鬼怪为实有。诚如鲁迅先生所言:这些鬼怪故事"有出于文人者,有出于教徒者。文人之作虽非如释道二家,意在自神其教,然亦非有意为小说,盖当时以为幽明虽殊途,而人鬼皆实有,故其叙述异事,与记载人间常事,自视固无诚妄之别矣"[1]43。史学家吕思勉先生对两汉人的精神状态也有一个颇为到位的概括:"若两汉,固仍一鬼神术数之世界也"[10]310。在当时人们的观念中,鬼怪的世界与活人的世界遥遥相对,鬼怪的家族拥有很多成员。如睡虎地秦简《日书》甲种《诘咎篇》中比较确定的鬼名就有20余种,如凶鬼、厉鬼、棘鬼、刺鬼、欣鬼、暴鬼、遽鬼、粲迓之鬼、哀鬼、夭鬼、哀乳之鬼、游鬼、不辜鬼、饿鬼、丘鬼、阳鬼、疠鬼等[11]252。汉代人也普遍相信鬼怪的真实存在,在他们看来,由于灵魂不灭,人死后变为鬼是必然归宿,世界本来就是由人和鬼怪两个群体构成的。如《礼记·祭法》云:"人死曰鬼,此五代之所不变也。"又《说文》"鬼部"说:"鬼,人所归为鬼。"就是这一观念的反映。汉代鬼怪的种类也很多。除了上文已经提到的,还有《论衡·解除篇》中列有客鬼、虐鬼、疫鬼等。《说文》"鬼部"也收入了一些与鬼怪有关的词语。例如,"彪,老物精也","魅,小儿鬼","魃,旱鬼也","魄,阴神也","魏,耗神也","魖,神兽也"。此外,散见于其他文献中的鬼怪,还有如"兵死鬼"[12](《说林训》)、"孤魂鬼"[13](《魏书·管辂传》)、"屠者鬼"[14](卷361引《风俗通义》)、

"狐精"[4]（《陈胜传》）、"蛇精"[5]（《方术·寿光侯传》）、"木怪"[7]（《怪神篇》）、"鳖精"[5]（《方术·费长房传》）等等。

在汉代人看来，鬼怪的世界是神秘莫测的，故当时有所谓"画工恶图犬马而好作鬼魅"之说[5]（《张衡传》）。但可以肯定的是，鬼怪对人的影响基本上是负面的，人们对其充满了恐惧。如《说文》"鬼部"在解释"鬼"的结构时说，鬼"从人，象鬼头。鬼阴气贼害，故从厶"；在解释"醜"的含义时说，"可恶也，从鬼，酉声"。段玉裁注曰："非真鬼也，以可恶，故从鬼。"[15]462这反映了当时人们对形象恐怖狰狞的鬼的厌恶态度。又如前举《诘咎篇》不仅对鬼进行了上述分类，还对这些鬼作了一些有趣的描述。从中我们知道，棘鬼喜欢无缘无故攻击人；不辜鬼常害死婴儿；丘鬼喜欢践踏人的房屋；欣鬼常作祟使人的牲畜无故死亡；遽鬼在夜间呼叫，试图寻找一个人做它的替身；暴鬼经常攘夺人的牲口；阳鬼会使人煮不熟饭；饿鬼则提着炊具向人讨饭[11]252。东汉著名的唯物主义思想家王充，虽然怀疑鬼怪的存在，但在《论衡·订鬼篇》中，他也谈到了鬼可能给人造成的危害："鬼者，人所得病之气也"；鬼"与人杂则，凶恶之类也，故人病且死者乃见之。……及其生凶物，亦有似人象鸟兽者。故凶祸之家，或见蜚尸，或见走凶，或见人形，三者皆鬼也"。认为鬼是"凶物"，会给人们带来各种疾病、灾祸。以上只是对鬼怪作祟害人、袭扰人类的危害性作了粗略的概括，很不全面，不过也能看出，在古人心目中鬼给人带来的灾难是多么严重。鬼一旦害人，重则要人命，轻则破坏人们的财产，干扰人们的正常生活。汉人关于鬼的危害性的观念，当然是荒谬的。不过，它反映了由于对鬼怪的畏惧，古人往往将生活中的灾难现象，如死亡、瘟疫、疾病、灾害等，归因于鬼怪作祟的结果。

鬼怪可以在任何环境下为祟，但在文献记载的许多有关汉代的鬼怪故事中，亭却成为各种鬼怪活动较为猖獗的地点之一，这是什么原因呢？通过考察亭所具有的特殊环境和功能，似乎可以找到答案。

上文已述，有些亭是设置在城市、市场、街道或城门上的，但大多数的亭应还是位于荒郊野外、远离市廛的乡亭。这些亭的安全性自然无法与人口稠密的城市或乡村的居民点相比。在这种特殊的环境下，亭中的安全情况不容乐观。如桓谭在《新论》中记述了在亭中的一次危险经历：桓谭"宿于下邑东亭中，亭长疑是贼，发卒夜来攻"。又如，延岑夜宿下邑亭，由于身穿"虎皮襜褕"，被认为是强盗[16]（《延岑传》）。可见，夜晚亭中常有盗贼活动。故亭中屡屡发生图财害命、凶杀过客之类的事件。如《后汉书·独行·范式传》载孔嵩"道宿下亭，盗共窃其马"。又，同书《独行·张武传》还记载了吴郡太守的妻子返乡，就宿河内亭，夜里遭到强盗的抢劫，护送者被杀害，尸体也不知去向的案件。居延汉简 E.P.T 58：46 简中也记有居延地区发生过亭中谋杀案："死亭东内中东首……当时死身完，毋兵刃木索迹。"[17]352这些情况无疑会使人们夜宿亭中时产生某种紧张恐惧的情绪。此外，亭长本来是负责治安的小吏，但其中也有不法之徒。亭里发生的一些伤天害理的事件，如前面提到的藜亭长杠杀上任官员全家十余口、鹊巢亭长杀死苏娥及其奴婢的故事，就是亭长犯下的罪恶。亭长利用自己职务的便利，与盗贼一样，干些杀人越货之事，亭舍如同黑店，亭长即是强盗，亭自然成了令人恐怖的处所。加之在人们的观念中，鬼怪经常在夜间作祟，而夜间伸手不见五指的环境，也容易使人产生恐惧感。因此，在漆黑的夜晚，更加剧了人们对鬼怪的畏惧。在这种紧张恐惧的心理状态下，亭中一旦发生难以解释的异常现象，人们很自然就认为是鬼怪在作祟。

而另一方面，汉代的亭又是负责地方社会秩序的机关，《太平御览》卷 194 引《风俗通义》对亭的这项职责解释得比较明确："亭亦平也，民有讼争，吏留辨处，勿失其正也。"又，《汉书·张汤传》颜师古注曰："亭，均也，调也。言平均疑法及为谳疑奏之。"可知亭长担负着维护人们生活安全和处理司法纠纷的任务。如《潜夫论·爱日篇》云，百姓如有诉讼，"乡亭部吏，足以断决，使无怨言"。又《后汉书·仇览传》载，仇览为亭长，有母告其子不孝。《急就篇》亦云："斗变杀伤捕邻伍，游徼亭长共杂诊。"亭长是国家认可的社会秩序的维持者，亭因而成为维护正义的象征。这种观念似乎也反映到了鬼怪的世界。在汉代墓葬出土的画像石中常见"亭长"形象,例如河北望都汉墓壁画人物画像题字就有"门亭长""寺门卒"等字样。据陈直先生考证:"《续汉书·百官志》,司隶校尉属吏有门亭长,主州正门。又太守属吏,正门有亭长一人,即本壁画题字之门亭长。寺门卒即府门卒,始见于《汉书·韩延寿传》。又传世有'乐安太守君亭长'及'门府之卒'两石人题字,与本题字完全符合。"[18]463—464汉墓壁画中出现亭长的形象,除了炫耀墓主人生前的威望外,如上所述,亭长是汉代负责地方治安的基层官吏,亭是社会秩序的象征,画像中的亭长可能还有保护墓主人在另一个世界安全和秩序的意义。在这种观念下,人们顺理成章地将亭视为冤鬼申冤报仇的场所。如《后汉书·独行·戴就传》记载,戴就在狱中遭到严刑拷问,对拷问他的薛安大呼:"就考死之日,当白之于天,与群鬼杀汝于亭中。如蒙生全,当手刃相裂!"可见,在当时的人看来,人冤死变成鬼后,经常选择在亭中向仇人申冤复仇。前述冤魂在亭中申冤的故事,应当是以这种观念为背景的。

综上所述,汉代亭鬼、亭怪故事中鬼魂申冤、鬼怪杀人等内容显然是荒诞的,但也有真实的一面,在荒谬的情节中,隐约地反映着当时社会的某些历史真实。其中的一些故事成为后世志怪小说的一大主题,并对其叙事手法也产生了一定影响。这些故事除有汉代人普遍相信鬼怪存在的信仰为背景外,亭的特殊治安环境和功能,也使人们经常将亭与鬼怪之事相附会。这些因素交织在一起,构成了亭鬼、亭怪故事产生和流布的社会文化氛围。所以,不能以这些故事内容的荒诞不经,而忽视其产生的社会根源和蕴涵的文化价值。对此,我们应该辩证地加以分析。

【参考文献】

[1] 鲁迅.中国小说史略[M].北京:人民文学出版社,2006.
[2] 王毓铨.汉代"亭"与"乡""里"不同性质不同系统说[M]//王毓铨史论集.北京:中华书局,2005.
[3] 朱绍侯.中国古代治安制度史[M].开封:河南大学出版社,1994.
[4] 班固.汉书[M].北京:中华书局,1962.
[5] 范晔.后汉书[M].北京:中华书局,1965.
[6] 高敏.秦汉"都亭"考略[M]//秦汉史探讨.郑州:中州古籍出版社,1998.
[7] 应劭,撰.王利器,校注.风俗通义校注[M].台北:汉京文化事业有限公司,2004.
[8] [英]詹姆斯·乔治·弗雷泽.金枝:巫术与宗教之研究[M].北京:中国民间文艺出版社,1987.
[9] 江绍原.发须爪:关于它们的迷信[M].北京:中华书局,2007.
[10] 吕思勉.秦汉史[M].上海:上海古籍出版社,1983.
[11] 刘乐贤.睡虎地秦简日书研究[M].台北:文津出版社,1994.
[12] 刘安,撰.刘康德,直解.淮南子直解[M].上海:复旦大学出版社,2001.
[13] 陈寿.三国志[M].北京:中华书局,1982.
[14] 李昉.太平御览[M].北京:中华书局,1960.
[15] 段玉裁.说文解字段注[M].成都:成都古籍书店,1981.
[16] 刘珍,等,撰.吴树平,校注.东观汉记校注[M].郑州:中州古籍出版社,1987.
[17] 甘肃省文物考古研究所,等.居延新简:甲渠候官与第四燧[M].北京:文物出版社,1990.
[18] 陈直.望都汉墓壁画题字通释[M]//文史考古论丛.天津:天津古籍出版社,1988.

汉魏耳珰考

李 芽*

【摘 要】 耳珰,起源于原始社会,最早的文字记载则见于汉代,并流行于汉魏时期。汉魏耳珰之造型分收腰圆筒形、钉头形和穿系珠珥型三类,也称耳珠。珰珥,主要以玻璃和珠玉制作,其佩戴方式分为穿耳式、簪珥式和系于耳部三种方式,这三种方式在汉魏时期应该同时存在,但至少在汉族上流阶层的女性当中,应是以簪珥这种佩戴方式为主。

【关键词】 汉魏;耳珰;造型类型;佩戴方式

耳珰,原始社会便已有之,当时多为玉石、陶、煤精等制品。先秦时期,随着玻璃制作工艺的出现,战国时期的墓葬中已出现玻璃耳珰的随葬品。进入汉代,将如珠似玉的玻璃用作装饰品比较流行,玻璃耳珰逐渐增多,迄今在陕西、河南、湖南、甘肃、宁夏、云南、湖北、广东、广西、贵州等地墓葬中已发现玻璃耳珰二百多件[1]。有关其文字记载也广泛见于汉魏的史籍。尽管如此,耳珰却并不是此时汉族女子普遍佩戴的耳饰,因为从出土的当时的人物形象来看,不论是绘画还是俑人,佩戴耳饰的都十分罕见。中原女子受"身体发肤,受之父母,不可毁伤"的观念影响,并不流行穿耳。故此,佩戴耳珰并不是源自中原的习俗,而是从少数民族引入的。汉代刘熙《释名·释首饰》曰:"穿耳施珠曰珰。此本出于蛮夷所为也。蛮夷妇女轻淫好走,故以此琅珰锤之也。今中国人效之。"[2] 从这段话中可以看出,少数民族女子缺少礼教的束缚,故此行为少有约束,家人才让其穿耳垂珰,以示警诫。其作用和中原女子头上插的"簪珥"、男子冠上佩戴的"瑱"有异曲同工之妙。

一、耳珰的造型

从文献记载来看,《释名》曰"穿耳施珠曰珰",《风俗通》也载"耳珠曰珰",《广韵》曰:"珰,耳珠。"似乎可以推断出,耳珰应该是一种珠形。而且,当时描绘女子着耳饰的很多诗词中,也多次提到了珠形的耳饰,如:辛延年《羽林郎》诗有"头上蓝田玉,耳后大秦珠"[3];杜笃《京师上巳篇》有"窈窕淑女美胜艳,妃戴翡翠珥明珠"[3];无名氏《陌上桑》有"头上倭堕髻,耳中明月珠"[4];繁钦《定情诗》有"何以致区区,耳中双明珠"[3]。但从出土文物来看,汉墓当中出土的位于耳旁的饰物似乎又和传统的圆珠形有出入。其造型主要分两种类型:最常见的一种呈收腰圆筒形,横剖面为圆形,中部收腰,两端呈喇叭状奢口,通常一端较另一端奢口略大,分平头和圆头两种(见表1);另一类则呈钉头形,即只有一头奢口,佩戴时直接将小头穿入耳洞,是原始社会

---

* 李芽(1977—),女,汉族,浙江省海宁市人,讲师,博士,主要研究妆饰文化。

蘑菇形耳珰的拉长版(见表2)。这两类耳饰体积一般不大,长度在2—3厘米左右,小端直径一般不超过1厘米,有中空和实心两种,以中空居多。这就很奇怪了,出土的耳饰明明不是珠形,为何要称耳珠呢?

由于绝大多数的出土耳饰以空心为主,之所以设计成空心,是为了可以穿系坠饰,故此耳珰经常与珠玉、宝石同时出土。也有将坠饰横系于珰腰之中的。系有坠饰的耳饰实物,在朝鲜古月浪汉墓及湖南常德南坪汉墓都有出土。从出土实物来看,耳珰下的坠饰,以珠玉宝石制成的珠玑为主。收腰圆筒形部分插入耳垂,下垂的珠玑便成了最明显的视觉元素,将之称为耳珠便是很自然的事了。由此看来,汉魏史籍中提到的珰(耳珠)既可以单指出土的收腰圆筒形和钉头形耳饰,也可以指穿有珠玑坠饰的耳饰,类似后世的耳坠(见表3)。

穿入耳珰的珠玑坠饰,史籍中通常称为"珥"。《仓颉篇》曰:"耳珰垂珠者曰珥。"[5]《后汉书·舆服志》也称:"珥,耳珰垂珠也。"[6]古时皇帝冕冠上悬当耳傍,以戒妄听的"瑱",便是一种垂珠,也称为"珥",如《说文·玉部》说"珥,瑱也"。汉魏时后妃头上插戴的簪珥,也是发簪加坠饰的一种首饰。可见,将垂珠称为"珥"在汉代是很普遍的事。中山大学的唐际齐先生通过研究甲骨文中的"𦀖"字,认为"𦀖"通"缉","缉"是"珥"的古字:"在卜辞中,缉字旁的'幺'形有的是小圆形,有的是菱形,有的是一个小圆形,有的是两个,因此将'幺'形解释为垂珠形,比解释为丝线之形(即以线系耳之意)更可信。也就是说珥形的耳饰,可以只有一个垂珠,也可能有两个或两个以上的垂珠;垂珠的形状可以是圆形,也可以是菱形。"[7]这种解释和朝鲜乐浪汉墓出土的缀有珠玑的耳珰形制恰好是吻合的。或许直接将丝线穿入耳洞有一定困难,也不甚美观,故此古人在金属工艺尚不完备之时发明出了玉石制的空心耳珰用以穿挂坠饰,可谓独具巧思。

"珥"有时也和"珰"同义,并没有严格的区分。带有坠饰的耳珰亦可称为"珰珥"。如《吴录》载:"袁博女于坏墙中得珰珥百枚。"[8]215

出土的耳珰除少量为金质、陶、煤精的之外,通常以玉、玛瑙、琉璃等比较莹润的材料制成,故也称"明珰""明月珰""明珠""明月珠"等。东汉时期的玻璃耳珰以蓝色居多。如:《古诗为焦仲卿妻作》有"腰若流纨素,耳着明月珰"[3];《洛神赋》有"献江南之明珰"[8]215;晋傅玄《有女篇·艳歌行》有"头安金步摇,耳系明月珰"[9]188;晋傅玄《镜赋》有"珥明珰之迢迢"[10];无名氏《孟珠》诗有"龙头衔九花,玉钗明月珰"[3]。三国魏繁钦《定情诗》有"何以致区区,耳中双明珠"[3];北魏高允《罗敷行》有"脚着花文履,耳穿明月珠"[3]。都是对这种饰物的形容。其中珥的质地以珍珠最为名贵,《晋令》曰:"百工之妻不得服珍珠珰珥。"[10]说明,珍珠珰珥应是上层贵妇的专属。傅玄《七谋》有"佩昆山之美玉,珥南海之明珰",昆仑出美玉,南海出珍珠,故南海之明珰应是以珍珠做成的名贵耳珰。《西京杂记》载:"赵飞燕为皇后,其女弟上遗合浦圆珠珥。"[8]215合浦盛产珍珠中的极品——南珠,故此合浦圆珠也是指的珍珠。除了各种玉石和珍珠,在部分耳珰附近,有时还发现一些小铃,出土时多成对出现,可能也是耳珰之下的坠饰。如贵州黔西东汉墓出土的一对,以银片制成球体,球面上刻有同心圆纹,下端开口,铃背上焊有圆环,直径为1.2厘米,通长2厘米。日本学者原田淑人所编《汉六朝服饰》中收录一帧耳珰照片,注明为"王盱墓出土",王盱墓是朝鲜乐浪汉墓之一(石岩里 M 205)[11],在这对耳珰的下部,即各垂一个小铃。上文所引《释名》云,以此琅珰锤之,以警诫轻淫之女子,其中"琅珰",便有铃铎之意。如杜甫《大云寺赞公房四首》诗云:"夜深殿突兀,风动金琅珰。""珰"本身也可作象声词使用。以铃铎垂于耳,以叮珰之音起到警示女子的作用,也是合情理的。贵州黔西为西南边陲,朝鲜乐浪郡居民主要是由战国汉初东夷后裔、战国燕民后裔、东北地区汉民和东南沿海汉民组成的复合体,故此推断,耳珰下垂铃铎应该主要属于西南或东北边陲居民的妆饰习俗。

二、耳珰的佩戴方法

耳珰是如何佩戴的呢？笔者认为有几种可能性（见表4）。

1. 直接穿入耳垂上的耳洞进行佩戴

绝大多数的书籍里提到耳珰都认为它的佩戴方法是必须先在耳垂上穿洞，并且将耳洞撑大，然后将收腰圆筒形珰横贯于耳洞中，因两端粗于中央，故戴上以后不易滑落。也有的书中称这类耳饰为耳栓[12]或耳塞。下坠的珥的部分是以丝线穿入珰来进行悬挂的①。其依据主要来自以下三个方面。

首先，从史籍记载来看，《释名》曰："穿耳施珠曰珰。"似乎就说明了着珰是要穿耳的。其次，从出土文物来看，因为有一些珰是实心的，旁边又没有其他金属附件，不是直接穿入耳洞的话，似乎很难有其他的方法进行佩戴。另外，在一些出土人物形象中，如：斯德哥尔摩远东古物馆所藏战国铜人[13]100—101，耳垂上边各贯了一支小"棒"，和耳珰很像；河南洛阳卜千秋墓壁画中所绘女娲，虽然作人首蛇身状，但服饰装扮却与汉代妇女基本相同：梳垂髫髻，着紫色袍，在其耳垂上，即穿有一枚棕红色的耳珰，但这类着耳饰的人物形象在先秦及汉魏时期的中原地区并不多见。再次，《释名》也说明，穿耳着珰乃蛮夷所为，即其是边远地区少数民族流行的风俗。至今在云南的一些地方，如西双版纳的傣族自治区，笔者亲见很多傣族的老年妇女还保持着穿戴耳珰的习俗，只是其耳珰多为金银类的贵金属制品，且多为实心。

2. 系于簪首，为簪珥的垂饰

中国自先秦时代就提倡"身体发肤，受之父母，不可毁伤"的观念，提倡全德全形，并不流行穿耳。马王堆一号汉墓出土的保存完好的女尸——軟侯夫人辛追，就没有耳孔。据《释名》所释，穿耳施珠是蛮夷地区为了惩罚轻淫好走的女子所设计的一种约束，或者说惩罚，是对女性的一种束缚和歧视。而在汉代，妇女守贞的环境是比较宽松的，离婚和再嫁在各个阶层中都是很普遍的事情，贞节对于她们来说完全是一种自觉自愿的行为[14]。因此，这样带有明显歧视意味的妆饰习俗是不大可能在中原地区广泛流行的。

汉魏时期出土的耳珰数量虽并不算少，但明确可以看出佩戴耳珰的人物绘画形象和俑人形象却极其罕见，即使上文提到的卜千秋墓中所绘女娲的形象，其耳部的饰物也是很模糊的。因此，这就形成了一种令人疑惑的矛盾，如果耳珰真的是穿耳佩戴的饰物，为什么在文物中却不加以表现呢？汉代的壁画尽管比较放达写意，不太注重细节，但俑人出土的数量是巨大的，而且很多做工都很精致，准确表达耳饰应该是很正常的。出现这种情况唯一合理的解释就是耳珰并不是佩戴于耳垂之上，而是系于簪首，垂于耳畔，为簪珥的垂饰。耳珰是一种礼仪用品。簪珥（亦称"笄珥"）是汉晋时期宫廷上层女性朝服的必配之物。在《后汉书》和《晋书》的《舆服志》中有很详细的记载。

《后汉书·舆服志》载："太皇太后、皇太后入庙服，绀上皂下，蚕，青上缥下，皆深衣制，隐领袖缘以绦。翦氂蔮，簪珥。珥，耳珰垂珠也。簪以玳瑁为擿，长一尺，端为华胜，上为凤皇爵，以翡翠为毛羽，下有白珠，垂黄金镊。左右一横簪之，以安蔮结。诸簪珥皆同制，其擿有等级焉。""皇后谒庙服，绀上皂下，蚕，青上缥下，皆深衣制，隐领袖缘以绦。假结，步摇，簪珥。""贵人助蚕服，纯缥上下，深衣制。大手结，墨玳瑁，又加簪珥。长公主见会衣服，加步摇，公主大手结，皆有簪珥，衣服同制。""公、卿、列侯、中二千石、二千石夫人，绀缯蔮，黄金龙首衔白珠，鱼须擿，长一尺，为簪珥。"

《晋书·舆服志》载："皇后谒庙，其服皂上皂下，亲蚕则青上缥下，皆深衣制，隐领袖缘以绦。首饰则假髻，步摇，俗谓之珠松是也，簪珥。""淑妃、淑媛、淑仪、修华、修容、修仪、婕妤、容华、充华，是为九嫔，银印青绶，佩采瑮玉。贵人、贵嫔、夫人助蚕，服纯缥为上与下，皆深衣制。太平髻，七钿蔽髻，黑玳瑁，又加簪珥。""长公主、公

---

① 如高春明《中国服饰名物考》、孙机《汉代物质文化资料图说》（增订本）等。

主见会,太平髻,七钿蔽髻。其长公主得有步摇,皆有簪珥,衣服同制。""公特进侯卿校世妇、中二千石、二千石夫人,绀缯帼,黄金龙首衔白珠,鱼须擿,长一尺,为簪珥。"

从以上的文献记载来看,汉晋时代女子的首饰是很有限的,除了充发的假髻(帼)外,簪珥可以说是这一时代上层女性最重要的首饰(其次为步摇)。从考古遗存上来看也是如此,例如马王堆一号汉墓西汉轪侯夫人辛追的两个妆奁里,称得上首饰的只有一顶假发,其余的就只有插于女尸头部的三只发簪和所接的一副假发[15]。满城汉墓二号墓中山靖王刘胜妻窦绾的墓中只出土了一些玉佩、玉环、玉石珠和带钩,并未见其他金银首饰[16]。总体上看,汉墓中出土的发簪非常稀少,因为汉代女性流行垂髻,发簪并不是必须,高髻主要在宫廷礼仪装束中才出现,而像玳瑁、鱼须这类材质又比较容易腐朽。但汉墓中出土的各种玉石质地的珠类数量是比较多的,且比较普遍,其中或许有珥存在的可能,只是丝线已腐朽,大多无从考证。

汉魏之后,簪珥之俗逐渐衰微,耳珰这种造型的饰物在汉魏以后的墓葬中便不多见,这和簪珥在《舆服志》中仅见于汉魏也恰好吻合。珥在女性使用时将之系缚于发簪之首,将发簪插入头顶的高髻,珥则下垂于耳际,称为簪珥。以提醒用此者谨慎自重,勿听妄言,并以擿(簪股)的质料区别等级。和帝王冕冠两侧所附之充耳(又名"瑱")是相同的含义。因此,佩戴簪珥必须要梳高髻、戴假发或巾帼,是一种在比较隆重的正式场合或礼仪场合采用的礼仪用品。而汉墓中出土的女俑大多是陪葬俑,身份比较低下,大多梳汉代日常生活中最流行的垂髻,簪珥自然是无从佩戴,而且簪珥这类垂挂的首饰也不太适合以雕塑的形式来进行表现。但在汉魏时期的壁画中,还是可以见到戴簪珥的贵族形象的,但由于汉魏壁画风格比较放达,因此珥的细节很难考证。"珥"亦称"瑱""充耳",有时也和"珰"混用。《尔雅翼》卷21曰:"珰,音当,充耳珠也。"

《集韵》卷3曰:"珰,充耳也。"都把"珰"解释为用作充耳的耳珠。东汉刘桢《鲁都赋》曰:"插曜日之珍笄,珥明月之珠珰。"这里的"珥"是动词,而"珰"则应是笄(即簪)上所系之垂饰。辛延年《羽林郎》诗有"头上蓝田玉,耳后大秦珠",为何在耳后呢?恐怕也是因为系于簪首,悬于耳畔之故。而且,墓葬中出土的收腰型耳珰大多不是成对出土的,而耳饰是必须成双的,从这点来看也似乎是更适合于用作簪珥。

3. 系于耳上

晋傅玄《有女篇·艳歌行》曰:"头安金步摇,耳系明月珰。"系于耳上分为两种,一种是以丝线系挂于耳廓之上,珰珠下垂于耳垂之下;一种是以丝线系挂于耳垂所穿之穿孔中,珰珠下垂于耳垂之下。前者解决了身体全形之要求,避免了穿耳的痛苦,比较符合汉魏之人的身体观念;后者则可以和"穿耳施珠曰珰"之类的史籍相呼应,但又不必要求比较大的耳孔来塞入整个收腰筒形耳珰。同时,着珰之俗源自蛮夷之时的确是穿耳佩戴的,这在云南滇国的大量出土文物中,和现今的傣族妇女中依旧可以得到印证,但少数民族的妆饰手法被汉族人转借过来后很有可能会发生一些适应性的变异,这也是我们不应该忽视的问题。

当然,笔者认为,以上各种耳珰的佩戴方式,在汉魏时期应是同时存在的,每个人根据个人的身份、籍贯、审美喜好、贞节观等的不同可以选择不同的佩戴方法。例如在上流阶层的汉族女性当中,应是以簪珥这种佩戴方式为主;在西南边陲少数民族地区则以穿耳佩戴为主;东北和西南边陲的居民还有耳珰下系挂铃铎的习俗。也有一些考古挖掘报告将收腰形耳珰定名为"瑱",或是将耳珰与葬玉中九窍塞的耳塞相混淆,此类葬玉用的耳塞也称为"瑱"。从汉墓中出土的成套九窍塞来看,玉塞除了起到寒尸的作用,还有古人期待防止体内腐水外流的作用,故玉塞一般都是实心的。而且,耳塞一般呈圆柱体和八角柱体,一端略大于另一端,纵剖面呈梯形,和收腰形耳珰的造型并不一致①,故此将其定名为"瑱"是不妥的。也有一些墓葬中出土的瑱为实心钉头形,如吉林榆树大坡老河深汉墓共出土23件,大部分完整,出于17座墓中,出土时均位于死者耳心内。并发现许多瑱上挂有耳饰。一座墓中出土多为二件,质料有骨和琉璃两种,以骨质为多[17]。因其出土位置位于耳心内,且为实心,故可定名为"瑱"(见表2)。

表1 汉魏收腰圆筒形耳珰

收腰圆筒形耳珰	空心平头形		玛瑙耳珰(西汉):长2厘米、直径0.75—0.9厘米,内芯有穿孔。江苏省扬州市邗江西湖胡杨20号汉墓出土,扬州博物馆藏[18]。
			玉耳珰:长3.4厘米、小端直径0.7厘米、大端直径0.9厘米。西安北郊西汉中期陈请士墓M170出土。现藏西安市文物保护考古所。青玉,圆柱体,细腰,两端大小不一,中部有穿孔[19]。
			琉璃耳珰(3件):通长1.5厘米、大端直径1.1厘米、小端直径0.85厘米。长安韦曲宣帝杜陵陪葬墓出土。现藏长安博物馆。两件为青绿色,一件为深蓝色。两端中部均凹下,中心有透孔。这些耳珰的发现,说明该墓很可能属于夫妇合葬墓[19]。
			玻璃耳珰(六朝):高2.3厘米、直径1.2—1.6厘米。宝成铁路南段出土。重庆市博物馆藏。一件,半透明,器作圆柱状,上小下大,束腰,中有穿孔,可用以悬挂[20]。
	实心圆头形		珰珠(东汉):原书中称其为金饰件。系铸造而成,一套共9件,其中右下角的一件呈收腰珰形:长2.5厘米、大径1.3厘米、小径0.8厘米,一头大,一头小,两端呈喇叭状,中部束腰,小头平底,大头的顶部呈球状外鼓,两头边沿均饰19枚连珠,造型颇似耳珰。湖南省常德市南坪乡出土。常德市博物馆藏[21]。这类实心珰珠,即使没有穿孔,也可以将丝线束于腰部来进行悬挂。
			玉耳珰:通长2.2厘米。西安市北郊范南村西北医疗设备厂工地西汉墓M13出土。现藏西安市文物保护考古所。白玉。玉色纯净,两端呈大小不同半圆形,中部束腰,无穿孔[19]。

① 如《汉广陵国玉器》中所收录安徽省天长市三角圩汉墓群出土的七窍玉、江苏省扬州市邗江西湖胡杨22号汉墓出土的玻璃六窍塞等。

汉代思想、文化与风俗

表 2　汉代钉头形耳珰

类别	图	图	说明
钉头形耳珰			玻璃耳珰（西汉）： 加拿大安大略皇家博物馆藏[22]。
			琉璃耳珰： 辽宁本溪桓仁望江楼墓地出土[22]。
			玛瑙耳珰 M69:85（西汉）： 江川李家山墓出土。原书中称其为瑱，其功能有待进一步研究。该墓中出土了三种类型的瑱，均为钉头形，一类无穿孔，另两类均有穿孔。此种款式墓中出土了342件，正面中部突起呈圆管状，中央钻穿孔。图为标本 M69:85，17 件，直径 1.1—1.8 厘米、高 1.1—1.3 厘米[23]。
葬玉用瑱			骨瑱： 吉林榆树大坡老河深汉墓出土。共出土 23 件，大部分完整，出于 17 座墓中，出土时均位于死者耳心内。并发现许多瑱上挂有耳饰。一座墓中出土多为 2 件，质料有骨和琉璃两种，以骨质为多。其中 1 件骨瑱标本长 2.9 厘米、内端径 0.5 厘米、外端径 1.2 厘米[17]。
			七窍玉塞（西汉）： 安徽省天长市三角圩汉墓群出土。其中玉耳塞一对，为底大上小的柱状体，遍体抛光，长 2.1 厘米、上径 0.4 厘米、底径 0.7 厘米[18]。

表 3　汉代穿有珠玑坠饰的耳珰

类别	图	图	说明
穿有珠玑坠饰的耳珰			缀有小铃的耳珰： 朝鲜乐浪汉墓之王旴墓出土（石岩里 M205）[24]。
			系有珠玑坠饰的耳珰： 朝鲜乐浪汉墓出土[25]。

表4 汉魏佩戴耳珰的四种方式

穿入耳垂上的耳洞进行佩戴		以丝线系挂于耳廓之上	
系于簪首,为簪珥的垂饰		以丝线系挂于耳垂所穿之穿孔中	

【参考文献】

[1] 王然,主编.中国文物大典[M].北京:中国大百科全书出版社,2009.
[2] 刘熙.释名[M].北京:商务印书局,1939.
[3] 逯钦立,辑校.先秦汉魏晋南北朝诗[M].北京:中华书局,1983.
[4] 余冠英,选注.乐府诗选[M].北京:人民文学出版社,1953.
[5] 玄应.玄应音义[M].清乾隆年间武进庄忻刊行本.
[6] 范晔.后汉书[M].北京:中华书局,2005.
[7] 唐际齐.释甲骨文"𦔮"[J].中山大学研究生学刊(社会科学版),2008(2).
[8] 王初桐.奁史[M].清嘉庆二年伊江阿刻本影印.
[9] 徐陵.玉台新咏[M].影印本.成都:成都古籍书店,1986.
[10] 虞世南.北堂书钞[M].文渊阁四库本.
[11] 郑君雷,赵永军.从汉墓材料透视汉代乐浪郡的居民构成[J].北方文物,2005(2).
[12] 邓聪.从河姆渡的陶制耳栓说起[J].杭州师范学院学报,2000(3).
[13] 林巳奈夫.春秋战国时代的金人与玉人[M]//春秋战国出土文物の研究.京都:京都大学人文科学研究所,1985.
[14] 刘伟杰.由汉代妇女离异与再婚的状况看汉代人的贞节观[J].民俗研究,2007(1).
[15] 湖南省博物馆,中国科学院考古研究所.长沙马王堆一号汉墓:上、下[M].北京:文物出版社,1973.
[16] 中国社会科学院考古研究所,河北省文物管理处,编.满城汉墓发掘报告[M].北京:文物出版社,1980.
[17] 吉林省文物考古研究所.榆树老河深[M].北京:文物出版社,1987.
[18] 扬州博物馆,天长市博物馆.汉广陵国玉器[M].北京:文物出版社,2003.
[19] 刘云辉.陕西出土汉代玉器[M].北京:文物出版社;台北:众志美术出版社,2009.
[20] 中国金银玻璃珐琅器全集编辑委员会.中国金银玻璃珐琅器全集:玻璃器[M].石家庄:河北美术出版社,2004.
[21] 中国金银玻璃珐琅器全集编辑委员会.中国金银玻璃珐琅器全集:金银器[M].石家庄:河北美术出版社,2004.
[22] 高春明.中国历代服饰艺术[M].北京:中国青年出版社,2009.
[23] 云南省文物考古研究所,玉溪市文物管理所,江川县文化局.江川李家山:第二次发掘报告[M].北京:文物出版社,2007.
[24] 原田淑人.汉六朝の服饰[M].东京:东洋文库,1937.
[25] 高春明.中国服饰名物考[M].上海:上海文化出版社,2001.

论王充的史学功能观

靳 宝[*]

【摘 要】 王充是我国古代一位伟大的思想家,他对史学的功能有自己的见解,认识到史学对社会、国家、人生修养等都有重要作用。他不仅提出了对《春秋》褒贬功能的看法,认识到史学的主要功用在于"载人之行,传人之名",达到"惩恶劝善",提出撰写史书要如实记载,而且认识到发挥这一功用必须注意方式方法,还说明了历史知识的重要性,强调史学要有益于国,可补于化。这些理论成就对中国史学理论的发展起到了一定的推动作用,至今仍有借鉴意义。

【关键词】 王充;《论衡》;史学;功能;看法

著名史学家白寿彝先生曾言:"王充是著名的唯物主义哲学家,而不是史学家,但他的批判性的论断,其中多与历史理论有关,这也应该是属于中国史学史的光辉思想。"[1]55 这为我们深入研究王充思想及其价值开启了一扇大门。王充对史学作了深入思考,谈到史学对社会、国家、人生都有重要作用,他的见解对中国古代史学的发展、史学传统的继承和发扬都有积极意义。

一、"极笔墨之力,定善恶之实"

"对历史作出客观公正的评价和褒贬,不仅是必要的,而且也是历史学的任务之一。中国史学的褒贬传统可以说在史学产生之时即已有之。"[2]孔子修《春秋》之前,周王室及列国史官记事就讲究褒贬以为惩劝。正如刘勰所言:"诸侯建邦,各有国史。彰善瘅恶,树之风声。"[3]"惩恶劝善"这一传统,在孔子的《春秋》中得到了充分体现,对此《左传》的作者、孟子、司马迁都有明确的认识。

《左传·成公十四年》记:"《春秋》之称,微而显,志而晦,婉而成章,尽而不污,惩恶而劝善,非圣人,谁能修之?"[4]这是左氏借"君子"之口发表的对《春秋》的评价,并首先提出"惩劝"的原则。孟子曾说:"王者之迹熄而《诗》亡,《诗》亡然后《春秋》作。晋之《乘》,楚之《梼杌》,鲁之《春秋》,一也;其事则齐桓、晋文,其文则史。孔子曰:'其义则丘窃取之矣。'"[5]这里所说的"义",即褒贬之义。孔子以《春秋》为褒贬,说明史书的纪事及其倾向具有治理国家、维护社会秩序和伦理制度的非凡作用,也说明史书的灵魂,在于应有深刻的义理。这一点,司马迁在作《史记》的时候,有了更深刻的认识,并且把它上升到史学理论的高度。司马迁在《太史公自序》中与上大夫壶遂的讨论,就阐述了史学著作应有的褒贬刺讥的作用。司马迁说道:"别嫌疑,明是非,定犹豫,善善恶恶,贤贤贱不肖,存亡国,继绝世,补敝起废,王道之大者也。"[6]在司马迁看来,

---

[*] 靳宝(1977—),男,汉族,内蒙古自治区德化县人,主要研究史学理论与史学史。

《春秋》的史学功用，首先是提供了一个"别嫌疑，明是非，定犹豫"的标准，增强了后人辨别是非善恶的能力；其次是为褒扬美善、贬抑丑恶树立了榜样；再次是《春秋》能够"存亡国，继绝世，补蔽起废"，充分肯定了史学的巨大历史功能。

作为汉代的一位哲学家、思想家的王充，虽然没有像孟子、司马迁等那样从史学的角度论述《春秋》的惩劝功用，且理论上上升到一定的高度，但他在批判中提出了对《春秋》褒贬功能的看法，主要从《春秋》褒贬义理的具体标准入手作了阐述，如：

《问孔篇》："《春秋》之义，采毫毛之善，贬纤介之恶。"

《超奇篇》："孔子得史记以作《春秋》，及其立义创意，褒贬赏诛，不复因史记者，眇思自出于胸中也。"

《感类篇》："孔子作《春秋》，采毫毛之善，贬纤介之恶，采善不逾其美，贬恶不溢其过。"

《案书篇》："孔子作《春秋》，采毫毛之善，贬纤介之恶。可褒，则明其善以义其行；可贬，则明其恶以讥其操。"

他考察孔子撰作《春秋》进行褒贬义理的标准，就是对毫毛一般的小善也要表彰，对小草一样的小恶也要谴责。假如是可以加以称赞的，就指明他的善事，称赞他的行为；假如是可以谴责的，就指明他的恶事，讥刺他的操守。也就是说，孔子作《春秋》不放过表彰细微的善行，不放过贬斥微小的过错，表彰善行却不增添它的美名，贬斥过错却不超出它的罪恶。这样，就给出了具体的辨别善恶的标准，使人们在实际行动中有参考，有榜样。王充把他作的《论衡》与《春秋》相提："《春秋》为汉制法，《论衡》为汉平说。"[7]（《须颂篇》）就是要显示史学的这种惩劝功能。

王充对史学功用还作了进一步思考。他认为文章的社会效益就是"劝善惩恶"。这里的"文章"实际上就是我们今天所说的"史学"。他说："知文锦之可惜，不知文人之当尊，不通类也。夫文人文章岂徒调墨弄笔为美丽之观哉？"[7]（《佚文篇》）文章不只是为了好看，其主要功用在于"载人之行，传人之名也"。况且，"善人愿载，思勉为善；邪人恶载，力自禁裁。然则文人之笔，劝善惩恶也。谥法所以章善，即以著恶也。加一字之谥，人犹劝惩，闻知之者，莫不自勉。况极笔墨之力，定善恶之实，言行毕载，文以千数，传流于世，成为丹青，故可尊也"[7]（《佚文篇》）。好人做了好事，希望被载入史册，名垂千古，流芳百世；而坏人做了坏事，怕被写入史册，遗臭万年。有鸿文可以勉励好人多做好事，而坏人在做坏事时也有所节制，就像是古代的谥法，人死以后，加一个谥号，一方面为了"章善"，同时也为了"著恶"。仅仅一个字的谥法也起着劝善惩恶的作用，何况那些长篇大论的史著呢！这就给史学以很高的定位。他辩驳文儒不如世儒时对此作了具体论述。他说："世儒当时虽尊，不遭文儒之书，其迹不传。"[7]（《书解篇》）世儒虽然在做官时地位尊崇，但如果不被文儒写进书里，他们的事迹不会传到后世。就像"汉世文章之徒，陆贾、司马迁、刘子政、扬子云，其材能若奇，其称不由人。世传《诗》家鲁申公，《书》家千乘欧阳、公孙，不遭太史公，世人不闻。夫以业自显，孰与须人乃显？夫能纪百人，孰与瘗能显其名"[7]（《书解篇》）？我们现在流传下来的一些古籍，像鲁《诗》《尚书》的千乘欧阳、公孙之家，如果不是碰上太史公记载下来，我们今天就看不到了。所以说，能够记载一百个人的事迹使他们出名，与仅仅能使自己出名的人相比，哪个更高明呢？王充当然是前者了，他作《论衡》的目的就是"垂书示后"[7]（《自纪篇》），这是他认识到史学具有"载人之行，传人之名"重要功能的结果。

但孔子以后这种史学传统并没有被很好地贯彻下去，更严重的是，后来的学者对史学简直是上下其手，任情褒贬，随意增损，王充在"九虚"和"三增"篇中对此进行了细致的评说。"世俗所患，患言事增其实，著文垂辞，辞出溢其真，称美过其善，进恶没其罪。何则？俗人好奇，不奇，言不用也。故誉人不增其美，则闻者不快其意；毁人不益其恶，则听者不惬于心。闻一增以为十，见百益以为千，使夫纯朴之事，十剖百判，审然之语，千反万畔。"[7]（《艺增篇》）是非不分到了这种地步，哪还有什么"劝善惩恶"可言？

所以，王充提出撰写史书要如实记载，否则

就会失去惩恶劝善这种社会效益。他对一些这样做的人进行了赞扬。例如,扬雄作《法言》时,他的老乡,四川的一个富人,送他千万的钱,表示希望把他记载在这部书里,但扬雄说:"夫富贾无仁义之行,犹圈中之鹿、栏中之牛也,安得妄载?"[7](《佚文篇》)你只是做生意发了财,没有仁义之行,就像圈中的鹿、栏中的牛那样,有什么可载的,怎能随便写入史书中呢?又如班叔皮(班彪)续《太史公书》(《史记》),把乡里人的恶行也写进去了,"载乡里人以为恶戒。邪人枉道,绳墨所弹,安得避讳?"虽然是同乡人,做了坏事,也一样要写上,不容许回避,目的是为了"恶戒"。于是,王充赞叹:"是故子云不为财劝,叔皮不为恩挠。文人之笔,独己公矣。贤圣定意于笔,笔集成文,文具情显,后人观之,以见正邪,安宜妄记!"[7](《佚文篇》)"闻善必试之,闻恶必考之,试有功乃加赏,考有验乃加罚。虚闻空见,实试未立,赏罚未加。赏罚未加,善恶未定。未定之事,须术乃立,则欲耳闻之,非也。"[7](《非韩篇》)王充对文人(包括史学家)的评价是相当高的,认为文人的记载是最公正的,以往那些优秀史家把自己对历史的褒贬认识通过史著显示出来,后人看到这些史著,就能辨别邪正、善恶,这都是史家秉笔直书的体现。

王充不仅论述史学的这一功用,而且还认识到发挥这一功用必须注意方式方法,如果方法不对,会适得其反,从而影响史学的劝善惩恶功用。这一点可以说是对孔子《春秋》的发挥。他认为史学这一功用总的趋向是"善"而不是"恶"。"故以善驳恶,以恶惧善,告人之理,劝厉为善之道也。"[7](《谴告篇》)以善驳斥恶,以恶人恶事为例,使人畏惧而为善,这才符合告诫人的道理,才是勉励人为善的方法。汉武帝好仙,司马相如就献了《大人赋》,本想讽刺他的好仙,但由于过多地谈仙,反而助长了汉武帝好仙的心理;汉成帝好扩充宫室,扬雄就上《甘泉赋》描写甘泉宫构造十分奇妙,不是人力所能为的,以讽刺成帝,成帝没有意识到扬雄的用意,反而继续扩建宫室不止。王充认为这两种做法出发点都是劝善惩恶,但由于方式方法不对,导致这一功用的失败。"然即天之不为他气以谴告人君,反顺人心以非应之,犹二子为赋颂,令两帝惑而不悟也。"[7](《谴告篇》)相反,陆贾运用了正确的方式方法劝说赵佗,使赵佗"运心向内",归顺了汉朝。

二、"疏通知远",使人明智

正如白寿彝先生所说:"就是历史的学习,帮助人们从青少年起一直到老死为止如何做人,帮助人们了解或者理解做人的道理,这是最要紧的一条。"[8]228

历史知识是人类知识的一个宝库,特别是政治家、教育家和思想家都离不开它。中国早期哲学著作《易经》的《大畜·象传》中曾说:"君子以多识前言往行,以畜其德。"这是说,一个有知识、有教养的人应该多了解、多领会前贤先哲的言论和行事,以培养和提高自己的道德学问。这是中国古代较早把历史知识同人们品行修养联系起来的认识。《礼记·经解》:"疏通知远,书教也。""对于'疏通知远',我们不一定局限于《礼记·经解》的原意,要求可以略高一些。我们所谓'疏通知远',主要包含两个问题,一个是依据自己的历史知识观察当前的历史动向,又一个是依据自己的历史知识,提出自己对未来历史的想法。"[1]334这些都说明了历史知识的重要性。

王充意识到,读史可以使人明智。"经增非一,略举较著,令恍惑之人,观览采择,得以开心通意,晓解觉悟。"[7](《艺增篇》)意思是说历史使人读后开心通意,顿时清醒起来。而认识历史就是要博通古今,懂得古今联系。"人不博览者,不闻古今,不见事类,不知然否,犹目盲、耳聋、鼻痈者也。"[7](《别通篇》)"夫知古不知今,谓之陆沉","夫知今不知古,谓之盲瞽"[7](《谢短篇》)。如果人们只知道古代史而不了解现代史,那么就会愚昧无知;只知道现代史而不了解古代史,那么就像盲人、聋人一样,不聪明。如中原地带的人之所以比周边的夷狄进步、文明,就是因为他们懂礼仪,知古今历史,"诸夏之人所以贵于夷狄者,以其通仁义之文,知古今之学也"[7](《别通篇》)。过去的不知,就不能用来借鉴,不懂得历史的人,是无法借鉴历史为现实服务的。他批评那些只守信师法、学法,思想僵化的人,不能博通古今,从而不能为现实服务,是无用之徒。"夫闭心塞意,不高瞻览者,死人之徒也哉!"[7]《别通篇》"殷、周以前,颇载六经,儒生所不能说也。秦、汉之事,儒生不见,力劣不能览也。周监二代,汉监周、秦,周、秦以来,儒生不知,汉欲观览,儒生无力。"[7]《效力篇》他进而批评当时儒生不熟悉汉代的历史,"然则儒生不能知汉事,世之愚弊人也"[7]《谢短篇》。儒生不熟悉汉代的历史,真是一群愚蠢的人。这些都是"述事者好高古而下今,贵所闻而贱所见。辨士则谈其久者,文人则著其远者,近有奇而辨不称,今有异而笔不记"[7]《齐世篇》的结果。由此,王充要求作为老师必须学习历史知识。温故知新,才可以为人师。连古今都不知,还怎么当人之师呢?"温故知新,可以为师,古今不知,称师如何?"[7]《谢短篇》

三、"有益于国,可补于化"

王充认为史学一定要有用于世,他说:"夫贤圣之兴文也,起事不空为,因因不妄作。作有益于化,化有补于正,故汉立兰台之官,校审其书,以考其言。"[7]《对作篇》"为世用者,百篇无害;不为用者,一章无补。"[7]《自纪篇》他自己作《论衡》就是要为世用,"汉家极笔墨之林,书论之造,汉家尤多。……况《论衡》细说微论,解释世俗之疑,辩照是非之理,使后进晓见然否之分"[7]《对作篇》。史学的所谓"义理"都是为其"世用"服务的,"凡贵通者,贵其能用之也。即徒诵读,读诗讽术,虽千篇以上,鹦鹉能言之类也"[7]《超奇篇》。就是说,阐发"微言大义"为当时的政治服务,这才有益于国,可补于化;只会背书,不能用以治国,那是"鹦鹉学舌"而已。即使有小益处,也不能去掉,"圣人立义,有益于化,虽小弗除;无补于政,虽大弗与"[7]《薄葬篇》。如果史家记载宣传一些节俭之事,那么就可以改变民俗,教化人民。然而,"周、秦之际,诸子并作,皆论他事,不颂主上,无益于国,无补于化",况且"造论之人,颂上恢国,国业传在千载,主德参贰日月,非适诸子书传所能并也"[7]《佚文篇》。

1. 史学"有益于国"

王充借批驳世儒所谓作书不能参政的论调来阐明史书的资政功用。他认为,有了史学知识,可以更好地参与国家治理。世儒认为,"人材有两为,不能成一"[7]《书解篇》。王充并不这样认为,他列举了许多既治国又著书,并且成功的例子,像管仲、晏婴、商鞅、虞卿等。"商鞅相秦,致功于霸,作《耕战》之书;虞卿为赵,决计定说行,退作《虞氏春秋》。"[7]《超奇篇》因为史书的作用就是富民丰国,强主弱敌,有益于治理国家,作书与参政并不矛盾,且是相互促进的。他从正反两方面加以论证。公孙龙著《坚白》之论,"无道理之较,无益于治";而商鞅作《耕战》、管仲造《轻重》,却"富民丰国,强主弱敌,公赏罚,与邹衍之书并言"[7]《案书篇》。王充对陆贾的《新语》评价很高:"《新语》,陆贾所造,盖董仲舒相被服焉,皆言君臣政治得失,言可采行,事美足观。鸿知所言,参贰经传,虽古圣之言,不能过增。"[7]《案书篇》当时,高祖打下天下之后,以为仍然可以在马上治天下,但陆贾说不能再这样治理国家,应该与民休息,于是写《新语》述其意,高祖就采纳了他的建议,使西汉初年社会安定,为文景之治奠定了基础。在后来对吕氏叛乱的平定中,陆贾的《新语》同样起了不可低估的作用。"吕氏横逆,刘氏将倾,非陆贾之策,帝室不宁。"[7]《书解篇》"陆贾削吕氏之谋,与《新语》同一意。"[7]《超奇篇》他特别称赞周长生,当周长生活着时,他所在的州郡很多难事都得到了解决,就是因他的史学之识,而当他去世后,这个州郡就有很多事情解决不了。"周长生者,文士之雄也,在州为刺史任安举奏,在郡为太守孟观上书,事解忧除,州郡无事,二将以全。""长生死后,州郡遭忧,无举奏之吏,以故事结不解,征诣相属,文轨不尊,笔疏不续也。岂无忧上之吏哉?乃其中文笔不足类也。""长生之才,非徒锐于牒牍也,作《洞历》十篇,上自黄帝,下至汉朝,锋芒毛发之事,莫不纪载,与太史公《表》《纪》相似类也。上通下达,故曰《洞历》。然则长生非徒文人,所谓鸿儒者也。"[7]《超奇篇》王充也高度称赞了桓谭的《新论》:"质定世事,论说世疑,桓君山莫上也。""《新论》之义,与《春秋》会一也。""可襃,则明其善以义其行;可贬,则明其恶以讥其操。"[7]《案书篇》这些都说明了史学与资治的关

234

系。

史学资治与史学借鉴是相辅相成的。历史是昨天的现实,今天是历史的发展。总结历史经验教训,可以作为国家治乱兴衰的借鉴。古人常常把历史当作一面镜子,面对镜子可以整衣冠,借鉴历史可以明是非。伟大的史学家、思想家司马迁就曾说"述往事,思来者"[6](《太史公自序》)。历史、现实与未来是一脉相承的,而了解过去认识现在的重要途径就是历史学。"历代统治者都想把史学作为资政的'工具',他们设史官修史,力图寻求维护本阶级统治的历史经验。虽然从根本上说,由于他们受统治阶级立场的限制,不可能完全正确总结历史经验,但也不排除他们可以从某些历史现象中获得有益的认识,从而采取一些顺应历史要求的步骤。"[9]

王充认为,根据过去可以推论将来,"陈已行事,以往推来,以见卜隐,效已不敢私不肖于也"[7](《问孔篇》)。考察事物的开端可以预见到它的结果,遵循前人,因袭古人,有所根据而加以描述。"非天地之书,则皆缘前因古,有所据状;如无闻见,则无所状。凡圣人见祸福也,亦揆端推类,原始见终,从间巷论朝堂,由昭昭察冥冥。"[7](《实知篇》)"放象事类以见祸,推原往验以处来。""先知之见方来之事,无达视洞听之聪明,皆案兆察迹,推原事类。"[7](《实知篇》)仿效同属一类的事情以预测祸患,推究过去的经验以判断未来。上古之人也没有今天的人聪明,他们判断明天就是根据以往的兆迹来进行的。他还意识到,"三教之相违,文质之相反,政失,不相反袭也"[7](《谴告篇》)。暗示了当朝统治者应以史为鉴。"以政治之得失,主之明暗,准况众瑞,无非真者。"[7](《讲瑞篇》)

王充还论述了统治者要重视史学的发展,重视文化遗产(主要是史籍)的保存,使之起到资治作用。他叙述了汉以来一直到汉章帝的"诏求亡失"史籍之鸿德,而且与秦始皇焚书形成了鲜明对比。秦压制史学的发展,妄图消灭历史文化;而汉兴,"易亡秦之轨,削李斯之迹。高祖始令陆贾造书,未兴五经。惠、景以至元、成,经书并修。汉朝郁郁,厥语所闻,孰与亡秦?"王莽"台阁废顿,文书弃散"。"光武中兴,修存未详。孝明世好文人,并征兰台之官,文雄会聚。今上即命,诏求亡失,购募以金,安得不有好文之声!"[7](《佚文篇》)这些措施确实对当时甚至整个中国古代史学的发展都有重大意义,使史学的社会功能得到更加充分的发挥。《论衡》中时有皇帝重视史学人才的事例。孝成帝赦张霸,因为"张霸推精思至于百篇",是个奇才。杨终成《哀牢传》,"孝明奇之,征在兰台"。孝武以董仲舒策文最善,王莽时刘子骏(刘歆)文章优美,"美善不空,才高知深之验也","文辞美恶,足以观才"[7](《佚文篇》)。成帝善扬子云(扬雄)、桓君山(桓谭)。王充希望国家重视史家、史学,更好地发挥史学的社会功用。

2. 史学"可补于化"

王充也认识到史学对社会的教化和秩序的维护都有重要的作用,而这作用主要是通过宣扬当朝盛世来体现的。王充用历史事实来说话,通过古今比较,认为汉代"四海混一,天下安宁",疆域广大,荒野变成了良田,各民族都有所进步,"周不如汉"[7](《宣汉篇》),"恢论汉国,在百代之上,审矣"[7](《恢国篇》)。于是,他进行宣汉,通过发挥史学的教化功用来为统治者提供服务。

在王充看来,这样的盛世必须得用史书来宣传,以形成历史影响。他说:"古之帝王建鸿德者,须鸿笔之臣襃颂纪载,鸿德乃彰,万世乃闻。"[7](《须颂篇》)古代帝王建立的功德,必须由史官且良史之家来记载,加以赞美颂扬,这样大的功德才显著,千秋万代才能够知晓。王充把此作为史家的一项责任来看待。"表德颂功,宣襃主上,《诗》之颂言,古臣之典也。"他把不这样做的人称为目光短浅的人,"方今天下太平矣,颂诗乐声,可以作未,传者不知也,故曰'拘儒'(目光短浅的人)"。他接着说,如果抛开自己的家而赞赏别人的家,轻视自己的父亲而颂扬别人的父亲,这种做法不能算作美德,汉是当今天下之家,如果史家能够看到汉朝杰出的地方而充分表彰它的功德,这和那些愚昧无知而不能这样做的人相比,谁高明呢?"舍其家而观他人之室,忽其父而称异人之翁,未为德也。汉,今天下之家也;先帝、今上,民臣之翁也。夫晓主德而颂其美,识国奇而恢其功,孰与疑暗不能也?"[7](《须颂篇》)王充认为孔子就是一位鸿笔之人,"自卫反鲁,然后乐正,《雅》《颂》各得其所也"[7](《须颂篇》)。孔子用自己的政治标准对《诗经》中的乐歌进行了分类,使它们都能更好地发挥维护礼治的作用。所以"鸿笔之人,国之云雨也。载国德于传书之上,宣昭名于万世之后","圣主德盛功立,若不褒颂纪载,奚得传驰流去无疆乎!"[7](《须颂篇》)也就是说史学能传播一个国家的盛德,使之流芳百世,如果史家不去记载,不去颂汉德,那怎么能使汉王朝的盛世传播下去呢?王充从重视当代史的角度来说明史学对社会移风易俗、对国家治理都有作用。他作了一个比喻:"人好观图画者,图上所画,古之列人也。见列人之面,孰与观其言行?置之空壁,形容具存,人不激动者,不见言行也。古贤之遗文,竹帛之所载粲然,岂徒墙壁之画哉!"[7](《别通篇》)就像人喜欢看图画,这其中最重要的是画中人的言行能使观者得到激励。在史学方面表现为这种"盛世"宣言对人们的激励。"夫人不谓之满,世则不得见口谈之实语,笔墨之余迹,陈在简策之上,乃可得知。"[7](《定贤篇》)再次强调史书记载的重要作用。

王充自己要承担这项职责,歌颂汉德,为现实服务。他说:"汉家著书,多上及殷、周,诸子并作,皆论他事,无褒颂之言,《论衡》有之。"[7](《须颂篇》)"汉与百代,俱为主也,实而论之,优劣可见。故不树长竿,不知深浅之度;无《论衡》之论,不知优劣之实。……无鸿笔之论,不免庸庸之名。论好称古而毁今,恐汉将在百代之下,岂徒同哉!"[7](《须颂篇》)如果没有像《论衡》的论述,汉代仍旧不能免除平庸的名声,议论问题的人又喜欢颂古而非今,这样恐怕汉代就会在过去所有的朝代之下了,岂只是相同呢!这明确表明王充写《论衡》的目的就是要让人们了解汉代,了解历史。而且在他看来,"如千世之后,读经书不见汉美,后世怪之。故夫古之通经之臣,纪主令功,记于竹帛;颂上令德,刻于鼎铭。文人涉世,以此自勉。汉德不及六代,论者不德之故也"[7](《须颂篇》)。"世见五帝、三王事在经传之上,而汉之记故尚为文书,则谓古圣优而功大,后世劣而化薄矣!"[7](《齐世篇》)汉德不及六代,这是由于论述的人不注意颂扬汉代君主美德的缘故。如果"汉有弘文之人,经传汉事,则《尚书》《春秋》也。儒者宗之,学者习之,将袭旧六为七,今上上至高祖皆为圣帝矣。观杜抚、班固等所上汉颂,颂功德符瑞,汪涉深广,滂沛无量,逾唐、虞,入皇域,三代陿辟,厥深洿沮也"[7](《宣汉篇》)。如果汉代有宣扬汉德的史臣,那么也会产生像《尚书》《春秋》那样的经书,儒家也会以此为宗,人人都学,这将成为"六经"之外的"第七经"。

可当时很少有弘文之人写汉史,所以导致一些儒生认为汉不如三代。这说明史书对了解一个朝代历史尤其是本朝的历史很重要。正所谓"国无强文,德暗不彰。汉德不休,乱在百代之间,强笔之儒不著载也"[7](《须颂篇》)。当时记载汉朝历史之书,只是零星片语,不够系统。"高祖以来,著书非不讲论汉",有司马卿《封禅书》,但"文约不具",有司马子长纪黄帝至孝武(指《史记》),扬子云录宣帝以至哀、平,陈平仲纪光武,班孟坚颂孝明,"汉家功德,颇可观见",但"今上即命,未有褒载"。所以他公开提出"须颂"的口号,且身体力行,写下《齐世》《宣汉》《恢国》《须颂》《验符》等篇。《论衡》之人,为此毕精,故有《齐世》《宣汉》《恢国》《验符》。""是故《春秋》为汉制法,《论衡》为汉平说。"[7](《须颂篇》)孔丘在《春秋》中已经替几百年以后的汉朝制定了治国大法,《论衡》为汉公平地论定是非曲直。这是王充作《论衡》的最终目的,也是他对史学功能认识的最好体现。

【参考文献】

[1]白寿彝.中国史学史:第一册[M].上海:上海人民出版社,1986.

[2]叶建华.王充与中国批判史学[J].浙江学刊,1993(5).

[3]刘勰.文心雕龙·史传[M].北京:中华书局,1985.

[4]杨伯峻.春秋左传注[M].北京:中华书局,1981.

[5]赵岐,注.孙奭,疏.孟子注疏[M].上海:上海古籍出版社,1990.

[6] 司马迁.史记[M].北京:中华书局,1959.
[7] 北京大学历史系《论衡》注释小组.论衡注释[M].北京:中华书局,1979.
[8] 白寿彝.白寿彝史学论集:上[M].北京:北京师范大学出版社,1994.
[9] 孔玲.史学的社会功能[J].贵州师范大学学报,1997(2).

论班固的风俗观

党 超[*]

【摘 要】 由于对风俗和民俗概念认识的差异,大多学者认为中国古代没有系统的风俗理论,进而讲风俗研究史多从近代五四新文化运动时起,对古人的风俗理论有所忽视。实际上,古人有着丰富的风俗理论。班固第一个对风俗做出阐释,形成了正确的风俗观。其风俗观主要有三个方面的内容:其一,地理环境影响着风俗形成的初始状态;其二,历史文化传统规定着风俗演变的内在轨迹;其三,王道教化对二者的"中和"使之和谐,决定着风俗转化的理想状态。班固的风俗观奠定了中国古代风俗理论研究的基础。自此以后,尽管对风俗的研究不断发展,但其体制、风貌大都没有脱离这个基本的范围。

【关键词】 班固;风俗;《地理志》;风俗观

风俗是一种社会文化现象,是客观物质生活的精神反映。一个国家之风俗的产生和发展,与其所处的地理环境和社会条件密切相关。因此,要了解、研究一个国家的风俗状况,进而移风易俗,推动社会和谐发展,就必须要把握这个国家风俗发展的特殊的地理环境和人文条件。我国古代学者经过一代又一代的长期探索,对此逐渐有了比较明确的理性认识。特别是到了东汉时期,班固第一个对"风俗"这一概念进行阐释,认为风俗是地理环境和社会教化的共同产物,形成了正确的风俗观。探讨古人的风俗观,分析其移风易俗的主张,对当前社会主义精神文明建设有着十分重要的意义。然而,由于受五四新文化运动时期弃风俗而用民俗的影响,现代民俗学界的大多数学者认为中国民俗学是新文化运动期间从国外引进而出现的一门学科,或者说是吸取近代西方经验而逐步形成的。在这一认识的前提下,他们认为中国古代没有系统的民俗理论,中国民俗学史也只能从五四讲起,从而对中国古代的风俗理论不加重视,即使加以介绍,也一笔带过,结果忽视了对这笔遗产的清理,更谈不上继承。其实,在中国现代民俗学建立前的古代中国,即使不能称之为正式的"民俗学"研究,也早已有丰富而成系统的风俗理论,形成了正确的风俗观。应该说,对风俗理论的研究,发端于先秦,形成于汉代,班固对风俗的阐释可以视为风俗理论定型的标志。它体现了班固的风俗观,也反映了当时整个社会的风俗认知水平。两千多年来,在中国传统的人文社会,人们甚至从未超出此范围。

张亮采编著的《中国风俗史》(东方出版社,1996年版),是中国近代第一部风俗史学术专著,其开创之功不可埋没。但他在谈到班固风俗观时认为"汉人自述当时风俗,以《史记·货殖列传》为最确。《汉书·地理志》微有增益,然究不离《史记》范围",进而采取"摘《货殖传》,而以

---

[*] 党超(1979—),男,河南省南阳市人,主要研究中国思想文化史。

班志之增益者附下"[1],可以说并未能准确认识到班固风俗观的地位和价值所在。其后,有关风俗史著作不断面世,如瞿兑之的《汉代风俗制度史前编》(北平广业书社,1928年版)等,但多集中于对风俗史料的搜集。王文宝的《中国民俗学史》(巴蜀书社,1995年版)和《中国民俗研究史》(黑龙江人民出版社,2003年版)两部论著都对中国古代的民俗研究特意加以阐述,明确告诉我们,中国古代就已产生了丰富的民俗理论。然而遗憾的是,王文宝先生在对古代民俗研究史的系统梳理中,仅仅注意材料的搜集,而对古人的风俗理论未能特别加以留意。如对班固的研究,《中国民俗学史》仅以"《汉书》中的民俗学材料"加以简单罗列而已,《中国民俗研究史》略有改观,有"班固《汉书》对风俗之阐释"一目,然仅几百字罢了。而事实上,要扭转我们认为中国民俗研究起步较晚的错觉,关键就在于对古人风俗研究理论特别是风俗观的探讨、发掘上。班固作为第一个对风俗做出明确阐释的学者,更应成为主要的关注对象。钟敬文主编的《民俗学概论》(上海文艺出版社,1998年版)专辟了第十四章"中国民俗学史略",然其中两汉部分仅有司马迁、王充的风俗观,对班固则漠然视之,不能不说是一大不足。对古人风俗观进行探讨的专题论文也不多见,特意对班固风俗观加以系统论述更几乎是一片空白。这种状况与当前民俗学研究的繁荣局面显得极不协调,在一定程度上阻碍了人们对古代风俗更深入的了解和探讨。笔者不揣浅陋,试图在探讨班固对古人风俗理论继承与发展的前提下,论述其对风俗的阐释,进而简论班固对风俗的形成、演变及转化的认识,力求再现班固风俗观的真实面目。不当之处,尚请方家指正。

一、班固对古代风俗理论的继承与发展

"风俗乌乎始,始于未有人类以前,盖狉榛社会,蚩蚩动物,已自成为风俗。"[1]但真正意义上的风俗却是从有感情的人类出现以后日渐积累沿袭而发展起来的。对于风俗,先人已多有论及。首提者当为孔子,他说:"移风易俗,莫善于乐。"[2](《广要道章》)孔子的风俗思想实际上脱胎于他的礼学思想。社会生活风俗是礼的本源,礼则为风俗的升华。广义的风俗,其间包容着礼。礼经过人有意识地倡导,复返本于俗,成为一个时代的新风俗。孔子正是在这个意义上,看到了风俗对社会生活的重要作用。他一再说到"吾从众"[3](《子罕》),"礼从宜,使从俗"[4](《曲礼》),"教顺民俗"[4](《昏义》),实际上他所遵奉或要求人们遵奉的"俗",正是约定俗成的风俗行为模式。孔子看到了风俗在民众生活中的重要作用,因此他总是自觉不自觉地以礼的总体构想来要求风俗,以实现风俗的社会教化作用。以礼俗作为教化百姓的手段,必然"移风易俗"。为了移风易俗,孔子将"乐"引了进来,提出"立于礼,成于乐"[3](《泰伯》)。只有用礼乐相结合的办法协调人们的关系,使人们保持既相亲又相敬的恰当距离,才能实现移风易俗,形成理想的社会风俗。

"风俗"作为一个词,最早见于《荀子》。如《荀子·强国》:"入境,观其风俗。"荀子认为风俗会随着所处环境和实际生活的变化而变化。首先,风俗会随着地理环境的变化而变化。他说,"居楚而楚,居越而越,居夏而夏"[5](《儒效》),就是说人居住在什么地方就安于什么地方的风俗。其次,风俗会随着时间的变化而变化,他说,"文久而息,节族久而绝,守法数之有司极礼而褫"[5](《非相》),即时过境迁,风俗也发生了演变。既然风俗随环境和岁月的变化而变化,人们就应该移风易俗。荀子继承了孔子的乐教思想。他说:"乐行而志清,礼修而行成,耳目聪明,血气和平,移风易俗,天下皆宁,美善相乐。"[5](《乐论》)寓教于乐,对于推广好的风俗,不仅使人易于接受,而且对人的影响也深刻。他说:"乐者,圣人之所乐也,而可以善民心,其感人深,其移风易俗〔易〕,故先王导之以礼乐而民和睦。"[5](《乐论》)荀子还认为,移风易俗中,圣人起着榜样作用,他说:"古之人……厚德音以先之,明礼义以道之,致忠信以爱之,尚贤使能以次之,爵服庆赏以申之,时其事,轻其任以调齐之,长养之,如保赤子,政令以定,风俗以一。"[5](《议兵》)建立好的社会风俗,荀子更多地主张以教育诱导为主。为调理风俗,他主张要设置一些相应的机构和官吏,然后

要加强教化工作,他说:"干越、夷貊之子,生而同声,长而异俗,教使之然也。"[5](《劝学》)政府应鼓励、引导好的社会风俗,使之发扬光大,同时对一些不好的社会风俗,则要加以劝导。政府的干预要通过各级官吏来实现,官吏的行为对社会风气具有示范、影响作用,执政者严于律己,其行为合乎规范,社会上的风俗就淳厚,即"赏不用而民劝,罚不用而民服,有司不劳而事治,政令不烦而俗美"[5](《君道》)。

有关古代风俗评论的记载也散见于其他诸子,这些见解为班固风俗观的形成奠定了历史理论渊源,大多得到了班固的继承,特别是孔、荀的风俗社会教化观和移风易俗主张,更是得到进一步发扬。然而由于历史的局限,先秦的风俗理论还处于模糊的萌芽状态。直至汉代,对风俗这一文化现象的总结才真正开始。刘安的《淮南子》开始明确注意对风俗的观察评论,司马迁的《史记·货殖列传》更集中记载了各地的风俗,并提出了自己的思想和见解。可以说,同为有卓识的史学家,司马迁的风俗见解对班固风俗观的形成产生了直接而重大的影响,是其风俗形成的直接理论来源。

司马迁对古代风俗已十分重视,他在"游江、淮,上会稽""涉汶、泗""过梁、楚"[6](《太史公自序》)的社会实践中,对各地的风俗做了广泛的调查了解,并把它们有机地记载在《史记》人物传记中,其中又尤以《史记·货殖列传》最为集中。

司马迁认为风俗源于社会需要,他说:"余至大行礼官,观三代损益,乃知缘人情而制礼,依人性而作仪,其所由来尚矣。"[6](《礼书》)因此,司马迁强调统治者要根据风俗因地制宜地制定政策,"因民而作,追俗而制也"[6](《礼书》),主张"因循为用",即顺民之俗,给人之欲。他在《货殖列传》中明确提出了欲望是历史发展的动力的观点:"人各任其能,竭其力,以得所欲,故物贱之征贵,贵之征贱,各劝其业,乐其事,若水之趋下,日夜无休时,不召而自来,不求而民出之。岂非道之所符,而自然之验耶?"主张施政要随从风俗。他说:"故善者因之,其次利导之,其次教诲之,其次整齐之,最下者与之争。"[6](《货殖列传》)他强调统治者应变风易俗,顺应社会,才能起到最佳的治理效果。他说:"州异国殊,情习不同,故博采风俗,协比声律,以补短移化,助流政教。"[6](《乐书》)如果为政者不注意这一点,那么就会直接导致政治事业的失败。司马迁在《平津侯主父列传》中,借严安之口,认为秦亡的主要原因之一,便在于其不能"变风易俗,化于海内",而是采取"循其故俗"的缘故。

更为可贵的是,司马迁首先提出了中国风俗具有地域性特征,还发现了地域风俗同经济环境有千丝万缕的联系,《货殖列传》集中记载区域风俗明显体现了这一点。如关中好稼穑、殖五谷,陇蜀多商贾,汉都长安之民好取巧不务根本,三河之地俗多节俭等,大都从经济角度来观察民俗。

对移风易俗,司马迁也非常强调"乐"的作用,认为这是从根本上改善风俗的纯洁性,达到统治目的的有效手段。他说"乐者,天地之和也"[6](《乐书》),"心之动也"[6](《乐书》),主张潜移默化中影响民众,变革风俗、民心,即所谓"乐所以内辅正心而异贵贱也;上以事宗庙,下以化庶黎也"[6](《乐书》)。另外,司马迁还通过详细记载一些重大的风俗变革,鲜明地表现了他赞同风俗改革的观点。如《赵世家》中的赵武灵王改胡服,《商君列传》中商鞅变法等,司马迁都如实详加记载,并强调其变革带来的明显好处,表达了他赞成风俗改革的观点。

司马迁的风俗观代表了西汉前期儒学仍未完全占据统治地位时的风俗思想,虽有创新,然有偏颇之处,且还不能称之为自觉的认识。受封建正统儒家文化浸染的班固,直接继承了司马迁的地域经济风俗观和风俗变革思想,更进一步以儒家正统观念加以改造、完善,扭转了司马迁一味强调经济因素而忽视其他的偏颇倾向,并形成一种自觉认识,使其更加明确、全面。可以说,班固是第一个自觉认识并阐释风俗概念,进而确立传统风俗观的学者。他在《汉书·地理志下》中对成帝时张禹的属员朱赣所条陈的各地风俗"辑而论之",并且第一个对"风俗"这一概念做出了明确的阐释。他说:"凡民函五常之性,而其刚柔缓急,音声不同,系水土之风气,故谓之风;好恶取舍,动静亡常,随君上之情欲,故谓之俗。"[7]《地理志》认为风俗是地理环境和社会教化共同作用的产物。从中我们不难看出班固的风俗观。唐代孔颖达肯定了班固此语"是解风俗之事也",但却认为"风与俗对则小别,散则义通",未能对"风"与"俗"的区别给予相应的重视[8]459。而这一点却恰恰正是班固所想要表达的。其实,在汉代,风俗的概念虽仍十分模糊,但"风"与"俗"的区别早已不太明显,班固刻意牵强划分,加以定义,以示区别,其目的就是为了阐释自己的风俗观。因此,孔氏所言,可以说并未揣摩到班固的真实意图,反而为后世对班固风俗观的误解和忽视开了先河。

笔者认为,班固刻意把"风"与"俗"对举,其阐释的风俗实应有三层含义。其一,风俗之"风","系水土之风气",指的是人的本性受水土、物产等自然地理环境和经济条件的影响而形成性格品质、社会意识、行为方式及生活习惯等,强调了风俗形成的地域差异性。其二,风俗之"俗","随君上之情欲",侧重的是历史文化传统,特别是统治阶级的引导和教化的积淀所形成的特征,强调了风俗演化过程的传承性和变易性。其三,风俗作为一个整体概念总而释之。古人对风俗的理解不同于我们现代的风俗概念。今天风俗的概念大致与民俗同义,仅指民间习俗,但在古代,风俗的定义稍有不同,比今天民俗的内涵要大,并不止于民间,而是全民性的,包括上层和下层两部分,是朝野上下、雅俗共有的风气与习尚。它包括全部的社会生活,有学者说"凡总括一地域一时代人民生活之一切现象,而以价值意义评判者,谓之风俗"[9]6。当时风俗的含义有二:第一,相当于我们今天常说的"风俗习惯",即一个地区由于自然条件、历史传统、经济文化发展水平等原因而长期形成的乡风民俗,这些乡风民俗世代相沿,具有较强的传统性和稳定性。在不同地区,又有明显的差异,即所谓的"百里不同风,千里不同俗"[7]《王吉传》。它与我们今日所研究的"民俗"比较相似。第二,相当于我们今天所说的"社会风气",即在一定时期的社会生活中引起普遍关注和参与的社会思潮、生活方式、文化崇尚等动态的综合表现,主要取决于经济状况和政治形势,深受统治阶级政策的影响,不像前者那样稳定。不过,两者之间没有严格的界限,反而互相渗透转化,长时期的"社会风气"积累就会形成"风俗习惯",在原有的"风俗习惯"基础上又会产生新的"社会风气"。移风易俗,不仅仅是改变坏的风俗习惯,也包括转变社会风气。班固的风俗观正是建立在对两者充分认识的基础上,他强调前者,更为关注后者,主张两者的协调统一。他说:"圣王在上,统理人伦,必移其本而易其末,此混同天下一之虖中和,然后王教成也。"[7]《地理志》企图将自然环境的不同形成的"风"和社会条件发展下形成的"俗"统一于王道教化这一"中和"的理想境界中,从而成就君主的德教,形成理想化的风俗。

二、"系水土之风气"

某一地域的人,生于其中,长乎其间,受水土地气的感召,秉性天成,所以地理环境的不同是区域风俗初始状态形成的重要因素。

《山海经》和《尚书·禹贡》最早分区域记述地理状况与风土人情,但这两部地理杰作对风俗的论述所用笔墨甚少,对风俗地域性的认识,依然处于萌芽阶段。至于儒家大师荀子,尽管在其著作中首先提出"风俗"一词,也曾西行入秦"观其风俗",但对风俗文化的地域性尚无明晰的论述。司马迁首先提出中国风俗具有地域性特征。然而,司马迁主要是从经济条件的差异来研究风俗的。

及至东汉,班固第一次用"地理"作篇名,《汉书·地理志》篇末采获旧闻,把视野转向风俗与地理环境关系的论述,更值得重视。他首先提出:"凡民函五常之性,而其刚柔缓急,音声不同,系水土之风气。"这就是说各地人民的生活方式、生活习惯受自然环境的制约,从而使各地区风俗有着巨大的地域差异。他又辑录了汉成帝时刘向所言的"域分",朱赣所条的"风俗","辑而论之",实际上是一篇以《史记·货殖列传》为蓝本,而予以补充、扩展,全面准确反映其风俗观的专著,是比《货殖列传》更加完备的地域风俗关系的总论。有学者指出,系统而全面的地理民俗观形成于汉代,班固在《汉书·地理志》中扩

241

充了司马迁的民俗区划思想并作了理论升华,"《地理志》结合地理,载述民俗,所展现的民俗事项更为广阔",班固的民俗见解"构成了我国地理民俗观的代表性言论","从此,中国传统民俗学朝着一个比较稳定的新轨道发展"[10]100—103。

在《汉书·地理志》中,班固首先从地理环境的差异对先秦、秦汉的风俗进行了区域划分。在地域上,以春秋战国之际的列国旧疆为基础,分为15个区域:秦、魏、周、韩、郑、赵、燕、齐、鲁、宋、卫、楚、吴、越、粤。同时,在各类风俗区域中又划分出更小的区域。针对不同的区域,班固又注意对该区域自然地理环境的描述。如秦地,"有鄠杜竹林,南山檀柘,号称陆海,为九州膏腴";如河东,"土地平易,有盐铁之饶";等等。

其次,班固认识到各区域地理环境的特殊性影响着各区域人们的性格品质,在一定程度上决定着人们最初的社会意识、行为方式及生活习惯等。如秦地天水、陇西六郡,因"山多林木",其民生活习惯"以板为屋室",莽莽林海,交通不便也塑造了那里山民"民俗质木"的性格品质,又因为"迫近戎狄"的特殊地理位置,使他们时刻处于战备警戒状态,"修习战备,高上气力,以射猎为先",培养成尚武、勇敢、好杀伐的民性,"不耻为盗"。随着尚武风气愈演愈烈,到了西汉,"六郡良家子"大都被选拔到了羽林、期门这样的"特种部队"里去,"以材力为官","名将多出焉"[7](《地理志》)。班固还在《汉书·赵充国辛庆忌传赞》中特意举出了"郁郅王围、甘延寿,义渠公孙贺,傅介子,成纪李广、李蔡,杜陵苏建、苏武,上郡上官桀、赵充国,襄武廉褒,狄道辛武贤、庆忌"等一大堆名将,并探讨其原因是"山西天水、陇西、安定、北地处势迫近羌胡,民俗修习战备,高上勇力,鞍马骑射",归之于地理位置因素(除杜陵外,其余地方均在六郡)。再如郑、卫两地,素以淫风著称,班固也试图从地理环境上找原因。他说,郑"土狭而险,山居谷汲,男女亟聚会",卫有"桑间濮上之阻,男女亦亟聚会,声色生焉","故俗称郑卫之音"[7](《地理志》),这一说法甚至一直沿用至今。

另外,班固还看到地理环境的优劣对风俗的形成起着至关重要的作用。关中"为九州膏腴"的地理条件,使生活在这里的人民"好稼穑,务本业……农桑衣食之本甚备"。然而,得天独厚的自然环境,有时反而容易产生坐享其成和懒惰苟安的习性。如巴蜀地区"土地肥美,有江水沃野,山林竹木疏食果实之饶。……民食稻鱼,亡凶年忧,俗不愁苦,而轻易淫泆,柔弱褊阨";楚"有江汉川泽山林之饶……果蓏蠃蛤,食物常足。故呰窳偷生,而亡积聚,饮食还给,不忧冻饿,亦亡千金之家"。当然,环境过于恶劣更易导致风俗不正。如赵、中山"地薄人众",结果"丈夫相聚游戏,悲歌忼慨,起则椎剽掘冢,作奸巧,多弄物,为倡优。女子弹弦跕躧,游媚富贵,遍诸侯之后宫"。雁门、代郡、燕地等,因降水稀少,气候寒冷,且近北狄,使得人们"不事农商","好射猎","其民鄙朴,少礼文",在婚娶方面,"宾客相过,以妇侍宿,嫁娶之夕,男女无别,反以为荣"[7](《地理志》)。

三、"随君上之情欲"

班固所谓的"君上",只是一个相对概念,相对下层而言,包括但不专指国君,而是统指各个层次各个环境中地位较高和影响较大者,众人受其影响,随其情欲而形成习尚。

历史上君主政治、王道教化的长期积淀形成了历史文化传统,它是一个不断积累的变动的过程。这种厚重的积淀,规定着风俗演变的内在轨迹和特质,特别是统治阶级的提倡和诱导则是其中对风俗演变起关键作用的内容。班固之所以以春秋战国的旧疆为基础进行风俗区域的划分,就是出于对历史文化传统的高度重视,反映了作为一个史学家,其对历史认识的敏感性和深刻性。他考证《诗》《书》,以此再现风俗状况,又进一步对各地的风俗从历史文化传统的角度进行分析理解,体现了其独特的历史风俗观。

秦地是周王朝的发祥地,周始祖后稷居此,此后"公刘处豳,大王徙郊",文王、武王先后建都丰、镐,因后稷好农耕,种五谷,班固便认为重视农业为秦地的传统精神和历代相沿的风俗,称这里的人民"有先王遗风,好稼穑,务本业"。

魏地河东，"本唐尧所居"，因此，"其民有先王遗教，君子深思，小人俭陋"。班固又进一步举《唐诗》中《蟋蟀》《山枢》《葛生》等篇，认为其民"皆思奢俭之中，念死生之虑"。颍川、南阳，本夏禹之国，"夏人上忠，其敝鄙朴"。

齐地为西周名臣太公封地，"初太公治齐，修道术，尊贤智，赏有功，故至今其士多好经术，矜功名，舒缓阔达而足智"。

鲁地是西周政治家周公旦的封地，"其民有圣人之教化"，孔子时"俗既益薄，长老不自安，与幼少相让"，孔子"闵王道将废，乃修六经，以述唐虞三代之道"，"是以其民好学，上礼义，重廉耻"。汉兴以来，虽然"去圣久远，周公遗化销微，孔氏庠序衰坏"，但是，"其好学犹愈于它俗"，由此"多至卿相"。

宋地则因为"昔尧作游成阳，舜渔雷泽，汤止于亳"，"故其民犹有先王遗风，重厚多君子，好稼穑，恶衣食，以致畜藏"。

班固认为，正是由于先王历史文化教化传统遗风的浸润，使得这些地区风俗纯正。反之，暴君淫主带来的则是风俗败坏。

燕地，太子丹不爱后宫美女而宾养勇士，"民化以为俗，至今犹然。宾客相过，以妇侍宿，嫁娶之夕，男女无别，反以为荣"。

赵、中山是"纣淫乱余民"所居之地，结果男子不事农商，女子以色相求媚。

齐地，因桓公淫乱，姑姊妹不嫁，"于是令国中民家长女不得嫁，名曰'巫儿'，为家主祠，嫁者不利其家，民至今以为俗"。班固对之甚加痛惜，大呼"道民之道，可不慎哉"[7]（《地理志》）。班固在分析历史文化传统上统治阶级好恶对风俗演变轨迹的影响的同时，更为关注汉代的状况，认为当代统治阶级的政策引导和示范对风俗的演变起着直接的关键作用。良好的风俗要依靠社会上层尤其是君主或圣人的努力来成就。

班固借匡衡之口提出了改革风俗的方案，那就是社会上层以身作则："朝廷者，天下之桢干也。公卿大夫相与循礼恭让，则民不争；好仁乐施，则下不暴；上义高节，则民兴行；宽柔和惠，则众相爱。四者，明王之所以不严而成化也。"相反，如果"朝有变色之言，则下有伤害之心；上有好利之臣，则下有盗窃之民"。因此，上层的行为是"风俗之枢机"，风俗能否向理想方向发展，"审所上而已"[7]（《匡衡传》）。

在为文帝、景帝作传时，《汉书》与《史记》明显不同之处在于班固增补了大量的诏令，它向后人展示了一代明君贤主如何以身作则，关注民生，使民以时，引导风俗的史实。文帝诏令中"朕亲率耕"，"朕亲率天下农"，"朕亲率天下农耕"随处可见，强调引导、教导民众，并以身作则，引导社会风俗。他在诏书中又说："孝悌，天下之大顺也。力田，为生之本也。三老，众民之师也。廉吏，民之表也。朕甚嘉此二三大夫之行。"大力提倡力田和廉政的社会风气，认为孝悌是根本的伦理，力田是民众生活的根本，廉吏是民众的表率，三老是百姓的老师，极力嘉奖这些人才和官员，让他们尽心地对民众实行教育劝导。文帝提倡节俭更是有名，他本人常穿黑色绨袍，所宠爱的慎夫人也只穿较短的衣裙，不让拖地，帷帐上不加彩绣，"以示敦朴，为天下先"，"治霸陵，皆瓦器，不得以金银铜锡为饰，因其山，不起坟"[7]（《文帝纪》）。景帝继承父志，下诏曰"朕亲耕，后亲桑，以奉宗庙粢盛祭服，为天下先；不受献，减太官，省徭赋……强毋攘弱，众毋暴寡，老者以寿终，幼孤得遂长"[7]（《景帝纪》），并要求二千石带头奉公守职，以醇化社会风俗。班固对这种实行仁政，轻徭薄赋，使民以时，以身作则，以教化百姓、醇化风俗的政治行为表示了高度的肯定与赞许。在《汉书·景帝纪》的赞语中写道："周秦之敝，罔密文峻，而奸轨不胜。汉兴，扫除烦苛，与民休息。至于孝文，加之以恭俭，孝景遵业，五六十载之间，至于移风易俗，黎民醇厚。周云成康，汉言文景，美哉！"把西汉文景时期与被世人称道的西周成康治业相媲美，认为文景时期是历史上政治清明、社会风俗纯正、人民安居乐业的好时代，因而称之为"文景之治"。

反之，统治阶级的恣意妄为和政策的烦苛，带来的只能是风俗的败坏。

汉武帝时期，连年征战，自恃开拓边疆有功，为所欲为，在国家财政困难时，随意改变汉初的法令，造成天下奢侈成风、官吏违法乱纪、风俗败坏的局面。班固借用贡禹的一段言论，对此作了深刻的论述:"武帝始临天下,尊贤用士,辟地广境数千里,自见功大威行,遂从奢欲,用度不足,乃行壹切之变,使犯法者赎罪,入谷者补吏,是以天下奢侈,官乱民贫,盗贼并起,亡命者众。郡国恐伏其诛,则择便巧史书习于计簿能欺上府者,以为右职;奸轨不胜,则取勇猛能操切百姓者,以苛暴威服下者,使居大位。故亡义而有财者显于世,欺谩而善书者尊于朝,悖逆而勇猛者贵于官。故俗皆曰:'何以孝弟为?财多而光荣。何以礼义为?史书而仕宦。何以谨慎为?勇猛而临官。'故黥劓而髡钳者犹复攘臂为政于世,行虽犬彘,家富势足,目指气使,是为贤耳。故谓居官而置富者为雄桀,处奸而得利者为壮士,兄劝其弟,父勉其子,俗之坏败,乃至于是!察其所以然者,皆以犯法得赎罪,求士不得真贤,相守崇财利,诛不行之所致也。"[7](《贡禹传》)班固认为,贡禹的分析很有道理,正是由于武帝的不当政策,上行下效,导致风俗的败坏。

再如秦地,汉朝统治者为了加强中央集权,采取弱枝强干的统治政策,大规模的移民迁徙,改变了秦地的人口构成,结果"五方杂厝,风俗不纯。其世家则好礼文,富人则商贾为利,豪杰则游侠通奸",达官贵人的奢侈生活波及普通百姓,导致"民去本就末,列侯贵人车服僭上,众庶放效,羞不相及,嫁娶尤崇奢靡,送死过度"[7](《地理志》)。

四、"混同天下一之虖中和"

在漫长的历史长河中,自然地理环境的变化异常缓慢,它更多地影响着风俗形成的初始状态;历史文化传统则是长期的历史积淀,它规定着风俗演变的轨迹,是一个动态的过程,当代统治阶级的引导也起着至关重要的作用。班固试图将两者加以综合,在当代社会中使两者协调发展,"无过而无不及",达到"混同天下一之虖中和"的理想风俗境界。要实现这一目标,就要依靠王道教化的力量,王道教化对风俗的转化起着决定性的作用。班固认为,王道教化是一种和谐观,只有在"食足货通,然后国实民富"的经济基础上才能"教化成",而教化奉行的则是"德主刑辅,各得其用"的指导原则。王道教化的实现,便意味着社会的和谐和风俗的纯正。

班固继承了司马迁从经济环境角度考察风俗的观念,提出了"食足货通,然后国实民富,而教化成"[7](《食货志》)的思想,对风俗的形成有了更深刻的认识。"食足货通",发展农业和工商业,就是发展经济。他说:"财者,帝王所以聚人守位,养成群生,奉顺天德,治国安民之本也。"[7](《食货志》)把发展经济看成治国安民之本,深刻认识到经济活动对历史发展的作用。对社会风俗的形成,班固明确地提出"衣食足而知荣辱,廉让生而争讼息"[7](《食货志》)的思想,认为只有"国实民富"才能"教化成"。可见,班固十分重视经济对社会风俗的形成所起的重要作用。但同时,班固也认为美好的风俗不是自发形成的,主张"富而教之"[7](《食货志》)。班固不同意司马迁"善者因之"的观点。在班固看来,对经济发展采取放任方式,必然导致人们贪欲的增加,风俗会日益败坏。对"乘上之急,所卖必倍","以币之变,多积货逐利"[7](《货殖传》)的行为,班固坚决反对。对在"食货"发展过程中出现的一系列问题,导致风俗败坏,出现"追时好而取世资,伪民背实而要名,奸夫犯害而求利",甚至有"掘冢搏掩,犯奸成富"者,班固认为其致富手段"犹复齿列,伤化败俗,大乱之道也"[7](《货殖传》)。因此,班固主张要发挥国家的管理职能,更要靠加强礼制和道德建设来美化风俗,使经济与风俗协调健康发展。他认为,要美化风俗,应该以儒家思想为准绳,"道之以德,齐之以礼","贵谊而贱利"。他也不同意司马迁"人富而仁义附焉"[6](《货殖列传》)的说法,而认为人富了不一定就"仁义",为富不仁者不在少数。他非常赞同董仲舒的话,"夫万民之从利也,如水之走下,不以教化隄防之,不能止也"[7](《董仲舒传》),认为社会上无论上层人物或下层人物、穷人或富人都需要教化,只有在中央和地方广泛设置学校,"序以明教,庠则行礼而视化焉"[7](《食货志》),进行文化和道德的教育,才能真正地美化风俗,做到"民和睦","而习俗美也"[7](《董仲舒传》),才会做到"辑让而天下治"[7](《礼乐志》)。这种既重视经济对风俗形成所起的重要作用,又意识到风俗需"教化之"的思想,应该比只重视经济对风俗形成的重要作用的看法高出一筹。

统治者的教化对风俗转变的影响很大。首先,政府管理的宽严苛缓与否至关重要。从《汉书·刑法志》及有关纪、传的论述中可以看出,班固极力反对酷刑,赞赏轻刑,但又不同意刑罚过轻,实际上主张轻重适宜。只有这样,才既不会因刑重而造成"赭衣塞路,囹圄成市,天下愁怨,溃而叛之"[7](《刑法志》),又不会因刑轻而"民易犯之"[7](《刑法志》)。班固看到:汉兴之初,"反秦之敝,与民休息",结果"天下晏然,民务稼穑,衣食滋殖",到文景时期"移风易俗","民从化"。他反对汉武帝滥用酷刑,认为其"内改法度",结果却造成"民用凋敝……时少能以化治称者",仅有的两三位却也是"以经术润饰吏事"的董仲舒、公孙弘、倪宽之类[7](《循吏传》)。反倒是秦地河西四郡,本匈奴领地,武帝时迁徙大量内地居民住此地,"习俗颇殊",理应不易治理,但由于二千石"咸以兵马为务;酒礼之会,上下通焉,吏民相亲",反而"风雨时节,谷籴常贱,少盗贼,有和气之应,贤于内郡"。班固将之归结于"此政宽厚,吏不苛刻之所致也"[7](《地理志》)。

更为重要的是道德教化的实施。班固认为,治理国家美化风俗应该礼法并用。他说:"礼乐政刑四达而不悖,则王道备矣。"[7](《礼乐志》)班固非常赞赏贾谊"夫礼者禁于将然之前,而法者禁于已然之后",应该"贵绝恶于未萌,而起教于微眇"[7](《贾谊传》)的观点,认为治理国家美化风俗,不是等风俗败坏了再去治理,而是应该塑造一种美好的风俗,这样,国家就稳定了,社会也会协调发展。首先,班固继承了先秦的乐教思想,引用孔子的话说"安上治民,莫善于礼;移风易俗,莫善于乐",认为礼乐可以"通神明,立人伦,正情性,节万事"[7](《礼乐志》)。其次,班固重视道德教化的实施。南阳,在秦灭韩后,"徙天下不轨之民于南阳,故其俗夸奢,上气力,好商贾渔猎,藏匿难制御也"。到汉宣帝时,召信臣任南阳太守,"劝民农桑,去末归本",结果"郡以殷富"。颍川,韩国都城,因申不害、韩非而"好文法,民以贪遴争讼生分为失",韩延寿为太守,"先之敬让",黄霸继之,结果"教化大行"[7](《地理志》)。汉宣帝也称"与我共此者,其唯良二千石乎?以为太守,吏民之本也"[7](《循吏传》),主张官吏以教化导民。于是,班固发出"'君子之德风也,小人之德草也',信矣"的感悟。甚至在蛮夷之地,如巴蜀,班固看到,由于景武间蜀守文翁"教民读书法令",司马相如文辞显于世而"乡党慕循其迹",进而出现"王褒、严遵、扬雄之徒,文章冠天下"的局面。班固将之归因于"文翁倡其教,相如为之师",并引孔子"有教无类"作结语以显明道德教化的巨大潜力[7](《地理志》)。

概而论之,班固的风俗观是在对前人特别是司马迁风俗思想继承的基础上,首次以理论化的形式表述出来的。它奠定了中国古代传统风俗理论的基础。自此以后,尽管对风俗的研究不断发展,但其体制、风貌大都没有脱离这个基本的范围。评价其风俗观,重要的是看其在当时的进步性,班固的风俗观代表了中国传统风俗观的主流,理应受到重视。

【参考文献】
[1]张亮采.中国风俗史[M].北京:东方出版社,1996.
[2]孝经[M].四部丛刊初编:第9册.
[3]论语[M].四部丛刊初编:第9册.
[4]礼记[M].四部丛刊初编:第5册.
[5]荀子[M].四部丛刊初编:第72册.
[6]司马迁.史记[M].北京:中华书局,1959.
[7]班固.汉书[M].北京:中华书局,1962.
[8]孔颖达.十三经注疏[M].北京:中华书局,1979.
[9]邓子琴.中国礼俗学纲要[M].北京:中国文化出版社,1947.
[10]张紫晨.中国民俗学史[M].长春:吉林文史出版社,1993.

汉代经济、法律与军事

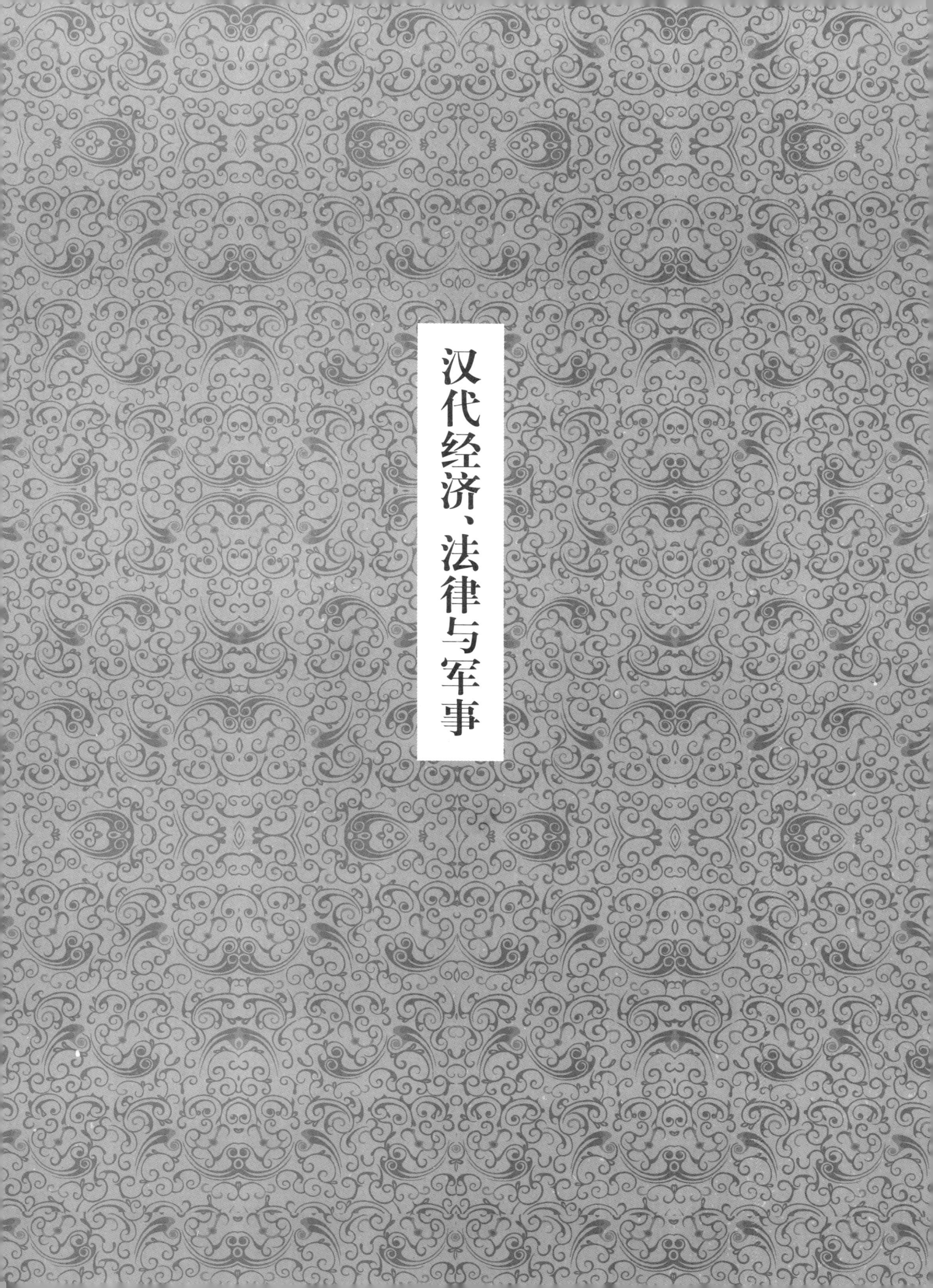

秦汉时期的官私手工业

高 敏[*]

自从人类逐步摆脱了完全仰赖于自然界的采集经济与渔猎经济的状况后,以改造自然为特征的农业经济与畜牧业经济就兴起了。其中,农业经济的重要性尤为明显,正如恩格斯所说:"农业是古代世界的决定性的生产部门,现在(指奴隶制国家瓦解时期——引者)它更是这样了。"[①]奴隶制国家瓦解时期是如此,封建社会也不例外。特别是我国的封建社会,自始至终强调扶植与发展"男耕女织"的个体小农经济,把手工业视为农业的副业,显示出自给自足的强烈特征。但是,即使如此,手工业与商业仍有它们的地位和作用。因为以自然经济为特征的封建经济,并不绝对排斥商业与手工业。恰恰相反,穷奢极欲的统治阶级,需要有发达的商业与手工业为他们提供优质的产品;各地区物资资源的差别,更需要彼此交换、流通以通有无,故"商不出,则宝货绝"[②];由于生产工具的发展和小农经济生产规模的狭小,各种农业器物的生产已非小农家庭之力所能奏效,"故工不出,则农用乖"[③];何况农业的发展,直接为手工业的发展提供了原料和市场。这一系列的因素,就使得我国封建社会的统治者虽然一再倡导以农为本、工商为末和主张重农桑而抑工商,但手工业和商业却始终存在并不断发展着,甚至构成了封建经济的必要组成部分,以至出现了把从事手工业与商业作为致富的必要手段的思想,连司马迁也认为"用贫求富,农不如工,工不如商;刺绣文,不如倚市门,此言末业,贫者之资也"[④]。秦汉时期的官私手工业,就正是在这种情况下上承战国而迅速发展的。

一、秦汉的官府手工业

所谓官府手工业,即封建国家直接经营、管理的和所有权属于国家的手工业。

秦汉的官府手工业,有一套完整的管理系统。例如,主建筑宗庙、宫室、陵园等土木工程的官吏,叫将作少府,又名将作大匠。据《汉书·百官公卿表》,"将作少府,秦官,掌治宫室,有两丞、左右中侯"。西汉"景帝中六年,更名将作大匠,属官有石库、东园主章、左右前后中校七令丞,又主章长丞。武帝太初元年,更名东园主章为木工。成帝阳朔三年,省中侯及左右前后中校五丞"。东汉因之,且复左、右二校令,分掌左、右工徒[⑤]。主管官府丝织业的官吏,叫东织令丞、西织令丞,均属少府。西汉成帝河平元年(前28

---

[*] 高敏(1927—),男,汉族,湖南省桃江县人,郑州大学历史研究所教授,博士生导师,研究方向为秦汉史。
① 《马克思恩格斯选集》第4卷第145页。
② 《盐铁论·本议》。
③ 《盐铁论·本议》。
④ 《史记》卷129《货殖列传》。
⑤ 《续汉书·百官志》。

年），"省东织，更名西织为织室"①。东汉时，少府设织室令，有丞②。又《后汉书·和熹邓皇后传》谓"御府尚方织室"，是尚方令下也有织室，主管丝织手工业。至于管纺织品、染色的官吏，叫平准令。《汉书·百官公卿表》中无平准令，《续汉书·百官志》始有之，属大司农，"掌知物价，主练染，作采色"。《宋书·百官制》亦载平准令掌染，而且说是"秦官"，《通典·职官》同《宋志》，因知《汉表》漏载掌染色之平准令。主管高级手工业工匠及制作御刀剑等兵器的官吏，叫"尚方令"。《汉书·百官公卿表》虽无此官，但《续汉书·百官制》载少府有尚方令，"主上手工，作御刀剑诸器物"。又《通典·职官》亦谓尚方令为"秦官"，可见秦已有此官，《汉表》漏载而已。主管奴婢制作衣服及缝补之业的官吏，叫"御府令"。《汉书·百官公卿表》亦无此官，但《续汉书·百官志》少府属官有之，谓"御府令，宦者，典奴婢，作中衣服及补浣之属"，《通典·职官》同，且谓为"秦官"；又《史记·秦始皇本纪》中有"御府令丞"官名，可见秦时确有此官，《汉表》实漏。主管制作兵器、弓弩、刀铠之类武器的官吏，叫"考工令"。《汉书·百官公卿表》载少府属官有"考工室令丞"，臣瓒曰："考工，主作器械。"《续汉书·百官志》亦有之，属太仆，"主作兵器、弓弩、刀铠之属，成则传执金吾入武库。及主织绶诸杂工，左、右丞各一人"。东汉之制，显系继承秦和西汉而来，故考工令的职掌可视为通制。主管瓦当制作的官吏，叫作"都司空令丞"，属宗正。据《金石萃编》所收"宗正官当"瓦当、"都司空瓦"等，知宗正属官有"都司空令丞"，为主管宫殿建筑的瓦当制作手工业的机构与官吏。此外，主管陵庙各种器物制作手工业的官吏，叫"东园匠令"，《汉书·百官公卿表》以"东园匠令丞"为少府所属 16 令丞之一，颜师古注曰："东园匠，主作陵内器物者也。"还有主管钱币制造手工业的"钟官"，属水衡都尉，东汉亦如之。于上可见，秦汉时期的官府手工业，即使在中央机构中，也分工细致，各有主官，其重要程度可知。

至于各郡国县等地方机构中，也同样有分工主管各种不同手工业的官吏。据《汉书·地理志》所载，河内郡怀县、泰山郡及其所属奉高县、河南郡、济南郡东平陵、颍川郡阳翟、广汉郡及所属雒县、南阳郡宛县、蜀郡成都等十郡县均设有工官（据乐浪出土漆器铭文，还有梓潼郡、武都郡也有工官）。京兆郑县、沛郡沛县、左冯翊夏阳县、魏郡武安县、右扶风雍县与漆县、常山郡都乡县、弘农郡渑池县、蜀郡临邛县、颍川郡阳城县、犍为郡南安县、汝南郡西平县、南阳郡宛县、辽东郡平郭县等凡 48 郡国（王先谦《补注》作 50 处，盖误多宜阳与千乘二处）均设铁官。河东郡安邑县、太原郡昔阳县等 35 郡县均设有盐官（《通典》作 37 处，以增东平之故；马非百在《桑弘羊年谱订补》中作 36 处，系误将雁门郡之沃阳、盐泽同时列入所致）。此外，丹阳郡有铜官，桂阳郡有金官，陈留郡与齐郡有服官，蜀郡严道有木官，巴郡朐忍与鱼腹均有桔官，庐江郡有楼船官，千乘郡有均输官，南郡有发弩官等。其中盐官主煮盐，铁官主铁的冶铸，服官主衣服制作，铜官主铜的冶炼，楼船官与发弩官分别主造船和制弩，工官则主金银器的制作。总之，从中央到地方，形成了一个专门为官府及宫廷所需制作各种器物、军械、衣服、金银器物及煮盐、冶铁、采矿、铸造、铸币等的手工业网，构成了官府手工业的庞大体系。

据云梦出土的秦简，秦国及秦王朝时期均设有"漆园啬夫"一官，主管官府漆园的种植与漆的生产；又有"司空啬夫"，主管大车与各种"公器"的生产；还有"左采铁""右采铁"等机构及"采铁啬夫"一官，主管铁的开采与冶炼。这些主管不同经济部门的"啬夫"，被通称为"官啬夫"，均受"大啬夫"的管辖。此外，还有"太官""右府""左府""都官""令、丞"及"曹长"等机构和官吏，也参加了对各种官府手工业的管理，它们又由中央的"太仓"和"内史"等官吏或部门管辖，详见拙作《云梦秦简初探》（增订本）的有关

---

① 《汉书》卷 19《百官公卿表》。
② 《续汉书·百官志》。

篇目,此不赘述。以啬夫主管官府手工业的制度,汉代也同样存在。《汉金文录·雁足灯》铭文有"元康元年(前65年),考工工贤友缮作,府啬夫建、护万年、般长时主"字样;同书铜鼎铭文有"永始三年(前14年),考工工蒲造,佐臣主、守啬夫臣彭、掾臣明主"字样;同书钟铭文有"居摄元年(6年),考工□□缮,守啬夫□、守令史获、掾褒主"字样;《文物》1972年第12期所载汉漆耳环铭文,有"绥和元年(前8年),考工工并造,冴工丰、护臣彭、佐臣讶(?)、啬夫臣孝主"字样;《贞松堂集古遗文》卷13《东海宫司空镫盘》铭文,有"建武中元二年(57年)七月十六日,东海宫司空作铜盘□镫,重五斤……啬夫臣倍主,丞臣寿、长臣福省"等语。所有这一切,确证西汉、东汉时主管官府手工业的低级官吏,有啬夫、护、长、般长、令、丞、佐、掾、守令史及守啬夫等官名,而且都是考工令下及东海王国宫司空之下的属官。足证文献所记,不仅完全属实,而且有不少遗漏,还进一步证明秦汉官府手工业管理之严格,因为在器物上载明制作工匠的名字及主管官吏名字,是为了检查督促和以明职责。

秦汉的官府手工业,从上引《汉书·百官公卿表》及《续汉书·百官志》所载主管机构及官吏名称看,知其管理系统历东汉而无大变。然而,关于盐铁等手工业的管理办法,却变化不小,并不像其他官府手工业那样有恒制不变。西汉之初,煮盐、冶炼及铸钱等手工业,除官营外,还允许民间私营。故吴王濞可以擅国内之盐铁生产,邓通可以任意铸造,贾谊则主张取消"纵民鼓铸"的政策。到汉武帝时期,由于政治、军事及财政上的需要,才正式实行煮盐、冶炼及铸钱等手工业的全部官营和禁止私营的制度。故各郡国盐、铁官之设,多在此时。武帝死后,官营盐铁的政策,立即引起了争论。昭帝始元六年(前81年)召开的盐铁会议,就围绕着是否罢去盐、铁官和取消其官营政策开展了激烈的争论。但最后并未因此而取消盐铁官营,仅仅废除了酒的官营,因而盐铁官营"历宣、元、成、哀、平五世亡所改变"①。其中,"元帝时",虽然"尝罢盐铁官",但仅仅"三年"就恢复了盐铁官营②。汉末王莽时,进一步推行了盐铁、铸钱等业的官营制度,公开宣布盐、酒、铁、名山大泽、五均赊贷、铁布铜冶"六者,非编户齐民所能家作",必须由官府经营③。东汉政权建立后,据《续汉书·百官志》所云:"郡有盐、铁官者,随事广狭置令、长及丞。本注曰:凡郡县出盐多者置盐官,主盐税;出铁多者置铁官,主鼓铸。"这表明东汉在所有产盐、产铁郡县设置的盐官、铁官,并非官营盐铁,只是收盐铁之税而已。又同书同志大司农条云:"铸国盐、铁官,本属大司农,中兴均属郡国。"表明东汉的盐、铁官,在隶属方面也不同于西汉。虽然,据《后汉书·郑兴传附郑众传》,"建初六年(81年),(众)代邓彪为大司农"时,章帝"议复盐铁官",郑众反对而不成。但转眼之间,盐铁官营的制度又废除了。故《后汉书·和帝纪》载和帝即位之初下诏曰:"先帝即位(指章帝而言——引者)……探观旧典,复收盐铁,欲以防备不虞,宁安边境。而吏多不良,动失其便,以违上意,先帝恨之,故遗戒郡国,罢盐铁之禁,纵民煮铸,入税县官如故事。"这表明章帝建初六年"复收盐铁"之后,因为出现了"吏多不良"的情况,不久又罢去了盐铁之禁,恢复了"纵民煮铸"的政策。和帝此诏,不过是重申章帝末年之诏而已。因此,《后汉书·朱晖传》载章帝元和中(84—86年),"尚书张林上言:……又盐,食之急者,虽贵,人不得不须,官可自鬻。于是诏诸尚书通议。朱晖奏:据林言,不可行。事遂寝"。同章帝末年已罢去盐铁之禁的事实,正相符合,否则,张林不必请求"官可自鬻"食盐了!所有这些情况,说明东汉时期的煮盐、冶铁等手工业,是允许民间私营的,这时虽然有郡国盐、铁官之设置,其职事止于收盐铁之税而已,同西汉的官营盐铁官制度是有一定程度差别的④。

---

① 《汉书》卷24《食货志》。
② 《汉书》卷24《食货志》。
③ 《汉书》卷24《食货志》。
④ 拙作《东汉盐铁官制度辨疑》,《中州学刊》1986年第7期。

秦汉官府手工业的类别较多,大别之,有采矿业和冶炼业、煮盐业、器物制作手工业、漆器手工业、衣服制作手工业、铸钱手工业等,试分别略述如次:

关于采矿业和冶炼业。《睡虎地秦墓竹简》的《秦律杂抄》简文,有"采山重殿"者,"赀啬夫一甲,佐一盾"及"太官、右府、左府、右采铁、左采铁课殿"者,"赀啬夫一盾"等规定。这里的"采山",就是指官府的采矿手工业;"左采铁"与"右采铁",则是指主管采矿手工业的官吏①。至于主管专卖铁器的官吏,则有铁官长丞,《华阳国志·蜀志》载秦惠王使张若治成都,"营广府舍,置盐铁市官及长丞";《史记·自序》谓司马昌"为秦主铁官";《通典·职官》谓秦郡县有铁官;汉代铁官设置之多,已于前述,足证官府的采矿、冶矿手工业已遍及全国,其中采矿、冶铁业为最多,但也不乏采铜、采金手工业,故汉代郡国中有设置金官、铜官者。汉代除置铁官经营铁的开采、冶炼与铁器制作、出卖外,还专设有名目繁多的官,如《续封泥考略》有"临淄采铁"封泥,北大历史系藏有"齐铁官印""齐铁官长""齐铁官丞"及"临淄铁丞"等封泥,益见官府采矿与冶炼手工业,以铁的开采与冶炼和铁器的制作与销售为大宗。

关于煮盐手工业。上引《华阳国志·蜀志》载秦惠王使张若治成都,"置盐铁市官及长丞",可见秦官府经营者除采铁手工业外,还有煮盐手工业。汉代盐官的设置更为普遍,详见《汉书·地理志》;又齐地有"琅玡左盐"封泥出土,西安有"玡左盐印"的发现,《封泥考略》有"榷盐左丞"封泥,盐官名目之多,足证官府煮盐手工业的发达。

关于器物制作手工业。器物制作手工业门类很多,主要有铁器制作业、铜器制作业与金银器制作业等。汉代的金银器制作业,主要集中于蜀郡与广汉郡,故《汉书·贡禹传》云:"蜀、广汉主金银器,岁各用五百万。"主管器物制作者为"工官",故蜀郡与广汉郡均设有"工官"。汉代官府经营的铜器制作业,有属于少府的尚方令的,有属于少府的考工令的,东汉属太仆;还有属于郡国工官的,制作铜器的类别有鼎、钟、弩机、铜壶、铜镜、铜扁、铜铫、雁足镫及其他用具②。至于铁器制作手工业,尤为发达。铁器之中,除兵器外,"田器"实为大宗。为了生产大量的铁制农具,武帝时曾在"大农置工巧奴与从事为作田器"③。桑弘羊也说:"今县官铸农具,使民务本。"④主作兵器、弓弩、刀铠的考工令,自然也是制作铁器的部门。此外,各郡国的铁官,除主管采矿、冶炼之外,还有权制作铁器,即使是边陲地区也不例外。如"肩水都尉彭祖归宁",言及肩水侯官"铸作铁器","令品甚明"⑤。

关于漆器手工业。漆器的制作,首先要做成木器,然后再涂漆,由于需要漆故又有漆园的种植与漆的生产。《睡虎地秦墓竹简》的《秦律杂抄》中有"漆园殿,赀啬夫一甲,令、丞及佐各一盾"及"漆园三岁比殿,赀啬夫二甲而废,令、丞各一甲"等规定,可见秦国早有漆园的种植,而且有专职官啬夫及令、丞、佐等官吏主管漆树的种植与漆的生产。汉代漆的生产地区甚广:《史记·货殖列传》有"陈、夏千亩漆"的记载;《太平御览》卷766引何晏《九州论》谓"共汲好漆",引《续述征记》云"古之漆园在中牟,今犹生漆树也";《金右索》卷5有"常山漆园司马"印,可见常山亦有漆树的种植。汉代主管漆器制作者,大抵为各郡国之工官。具体制作漆器的工匠,据乐浪出土漆器题名,有素工、髹工、上工、画工、雕工、清工、造工、供工等,足见分工之细;具体监造漆器的低级官吏,有长、丞、掾、令史、佐啬夫等⑥,足见其管理系统之完备。至于漆器的主要

---

① 拙作《云梦秦简初探》(增订本)。
② 陈直:《两汉经济史料论丛》。
③ 《汉书》卷24《食货志》。
④ 《盐铁论·水旱》。
⑤ 《盐铁论·复古》。
⑥ 陈直:《两汉经济史料论丛》。

制作地区,大都集中于工官设置之地,故蜀郡、成郡、广汉、怀、河南、阳翟、宛、东平陵、泰山郡、奉高、雒县等有工官的地方,都应是产漆器的地方。据乐浪出土漆器铭文,知梓潼郡、武都尉也有工官。《太平御览·器物部》引《盐铁论·散不足》,有"作野王贮器"语,野王即河内,可见汉之河内也产漆器。

关于衣服制作手工业。《汉书·地理志》载陈留郡襄邑有服官,齐郡有"三服官"。特别是齐郡的三服官,尤为衣服制作手工业的中心。这里的"三服官",主管制作"天子之服",所属"作工""各数千人"。所谓"三服官",即少府属官考工室、右工室、东园匠。此"三工官",每年"官费五千万"①,其生产规模之大,可想而知。

关于铸钱手工业。《史记·秦始皇本纪》谓秦惠王二年,"初行钱"。从《睡虎地秦墓竹简》中得知,早在商鞅变法后,就有钱币的使用与铸造。诸法律条文中,凡言及损坏公物、粮食及盗窃问题时,往往按其价值多少钱计算,可见钱的使用是相当广泛的。对钱币的铸造,是绝对禁止私铸的,故《封诊式》有一个关于盗铸钱者的案例,其爰书云:"丙盗铸新钱,丁佐铸",因而被人捕得交官。由此可见盗铸钱是受到禁止的。而汉初,铸钱由少府主管,《封泥考略》有"少府铜丞"封泥,《汉印文字征》有"斡官泉丞"铜印均可证。《汉书·百官公卿表》谓,大司农属官有"斡官长丞",又说:"初,斡官属少府;中,属主爵;后,属大司农。"颜注引如淳曰:"斡,音筦,主均输之事,所谓斡盐铁而榷酒酤也。"实则"斡官"为专主铸钱之官。到孝文帝五年,"除盗铸钱令,使民放铸"②。但"自建元以来,用少,县官往往即多铜山而铸钱"③,可见武帝之初就已禁止私铸。到元狩五年,进一步"悉禁郡国毋铸钱,专令上林三官铸。钱既多,而令天下非三官钱不得行,前郡国所铸钱,皆废销之"④。此"上林三官",在《盐铁论·错币》作"专命水衡三官作"。"三官"究何所指,史书无说明,据陈直先生考证,应为镜官令丞、技巧令丞与辨钢令丞,因为《齐鲁封泥集存》中分别有"钟官火丞""钟官钱丞""技巧钱丞"等封泥出土,又《汉书·百官公卿表》谓水衡属官恰有钟官、技巧、辨钢三丞令名,与此正合⑤。钱币铸造权之收归中央,对于提高钱币质量和统一规格,都有一定的作用。

此外,还有纺织手工业,染色及酿酒等加工性手工业,建筑器材的制作手工业,兵器、车辆、陶器等日常用品制作手工业等,无不在官府手工业中保持一定的地位。此不悉举。

官府手工业所需原材料的来源,则依据手工业门类的不同而有不同的来源。以漆器手工业来说,其所需漆,主要依赖于官府漆园的种植。以煮盐、采矿等手工业来说,主要依赖于山林川泽之利不许私有的国有土地制度。自商鞅变法以来,国家有权"颛山泽之利,管山林之饶"⑥即指此。但是,还有一些原料,非国有土地的所有权所能自然提供者,必须仰赖于各郡国的土贡方物。关于秦汉的土贡方物之制,史书颇少言及,但并非无之。《盐铁论·本议》云:"往者,郡国诸侯各以其方物贡输。"可见昭帝之前已有土贡方物之制。又《汉书·贾山传》建议文帝以亡秦为鉴,"减外徭、卫卒、止岁贡"。又《汉书·文帝纪》元年六月,"令郡国无来献,施惠天下"。以此言之,"岁贡"之制,早在文帝之前就已有之。而汉初之制,多直接承秦而来,故土贡方物之制有可能也是秦制。值得注意者,官府手工业的原件,还有一部分来源于官府用钱向民间购买者。1955年,在西安汉城门外,发现了一批铜的原料,其中有一铜块刻有"汝南富波宛里田戎卖"字样⑦。可见官府经营的铜器手工业,其原料除

---

① 《汉书》卷72《贡禹传》。
② 《汉书》卷24《食货志》。
③ 《汉书》卷24《食货志》。
④ 《汉书》卷24《食货志》。
⑤ 陈直:《两汉经济史料论丛》。
⑥ 《汉书》卷24《食货志》。
⑦ 陈直:《两汉经济史料论丛》。

来源于官府的采铜手工业之外,也确有来源于用钱向民间购买者,而且远从汝南郡购买来。

秦汉官府手工业的劳动力及其来源,总而言之,不外于如下几种情况:

第一,是以官府奴婢从事手工业劳役。我们知道,汉代官府奴隶不少,秦时尤多。据云梦秦简,官府奴隶之"隶臣妾",其中男性为"隶臣",女性为"隶妾"。"隶臣妾"的服役是终身性的,"隶臣妾"所生子女,也同样是奴隶,必须经过取赎或立军功,才能免去其奴隶身份。"隶臣妾"被强迫从事各种劳役,其中从事手工业的男性劳动者,谓之"工隶臣"。一旦沦为"工隶臣",即使立了军功可以赎免时,也只能免去其奴隶身份,但仍得为工,《军爵律》关于"工隶臣斩首及人为斩首以免者,皆令为工"的规定便是例证。如果是能用"针为缗绣它物"的"隶妾",即手工技艺女性奴隶,法律规定:不得赎免;只有其中属于"边县者",才允许"复数其县",详见《仓律》。法律对于"工隶臣"和有手工技艺的"隶妾"的赎免规定之所以特别严格,就在于官府手工业仰赖于这些技术性奴隶。到了汉代,以奴隶从事官府手工业劳动者同样不少。《汉书·食货志》载武帝用杨可告缗后,没收了"以千万数"的奴婢,官府也把这些"没入奴婢,分诸苑养狗马禽兽及诸官"。这显然是把奴隶分配给京师的各个苑囿和各个部门去从事各种劳役,其中无疑包括官府手工业作坊。至于同书所载武帝时"大农置工巧奴与从事,为作田器",则更证明是以奴隶从事官府手工业生产的。

第二,以刑徒从事官府手工业。所谓"刑徒",系指因触犯法律而被判处徒刑的社会罪犯而言。他们虽有刑期,但在服刑期间必须戴着刑具同奴隶一样参加劳役,这在云梦秦简的法律条文中有不少反映。秦简《徭律》有"兴徒以为邑中之功者,令媭卒岁"的规定;《秦律杂抄》有"徒络组廿给"及"徒络组五十给"的话,可能是以"徒"编织丝带并规定其完成数量;同律还有"大车殿,赀司空啬夫一盾,徒笞五十"的条文。除《徭律》所云之以"徒"从事土木建筑劳役外,其余都是在官府手工业作坊中服役。到了汉代,这种情况更多了。贡禹所论"今汉家铸钱,及诸铁官,皆置吏、卒、徒,攻山取铜铁,一岁功十万人以上"①,就是这种情况的写照。又《盐铁论·水旱》云:"卒徒工匠以县官日作公事","今县官作铁器","卒徒烦而力作不尽";同书《复古》也说:"卒徒衣食县官,作铸铁器",都是以刑徒和更卒、工匠一道从事官府手工业的生产劳动。故成帝时,颍川有"铁官徒申屠圣"等领导的180人的起义,也有"山阳铁官徒苏令等"领导的228人起义②。《古刻丛钞》所录建平郏县石刻,有"徒要本"的题名。所有这些都是以"徒"从事官府手工业之证。

第三,是官府以征发来服更役的"更卒"从事官府手工业劳动。上引《汉书·贡禹传》及《盐铁论》的《水旱》《复古》等篇所载同"徒"一道从事官府铸钱、采矿及制作铁器等手工业劳动的"卒"就是证明。

第四,是工匠及工师。云梦秦简中多次提到工匠与工师,如《秦律杂抄》有"工择干""工久干""赍工""非岁功及无命书,敢为它器,工师及丞赀各二甲"及"县工新献"等说法,其中言"工"者,即工匠,言"工师"者,即教新工学手技艺的技工教师。所以,《均工律》有"工师善教工,故工一岁而成,新工二岁而成"的规定。在乐浪出土漆器题名中,关于工匠,有"素工""上工""画工""清工"等之分,可见官府手工业中的工匠,不仅有按工龄划分的"故工"与"新工",而且还有按工秩命名的各种不同的工匠名称。汉代的官府手工业作坊中也有工匠,如《汉书·高惠高后文功臣表》谓梧齐侯阳城延"以军匠"从刘邦起兵,前引《盐铁论·水旱》中,也有"卒徒工匠以县官田作公事"的说法;西汉之末,长安"工匠饿死"③;王莽作九庙时,曾"博征天下

---

① 《汉书》卷72《贡禹传》。
② 《汉书》卷9《元帝纪》。
③ 《后汉书》卷13《隗嚣传》。

工匠"①;《太平御览》卷 826 引崔寔《政论》,就称从事手工业的工匠叫"织师";地下出土的若干汉代器物上,大都刻有"工×造"字样。所有这些,都是官府手工业中有工匠及工师之证。

无偿劳役制,在秦汉官府手工业中占有极大比重,这是官府手工业劳动形式的最大特征。上述在官府手工业作坊劳动的奴隶,显而易见,是人身最不自由的强制性劳役者。至于刑徒,他们虽有刑期,刑满以后仍为自由人,在这些方面同奴隶有差别,但当其服劳役时,不仅在工种、劳动强度和生活待遇等方面同奴隶没有差别,而且其不自由的程度有时还超过奴隶,如在劳动时必须戴上刑具,这在秦简《司空律》及《徭律》等有关规定中可以清楚看出②。因此,刑徒也属于人身极不自由的强制性无偿劳动者。说到"工匠"及"工师",其人身名义上是自由的,但实际上并不自由。例如秦简的《工律》规定,官府手工业生产出来的产品,必须刻上所属官府及生产者的名称和名字,不能刻者以漆书之。汉代若干出土器物的题名情况尤其证明这一点。这样的规定与做法,目的在于迫使监工者和生产者负责和便于追究,以防止监工及工匠的消极怠工。又秦简《均工律》规定,"新工初工事,一岁半功,其后岁赋功与故等",即工匠每年都有生产定额,新工的定额只有老工匠的一半,第二年就得与故工相同。如果没有完成定额,或学习技艺不能如期完成及生产出来的产品被评为下等时,工匠与工师都要分别受到不同程度的惩罚,详见《均工律》《工律》及《秦律杂抄》。特别是被征发来的工匠,长期被固定于某一官府作坊,即使饿死也不能离开。因此,"工匠"与"工师",名义上虽为自由人,实际上接近于人身不自由的奴隶与刑徒,已为向隶属关系十分严格的"匠户""百工户"及"伎作户"的转化准备了条件,可视为魏晋南北朝时期"百杂之户"的前身。至于"更卒",来源于征发,虽然人身基本上是自由的,但是在服役

期间必须按时到达,不到期限不能离开,限期内服役是无偿的,因此实质上也是强制性的无偿劳役。总而言之,四种人中,有奴隶与刑徒两种是不折不扣的无偿服役者,且人身极不自由;更卒,虽名义上有人身自由,在服役期内,也是不自由的无偿劳役者。只有"工匠"与"工师",可能略有报酬,但至少也是半不自由和半无偿的劳动者。这表明无偿劳役制,在秦汉官府手工业作坊中占主导地位。其所以如此,一方面是封建的国有经济制度在手工业领域的表现形式所规定的;另一方面,则同这时奴隶制残余的严重影响不无关系。如此,就给秦汉官府手工业带来了许多弊端和严重的桎梏。

关于官府手工业的作用与弊端,当时人颇多论及。以官府经营的采矿、冶炼、铸造、煮盐及铁器制作等手工业来说,有人认为:"总一盐铁",除了增加国家财政收入,还是"建本抑末、离朋党、禁淫侈、绝并兼之路"的手段。因为由官府来经营这些重大的手工业,可以改变"豪强大家,得管山海之利,采铁石鼓铸,煮海为盐,一家聚众或至千余人,大抵尽收放流人民也,远在乡里,弃坟墓,依倚大家,聚深山穷泽之中,成奸伪之业,遂朋党之权"③的危险局面,也可限制像吴王濞那样"专山泽之饶,薄赋其民,赡养穷乏,以成私威"④的割据势力;官府"总盐侯"和"铸农器"还可以使国家"财用饶",使农民"器用备"而"务本",并"一其用,平其贾,以便百姓公私"⑤。一言以蔽之,官府经营这些重大的手工业,是增加国家财政收入、稳定市场价格、发展农业生产、打击割据势力和富商大贾、加强中央集权制度的物质基础的有力措施。在当时情况下,这些看法也是基本符合实际的。但是,与此同时,它所带来的弊端和消极作用,也同样不容忽视。以官府制造的铁器来说,"多苦恶","器多坚硞",农民购买时,"善恶无所择";又"多为大器",而且是一

---

① 《汉书》卷 99《王莽传》。
② 拙作《云梦秦简初探》(增订本)。
③ 《盐铁论·复古》。
④ 《盐铁论·禁耕》。
⑤ 《盐铁论·水旱》。

个模式,"不给民用";有时农民需要购买,而出卖铁器的"吏数不在,器难得";出卖铁器的地方离农村太远,农民往往"弃膏腴之日,远市田器",以致误了农时;官府规定的价格太高,出现了"盐铁贾贵,百姓不便"的情况;有的器物质量太低劣,农民购买以后,以致"民用钝弊,割草不痛",弄得农民"作剧"而"得获者少";当质量低劣的铁器无法出卖时,就强制摊派于民,所谓"铁官卖器不售,或颇赋与民",即指此事。在采矿、冶矿和制作铁器的过程中,又"征发无限","更繇以均剧",使"百姓疾苦之"①。有时强迫被征发服役的更卒出钱代役,出现了"郡中卒践卒更者,多不堪责取庸代"②,也正如卜式所说:"郡国多不便县官作盐铁,铁器苦恶,贾贵,或强令民卖买之。"③所有这些情况,都是官府手工业特别是官营铁器制作手工业带来的弊端。造成这些现象的主要原因:第一,在于管理不善。如铁器的大小、规格,制作时"务应员程",故不合民用④,因而不随"秦、楚、燕、齐土力不同"的特点,使铁器的"刚柔异势"和大小适宜⑤;或价格规定太死,官府"一其贾",使购买者无可选择⑥;或者布局不合格,不能把冶铸之所,靠"通铁炭"地区,造成"咸远而作剧"和"道次发僦运盐铁烦费"的状况⑦。第二,主管者用人不当,"吏或不良,禁令不行,故民烦苦之"⑧;更有甚者,"吏不奉法以存抚,倍公任私,各以其权充其嗜欲"⑨;"为吏既多不良矣,又侵渔百姓,县吏厉诸小吏,小吏厉诸百姓"⑩;"吏匠侵利",贪污盗窃⑪,或"吏恣留难"百姓,或"行奸卖平",以次充好⑫。

第三,劳动者消极怠工。如钱币铸造,"废天下诸钱,而专命水衡三官作。更匠便利,或不中式,故有厚薄轻重"⑬。而此三者,都与封建制度这个总剥削制度有关。可见在剥削制度下,即使实行很有利的经济制度,也将带来许多不利的后果。

二、秦汉的私营手工业

凡不属于官府经营的手工业,均可视为私营手工业。其表现形式通常有三种:一为独立的私营手工业者所经营的手工业;二为大手工业主;三为同农业相结合并作为它的副业的个体小农经营的家庭手工业。三者各占多大比重,虽然很难准确回答,但三者同时存在却是可以肯定的。例如王莽之"博征天下工匠"以建九庙,当这些工匠被征发之前,显然属于独立的私营手工业者。《史记·平准书》所说的"诸贾人、末作"中的"末作",就是城市中的独立手工业者,由于他们大都拥有自己的手工作坊,故《史记》又称他们为"诸作",故《集解》引如淳释"诸作"曰"以手力所作而卖之",即以手工方式为市场而生产的独立手工业者。拥有大量奴隶或手工业工人,并用以采矿、冶炼和铸造器物的大手业主,在《史记》《汉书》的《货殖列传》中有集中的反映。至于耕织结合的小农家庭手工业,几乎比比皆是。因此,秦汉私营手工业一般存在这三种形式。

私营手工业的类别,也同官府手工业一样颇为复杂,但主要的要算采矿业、煮盐业、冶铸业、

---

① 《盐铁论·水旱》。
② 《盐铁论·禁耕》。
③ 《史记》卷30《平准书》。
④ 《盐铁论·水旱》。
⑤ 《盐铁论·禁耕》。
⑥ 《盐铁论·水旱》。
⑦ 《盐铁论·禁耕》。
⑧ 《盐铁论·复古》。
⑨ 《盐铁论·执务》。
⑩ 《盐铁论·疾贪》。
⑪ 《盐铁论·错币》。
⑫ 《盐铁论·错币》。
⑬ 《盐铁论·本议》。

纺织业、造纸业及其他杂手工业。试分别言之于次：

关于私营采矿业、煮盐业与冶铸业：

我们知道，早在商鞅变法时，就"颛川泽之利，管山林之饶"，"外收百倍之利，收山泽之税"，随后就有"盐铁市官及长丞"的设置，已于前述。这表明盐铁早已官营。但自从"汉兴，海内为一"，有了"开关梁，弛山泽之禁"的条件，于是"富商大贾，周流天下，交易之物，莫不通得其所欲"，私营工商业发展了，这中间自然也包括盐、铁的私营。加上文帝的"纵民得铸钱、冶铁、煮盐"政策的实行，在"山东食海盐，山西食卤盐，岭南沙北，固往往出盐"的情况下，鲁国的猗顿，"用盬盐起家"；邯郸的郭纵，"以铁冶成业"；巴蜀寡妇名清者，"其先得丹穴，而擅其利数世"；赵人卓氏，"用铁冶富"，秦破赵迁之于临邛，仍"即铁山鼓铸"，"富至僮千人，田池射猎之长，拟于人君"；山东的程郑，"亦冶铸"，秦灭六国后迁之临邛，仍营其业，"贾椎髻之民"；梁人孔氏，"用铁冶为业"，秦灭魏后迁于宛，仍"大鼓铸"，"家致富数千金"；鲁人曹邴氏，"以铁冶起，富至巨万"；齐人刁间，"逐渔盐商贾之利"，"起富数千万"①；吴越一带，"东有海盐之饶，章山之铜"②，吴王刘濞得以"专山泽之饶"③，"擅障海泽"④，"即山铸钱，富埒天子"；"邓通专西山"以铸钱，财过王者，以至"秦、雍、巴、蜀因邓氏，吴、邓钱布天下"⑤；汉初所封赵国，也"以冶铁为业"；封于山东之胶东国与鲁国，都以"鼓铸盐铁"为务。所有这一切，除汉初诸封国之经营盐铁多少有王国经营的性质外，其余都是不折不扣的私营盐铁手工业主兼大商人。实则王国所经营盐铁，相对于西汉官府中央的官府手工业而言，也有私营性质，各王国君主，实为大的盐铁业主。

煮盐、冶铁、铸钱三大手工业，自汉武帝实行严格的从采矿、冶炼、铸造到销售的官营制度以后，私营的比重虽下降了，却并未绝迹。故西汉城门外，发现刻有"汝南富波苑里田戎卖"给官府字样的铜块⑥。元帝时，贡禹也说："民坐盗铸，陷刑者多。"即使在王莽严禁私铸钱币的情况下，私铸仍然不能断绝，出现了"坐……铸钱抵罪者，自公卿大人以至庶人，不可胜数"的局面，最后迫使王莽改变"私铸钱者死"的立法，"更轻其法"为"私铸作泉布者与妻子没入为官奴婢"。到了东汉，郡国虽仍设盐、铁官，但只征税而已，实际上恢复了西汉初"纵民煮铸"的制度。因此之故，私营的采矿、冶炼等民间手工业便迅速发展起来。以远在江南的桂阳郡来说，这里"县出矿石，佗郡民庶常依因聚会，私为冶铸"，建武年间迁桂阳太守的卫飒，为了不使"招来亡命，多致奸盗"，就在这里"起铁官，斥罢私铸，岁所增入五百余万"⑦。可见在卫氏"起铁官"之前，这里的私营采铁与冶铁手工业是十分发达的。又河内郡的林虑县，西汉这里设有铁官，东汉这里仍然产铁，据《后汉书·党锢·夏馥传》，桓帝时，馥为人所陷，"乃自剪须变形，入林虑山中，隐匿姓名，为冶家庸"。这个"冶家"即用钱雇人冶铁，其为私营手工业主无疑。其实，不单是一般平民，即使是皇亲国戚，也有私营冶炼之业的。《太平御览》卷833引王子年《拾遗记》云："汉郭况，光武皇后之弟也，累金数亿，家僮四百人，黄金为器，功冶之声，震于都鄙。时人谓郭氏之室，不雨而雷，言铸锻之声盛也。"显然，郭况实为一个大冶炼手工业主。东汉私营冶炼、铸造手工业之盛，于此可见一斑！

关于纺织手工业。由于纺织手工业的材料来源容易获得，又不需要有雄厚的资金，因此，一般小家庭，往往又是纺织手工业的兼营者，以至

---

① 《史记》卷129《货殖列传》。
② 《史记》卷129《货殖列传》。
③ 《盐铁论·禁耕》。
④ 《盐铁论·错币》。
⑤ 《盐铁论·错币》。
⑥ 陈直：《两汉经济史料论丛》。
⑦ 《后汉书·循吏传·卫飒传》。

当时的统治者言及社会生产时,总是以男耕女织为标志,这表明家庭的纺织手工业是私营手工业的主要形式。由于依赖于农业的种植范围和水土所宜,于是随着各个地区气候条件的不同,带来了农作物产品的差别和产量的多少与优劣,从而也使得不同地区的家庭纺织手工业也发生了差别。如河内的丝织业就比较发达,《后汉纪》卷20质帝本初元年(146年)九月载朱穆奏记曰:"河内一郡,尝调缣、素、绮、縠才八万余匹,今乃十五万匹,官无见钱,皆出于民。"这里的"调",是调发、调运之意。意即在质帝本初元年之前,中央每年要向河内郡调发缣、素、绮、縠等丝织品八万多匹。而这些丝织品,都是河内郡的农民以纳税形式交给郡里的。如果农民没有普遍从事家庭丝织业的情况,是不会有这么多丝织品上交官府的。再从"今乃十五万匹,官无见钱,皆出于民"的话来看,表明有官府以钱购买丝织品的迹象,但实际上都是白取于民,更见缴纳丝织品者都是农户。据《后汉书·郡国志》,河内郡有户十五万。以十五万户之民,一次调丝织品十五万匹,合每户一匹,则河内地区丝纺织手工业之发达可知。又《居延汉简释文》卷3有"河内廿两帛八匹,三尺四寸大半寸,二千九百七十八"简文,可见河内地区丝织品已远销至边郡居延地区,反映出河内丝织品商品化倾向之突出。又曹魏明帝景初二年(238年),诏"以绛地交龙锦五匹"等"答汝(指倭使)所献贡直,又特赐汝绀地勾文锦三匹",而此皆当时"好物也"①,可见绛地、绀地也早已成为具有地方特色的优质丝织品的集中产地。至于蜀、汉之地,盛产蜀布;齐、陶之地,盛产缣;兖、豫之地,多产丝、纻、绵。故"齐、陶之缣"与"蜀、汉之布"并称。汉简中也屡见"广汉八稯布"及"九稯布"等简文;"兖、豫之漆、丝、纻、绵""为养生送终之具";齐地"织作"的"冰纨绮绣纯丽之物,号为冠带衣履天下";蜀地之"女工之业,覆衣天下",其所产的"锦"号为"蜀锦",以至汉末三国时成了这里的主要经济来源,"决敌之资,唯仰锦耳"②。还有鲁地,"颇有桑麻之业";粤地"女子桑蚕织绫";燕、代之地,"田畜而事蚕";三辅地区,出"白素"。特别是巨鹿郡一带和任城园亢父等,也以产缣称者,故官府曾赐以马援"巨鹿缣三百匹"③;而《西京杂记》卷1载"霍光之妻遗淳于衍散花绫二十五匹,绫出巨鹿陈宝光家,机用一百二十镊,六十日成一匹,直万钱",则巨鹿散花绫织品质地之优与纺织技术之精巧,已达惊人程度。至于任城国亢父所产之缣,远销河西走廊及西域,故《流沙坠简考释》中有"任城国亢父缣一匹,幅广二尺二寸,长四丈,重二十五两,直钱六百十八"的简文。还有陈留郡的襄邑,由于盛产优质丝织品,故官府在这里设有服官,而《论衡·程材篇》则有"襄邑俗织锦,钝妇无不巧"的话;《陈留风俗传》也有"襄邑……有黼黻藻锦,日月华出,以奉天子宗庙御服焉"。此外,房县出御锦,朝歌产罗绮,清河产缣、总,也同襄邑的缣绣齐名,故左思《魏都赋》有"锦绣襄邑,罗绮朝歌,绵纩房子,缣总清河"的概括。所有这一切,不仅说明丝织品与麻织品各有不同的产地,而且丝织品中,又有锦、缣、绮、纨、縠、缟、绫、罗、白素、帛、绢等之分,还各有其集中产地。如此众多的纺织业产品,其中固然有的出于官府手工业,但小农私营的家庭纺织业和手工业主私营的纺织业,也不可忽视,而且在纺织技术上锐意改进者和具有专门纺织技术者,多在私营纺织手工业作坊中。如前引巨鹿陈宝光的织绫机,多达一百二十镊,其纺织技术之精可见。又如东汉崔寔做五原太守时,为了发展该地的民间手工业,"乃卖储峙,得二十余万,诣雁门、广武迎织师,使巧工作机及纺以教民织"④,可见雁门、广武一带,早已有技术高超的民间"织师",而且五原一带民户也普遍学会了纺织技术。边远地区的情况尚且如此,中原地区自然更不用说了。

如果以纺织品来说,无疑更以私营手工业为

---

① 《三国志·魏志·倭人传》。
② 《太平御览》卷815引《诸葛亮集》、卷831引《东观汉纪》、卷263引崔寔《政论》。
③ 《太平御览》卷815引《诸葛亮集》、卷831引《东观汉纪》、卷263引崔寔《政论》。
④ 《太平御览》卷815引《诸葛亮集》、卷831引《东观汉纪》、卷263引崔寔《政论》。

主。因为麻的生产者都是小农,而且其绩麻、纺织,技术性较低,麻布的生产也形成了不同地区的不同特产;而且麻布的类别也很多。以著名的麻布产地来说,除前述之蜀汉地区的"蜀汉布"及"广汉八稯布"外,还有产于越地的"越布",曾使"光武帝见而好之",令会稽以此为贡;也有东莱惤县所产之"惤布",《说文解字》释惤曰"惤布出东莱"即其证;更有"江西葛",《太平御览》卷861引《魏文帝诏》中有"江东为葛,宁可比罗纨绮、縠"语可证。此外,少数民族地区也多产布,如氐人称殊缕布为"绊",西胡人称毷布为"纗",南郡蛮夷所出布称"賨布",又叫"幏布"①。至于麻布的类别,许慎《说文解字》中已有缌、绨、绤、绉、纻、绖、繐、紨等之分,并谓"缌为细布","绨为细葛","绤为粗葛","绉为绨之细者","纻为枲类布白而细者","绖为细布","繐为细疏布"及"紨为粗细布"。如果按纺织时所使用的缕的粗细分,又有"七稯布""八稯布""九稯布"及"十稯布"等不同名目。《说文解字·禾部》云:"布八十缕为稯。""七稯布"大约是最粗布,故多为徒隶者之衣,《史记·孝文帝本纪》"后元二年,令徒隶衣七稯布"可证。云梦秦简《金布律》有"褐衣"的名称,且用为刑徒与"隶臣妾"之衣,而"枲"是制作褐衣的原料,枲即粗麻。可见秦汉时均以麻布供徒隶衣着用。实则,一般贫苦农民,也多着粗麻布,故一旦发迹为官,便称作"释褐",意即脱下褐衣而穿官服了。八稯布与九稯布,多为戍卒所服用,故居延汉简中常见此等布名。至于十稯布,可能是最细的布,可以为官俸,《汉书·王莽传》所云"一月之禄,十□二匹"即其证。

关于制陶手工业。秦的制陶手工业,多集中于凤翔,故凤翔彪脚镇画砖最为出色。秦汉官府手工业中,也有专门的主管制陶业机构和官吏。《汉书·地理志》载汝南郡安城设"陶官",《齐鲁封泥集存》有"安城陶尉"封泥,便是例证。根据西安汉城出土的各种瓦当文中有"宗百官瓦""都司空瓦"及"右空"等文字来看,表明宗正属官都司空令及少府属官左、右司空令,实为其主管机构。汉武帝时期,官府制陶手工业达到了鼎盛时期,据《三国志·魏志·董卓传》注引华峤《后汉书》云:"卓曰:武帝时,居杜陵南山下,有成瓦窑数千处,引凉州材木东下以作宫室,为功不难。"裴注引《续汉书》云:"杜南山下,有孝武故陶处,作砖瓦一朝可办。"由此可见,在终南山有官窑区,专门烧制官瓦。除官府制陶业外,私营制陶业也同样存在。特别是今之咸阳县窑村,汉人称"咸里""咸亭"或"咸阳亭",就是西汉私营陶制手工业的集中地。因为在这里出土的陶器中,有"咸里高昌陶鼎""咸里直章陶壶"及"咸里亭久陶瓮"等字样的若干陶片或陶器,而这些陶器上的文字,大都写上了私人的姓名,这同官府手工业题名的做法大不相同,故知为私人制陶者所题,亦得知汉之咸里为私营制陶业的集中所在②。

秦汉时期的制陶手工业中,值得注意的是釉陶的正式出现和彩陶的盛行。早在商代和西周,就已有在陶器表面上釉的开端。如1953年在郑州二里岗商城遗址中,发现了一种豆青釉布纹陶尊,质地坚硬,有不吸水性。次年,在西安村普渡村西周长田墓中,也发现了带豆青色釉的陶豆。这说明商周时就已多少知道上釉的技术。不过,这时的上釉技术还仅仅是开端,陶器表面还没有光泽,色泽也不纯正。但是汉代北方的釉陶,不仅数量多,而且色泽或作浓黄,或作深绿;南方的釉陶,多是淡绿色或淡黄色,这说明上釉的技术已有发展。因为釉是一种硅酸盐,施于素底上,经过火烧,就成了有釉的光泽面,可以洗涤而不剥蚀,更不会被玷污。釉的色彩,取决于在硅酸盐里加入哪些氧化物。如加入氧化铁即成黄色,经过还得火,又呈青色,即成青釉,也即青瓷的前身③。汉代的釉陶色彩纯正,这说明已经懂得加入氧化铁和掌握火候等技术。这就为瓷器的生产奠定了基础。

---

① 许慎:《说文解字》。
② 《关中秦陶陶录》卷1;陈直:《两汉经济史料论丛》。
③ 《中国陶瓷史略》。

关于造船和造纸手工业。以造船手工业来说，属于官府者，《汉书·百官公卿表》中缺载其主管机构及官名，但京兆尹有"船司空县"，颜师古注曰："本主船之官，遂以为县。"以此言之，秦或汉初本身有船司空一官。又同书水衡都尉属官有"楫濯令丞"，师古曰："楫濯，船官，为楫櫂之假借。"《汉书·地理志》载庐江郡有楼船官，显然是郡国主管造船的官吏。从当时用船从事水战的需要量以及江南民间水上交通的需要来看，官府和民间的造船业应当都是存在的。从吴王刘濞能造"一船之载，当中间数十辆车"的大船和公孙述能"造十层赤楼帛兰船"等情况看，造船业的分工应当是很细致的。特别是长沙汉墓中出土的木船模型，前后有3舱，有桨16支，后有舵；广州出土的木船一只，船上建重楼，桨十橹一。如无发达的民间造船业为基础，官府也无法造出这种大船来。可惜史料缺载，无以知当时民间造船业之详情。

至于造纸手工业，西汉史籍缺载其主管部门与官吏，但西汉时确已有纸的生产。《汉书·游侠·原涉传》，谓他在武帝时曾"削牍为疏"，可见这时尚无纸的使用。但《汉书·赵皇后传》云："时儿生入九日，后三日，客复持诏记，封如前予(籍)武，中有封小绿箧，记曰：'告武'以箧中书物予狱中妇人，武自临饮之。武发箧中有裹药二枚，赫蹏书曰：'告伟能，努力饮此药，不可复入，女自知之。'伟能即宫。"颜师古注引孟康曰："蹏，犹地也，染纸素令赤而书之，若今黄纸也。"又引应劭曰："赫蹏，薄小纸也。"由此可见，西汉后期，确已有纸使用。

东汉前期，已有纸写经、传者。《后汉书·贾逵传》云：章帝时，"逵自选公羊严颜诸生高才者二十人，教以左氏与简纸经传各一通"。李贤注曰："竹简及纸也。"所谓"简纸经传各一通"，即简写经、传与纸写经、传一通。可见和帝之前，已有用纸写经、传者。又《后汉书·和帝纪》云："永元十四年(102年)冬十月辛卯，立皇后邓氏。初阴后时，诸家四时贡献，以奢侈相高，器物皆饰以金银，后不好玩弄珠玉之物，不过于目。诸家岁供纸墨，通殷勤而已。"此事发生在蔡伦于和帝元兴元年(105年)奏上其新的造纸术以前三年，更见蔡伦之前早已有以纸充贡献之物者。近人劳干在其《论中国造纸术之原始》一文中，说他于1942年秋天，曾在额济纳河流域的烽燧台下，在已掘旧坑中，发现了一张汉代的纸，尚可见30余字，且此旧坑曾出土和帝永元五年(93年)及七年的兵器簿，还出土了一枚永元十年的木简。此纸出土的位置，在永元十年简之下，表明它埋入地下的时间应在永元十年之前。由此可见，在元兴元年蔡伦发明造纸术之前已有纸的使用了。1958年5月，在西安市郊灞桥的一座西汉墓中出土一叠大小不等的古纸片，共有88片，据鉴定是用大麻的纤维及树皮纤维制作的植物纤维纸。又1973年至1974年，在内蒙古居延汉代遗址中，也发现了麻质纤维纸。可见，蔡伦之前确已有植物纤维纸，蔡伦只是改进了造纸术而已。到了东汉，官府造纸手工业正式规范化了，由少府属官尚方令主其事。《北堂书钞》卷104引《东观汉记》曰："蔡伦典作尚方作纸。"又《太平御览》卷605云："黄门蔡伦，典作尚方作纸，所谓蔡伦纸也。"《后汉书·宦者·蔡伦传》云："永元九年(97年)监作秘剑及诸器械，莫不精工坚密，为后世法。自古书契多编以竹简，其用缣帛者之纸。缣贵而简重，并不便于人，伦乃造意，用树皮、麻头敝布、鱼网以为纸。元兴元年(105年)奏上之。帝善其能，自是莫不从用焉，故天下咸称蔡侯纸。"李贤注引《湘州记》曰："耒阳县北有汉黄门蔡伦宅，西有一石臼，云是蔡伦舂纸臼也。"《后汉书补注续》云："汉人能为纸者，蔡伦之外，又有左伯。伯字子邑，东莱人。汉兴，用纸代简。至和帝时，蔡伦工为之，而子邑尤得其妙。故肖子良答王增虔书云：子邑之纸，妍妙辉光。"由上可见，早在西汉后期和东汉前期，确已有纸的使用。不过这时的纸，多丝、絮参用造成，系动物纤维纸。大抵这一时期，各地都在改进造纸的技术。故东汉和帝时前后，蔡伦、左伯同工造纸之术。他们的做法，显系总结大量民间造纸之法而成，并实现了从丝、絮参用造纸到用树皮、麻头、破皮、渔网等植物纤维造纸的飞跃。从此以后，用纸日多，如《北堂书钞》卷104引马融《与窦伯可书》云："孟陵来赐书，见手书欢喜何量！书虽两纸八行，行七字。"又同书同卷引崔瑗《与葛元甫书》云："今遣送许子十卷,贫不及素,但以纸耳。"按马氏为顺帝与桓帝间人,崔瑗则为吏于安帝以后,可见在和帝时蔡伦改进造纸术以后不久,纸的使用便大为推广了。随之而来的,必然是造纸手工业的发展。

如上所云,就整体而言,东汉时期的手工业与商业,并没有呈现出普遍下降的明显趋势;同时也表明,主要由汉代的民间手工业与商业所构成的商品经济,确已成为当时封建经济的组成部分,汉代的重农抑商政策,并没有影响正常的商品经济的存在与发展。

再论"矫制"

——读《张家山汉墓竹简》札记

孙家洲*

【摘 要】 "矫制"是汉代的政治罪名之一,它的立法宗旨在于防范和惩治臣子借用皇帝的名义行事。《张家山汉墓竹简》公布的《二年律令》中有关"矫制"的条文,表明汉代的"矫制"之法有一个不断完善的过程。"矫制"之罪存在着由二级制(害、不害)向三级制(大害、害、不害)的转变;"矫制害"与"矫制不害"之间在量刑定罪上存在着巨大差异;对"矫制不害"的惩治仅仅是"罚金四两",这是强调根据案件的客观效果来量刑定罪,它关系到对汉代法律思想的总体评价。

【关键词】 矫制;《张家山汉墓竹简》;量刑等级;立法思想

"矫制",或称"矫诏",是汉代的政治罪名之一。"擅称君命曰矫"[1](《慎过篇·高诱注》),"矫,托也,托奉制诏而行之"[2](卷50《汲黯传》颜师古注),就是对它的简洁概括。它的立法宗旨在于防范和惩治臣子借用皇帝的名义行事。这在君主专制政体之下,是极为重要的政治通则。近代以来,凡致力于梳理汉代立法条文的学者,都对它给予特别关注。沈家本的《历代刑法考·汉律摭遗卷四》、程树德《九朝律考·汉律考》,均把"矫制"列入"贼律"之中。但把它作为研究汉代政治文化的一个重大问题,予以专门研究的,似乎尚不多见。数年之前,我与李宜春联合署名,撰写了《西汉矫制考论》一文(《中国史研究》1998年第1期),后经修改,收入我的《两汉政治文化窥要》(泰山出版社,2001年12月版)一书中。近读《张家山汉墓竹简》(文物出版社,2001年11月版,以下引文凡出自本书者,径自注明原简编号和所在页码),在《二年律令》中,发现了有关"矫制"的内容。它与传世文献材料互有异同,可以互相印证和补充,加深对该问题的认识。因此,在前论的基础上,草就"再论"一文,就教于学界师友。

一、"矫制"罪名的等次划分

在《张家山汉墓竹简》中,有如下立法条文:

1. "挢(矫)制,害者,弃市;不害,罚金四两。"(《二年律令》,一一,第135页)

准此,"矫制"之罪为二等:矫制害、矫制不害。与文献所见的罪分三等有所不同。据《汉书·景武昭宣元成功臣表》"浩侯王恢"条:"坐使酒泉矫制害,当死,赎罪,免。"其下有如淳注:"律,矫诏大害,要斩。有矫诏害,矫诏不害。"综合简文与如淳所引汉律,形成了"矫制"的三级罪名:矫制大害——腰斩;矫制害——弃市;矫制不害——罚金四两。"矫制"之罪以"大害"的处

---

* 孙家洲(1955—),男,山东省莱州市人,中国人民大学人文学院历史系教授、博士生导师,主要从事秦汉史研究。

置最重。但在吕后《二年律令》中,却不见"矫制大害"的罪名。这里,有两个问题应该研究:

(一)"矫制大害"罪条是否存在

我认为,它的存在是肯定无疑的。理由有三:其一,如淳是曹魏时期人,去汉未远,又曾任郡丞之职,当熟知汉家典制,所引汉律必有所据。其二,汉武帝时期,博士官徐偃借奉命巡视各地风俗之机,矫制使胶东、鲁国鼓铸盐铁,被御史大夫张汤弹劾致死,罪名就是"矫制大害"。是有朝臣死于此一罪名。其三,对"矫制大害""矫制害"的不同处置——腰斩和弃市——虽然同为死刑,但在汉代的刑罚体系中,确实有轻重之别。让我们从《张家山汉墓竹简》的律令中寻求内证。

2."伪写(整理者注释:写,仿效而作)皇帝信玺、皇帝行玺,要(腰)斩以匀(徇)。"(《二年律令》,九,第134页)

3."伪写彻侯印,弃市。"(《二年律令》,一〇,第135页)

从量刑等级来看,"矫制害"与"伪写彻侯印"同为"弃市",增重一级的"矫制大害"与"伪写皇帝信玺、皇帝行玺"同处以"腰斩"酷刑,在内在逻辑上是完全一致的。因此,"矫制大害"不见于《二年律令》,只能说明到吕后二年(前186年)为止它尚未形成,而不能怀疑它在汉律体系中的存在。至于它的增设时限,也可加以推测:吕后死后,太尉周勃"矫节"控制北军,而完成了诛杀诸吕和少帝的非常之举。它对汉代政治史、制度史的影响之深远,是不可低估的。汉文帝尽管是直接受益者,但它对文帝疑忌和防范心态的形成有巨大作用。试看文帝事后对周勃的抑制和寡恩、太尉一职的虚而不设,足以说明问题。身在帝位,无论是谁,都要极力防止大臣"矫制"调兵发动军事政变的事情重演。所以,在文帝后期,增设"矫制大害"的罪名,以强化对"矫制"的防范和惩治,是极有可能的。

(二)如何理解"矫制害"与"矫制不害"在量刑定罪上存在的巨大差异

同为"矫制"之罪,只因客观后果的不同(害与不害),在量刑定罪上就有"弃市"与"罚金四两"的强烈反差。为了把两者之间的区别细化、量化,我尝试在《张家山汉墓竹简》的范围之内,把"弃市"和"罚金四两"的相关罪名分别梳理如下,以资对比和分析。

关于"弃市"之罪(着眼点在于它与"矫制害"的量刑相当),除上引"伪写彻侯印,弃市"之外,还有下列可注意者:

4."贼杀人、斗而杀人,弃市。"(《二年律令》,二一,第137页)

5."贼杀人,及与谋者,皆弃市。"(《二年律令》,二三,第137页)

6."城旦刑尽而盗臧(赃)百一十钱以上,若贼伤人及杀人,而先自告也,皆弃市。"(《二年律令》,九一、九二,第147页)

7."子牧杀父母,殴詈泰父母、父母、叚(假)大母、主母、后母,及父母告子不孝,皆弃市。"(《二年律令》,三五,第139页)

8."奴取(娶)主、主之母及主妻、子以为妻,若与奸,弃市。"(《二年律令》,一九〇,第158页)

9."同产相与奸,若取(娶)以为妻,及所取(娶)皆弃市。"(《二年律令》,一九一,第158页)

10."贼燔城、官府及县官积冣(聚),弃市。……其失火延燔之,罚金四两。"(《二年律令》,五,第134页)

11."盗铸钱及佐者,弃市。同居不告,赎耐。正典、田典、伍人不告,罚金四两。"(《二年律令》,二〇一,第160页)

上述各条,无论是政治犯罪,还是刑事犯罪及伦理犯罪,都属于其中的重罪,处以"弃市"之刑,按照当时的法律、道德观念,均属罪有应得。特别应该引起注意的是10、11两条,在同一法律条文之内,出现了"弃市"和"罚金四两"两个我们感兴趣的量刑级别。盗铸钱币的主谋人和追随者弃市,闾里小吏和邻居因未曾举报告发而受牵累,处以"罚金四两";乱贼故意纵火焚烧城邑等弃市,失火引起火灾"罚金四两"——两部分人的动机、身份、刑事责任相差极大,正好反映出"矫制害"和"矫制不害"两项罪名之间的距离。

关于"罚金四两"之罪(着眼点在于它与"矫制不害"的量刑相当):

12.(与人相斗导致殴伤)"其有疻痏及□,罚金四两。"(《二年律令》,二八,第138页)

13.(孕妇挑起斗殴而导致自身流产)"怀子而敢与人争斗,人虽殴变之,罚为人变者金四两。"(《二年律令》,三一,第138页)

14."诸有责(债)而敢强质者,罚金四两。"(《二年律令》,一八七,第158页)

15."敢择不取行钱、金者,罚金四两。"(《二年律令》,一九七、一九八,第159页)

16."入顷刍稿,顷入刍三石;上郡地恶,顷入二石;稿皆二石。令各入其岁所有,毋入陈。不从令者罚黄金四两。"(《二年律令》,二四〇,第165页)

17."盗臧(赃)直(值)过六百六十钱,黥为城旦舂。六百六十到二百廿钱,完为城旦舂。不盈二百廿到百一十钱,耐为隶臣妾。不盈百一十到廿二钱,罚金四两。"(《二年律令》,五五、五六,第141页)

18.(船夫运输损失粟米等物)"罚船啬夫、吏金各四两。"(《二年律令》,七、八,第134页)

19."亡印,罚金四两。"(《二年律令》,五一,第141页)

20."盗出财物于边关徼,及吏部主智(知)而出者,皆与盗同法;弗智(知),罚金四两。"(《二年律令》,七四,第144页)

21."盗贼发,士吏、求盗部者,及令、丞、尉弗觉智(知),士吏、求盗皆以卒戍边二岁,令、丞、尉罚金各四两。"(《二年律令》,一四四,第153页)

22."擅赋敛者,罚金四两,责所赋敛偿主。"(《二年律令》,一八五,第158页)

23."有任人以为吏,其所任不廉、不胜任以免,亦免任者。其非吏及宦也,罚金四两,戍边二岁。"(《二年律令》,二一〇,第161页)

24."县道官有请而当为律令者,各请属所二千石官,二千石官上相国、御史,相国、御史案致,当请,请之,毋得径请。径请者,罚金四两。"(《二年律令》,二一九、二二〇,第163页)

25.(行书)"□□□不以次,罚金各四两,更以次行之。"(《二年律令》,二七一,第170页)

26."恒以八月令乡部啬夫、吏、令史相杂案户籍,副臧(藏)其廷。有移徙者,辄移户及年籍爵细徙所,并封。留弗移,移不并封,及实不徙数盈十日,皆罚金四两。"(《二年律令》,三二八、三二九,第177页)

27."民宅园户籍、年细籍、田比地籍、田命籍、田租籍,谨副上县廷,皆以篋若匣匱盛,缄闭,以令若丞、官啬夫印封……不从律者罚金各四两。"(《二年律令》,三三一至三三三,第178页)

28."守燧乏之,及见寇失不燔燧,燔燧而次燧弗私(和),皆罚金四两。"(《二年律令》,四〇五,第187页)

29."县道官敢擅坏更官府寺舍者,罚金四两,以其费负之。"(《二年律令》,四一〇,第188页)

30."□□□□及发繇戍不以次,若擅兴车牛,及繇不当繇使者,罚金各四两。"(《二年律令》,四一五,第188页)

31."敢擅繇使史、卜、祝学童者,罚金四两。"(《二年律令》,四八四,第205页)

32.(津关令)"越塞阑关……吏卒主者弗得,赎耐,令、丞、令史罚金四两。"(《二年律令》,四八八、四八九,第205页)

上引律令中,第12—16条,是对百姓的一般过失或轻微犯罪的惩治。第17条是对盗窃者按照赃值多少论罪的律条,值得注意的是,与"矫制不害"量刑相当的是赃值"不盈百一十到廿二钱",赃值是很低的;比它更高的三级量刑分别是黥为城旦舂、完为城旦舂、耐为隶臣妾,均为肉刑与徒刑的复合刑,而"罚金四两"只是赎刑,而且赎金偏低。其中第16条为"罚黄金四两",从上下文意来看,与"罚金四两"当无不同。第18—32条是对基层官吏违法行为的惩治条款,大概可以区分为过失性犯罪、轻微地触犯行政法规、受部属违法行为的牵连三种情况。总之,都是情节轻微或是情有可原的。

我留意核查传世史料,以"矫制不害"被治罪的仅有一例:汉武帝时,名将卫青之子卫伉,本以父功受封为宜春侯,至元鼎元年(前116年)以矫制不害免侯[2](卷18《外戚恩泽侯表》"长平烈侯卫青"条)。

我曾经据此判断,"矫制不害"的处罚可能是免爵,在读到《张家山汉墓竹简》之后,意识到汉初立法仅仅是"罚金四两",它要比"免爵"轻得多。那么,卫伉受"免爵"之罚,可以有两种解释:其一,立法有变化,由汉初的"罚金四两"加重到"免爵";其二,出于某种原因(如为了控制卫氏势力过度膨胀的需要),对卫伉的处理不是依法进行,而是有意加重。个人认为后者的可能性居多。

那么,"罚金四两"的惩罚,在当时的社会经济状况下,究竟有多大的震慑力?具体到"矫制"这一罪名的立制防范对象,无非是朝廷重臣、地方大吏、奉使边疆的使臣、出巡地方的近臣,总之是贵族官僚集团的上层人物。他们的个人和家庭收入及消费水平,肯定远远高于社会平均水平。司马迁描述列侯封君的收入是:"封者食租税,岁率户二百。千户之君则二十万。"[3](卷129《货殖列传》)依据这一比例,有学者做了推算,"汉初列侯每年平均租税收入,多者200万钱,少者10余万钱"[4]878。实际上,贵族官僚的收入远不止所食租税、俸禄,其他收入往往更多。汉代金与钱之间的换算比例是"黄金一斤直万钱"。对此,不仅《汉书·食货志下》有明确记载,《汉书·惠帝纪》注引晋灼、颜师古之说,更进一步论证了这一比例关系。因此,区区"罚金四两"对于达官显贵而言,不过是略示惩戒而已,根本不足以伤及他们的利益。

在传世文献中,汉初"罚金四两"的惩罚实例,也有记载。汉文帝出行,有行路人无意中惊动车驾。文帝令廷尉张释之课以重罪,但张释之依法断案,只判当事人罚金了事。据如淳注引《乙令》"跸先至而犯者罚金四两"[3](卷102《张释之传》)。正因为这是一般百姓都有能力承担的轻微处罚,才导致文帝对张释之不满。

通过以上分析,与"矫制害"的"弃市"之刑相比,"矫制不害"仅仅处以"罚金四两",量刑高低实在是相差悬殊,理应引起我们的注意。其中原因,其实不难理解,"矫制"而"不害",不仅当事人多出于善意,而且其后果往往是对国家大有益处。如:谒者汲黯矫制开仓放粮,使灾区百姓免于流离失所;使者冯奉世矫制征发西域诸国之兵,平定了莎车叛乱,威震西域;西域副校尉陈汤矫制发兵攻杀盘踞西域的匈奴首领郅支单于,取得了前所未有的奇功。在朝廷之上还发生过对冯奉世、陈汤之举应该如何评价和处置的争论。对此,我在以前的相关论著中曾有如下论断,自认为到目前为止还有重申的价值:"君主专制制度对臣民的绝对要求,就是无条件地按君主指令办事,而矫制的根本特征,是臣子擅自以君主的名义行事,从而与专制制度、专制文化相冲突。所以,汉代以矫制之罪给以防范和惩罚。但是,矫制行为又大多发生在关系国家利益的特殊场合,起到了安邦定国的作用,如果全部以严法治罪,则无疑对国家利益构成损害,故必须做出若干变通。对矫制立功者按照'大公薄赏'的原则处理,虽然引起许多人代鸣不平,却是在君主专制体制下唯一可行的选择。"[5]89—92,100因此,对"矫制不害"的薄罚,体现了汉代立法的理性精神和刚柔相济的弹性原则。

在既往的研究中,学者往往强调汉律的"原心定罪"特色,认为汉代立法更加重视对犯罪动机的追究和惩罚,而对客观效果较为轻视。这与"矫制害""矫制不害"的处罚规定显然不符,原来的看法应该加以修订。"主观刑罚论"大概只适用于武帝之后,即法律开始了儒学化之后。而在汉初,至少在"矫制"立法上,我们看到的是,非常注意在同一罪名之下对不同后果的区别处分,倒是有些"客观刑罚论"的意蕴。

二、"矫制"立法出现时间和原因的推测

元帝时,名臣杜钦奏称"汉家之法有矫制"[2](卷79《冯奉世传》)。至于矫制之法是否与秦律存在渊源关系,他并未言及,但从行文语气推测,矫制当是汉家新法。云梦秦律未见与矫制有关的文字,也可为这个推测提供旁证。《张家山汉墓竹简》简文所见的"矫制"之法,载于《二年律令》。据整理者的推断,《二年律令》是吕后二年(前186年)施行的法律。那么,"矫制"作为罪名正式出现在立法之中,下限不会晚于该年。

在我国古代,为了预防政治性犯罪而制定的立法,往往与吸收历史教训,特别是当时的重大

事件有直接的关系。据此,我想结合当时政局的变化,对"矫制"出现的原因和时间略作推测。

在秦末汉初,有可能促成"矫制"立法的政治事件有三:其一,秦始皇病死沙丘,居中用事的赵高主谋改遗诏、立二世。就其性质而言,无疑是一次矫制行为。从它的影响而言,昏暴之主秦二世的即位,加速了秦政权的土崩瓦解。汉初统治者身历鼎革之变,对此理应有警戒之心。其二,韩信"谋反"疑案的影响。在《史记·淮阴侯列传》中,记载了韩信的罪名(这应该是司马迁依据官方口径而为),欲借刘邦统兵平定陈豨叛乱之机,"乃谋与家臣夜诈诏赦诸官徒奴,欲发以袭吕后、太子"。这里出现的"诈诏"与"矫诏"是同义词。后世为韩信辩诬的学者不在少数,对疑案本身此处不加讨论。我们需要的是理智的分析,不论韩信"诈诏"发奴的罪名是否出自吕后的编造,朝廷事后的宣传都要极力让天下人相信韩信几乎以"诈诏"的方式,发起了军事叛乱。立制加以防范,就是合情合理的了。考虑到史书记载为"诈诏"而不用后来更为习见的"矫诏""矫制",是否在暗示韩信被杀之时尚未有"矫制"罪名?其三,汉朝廷对诸侯王国的抑制和防范。刘邦在天下初定之后,就开始依次剪除异姓诸侯王,并陆续封立同姓诸侯王。刘邦死后,吕后实掌国政,又打破"白马之盟"的约束,封立吕氏为王。无论是刘邦,还是吕后,对诸侯王都存有戒心,特别是吕后更惧怕刘氏宗室对吕氏不利,他们对诸侯王的防范过当之举不难寻觅。刘邦在封立吴王刘濞之时反复叮咛,动以亲情,告诫勿反。《张家山汉墓竹简》中出现的针对诸侯国的立法,极为严苛。试看以下两例:

33."以城邑亭鄣反,降诸侯,及守乘城亭鄣,诸侯人来攻盗,不坚守而弃去之若降之,及谋反者,皆要(腰)斩。"(《二年律令》,一、二,第133页)

34."捕从诸侯来为间者一人,拜爵一级,有(又)购二万钱。"(《二年律令》,一五〇,第153页)

在立法中体现的朝廷心态,几乎到了以诸侯王国为敌的程度。中央对诸侯防范的重点,莫过于擅自起兵了。而在当时的体制之下,不假借皇帝名义就无法征召军队,因此,立"矫制"之法,实在是防范诸侯起兵的有效措施。

后来的事变证明,吕后等人的担忧,实乃先见之明。吕后死后不久,齐王起兵西进,声讨吕氏的专国之罪:"今诸吕又擅自尊官,聚兵严威,劫列侯忠臣,矫制以令天下,宗庙以危。寡人帅兵入诛不当为王者。"[2](卷38《高五王传》)本来是双方对最高政治权力的争夺,齐王为了标榜起兵的正义性,遂抨击按照吕后遗诏行事的诸吕是"矫制"。可见这一罪名对打击政敌而言,是颇为有效的。

从以上三例分析,"矫制"立法出现的时间,最有可能是在韩信被杀(汉高帝十一年,前196年)至吕氏受封立国(吕太后元年,前187年)之间。

三、简单结语

《张家山汉墓竹简》对于研究秦汉法律制度、法律文化的价值和意义,实在不亚于当年的云梦秦简。其中,关于"矫制"问题,它直接给我们展示了汉初吕后时期实际施行的立法条文。尽管文字简单,但与传世文献相联系,仍然可以加深对"矫制"之法的理解。经过以上的讨论,我们可以得出以下结论和推测:

(一)同其他立法一样,汉代的"矫制"也有一个不断完善的过程

简文所揭示的汉初"矫制"之法,只有两个量刑等级:矫制害——弃市;矫制不害——罚金四两。而在武帝时期,已有博士徐偃因"矫制大害"处死,据注文可知汉律中有"大害腰斩"的规定。那么,"矫制大害"作为罪名等级,必定出现在吕后至武帝之间。本文进一步推测,以汉文帝后期的可能性最大。因为周勃矫节控制北军之举为汉代的第一场宫廷军事政变,影响深巨,汉文帝为了防范此类事件再次发生,加重对"矫制"的惩罚力度,实属情理之中。

(二)对"矫制不害"之罪的惩罚,简文与文献记载也有差异

"罚金四两"显然要比汉武帝对卫伉的处置(免去侯爵)要轻。造成这种不同,或者是立法由轻增重,变化必定也出现在吕后至武帝期间;或者是武帝法外施刑,有意重罚。哪种可能性居多,本不易轻断,但考虑到汉武帝对于卫氏的防范之心渐重,我倾向于后者。

(三)简文所见对"矫制不害"的惩罚——"罚金四两"是极轻的

通过对简文所载其他"罚金四两"之罪的分析和归纳,可以发现它所针对的是过失犯罪、轻微犯罪、由于连带责任而发生的牵累和株连。它不仅没有进入肉刑、徒刑的惩治范围,即便是在赎刑"罚金"的范围之内,也是较轻的。我根据《二年律令》提供的材料,排列出汉代赎刑罚金的序列:二斤八两、一斤八两、一斤四两、一斤、十二两、八两、四两、二两、一两[6]147、150。据此而言,四两之罚实属轻微。再联系到"矫制"之罪的特定防范对象是贵族官僚集团的上层人物,就其经济收入、生活水平而言,"罚金四两"可谓"九牛一毛",无关轻重。

(四)汉初对"矫制不害"的处罚如此之轻,体现的是立法的理性精神

它实际上强调了根据案件的客观效果来量刑定罪,这关系到对汉代法律思想、法律文化的总体评价,理应引起我们的高度关注。

(五)汉代的"矫制"立法,因为符合君主专制制度的根本要求,为后世所沿用。以至在历史小说、戏曲舞台所体现的民间意识中,都有类似于"假传圣旨者死"的定论

在这里,我想提出注意的是,汉代对"矫制不害"处罚从轻的原则,在唐律中也有体现。"诸诈为制书及增减者,绞。""其收捕谋叛以上,不容先闻而矫制,有功者,奏裁;无功者,流二千里。"对这一律文,《疏议》有如下解说:"'其收捕谋叛以上',谓所在收捕谋反、逆、叛。'不容先闻',谓不容先得奏闻,恐其滋蔓,或致逃逸,而矫制行敕,务速收掩,有功者,奏裁。'无功者,流二千里',以其矫行制书,无功可录,免其死罪,宥以流刑。"[7]457—458 从原则规定而言,矫制就是死罪;而在收捕谋叛等特定条件下,又允许矫制行事,事后有功者可以得到皇帝的法外行赏,无功者虽可免死但要远流二千里。在这里,汉律和唐律之间的渊源关系是非常明显的。汉律中的"矫制不害"在唐律中细分为"有功"和"无功"两项,对有功者的奖赏可能高于汉代,但对无功者的远流惩罚实在要比汉代的"罚金四两"严重得多。两相对照,更加显示出汉代对"矫制不害"的惩罚实属微不足道。这也给我们一个启示,汉唐律令文化的对比研究是大有可为的。

四、补考与余论

(一)"矫制"补考

我在上引拙作中,曾对西汉的"矫制"事件加以考证,共得9例。近日翻检《汉书》,发现前考不尽缜密,遗漏一事,借此文加以补充。事载《金日䃅传》:汉武帝晚年,因江充的构陷,激成"巫蛊之祸",戾太子被迫起兵失败自杀。近臣莽何罗(本姓马,后来东汉明德马皇后憎恶他造反,追改其姓为"莽"。班固著《汉书》用之),原得武帝亲信,并与江充相友善;他的弟弟莽通因与戾太子对阵力战而得封。后来,武帝为戾太子平反,诛杀江充及其党羽。莽何罗兄弟惧祸,遂谋为逆。借武帝行幸林光宫之机,莽何罗兄弟"矫制夜出,共杀使者,发兵"。莽何罗又潜回,意图行刺皇帝,被金日䃅识破予以擒捕。此次"矫制"之举,属于乱臣发动军事政变性质,与我前论所关注的"矫制"的文化价值没有直接关联,但有助于理解"矫制"立法的政治必要性。

关于东汉的"矫制"事件,集中发生于两个时期:一是光武帝重新统一天下时,统兵将领的军前权宜性行为;二是桓、灵末世,宦官首领与士族名士之间为争夺政治权柄而反复矫制动用军队。大多局限于军事、政治斗争,并无多少文化内涵可供发掘。所以,我对"矫制"的讨论以西汉为限。仔细推敲,可以与《张家山汉墓竹简·二年律令》"矫制"立法有某种联系的,只有明帝时期的一例。事见《郭躬传》:"有兄弟共杀人者,而罪未有所归。帝以兄不训弟,故报兄重而减弟死。中常侍孙章宣诏,误言两报重,尚书奏

章矫制,罪当腰斩。帝复召(郭)躬问之,躬对'章应罚金'。帝曰:'章矫制杀人,何谓罚金?'躬曰:'法令有故、误,章传命之谬,于事为误,误者其文则轻。'"我特别把这一案例提出,是因为它反映出尚书官员、郭躬、明帝对西汉的"矫制"立法,似乎都有所知有限的嫌疑。尚书官员主张将孙章处以腰斩之刑,如果对照"矫制"之法的规定,只有认定所犯为"矫制大害"之罪才属合理;而孙章的罪名只是"矫制"将一个普通刑事案犯由"减死"升格为"死刑",与国家大局无关,不可能构成"矫制大害"之罪。由此看来,尚书官员不清楚"矫制"的三级量刑的规定。郭躬主张对孙章处以罚金,虽然是心存宽厚、量刑从轻,但他也没有涉及"矫制大害""矫制害""矫制不害"的量刑区别,而是从"法律有故、误"的角度来讨论处罚轻重,把一个客观律条问题改变为主观动机问题。假设说,郭躬知道并引用"矫制不害,罚金四两"的《二年律令》,对证成他的"罚金"之论不是更为有利吗?世传法律之学的郭躬言不及此,而精通吏事的明帝在质疑时,也如隔靴搔痒,使我产生了一种联想:西汉所创立的"矫制"立法,在经历了两汉之间的动荡和战乱冲击之后,虽然为东汉政权所继承,却不是以完整形态传世,只是保留了大概而已。至少我们可以推测,三等量刑的规定,东汉君臣并不真正了解。

(二)"不害"与"无害"余论

《张家山汉墓竹简》整理者对《二年律令》"矫制"之律中的"害",做了如下注释:"害,指造成不良后果。"如此,"不害"就是指未曾造成不良后果。此说颇为简洁明了。本文的论述也是按照这一理解而展开的,因为它符合特定的语意环境。但是,倘若深思细究,"不害"一词是多义词,在不同场合使用其含义有明显不同。另外,与之相近的"无害"(或作"毋害")也应当引起我们的注意。

战国至西汉,多有以"不害"为名者。其中,以申不害最为知名。他作为战国法家的代表人物之一,还留下了一部《申子》,载于《汉书·艺文志》。见于《汉书》的西汉官宦人物还有:景帝中三年,有中尉不害,率兵防御匈奴入寇[2](《卷27中之下《五行志》);武帝时期有魏不害以捕反贼之功受封为当涂侯[2](卷90《酷吏传·田广明传》);淮南王刘安有孽子不害,虽年长而受歧视,其子刘建怀恨上书,终究导致刘安被杀[2](卷44《淮南王传》);河间献王刘德的太子亦名不害,继位为共王[2](卷53《景十三王传》)。此外,见于《张家山汉墓竹简·奏谳书》的尚有官至太仆的公上不害。如此之多的上层人物取以为名,"不害"当有嘉义。见于文献可供参照的有两种用法:其一,以"不害"与"有害"相对而言。见于王莽论地震之语:"夫地有动有震,震者有害,动者不害。"[2](卷99中《王莽传》)其二,"不妨害"也是汉人常用的"不害"之义。如,"贤材虽未久,不害为辅佐"[2](卷56《董仲舒传》);"虽有继体守文之君,不害圣人之受命"[2](卷75《眭弘传》)。以上两义,似乎还不足以使"不害"成为取名的热点。我推测,"不害"成为日常生活的习用语,或许与"无害"的语意之一有直接关系。"不"与"无""毋"通假混用之例甚多。

"无害""毋害"是官场常用语。《汉书》中的萧何、张汤、赵禹等名臣的传,都出现了相关文字。特别是《萧何传》叙述早年行迹"以文无害为沛主吏掾"一语,更引起后世学者注解纷纭。如,服虔曰:"为人解通,无嫉害也。"应劭曰:"虽为文吏而不刻害也。"苏林曰:"毋害若言无比也。一曰:害,胜也,无能害胜之也。"清末学者王先谦先引《汉书音义》"无害者如言无比,陈留间语也",旋即下断语:"此无害之确诂。文毋害犹言文吏之最能者耳。"当代学者杨树达先生对"文无害"的考释可谓功力深厚,他在遍引前人注释的基础上(以上诸说皆自杨先生文中转引),又以按语独出心裁:"文无害是一事,盖言能为文书无疵病。缘官书贵于周密,稍有罅隙,即可偾事。……据此文无害乃是一事,或单称无害,则谓其人无疵病耳。"[8]309-310同为文史泰斗,陈直先生的论断则大异其趣:"直按:《文帝纪》,元年诏书,如淳注,'闲惠晓事,即为文无害都吏。'《张汤传》云:'以汤为毋害言大府。'《赵禹传》云'极知禹无害'。文指律令文而言,谓精通律令文而不深刻害人也。证之《居延汉简·释文》卷3……对于能书、会计、知律令文三语,仍因循秦代以吏为师之功令。成为汉代公牍上固定之术语,与本传所称之文毋害,正相符合。"[9]259 两相比较,杨树达所论虽称渊博,其结论却终不及陈直之说为妥。在《萧何传》等文献中出现的"无害"大致当以陈直所言为定谳。但是,同样出于多义词的缘故,前人对"无害"的各种解释,在其他场合,也有其合理性。特别在理解汉人何以喜用"不害"为名时,"毋害若言无比也","害,胜也,无能害胜之也","谓其人无疵病耳"等异说,实在都可解惑释疑。质言之,杨氏之说,贡献在于广集文献异说,可以使我们了解古人何以喜用"不害"为名;陈氏之说,贡献在于征引简牍文字,从法制文化的角度对"文无害"做了确切的解释。"文无害"三字不当连读,文即是律令的代名词,在文献中是可以找到确证的。名臣严安对汉武帝说:"秦之所以灭,刑严文刻,欲大无穷也。"[2](卷64下《严安传》) 此处的"文"字,与"文无害"之"文"的意义是等同的。

我还注意到,东汉学者王充在反复比较儒生和文吏优劣高下的《程材篇》中,有两处论及"无害"——"选举取常故,案吏取无害。儒生无阀阅,所能不能任剧,故陋于选举,佚于朝廷。""一县佐史之材,任郡掾史;一郡修行之能,堪州从事。然而郡不召佐史,州不取修行者,巧习无害,文少德高也。"由北京大学历史系组成的《论衡》注释小组对"无害"的解释是:"两汉考核官吏时常用的一种评语,意思是能按法令办事不出差错。"[10]682、688 可见,其含义恰恰可以与陈直之说相印证。

可见,"不害"与"无害""毋害",均为战国至西汉时期的常用语、多义词,弄清它们在不同语言环境中的意义是有益处的。至于"矫制不害"中的"不害"之义,倒不必费心另求他解,整理者的按语是可信的。

【参考文献】

[1] 吕不韦.吕氏春秋[M].上海:学林出版社,1984.
[2] 班固.汉书[M].北京:中华书局,1962.
[3] 司马迁.史记[M].北京:中华书局,1959.
[4] 林甘泉.中国经济通史:秦汉经济卷:下[M].北京:经济日报出版社,1999.
[5] 孙家洲.两汉政治文化窥要[M].济南:泰山出版社,2001.
[6] 张家山二四七汉墓竹简整理小组.张家山汉墓竹简[M].北京:文物出版社,2001.
[7] 长孙无忌,等.唐律疏议:卷第二十五"诸诈为制书及增减"条[M].北京:中华书局,1983.
[8] 杨树达.汉书窥管[M].上海:上海古籍出版社,1984.
[9] 陈直.汉书新证[M].天津:天津人民出版社,1979.
[10] 北京大学历史系《论衡》注释小组.论衡注释[M].北京:中华书局,1979.

说东汉在军制问题上的历史教训

黄今言*

东汉为适应当时政治经济形势变化的需要,在军制方面进行了大刀阔斧的改革,从领导体制、武装力量体制到兵役制度等,皆与西汉大异其趣。这些改革变化,虽曾一度收到了应有效果,拱卫了封建政权,但也留下了深刻的历史教训。

一、兵员罢省失度,战略后备力量薄弱

宋人陈傅良在总结东汉军制时说:"兵之所在,权实归之,是以在外则外重,在内则内重……内外轻重,一系于兵。"① 刘秀是依靠武力起家并夺取天下的,照例他对军队建设的重要性,当有较为清楚的认识。

但刘秀建国之后,所面临的形势非常严峻。当时由于经过长期的战争,经济凋敝,人口锐减,兵源不足;又大批农民破产流亡,著籍者少,征兵制度失去了合理摊派的基础,要想按照西汉传统方式组建军队已不可能。加之刘秀本人"久在民间,厌武事",主张偃武修文,故他当政之后,果断采取了罢省兵员的政策。

东汉罢兵是全方位的,所谓"内省营卫之士,外罢徼候之职"②。对中央军进行了相当程度的调整和压缩。表现在:一是压缩宫廷禁军和卫士的编制。如光禄勋属下,"省户、骑、车三将";卫尉所领卫士亦大量削减,由西汉建元以后的一万余人,减到二千五百余人③。二是压缩北军的编制和员额。如将"胡骑并长水,虎贲并射声",又省旧有的中垒校尉,"但置中侯,以监五营"④。不过,为贯彻"居重驭轻"的建军方针,当时对中央直辖军的压缩,为数毕竟有限。

东汉罢省兵员的重点是在郡国。当刘秀基本上平定了东方的割据势力后,紧接着便对地方军进行了大量的裁减。当时被裁的对象和范围有以下几项:

(1)建武六年(30年),省郡国都尉,并其职于守相⑤。取消地方上的专职武官。

(2)建武七年(31年),"罢轻车、骑士、材官、楼船士及军假吏,令还复民伍"⑥。取消西汉以来的正卒之制。

(3)在废除都尉后,同年又"省关都尉"⑦,即将各地驻守关卡的兵员予以撤销。

(4)建武二十二年(46年),"罢诸边郡亭候

---

* 黄今言(1937—),男,江西省石城县人,江西师范大学历史系教授,主要从事先秦秦汉史研究。
① 《历代兵制》。
② 《历代兵制》。
③ 《后汉书》志第25《百官》。
④ 《后汉书》志第27《百官》。
⑤ 《后汉书》志第28《百官》。
⑥ 《后汉书》卷1《光武帝纪》。
⑦ 《后汉书》志第28《百官》。

吏卒"①,即取消戍卒制度。

此外,其时在"精兵简政"的过程中,还并省郡县四百余个②,这些被并省的郡县,其军队自然也就一起被并省掉了。

刘秀这些大刀阔斧的"罢兵"措施,实际上是对西汉以来长期实行的更戍役制的废除。尽管其时编户的军籍仍存,有事仍可征发,然而兵役制度毕竟发生了明显的变化。应该说,这对安抚小农、减轻农民兵役负担,促进社会经济的恢复与发展是有利的。但是,东汉政权大量罢省兵员之后,随之也出现了新的问题。这就是郡国无常设之兵,关隘无重兵驻守,边防也无当番候望的戍卒,造成了"兵不能继"③、战略后备力量薄弱的后果。

本来西汉之时,一般坚持"量地远兵,就地调发"的用兵原则。如:备胡通常发上郡、陇西、北地之兵,事越便发会稽、豫章之兵,击朝鲜乃举辽东之兵,开西南夷则巴、蜀移兵,"赴远不一再"。但东汉时期,由于地方军、边防军削弱,兵员不继,于是一方有急,"羽檄被于三边"。如顺帝永和二年(137年),日南、象林徼外蛮夷区怜等反叛,汉廷公卿百官皆议:"发荆、扬、兖、豫四万人赴之",进行讨伐。而李固则驳曰:"若荆、扬无事,发之可也。今二州盗贼盘结不散,武陵、南郡蛮夷未辑,长沙、桂阳数被征发,如复扰动,必更生患。其不可一也。又兖、豫之人卒被征发,远赴万里,无有还期,诏书迫促,必致叛亡。其不可二也。南州水土温暑,加有瘴气,致死亡者十必四五。其不可三也。远涉万里,士卒疲劳,比至岭南,不复堪斗。其不可四也。军行三十里为程,而去日南九千余里,三百日乃到,计人禀五升,用米六十万斛,不计将吏驴马之食,但负甲自致,费便若此。其不可五也。设军到所在,死亡必众,既不足御敌,当复更发,此为刻割心腹以补四支。其不可六也。九真、日南相去千里,发其吏民,犹尚不堪,何况乃苦四州之卒,以赴万里之艰哉!其不可七也。"④从李固之言可知,边郡有事临时征发,调兵远赴万里,困难殊多,自然很难适应急战之需。

由于郡国缺乏应急之兵,兵不能继,每遇重大战事,还常常依靠中央军出击,使"南北二军交惊于境"⑤。结果,"王旅无复镇卫之职,而奔命四方之不暇"⑥。中央军被迫四出对付边患,京师的安全也就难于得到保障。之所以导致这种状况,陈傅良认为,这主要是光武帝刘秀"销兵之为也"⑦,其说不无道理。

为了弥补战略后备力量薄弱的缺陷,东汉政权曾采取过一些措施。例如:"罢尉省校,辄复临时补置。"⑧同时,在郡国要地设置长期屯兵,以代替番上的正卒;在边郡则利用弛刑徒、属国兵守边,以代替从前的戍卒。再就是通过大量的招募来补充兵员。但由于内郡更戍役制的废止,东汉时期并没有从根本上解决兵源不继问题。综观东汉一朝,无论战略后备力量、战争规模,还是军事实力等,均不如西汉之盛。

二、军队缺乏训练,素质差,战斗力不强

军事训练是军队建设的一项重要内容。古人有言曰:"军无练习,百不当人;习而用之,一可当百。"⑨军队战斗力的强弱与军事训练有密切关系。

重视对军队的训练和校阅是西汉的常制。但刘秀即位后,鉴于翟义借都试之日起兵反莽、

---

① 《后汉书》卷1《光武帝纪》。
② 《后汉书》志第28《百官》。
③ 《历代兵制》。
④ 《后汉书》卷86《南蛮西南夷列传》。
⑤ 《历代兵制》。
⑥ 《历代兵制》。
⑦ 《历代兵制》。
⑧ 《历代兵制》。
⑨ 诸葛亮:《心书》。

隗嚣借都试之机劫持刘玄的教训,出于控制地方异己势力作乱的目的,又为配合当时整个军事制度改革,故于建武六年(30年),明令宣布"无都试之役"①。都试的废除,也就意味着士兵定期进行演习或校阅的制度取消了。

东汉不仅罢除都试、校阅之制,而且平时的军训也较西汉更为稀少。从当时的文献记载来看,由于尚文轻武,官兵普遍学习兵法,"习战阵之仪"的情况不多了;随着内郡更成役制的废止,地方上的兵员"习射御、骑驰、战阵"者,已成了历史;边郡戍卒训练候望、识别信号、掌握"烽火品约"的要求及规则,也史不多见;至于在军队中开展蹴鞠、角抵、投石、超距等项的军体活动,更是不如西汉之常。

军事训练从来就是为一定的战争服务的。它无不坚持从严、从难、从实战需要的原则出发。面对东汉时期军队缺乏严格、必要的训练,当时有不少人对此进行评议。郑太说:"光武以来,中国无警,百姓优逸,忘战日久。仲尼有言曰:'不教民战,是谓弃之。其众虽多,不能为害。'"②荀悦也说:"今国家忘战日久,每寇难之作,民瘁几尽。不教民战,是谓弃之。"③郑、荀二人都明确指出:东汉由于"不教民战"、缺少军事训练,人们"忘战日久",所以"不能为害",军队战斗力不强。

东汉军队除缺乏严格、必要的训练之外,还有很重要一点,就是士兵自身的素质普遍很差,众所周知,刘秀罢材官、骑士,废除更成役制以后,征兵制已逐渐被募兵制所代替,当时的兵源主要来自招募。不论中央军、地方军或是边防军,通常皆由募兵所组成。随着招募范围的扩大,人数的不断增多,官方对应募对象往往不暇选择,于是招募来的士兵成分日渐复杂,其中既有农民、社会上的各色人员,也有刑徒,还有少数民族。今择其要者,以兹参证:

伤人偷盗者:如虞诩为朝歌长时,"设立三科,以募求壮士"。其中就曾募有"伤人偷盗"者为兵。④

亡命奸赃:如刘陶为清除顺阳县的"奸猾",明令宣布招募"气力勇猛,能以死易生者,不拘亡命奸赃",皆可应募为兵。⑤

剽轻剑客:如刘陶任顺阳长时,在宣募的吏民中,有"剽轻剑客之徒过晏等十余人,皆来应募"。⑥

商贾惰游子弟:当时的虎贲、羽林及五营兵中,募有"商贾惰游子弟,或农野谨钝之人"。⑦

弛刑徒:吴汉曾"将南阳兵及弛刑募士三万人溯江而上",进攻巴蜀的公孙述。⑧自明帝以后,募刑徒为兵的情况尤为普遍。

杂种蛮夷:如度尚"明设徇赏","广募杂种蛮夷",开往战场,镇压长沙、零陵人民的反抗。⑨

以上各色人员,通过招募来到部队后,使士兵的成分复杂,素质显著下降。首先,他们没有明确的政治目标,有奶便是娘,而且多有趁机掠夺之行为。早在更始二年(24年),任光为信都太守时就曾向刘秀建议,"可募发奔命,出攻傍县,若不降者,恣听掠之,人贪财物,则兵可招而致也"⑩。当时将军肖广甚至在洛阳附近"放纵士兵,暴横民间,百姓惶忧"⑪。东汉统治者招募

---

① 《后汉书》卷1《光武帝纪》。
② 《后汉书》卷78《郑太传》。
③ 《申鉴》。
④ 《后汉书》卷58《虞诩传》。
⑤ 《后汉书》卷57《刘陶传》。
⑥ 《后汉书》卷57《刘陶传》。
⑦ 《三国志·魏书·王朗传》注引《魏名臣奏》。
⑧ 《后汉书》卷18《吴汉传》。
⑨ 《后汉书》卷38《度尚传》。
⑩ 《后汉书》卷21《任光传》。
⑪ 《后汉书》卷31《杜诗传》。

士兵,往往靠财物为诱饵;而应募从军的"亡命奸赃""伤人偷盗"者流,亦往往意在抄掠。如在对羌人的战争中,"诸将多断盗牢禀,私自润人,皆以珍宝货左右,上下放纵,不恤军事"①。袁谭在青州募兵时,也有"放兵捕索"②的情况。此类事例,东汉后期尤多。

东汉募兵素质差的再一表现,就是军风败坏,不讲戎阵。史称:"旧时(指东汉)虎贲羽林、五营兵及卫士并合,虽且万人,或商贾惰游子弟,或农野谨钝之人;虽有秉制之处,不讲戎阵,既不简练,又希(稀)更寇,虽名实不副,难以备急。有警而后募兵,军行而后运粮,或乃兵既久屯,而不务营佃,不修器械,无有贮聚。一隔弛羽檄,则三面并荒扰。此亦汉民近世之失,而不可式者也。"③这条材料所反映的内容很多,但它集中说明,在政治腐败的东汉之时,军纪十分松弛。不仅对士兵不简选、不训练,而且不务营佃,不修器械,放松战备。这是一大失误,表明此时的军队质量已和西汉大不相同了。

士兵的素质如何,自来就是衡量军队的重要标准之一。东汉时期,由于军队素质下降,所以,"外之士兵不练,内之士兵不精"④。"列屯坐食之兵"甚多,而能用于打仗的兵却很少。所谓"徒见王师之出,不闻振旅之声"⑤。这亦正如应劭在《汉官》中所说:"自郡国罢材官、骑士之后,官无警备,实启寇心,一方有难,三面救之,发兴雷震,烟蒸电激,一切取办,黠首嚣然,不及讲射御,用其戒警。一旦驱之以御强敌,犹鸠鹊鹰鹯,豚羊弋豺虎,是以每战常负,王旅不振。"⑥于此可见,终东汉之世,军队的战斗力已明显削弱。

三、官无警备,没有巩固的边防,酿成长期边患

东汉建国后,由于偃武修文,不仅大量裁减地方军,罢都试之役,而且"退功臣而进文吏,戢弓矢而散马牛"⑦。实行以"柔道"治国的方针。

查东汉一朝,武官出身于文吏者为数甚多。赵翼说:"东汉功臣多近儒。"⑧不仅东汉之初的邓禹、冯异、贾复、耿弇、祭遵等人"好读书""通经术",而后成为将军,到了东汉后期的武官,更是文吏出身者居多。例如:牟融"少好学,名称州里",而迁为太尉。⑨ 桓焉以"明经笃行,有名称",而代王龚为太尉。⑩ 在有史可查的五十多任太尉中,先文后武者占有很大的比例。至于掌握地方军权的太守、令长,也往往多为"四方学士",通过察举、征辟进入仕途的。文吏掌兵,有利于皇帝集中军权,统一指挥,防止骄兵悍将,"拥兵专制之虞"。但在这些文人学士中,除部分有识之士,能"匡政时弊"外,有相当多的人,乃通常只知经学章句,不懂兵要,甚至在观念上轻视军事。如安帝时,邓太后临朝,邓骘兄弟辅政,而"俗儒世士,以为文德可兴,武功宜废,遂寝蒐狩之礼,息战阵之法,故猾贼纵横,乖此无备"⑪。由于他们主张"武功宜废",不要武备,故反映在边防问题上也就多被忽视,最终未能形成巩固的边防。

首先一个表现是边防指导思想保守。刘秀立国后,在边防政策上,以保境安民为宗旨,重守而不主攻。自明帝开始,经营西域,用兵西羌,边防战略虽有变化,但在"以柔道行之"的方针指引下,

---

① 《后汉书》卷87《西羌传》。
② 《三国志·魏书·袁绍传》注引《九州春秋》。
③ 《三国志·魏书·王朗传》注引《魏名臣奏》。
④ 《文献通考·兵考》引章氏之说。
⑤ 《后汉书》卷65《皇甫规传》。
⑥ 《后汉书》志第28《百官》。
⑦ 《后汉书》卷1《光武帝纪》。
⑧ 《二十二史札记》。
⑨ 《后汉书》卷28《牟融传》。
⑩ 《后汉书》卷37《桓焉传》。
⑪ 《后汉书》卷60《马融传》。

边防战略仍较保守。当时,由于"疲弩守境,贪残牧民"①,"令长守相,不思立功"②,故对边境的防务没有采取很多有效措施。同时,面对羌胡的进犯,还往往推行以恩信招降的政策。如和帝永元四年(92年),迷唐羌反叛,聂尚代为校尉,"欲以文德服之",遣译史招呼迷唐还居大、小榆谷,然迷唐"复寇金城塞"。安帝元初元年(114年),零昌羌遣兵寇雍城,分兵抄掠,庞参代为校尉,"以恩信招诱之",不久,"羌又复寇蓝州"③。永和年间,大将军梁商面对匈奴的进犯,也上书顺帝说:"宜令(马)续深沟高壁,以恩信招降,宣示购赏,明其期约。"④事实上,这些以恩信招降的结果,并未完全收到应有效用,有时反而"招致乖叛",使羌胡犯边愈演愈烈。因为在边防战略上不图进取,故"羌戎溃叛,不由承平"⑤。

其二是边防武装力量单弱。东汉自从"罢诸边郡亭、候吏卒",取消了西汉以来的戍卒制度后,在边境地区,除主要利用弛刑徒从事防守外,还利用一些少数民族从事防守。明帝以后,皇帝屡次下诏发弛刑徒充兵,其中,有的仅要求刑徒到边防戍守,或指定到某一军营;有的不仅要求刑徒本人到边防充兵,还允许携带家属同往,"凡徒者皆给弓弩衣粮"。除弛刑徒外,还大量利用"夷兵",依靠少数民族协助大汉帝国防守边疆。当时尽管汉廷在边境驻有度辽营、象林兵、渔阳营等,但基本上也多是由招募的弛刑徒或"夷人"组织起来的,而且这些营兵,后备力量薄弱,数量也不多,难以适应辽阔边防战线的需要。特别是安、顺以降,边犯数起,如羌人反叛、鲜卑之寇、南单于之变,皆得依靠中央军来对付。由于"边郡守御之兵不精",边防军实力不强,所以长期处于被动挨打的局面。

其三是边防工程建设不力。秦至西汉以来,为保卫中原王朝的安全,无不在它的辖区周缘严加设防,如修关梁、筑长城、建亭障等。光武帝刘秀在位之时,一般也是如此。但到东汉后期,由于政治腐败,从公卿大夫到州牧郡守,"率多怠慢","不恤公事"。又因他们多为内郡之人,"并无守战意",没有坚守边防的打算,所以,当时不仅对亭障、烽燧等边防工程的建设不够重视,而且与边防建设密切相连的屯田也时置时废。屯田地点及屯田人数,比西汉少得多。设防总的来说是很单薄的。安帝永初五年(111年),羌人寇河东、至河内时,二千石令长慌了手脚,"皆争上徙郡县以避寇难"。结果,移陇西徙襄阳,安定徙美阳,北地徙池阳,上郡徙衙⑥。王符说:"太守、令长,畏恶军事,皆以素非此土(指边境)之人,痛不著身,祸不及我家。故争郡县以内迁。至遣吏民,发民禾稼,发沏房屋,夷其营壁,破坏生产,强劫驱掠,与其内入……边地逐以丘荒,至今无人。"⑦

东汉时期特别是自安帝以后,由于没有巩固的边防,加之未能"因俗而治",民族关系没有处理好,所以酿成长期边患,使边境地区"岁无宁日"。据粗略统计,从安帝到东汉末季,匈奴大规模的犯边有24次以上;羌人犯边39次以上;鲜卑犯边也达30余次。"至灵帝立,幽、并、凉三州,无岁不被寇抄"⑧。这长期边患的结果,不仅百姓遭殃,生产受到严重破坏,而且加重了国家的财政负担。其他不说,仅对羌人的战争消耗就为数甚大。据载:"自羌叛十余年间,兵连师老,不暂宁息。军旅之费,转运委输,用二百四十余亿,府库空竭。延及内郡,边民死者不可胜数,并、凉二州,逐至虚耗。"⑨这是严重的历史教训。

---

① 《后汉书》卷49《仲长统传》。
② 《潜夫论》卷2《考绩》。
③ 《后汉书》卷87《西羌传》。
④ 《后汉书》卷89《南匈奴传》。
⑤ 《后汉书》卷65《皇甫规传》。
⑥ 《后汉书》卷87《西羌传》。
⑦ 《潜夫论》卷5《实边》。
⑧ 《后汉书》西羌、匈奴、鲜卑各传。
⑨ 《后汉书》卷87《西羌传》。

张家山汉简《奏谳书》法律地位探析

蔡万进*

【摘　要】　湖北江陵张家山247号汉墓出土的竹简《奏谳书》,是汉高祖七年谳疑狱诏法律化的产物,其所汇集的诸案例,具备规范整理为判例的法律基础;它们在经过因案生例、定期修例、引例入律等程序后又同时具有与汉代律、令同等的法律效力,成为汉代一种重要的法律形式——比。竹简《奏谳书》是汉初一部宝贵的司法文献,其法律地位不容置疑。

【关键词】　《奏谳书》;谳疑狱诏;判例

　　张家山汉简《奏谳书》,1983年年底出土于湖北江陵张家山247号汉墓,凡228支,经竹简整理编号与出土编号反复核对,竹简的缀联、排序完全复原了《奏谳书》卷序的原貌①。《奏谳书》是一部以奏谳文书为主体的案例汇集,其在当时社会的实际法律地位如何直接影响着对出土《奏谳书》自身性质与作用的认识。本文拟从高祖七年谳疑狱诏的法律化和奏谳案例的判例化两方面就竹简《奏谳书》的法律地位分析探讨。

一、高祖七年谳疑狱诏的法律化

　　高祖七年谳疑狱诏的法律化是指高祖七年谳疑狱诏被编入诏令集与定著为令的过程。

　　高祖七年谳疑狱诏,不见于《史记·高祖本纪》《汉书·高帝纪》等,此诏仅载录于班固《汉书·刑法志》,正文共85字,全文为:

　　　　狱之疑者,吏或不敢决,有罪者久而不论,无罪者久系不决。自今以来,县道官狱疑者,各谳所属二千石官,二千石官以其罪名当报之。所不能决者,皆移廷尉,廷尉亦当报之。廷尉所不能决,谨具为奏,傅所当比律令以闻。

这份诏书文字应该说是有可靠史料来源的。《汉书·艺文志》"儒家类"有云:"高祖传十三篇。"班固自注:"高祖与大臣述古语及诏策也。"王先谦《汉书补注》引王应麟说:"《魏相传》奏明堂月令曰:高皇帝所述书天子所服第八,梁有《汉高祖手诏》一卷。"[1]864《汉书·魏相传》载,魏相"明易经,有师法,好观汉故事及便宜章奏"。在关于明堂月令的奏文中魏相引用过"高皇帝所述书天子所服第八",文曰:

　　　　大谒者臣章受诏长乐宫,曰:"令群臣议天子所服,以安天下。"相国臣何,御史大夫臣昌,谨与将军臣陵、太子太傅臣通等议:"春夏秋冬天子所服,当法天地之数,中得人和。故自天子王侯有土之君,下及兆民,能

---

*　蔡万进(1966—),男,河南省唐河县人,博士后出站人员,研究员,主要从事秦汉史、考古与简帛学研究。
①　张家山二四七号汉墓竹简整理小组:《张家山汉墓竹简(二四七号墓)·奏谳书》,文物出版社2001年版。图版:第51—72页;释文:第211—231页。以下凡引张家山汉简《奏谳书》,皆见本书,不再一一注明。

法天地,顺四时,以治国家,身亡祸殃,年寿永究,是奉宗庙安天下之大礼也。臣请法之。中谒者赵尧举春,李舜举夏,兄汤举秋,贡禹举冬,四人各职一时。"大谒者襄章奏,制曰:"可。"[2](卷74《魏相传》)

注引如淳曰:"第八,天子衣服之制也。于施行诏书第八。"由此看来,魏相所引"高皇帝所述书天子所服第八"与《汉书·艺文志》所录之《高祖传十三篇》应为同一内容之书,专记汉高祖时期各种诏令文书,其第八部分即为"天子所服第八"。《隋书·经籍志》:"魏朝杂诏一二卷。"注曰:"梁有《汉高祖手诏》一卷,亡。"知此书梁时尚存。《汉书·艺文志》乃录刘向、刘歆父子所校书目《七略》,西汉末年,刘向、刘歆父子在整理宫廷藏书时也见到此书,因其尚存13篇,遂条陈其目录,称为《高祖传十三篇》,班固也应看到此书,在撰写西汉一代刑法制度发展《刑法志》时采录了高祖七年谳疑狱诏,使得这一汉初重要诏书得以保存下来。

20世纪30年代,居延地湾遗址出土一枚诏书目录简[3](图版181,释文104),长67.5厘米,为汉三尺简,简文为:

县置三老二　行水兼兴船十二　置孝弟力田廿二　征吏二千石以符卅二　郡国调列侯兵鄯二　年八十及孕朱需颂系五十二

陈梦家根据《史记·十二诸侯年表序》"太史公读春秋历谱牒"索隐引刘杳云:"三代系表旁行斜上,并放周谱。"旁行即横行,试为排列如下[4]275:

陈梦家考证,此目录为编册第二简,完整的编册共有十简,编目最多者不能过六十,而可能止于六十以前。此目录是将"施行诏书"按年代先后编次,故列于前者早而列于后者晚。此册诏书目录的年代上起汉初高祖二年(前205年)下讫景帝后元三年(前141年)。陈梦家还具体考证了每句简文,逐条找出相应的诏书内容,在考证"行水兼兴船十二"诏书内容时他指出:

此条应颁于高祖十一年以后,吕后元年之前,或当在惠帝时。因在高祖十一年时,有"诏书第八",见于《汉书·魏相传》。诏书第二与第八之间尚有五诏,应包括甲令中的第六(漏法)及吴芮称忠之诏,其他三篇或在以下诸诏中:

四年,八月"初为算赋"。

(《汉书》本纪)

七年,"春令郎中有罪耐以上,请之"。

(同上)

七年,制诏御史"县道官狱疑者谳"。

(《汉书·刑法志》)

十一年二月诏"令诸侯王、通侯常以十月朝献"。

(《汉书·高帝纪》)

"天下已平,离祖乃令贾人不得衣丝乘车。"

(《史记·平准书》)[4]276—277

高祖七年谳疑狱诏,由出土竹简《奏谳书》案例集知该诏令在汉初颁布后得到了大力贯彻,是汉初最为重要和最具影响的诏书之一。将这一施行诏书排除在目录之外是不可思议的,这说明高祖七年谳疑狱诏有可能早在景帝年间即已编入诏令集,东汉班固撰写《刑法志》时能够载录此诏目在情理之中。

皇帝诏书上升为实际意义上的法令,往往还需要履行一定的立法程序,这个程序的表现形式,就是附于诏书结尾的"具为令""著为令""议为令""议著为令"等用语。沈家本《历代刑法考·律令二》"具令、著令"条按曰:"凡新定之令必先具而后著之,必明书而附于旧令之内。"[5]879日本学者田中薰指出:"不可忽视的是,在具有长期法律效力的重要诏令中,其文中或结尾会特别附有定令、著令、具为令、著于令、定著令、定著于令、著以为令等著令用语。"① 大庭脩在分析了汉代制诏的三种形态后得出结论：当皇帝直接行使立法权时，诏书中使用"著令""著为令"等语；而当皇帝委托大臣行使立法权时，诏书使用"具为令""议为令""议著令"等语，立法内容通过皇帝"制可"后即被列入法典②。大庭脩同时也指出，以出土汉简中的皇帝诏令比较，《史记》《汉书》中的诏令往往存在着被节录或分载的情况，因此不能看到诏令中无"著令"用语就断定其失载于令典③。高祖七年谳疑狱诏，即为其例。

文献和出土简牍所见汉代"制诏"文书有：

制诏御史：长沙王忠，其定著令。（《汉书·吴芮传》）

制诏御史：故相国萧何，高皇帝大功臣，所与为天下也。今其祀绝，朕甚怜之。其以武阳县户二千封何孙嘉为列侯。（《汉书·萧何传》）

制诏丞相、太尉、御史大夫：间者诸吕用事擅权，谋为大逆欲危刘氏宗庙，赖将相列侯宗室大臣诛之，皆伏其辜。朕初即位，其赦天下，赐民爵一级，女子百户牛酒，酺五日。（《汉书·文帝纪》）

制诏御史：朕夙兴夜寐，以求贤为右，不异亲疏近远，务在安民而已。扶风翁归廉平乡正，治民异等，早夭不遂，不得终其功业，朕甚怜之。其赐翁归子黄金百斤，以奉其祭祀。（《汉书·尹翁归传》）

制诏御史：其令扜（扞）关、郧关、武关、函谷关、临晋关及诸其塞之河津，禁毋出黄金，诸奠黄金器及铜，有犯令。（张家山汉简《二年律令·津关令》简492）

制诏御史：其令诸关，禁毋出私金□□。或以金器入者，关谨籍书，出复以阅，出之。籍器，饰及所服者不用此令。（《二年律令·津关令》简493）

制诏相国、御史：诸不幸死家在关外者，关发索之，不宜，其令勿索，具为令。相国御史请关外人宦为吏若繇（徭）使，有事关中，不幸死，县道各属所官谨视收敛，毋禁物，以令若丞印封椟槥，以印章告关，关完封出，勿索。椟槥中有禁物，视收敛及封。（《二年律令·津关令》简500—501）

制诏御史曰：年七十受王杖者比六百石，入官廷不趋，犯罪耐以上毋二尺告劾，有敢征召、侵辱者比大逆不道。建始二年九月甲辰下。（《武威汉简》简2—3）[6]140

制诏丞相、御史：高皇帝以来至本二年，胜（朕）甚哀老小，高年受王杖，上有鸠，使百姓望见之，比于节。有敢妄骂詈殴之者比逆不道。得出，入官府、郎第、行驰道旁道。市卖复毋所与，如山东复，有旁人养谨者，常养扶持，复除之。明在兰台石室之中。王杖不鲜明，得更缮治之。河平元年，汝南西陵县昌里先年七十受王杖，颍部游徼吴赏使从者殴击先，用（因）诉，地太守上谳。廷尉报：罪名明白，赏当弃市。（《武威汉简》简4—9）[6]140

制诏御史：年七十以上，人所尊敬也，非首、杀伤人，毋告劾，它毋所坐。年八十以上，生日久乎？年六十以上毋子男为鲲，女子年六十以上毋子男为寡，贾市毋租，比山东复。复人有养谨者扶持，明著令。兰台令第册二。（《武威新出土王杖诏令册》）[7]35

制诏御史：秋收敛之时也，其令郡、诸侯□地节三年八月辛卯下。（《居延新简》E.P.T 53·70A）[8]285

制诏纳言：其令百僚屡省所典，修厥职，务顺时气。天凤三年十一月戊寅下。（《居延新简》E.P.T 59·61）[8]363

综观上述诸诏书，一份完整的诏书，大致应由以下四个部分组成：一是起首句"制诏御史""制诏丞相、御史"等，一般提行顶格书写。二是制诏原

---

① 据大庭脩《秦汉法制史研究》"著令用语与具、议令用语"引述。[日]大庭脩著，林剑鸣等译：《秦汉法制史研究》，上海人民出版社1991年版，第185页。
② 参见大庭脩《秦汉法制史研究》"著令用语与具、议令用语"一节论述。
③ 参见大庭脩《秦汉法制史研究》"著令用语与具、议令用语"一节论述。

因,如"故相国萧何,高皇帝大功臣,所与为天下也。今其祀绝,朕甚怜之""朕夙兴夜寐,以求贤为右,不异亲疏近远,务在安民而已。扶风翁归廉平乡正,治民异等,早夭不遂,不得终其功业,朕甚怜之"等。三是制诏内容,多以"其……""其以……""其令……"方式表述,如"其以武阳县户二千封何孙嘉为列侯""其赐翁归子黄金百斤,以奉其祭祀""其令郡、诸侯□""其令诸关,禁毋出私金□□。或以金器入者"等。四是制诏是否"著为令""具为令",如《汉书·吴芮传》:"长沙王忠,其定著令";《津关令》:"制诏相国、御史:诸不幸死家在关外者,关发索之,不宜,其令勿索,具为令""复人有养谨者扶持,明著令"等。五是制诏下达时间,书于制诏末,如"地节三年八月辛卯下""建始二年九月甲辰下""天凤三年十一月戊寅下"等。对照班固《汉书·刑法志》所载谳疑狱诏,可以看出,班固此处是节录谳疑狱诏,第一,"高皇帝七年",应是高祖"制诏御史"的时间,依例应置于诏书最末,文为"高皇帝七年×月××下",此处放于"制诏御史"句前,显示转述方便;第二,没有"具为令、著为令"之语句,依例,这项内容在诏书中应有反映;第三,"制诏御史:狱之疑者,吏或不敢决,有罪者久而不论,无罪者久系不决。自今以来,具道官狱疑者,各谳所属二千石官,二千石官以其罪名当报之,所不能决者,皆移廷尉。廷尉所不能决,谨具为奏,傅所当比律令以闻"中之"狱之疑者……无罪者久系不决""自今以来……傅所当比律令以闻"分别为制诏原因和制诏具体内容,班固节录的只是高祖七年谳疑狱诏书的主体,并未将该诏书以完整形式照录。古代史书中对于诏令文书很少全文全录,一般都是根据作者的意图,用节录、分载、选录、略写的形式采录①。高祖七年谳疑狱诏书,班固根据撰写西汉断代史《刑法志》的需要,仅选取摘录诏书主体内容,尽管如此,它还是一份基本完整的汉代诏书,应该具有"具为令""著为令"的内容。

诏书一经颁布,便即"著为令""具为令",从上引诸诏书看,乃为西汉一代通制。《津关令》简500—501:"制诏相国、御史:诸不幸死家在关外者,关发索之,不宜,其令勿索,具为令。"该诏书经"具为令"程序后被编入为张家山汉简《二年律令·津关令·□》,"□"为序号,未能释出,但整个《津关令》令文的序号均写于简首。又,武威新出土王杖诏令册:"制诏御史:年七十以上杖王杖,比六百石,入官府不趋;吏民有敢辱者,逆不道,弃市。令在兰台第卌三。""令在兰台第卌三",说明该诏书已经过"具为令"法律程序,著其令在兰台令中,已编入"兰台令"篇目的第卌三之中。高祖七年谳疑狱诏是否也经过"具为令""著为令"法律程序而定著为具体的法律条文,我们试看《二年律令·具律》的记述,《具律》云:

县道官守丞毋得断狱及谳(讞)。相国、御史及二千石官所置守、叚(假)吏,若丞缺,令一尉为守丞,皆得断狱、谳狱,皆令监临庳(卑)官,而勿令坐官。(简102—103)

该条《具律》律文当形成于汉高祖七年谳疑狱诏颁布之后,即该律文形成上限不应早于汉高祖七年,下限由"相国"称谓判断,《汉书·百官公卿表》载"九年,丞相何迁为相国",先谦说:"当从纪传及表上在十一年。"《汉书·惠帝纪》载,惠帝六年复置左、右丞相,似不应晚于惠帝六年,具体说,在汉高祖十一年(前196年)至汉惠帝六年(前189年)年间。汉代律、令、诏三者有分别,有混同之处,陈梦家《西汉施行诏书目录》中云:

律最初指九章律及其他未订之律。《刑法志》曰:"于是相国萧何,捃摭秦法,取其宜于时者,作律九章。"而《高帝纪》及《司马迁传》作"萧何次律令",《晋书·刑法志》则曰"汉承秦制,萧何定律"。律虽代有增易,但在基本上是不变的法则。诏书是天子的命令,以特定的官文书形式发布,皆针对当时之事与人,是临时的施政方针。但诏书所颁布新制或新例,或补充旧律的,可以成为"令",即具有法律条文的约束力。杜周所

---

① 参见大庭脩《秦汉法制史研究》第三篇第一章。

谓"前主所是著为律,后主所是疏为令",后者指时主的诏书可编定为"令",《宣帝纪》注引"文颖曰:萧何承秦法所作为律令、律经是也;天子诏所增损不在律上者为令"。凡诏书而编著为"令"者,有时在诏书中明白注出。[4]278

《汉书·高帝纪》载有高祖五年五月诏,诏文曰:

> 诸侯子在关中者,复之十二岁,其归者半之。民前或相聚保山泽,不书名数,今天下已定,令各归其县,复故爵田宅,吏以文法教训辨告,勿笞辱。民以饥饿自卖为人奴婢者,皆免为庶人。军吏卒会赦,其亡罪而亡爵及不满大夫者,皆赐爵为大夫。故大夫以上赐爵各一级,其七大夫以上,皆令食邑,非七大夫以下,皆复其身及户,勿事。

张家山汉简《奏谳书》"安陆丞忠劾狱史平"案(简63—68)所引令文曰:

> 令曰:诸无名数者,皆令自占书名数,令到县道官,盈卅日,不自占书名数,皆耐为隶臣妾妾,锢,勿令以爵、赏免,舍匿者与同罪。

该案发生于高祖八年十月,所引"自占书名数"令当为"高祖五年五月诏"的"具为令""著为令"之"令",引"令"文与"律"文并列用于判决狱史平,说明该"令"与"律"一样是具有法律效力的法律条文。高祖七年谳疑狱诏,作为继"五年五月诏"之后汉初又一份最重要诏书,当有"著为令""具为令"的具体"令"文反映。上述《二年律令·具律》中"县道官守丞毋得断狱及谳"律文说明,高祖七年谳疑狱诏颁布后即"著为令""具为令",形成有具体的"令"文,萧何"次律令"(《高帝纪》《司马迁传》)、"定律"(《晋书·刑法志》)时,请定于律,抑或如杜周所云"前主所是著为律,后主所是疏为令",在惠帝年间,将之条定为"律"。总之,《二年律令·具律》"县道官守丞毋得断狱及谳"律条文的发现,说明班固《刑法志》所录高祖七年谳疑狱诏书经过"著为令""具为令"法律程序后,又由"令"被修订入"律",成为长期不变的法律和制度,这一过程完成了由皇帝诏书(意志)到令、律的转变,由此而发生的判决及文书,就成为汉代司法文献的有机组成部分,具备了规范整理为判例的法律基础。

二、奏谳案例的判例化

自高祖七年颁布谳疑狱诏,确立疑狱奏谳制度,便产生了大量由全国各郡、县、道奏谳的疑狱案件,这些疑狱案件事类有别,人员成分复杂,大凡汉初政治、社会生活的各个方面均有涉及,尤其随着景帝中五年、后元年两次颁布"文致于法而于人心不厌者,辄谳之"和"谳而后不当不为失"诏,汉代奏谳制度日臻完善。有学者研究,这些疑狱实质上包括了两个方面的含义:一是由于事实认定产生疑案,即案件事实均是已经发生了的、过去了的既成事实,因而在案件线索的搜集、证据的获取、查证及证明力的判断方面,必然产生一定的困难,从而形成疑案;二是由于法律适用产生疑案,即在法律调整社会关系时,新情况总是不断出现,以相当稳定的法律调整不断变化的社会关系,也难免产生疑案[9]219。对照《奏谳书》中诸"疑罪","吏当"内容多存在两种以上判决意见,其实质上即是对事实认定和适用刑罚存在不同意见,因此上狱请示裁决,无论是郡守、廷尉还是皇帝,他们所作裁决都有可能成为案发地郡、县、道官吏今后判案活动的参考,张家山汉墓出土的《奏谳书》简册,收录高祖七年谳疑狱诏颁布后至高祖十一年的郡、县、道奏谳案例13则,地域既有内郡又有边郡,人员既有官员又有士伍、庶人、隐官,事类既有百姓奴婢逃亡又有官员贪污、受贿、渎职,不一而足,它们当是汉初众多奏谳案例中的典型,具有广泛的代表性和范例意义。

张家山汉简《奏谳书》中的诸案例文书,我们不难看出,结构整齐,用语划一,不论从内在、外在形式,还是从内容看,都是经过了统一的规范和整理,张家山汉简《奏谳书》的编订年代上限最早在汉高祖十一年,据考萧何"捃摭秦法"作律九章在汉高祖十一年或十二年,两者基本同时,我们考虑不排除萧何在"捃摭秦法"作律九章的同时或之后不久对高祖七年奏谳制度实施以来所产生的众多奏谳案例进行修订整理的可能,因为奏谳制度是汉初司法制度的一项重大改革,是"时务""新政"。事实上,两汉政府对一定时期产生的案例进行分类整理编订的情况屡见不鲜,一般称"比",如汉武帝时"招进张汤、赵禹之属,条定法令","其后奸猾巧法,转相比况,禁罔浸密。律令凡三百五十九章,大辟四百九条,千八百八十二事,死罪决事比三千四百七十二事"[2](卷23《刑法志》);汉宣帝时,廷尉于定国集死罪决事比三千四百七十二条[10](卷111《刑法志》);东汉编辑成篇的有《决事比》[11](卷46《陈忠传》)、《辞讼比》、《法比都目》[11](卷46《陈宠传》)、《廷尉决事》、《廷尉驳事》[12](卷58《艺文志》)等,此外,还有董仲舒《春秋决事比》①。两汉期间,对奏谳案例进行整理的不唯汉初,东汉章帝时陈宠亦做过类似工作,《后汉书·陈宠传》:

> 帝敬纳宠言,每事务于宽厚。其后遂诏有司,绝钻䥈惨酷之科,解妖恶之禁,除文致之请谳五十余事,定著于令。是后人俗和平,屡有嘉瑞。

又,《陈忠传》:

> 忠略依宠意,奏上二十三条,为决事比,以省请谳之敝。

因此,我们认为张家山汉简《奏谳书》有可能是奏谳制度确立伊始西汉政府首次所从事的大规模整理奏谳案例的司法活动,为这些案例进入汉代法律体系奠定了基础。

张家山汉简《奏谳书》中诸案例在经过因案生例(即由普通案件上升为典型案例)、定期修例(即由典型案例整理规范为判例)环节之后在汉初司法实践过程中是否以例入律,即成为法律意义上的判例,成为汉代一种与律、令等同等重要的法律形式呢?我们的回答是肯定的。

首先,张家山汉简《奏谳书》案例三"胡状丞憙谳狱史阑"案(简17—27)即引用了汉初一桩成案作为判例断案:

> 人婢清助赵邯郸城,已即亡,从兄赵地,以亡之诸侯论。今阑来送徒者,即诱南。吏议:阑与清同类,当以从诸侯来诱论。或曰:当以奸及匿黥舂罪论。

据考,"人婢清助赵邯郸城"在汉高祖六年。该案奏谳时间为十年七月,裁决回复时间为十年八月,审理狱史阑案时引用旧案成例作为判例来同类比照、判决,这显示出判例与律、令具有同等的法律效力,法律地位不在律、令之下,同时也说明汉初审理判案援引判例审结的现象普遍存在,那么我们就没有理由怀疑《奏谳书》中这些经过整理、规范的典型案例已可能作为判例在具体司法实践活动中应用。1959年甘肃武威出土的《王杖十简》和1981年发现的《王杖诏书令》简册,即具体反映了奏谳案例被判例化的过程:

> 河平元年,汝南西陵县昌里先年七十受王杖,颍部游徼吴赏使从者殴击先,用(因)诉,地太守上谳。廷尉报:罪名明白,赏当弃市。(《王杖十简》,简7—9)[6]140

> 汝南太守谳廷尉:吏有殴辱受王杖主者,罪名明白。制曰:谳何,应论弃市。云阳白水亭长张熬,坐殴拽受王杖主,使治道。男子王汤告之,即弃市。(《王杖诏书令》,简7—9)[7]35—36

上述《王杖诏书令》简册中成帝亲自判决的乡吏殴辱王杖主者案,从法律形式上看,该奏谳判例是以诏令形式出现,并被编入兰台令册成为法典的。诏令与判例的重叠出现,并寓于令中,它同时自然也获得了源自最高权力的法律效力和法律地位,因此,在具体司法实践中奏谳案例被援引用作成例即判例,自然与律、令具有同等的效力和地位。

其次,援引旧案成例判案在汉代称之为"比",又称"决事比"。《汉书·刑法志》高祖七年诏中有云:"廷尉所不能决,谨具为奏,傅所当比律令以闻。"傅,师古曰:"傅读曰附。"当,师古曰:"处断也。"全句应标点为"傅所当比、律、令以闻。"意思是县、道、郡奏谳而来的疑狱如果廷尉不能审决,要进行整理上报皇帝,上奏要附上处断所依据的律、令与比。张家山汉简《奏谳

---

① 程树德《九朝律考·汉律考七·春秋决狱考》:考《汉志》有公羊董仲舒治狱十六篇,《七录》作《春秋断狱》五卷,《隋志》作《春秋决事》十卷,董仲舒撰,《唐志》作《春秋决狱》,《崇文总目》作《春秋决事比》,并十卷。"参见程树德:《九朝律考》,中华书局2003年版,第160页。

书》反映这一记载不误：

> 当：恢当黥为城旦，毋得以爵减、免、赎。
> 律：盗赃值过六百六十钱，黥为城旦；令吏盗，当刑者刑，毋得以爵减、免、赎，以此当恢。（简72—73）

> 人婢清助赵邯郸城，已即亡，从兄赵地，以亡之诸侯论。今阑来送徒者，即诱南。吏议：阑与清同类，当以从诸侯来诱论。或曰：当以奸及匿黥舂罪论。（简23—25）

简23—25"吏议"（即"吏当"）所引"人婢清从兄亡赵"案例，非为律，亦非令，但却附于"当"中，与律、令具有同等的法律效力，对照《刑法志》"傅所当比律令以闻"，案例三所引"人婢清"成案在汉代法律术语中应称为"比"，也就是说"比"即指旧案成例，旧案成例被援引作为判案依据即为"比"。比，《汉书·刑法志》师古注曰："以例相比况也。"比是汉代律、令、科、比四大法律形式之一，经过修订整理具有规范和启迪作用的张家山汉简《奏谳书》诸案例形成为判例来作为律、令的补充和断罪依据，其"比"的法律地位即正式确立，换言之，作为"比"而存在的张家山汉简《奏谳书》抑或是一种新的决事比集，姑且称之为"奏谳决事比"吧！

综上所述可以看出，竹简《奏谳书》是汉高祖七年谳疑狱诏法律化的产物，其所汇集的诸案例，具备规范整理为判例的法律基础；它们在经过因案生例、定期修例、引例入律等程序后同时又具有与汉代律、令同等的法律效力，成为汉代一种重要的法律形式——比。竹简《奏谳书》是汉初一部宝贵的司法文献，其法律地位不容置疑。

【参考文献】

[1] 王先谦.汉书补注：卷30：上册[M].北京：书目文献出版社，1995.
[2] 班固.汉书[M].北京：中华书局，1962.
[3] 中国科学院考古研究所.居延汉简甲编：简2551[M].北京：科学出版社，1959.
[4] 陈梦家.西汉施行诏书目录[M]//汉简缀述.北京：中华书局，1980.
[5] 沈家本，撰.邓经元，骈宇骞，点校.历代刑法考·律令二：第3册[M].北京：中华书局，1985.
[6] 中国科学院考古研究所，甘肃省博物馆.武威汉简·王杖十简考释[M].北京：文物出版社，1964.
[7] 武威县博物馆.武威新出土王杖诏令册[G]//汉简研究文集.兰州：甘肃人民出版社，1984.
[8] 甘肃省文物考古研究所，等.居延新简[M].北京：文物出版社，1990.
[9] 汪世荣.中国古代判例研究[M].北京：中国政法大学出版社，1997.
[10] 魏收.魏书[M].北京：中华书局，1974.
[11] 范晔.后汉书[M].北京：中华书局，1965.
[12] 欧阳修，宋祁.新唐书[M].北京：中华书局，1975.

东汉初年和末年人口数量

袁延胜[*]

【摘 要】 东汉初年和东汉末年的人口数量,史书没有记载,但这又是研究东汉人口史的重要问题。东汉初年和东汉末年,是社会剧烈动荡和人口锐减的时期。具体而言,造成东汉初年人口锐减的原因主要有战争死亡、严刑苛法死亡、灾荒和饥馑死亡、疾疫死亡等。东汉初年的人口数量只有西汉末年的约30%,即约有户367万,口1800万。东汉末年,人口再次大幅度减少,原因主要有黄巾大起义、董卓之乱、李傕郭汜之乱、军阀混战等战争因素引起的人口大量死亡,多次发生疾疫导致的人口大量减少。东汉末年的人口数量大约只有东汉永和五年的32%,即约有户310万,口1572万。

【关键词】 东汉;初年;末年;人口数量;社会状况

一、问题的由来

东汉的户口数量,自光武帝中元二年到桓帝永寿三年,都有户口记载;而且这些户口记载大部分是可信的[1]。但东汉初年和东汉末年的人口数量,史书没有记载,使我们无法了解东汉一代人口数量发展变化的全貌。

对东汉初年和末年的人口数量,不少学者进行了研究和推算。但各家得出的结论相差很大。如东汉初年的人口数量,赵文林、谢淑君用年平均人口增殖率,计算出国内统一战争结束的建武十三年(37年)的人口为15055709[2]62。葛剑雄先生认为两汉之间人口的减少幅度没有史书记载的那么大,并认为"两汉之间的人口谷底大概是3500万左右。从6000万的高峰下跌到3500万,减少了42%;时间也只有十几年,平均每年递减20‰—25‰"[3]120。王育民先生推算出建武元年(25年)有户3919333,口22821549[4]106,而路遇、滕泽之认为"东汉之初的人口,不会超过2250万"[5]142。

对于东汉末年的户口数量,王育民先生根据三国末年人口推算,认为公元220年的人口约有475.2万户,有2653.9万人,户与口分别下降49.1%及44.6%[4]131。袁祖亮、尚新丽先生则用人口增长率推算,认为东汉末年的人口约1900多万[6]。

上述学者对东汉初年和末年的人口数量,都进行了推算,提出了自己的观点。但各家得出的数据,大都是根据人口年均增长率推算出来的,并没有对当时社会的实际情况进行认真的考察分析。而且一些学者所采用的人口年均增长率,是自己主观认定的,并无多少科学的依据。如葛剑雄先生认为两汉之际人口为3500万,就是根据自己主观认定的7‰的年平均增长率推算出来的,而并没有考察两汉之际人口减少的实情;

---

[*] 袁延胜(1972—),男,汉族,河南省南阳市人,史学博士,主要研究秦汉史。

尤其令人奇怪的是葛剑雄先生推算东汉人口的观点："东汉前期的人口增长完全可以当作是人口自然增长的结果，所以用增长率推算的结果比纯粹依靠户口数的比较无疑要可靠得多。"[3]119-120 不知此论如何得出。

我们认为，用人口增长率推算人口，在王朝统一、社会较为安定的条件下，是完全可以使用的；但在战乱频仍、饥馑并臻、疠疫数起的情况下，用年均人口增长率的方法推算是不大科学的。因为，第一，大家用于推算的根据，本身是不大可靠的。如用三国时期的户口数字推算东汉末年的人口数量，而三国时期的户口数字也是推算出来的。第二，两汉之际和东汉末年是人口的锐减时期，而人口锐减时期人口减少的原因、速度和程度，都不同于社会稳定时期，因此用年均人口增长率的方法推论这一时期人口数量，是不科学的。

有鉴于各家疏于对东汉初年和东汉末年人口减少情况的实际考察，仅靠人口年均增长率推算出来的人口数字又差异太大，笔者另辟蹊径，想通过对当时社会情况的实际考察和史料的分析，推算出东汉初年和末年的人口数量。但得出的结论是否正确，还有待于历史的检验，也期待着方家批评指正！

二、东汉初年的人口数量

两汉之际，人口经历了一个锐减的过程。《后汉书·隗嚣传》载隗嚣起兵檄文中，历数了王莽时期人口损耗的情形：

> 故攻战之所败，苛法之所陷，饥馑之所夭，疾疫之所及，以万万计。其死者则露尸不掩，生者则奔亡流散，幼孤妇女，流离系虏。此其逆人之大罪也。

在这里，隗嚣把王莽时期人口的减少大致分为战争死亡、因严刑苛法死亡、饥馑死亡、疾疫死亡，这包括了这一时期人口减耗的主要类型。为了探讨两汉之际人口减少的程度，我们试对这四种人口减耗的情形逐一考察。

（一）战争死亡

王莽在对匈奴的战争中和镇压各地起义的过程中，人口耗减很大。《汉书·匈奴传下》载："边民死亡系获，又十二部兵久屯而不出，吏士罢弊，数年之间，北边虚空，野有暴骨矣。"

《汉书·王莽传下》载，地皇四年（23年）"汉兵得下江王常等以为助兵，击前队大夫甄阜，属正梁丘赐，皆斩之，杀其众数万人"。

《后汉书·天文上》载，地皇四年昆阳大战"二公兵乱败，自相贼，就死者数万人。竞赴溠，死者委积，溠水为之不流"。

战争对人口的影响，史书也屡有记载。《后汉书·祭祀上》载，王莽时，"杨、徐、青三州首乱，兵革横行，延及荆州，豪杰并兼，百里屯聚，往往僭号。北夷作寇，千里无烟，无鸡鸣狗吠之声"。

《后汉书》卷28《冯衍传》载，更始二年（24年）冯衍言："伏念天下离王莽之害久矣。始自东郡之师，继以西海之役，巴、蜀没于南夷，缘边破于北狄，远征万里，暴兵累年，祸拏未解，兵连不息，刑法弥深，赋敛愈重。众强之党，横击于外，百僚之臣，贪残于内，元元无聊，饥寒并臻，父子流亡，夫妇离散，庐落丘墟，田畴芜秽，疾疫大兴，灾异蜂起。于是江湖之上，海岱之滨，风腾波涌，更相骀藉，四垂之人，肝脑涂地，死亡之数，不啻太半，殃咎之毒，痛入骨髓，匹夫僮妇，咸怀怨怒。"对于更始诸将的掳掠，冯衍也揭露："然而诸将掳掠，逆伦绝理，杀人父子，妻人妇女，燔其室屋，掠其财产，饥者毛食，寒者裸跣，冤结失望，无所归命。"

《后汉书》卷13《公孙述传》载，王莽末年，"今山东饥馑，人庶相食；兵所屠灭，城邑丘墟"。

（二）严刑苛法死亡

王莽时"政令烦多"，百姓"摇手触禁"，致使许多百姓因触犯刑律而死亡。《汉书》卷99《王莽传下》载：天凤四年（17年），"是岁，复明六筦之令。每一筦下，为设科条防禁，犯者罪至死，吏民抵罪者浸众"；天凤六年（19年），"青、徐民多弃乡里流亡，老者死道路，壮者入贼中"。

王莽多次改币,又禁民铸钱,百姓因此获罪者竟达十万数。《汉书·王莽传》载:"民犯铸钱,伍人相坐,没入为官奴婢。其男子槛车,儿女子步,以铁锁琅当其颈,传诣钟官,以十万数。到者易其夫妇,愁苦死者什六七。"

王莽的改制和苛法,不仅造成普通百姓抵罪者增多,而且也涉及公卿大夫等各个阶层。《汉书·食货志》载:"于是农商失业,食货俱废,民涕泣于市道。做卖买田宅奴婢铸钱抵罪者,自公卿大夫至庶人,不可称数。"

又,《汉书·食货志下》载:王莽末年,"民摇手触禁,不得耕桑,繇役烦剧,而枯旱蝗虫相因。又用制作未定,上自公侯,下至小吏,皆不得奉禄,而私赋敛,货赂上流,狱讼不决。吏用苛暴立威,傍缘莽禁,侵刻小民。富者不得自保,贫者无以自存,起为盗贼,依阻山泽,吏不能擒而覆蔽之,浸淫日广,于是青、徐、荆楚之地往往万数。战斗死亡,缘边四夷所系虏,陷罪,饥疫,人相食,及莽未诛,而天下户口减半矣"。

王莽的苛法禁令和官吏的残暴,导致百姓不能正常生产和生活,被迫流亡或起来反抗,最终使人口大量耗减。所谓"及莽未诛,而天下户口减半矣",严刑苛法死亡导致的人口锐减,真是令人触目惊心!

(三)灾荒和饥馑死亡

王莽时旱灾与蝗灾较为严重。《后汉书·光武帝纪》:"莽末,天下连岁灾蝗,寇盗蜂起。地皇三年,南阳荒饥,诸家宾客多为小盗。""初,王莽末,天下旱蝗,黄金一斤易粟一斛。"《汉书·王莽传》载地皇三年,"夏,蝗从东方来,蜚蔽天,至长安,入未央宫,缘殿阁"。

对于自然灾害的存在,王莽亦承认。《汉书·王莽传》载王莽之言:"惟阳九之厄,与害气会,究于去年。枯旱霜蝗,饥馑荐臻,百姓困乏,流离道路,于春尤甚,予甚悼之。"

灾蝗的结果,是粮食奇少,物价腾贵,很多农民没有衣食,就起而为盗。《后汉书·淳于恭传》:"初遭贼寇,百姓莫事农桑,恭常独力田耕。"《后汉书·范升传》:"方春岁首,而动发远役,藜藿不充,田荒不耕,物价腾跃,斛至数千。"

盗贼增多,从事耕作的人减少,则粮食就更奇缺难觅。为了活命,便出现了"人相食"的悲惨局面。《汉书·王莽传》载:天凤元年(14年)"缘边大饥,人相食"。《汉书·食货志》亦载:"末年,盗贼群起,发军击之,将吏放纵于外。北边及青徐地人相食,洛阳以东米石二千。"

关于个人遭遇被食的经历,史书也屡有记载。《后汉书·赵孝传》:"及天下乱,人相食。孝弟礼为饿贼所得,孝闻之,即自缚诣贼,曰:'礼久饿羸瘦,不如孝肥饱。'贼大惊,并放之。"同传又载,汝南王季,"出遇赤眉,将为所哺"。琅邪魏谭,"时亦为饥寇所获,等辈数十人皆束缚,以次当亨"。齐国兒萌、梁郡车成二人,"兄弟并见执于赤眉,将食之,萌、成叩头,乞以身代,贼亦哀而两释焉"。

对于两汉之际因饥馑而导致大批死亡的事例,史书也有记载。《汉书·王莽传》载,地皇三年(22年)"流民入关者数十万人,乃置养赡官禀食之。使者监领,与小吏共盗其禀,饥死者十七八"。《汉书·王莽传》又载,更始三年(25年)赤眉军攻占长安,"民饥饿相食,死者数十万,长安为虚,城中无人行"。《后汉书·刘盆子传》载,建武二年,"时三辅大饥,人相食,城郭皆空,白骨蔽野"。

动辄数十万人口的死亡,真是令人感叹荒年人命之轻之贱。

(四)疾疫死亡

两汉之际,疾疫多次发生,也导致了大量人口的死亡。《汉书·平帝纪》载,元始二年"民疾疫者,舍空邸第,为置医药。赐死者一家六尸以上葬钱五千,四尸以上三千,二尸以上二千"。一家死亡的人口竟达2人、4人,甚至6人以上,可见这次疾疫导致死亡的人口之多。

《汉书·王莽传》中载,王莽时攻句町,"士卒疾疫,死者什六七,赋敛民财什取五,益州虚耗而不克"。《汉书·西南夷传》亦载:"其后军粮前后不相及,士卒疾疫,三岁余死者数万。"

又《后汉书·刘玄传》载,地皇三年(22年)绿林之地"大疾疫,死者且半,乃各分散引去"。疾疫导致人口的迅速耗减,由此可见一斑。

总之,从以上四个方面的记载来看,两汉之际的人口确实经历了一次大量耗减的过程。至于减少的程度,各家记载不一。《汉书·食货志》载:

> 及莽未诛,而天下户口减半矣。

《后汉书·王郎传》载更始元年王郎檄文曰:

> 今元元创痍,已过半矣。

《后汉书·冯衍传》载更始二年:

> 死亡之数,不啻太半。

《续汉书·郡国志一》注引《帝王世纪》曰:

> 及王莽篡位,续以更始、赤眉之乱,至光武中兴,百姓虚耗,十有二存。

《续汉书·郡国志五》注引应劭《汉官》曰:

> 世祖中兴,海内人民可得而数,裁十二三。边陲萧条,靡有孑遗,障塞破坏,亭燧绝灭。

从各家记载看,大致认为王莽末年人口已经减半,又经过更始、赤眉之乱,到东汉初年,人口只有西汉末年的"十二三"。

按:《汉书·地理志》载汉平帝元始二年全国户 12233062,口 59594978。若按 20%算,则有户约 245 万,口约 1200 万;若按 30%算,则有户约 367 万,口约 1800 万。如果考虑到光武帝中元二年(57 年)的户口只有户 400 余万,口 2100 多万,则这两个推算数字,我们觉得还是可信的。也就是说,两汉之际人口急剧减少,到东汉初年,全国大约只有户 245 万—367 万,口 1200 万—1800 万。

如果考虑到《帝王世纪》和应劭《汉官(仪)》所言两汉之际户口减少的程度有夸大的成分,则我们认为按 20%的比例推算东汉初年的人口,数量偏低;而按 30%的比例推算东汉初年的人口,可能更接近东汉初年人口的实际状况。果如此,则东汉初年的人口,约有户 367 万,口 1800 万。

三、东汉末年的人口数量

东汉末年的人口,由于受黄巾大起义、董卓之乱、军阀割据之战等影响,出现了大幅度的耗减。人口在汉魏之际又降到了历史上的一个低谷。下面我们分五个方面探寻一下汉末人口减少的具体情况。

(一)黄巾大起义中的人口死亡

东汉后期,政治腐败达到了极点。人民无法生活下去了,终于在中平元年(184 年)爆发了黄巾大起义。

东汉政府在镇压黄巾起义的过程中,屠杀了大批黄巾军。《后汉书》志第 12《天文下》载:"至中平元年,黄巾贼起,上遣中郎将皇甫嵩、朱儁等征之,斩首十余万级。"《后汉书·皇甫嵩传》载其在镇压颍川黄巾军时,"大破之,斩首数万级","又进击东郡黄巾卜己于仓亭,生擒卜己,斩首七千余级"。后又与张梁战于广宗,皇甫嵩"乃潜夜勒兵,鸡鸣驰赴其阵,战至晡时,大破之,斩梁,获首三万级,赴河死者五万许人"。"嵩复与巨鹿太守冯翊郭典攻角弟宝于下曲阳,又斩之。首获十余万人,筑京观于城南。"李贤引《左传》杜元凯注曰:"积尸封土于其上,谓之京观。"《后汉书·朱儁传》亦载其镇压南阳韩忠领导的黄巾军时,"乘胜逐北数十里,斩首万余级"。后镇压孙夏部,"复斩万余级"。

按:据《皇甫嵩传》《朱儁传》所载,黄巾军死亡已经超过 20 万;特别是在下曲阳,黄巾军死亡 10 余万,尸体堆积如山,谓之"京观"。另外,东汉军队的死亡,没有记载,恐怕也不少于黄巾军的死亡人数。果如此,则双方死亡的人数约 50 万。

为了镇压黄巾起义,百姓的赋税、徭役、兵役更加沉重,以至于百姓死伤很多。《后汉书》志第 14《五行二》载:"是时黄巾作慝,变乱天常,七州二十八郡同时俱发,命将出众,虽颇有所擒,然宛、广宗、曲阳尚未破坏,役起负海,杼柚空悬,百姓死伤已过半矣。"所谓"百姓死伤已过半",显然有夸大的成分,然而这时人口大量减少,则肯定无疑。

(二)董卓之乱造成人口的大量减少

董卓当政时期,实行残暴的统治,使东汉人口进一步减少。

《后汉书·董卓传》载:"卓尝遣军至阳城,时人会于社下,悉令就斩之,驾其车重,载其妇女,以头系车辕,歌呼而还。"同传又载:"时河内太守王匡屯兵河阳津,将以图卓。卓遣疑兵挑战,而潜使锐卒从小平津过津北,破之,死者略尽。"同传又载:"初,卓以牛辅子婿,素所亲信,使以兵屯陕。辅分遣其校尉李傕、郭汜、张济将步骑数万,击破河南尹朱儁于中牟。因掠陈留、颍川诸县,杀略男女,所过无复遗类。"

初平元年(190年),董卓强令迁都时,使洛阳人口遭受了一次空前浩劫。《后汉书·董卓传》:"于是尽徙洛阳人数百万口于长安,步骑驱蹙,更相蹈藉,饥饿寇掠,积尸盈路。卓自屯留毕圭苑中,悉烧宫庙官府居家,二百里内无复孑遗。"同一件事,《三国志》卷6《魏书·董卓传》注引《续汉书》曰:"卓部兵烧洛阳城外面百里。又自将兵烧南北宫及宗庙、府库、民家,城内扫地殄尽。又收诸富室,以罪恶没入其财物;无辜而死者,不可胜计。"

董卓之乱,使天下分崩离析,东汉王朝名存实亡。在动荡的局势中,百姓大批地死亡。曹丕对此情况给予生动的描述。《三国志》卷2《魏书·文帝纪》注引曹丕《典论·自叙》曰:"初平之元,董卓杀主鸩后,荡覆王室。是时四海既困中平之政,兼恶卓之凶逆,家家思乱,人人自危。山东牧守,咸以春秋之义,'卫人讨州吁于濮',言人人皆得讨贼。于是大兴义兵,名豪大侠,富室强族,飘扬云会,万里相赴;兖、豫之师战于荥阳,河内之甲军于孟津。卓遂迁大驾,西都长安。而山东大者连郡国,中者婴城邑,小者聚阡陌,以还相吞灭。会黄巾盛于海岱,山寇暴于并、冀,乘胜转攻,席卷而南,乡邑望烟而奔,城郭睹尘而溃,百姓死亡,暴骨如莽。"

又,《后汉书》卷70《郑太传》:"卓既迁都长安,天下饥乱,士大夫多不得其命。"许多士大夫也死于董卓之乱。

(三)李傕、郭汜之乱使人口继续减少

司徒王允除掉董卓后,由于缺乏统驭全局的应变能力,对董卓的部下处置不当,又引起了李傕、郭汜之乱,致使百姓再罹浩劫,人口再次减少。

《后汉书·董卓传》载:"傕、汜等以王允、吕布杀董卓,故愤怒并州人,并州人其在军者男女数百人,皆诛杀之。"李傕、郭汜攻长安,"城溃,放兵掳掠,死者万余人"。《三国志》卷6《董卓传》亦载其事:"傕等放兵略长安老少,杀之悉尽,死者狼籍。"

李傕等掌权后,社会动荡、混乱的情况并没有改变。《后汉书·董卓传》载:"时长安中盗贼不禁,白日掳掠,傕、汜、稠乃参分城内,各备其界,犹不能制,而其子弟纵横,侵暴百姓。是时谷一斛五十万,豆麦二十万,人相食啖,白骨委积,臭秽满路。"

兴平二年(195年),李傕、郭汜互相猜疑,转而相攻。《后汉书·董卓传》载:"(李傕)乱兵入殿,掠宫人什物。傕又徙御府金帛乘舆器服,而放火烧宫殿官府居人悉尽。""傕乃自为大司马。与郭汜相攻连月,死者以万数。"

兴平二年七月,李傕等在弘农东涧与杨奉、董承的军队大战。《后汉书·董卓传》载:"承、奉军败,百官士卒死者不可胜数,皆弃其妇女辎重,御物符策典籍,略无所遗。"李贤注引《献帝传》曰:"掠妇女衣被,迟违不时解,即斫刺之。有美发者断取。冻死及婴儿随流而浮者塞水。"后李傕等又与杨奉等战于曹阳,"奉等大败,死者甚于东涧"。献帝和少数人渡黄河后,"其宫女皆为兵所掠夺,冻溺死者甚众"。

李傕、郭汜之乱使三辅地区的人口急剧减少。《后汉书·董卓传》载:"初,帝入关,三辅户口尚数十万,自傕、汜相攻,天子东归后,长安城空四十余日,强者四散,羸者相食,二三年间,关中无复人迹。"人口减少的速度可谓惊人。

(四)其他军阀混战造成的人口减少

东汉末年,天下大乱,割据者云起。各地割据者互相战争,以相吞灭,也造成人口的大量减少。

《后汉书·公孙瓒传》载,初平二年(191年)"青、徐黄巾三十万众入渤海界,欲与黑山合。瓒率步骑二万人,逆击于东光南,大破之,斩首三万余级。贼弃其车重数万两,奔走渡河。瓒因其半济薄之,贼复大破,死者数万,流血丹水,收得生口七万余人"。公孙瓒与袁绍战于巨马水,"大

破其众,死者七八千人"。兴平二年(195年),刘虞旧将等"破瓒于鲍丘,斩首二万余级"。

《后汉书·陶谦传》载,初平四年(193年)"曹操击谦,破彭城傅阳。谦退保郯,操攻之不能克,乃还。过拔取虑、睢陵、夏丘,皆屠之。凡杀男女数十万人,鸡犬无余,泗水为之不流,自是五县城保,无复形迹"。同一件事,《三国志》卷8《魏书·陶谦传》载:"初平四年,太祖征谦,攻拔十余城,至彭城大战。谦兵败走,死者数万,泗水为之不流。"

又《三国志》卷10《魏书·荀彧传》注引《曹瞒传》对曹操屠杀百姓一事作了更为全面的叙述:"自京师遭董卓之乱,人民流移东出,多依彭城间。遇太祖至,坑杀男女数万口于泗水,水为不流。陶谦帅其众军武原,太祖不得进。引军从泗南攻取虑、睢陵、夏丘诸县,皆屠之。鸡犬亦尽,城邑无复行人。"

曹操不但屠杀彭城百姓,而且屠杀伪降士卒。《后汉书·袁绍传》载:建安五年(200年),袁绍被曹操打败,"众闻绍在,稍复集。余众伪降,曹操尽坑之,前后所杀八万人"。这一件事,《三国志》卷6《魏书·袁绍传》载:"绍众大溃,绍与谭单骑退渡河。余众伪降,尽坑之。"裴松之注引张璠《汉纪》云:"杀绍卒凡八万人。"

(五)东汉后期疾疫对人口的影响

据史书记载,东汉后期多次发生疾疫,也使人口大量耗减。《后汉书·灵帝纪》载:建宁四年(171年)三月,"大疫,使中谒者巡行致医药"。熹平二年(173年)春正月,"大疫,使使者巡行致医药"。光和二年(179年)春,"大疫,使常侍、中谒者巡行致医药"。光和五年(182年),"二月,大疫"。中平二年(185年),"春正月,大疫"。

献帝建安初年,也曾发生疾疫。张仲景《伤寒论·序》载:"余宗族素多,向余二百,建安纪年以来,犹未十稔,其死亡者三分有二,伤寒十居其七。"

建安十三年(208年),又发生大疫。《三国志》卷1《魏书·武帝纪》载,赤壁之战中,"于是大疫,吏士多死者,乃引军还"。同传又载建安十四年(209年)曹操令曰:"自顷以来,军数征行,或遇疫气,吏士死亡不归,家室怨旷,百姓流离。"《三国志》卷33《蜀书·先主传》亦载,赤壁之战时"先主与吴军水陆并进,追到南郡,时又疾疫,北军多死,曹公引归"。又《艺文类聚》卷25载,阮瑀"为曹公作书与孙权"言:"赤壁之役,遭离疫气,烧船自还,以避恶地,非周瑜水军所能抑挫也。"由此可见,赤壁之战曹操失败,疫病蔓延,应是主要原因之一。

建安二十二年也发生大疫。《后汉书·献帝纪》载:"是岁大疫。"《后汉书·五行五》亦载:"献帝建安二十二年,大疫。"刘昭补注道:"魏文帝书与吴质曰:'昔年疾疫,亲故多离其灾。'魏陈思王常说疫气云:'家家有强尸之痛,室室有号泣之哀,或阖门而殪,或举族而丧者。'"可见这次大疫造成人口严重耗减。

又,《三国志》卷11《魏书·管宁传》注引《魏略》载:建安末年"后有疫病,人多死者,县常使埋葬"。《三国志》卷2《魏书·文帝纪》注引《魏书》载曹丕之语:"疫疠数起,士人凋落。"则疫疠似在建安年间发生多次。

又《三国志》卷38《蜀书·许靖传》载,许靖建安末年与曹操书,也提到了疫疠。许靖言:"复遇疾疠,伯母殒命,并及群从,自诸妻子,一时略尽。复相扶持,前到此郡,计为兵害及病亡者,十遗一二。"疾疫造成的人口死亡之多,由此可见一斑。

从上面五个方面的叙述中,我们发现,从184年黄巾大起义算起,到220年东汉灭亡,其间30余年,社会战乱不断、疾疫流行。人口在这一时期肯定大规模减少。

关于东汉末年人口锐减的程度和汉末的人口数量,史书没有记载。今天学者们推算出的数据又差异较大。在这种情况下,还是让我们看一看当时人的说法。

生活于东汉末年的仲长统从人口减损的角度总结了秦汉400余年的历史。《后汉书·仲长统传》载:

> 秦政乘并兼之势,放虎狼之心,屠裂天下,吞食生人,暴虐不已,以招楚汉用兵之苦,甚于战国之时也。汉二百年而遭王莽之

乱,计其残夷灭亡之数,又复倍乎秦、项矣。以及今日,名都空而不居,百里绝而无民者,不可胜数。此则又甚于亡新之时也。

李贤注曰:

> 遭王莽丧乱,暨光武中兴,海内人户,准之于前,十裁二三,边方萧条,略无孑遗。孝灵遭黄巾之寇,献帝婴董卓之祸,英雄棋峙,白骨膏野,兵乱相寻三十余年,三方既宁,万不存一也。

据仲长统之意,东汉末年人口减少的情况比西汉末年还严重。事实上,从西汉末年和东汉末年的情况对比中,我们也可以发现这一问题。第一,东汉末年的战乱时间长,达30余年。而两汉之际的战乱只有20年。第二,东汉末年战乱对社会经济破坏的严重程度,大于两汉之际。第三,东汉末年频频遭受大疫,使人口大幅度减少。因此,我们认为东汉末年的人口比东汉初年还少。前面我们认为东汉初年人口约有1800万,则东汉末年的人口数量不会超过1800万,在1500万左右。

我们说东汉末年人口在1500万左右,还是有事实根据的。《三国志》卷7《魏书·臧洪传》载,董卓之乱时,臧洪对广陵太守张超说:

> 明府历世受恩,兄弟并据大郡,今王室将危,贼臣未枭,此诚天下义烈报恩效命之秋也。今郡境尚全,吏民殷富,若动枹鼓,可得二万人,以此诛除国贼,为天下倡先,义之大者也。

广陵郡"郡境尚全,吏民殷富",并可动员军队2万人,如果按一家一兵算,当时广陵郡只有2万户。按:《续汉书·郡国志三》载永和五年广陵郡有户83907,口410190。则初平元年(190年)前后,广陵郡的户口只有永和五年的1/4左右。

又《三国志》卷16《魏书·杜畿传》载建安十年(205年),杜畿被任命为河东太守时说:

> "河东有三万户,非皆欲为乱也。"……是时天下郡县皆残破,河东最先定,少耗减。

河东郡在建安十年人口耗减相对较少,而只有3万户。按:《续汉书·郡国志一》载永和五年,河东郡有户93543,口570803。则建安十年河东郡的户口只有永和五年的32%。

又《三国志》卷26《魏书·满宠传》载建安初年汝南郡的情况:

> 时袁绍盛于河朔,而汝南绍之本郡,门生宾客布在诸县,拥兵拒守。太祖忧之,以宠为汝南太守。宠慕其服从者五百人,率攻下二十余壁,诱其未降渠帅,于坐上杀十余人,一时皆平。得户二万,兵二千人,令就田业。

满宠到汝南采取镇压与安抚的方法,得户2万。按:《续汉书·郡国志二》载永和五年,汝南郡有户404448,口2100788。建安初年满宠得到的户口只有永和五年的1/20。人口减少的程度令人吃惊。

从上述三个例子可以看出,东汉末年人口确实耗减严重。和永和五年的户口相比,广陵郡减少了3/4,河东郡减少了2/3,汝南郡减少了95%。如果考虑到广陵郡的户数有推测成分、汝南郡的户数可能未包括一些没有降服者,户口有些偏低的话,我们还是比较采信河东郡的户口。按:《续汉书·郡国志五》载永和五年,全国共有9698630户,49150320口。按照河东郡户口只有永和五年户口的32%比例算,建安十年(205年)时全国的户口约有310万户,1572万口。考虑到河东郡平定得早、户口减少的比例相对较小的因素,则全国的人口可能还低于1572万,约在1500万左右。另外,如果考虑到东汉时期江南经济的发展和东汉末年南方的相对稳定,则东汉末年全国的户口可能会多于1500万。综合考虑,我们认为东汉末年全国约有310万户、1572万口的推算,还是比较接近实际情况的。

最后,让我们再看一下当时人有关东汉末年人口凋零的描述。《三国志》卷1《魏书·武帝纪》载建安七年(202年)令曰:

> 吾起义兵,为天下除暴乱。旧土人民,死丧略尽,国中终日行,不见所识,使吾凄怆伤怀。

《三国志》卷8《魏书·张绣传》载建安年间的情况:

> 是时天下户口减耗,十裁一在,诸将封未有满千户者,而绣特多。

《三国志》卷56《吴书·朱治传》注引《江表传》

载：

> 今曹公阻兵，倾覆汉室，幼帝流离，百姓元元未知所归。而中国萧条，或百里无烟，城邑空虚，道馑相望，士叹于外，妇怨乎室，加之以师旅，因之以饥馑，以此料之，岂能越长江与我争利哉？

《后汉书》卷84《列女传》载蔡文姬悲愤诗曰：

> 既至家人尽，又复无中外。城郭为山林，庭宇生荆艾。白骨不知谁，纵横莫覆盖。出门无人声，豺狼号且吠。

曹操《蒿里行》诗曰：

> 白骨露于野，千里无鸡鸣。生民百遗一，念之断人肠。

王粲《七哀诗》曰：

> 出门无所见，白骨蔽平原。路有饥妇人，抱子弃草间。顾闻号泣声，挥涕独不还。未知身死处，何能两相完。

从上述有关诗文的描述中，我们看到的是一幅东汉末年萧条、荒凉、凄惨的景象。这凄惨景象的背后，就是大量百姓的死亡。昔日繁华的中原地区，已经是"白骨露于野，千里无鸡鸣"了。这也说明中国人口在东汉末年确实经历了一次大劫，人口大幅度减少。

总之，东汉末年社会黑暗、战乱不断、疾疫流行，人口在这一时期耗减很严重。建安年间全国约有户310万、口1572万。

【参考文献】

[1] 袁延胜.东汉户口总数之谜试析[J].南都学坛,2003(2).

[2] 赵文林,谢淑君.中国人口史[M].北京:人民出版社,1988.

[3] 葛剑雄.中国人口发展史[M].福州:福建人民出版社,1991.

[4] 王育民.中国人口史[M].南京:江苏人民出版社,1995.

[5] 路遇,滕泽之.中国人口通史[M].济南:山东人民出版社,2000.

[6] 袁祖亮,尚新丽.三国西晋人口初探[J].郑州大学学报,1997(4).

尹湾汉简所载东海郡吏员总额考

周 群*

【摘 要】《尹湾汉墓简牍》的集簿和东海郡吏员簿在统计东海郡吏员总数时出现了差别,前者显示为2203人,后者显示为2202人。究其原因,一方面在于两处统计方法的不同;另一方面则在于郡府亭长正处于从"以故事置"向"员"转变的关键时期。

【关键词】 尹湾汉墓简牍;东海郡;吏员总额

1993年出土的尹湾汉墓简牍关于东海郡吏员总额的资料,分别见之于集簿(木牍一正、反)和东海郡吏员簿(木牍二正、反)。《尹湾汉墓简牍·集簿》(木牍一正、反,下文凡涉及处皆称"集簿")有:

> 吏员二千二百三人:太守一人,丞一人,卒史九人,属五人,书佐十人,啬夫一人,凡廿七人;都尉一人,丞一人,卒史二人,属三人,书佐五人,凡十二人;令七人,长十五人,相十八人,丞卌四人,尉卌三人,有秩卅人,斗食五百一人,佐使、亭长,千一百八十二人,凡千八百卌人;侯家丞十八人,仆、行人、门大夫五十四人,先马、中庶子二百五十二人,凡三百廿四人。[1]77

而《尹湾汉墓简牍·东海郡吏员簿》(木牍二正、反,下文凡涉及处皆称"东海郡吏员簿")在详细列举了东海郡43个县邑侯国和盐铁官所属吏员数目之后,却有:

> 最凡吏员二千二百二人。[1]84

两处"释文"所显示的东海郡吏员总额并不相同,前者为2203人,后者为2202人。《尹湾汉墓简牍》的编者注意到了两处统计的不同,于"前言"中说"集簿所记吏员总数为二二〇三人,此簿(笔者按:指东海郡吏员簿)最后所记吏员总数比集簿少一人"[1]2,但没有作进一步的讨论。杨际平推测集簿与吏员簿或为不同年份,故其吏员数中有一人之差[2]。于琨奇认为吏员簿的分项记载和总计都是精确的,而集簿的记载肯定有误[3]。台湾学者廖伯源也认为是集簿计算错误[4]72。对此,笔者亦有管见,今呈现出来,供学界批判。

一

我们首先将集簿提供的有关东海郡吏员数目的各分项数字相加,则有:

27(1+1+9+5+10+1=27)+12(1+1+2+3+5=12)+1840(7+15+18+44+43+30+501+1182=1840)+324(18+54+252=324)=2203

所得之和为2203,正好与集簿统计出的总数相

---

* 周群(1978—),男,安徽省潜山县人,历史学博士,主要从事秦汉魏晋南北朝史研究。

为讨论方便,我们将东海郡吏员簿(木牍二正、反)有关东海郡各县邑侯国盐铁官所属吏员的具体数目作一统计(见表1),以为讨论的基础。

我们将集簿(木牍一正、反)的记载与东海郡吏员簿(木牍二正、反)的记载进行对比,可以得如下认识:

1. 集簿有关太守吏员、都尉吏员的统计,与东海郡吏员簿所提供的数字相符。太守府吏员都为27人,都尉府吏员都为12人。不同之处仅在于部分吏员的统计方法不同,如太守府:集簿言书佐10人,而东海郡吏员簿则言书佐9人,用筭佐1人;集簿言啬夫1人,而东海郡吏员簿则言小府啬夫1人。都尉府的情形也与此类似。

表1　东海郡吏员簿(木牍二正、反)统计表①

名称	令或长	丞	尉	狱丞	官有秩	乡有秩	令史	狱史	官啬夫	乡啬夫	游徼	牢监	尉史	官佐	乡佐	邮佐	亭长	侯家丞	仆行人门大夫	先马中庶子	总计
海西	1	1	2		1	4	4	3	3	10	4	1	3	7	9		54				107
下邳	1	1	2		2	1	6	4	3	12	6	1	4	7	9	2	46				107
郯	1	1	2	1		5	5	5	3	6	3	1	3	9	7	2	41				95
兰陵	1	1	2		1		6	4	4	13	4	1	4	8	4		35				88
朐	1	1	2			1	3	2	4	6	2	1	2	4	6		47				82
襄贲	1	1	2		1	2	6	3	3	5	4	1	3	7	4		21				64
戚	1	1	2			2	4	2	3	3	1	1	3	5	5		27				60
费	1	1	2			2	4	2	3	5	5	1	3	8	4	2	43				86
即丘	1	1	2				4	2	2	8	4		2	6	4		32				68
厚丘	1	1	2				4	1	2	9	2	1	3	4	1		36				67
利成	1	1	2			1	3	3	2	3	3		3	5	5	1	32				65
况其	1	1	2				4	2	2	5	3	1	3	6	2		23				55
开阳	1	1	2			1	4	3	2	4	3	1	3	6	2		19				52
缯	1	1	2			1	4	2	2	3	2	1	2	4	2		23				50
司吾	1	1	2				3	2	2	7	2	1	2	6			12				41

① 东海郡所属县邑侯国盐铁官名称于木牍二正、反有部分不清晰,此表是笔者经过考证按照图版原来的顺序排比而来。对比图版和释文,除了曲阳县部分吏员数目因图版不清晰无法释读之外(但可以考证),其他各个县邑侯国和盐铁官所属吏员数目之图版均比较清晰,可以辨认,释文也无误。

续表

名称	令或长	丞	尉	狱丞	官有秩	乡有秩	令史	狱史	官啬夫	乡啬夫	游徼	牢监	尉史	官佐	乡佐	邮佐	亭长	侯家丞	仆行人门大夫	先马中庶子	总计
平曲	1	1	1			1	4	2	2		2			3	4	2		4				27
临沂	1	1	2				4	1		7	3	1		2	4	2	2	36				66
曲阳	1	1	1		?	?	?	2		2	1			2	6	1		5				28
合乡	1	1					3	2		2	1	1		2	5			7				25
承	1	1					3	2		1	1	1		1	4	1		6				22
昌虑	1	1	2			1	4	2	2	2	2	1		2	7	1		19	1	3	14	65
兰旗	1	1	2				3	2	1	4	2	2		2	7	2	1	12	1	3	14	59
容丘	1	1	1			1	4	2		2	2	1		2	5	2		11	1	3	14	53
良成	1	1	1			1	4	2	1	1	2	1		2	5	3		7	1	3	14	50
南城	1	1	1				4	2		2	1	1		2	3	2		18	1	3	14	56
阴平	1	1	1				4	2	1	3	2	1		2	4	3		11	1	3	14	54
新阳	1	1					3	2		2	2	1		1	4			12	1	3	14	47
东安	1	1					3	2		1	1			2	5			9	1	3	14	44
平曲侯国	1	1	1				3	2		2	2	1		1	5			5	1	3	14	42
建陵	1	1					3	2		1	1	1		1	4			6	1	3	14	39
山乡	1	1					3	2		1	1	1		1	4			4	1	3	14	37
武阳	1	1					2	1		1	1	1		1	3			3	1	3	14	33
都平	1	1					2			1	1			1	3			3	1	3	14	31
郚乡	1	1					3	2		1	1	1		2	5	1		5	1	3	14	41

292

续表

名称	令或长	丞	尉	狱丞	官有秩	乡有秩	令史	狱史	官啬夫	乡啬夫	游徼	牢监	尉史	官佐	乡佐	邮佐	亭长	侯家丞	仆行人门大夫	先马中庶子	总计
建乡	1	1					3	2	1	1	1	2		5	1		4	1	3	14	40
干乡	1	1					3	1	1	1	1	1		6	1		2	1	3	14	37
建阳	1	1					3	1	1	1	1	1		6	2		5	1	3	14	41
都阳侯国	1	1					2		1	1		1		4			3	1	3	14	32
伊卢盐官	1	1					1	2						25							30
北蒲盐官		1					1	2						22							26
郁州盐官		1					1	1						23							26
下邳铁官	1	1					3	5						9			1				20
□铁官		1					1	1						2							5
小计	2	5					7	11						81			1				107
总计	40	43	43	1	5	24	141	76	60	137	82	33	80	281	88	10	689	18	54	252	竖2163 横2157

注：总计2163人，外加太守吏员27人，都尉吏员12人，则总和正好为2202人。其中，太守1人，太守丞1人，卒史9人，属5人，书佐9人，用算佐1人，小府啬夫1人；都尉1人，都尉丞1人，卒史2人，属3人，书佐4人，用算佐1人。

2. 集簿"令七人,长十五人,相十八人",对照东海郡吏员簿提供的数字,也正好相符。东海郡吏员簿中有费、即丘、厚丘、利成、况其、开阳、缯、司吾、平曲、临沂、曲阳、合乡和承总共13个县设长;再加上伊卢盐官和下邳铁官长,则刚好15人。其余7个县均设令。18个侯国共设相18人。

3. 集簿"丞卌四人",对比东海郡吏员簿所提供的县邑侯国、盐铁官所属丞数,也正好符合。东海郡总共43个县邑侯国和盐铁官,则作为仅次于县令、长或相之长吏,总共有丞43人;再考虑到郯县另有狱丞1人,则总共有丞44人无误。

4. 集簿"有秩卌人",统计东海郡吏员簿,"官有秩"5人,"乡有秩"24人,则总共只有29人,与此不符。但是,只要我们注意到东海郡吏员簿中曲阳县"乡有秩"之后牍文漫漶不清的事实[1]81,则大致可以推定该县乡有秩为1人。

5. 集簿"斗食五百一人,佐使、亭长,千一百八十二人",该如何解释?通过上表有关东海郡吏员簿的统计,我们发现,除掉太守、都尉吏员数,则东海郡所属吏员当为2163人;因为牍文漫漶不清[1]81的缘故,各分项统计总数只有2157人。其中,"斗食"者,据学者们的研究①,当包括令史、狱史、官啬夫、乡啬夫和游徼,将东海郡吏员簿中这几项数字相加②,则总共有496人,比集簿所言501人少5人。研读牍文,我认为,这少出的5人可以在简牍缺损的曲阳县补上,当为其县令史、狱史吏员数。东海郡吏员簿有关曲阳县的牍文,明确说到该县吏员"凡廿八人",除去牍文清晰的吏员数目,则剩下6人无所归属;而上文考证曲阳县当有"乡有秩"1人,则剩下5人必为该县令史与狱史的数字。类比其他县邑侯国,我们发现多有令史、狱史吏员数之和为5的情形,如朐(3+2)、厚丘(4+1)、司吾(3+2)、临沂(4+1)、合乡(3+2)、承(3+2)、兰旗(3+2)、新阳

(3+2)、东安(3+2)、平曲(3+2)、建陵(3+2)、山乡(3+2)、郚乡(3+2)和建乡(3+2)等14个县邑侯国。由此,我认为,曲阳县令史很有可能为3人,狱史很有可能为2人③。倘若我们估计无误,则东海郡吏员簿有关曲阳县牍文缺损的部分可补为:"一人,令史三人,狱史二。"④"佐使"者,应该包括牢监(33)、尉史(80)、官佐(200)、乡佐(88)、邮佐(10)和佐(81),将这几项数字和亭长数(689)相加,则为1181人,比集簿所说少1人。

6. 集簿"侯家丞十八人,仆、行人、门大夫五十四人,先马、中庶子二百五十二人,凡三百廿四人",比照上表所列东海郡吏员簿相关数据,甚合。

由上文的分析比较,我们知道,集簿和东海郡吏员簿有关东海郡吏员总额的统计之所以不同,是因为两处在统计"佐使、亭长"时出现了差异。那么,导致这种差异的原因是什么?是释读者释读错误还是图版本身就有问题?或者有其他的解释?下面我们就来讨论这一问题。

二

最初我们认为很可能是释读者释读错误,因为集簿的图版"吏员二千二百三人"当中的"百"字并不是很清晰,很容易让人认为"三"字的最上一横是"百"字的最末一笔,但是经过仔细研读图版和释文,我们发现集簿当中的"百"字写法特殊,多简写为排列紧凑的上下两横,类似草书⑤。由此我们排除了释读错误的可能。

那么,会不会如廖伯源所说,是集簿的作者计算错误呢?我们认为,集簿作为郡国上计的正式文书,应当是极其规范而严格的,不容得统计方面出现这样大的失误;只要还存在有其他解释

---

① 分别见参考文献中谢桂华论文第46页和廖伯源著作第71页。
② 据上表之统计,有141+76+60+137+82=496(人)。
③ 当然也有可能是令史4人,而狱史1人。但是比照与曲阳县吏员相当的其他县邑侯国,如合乡、承,则令史为3、狱史为2的可能性更大。
④ "一人",指"乡有秩"一人,已见前文考证。
⑤ 而东海郡吏员簿的字体则比较规矩,"百"字的写法类似我们今天的正楷。

的可能,我们断不可认为是集簿作者计算错误。

而实际上,我们也确实找到了一种较为合理的解释。这种解释是建立在将尹湾汉墓简牍所见官文书——包括集簿,东海郡吏员簿,东海郡下辖长吏名籍,东海郡下辖长吏不在署、未到官者名籍,东海郡属吏设置簿和武库永始四年兵车器集簿——视作一个整体的基础上,即尹湾汉墓简牍所见官文书都是作为永始四年东海郡的上计文书①。由此,我们不得不提到东海郡属吏设置簿(木牍五反,下文凡涉及处皆简称"东海郡属吏设置簿")。

关于东海郡属吏设置簿的性质,《尹湾汉墓简牍》的编者在"前言"中是这样说的:

牍文第一行记有属吏总数,其中属于"员"的为廿五人。据《东海郡吏员簿》,太守吏员廿七人,其中只有太守和丞各一人为长吏,除去此二人,正好廿五人。可知此簿所记即东海郡太守府属吏。[1]2

谢桂华亦持相同意见[5]45。而廖伯源则认为也存在为东海郡某县廷之属吏的可能[4]61。我们支持《尹湾汉墓简牍》编者和谢桂华的意见,认为不可能是东海郡某县廷之属吏。其理由来自该牍文的一则材料,其曰:

☐亭长一人以故事置。[1]100

遍考东海郡吏员簿,未见有哪一个县邑侯国仅有亭长一人者。故东海郡属吏设置簿不为其所属县廷属吏,可知。而相反,史籍中却有郡府亭长的记载,如《后汉书·百官志》记郡府吏员有:

正门有亭长一人。

又《后汉书·儒林列传·周泽传》,孙堪为县令:

谒府,趋步迟缓,门亭长谴堪御史,堪便解印绶去,不之官。

严耕望将此门亭长名为府门亭长,认为隶属门下:

是职主守门纠仪也。[6]128

今以《尹湾汉墓简牍》此则材料考实之,则至少在西汉晚期,府门亭长不隶属门下,而应为"以故事置"之部分。

由此,我们将东海郡吏员设置簿定性为关于东海郡郡府吏员设置的文书,当属无误,由此我们也就找到了解决集簿与东海郡吏员簿统计差异的钥匙。

我们认为,是统计方法的不同最终导致了统计结果的不同。除在郡府吏员和都尉吏员所属"员"的统计方面集簿与东海郡吏员簿的相类似外,两处统计存在着巨大差异。集簿作为相对概括的统计,分成了令、长、相、丞、尉、有秩、斗食、佐使亭长、侯家丞、仆行人门大夫和先马中庶子等共11个小项进行统计;而东海郡吏员簿则是在每个县邑侯国盐铁官名目之下再行分类统计。如此一来,在集簿那里,作者自然就会将郡府所属亭长计入"佐使亭长"之列;而在东海郡吏员簿那里,由于亭长不为县邑侯国盐铁官所属,则自然不计入。因此,集簿和东海郡吏员簿的统计结果一个显示为2203人,一个显示为2202人,也就正常不过了。

当然也会有人质疑说,东海郡属吏设置簿里的亭长是作为"故事置"而存在的,不是"员"列,不应该计入。因为集簿在统计东海郡郡府所属吏员时,假如不考虑亭长这个例外,则所有郡府吏员都属"员"列;而据东海郡属吏设置簿,则东海郡掾史多达93人,分成了"员""君卿门下""以故事置""请治所置"和"赢员"等五大部分,大大超出了"员"数。

要解决此一疑问,当明白东海郡属吏设置簿中所见"员""君卿门下""以故事置""请治所置"和"赢员"的具体含义。廖伯源认为:"员",为占编制内之员额者[4]61;"君卿门下",或是郡县主官之门下属吏,门下诸属吏为主官之亲近,主官或得以此名目设置若干人[4]61;"以故事

---

① 我们也曾经认为尹湾汉墓简牍所见的这几种官文书并非是同一时期的;倘若如此,则集簿与东海郡吏员簿统计的差异也就无从考证了。因为从一个郡的角度来说,即使是连续两年的统计,其存在较大差别也是正常的。但是,当将这几种官文书联系起来进行考察时,我们发现,这几种官文书内容之间是紧密关联的。由此我们大胆推测尹湾汉墓简牍所见几种官文书是作为同一年的上计材料而存在的。

置",谓因以往之惯例而设置者[4]61;"请治所置"①,或作"请治所",当是县向郡府请准若干名额而置吏,至郡府属吏以"请治所"名义设置者,所请当是京师之丞相府;"赢员",是谓超出之吏员[4]62。廖伯源所见甚是。由此也可见这五大部分之间存在着较为明确的区别。那么,这是否也意味着这五大部分会泾渭分明,而不相互转化呢?

下面我们就以"以故事置"这一部分为例,说明这五大部分之间存在着相应的转换关系。

所谓"故事","故"谓旧也,"事"谓事例也,总谓旧事例也。如《汉书·刘向传》谓刘向被擢为谏大夫:

> 是时,宣帝循武帝故事,招选名儒俊材置左右。更生(指刘向)以通达能属文辞,与王褒、张子侨等并进对,献赋颂凡数十篇。

则谓汉宣帝仿照汉武帝时事例,招选人才为己所用。

又《后汉书·班超传》谓汉安帝元初六年(119年),班勇上议曰:

> 旧敦煌郡有营兵三百人,今宜复之,复置护西域副校尉,居于敦煌,如永元故事。

按:永元为汉和帝时年号,从公元89年至公元105年。则永元年间东汉曾置护西域校尉,至元初六年班勇建议恢复其设置。

《汉书·杨敞传》有一则材料能够较为确切地说明"故事"的含义:

> 郎官故事,令郎出钱市财用,给文书,乃得出,名曰"山郎"。移病尽一日,辄偿一沐,或至岁余不得沐。其豪富郎,日出游戏,或行钱得善部。货赂流行,传相放效。(杨)恽为中郎将,罢山郎,移长度大司农,以给财用。其疾病休谒洗沐,皆以法令从事。郎、谒者有罪过,辄奏免,荐举其高弟有行能者,至郡守九卿。郎官化之,莫不自厉,绝请谒货赂之端,令行禁止,宫殿之内翕然同声。

在杨恽任中郎将时,郎官的管理已经有了一套不成文的惯例,即郎官必须出钱市财用,给文书,才能得到疾病休谒洗沐的机会。很显然,这是一种陋习,不符合法律的规定。针对这种局面,杨恽在任中郎将后,规定郎官的"疾病休谒洗沐",必须"以法令从事",才最终革除陋习,形成了"令行禁止,宫殿之内翕然同声"的良好局面。这里所谓的"郎官故事",一方面是已经形成了的一种旧例习惯,另一方面又是法律中所没有规定的,甚至是违法的一种惯例。故而这种惯例能否长久地维持下去,并不能肯定。这一点非常重要!因为据此类推,则"以故事置",其必是某一职位于法律没有,但是因某一机会而被设立,其后才可能"以故事置"。"以故事置"的职位,其发展无非三途:第一,被取消,就像杨恽取消郎官故事一样;第二,继续维持,也就是继续"以故事置";第三,则可能成为正式编制内的成员,即变成"员"列。

东海郡属吏设置簿中郡府的亭长,在西汉后期尚处于"以故事置"之列,但是到了《后汉书·百官志》那里,已经成为与其他诸曹掾吏相并列的郡府属吏,见诸正史百官志。由此可见,郡府亭长到东汉时代已然成为郡府正式编制内的属吏,而郡府亭长的从"以故事置"到"员",其间的发展变化亦可寻觅。

由此,我们可以这样认为,郡县上计,在统计所属吏员数时,一般只统计郡县政府吏员中属于"员"的那部分,这是一般规律;而由于郡府作为地方行政中心的地位,所以会有专门的郡府吏员的统计,包括了不属于"员"列的郡府属吏,并将之作为上计材料的一部分。而另一方面,就东海郡属吏设置簿中郡府亭长来说,在尹湾汉墓简牍所见的那个时代,也许正处于从"以故事置"到"员"转变的关键时期,表现为在集簿的统计中将其纳入统计之列,而在东海郡吏员簿中却并不计入——虽然这会导致整个统计结果的差别,但

---

① 廖伯源将"请治所置"名为"请治所置吏"。依东海郡属吏设置簿,"廿九人请治所置吏赢员廿一人",我认为,断句在"吏"字之前稍微合理,正好与"以故事置"相类。

是却不会造成那个时代人的误解①。

而就东海郡属吏设置簿中有关郡府属吏的其他四个部分来说,"君卿门下"乃国家于法律无所规定,但却允许郡守自置的属吏。其设置符合西汉时代郡作为地方行政中心的地位,体现了中央政府对郡县政府的有效控制。"请治所置",则与"以故事置"形成对比,当是为现时的需要而请求中央政府批准设立的。其后有可能被取消,也有可能转化为"以故事置"。"赢员"与其他四种郡府属吏不同,乃未报请中央政府批准而设置的郡府吏员,其发展的方向当是向着其他四种门类转变。从整体上来说,郡府吏员的这五大部分是汉代郡政府维持有效运转的必要组成部分;其内部的有机运动和相互转化,是维持郡政府生机和活力的良好润滑剂和推动剂。由此,我们也许可以揭示出两汉郡县政府组织不断扩大和膨胀的秘密。这是一个有价值的课题,当另文详论。

【参考文献】

[1] 连云港市博物馆,东海县博物馆,中国社会科学院简帛研究中心,中国文物研究所.尹湾汉墓简牍[M].北京:中华书局,1997.下文凡有引用之处,其标点均为笔者所加.

[2] 杨际平.汉代内郡的吏员构成与乡、亭、里关系:东海郡尹湾汉简研究[J].厦门大学学报,1998(4).

[3] 于琨奇.尹湾汉墓简牍与西汉官制探析[J].中国史研究,2000(2).

[4] 廖伯源.简牍与制度:尹湾汉墓简牍官文书考证[M].台北:"文津出版社",1998.

[5] 谢桂华.尹湾汉墓简牍和西汉地方行政制度[J].文物,1997(1).

[6] 严耕望.秦汉地方行政制度[M]//严耕望.中国地方行政制度史.台北:"中央研究院"历史语言研究所,1961.

---

① 单单从东海郡上计材料中统计郡府所属非"员"列属吏这一点来说,我们也就很难同意廖伯源在其著作中所认为的"秦及汉初地方行政之重心在县而不在郡"的观点(见参考文献部分所引廖伯源著作第75页)。

汉画与简帛

近三十年大陆及港台简帛发现、整理与研究综述

于振波[*]

【摘　要】　随着简牍、帛书在全国各地的不断出土，简帛学获得了长足的发展。近30年来，中国大陆、香港和台湾地区发现与整理了敦煌汉简、悬泉置汉简、楼兰和尼雅文书、武威汉简、居延汉简、马王堆帛书、银雀山汉简、定县汉简、云梦睡虎地秦简、阜阳汉简、张家山汉简、甲湾汉简、郭店楚简、上海博物馆藏战国竹简、走马楼吴简等，出现了一批对汉简帛研究的高水平学术论著，为秦汉史研究提供了政治、经济、思想、文化、军事等方面的重要文物资料。

【关键词】　简帛；整理；研究；秦汉史

一、简帛的发现与整理

（一）敦煌汉简

敦煌汉简，是指20世纪初开始在河西疏勒河流域汉代边塞烽燧遗址中陆续出土的简牍。

其中，20世纪初英国探险家斯坦因第二次和第三次中亚考察时所发现的简牍，以及1944年中国西北科学考察团的夏鼐等人所发现的汉简，经林梅村和李均明整理，成《疏勒河流域出土汉简》一书，于1984年由文物出版社出版。该书附有《疏勒河流域汉代边塞遗址概述》《汉简出土编号与汉简著录编号一览表》等，但不含原简照片。

70至80年代，嘉峪关市文物保管所甘肃省文物工作队、敦煌市博物馆等部门又在这一地区的马圈湾、酥油土、花海等地发现了一大批汉代简牍。这些简牍，连同斯坦因、夏鼐等人所发现的汉简一起，由吴礽骧、李永良、马建华释校，成《敦煌汉简释文》（不含图版）一书，于1991年由甘肃人民出版社出版。同年，中华书局出版了甘肃省文物考古研究所含有图版和释文的《敦煌汉简》上、下册。

（二）悬泉置汉简

1990年至1992年间，在甘肃省敦煌与安西县之间的甜水井悬泉置遗址出土了2万余枚汉简，内容多与邮驿有关，展示了汉代邮驿的面貌，对"置"的职能、管理组织和人员构成等都有明确记载。其中100余件麻纸及纸文书向世人证明：纸在中国西汉时期已大量存在，并已用于书写。发现的《诏书四时月令五十条》是国内目前所见唯一保存较完整的壁书原件，具有很高的文物史料研究价值。出土的帛书信札，共10行，370个字，是目前已知西汉时期最完整和文字最

---

[*] 于振波（1966—　），男，汉族，内蒙古自治区赤峰市人，湖南大学岳麓书院教授，史学博士，主要研究秦汉史和简牍文书。

多的私人信件。这些均是研究汉代历史和丝绸之路的重要史料。《文物》2000年第5期公布了甘肃省文物考古研究所的《甘肃敦煌汉代悬泉置遗址发掘简报》《敦煌悬泉汉简内容概述》和《敦煌悬泉汉简释文选》。这批简牍正在整理之中。

（三）楼兰、尼雅文书

这部分文书均出土于东汉至十六国时期鄯善国境内的楼兰地区和尼雅河流域，书写材料既有木简，也有残纸，文字既有汉文，也有佉卢文、粟特文、婆罗迷文，是20世纪初期由英国探险家斯坦因、瑞典探险家斯文·赫定以及日本的大谷光瑞等人发现的。文书中的绝大部分为魏晋时期遗物，内容非常广泛，为我们研究这一时期西域的历史地理、社会经济、文化生活和屯戍活动等，提供了极为丰富的材料，也为研究这一时期的语言文字、书法艺术提供了不可多得的重要资料。

其中的汉文文书，林梅村先生将各家刊布的文书编号与原报告出土号逐一核对，并在斯坦因文书编号的基础上进行统一，对原整理者的释文重新校订，并重新编写了《楼兰尼雅遗址概述》，成《楼兰尼雅出土文书》一书，于1985年由文物出版社出版。

1988年，文物出版社又出版了林梅村先生的《沙海古卷·中国所出佉卢文书（初集）》。这是目前收集我国出土的佉卢文资料最全的一部书，书中有佉卢文书的汉语释文和拉丁文转写。

（四）武威汉简

1959年，甘肃省武威磨咀子6号墓中出土汉简480枚，包括《仪礼》简469枚，日忌杂占简11枚；同时，在第18号墓中出土"王杖十简"。其中，《仪礼》简为《仪礼》的版本、校勘提供了重要资料，由于简册保存完好，墨迹如新，为复原古代简册制度提供了具体例证。1964年，文物出版社出版了甘肃省博物馆、中国科学院考古研究所整理的《武威汉简》，公布了这批简牍资料。

1972年，在甘肃省武威旱滩坡的一座东汉早期墓葬中出土了医药简牍，基本上是一部方书，保存医方30多个，包含了临床医学、药物学、针灸学的丰富内容，为研究我国古代医学提供了重要资料。1975年，文物出版社出版了甘肃省博物馆、武威县文化馆整理的《武威汉代医简》。

（五）居延汉简

1930—1931年，中国与瑞典西北科学考察团在今额济纳河流域的汉代边塞遗址中采集到10200枚汉简。内容涉及西北边塞地区的行政、边防、邮驿、屯田及戍卒的日常工作和生活等许多方面。其整理情况如下：

劳干《居延汉简考释释文之部》，四川南溪石印本，1943年。

劳干《居延汉简考释考证之部》，四川南溪石印本，1944年。

劳干《居延汉简图版之部》，台北，1957年。

中国科学院考古研究所《居延汉简甲编》（陈梦家主持整理），科学出版社，1959年。

中国科学院考古研究所《居延汉简甲乙编》（上、下），中华书局，1980年。该书发表了这批简牍的全部照片和释文，并附有中文的考古发掘报告。

谢桂华、李均明、朱国炤《居延汉简释文合校》（秦汉魏晋出土文献），文物出版社，1987年。该书以《居延汉简甲乙编》的释文为底本，在《居延汉简考释释文之部》与《居延汉简甲乙编》的基础上，吸收了国内外有关研究成果，重新校订，纠正了不少错误，并注明各版本的异文，对学术研究大有裨益。

台北"中央研究院"历史语言研究所简牍整理小组《居延汉简补编》，台北，文渊企业有限公司，1998年。由于采用了先进的红外线摄像技术，一些原来用肉眼无法辨认的字得以识读，因而校正、补充了释文中的不少错误和遗漏，这对于正确理解和使用简牍资料无疑是非常重要的。

1972—1976年，甘肃居延考古队又在额济纳河流域，对破城子甲渠候官、甲渠塞第四燧和肩水金关遗址进行发掘，新获汉代木简2万多枚，绝大部分是木简，内容非常广泛，它不仅记录了居延地区的屯戍活动，而且保存了一批从西汉中期到东汉初年的官方文献资料。其整理情况如下：

甘肃省文物考古研究所编，薛英群、何双全、李永良注《居延新简释粹》，兰州大学出版社，1988年。

甘肃省文物考古研究所、甘肃省博物馆、文化部古文献研究室、中国社会科学院历史研究所《居延新简——甲渠候官与第四燧》，文物出版社，1990年。

甘肃省文物考古研究所、甘肃省博物馆、中国文物研究所、中国社会科学院历史研究所《居延新简——甲渠候官》，上册为图版，下册为释文，中华书局，1994年。

肩水金关的简牍尚未公布。

（六）马王堆帛书

1973年，在湖南长沙马王堆三号墓发现了大批帛书，内容包括《周易》、《丧服图》、《春秋事语》、《战国纵横家书》、《老子》甲乙种、《九主图》、《黄帝书》、《刑德》甲乙丙种、《五星占》、《天文气象杂占》、《篆书阴阳五行》、《隶书阴阳五行》、《木人占》、《符箓》、《神图》、《筑城图》、《园寝图》、《相马经》、《五十二病方》、《胎产图》、《养生图》、《杂疗方》、《导引图》、《长沙国南部图》、《驻军图》等。帛书涉及战国至西汉初期政治、军事、思想、文化及科学等各个方面，在文字学、训诂学、音韵学等方面，也提供了丰富的研究资料，有着重要的学术价值。目前，这批帛书尚未全部公布，主要整理成果如下：

湖南省博物馆、中国科学院考古研究所、文物编辑委员会《长沙马王堆一号汉墓发掘简报》，文物出版社，1972年。

湖南省博物馆、中国科学院考古研究所《长沙马王堆一号汉墓》（上、下），文物出版社，1973年。

马王堆汉墓帛书整理小组《马王堆汉墓帛书》（壹），文物出版社，1974年。

马王堆汉墓帛书整理小组《马王堆汉墓帛书·老子》，文物出版社，1976年。

马王堆汉墓帛书整理小组《马王堆汉墓帛书·经法》，文物出版社，1976年。

马王堆汉墓帛书整理小组《马王堆汉墓帛书·战国纵横家书》，文物出版社，1976年。

马王堆汉墓帛书整理小组《马王堆汉墓帛书·古地图》，文物出版社，1977年。

马王堆汉墓帛书整理小组《马王堆汉墓帛书》（叁），文物出版社，1978年。

马王堆汉墓帛书整理小组《马王堆汉墓帛书·导引图》，文物出版社，1979年。

马王堆汉墓帛书整理小组《马王堆汉墓帛书》（壹），文物出版社，1980年。

马王堆汉墓帛书整理小组《马王堆汉墓帛书》（叁），文物出版社，1983年。

马王堆汉墓帛书整理小组《马王堆汉墓帛书》（肆），文物出版社，1985年。

邓球柏《帛书周易校释》，湖南人民出版社，1987年。

周一谋、肖佐桃主编《马王堆医书考注》，天津科学技术出版社，1988年。

魏启鹏《马王堆帛书·德行校释》，巴蜀书社，1991年。

魏启鹏、胡翔骅《马王堆汉墓医书校释》（一），成都出版社，1992年。

魏启鹏、胡翔骅《马王堆汉墓医书校释》（二），成都出版社，1992年。

此外，陈鼓应先生主编《道家文化研究》第三辑（马王堆帛书专号，上海古籍出版社，1993年）也公布了帛书《系辞》《二三子问》《易之义》《要》等篇章的释文。

（七）银雀山汉简

1972年在山东省临沂银雀山一、二号汉墓中发现4900多枚竹简，一号墓竹简内容为《孙子兵法》《孙膑兵法》《六韬》《尉缭子》《管子》《晏子春秋》以及不少军事、政治和阴阳杂占等佚书，二号墓竹简内容为《汉武帝元光元年历谱》。这些竹简的出土，对有关古籍的校勘、辑佚和辨伪等工作具有重要意义。尤其《孙膑兵法》与《孙子兵法》的同时出土，结束了长期以来关于这两部书的一些悬而未决的争议。其整理情况如下：

银雀山汉墓竹简整理小组《银雀山汉墓竹简》（壹），八开线装本，文物出版社，1975年。

银雀山汉墓竹简整理小组《银雀山汉墓竹

简：孙膑兵法》，文物出版社，1975年。

银雀山汉墓竹简整理小组《银雀山汉墓竹简：孙子兵法》，文物出版社，1976年。

张震泽《孙膑兵法校理》，中华书局，1984年。

银雀山汉墓竹简整理小组《银雀山竹书〈守法〉〈守令〉等十三篇》，《文物》1985年第4期。

银雀山汉墓竹简整理小组《银雀山汉墓竹简》（壹），文物出版社，1985年。

吴九龙《银雀山汉简释文》，秦汉魏晋出土文献，文物出版社，1985年。

骈宇骞《银雀山汉墓竹简晏子春秋校释》，书目文献出版社，1988年。

（八）定县汉简

1973年，在河北定县40号汉墓中出土了大批简牍，竹简炭化成块，残损严重，经整理，共有以下几项内容：《论语》《儒家者言》《哀公问五义》《保傅传》《太公》《文子》《六安王朝五凤二年正月起居记》《日书·占卜》。这批竹书为辑佚、校勘、订正古籍，提供了珍贵资料。其整理情况如下：

河北省文物研究所《河北定县40号汉墓发掘简报》，《文物》1981年第8期。

定县汉墓竹简整理组《定县40号墓出土竹简简介》，《文物》1981年第8期。

定县汉墓竹简整理组《儒家者言释文》，《文物》1981年第8期。

河北省文物研究所定州汉墓竹简整理小组《定州汉墓竹简·论语》，文物出版社，1997年。

（九）云梦睡虎地秦简

1975年在湖北云梦睡虎地11号秦墓中出土了1150多枚竹简，内容为《编年记》《语书》《秦律十八种》《效律》《秦律杂抄》《法律答问》《封诊式》《为吏之道》和《日书》甲、乙种等。为研究秦国和秦朝的法律制度提供了珍贵资料，弥补了文献记载的匮乏。其整理情况如下：

季勋《云梦睡虎地秦简概述》，《文物》1976年第5期。

云梦秦墓竹简整理小组《云梦秦简释文》（一），《文物》1976年第6期。

云梦秦墓竹简整理小组《云梦秦简释文》（二），《文物》1976年第7期。

云梦秦墓竹简整理小组《云梦秦简释文》（三），《文物》1976年第8期。

睡虎地秦墓竹简整理小组《睡虎地秦墓竹简》，8开线装本，文物出版社，1977年。

睡虎地秦墓竹简整理小组《睡虎地秦墓竹简》，32开平装本，文物出版社，1978年。

云梦睡虎地秦墓编写组《云梦睡虎地秦墓》，文物出版社，1981年。

睡虎地秦墓竹简整理小组《睡虎地秦墓竹简》，8开精装本，文物出版社，1990年。

（十）阜阳汉简

1977年，在安徽阜阳双古堆一号汉墓中出土大批木简，损坏严重，清理出十多种古籍，包括《苍颉篇》《诗经》《周易》《年表》《大事记》《杂方》《行气》《相狗经》《辞赋》《刑德》《目书》等。其整理情况如下：

安徽省文物工作队、阜阳地区博物馆、阜阳县文化局《阜阳双古堆西汉汝阴侯墓发掘简报》，《文物》1978年第8期。

阜阳汉简整理小组《阜阳汉简简介》，《文物》1983年第2期。

阜阳汉简整理小组《阜阳汉简〈苍颉篇〉》，《文物》1983年第2期。

阜阳汉简整理小组《阜阳汉简〈诗经〉》，《文物》1984年第8期。

（十一）张家山汉简

1983年，在湖北江陵张家山三座汉墓中出土了1600多枚木简，内容为《汉律》、《奏谳书》、《盖庐》、《脉书》、《引书》、《算数书》、《日书》、《历谱》、遣册等，为研究汉代法律制度提供了大量第一手资料。三座墓的年代约在西汉的吕后和文帝时期，这些简牍对于研究西汉初期的法律制度、数学和历法等，提供了弥足珍贵的资料。其整理情况如下：

荆州博物馆《江陵张家山三座汉墓出土大批竹简》，《文物》1985年第1期。

张家山汉墓竹简整理小组《江陵张家山汉简概述》,《文物》1985年第1期。

江陵张家山汉简整理小组《江陵张家山汉简〈奏谳书〉释文》(一),《文物》1993年第8期。

江陵张家山汉简整理小组《江陵张家山汉简〈奏谳书〉释文》(二),《文物》1995年第3期。

(十二)尹湾汉简

1993年,在江苏省连云港市东海尹湾村发现24方木牍和133枚竹简,详细记载了西汉时期东海郡的上计和吏员设置、任命、升迁、考绩、巡行视察等内容,是迄今为止发现的我国最早和较完整的一份郡级档案,也是研究西汉地方行政制度的第一手珍贵资料。1997年,中华书局出版了《尹湾汉墓简牍》,收录了全部照片和释文,并附有发掘报告。

(十三)郭店楚简

1993年冬天,湖北荆门郭店一座楚墓里出土了大量竹简,内容都是典籍。(1)道家著作有《老子》甲、乙、丙三组,均系摘抄,不相重复。丙组简附有《太一生水》,是对《老子》的解说引申。(2)儒家著作可以分为两组:第一组有《缁衣》《五行》《成之闻之》《尊德义》《性自命出》和《六德》六篇;第二组有《鲁穆公问子思》《穷达以时》两篇。此外还有《唐虞之道》《忠信之道》两篇,近于儒学,强调禅让。(3)《语丝》四组,杂抄百家之说,大约是教学用书,和汉初贾谊《新书》的《连语》《修政语》《礼容语》等有些相像。这批简牍,对于研究先秦时期的学术发展脉络意义重大。1998年,文物出版社出版了《郭店楚墓竹简》,包含照片和释文,每篇释文后都附有注释。

(十四)上海博物馆藏战国竹简

上海博物馆数年前从香港购藏了一批战国竹简,内容包括《易经》《孔子诗论》《情性论》《缁衣》《子羔》《孔子闲居》《彭祖》《乐礼》《曾子》《武王践阼》《子路》《四帝二王》《颜渊》《乐书》《卜书》等80余种古籍。《孔子诗论》记载了不见于世传的孔子言论,还有一些不见于《诗经》的古诗。这批竹简的学术价值不在郭店楚简之下,目前正在整理之中。

(十五)走马楼吴简

魏晋南北朝时期考古新发现中,最令人惊喜、最引起轰动的,当属1996年9—11月在湖南长沙市走马楼22号古井内清理出土的十几万枚三国时期吴国简牍,其总数超过全国历年出土简牍的总和。其内容涉及吴国的政治、经济、文化、军事、租税、户籍、司法、职官等,是20世纪我国继甲骨文、敦煌石室文书等发现以来文献资料的又一次重大发现。在三国时期文献史料存世匮乏的今天,更显得重要和宝贵。此外,隶书、楷书、章草、行草等多种书本,清秀隽美的字形,在中国书法史研究上也占有一席之地。其整理情况如下:

胡平生、宋少华《长沙走马楼简牍概述》,《传统文化与现代化》1997年第3期。

长沙市文物工作队、长沙市文物考古研究所《长沙走马楼J22发掘简报》,《文物》1999年第5期。

王素、宋少华、罗新《长沙走马楼简牍整理的新收获》,《文物》1999年第5期。

《走马楼长沙吴简·嘉禾吏民田家莂》(图版和释文),文物出版社,1999年。

其他部分目前正在整理中。

(十六)其他

许多散见于各地的简牍,由于每次出土的数量较少,难于单独编辑成书,其释文往往散见于各种书刊之中。李均明、何双全两位先生将这部分资料加以汇编,并吸收历年来的研究成果,重新校订,成《散见简牍合辑》一书,于1990年由文物出版社出版。

此外,简牍整理方面的著作尚有:

湖北省荆沙铁路考古队《包山楚简》,文物出版社,1991年。

青海省文物考古研究所《上孙家寨汉晋墓》,文物出版社,1993年。

商承祚《战国竹简汇编》,齐鲁书社,1995年。

湖北省文物考古研究所、北京大学中文系

《望山楚简》，中华书局，1995年。

刘信芳、梁柱《云梦龙岗秦简》，科学出版社，1997年。

二、简帛研究述略

如前所述，简牍和帛书的内容是如此丰富，近30年来的研究成果也非常之多，本文限于篇幅，只能做蜻蜓点水式的简要叙述。

应该指出的是，从20世纪50年代开始的近30年时间里，中国大陆和台湾地区虽然由于政治原因无法进行正常的学术交流，但是，海峡两岸的学者们都在努力工作，默默地推动着简牍研究的开展。

在中国大陆，陈梦家、陈直、于豪亮等学者，在简牍研究方面做出了很大贡献。其中陈梦家的《汉简缀述》（中华书局，1980年）、于豪亮的《于豪亮学术文存》（中华书局，1985年）和陈直的《居延汉简研究》（天津古籍出版社，1986年），就是前一阶段简牍研究的总结性成果。这些研究成果，结合文献资料，深入探讨了汉代的边郡组织、防御系统、屯田状况、邮驿制度、烽燧制度以及戍卒的工作和生活等一系列问题。这些著作直到今天，对于简帛研究仍然具有指导意义。

与此同时，中国台湾地区学者继劳干之后，又有马先醒等一批学者，他们以《简牍学报》为阵地，进行学术研究。马先醒先生的《汉简与汉代城市》（台北，简牍学社，1976年）、《简牍论集》（台北，简牍学社，1977年）及《居延汉简新编》（1981年）等，都是高水平的研究著作。

中国香港地区的简帛研究以香港中文大学的饶宗颐先生为代表，他在利用简帛资料研究社会风俗和宗教方面，有许多独到之处。他的著作主要有《云梦秦简日书研究》（与曾宪通合著，香港，香港中文大学出版社，1982年）、《敦煌汉简编年考证》（与李均明合著，台北，新文丰出版公司，1995年）等。

海峡两岸学者的不懈努力，为80年代以来简帛研究的进一步开展，打下了坚实的基础。

从80年代开始，一些学者开始撰写普及性读物，深入浅出地介绍简牍的一般知识和简牍的整理、研究情况，如林剑鸣的《简牍概述》（陕西人民出版社，1984年）、郑有国的《中国简牍学综论》（华东师范大学出版社，1989年）和高敏的《简牍研究入门》（广西人民出版社，1989年），这些著作在引导初学者涉足这一领域方面，起了非常重要的作用。

中国秦汉史研究会在某种程度上也担负起了简帛研究的组织工作，中国秦汉史研究会的《秦汉史论丛》（第二辑）（陕西人民出版社，1983年）和中国秦汉史研究会秘书处的《中国秦汉史研究会通讯特辑》（总第12期，1986年）就是简牍研究的专辑。

为了进一步推动简牍研究，加强中外学术交流，在谢桂华先生的组织下，中国社会科学院历史研究所战国秦汉史研究室编辑出版了《简牍研究译丛》第一辑（中国社会科学出版社，1983年）和第二辑（中国社会科学出版社，1987年），有计划地选译国外有参考价值的论文，为国内学者了解国外简牍研究动态、借鉴国外同行的研究成果，提供了便利。

随着简帛研究的日益繁荣，1993年，中国社会科学院成立了简帛研究中心，谢桂华先生担任研究中心主任。在李学勤、谢桂华等先生的主持下，简帛研究中心先后创办了《简帛研究》和《简帛研究译丛》两个不定期刊物，以便更好地联络国内专家学者和加强海内外学术交流。到目前为止，这两个刊物的出版情况如下：

李学勤、林剑鸣、谢桂华主编《简帛研究》（第一辑），法律出版社，1993年；

李学勤、林剑鸣、谢桂华主编《简帛研究》（第二辑），法律出版社，1996年；

李学勤、谢桂华主编《简帛研究》（第三辑），广西教育出版社，1998年；

李学勤、谢桂华主编《简帛研究》（2001），广西师范大学出版社，2001年；

谢桂华、陈松长、刘乐贤主编《简帛研究译丛》（第一辑），湖南出版社，1996年；

谢桂华、陈松长、刘乐贤、赵平安主编《简帛研究译丛》（第二辑），湖南人民出版社，1998年。

甘肃省博物馆、甘肃省文物考古研究所等单位凭借资源优势，也在简牍研究方面发挥了重要作用。1984年，甘肃省文物工作队、甘肃省博物馆编辑的《汉简研究文集》由甘肃人民出版社出版；1989年，甘肃人民出版社又出版了甘肃省文物考古研究所编辑的《秦汉简牍论文集》，汇编了一批高质量的学术论文。

1995年，西北师范大学历史系简牍学研究室聘请甘肃省文物考古研究所的有关专家，组成简牍学研究生导师组，并于同年9月招收了国内首批攻读简牍学硕士学位的研究生，开始有计划地培养简牍研究的专门人才。两个单位还联合编辑了《简牍学研究》第一辑和第二辑，分别于1996年、1997年由甘肃人民出版社出版。考古所诸位专家在简牍的发掘、整理、考释以及简牍制度研究方面具有丰富的经验与深厚的功力，而历史系的教授则在长期的教学和科研中较为全面地接触了传世文献资料，运用简牍文书印证史实有着良好的基础与条件，二者优势互补，这在简帛研究和人才培养方面，无疑是一个有益的尝试。

甘肃省有关单位还于1991年和1999年成功举办了两届简牍学国际学术讨论会，促进了海内外的学术交流。

1999年10月，国际儒学联合会简帛研究中心成立，庞朴任研究中心主任。该中心还创办了"简帛研究"网站，用以联络全世界的简帛学者，组织研究，搜集资料，交流信息，加强合作，推进学术。

郭店楚简是近两年来的一个热点，目前已举办了若干次不同规模的学术会议，并有多个专辑出版。主要情况如下：

1999年10月，武汉大学中国文化研究院、哈佛燕京学社、国际儒学联合会、中国哲学史学会、湖北哲学史学会在武汉大学联合主办了"郭店楚简国际学术研讨会"。会议论文汇编为《郭店楚简国际学术研讨会论文集》，于2000年由湖北人民出版社出版。

陈鼓应主编《道家文化研究》第十七辑"郭店楚简专号"，三联书店，1999年。

《中国哲学》第二十辑"郭店楚简研究"，辽宁教育出版社，1999年。

《中国哲学》第二十一辑"郭店楚简与儒学研究"，辽宁教育出版社，2000年。

2000年1月29日，国际儒联简帛研究中心在国际儒联总部举行了第一次学术讨论会。讨论的主题是：郭店楚简与经学。会议由庞朴主持。

清华大学思想文化研究所与中国社会科学院简帛研究中心联合举办"简帛讲读班"，2000年2月26日在清华大学开班。确定讲读班隔周周六在清华大学举行的日程安排。

2000年8月19日至22日，由艾兰、李学勤、李伯谦三位教授在北京大学联合主办了"新出简帛国际学术研讨会"，来自亚洲、美洲、欧洲的10多个国家与地区的100多位专家学者出席了会议。会议内容主要包括两部分：一是各地新出简帛的介绍，二是对马王堆汉墓帛书《式法》与郭店楚简的讨论。

走马楼吴简的部分资料公布之后，也有一些研究成果陆续见诸报刊。其中高敏先生有一系列论文在《郑州大学学报》《文物》《史学月刊》等刊物上发表，对吴简中所涉及的土地制度、赋税制度等问题展开讨论。胡平生和王素两先生先后在《文物》1999年第5期和第9期发表文章对三份文书中的几个有争议的问题展开讨论，随后，两人又在2000年的《光明日报》上发表一系列商榷文章。相信随着走马楼简牍资料的陆续公布，研究将会不断走向深入，我们对东吴的政治制度、经济制度和社会生活等，将会有一个全新的认识。

2001年8月16日至19日，由中国社会科学院历史研究所、中国史学会、长沙市人民政府主办，长沙市文化局、长沙市文物考古研究所承办，北京大学、清华大学、湖南大学岳麓书院等数十个单位协办的"长沙三国吴简暨百年来简帛发现与研究国际学术讨论会"在湖南长沙隆重召开。第一，本次会议是21世纪简帛学研究的一次国际性盛会，与会的学者中，许多都是简牍学界研究的领衔人物，如中国社会科学院的李学勤、谢桂华，北京大学的裘锡圭，香港中文大学的饶宗颐，日本东京大学的池田知久，韩国汉城大学的李成珪，英国剑桥大学的鲁惟一等，代表着当今简帛研究的最高水准。第二，国外学者与会踊跃,参会人数几与国内学者平分秋色,反映了简帛学已成为一门国际性的显学。第三,会议代表中老、中、青三代阵容齐整,反映了简帛学研究的兴旺发达,后继有人。在这次简帛学世纪检阅的盛会上,学者们对百年简帛学的发展历程进行了回顾;对简帛学所涉及的各个领域及其分支进行了深入探讨;中外学者之间,中国大陆与港台学者之间,老、中、青三代学者之间开展了充分的对话与交流。

三、几点感想

我们知道,中国台北"中央研究院"历史语言研究所建立了简帛金石电脑全文检索资料库,有了这项成果,我们可以在互联网上查阅《居延汉简补编》的简影和释文。中国大陆保存着如此之多的简帛资料,人才资源也远比台湾地区为多,如何充分调动大陆人才资源,建立更好、更全面的简帛资料库,的确是一个值得考虑的课题。目前,还有大量的简帛文书有待于整理公布。那么,在整理的过程中,能把眼光放得更长远一些,或许可以一劳多得,避免许多重复劳动。

在简帛研究方面,西北师范大学历史系与甘肃省文物考古研究所发挥各自优势,取长补短,共同研究,这是一条值得借鉴的路子。

另外,日本的简牍讲读班的经验也很值得我们学习。我们高兴地看到,清华大学思想文化研究所与中国社会科学院简帛研究中心也联合举办了"简帛讲读班"。我们希望全国各地有更多这样的讲读班,因地制宜,发挥本地优势,推动简帛研究深入持久地开展下去。

汉画孝子图的史料价值与思想史意义

黄宛峰*

【摘　要】 汉画孝子图突出庶民孝养之义,与当时官方表彰与史传所载的孝子孝行有同更有异。它们勾勒出东汉时期民间孝子图的传播轨迹,折射出不同地域的文化传统。在一定程度上彰显了孝道的本质,反映出汉代一般社会的孝子观,揭示出汉代孝道思想相对多元的特色。

【关键词】 孝子图;文献性;民间性;思想性

有关汉代孝道思想的研究中,学者多强调其忠孝合一的时代特点[①]。这些研究的主要依据是文献。若从汉画像孝子图的层面去分析,可能会产生新的认识,对汉代民间思想史这一有待开发的领域亦将提供有益的启示。

一

据目前所见的文献与考古材料,孝子图始于汉代,主要见于画像石中,壁画墓、铜镜中有关画面极少。汉画中孝子系列图的出现是在东汉,以东汉中后期的齐鲁之地较为集中。孝子图已有较为固定的组合图式,人物主要有邢渠、董永、丁兰、闵子骞、老莱子、伯榆等,孝子故事主要有老莱子娱亲、董永事父、丁兰供木人等题材。

论及汉画孝子图,人们习惯性引用的资料,是西汉刘向所谓《孝子图》与《孝子传》以及汉末曹植《灵芝篇》、汉代以后出现的《孝子传》等有关记载。若转换一个思路,以汉画孝子图为坐标,对照上述资料,便会发现有颇多不合。

(一)刘向《孝子图》的孝感色彩与汉画孝子图不符

刘向所谓《孝子图》与《孝子传》,见于后人所论所辑。唐代人许南容《对书史》中言及刘向有《孝子图》,《太平御览》记董永、郭巨事曰引自"刘向孝子图"。唐代人释道世《法苑珠林·忠孝篇》中的"感应缘"记有 15 件孝感之事,前 4 件分别为"舜子有事父之感""郭巨有养母之感"

---

* 黄宛峰(1953—　),女,河南省唐河县人,杭州师范大学人文学院教授,主要从事秦汉文化研究。
① 有学者提出,忠与孝在孔子、孟子的思想观念中,是不同的两件事。到秦汉时期,忠与孝的观念才正式混同起来。孝道的运作及表现范围真正扩大到家族以外,完全取得了泛化的地位。有学者强调汉代孝道工具化的一面,认为随着汉代封建专制统治的确立和巩固,"孝"逐渐蜕变成为"忠"的附庸,是专制制度的必然产物,"孝在两汉主要表现为士人、众庶猎取利禄的工具"。还有学者比较北魏葬具中孝子画像与汉画像石中孝子图的异同,强调汉代孝道思想与孝子画像的基本内涵是"家之孝子,国之忠臣"的观念,"明劝诫"是汉代孝子画像的主要功能。分别见叶光辉、杨国枢《中国人的孝道:心理学的分析》第 307 页,重庆大学出版社 2009 年版;朱岚《中国传统孝道思想发展史》前言及章节中,国家行政学院出版社 2011 年版;邹清泉《北魏孝子画像研究》第 60、169 页,文化艺术出版社 2007 年版。

"丁兰有刻木之感""董永有自卖之感",四事述毕,曰"右此四验,出刘向《孝子传》"。

以汉画孝子图与刘向所谓《孝子图》与《孝子传》中的四人事迹相对照,两者明显不同。舜的形象,仅在和林格尔壁画墓中作为孝子之首排列在第一位(其孝行无榜题说明),武梁祠则是在古帝王系列中出现的。郭巨埋儿图像在汉画像中似无发现①。丁兰刻木、董永事父在汉画孝子图中出现频率较高,但与刘向所谓《孝子图》的说法相去甚远。武梁祠丁兰图的榜题曰:"丁兰二亲终殁,立木为父,邻人假物,报乃借与。"从榜题到画面,表现的是"报乃借与"的情景,不是"刻木作母",更没有木人落泪等情节。董永则是耕作以养活老父,而不是卖身葬父感动上天。此类记载早已引起学者怀疑,认为仅从《太平御览》卷411所引刘向《孝子图》中"'前汉董永'这一表现形式,便可以认为这段话是假托"[1]55。也许并非如此绝对,但以"前汉董永"开头,至少说明此段文字并非刘向《孝子图》原貌,甚至可能是后人假托刘向之名所为。而最能说明问题的是,武梁祠画像中的董永是孝养在世的父亲,表现的是这位孝子"肆力田亩,鹿车载父"的场景,并非"自卖之感"。

上述四事之外,关于伯榆伤亲,《艺文类聚》与《太平御览》均曰引自刘向《说苑》,未言引自刘向《孝子图》。《说苑》卷3《建本》载,伯榆有过错,母亲打他,伯榆哭泣起来。母亲感到奇怪,伯榆答曰:以前挨母亲打感到疼痛,而"今母力不能使痛,是以泣"[2](卷3《建本》)。《法苑珠林·忠孝篇》亦引此事,曰"出说苑录"。而武梁祠中的伯榆伤亲故事,与《说苑》所载非常吻合。

这就出现一个值得注意的现象:关于董永、丁兰等人的孝行,汉画像中孝子图与后世所传刘向所谓《孝子图》明显有别;而在某些题材上(如伯榆伤亲),武梁祠孝子图与刘向《说苑》却如出一辙。原因何在?比较合理的解释是,当时有不同版本的孝子图。即使西汉后期的刘向确实有《孝子图》,那么可以断定,东汉中后期以武梁祠为典型代表的孝子系列图像并未采纳刘向《孝子图》后半部分的孝感之说。民间画匠、工匠在制作画像石之时可根据丧家的要求与自己熟悉的孝子题材决定取舍。

刘向著作的夸饰倾向曾为史家所诟病②,《法苑珠林·忠孝篇》"感应缘"、《太平御览》"孝感"更明显有其特定的需要与选材角度,所言孝子孝行与汉代民间流行的说法有明显的差异。将武梁祠丁兰刻木、董永孝亲等图画与刘向《孝子图》以及后世记载相比较,我们当然更相信武梁祠孝子图,因为它鲜活生动地记录了彼时彼地民众的真实想法。用后世的文献"对号入座"去解释汉代图像内容,应当十分谨慎。

(二)曹植《灵芝篇》中孝子与汉画孝子图有同更有异

相对刘向所谓《孝子图》,曹植的《灵芝篇》就比较朴实。其中颂扬的孝子有舜、伯榆、丁兰、董永、曾子、闵子骞六人,是汉代诗歌中关于先秦至两汉孝子孝行的一个总结性东西。诗中曰"户有曾闵子"便可"比屋皆仁贤",可见统治阶层关注孝子孝行主要关注的是其政治功能。

而这则诗文中,伯榆之事与武梁祠画像不符。武梁祠画像榜题明明白白是伯榆悲亲、老莱子娱亲,在其他孝子系列图中,也是明显的两幅图。此文却将伯榆、老莱子之事放在伯榆一个人身上:"伯瑜(榆)年七十,彩衣以娱亲;慈母答不痛,歔欷涕沾巾。"它至少说明,在汉画孝子图中反复出现、被后世广为传颂的老莱子娱亲之事,在东汉末年并不为曹植这样的王公贵族所知晓。或许老莱子娱亲之说便创作于汉代民间,上流社会并不熟悉。丁兰、董永之事,则出现了孝感色彩:"丁兰少失母,自伤早孤茕。刻木当严亲,朝夕致三牲。暴子见陵侮,犯罪以亡形。丈人为泣血,免戾全其名。"与刘向《孝子图》一样,是少年失母,"丈人为泣血"强调了孝感。董永事,同样

---

① 据说河南登封启母阙的阙身有一幅"郭巨埋儿"的图像。参见王建中《汉代画像石总论》第96页,紫禁城出版社2000年版。但图像的详细信息不清楚。

② 《史通·杂说篇》认为刘向《新序》《说苑》《列女传》《神仙传》皆"广陈虚事,多构伪词"。

强调孝感,但仍是"佣作致甘肥",孝敬的是在世的父亲。而其中的几个要素:家贫、举假、佣作、债家填门、神女秉机,则成为后世孝子图演义的基本素材。综合考虑,曹植《灵芝篇》所言孝子孝行,主要来自史书,同时极有可能受到民间孝子图像或传闻的影响。

(三)《东观汉记》《后汉书》中孝子与孝子图人物绝少重合

孝子系列图产生于东汉中后期。记载此期重要史实的史籍是《东观汉记》《后汉书》。将孝子图中的人物与两书记载的孝子孝行相比较,除李善之外①,没有重合者。由此可以清楚地说明孝子图的民间性与世俗性。

《东观汉记》作为官修本朝历史的开端,反映了朝廷与士大夫的政治观。《东观汉记》卷15所载孝子比较集中,依次有毛义、薛包、刘平、赵孝、魏谭、倪萌、王琳、淳于恭、江革、刘凯、蔡顺、赵咨等人。范晔《后汉书》中记述孝子孝行最集中者是卷39《刘赵淳于江刘周赵列传》,所载孝子依次有毛义、薛包、刘平、赵孝、江革、周磐、蔡顺、赵咨等人,有不少重合者,不过情节更为完整。归纳《东观汉记》与《后汉书》所记孝子孝行,主角也是庶民百姓,但有一个明显的特点,即以两汉之际战乱奉亲的人物居多,属于特殊时期的特立独行之举(如刘平、赵孝、倪萌、王琳,因欲舍命换回老母或兄弟感动"贼人"而终得两全;蔡顺在"人相食"时采桑葚救母;魏谭、刘平在灾荒面前宁愿舍弃亲生儿女也要保住侄子、侄女性命),并非常态生活中的朴素孝行。且传主多因孝行而为朝廷或地方郡县公开褒奖,如毛义、薛包、刘平、江革、赵咨等。这些载入《东观汉记》的平民孝子,通过官府途径宣传出来后,便受到礼遇,成为地方乃至朝廷的知名人物。明帝时开始树立起江革这样的"巨孝"典范,晓谕天下。但孝子图与《东观汉记》《后汉书》中的孝子几乎没有重合者。"巨孝"江革、蔡顺、姜诗等被东汉官府表彰的孝子,不见于汉画孝子图(蔡顺、姜诗在魏晋南北朝以后入孝子图,已成为孝感典型)。而孝子图中的邢渠哺父、董永事父等,则不见于当时史书。它说明官方宣传的孝子与民间百姓口耳相传的孝子孝行有相同之处,亦有一定差别。

(四)汉画孝子图的史料价值

首先,汉画孝子图本身的丰富内涵使其具有可比性与文献性。

汉画中的孝子系列图有相对固定的组合方式,并反复出现于不同的载体与场所。武梁祠孝子图图文并茂,更具有典型代表意义。而图中的大多数人物与故事不见于汉代史传(如邢渠、原谷、魏汤、朱明等人);少数见于两汉史籍者,图像与文献往往并不吻合(如闵子骞、丁兰等)。因此,可以认为汉代存在一个或数个民间孝子图像系统。它们很可能由民间知识人、画匠工匠以及庶民百姓口耳相传、增枝添叶而成。邢义田先生曾指出,汉画像石的"画工石匠创作时所依据的可能并不是由士大夫所掌握的文字系统,而较可能是缙绅所不屑的街巷故事",他认为"在读书识字是少数人专利的时代,除了文字传统,应另有民间的口头传统"[3]136。汉代孝子图像与当时史传两相对照,正可见其独特的史料价值。

武梁祠图像时代确凿、榜题明确。参照武梁祠山墙中孝子图上方一格的帝王图排列顺序(从传说中的始祖伏羲、女娲开始,按时代先后从右到左),应当从曾参图开始。东面墙壁有四幅图像,自右至左为曾母投杼、闵子骞御车失棰、老莱子娱亲、丁兰刻木。后壁孝子图从右到左为伯榆伤亲、邢渠哺父、董永佣耕、孝义朱明、李善抚孤、金日磾。西壁右起刻三州孝人、义浆杨公、孝子魏汤和赵荀、孝孙原谷。

武梁祠的孝子排列应当是有意义的。曾子、闵子骞、老莱子,可以作为一个类型来认识,即士人,而且是与孔子同时代的士人。

曾、闵之孝,经常被汉代人提及。曾子、闵子骞,均为孔子的学生。西汉后期的盐铁会议上,

---

① 李善比较特殊。李善是以家奴为主子尽忠并最终为官的典型,亦孝亦忠,忠孝合一,在东汉初年曾被广泛宣传。武梁祠孝子图中有其图。

以桑弘羊为代表的官方人士强调物质生活的享受,"与其礼有余而养不足,宁养有余而礼不足""无肴膳,虽闵、曾不能以卒养",富贵者才能真正让父母过上好日子。文学马上反驳道:"曾参、闵子无卿相之养,而有孝子之名。"官方代表将闵子骞排在前边,贤良文学以曾子居前,大家均无异议。可见曾子、闵子骞成为孝行的代表,可以相提并论。东汉仍是如此。汉明帝永平十二年(69年)的诏书中说:"昔曾闵奉亲,竭欢致养。"[4](卷2《明帝纪》)蔡邕所作《荆州刺史度尚碑》曰:"事亲以孝,则行悼于曾闵;结交以信,则契明于黄石。"曹植《灵芝篇》同样将两人作为孝子典范颂扬。但王充在分析曾子孝感传说形成原因时则说:"闻曾子之孝,天下少双,则为空生母扼臂之说也。"与上引皇帝诏书与士人辩论时的曾、闵并列,明显不同。综合先秦两汉有关曾子、闵子骞孝行的记载,曾子孝名之盛与孝道理论之深邃,远非闵子骞能望其项背。曾子之孝可以绘制不少图画,闵子骞的孝行很模糊,没有实际内容。而在汉画孝子图中,闵子骞出现的频率远较曾子为多。武梁祠题榜曰:"闵子骞与假母居,爱有偏移,子骞衣寒,御车失棰。"闵子骞御车失棰的画面反复出现。孝子图中文献与图像的不符,老莱子之事也明显体现出来。老莱子是春秋时人。从《史记》中《老子传》《仲尼弟子列传》等涉及老莱子的文字看,并无孝行记载,汉画孝子图中却经常出现老莱子娱亲的题材。武梁祠榜题明示了老莱子独特的孝行:"老莱子楚人(也),事亲至孝,衣服斑连,婴儿之态,令亲有驩,君子嘉之,孝莫大焉。"东汉蔡邕所作《胡广碑》中也有"老莱子婴儿其服"的话,与武梁祠孝子图榜题可印证,老莱子娱亲的故事似乎创作于东汉。

上述三人,曾子孝行可供选择的题材最多,但出场最少。曾子、闵子骞、老莱子在文献中的知名度高低,与汉画孝子图中的出现次数多少,明显形成一种反差。这种现象说明,汉画孝子图并不以史籍为指归。曾子、闵子骞、老莱子之外,孝子图中的绝大多数人物,名不见经传,却在民间有较高的知名度,如邢渠、魏汤、三州孝人、朱明、原谷、颜乌、魏汤、杨公等。少数画面榜题字很少,意思却很明确。如邢渠哺父与董永事父是汉画像孝子图中最为平实朴素的两幅画面,也是目前所见汉画像中出现次数最多的孝子图像。前者是儿子喂养老父吃饭的场景,以"邢渠哺父"四字点题;后者是田中的父子相向而视,儿子在耕作,老态龙钟的父亲坐在他身后的独轮车上,手持鸠杖,榜题仅有"董永千乘人也""永父"。画面简洁,感人至深。而绝大多数榜题只标示人物身份,故事情节不清晰,由于汉代有关文献的缺失,人们大多以魏晋以后出现的《孝子图》证之,可能并不确切。汉代民间丧葬没有严格的制度约束,汉画像石也没有官方统一颁布的粉本,民间画匠、工匠可根据丧家要求与画像格套及刻制经验灵活组合画面。文献不是汉画像石的注解,汉画像石也不是文献的具象化。孝子图主要折射出的是民间的孝道观。

其次,它们在一定程度上勾勒出民间孝子图的传播轨迹。

汉画孝子图中,相邻的画面往往有内在的关联性。如四川乐山柿子湾一号崖墓中的"闵子骞失棰""老莱子娱亲""伯榆悲亲""孝孙元觉"等,均无榜题,基本以其画面人物、场景、元件而推论出为孝子图(如以图中的独轮车论定为董永事父,以图中的舆推测为原谷救祖)。和林格尔壁画与平壤漆匣孝子图,均为并列的人物,标以名字,是一种标示性的象征意义。如果没有武梁祠图文并茂的生动画面作为参照,这些画面的意义很难被解读。

以武梁祠孝子图为坐标去分析其他地方的孝子图像时,会隐约发现孝子图的不同版本,它们在流传过程中产生的微妙变化。典型如山东大汶口墓前室西壁横额画像,左端榜题刻有"孝子赵荀"与"此荀(字模糊不清)父",图中持锄耕作的男子、独轮车上的老者及两人眼神的交流,均与武梁祠董永事父图与四川乐山柿子湾崖墓非常相似,榜题却是"孝子赵荀"而不是董永。这幅图的上方,两人口口相对,年轻人正把口中的食物喂到老人口中,是真正的"哺父",而两人上方分别写明的却是"孝子丁兰父""此丁兰父"。有人指出这是误刻,因为不可能两个人物都是丁兰之父,应当是一父一子。但若是误刻,错在两个榜题中任何一个多了一个"父"字,这幅画面表现的是丁兰之事则确切无疑。也许当时同在齐鲁的孝子图也有不同的粉本。大汶口距嘉祥不远,而大汶口汉墓的孝子图显然没有武梁祠孝子图那样严谨和儒雅。但画面中的典型元素,董永事父中的父子两人与独轮车,"哺父"中的父子,却惊人地一致。

这些至少说明,汉代民间流行的孝子故事与孝子图不止一套。民间孝子图是口耳相传,民间画匠、工匠自由发挥的余地比较大,应当有不同的版本。

最后,据此可解读官方与民间孝道观念的互渗以及不同地域的文化传统。

文化的统一与朝代的一统并非同步而行。西汉中期以后,全国各地文化面貌的趋同性日益加强,但直至东汉中后期各地仍保留着鲜明的地域文化特色。孝子图以齐鲁之地为多,反映了该地儒学传统的深厚。武梁祠中李善抚孤图的产生与流传便是一个典型的例子。

李善其人,《东观汉记》有传,范晔《后汉书》续写完整。这是一个家奴对主家恪尽忠孝的故事,属于宽泛的孝义。此事发端于建武年间的南阳,李善携孤在山阳郡瑕丘县居住十年,返南阳夺回李氏家业,应当在南阳一带有较大反响。但这个典型事例却首先被齐鲁的地方官"发现"并上报,经朝廷宣传而成为忠孝的典型,所以能入《东观汉记》的记载。东汉初建武年间到桓帝时,经历了百余年时间,李善抚孤图在武梁祠画像中出现,并且在乐浪漆箧中被刻画,而在南阳画像石中却没有发现这个题材。据目前的考古材料,南阳画像石墓在汉代出现时间早、延续时间长,但它不仅没有这幅图,也没有其他的孝子图。南阳画像石似乎没有孝子图的传统,陕北也没有发现孝子图。孝子图遗存情况在一定程度上折射出汉代地域文化的不同特色。

二

汉画孝子图在一定程度上彰显了孝道的本质,反映出汉代一般社会的孝子观,揭示出汉代孝道思想相对多元的特色。

(一) 彰显孝道本质

突出庶民孝养之义,是汉画孝子图的重要特色。

《孝经》是汉代流传最为广泛的儒家经典。《孝经》强调孝道的普适性:"自天子至于庶人,孝无终始,而患不及者,未之有也。"最基本的事亲之道,人们都能够也必须履行。同时,对天子、诸侯、大夫、士、庶人五种角色,行孝的要求不同。前四种人分别以长有天下、保社稷、守宗庙、保禄位与守祭祀为标志尽其孝道,不同等级的政治身份决定了他们不同的孝道内容。庶民百姓是社会上人数最多的阶层,他们无天下国家与官禄可守,尽力劳作养活双亲即可,"用天之道,分地之利,谨身节用,以养父母,此庶人之孝也"。养活父母,是孝道最基本的要求,是孝道的底线。正因为如此,庶人之孝最单纯。

东汉许慎在《说文解字》"老部"释"孝"字曰:"孝,善事父母者。从老省,从子。子承老也。"许慎对"孝"的解释无疑反映了汉代社会流行的说法和人们的共识。孝的意义很明白,是子女对父母的侍奉。而"从老省,从子,子承老也"这个文字学的解释,给我们一个启示:孝字的最初含义可能便是指儿子对老年父母的侍奉和赡养。《诗经·蓼莪》将父母对子女的生育养长之恩与子女的反哺之心表达得淋漓尽致,被后人称为"千古孝思之作"。"欲报之德,昊天罔极"成为人们经常引用的经典名句,其中蕴含的孝义之理被反复阐发。《尚书·周书》中的"肇牵车牛远服贾,用孝养厥父母"亦体现了孝之原始朴素的内涵——养活父母。

孝子图无疑以庶人为主角。士人如曾子、闵子骞、老莱子等,其实也是布衣之孝,他们并不是官员或贵族。丁兰、伯榆、朱明、原谷、颜乌、魏汤、杨公等皆为平民,邢渠、董永更因家贫而为佣工。孝子图主要彰显的是庶民日常孝养之义。孝养包括物质供养与精神赡养。《论语》中子游问孝,孔子答道:"今之孝者,是谓能养。至于犬马,皆能有养。不敬,何以别乎?"孔子所说的孝既包括对父母物质生活上的"养",还包括精神生活上的"敬"。这是儒家孝论的经典语言。汉画孝子图彰显的正是"善事父母"的人伦之常。尤其值得注意的是,孝子图中的父母一般是年老体衰的被供养者、被保护者。老莱子、邢渠、董永、伯榆、魏汤,均是在侍奉父母生活或欢愉其心。闵子骞对后母谦恭忍让,是设身处地为无奈的父亲着想,维护这个特殊家庭的和睦。魏汤面临父亲受辱的场面却隐忍不发,下跪求饶,是为保护父亲安度晚年。丁兰刻木,以供奉过世的父母(图中榜题"二亲终殁,立木为父",以父指代父母),而弥补自己未尽的孝道,"事死如事生"。

孝子图主要刻画的是在父母生前如何奉养尽孝,而不是死后如何居丧尽哀,彰显出孝道的本源意义。

(二)彰显一般社会的孝子观

东汉王符在《潜夫论·务本》中主张"列士者,以孝悌为本,以交游为末;孝悌者,以致养为本,以华观为末",由批判士人的虚华交游之风、敦促其回归家庭孝悌,到"孝悌"本身的"致养"与"华观",表现的正是民间学者对孝道客观朴素的看法,与先秦儒家孝道的主流精神一脉相承。

"致养",即实实在在的供养。何谓"华观"?王符对此有生动而深刻的论述:"养生顺治,所以为孝也。今多违志俭养,约生以待终。终没之后,乃崇饬丧纪以言孝,盛飨宾旅以求名,诬善之徒,从而称之,此乱孝悌之真行,误后生之痛者也。"对父母尽孝,重在生前的孝养与孝敬,而很多人对在世的父母却是"俭养""约生",没有让他们享有较好的物质生活与精神赡养;钱财花在父母去世后的大办丧礼、盛宴宾客,以此"言孝""求名",沽名钓誉,达到个人私利。王符对东汉伪孝的批判,给我们一个重要的启示:伪孝多表现在丧祭之礼中。《礼记·祭统》曰"礼有五经,莫急于祭",贵族与士人的孝行很多是在丧祭之时表达出来的。东汉不少士人的孝行是哀毁过礼。如颍川(今河南省禹州市)陈氏家族子孙仁孝,"兄弟孝养,闺门雍和",其中陈纪最出名。父亲去世,陈纪"虽衰服已除,而积毁消瘠,殆将灭性。豫州刺史嘉其至行,表上尚书,图象百城,以厉风俗"[4](卷62《陈纪传》)。这是由州郡上报,经朝廷核准,又在地方广泛宣传的孝子,经历了一个自下而上,又由上而下的宣传过程。陈纪形象的"图象百城",应主要在豫州刺史所辖的郡县范围内,也可能影响至其他地区。汉末孔融"年十三,丧父,哀悴过毁,扶而后起,州里归其孝",同样以"哀悴过毁"致孝名[4](卷70《孔融传》)。《后汉书·列女传》载有两例被地方官吏表彰的孝女①,她们则是为亡父殉身。陈留太守蔡邕特别留意将"志行发于自然"的孝子"昭显本朝",正说明"典学者"往往为雕饰华观②。而"重华观"者往往是有政治需求的人,庶民百姓无须亦无能力去盛办丧礼,或哀毁过礼贻误生计。

汉代孝子图彰示的庶民孝养之义,体现出与官方有密切联系又有一定区别的一般社会的孝子观。前者选特立独行者以求宣传效应,政治目的性很强;后者重在日常之孝养,质朴平淡,生活气息浓厚。正因为如此,汉代民间的孝子图有长久的生命力。

劳干先生早在 1938 年看到朱鲔石室、孝堂

---

① 一是犍为人叔先雄。其父在东汉永建年间(126—131 年)为县功曹,出公差时船沉而死,尸首难觅。叔先雄思念不已,后"投水死,六日后与父相持,浮于江上。郡县表言,为雄立碑,图象其形焉"。与陈纪之事一样,同样是郡县上报朝廷奏准后在当地为叔先雄立碑刻像,以示尊崇孝道。二是会稽上虞人曹娥。曹娥之父是一位巫者,"汉安二年(143 年)五月五日,于县江溯涛婆娑迎神,溺死,不得尸骸。娥年十四,乃沿江号哭,昼夜不绝声,旬有七日,遂投江而死。至元嘉元年(151 年),县长度尚改葬娥于江南道傍,为立碑焉"。地方官吏特意将曹娥墓迁至路旁人来人往之地,并立碑颂扬,彰显其孝行,曹娥的形象也可能被刻画碑上了。

② 《全上古三代秦汉三国六朝后汉文》第 863 页载:陈留郡有位 14 岁的孝子程末,祖父病死,不思饮食,太守曾打算以"孝义童"的名义表彰他。后来蔡邕为陈留太守,问掾属郡中"孝行卓异者",下属推荐程末。蔡邕亲自去调查后,认为情况属实。当蔡邕召见时,见程末"颜色瘦小,应对甚详"。蔡邕所上奏章中曰:经查证核实,程末出身农家,"家无典学,其志行发于自然,非耳目闻见所仿效也,成人之年,知礼识义之士,恐不能及……未禀纯粹之精爽,立孝行之根源",愿使"昭显本朝"。

山、武梁祠等画像石后便说道:"汉人的道德观念,悉可从图像推之。"认为东汉的时代精神"表现于图画者,则较为质朴而亲切。若在后汉人之理论求之,则往往为门面语所掩,反不易见其真相矣"。但直至今日的汉画像研究,仍往往被"门面语"所惑,简单地做图文对照。而由于当时所见资料所限,劳干先生的一些判断也值得斟酌。他认为,儒者之标准人格,所求不外寻常日用之间,后汉所崇拜希冀者,除曾、闵之孝外,大体皆非常人所能者,"务希特立独行以震惊流俗,虽偏颇不顾,盖已迥非儒者中庸之道"[5]121—124。其实汉画孝子图彰显的正是曾、闵式朴素的"常人所能"之孝,而不是史籍所载的"特立独行"之举。

(三)折射出汉代孝道观念的多层面意义

从中华文化发展的长时段来看,先秦是奠基期,秦汉是架构期,大一统的政治制度与文化精神在两汉四百余年的发展过程中得以确立和巩固,并长期规范着古代乃至近现代的文化发展方向。孝道观念从汉代开始借助于政治力量强有力地推进与渗透至社会的各个层面。学界往往强调汉代孝道政治化、工具化的一面,正是基于孝道在汉代大一统局面下社会化的特征比较明显。但在必须概括抽象出每个时代的特色时(有时是因建立某种体系的需要),容易将某一方面的特征放大延伸,从而产生单向性与绝对化的倾向,对历史观念的复杂性与延续性关注不够,遮蔽其形形色色、林林总总的本来面目。

移孝为忠,忠孝合一,孔子的孝道思想中已经揭示出其可能性。孔子言"孝以事君",其弟子有若的话明确地说明了移孝为忠的自然性:"其为人也孝弟,而好犯上者,鲜矣;不好犯上,而好作乱者,未之有也。君子务本,本立而道生。孝弟也者,其为仁之本与!"孟子在《告子下》称颂"尧舜之道,孝悌而已矣"。《晏子春秋》内篇《谏下》说,"臣专其君,谓之不忠;子专其父,谓之不孝",均为其典型。但孝与忠毕竟是不同的概念,有不同的施与对象。两者并非同根生,忠君观念是在孝悌观念基础上的移花接木、偷梁换柱。由此必然产生事亲与事君的矛盾。

汉代统治者倡导忠孝合一,有关典籍中"忠臣孝子"成为习惯说法。《汉书》《后汉书》中常将"忠臣孝子"并列。但事亲与事君两者发生冲突时,是忠高于孝,还是孝高于忠?郑玄注《诗经·四牡》云:"无私恩,非孝子也;无公义,非忠臣也。"汉代大一统的政治体制中,强调"公义"大于"私恩",忠臣高于孝子,官吏亦以忠臣自励①,但忠孝激烈冲突时,仍是两难选择。典型事例是东汉后期的赵苞殉母②。如此有悖于人性的行为,与士人"禄养"之初衷背道而驰。西汉的韩婴曾指出,因贫穷而致父母生活拮据,便是不孝,为了让父母生活幸福,应当"不择官而仕"。本来士人出仕是为了更好地养亲,但如赵苞等为亲招祸,如何解释?韩婴曾引用石奢之例,但并未说明如何解决才能忠孝双全。《韩诗外传》中还举一例。齐宣王问田过:"丧亲三年,丧君三年,君与父孰重?"田过答曰:"父重。"事君是为得俸禄养亲,忠君的目的是事亲。但两者非此即彼必选其一时,韩婴也难以决断:"君不可夺,亲亦不可夺也。"汉魏之时的曹丕曾问群臣:"君父各有笃疾,有药一丸,可救一人,当救君耶?父耶?"群臣面面相觑,难以回答。唯邴原勃然对曰:"父也!"曹丕问的是一个两难问题,对于邴原耿直的回答,他只能缄口不言[6](卷11《邴原传》)。凡此种种,均说明忠孝合一的权术性与虚伪性。

---

① 《汉书·王尊传》中记载的益州刺史王尊,是一个典型例子:"先是琅邪王阳为益州刺史,行部至邛郲九折阪,叹曰:'奉先人遗体,奈何数乘此险。'后以病去。及尊为刺史,至其阪,问吏曰:'此非王阳所畏道耶?'吏对曰:'是。'尊叱其驭曰:'驱之!王阳为孝子,王尊为忠臣。'尊居部二岁,怀来徼外,蛮夷归附其威信。"

② 《后汉书·独行传》:赵苞为辽西太守时,其母与妻子赴辽西途中被鲜卑俘获,扣为人质。赵苞率兵与鲜卑对阵时,鲜卑一方"出母以示苞,苞悲号谓母曰:'为子无状,欲以微禄奉养朝夕,不图为母作祸。昔为母子,今为王臣,义不得顾私恩、毁忠节,唯当万死,无以塞罪。'母遥谓曰:'威豪,人各有命,何得相顾,以亏忠义!昔王陵母对汉使伏剑,以固其志,尔其勉之。'苞即时进战"。鲜卑战败,赵苞的母亲、妻子皆为鲜卑人所杀。灵帝为此封赵苞为侯。但赵苞埋葬母亲后,对乡人说:"食禄而避难,非忠也;杀母以全义,非孝也。如是,有何面目立于天下!"遂呕血而死。

朱熹在《四书集注》中释孔子"孝慈则忠"的话曰，"孝是以躬率之，慈是以恩结之，如此，人方忠于己"，"孝于亲，是做个样子；慈于众，则推此意以及人。兼此二者，方能使民忠于己"。君主孝亲是"做个样子"即作秀，是一种政治手段，具有政治示范性，目的是愚民，使之愚忠，朱熹一语道尽统治者"以孝治天下"的政治奥秘。对孝观念自身的亲和力、移孝为忠的可能性、忠孝合一所产生的巨大政治效应，历代统治者有清醒的认识，只是汉代统治者将孝治天下的宗旨更为明确化而已。但百姓孝亲则是持之以恒的日常行为，汉画孝子图主要刻画的是儿女在生活中如何奉养暮年的父母，而不是如何听命于父母，正说明孝道的朴素性。

在漫长的中国古代社会，文化与思想的发展大概并非如今人所归纳的清晰地按照逻辑展开，每一朝代均有区别于前代后世的鲜明的时代特色。文化的变化与朝代的更替有时并不同步。对忠孝合一的阐释，对忠孝难两全的典型事例记述，先秦已开其端，汉代更明确而已，古代社会一直存在。更重要的是，忠孝合一或忠孝悖离，从理论上讲，适用于除了高高在上的皇帝之下所有阶层所有人，但在实际生活中，主要是对诸侯王与"禄养"父母者即士大夫而言，平民百姓一般不受此困扰。孝养父母与忠于君主是两回事。而对于汉代孝道思想包括对历代孝道思想的探讨，往往是从经典文献中分析归纳而来，对庶民百姓这个最底层而又最庞大的群体关注不够。思想史应当是全社会各阶层思想观念融会贯通的历史。社会生活中的种种常识与观念，有的由文人归纳提炼出来，影响世风乃至朝政；有的则一直以民间话语的形式流传，成为流动的思想史。后者更应该引起我们的关注，因为它们积淀深厚，传播广泛，是滋生与培育所有精英文化的土壤。

德国学者雅各布·布克哈特认为："只有通过艺术这一媒介，一个时代最秘密的信仰和观念才能传递给后人，而只有这种传递方式才最值得信赖，因为它是无意而为的。"[7]78 汉画像孝子图自然是"有意而为"的功能性艺术，但其中反映的民间孝子观却是"无意而显"的。历史图像的直观生动，使其在某种程度上能够可靠地反映历史原貌。在某种程度上，只有通过图像，"我们才能更清晰、更敏锐、更富有色彩——一言以蔽之——更富有历史感地理解过去"[8]63。汉画孝子图真切地反映了东汉时期流行于民间的孝道观念，对于研究汉代民间思想史与中国孝道思想史均有重要的意义。

【参考文献】

[1] [日]黑田彰.孝子传图研究[M].东京：汲古书院，2007.

[2] 刘向.说苑[M]//四部丛刊初编：七十五.缩印本.上海：商务印书馆，1937.

[3] 邢义田.画为心声：画像石、画像砖与壁画[M].北京：中华书局，2011.

[4] 范晔.后汉书[M].北京：中华书局，1965.

[5] 劳干.论鲁西南三石——朱鲔石室、孝堂山、武氏祠[G]//"中研院"历史语言研究所集刊论文类编：历史编：秦汉卷.北京：中华书局，2009.

[6] 陈寿.三国志·魏书[M].北京：中华书局，1959.

[7] 贡布里希.艺术发展史[M].天津：天津人民美术出版社，1998.

[8] 曹意强.艺术与历史[M].杭州：中国美术学院出版社，2001.

以"快乐家园"为"终点"的"生命回归"

——论汉画像石墓门楣画像"车马出行"画面构图意义

李 立*

【摘 要】 画像石(砖)墓作为一个完整的建筑形式,"墓门"相当于建筑形式的"大门","车马出行"画面出现在墓门画像之中,其由"行为趋向"而展示的构图意义,必然与"墓门"及"墓葬"所象征的"彼岸世界"的"快乐家园"联系在一起。墓门画像中的"车马出行"画面表达了墓葬主人向着生命"彼岸世界"的"快乐家园"而"回归"的愿望和企盼,同时也昭示着这种"回归"的完成和实现。如果将画像石(砖)墓视为一个完整的"叙述结构"的话,那么,墓门画像则可以看作这个"叙述结构"的"开篇"或"序言",而门楣画像或具有"点题"的作用和意义。

【关键词】 门楣画像;车马出行图;叙述结构;点题作用

一、前言:学术史的回顾与问题的提出

汉代墓葬画像中的门楣画像,在构图内容与构图形式上比较简单。例如在构图内容上,门楣画像主要以出行、斗兽、瑞物、历史故事等题材为主;而在构图形式上,由于"门楣"作为画像载体的限制,而导致门楣画像大都以横式构图形式出现,并在上述构图形式中表现或反映较为单一或单纯的内容,从而形成"叙述意义"易于明了的"线性"的"简单叙述"。缘于此,目前学术界关于汉画像石(砖)墓门楣画像的研究并不充分,对于门楣画像所常见的斗兽、瑞物等题材,大都以辟邪和吉祥的构图意义予以解释。对于门楣画像构图形式中车马出行构图意义题材的阐释,大都倾向于表现墓葬主人的"出行"或"游乐",抑或对"外客"的"迎接"和"见礼",新见不多。本文作者曾对73幅以"车马出行"为内容的门楣(横额)画像和160幅可能属于"门楣"的以"出行"为内容的画像构图形式进行统计,发现上述画像在构图形式上以"左向行进"为主,前者所占比例达90.4%,后者占84%。从而得出门楣画像"左向行进"构图形式所反映出来的方位趋向,具有典型的意义和价值的认识,并认为这种构图形式体现着"西向行进"的方位特点与方位趋向。而在两汉时期人们的传统观念中,"西方"既有"天门"和"天门"所代表的神仙世界,又是"月宫"的所在,故门楣画像"左向行进"的构图形式表达着奔向"西方"的构图寓意,内含着渴望生命再生和永生的情感和愿望[1]247—281。

值得注意的是,上述研究存在一个巨大的"缺陷",即在具体研究过程中没有将门楣画像的构图意义与所在墓葬具体情况和墓葬画像整体构图意义联系起来,因此,在将二者"割裂"开来而进行研究的情况下,对门楣画像构图意义的阐释,就可能出现"诠释过度"或"偏向诠释"的问题。

画像石(砖)墓作为一个完整的建筑形式,墓门相当于建筑形式的大门,其作用与意义首先

---

* 李立(1959—),男,黑龙江省呼兰县人,深圳大学教授,主要从事中国古代文学与文化研究。

是连通墓葬内部,其次是拱卫墓葬,再次是展示墓葬特点或性质。基于上面的认识,我们认为画像石(砖)墓设计者或墓葬主人借助墓门画像所要表达和展示的,也应该与上述三个方面的内容有关。缘于此,包括门楣画像在内的墓门画像应该受到墓葬设计者或墓葬主人的重视,并可能承担着对墓葬性质和意义进行说明的作用。因此,如果将画像石(砖)墓视为一个完整的"叙述结构"的话,那么,墓门画像则可以看作这个"叙述结构"的"开篇"或"序言",而门楣画像或具有"点题"的作用和意义。

二、11座画像石(砖)墓画像相关数据统计与分析

供研究的西汉时期画像石(砖)墓共4座,分别是山东平阴新屯汉画像石墓、郑州市向阳肥料社汉代画像砖墓、山东微山县西汉画像石墓、河南方城县城关镇汉画像石墓[2]。东汉时期画像石(砖)墓共7座,分别是河南洛阳市朱村东汉壁画墓[3]、河南方城东关画像石墓[4]、陕西神木大保当第11号和第23号画像石墓[5]、山东阳谷县八里庙画像石墓[6]、山东淄博张庄画像石墓[7]、四川合川画像石墓[8]。

对上述11座画像石(砖)墓所属画像于墓中分布情况及墓门画像分布情况做出比较与统计,则得出如下数据及结果(见表1—表7)。

表1 4座西汉画像石(砖)墓画像于墓中分布情况(1)

画像位置	墓门			墓(椁)室		
	门楣	门扉	门柱	室壁	棺(椁)壁	棺床
平阴(M1)		●				●
平阴(M2)					●	
微山		●			●	
郑州(M1)	●	●				
郑州(M2)		●				
河南方城	●	●	●			
百分比	33%	83%	17%	17%	33%	17%

表2 4座西汉画像石(砖)墓画像于墓中分布情况(2)

画像位置	墓门			墓(椁)室		
	楣	扉	柱	室壁	棺(椁)壁	棺床
平阴(M1)		门扉(1)		主室隔墙(1)		棺床(1)
平阴(M2)					北壁(1) 东壁(1) 南壁(1) 西壁(1)	
微山		封门石(2)			东壁(1) 西壁(1) 西椁室后壁(1)	
郑州(M1)	门楣(1)	门扉(2)				
郑州(M2)		门扉(2)				
河南方城	门楣(4)	门扉(8)	门柱(1)			
总计30块	5	15	1	1	7	1
	21			9		

表3 7座东汉时期画像石墓画像于墓中分布情况

画像位置	墓门							墓室	
	门楣上	横额	门楣	门扉	门框	门柱	室壁	耳室
洛阳市朱村	●		●	●			●	●
河南方城			●	●		●		
大保当11号						●		
大保当23号			●	●		●		
阳谷八里庙			●		●			
淄博张庄		●		●	●			
四川合川		●	●			●	●	
百分比	14%	29%	71%	57%	29%	57%	29%	0.14%

表4 11座画像石(砖)墓门楣画像题材分布情况

画像位置		门楣									
		羽人	瑞兽	斗兽	鼓舞	朱雀	穿壁	出行	狩猎	素面	几何
西汉	郑州(M1)	●			●	●					
	河南方城	●	●	●							
东汉	洛阳市朱村									●	
	河南方城			●			●				
	大保当23号							●	●		
	阳谷八里庙							●			●
	四川合川						●				

表5 7座东汉时期画像石墓墓门横额画像题材

画像位置	墓门
	横额
洛阳市朱村	
河南方城	
大保当11号	
大保当23号	
阳谷八里庙	
淄博张庄	(上部)羊头 (下部)车骑行列图
四川合川	正室门里横额:完璧归赵 后室门横额:荆轲刺秦王

表6 7座东汉时期画像石墓墓门门楣、门楣上画像题材

画像位置	墓门	
	门楣	门楣上
洛阳市朱村	素面门簪	卧鹿
河南方城	右上门楣:斗牛图;右下门楣:斗兽图 左上门楣:龙虎斗;左下门楣:龙穿壁	
大保当11号		
大保当23号	(上栏)狩猎图 (下栏)出行图	
阳谷八里庙	后室门楣:(正面)车马出行 (背面)几何纹	
淄博张庄		
四川合川	正室门楣:龙虎争璧	

表7 7座东汉时期画像石墓墓门门扉画像题材

画像位置	墓门
	门扉
洛阳市朱村	铺首衔环(2) 北门北扉:(正面)朱雀、羽人、铺首、虎 (背面)执戟门吏 北门南扉:(正面)朱雀、铺首、武士 (背面)执盾门吏
河南方城	南门北扉:(正面)朱雀、铺首、虎 (背面)蹴鞠舞图 南门南扉:(正面)朱雀、神豹 (背面)鼓舞图
大保当11号	
大保当23号	左门扉:朱雀、铺首衔环、青龙、花草 右门扉:朱雀、铺首衔环、青龙、花草
阳谷八里庙	
淄博张庄	右门扉:(正面)朱雀、铺首衔环 (背面)门吏 左门扉:(正面)朱雀、铺首衔环 (背面)门吏
四川合川	

根据上述数据与结果,如下情况值得关注。

第一,4座西汉时期画像石(砖)墓有画像石(砖)30块,上述30块画像石(砖)在墓葬中的分布情况如下:(1)墓门画像石(砖)最多,共21块,墓(椁)室画像石(砖)共9块;(2)在墓门画像石(砖)中,位于门扉的画像石(砖)最多,而在墓(椁)室画像石(砖)中,棺(椁)壁画像石(砖)最多,共7块。

第二,7座东汉时期画像石墓有画像石49块,58幅画像,其在墓葬中分布情况显示:(1)门楣画像超过门扉画像而成为分布最广的画像类别;(2)门扉与门柱画像分布情况仅次于门楣画像;(3)门楣上、横额与门框画像是前文所引4座西汉时期画像石(砖)墓所没有的。

第三,4座西汉时期画像石(砖)墓与7座东汉时期画像石墓门楣画像进行比较,双方只有斗兽类型的题材出现重合的情况,其他类型的题材都没有出现重合的现象。

第四,7座东汉时期画像石墓门楣画像中出现了以龙穿壁、龙虎争壁和车马出行为题材的画像,在洛阳朱村还出现了在门楣的上部以正三角形的形式雕刻卧鹿的画像;另一方面,7座东汉时期画像石墓墓门画像中还出现了横额画像,而在上述横额画像中,除了瑞兽和车骑行列构图内容,还出现了历史故事类题材画像。

对上述情况进行分析,尝试得出如下认识和思考。

第一,墓门作为画像载体而在墓葬画像整体设计及墓葬整体丧葬意义中具有重要地位,而且这种重要性随着两汉时期历史的演进而得到进一步的提高和增强,并以"门楣""门楣上""横额""立柱""门框"画像的增多和出现为特征。

第二,从门扉画像往往以"铺首"作为主要构图元素的情况,就可以看出门扉画像缘于"门扉"这一载体而表现出来的较为单纯的内涵,亦即"门扉"作为"墓门"的实用性和使用功能,决定了门扉画像在题材和内容的选择和表现上,必须以这种实用性和使用功能为基础和原则,而不允许或不能够有所延展和超越。如正面大都以"朱雀"和"铺首衔环"为主要构图形式,而作为辅助的其他构图形象,则主要以龙、虎、武士等展示"力量"或"威严"的形象为主,"鼓舞"等表现生活和娱乐的元素,则往往置于"门扉"的背面,但这样的构图内容并不多见。

第三,从画像载体的角度看,门楣与横额位于门扉的上部,呈长方形,而且与墓门的宽度相等,这就决定了门楣画像必须采用横向构图的形式。如此,门楣画像也就随之形成了与门扉画像不同的性质和意义。门楣画像在题材和内容的选择和表现上,表现出异于门扉画像的灵活性。这种灵活性主要表现在门楣画像在构图上一直缺少一种主要的和基本的"叙述主题"。因此,不论是4座西汉时期画像石(砖)墓门楣画像,还是7座东汉时期画像石墓门楣画像,在题材和内容的选择和表现上,都呈现出了颇为鲜明的多变性和差异性。而恰恰是这种多变性和差异性,或许能够促使我们发现隐藏在门楣画像后面的思想和意识的"差异"和"不同"。

三、门楣画像"车马出行"的构图意义

在上述11座画像石（砖）墓所属画像中，河南方城县城关镇画像石墓门楣画像颇为典型。因此，在讨论门楣画像"车马出行"构图意义之前，有必要对河南方城县城关镇画像石墓门楣画像（见图1）进行研究。

图1 河南方城县城关镇画像石墓墓门画像

我们尝试将河南方城县城关镇画像石墓墓门画像视为一个完整的"叙述结构"，从而使得门楣画像具有了在上述"叙述结构"中叙事意义上的"叙述位置"，并根据这种"叙述位置"而考察上述门楣画像的构图意义。

从墓门画像所构成的"叙述结构"上看，门扉和中立柱画像构成了第一个叙述层次，门楣下部的"牛虎相斗"和"武士斗虎"画像构成了第二个叙述层次，而"羽人飞龙"与"双鹤相衔"画像则构成了第三个叙述层次。因此，上述墓门画像的叙述顺序，不论是由上往下还是由下而上，"羽人飞龙"与"双鹤相衔"必然以"第一"或"最后"的"叙述位置"出现。有学者认为武梁祠墙壁画像的"观看顺序"与"中国书籍的写法和读法相似，其中图像的排列次序和阅读方式均为从右向左、从上到下。这也就意味着任何人在观看祠堂原建筑中的画像时都需从上层开始"[9]161。显然，上述"阅读"祠堂画像的方式很难移植到河南方城县城关镇画像石墓墓门画像之上，但是上述论述却提示我们注意到汉画像于整体构图中"阅读方式"问题的存在。其实，所谓画像的"阅读方式"实际上就是画像的"叙述方式"的体现。具体到河南方城县城关镇画像石墓墓门画像之上，从视觉的角度看，门扉画像所占面积最大，应该最先进入视线之中或最先引起关注；再者，门扉的铺首画像与墓门直接相连，且中立柱的"执彗门吏"位于中间，还是属于日常生活的范围，而门楣上部的"羽人飞龙"与"双鹤相衔"画像所反映的则是升仙或吉祥长寿的内容，属于祈盼与愿望，故而从"虚"与"实"的角度看，其"叙述方式"也应该以门扉画像为先。如此，按照由门扉画像而门楣画像，即由下而上的"叙述方式"，则门楣上部"羽人飞龙"与"双鹤相衔"画像所反映的升仙和吉祥长寿的内容，也就成为墓门画像"整体叙述"的"归结点"。

上述情况说明，河南方城县城关镇画像石墓门楣画像在墓门画像所构成的"叙述结构"中具有某种"点题"的功能和作用。而河南方城县城关镇画像石墓门楣画像上述功能和作用，对门楣画像"车马出行"构图意义的研究颇具启发性。

在由墓门画像所构成的"图像叙述场"中，由于"车马出行"题材画面所呈现的"动态叙述"的"进入"，而导致由"铺首衔环"为"叙述主题"所呈现的"静态叙述"遭到破坏。缘于此，墓门画像通过"静态叙述"所构成的"图像叙述场"的性质和意义，也随之发生了变化。这主要表现在：在由"铺首衔环"为"叙述主题"所构成的"图像叙述场"中，"静态叙述"所呈现的是以画面构图的"静态展示"为特征的，其所强调的是叙述的对象，亦即墓门和墓葬本身，而不是墓葬主人。因此，在这种"静态叙述"中，"叙述主体"往往不被关注。然而，以"车马出行"所呈现的"动态叙述"却是以强调和突出"叙述主体"的行为和行为的目的与意义为叙述宗旨的。因此，这种"动态叙述"的对象是墓葬主人，而不是墓门和墓葬。

值得注意的是，在由这种"静态叙述"和"动态叙述"的"融合"而构成的墓门画像"图像叙述场"中，由于"叙述主体"的行为和行为的目的与意义的"进入"，势必导致墓门画像的象征意义更为丰富，并导致这种象征意义由画像的承载体"墓门"而进一步延展至"墓葬整体"，从而促使"墓葬整体"作为"生命彼岸"的"归宿"的性质和意义得以明确，并进而将墓葬主人即"叙述主

体"以"车马出行"为"符号"的出行性质,转化为生命由有限而至无限的回归性质。

陕西神木大保当第23号画像石墓墓门画像,与河南方城县城关镇画像石墓墓门画像在构图形式上颇为接近,故而以前者为例进行讨论,则更具说服力。

大保当第23号画像石墓墓门画像中的门楣画像分为上下两栏,上栏为"狩猎图",下栏为"出行图"[6]。上述门楣画像有两个方面的情况值得注意:其一是在画像的左右上角刻绘"月轮"与"日轮"形象;其二是在"月轮""日轮"形象的下部刻绘着"车马出行"画面。

在大保当第23号画像石墓墓门画像"图像叙述场"中,由于"车马出行"画面的出现,而导致"静态叙述"与"动态叙述"呈现出"同构"的现象,从而促使"叙述主体"的行为和行为的目的与意义进入到墓门画像"图像叙述场"之中,最终完成生命由有限而至无限的回归性质的"转化"。

需要指出的是,上述认识的得出,得益于图像叙事意义上的讨论,然而,从大保当第23号画像石墓墓门画像整体构图的角度上看,其门楣画像左右上角"月轮""日轮"的构图设计,同样能够说明问题。

"月轮"与"日轮"呈左右相对的构图形式,在西汉初期墓葬的铭旌帛画中就已经出现(见图2)。

图2 金雀山九号汉墓帛画、长沙马王堆汉墓帛画、大保当第23号画像石墓墓门画像

在上述帛画的构图中,"日轮"与"月轮"皆呈现左右相对的形式置于画面的最上层。从金雀山九号汉墓帛画构图看,其构图层次异常清晰,"日轮"与"月轮"的下面是"山峦",构成第二个层次;"山峦"的下面是"房屋"和房屋中的"主人",构成第三个层次;接下来是表现日常生活的第四个层次和象征吉祥的"龙穿璧"的第五个层次[10]。显然,上述五个层次的前四个层次,在构图内容上形成了"天空""山野"与"家园"的空间构想,而且,上述"空间构想"中的每一个层次,既呈现出相对的独立性,又体现出相互"包容"的关系,亦即"山野"在"天空"之下,而"家园"又在"山野"之中的逻辑关系。马王堆帛画在构图上相对复杂一些,但"日轮"与"月轮"呈现左右相对并置于画面最上层的构图形式和以"龙穿璧"为承托的构图形式是相同的,说明帛画"龙穿璧"以上的部分,象征"天空"与"家园"的逻辑关系仍然存在。

值得注意的是,这种以"日轮"与"月轮"左右相对而置于铭旌帛画最上层的构图形式,进而出现在墓葬壁画中,并仍然以"日轮"与"月轮"左右相对的构图形式而置于墓室的最高处,即室顶或隔梁之上,从而与墓室构成一个立体的"空间格局"。如1957年在河南洛阳发现的西汉壁画墓,在墓葬前室的顶脊上绘有日、月、星辰形象,"日轮"与"月轮"位于东、西两端,中间是流云和星辰(见图3)[11]。

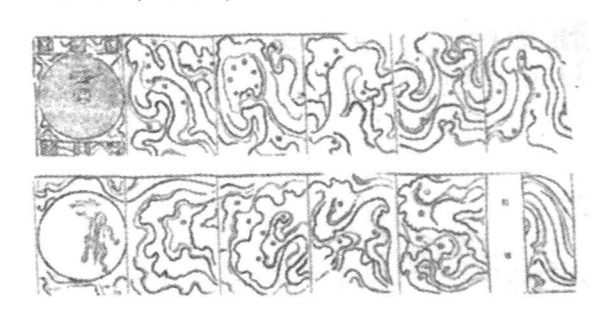

图3 河南洛阳发现的西汉壁画摹本

将日、月、星辰描绘于墓葬前室的顶脊之上,这样的构图形式的象征意义是非常明确的,即通过日、月、星辰形象而将墓室的"顶脊"赋予了"上天"或"天空"的性质和意义,从而使得墓葬整体也同时具有了象征"天地一体"的空间格局。这样的墓葬设计思维在山东地域的东汉早期墓葬中也有反映,如在东汉早期的山东长清孝堂山石祠"隔梁"上面,即刻绘有日、月、星辰图像(见图4)。

图 4 山东长清孝堂山石祠画像摹本

画像分为南北两段,"日轮"位于南段,"月轮"位于北段;"日轮"中有金乌,"月轮"中有蟾蜍和玉兔[12]26—27。上述画像位于石祠"隔梁"之上,而处于石祠内部最高空间,从而使得石祠"隔梁"具有了"天空"的性质和意义。同时,上述画像又与"隔梁"的东面和西面画像组合成一个画像整体,并在后者由上而下的"神话传说""车骑出行""历史故事""庖厨百戏""车骑人物"等的"分层叙述"中,构成一个涵容天地、历史、神仙世界和现实人生的想象空间。

上述构图形式在东汉时期出现了不同的变体,但"日轮"与"月轮"呈左右相对的基本构图形式并没有改变。说明由上述构图形式所反映的"天地一体"的"空间格局"的象征意义并没有发生变化。如河南南阳市十里铺东汉晚期画像石墓前室、中室盖顶石下面的画像[13](见图5)。

图 5 河南南阳市十里铺画像石墓画像

上述画像在墓葬中的编号(从右至左)为第2幅、第19幅、第20幅,其中第2幅位于前室东盖顶石下,上为阳乌载日飞翔,乌腹部呈圆形,表示"日轮";第19幅位于中室南盖顶石下,刻绘羽人、玄武、神灵等形象;第20幅位于中室北盖顶石下,画像右下角刻绘"月轮",中有蟾蜍。需要指出的是,南阳市十里铺画像石墓画像石"是由其他墓葬取来的,并且来源不止一墓"[13]。故画像石的编排与置放上存在诸多"错乱"的现象,但是反映日月和天空题材内容的画像石仍然被置放于墓葬的顶盖之上,说明墓葬的设计者在利用上述画像石时,还是考虑到画像石画像的题材和内容的。如此,虽然上文所引第2幅、第19幅、第20幅画像在墓葬中的具体位置(即"前室东盖顶石""中室南盖顶石"和"中室北盖顶石")不能作为分析画像构图的依据,但上述画像位于墓葬顶部而构成一幅完整的"日月天空"的画面的判断和做法,则是能够成立的。

以"日轮"和"月轮"左右相对的构图形式而将墓葬室顶或顶脊赋予"上天"或"天空"的性质和意义的做法,在山东安丘汉墓中室封顶石画像中也有相同的表现,画像从右至左分为五组,"日轮"和"月轮"位于第二组和第四组画面中(见图6)。第二组画面中刻一日轮,内有三足乌、九尾狐;第四组画面中刻一月轮,内有玉兔、蟾蜍执杵捣药。

图 6 安丘汉墓中室封顶石画像

总之,上述情况能够说明,以"日轮"和"月轮"左右相对的构图形式而将墓葬室顶或顶脊赋予"上天"或"天空"的性质和意义的做法,已经在两汉时期丧葬文化上形成了一个具有共识性质的思想和意识。

由此,再回过头来考察陕西神木大保当第23号画像石墓墓门画像。

大保当第23号画像石墓墓门画像在"图像叙述"上可以分为四个层次。第一个层次:由"日轮"与"月轮"所象征的"上天"或"天空";第二个层次:以门楣上栏"狩猎图"所表现的"原野狩猎"的景象;第三个层次:以门楣下栏"出行图"所表现的"原野奔驰"的情景;第四个层次:由铺首衔环、左右立柱画像而构成的"快乐家园"的场面。

如此,门楣下栏"出行图"的构图意义,就可能出现两种解读:其一是以上栏"狩猎图"所表现的"原野"景象为"终点"的"出行";其二是以铺首衔环和左右立柱画像而构成的"快乐家园"为"终点"的"回归"。然而,值得注意的是,对于以铺首衔环和左右立柱画像而构成的"快乐家园"来说,不论对门楣下栏"出行图"构图意义作何种解读,"出行图"所表现的"行为"都与"快乐家园"构成直接的密切的联系,"快乐家园"都将构成"出行图"所描述的"出行"或"回归"之行为的背景。

从这个意义上看,在陕西神木大保当第23号画像石墓墓门画像所体现的"图像叙述"中,由于门楣画像中"车马出行"题材画面的出现,而在上述"图像叙述"中注入了以强调和突出"叙述主体"的行为和行为的目的与意义的叙述意图,并导致由铺首衔环和左右立柱画像而构成的"快乐家园"与"叙述主体"的行为和行为的目的与意义的叙述意图发生直接的联系,于是,作为"生命彼岸"的"快乐家园",便成为上述墓门画像的叙述核心,其生命"归属"或"回归"的意义异常鲜明。

以上对陕西神木大保当第23号画像石墓墓门画像的分析,虽然属于个案的性质,但应该具有某种普遍性的意义。如果对汉画像石(砖)墓门楣画像中"车马出行"画面的构图形式进行总结,或更能说明问题。

汉画像石(砖)墓门楣画像中以"出行"为内容的画面,在构图上主要呈现出三种形式(见图7、图8、图9):其一是单纯的车马出行;其二是在画面的两端即画面车马队伍的前、后刻绘迎宾和送行的形象;其三是画面中间刻绘房屋或楼阁而左、右车马向着中间的房屋或楼阁行进。在上述三种"车马出行"画面构图形式中,后两种的叙述意图是明确的,画面中迎宾和楼阁形象的出现,既突出和强调了出行队伍"出行"的形象内涵,又昭示和表现了以迎宾和楼阁作为目的地的象征意义。

图7 1973年山东苍山县城前村汉墓前室东壁门楣画像

图8 山东莒县沈刘庄汉画像石墓门楣画像

图9 米脂官庄汉墓门楣画像

与房屋或楼阁形象出现在门楣画像之中的构图理念相同的,是上述房屋或楼阁形象被置于门柱画像之中。大保当第11号墓右门柱画像分为上下两层,"双层楼阁"位于上层画面。楼阁正面是两扇粉红色的门扉,门微启,门扉上绘有朱雀,相对起舞。门右侧墙上勾绘井字图案,似为窗棂。檐下左右各有一仙子,上举双臂,身躯弯曲,而右侧仙子有上翘的短尾,脸涂红彩。楼顶左右各立一凤,檐左右各立一凤。楼内有二人对坐。大保当第11号墓左门柱上半部分残损,从大保当第23号画像石墓墓门画像左右对称的构图形式上看,不排除左门柱上半部分画面亦是双层楼阁的可能(见图10)。

图10 大保当第11号画像石墓墓门画像

将双层楼阁画面置于门柱之上,其于设计上的意图是明确的,那就是将上述双层楼阁视为"仙宅"的象征。上述情况说明,在设计理念上,大保当第11号、第23号画像石墓都试图通过画像于墓葬各个部位的编排和设置,而达到将墓葬塑造成为"生命彼岸"的"快乐家园"即"仙宅"的目的。因此,不论是否出现"车马出行"题材内容的画像,对于墓葬设计者和墓葬主人来说,这个"快乐家园"都是生命的归宿。而"车马出行"画像的出现,只是将这种"归宿"由"意义"和"理念"而转变成为一种具有行为趋向意义的叙述。

四、结论与思考

有学者对两汉时期室墓制度的特征进行了概括,总结出汉代室墓制度的六个方面的特点[14]235。如果从丧葬文化的角度来审视考古学意义上的汉代室墓制度,其最值得关注的特点,则是依据现实生活的经验而构造逝者"生命彼岸"的"生活空间"。有学者认为作为丧葬文化的汉制,其核心思想体现在两个方面:一个是"孝道",一个是"升仙"[14]236。显然,"孝道"属于礼仪的范畴,而"升仙"则是目的和追求,而衡量"升仙"的目的和追求是否实现,其标志就是室墓的构建。因此,室墓本身既是逝者于逝后的"生活空间",同时也是逝者由"世俗生命"而转化为"超俗生命"即"神仙"的"彼岸世界"。上述情况意味着室墓本身已经成为一个艺术象征体,其"依据现实生活的经验而构造"的过程,即是这种"象征体"的艺术创造过程。因此,室墓本身也就成为这种象征意义的体现者。如果将逝者由"世俗生命"到"超俗生命"视为一种生命的转化过程,那么室墓本身,既是这种转化过程的起点,同时也是这种转化过程的终点。

画像石(砖)墓作为一个完整的建筑形式,墓门相当于建筑形式的大门,"车马出行"画面出现在墓门画像之中,其由行为趋向而展示的构图意义,必然与墓门及墓葬所象征的"彼岸世界"的"快乐家园"联系在一起。墓门画像中的"车马出行"画面表达了墓葬主人向着生命"彼岸世界"的"快乐家园"而"回归"的愿望和祈盼,同时也昭示着这种"回归"的完成和实现。

[参考文献]

[1] 李立.汉墓神画研究[M].上海:上海古籍出版社,2004.

[2] 济南市文化局文物处,平阴县博物馆筹建处.山东平阴新屯汉画像石墓[J].考古,1988(7);河南省文物研究所.郑州市向阳肥料社汉代画像砖墓[J].中原文物,1986(4);微山县文物管理所.山东微山县西汉画像石墓[J].文物,2000(10);南阳市文物工作队,方城县文化馆.河南方城县城关镇汉画像石墓[J].文物,1984(3).

[3] 洛阳市第二文物工作队.洛阳市朱村东汉壁画墓发掘简报[J].文物,1992(9).

[4] 南阳市博物馆,方城县文化馆.河南方城东关汉画像石墓[J].文物,1980(3).

[5] 陕西省考古研究所,榆林地区文物管理委员会.陕西神木大保当第11号、第23号画像石墓发掘简报[J].文物,1997(9).

[6] 聊城地区博物馆.山东阳谷县八里庙汉画像石墓[J].文物,1989(8).

[7] 淄博市博物馆.山东淄博张庄东汉画像石墓[J].考古,1986(8).

[8] 重庆市博物馆,合川县文化馆.合川东汉画像石墓[J].文物,1977(2).

[9] 巫鸿.武梁祠:中国古代画像艺术的思想性[M].北京:生活·读书·新知三联书店,2006.

[10] 刘家骥,刘炳森.金雀山西汉帛画临摹后感[J].文物,1977(11).

[11] 河南省文化局文物工作队.洛阳西汉壁画墓发掘报告[J].考古学报,1964(2);夏鼐.洛阳西汉壁画墓中的星象图[J].考古,1965(2).

[12] 中国画像石全集编辑委员会.中国汉画像石全集(1):山东汉画像石[M].济南:山东美术出版社,2000.

[13] 南阳地区文物工作队,南阳县文化馆.河南南阳十里铺画像石墓[J].文物,1986(4).

[14] 蒋晓春.三峡地区秦汉墓研究[M].成都:巴蜀书社,2010.

汉画像反映墓主生前生活说辨析

陈江风*

【摘 要】 汉画像作为墓葬的建筑材料与装饰,它本身不表现汉代社会的现实生活,更不是墓主"生前生活"的写照,它创造的是一个神鬼世界,反映了对墓主"身后(在阴间)生活"的理想追求,是汉代宗教信仰、价值观念和民风民俗的集中体现。

【关键词】 汉画像;鬼神世界;墓主生活

中原地区是华夏文明的摇篮,是古代文化的艺术宝库。中原各地出土的汉画像是这座宝库中璀璨的明珠,有着极高的考古学、文化学研究价值。近年来,这一领域的研究成果集中表现在通过汉画像所记录的生活场面与风土人情,认识古代的社会生活、文化生活、民俗事象及其发展的历史阶段等几个方面。其积极意义是应该充分肯定的。因为,任何宗教艺术与神话想象,正如卡西尔《人论》所说,给予我们的是"一个远远超出我们人类经验范围的超验世界的诺言和希望,而它本身却始终停留在人间,而且是太人间化了"。这段话谈到了事物的两个方面,给我们的研究提供了一种方法论的启示。根据这一方法,借助汉画像一类文物,我们找到了认识那个时代的参照系。

但是,任何事情的绝对化都会导致质的变化。人们习惯了这样一种研究角度,或者干脆说形成了单一的研究模式之后,会产生一种错觉,好像汉画像本来就是为反映汉王朝的现实生活而设计的。有的学者甚至十分肯定地宣称,汉画像"反映了墓主生前的生活以及他们的思想观念"[1]。这样一种结论虽简单,但它完全是站在当代人的立场上用现代眼光来观照那个古远的时代。这对于汉画像研究的深入发展,尤其是根据当时时代特点,搞清楚汉画像的真正功用和原始含义的研究影响极大。因此需要认真辨析和思考,学会用辩证的方法分析问题和解决问题。

当然,如前所述,根据汉画像中的生活图景、建筑样式、服饰民风等,可以推知汉代的生活状况与民俗事象。但是,有一点必须清楚,那就是,汉画像作为墓葬的建筑材料与装饰,本身不表现汉代社会的现实生活。它不是墓主"生前生活"的写照。恰恰相反,它创造的是一个神鬼世界,反映了对墓主"身后(在阴间)生活"的理想追求,是当时的宗教信仰、价值观念和民风民俗的集中体现。

关于这一点,只要我们不是孤立地分析一幅幅具体的画像,而是把它们作为画像石墓这个有机整体的一个组成部分进行系统分析,前述结论在另一侧面的苍白,就显得较为清楚了。

熟悉汉画像砖(石)墓的人都知道,汉人的墓葬是一个神鬼世界的形象系统。就画像的归

---

* 陈江风(1953—),男,湖南宁乡人,教授,硕士生导师,副院长,主要从事中国古代文学与民俗学研究。

类来看,这一大系统可分为如下三个子系统:

$$\text{画像石墓葬神鬼世界}\begin{cases}\text{神祇世界}\\\text{墓主人阴间的生活世界}\\\text{鬼魅世界}\end{cases}$$

三个子系统中没有"墓主生前的生活"内容,最多也只能是墓主生前生活的折光,是一种死后仍希望生前荣耀继续保持的期许。三者之间,"墓主人在阴间的生活世界"是连接"神祇世界"与"鬼魅世界"的枢纽。这种关系图式的形成是由古人的思维形态所决定的(详后)。

阴间的人,在古人观念中,是一个魂与魄(神与形)的结合体,当人在阳世气数竭尽归于阴间时,形与神——魂与魄就要分离。《礼记·郊特牲》所谓"魂气归于天,形魄归于地",就是说魂的性质为"阳",质性"清",故能上升于天;魄的性质为"阴",质性"浊",故下归于地[2]。这种观念是当时阴阳五行的传统哲学观念的必然产物。

那么,古人怎样理解、怎样表现这种分离呢?汉画像对于说明这一点提供了直观的实物材料。在众多的汉画像中,人死灵魂升天,导引者是龙、凤、鹿、鱼、龟一类灵物。画像石以各种不同的画面记录了这些场面,清晰地表现了天国追求的观念,表现了人与"神祇世界"的联系。人死体魄归于土,重新"生活"于黄泉阴间。对这一环节的表现,汉画像则通过理想化的方法,把阳世最美好的东西都搬到了阴间,目的在于使归于地下的形魄能够安息于九泉。为此,他们想方设法断绝与"鬼魅世界"的联系——在墓门、墓壁、墓圹的最深处,到处刻绘神荼、郁垒、宗布、蹶张,刻绘虎吃女魃、象人斗熊罴、瑞兽刺鬼等,都明确表现了这种断绝"第二世界"与"第三世界"往来的意向。然而,九泉之下是个暗无天日的世界,在古人的意识中,鬼总与黑暗相联。因此,九泉之下到处都是鬼魅。《楚辞·招魂》对四方鬼魅扰灵魂的恐怖描写,就是古人这种意识与心态的写照。这样,虽然人们为自己的形魄想方设法驱鬼辟邪,然而,魑魅魍魉总是主动找上门来,试图进入墓主阴间生活的场地。于是阴间形魄生活的场所不可回避地与"鬼魅世界"发生了联系。

由此可见,墓主人阴间的生活世界起到了联结"神""鬼"两世界的中介作用,同时,它又是人的躯体在阴间的生存空间。因此,市井、庄园、陶仓、厩圈、车马、用具等,都被艺术化地搬进了墓葬,有些甚至还在上边图形绘影,或大书"稻米八千石""大豆千石"等,不仅如此,而且希望"龙蛇马牛,皆食大(天)仓"[3](图159题记),"以上人马皆上食于天仓"[3](图540题记),祈求在阴间福寿饱暖、连年有余的民俗意识赫然可见。

东汉桓帝元嘉元年汉画像石墓长篇题铭,在描绘了天国的盛景和排场之后,说道:"其当饮食就天仓,饮江海。学者高迁宜印绶,治生日进钱万信。长就幽冥则决绝,闲圹之后不复发。"根据这段题铭,我们可以看到,在古人观念中,阴间是一个实体,人死是从这一个世界回到另一个世界去长就幽冥,然而绝不希望其在幽冥世界中受苦。如同该题铭所写的那样,人们希望"左有玉女与仙人,右柱石□请丞卿,新妇主侍给水浆",过着美满的生活。

根据当时人的这一追求,各地画像砖、石墓在塑造着一个观念相同、场景相像的天国世界。四川省博物馆的袁曙光、赵殿增先生用系统研究的方法对汉画墓的各种画面进行分析,得出了广泛存在的经天门升天成仙是汉画像砖(石)画面组合的主题思想之结论,并由此进一步揭示出它们的基本组合:天阙、车骑、迎谒、宴饮、舞乐、仙人、四灵、西王母,以及庄园、市井、劳作等。这一组合系列,反映的是两组并存而又相互联系的情景。一是以西王母为主神,有仙人生活,神灵守护的"天国"景象;二是送迎墓主人升入天门,宴饮舞乐,并在天上过着美好生活这样的一种"升天成仙"[4]的现象。这种揭示触及了汉画像的真实功用,也符合汉代民俗与观念信仰的实际。在此基础上,根据汉人的观念,我们可以进行更深一步的揭示。

像精心建构现实社会的权力金字塔那样,古人把"另一世界"构想成为有神、有鬼,同时又有管理系统的一个庞大而又完整的亦神、亦鬼、亦官僚政治的大社会。人们在其间类似阳世间一样生活:行商贩贾、驾车出游、斗鸡走狗、舞乐百戏、仰射垂钓、夏耕冬藏,甚至还要给地吏鬼吏们交租纳税。

当然,这一实施种种社会职能的庞大系统,必不可少一支阴间官僚队伍,一套阴间官僚机构。恰恰是在这一方面的表现上,最容易使人产生"墓主生前生活"的错误判断。

汉画像艺术表现中,表现最多的是细腻的、富于生活气息的日常生活,而且从阴间地吏到整个墓主的阴间生活环境与现实生活中没有形象上的区别(后世与此截然不同,尤其是阎罗观念在民间普及之后)。既然形象无差别,是不是就意味着阴阳二世在当时完全混同,汉画像反映的生活就是"墓主生前的生活"呢?答案应该是否定的。

尽管汉画像阴曹地府里的官吏、奴婢、僮仆服饰打扮与现实生活中没什么两样,然而在当时的观念上都有着性质上的根本区别。这种区别较为严格。具体表现在它从观念上到名称上与阳世表述决然相异。正式表述的阴间官吏要在职官称谓前冠以"地下""冢""主墓""墓"等字样,以示区别。我们参阅了大量文献资料与各地出土的汉代镇墓文,其中到处可见在职官前面冠以上述字样的官名。如:

地下二千石　冢丞　冢令　丘丞

墓伯　陌上游徼　主墓狱史

陌门卒吏　墓皇　墓主　西冢公伯

东冢侯　西冢伯　墓门亭长　门亭长

魂门亭长　蒿里君　蒿里父老

中蒿长

在现实生活中称为"二千石"的贵族官吏,在阴间世界称为"地下二千石"。在神鬼世界、阴曹地府中,"地下二千石""冢丞""冢令"一类,大约相当于汉制的郡守和县令、县丞一级官吏,是冥府地吏中地位较高的"管理人员"。而"父老"、各门"亭长"一类,则相当于汉代的乡里小吏。"游徼""狱史""卒吏"等又下之,是一些从事刑狱和镇压职能的法官和武吏。

地吏队伍中的"冢公""墓伯"等也有现实依据,如公、侯、伯、子、男五等爵位。在汉和汉以前,公、伯也常作对神的尊称。如称河神为"河伯",风神为"风伯",土神为"土伯";称社神为"社公",墓神为"冢公";等等。

总之,地吏职官是以汉官制度为范母,同时又自成体系,不可与现实生活中的职官混为一谈的带有神鬼性质的官吏队伍,表现出古人明确的"死生异路"观念。

遗憾的是,这一区别常被学术界所忽视。过去的研究者习惯于把汉画像中"双层重檐的亭阙"旁边站立的"身着冠服、双手捧盾、躬身作迎候状"的小吏视为现实生活中的"亭长",有些研究者则对"车马出行图"在不同的人物的榜题上注出"二千石""令""丞""尉卿"颇费踌躇,苦心孤诣地分析琢磨这些榜题,试图找到究竟哪一个官职是墓主人本人生前的身份。

搞清楚了这种区别,我们就大可不必为这些事情花时间、费踌躇了。汉画像上的职官队伍都是地道的冥府地吏:亭长是"墓门亭长""魂门亭长"一类打鬼捉妖的冥吏;榜题上注明的"二千石"是"地下二千石";令、丞是所谓的"冢令""冢丞"。这些官吏统统是一些"冥官",反映出古人凭借想象创造的"另一世界"的生活情况与秩序管理的要求,与墓主人生前的生活根本不是一回事。所以,费气力考证究竟令、丞是墓主人,还是二千石是墓主人,多少有点南辕北辙的味道。

汉代人重厚葬,"富者绣墙雕题,中者梓棺梗椁,贫者画荒衣袍,缯囊缇橐"[5],可见无论贫富,皆遵时尚,化以成俗。汉人王符曾批评这种陋俗说:"工匠雕治、积累日月,计一棺之成,功将千万。"[6]一具棺材的耗费便如此惊人,一座画像石墓,从设计开始,中间经过石料的采制、运输、绘画、雕刻和墓葬本身的建筑过程,其耗费之巨就可想而知了。

古人之所以如此,在于他们"把死人当活人对待,以为活人需要的,死人也需要"[7]。究其实,这种观念仍属于典型的原始思维方式的范畴。原始思维不只是原始人的专利。在人类思维的"王国中,原始的东西在与它基础上产生的东西是(可以)并存的"[8]。按照这一原则,后世人的思维中也可以保留原始的思维方式,只是程度不同罢了。

经过分析,我们知道,汉画像的体系记录了那个时代的精神活动,这种精神活动表现为一种原始的思维方式。与科学思维相较,二者的思维过程与思维结果不尽相同——现代人认为画像是一种艺术,而古人则认为画像就是所画对象的实物本身。正像人类学家列维·布留尔所说,在古人眼中,"肖像就是原型",他们认为:"从肖像那里就可以得到如同从原型那里得到的一样的东西,可以通过对肖像的影响来影响原型。"[9]73如此,在画像石上刻出谷物与日常用具,古人便认为可以使亡灵在阴间丰衣足食;刻绘几个僮仆与奴婢,亡灵就能终日有所陪伴,像生前那样前呼后拥,十分气派;刻绘出舞乐百戏,阴间便会欢愉无止;刻上打鬼与辟邪的瑞兽则更是明显希望"通过对(鬼魅)肖像的影响来影响(它的)原型",保证亡灵阴间生活的宁静……

总之,在古人眼中,墓葬画像不单纯是一幅幅画像,每一个画像都有一个与其对应的阴间实物,每一个画像都能给死者的身后生活带来一种利益。这种现象正是列维·布留尔所谓的"集体表象"的思维方式。这种思维方式的"第一个也是最一般"的规律"就是'互渗律'",其实质"在于任何两重性都被抹煞,在于主体违反着矛盾律,既是他自己,同时又是与他互渗的那个存在物"[9]450。由于这一特点的存在,在古人眼中,一切东西不仅具有一种有形的存在,而且也具有一种无形的存在,二者互渗为一。汉画像的石刻形象在当时人的眼中明显带有"互渗"的性质。于是,属于自然物质范畴的砖、石画像与超自然力的神鬼世界"互渗"为一,并以"固体"(石刻)形式记录、保存下来。我们今天的研究如果忽视了这一特点,一味用现代人的眼光,遵循现代人的思维模式去生解硬译古代精神王国的符号代码,很难得出中肯的结论。

由此看来,关于汉画像表现内容的这个小小的争辩,不仅有一个审视角度问题,还有一个研究方法问题与治学的导向问题。正像导师们指出的,批判的武器,不能代替武器的批判。用汉画折射出来的现实生活之光去研究汉代社会,是一种方法,同时也是一种武器。这种武器曾经是对旧式研究的一种超越。但是,作为一种批判的武器,它本身并不是永恒的、静止的。对于武器本身当然也要批判和超越,否则,无论是社会建设还是理论研究都会受到质量上的影响。

这就是思想的重要性,同时也是方法的重要性的意义所在。因此敢于超越与创新,是我们社会科学工作者的要务。

【参考文献】

[1] 刘志远.四川汉代画像砖与汉代社会:前言[M].北京:文物出版社,1983.

[2] 左丘明.左传·昭公七年[M].北京:燕山出版社,2001.

[3] 山东省博物馆.山东汉画像石选集:曲阜徐家村汉墓出土[M].济南:齐鲁书社,1982.

[4] 赵殿增,袁曙光.略论四川汉画的组合与主题[J].四川文物,1990(6).

[5] 桓宽.盐铁论·散不足篇[M].北京:人民出版社,1974.

[6] 王符.潜夫论·浮侈篇[M].西安:三秦出版社,1999.

[7] 南阳汉代画像石编辑委员会.南阳汉代画像石[M].北京:文物出版社,1985.

[8] 弗洛伊德.文明及其缺憾[M].合肥:安徽文艺出版社,1987.

[9] 布留尔.原始思维[M].北京:商务印书馆,1981.

南阳汉画与汉史研究

王玉金[*]

【摘　要】　南阳汉画为研究汉代历史提供了宝贵资料。政治方面,既反映了汉代贵族阶层的奢侈生活,又反映了汉代奴婢的生活情况,还反映了汉代的等级制度。经济方面,有表现汉代生产的耕耘图、牵牛图、捕鱼图、狩猎图、武库图等,还有大量的表现汉代田庄经济的画像。思想方面,反映了汉代的儒家思想、阴阳观念、神仙思想、谶纬迷信思想等。文化艺术方面,反映了汉代舞蹈、音乐、杂技的繁盛情况。科学技术方面,表现了汉代天文学、建筑学等的发达情况。

【关键词】　南阳;汉画;汉史研究

河南南阳是我国出土汉代画像石和画像砖的主要地区,现已发现汉代画像石2000余块及大量汉画像砖。这些画像题材广泛,内容丰富,为我们研究汉代的政治、经济、思想、文化、艺术等提供了宝贵的实物资料,在汉代史研究中具有重要的价值。本文拟根据汉画资料,从以下五个方面,对汉代历史作以探讨。

一、汉代政治

南阳汉画中一幅幅生动形象的车骑出行图、骑射田猎图、拜谒图、宴饮图,一个个毕恭毕敬的执笏者、捧盾者、端灯者、捧奁者,一座座高大的楼阁、厅堂、门阙等画像为我们研究汉代政治提供了丰富的资料。在这些画像中,反映以下几方面情况的尤为突出。

1. 贵族阶层的奢侈生活

南阳汉画中,那规模浩大的车骑出行场面,蔚为壮观的骑射狩猎场面,饮酒作乐的宴飨图,形象地描绘了贵族阶层骄奢淫逸的生活。车骑出行画像[①],一辆辆轺车骖驾骓马,高撑华盖,前有导骑,后有护从,耀武扬威,煊赫过市。骑射田猎图[②],射者骑于马背之上,瞄准猎物,张弓而射,前有猎犬拦截,中有仆从助猎。类似的画像还有许多。宴飨图[③],画面上部一人踞坐,二人鼓舞,下部有一案,案内放置一条大鱼、四只肥鸭、两个饮酒用的耳杯,还有肉串和其他食品。达官贵人一边饮酒,一边观看舞蹈。由此可见,豪家世族的生活是何等的奢侈。他们居则厅堂楼阁,出则连车列骑,食则美酒佳肴。

南阳在先秦时是我国政治、经济比较发达的地区。汉朝时,南阳是全国的政治、经济中心之

---

[*] 王玉金(1965—　),男,河南省南阳市人,南阳文广新局副研究馆员,主要从事汉文化研究。
① 南阳汉代画像石编辑委员会:《南阳汉代画像石》,图224,文物出版社1985年版。
② 南阳汉代画像石编辑委员会:《南阳汉代画像石》,图231,文物出版社1985年版。
③ 南阳汉代画像石编辑委员会:《南阳汉代画像石》,图222,文物出版社1985年版。

一,有"南都""帝乡"之称,是皇亲贵戚、达官贵人、豪强地主聚居之地。《盐铁论》称南阳"商遍天下,富冠海内","王侯将相,宅第相望","富贵之家……兼并列宅,隔绝闾巷"①,过着锦衣玉食、悠闲自得的生活。南阳汉画中的许多图像,集中反映了这些贵族阶层的奢侈生活。

2. 汉代奴婢的生活情况

南阳汉画中的端灯侍女、捧奁侍女、提卣奴婢等画像,反映了汉代奴婢的生活情况。他们的生活与贵族阶层形成鲜明的对比。

端灯侍女,头梳高髻,身着长衣,双手端灯,作缓步行走状。捧奁侍女,亦头梳高髻,双手捧奁盒(梳妆盒),恭恭敬敬地站立着,随时听从主人的使唤。提卣奴婢,左手提卣(盛酒的容器),右手捧奁,侧身恭立。这类画像在汉画中屡见不鲜。除此之外,还有从事其他劳役的侍者形象。如执炉者、捧镜者、端灯者、提囊者、侍奉者、打扇者等等。这些画像中的人物,代表了汉代的奴婢阶层。他们终日服侍贵族阶层,为统治者服务,没有任何政治地位,处于社会最底层。

汉代时,奴隶制作为一种制度被废除了,但奴隶并未消失,而且为数不少。许多官宦之家仍继续使用着奴婢。奴隶问题曾经是西汉的严重问题。南阳汉画中的这些奴婢,即汉代的奴隶。

3. 森严的汉代等级制度

从南阳汉画中以下几类画像我们可以看出,汉朝社会是一个等级制度十分森严的社会。

(1)南阳汉画中的冠饰

在阶级社会中,服饰不仅是为了抵御寒暑,满足人类装饰需要,而且是等级、身份的标志。在南阳汉画中,服装的差异不很明显,最能显示出等级差异的是冠饰。在汉代,贵族与平民的冠饰区别十分明显。一般来讲,贵族戴冠、冕、弁,平民百姓则戴巾帻。官职、级别不同,所戴之冠亦不相同。南阳汉画中可以明显区别开来的冠饰主要有进贤冠、武冠、帻等。进贤冠为汉代文官所戴之冠。根据冠上装饰的不同,南阳汉画中的进贤冠可以分为一梁进贤冠、二梁进贤冠、三梁进贤冠。《后汉书·舆服志》曰:"进贤冠,古缁布冠也,文儒者之服也,前高七寸,后高三寸,长八寸,公侯三梁,中二千石以下至博士二梁,自博士以下至小吏私学弟子皆一梁。"官职高低不同,梁的多少也不相同。武冠为汉代武官所戴之冠。帻为汉代平民百姓的冠饰。在汉代,地位低下的人是不能戴冠的,只能用布把头发束起来,这种束发之布称为帻。

(2)车骑出行画像

车骑出行是汉代达官贵人身份的一种标志,也是汉代等级制度的一种体现。因出行者的地位、级别不同,场面和规格各不相同。汉代统治者对此有严格的规定,不准逾越。《后汉书·舆服志》曰:"古者军出,师旅皆从;秦省其卒,取师旅之名焉。公以下至二千石,骑吏四人,二千石至三百石县长,二人,皆带剑,执棨戟为前列。"唐河县针织厂汉画像石墓出土了三幅车骑出行图,均前有二导骑,说明此墓葬的主人,生前可能为县令或县长级官吏②。南阳市王庄画像石墓③出土了两幅车骑出行图,一幅前有四骑吏,一幅前有八骑吏。说明出行者的身份为太守以上级别的官吏。

(3)南阳汉画中的拜谒场面

拜谒本为汉代的一种礼仪,透过这种礼仪我们可以看出汉代的等级制度。因为在拜谒中,地位、身份不同,他们的身姿与表情是不相同的。唐河县汉郁平大尹墓出土了一幅十分典型的拜谒图④,图中刻八人,左为一尊者,头戴进贤冠,身着长衣,跪姿。其前一人亦头戴进贤冠,着长袍,双手执笏,跪拜,上体前倾,面向尊者。此人身后有六人,皆面向尊者,其中,右下三人皆戴冠,着长衣,执笏,跪拜;右上三人皆束帻,低头,叩首于地上。这幅拜谒图,八个人物的贵贱尊卑鲜明可见。

---

① 桓宽:《盐铁论·刺权》。
② 柴中庆:《南阳汉代画像石墓墓主人身份初探》,见《汉代画像石研究》,文物出版社1987年版。
③ 南阳市博物馆:《南阳市王庄画像石墓》,《中原文物》1985年第3期。
④ 南阳汉代画像石编辑委员会:《南阳汉代画像石》,图91,文物出版社1985年版。

(4)一些具体的画像

南阳汉画中的持节、执笏、执金吾画像,执钺、执剑、执刀画像,执棨戟、拥彗画像,端灯侍女、捧奁侍女等画像,分别代表了不同阶层的人物,是汉代等级制度的一种具体体现。

二、汉代经济

通过南阳汉画,从总体上分析,汉代的经济是比较繁荣的。没有强大的经济基础,贵族阶层就不可能有那样奢侈的生活。

南阳汉画中反映生产的画像有耕耘图、牵牛图、牛车图、捕鱼图、狩猎图、武库图等。

耕耘图出土于南阳市邢营画像石墓,该石左下部为农耕场面:一农夫在粗壮的禾苗间耕耘,另一农夫担浆送食。

牵牛图、牛车图皆出自南阳英庄汉画像石墓①。牵牛图,刻一人左手牵引一牛,右手执鞭,图中的牛躯体高大,肩峰高耸,俯首垂尾,伸着脖子驯服地向前迈着步子。牛车图,刻一双辕牛车,车上有长方形车舆。南阳汉画中虽然没有见到牛耕图,但牵牛图中的牛明显是一种耕牛形象。

捕鱼图②见于英庄汉画像石墓。图中一溪流,两边有山峦。溪流上有一拱桥,桥下二人泛舟,一人荡桨,一人下罩捕鱼。桥上二人各执一杆,合力下网捞鱼。捕鱼图反映了汉代渔业生产情况。

汉代盛行田猎活动,南阳汉画中出现的狩猎图比较多。狩猎活动往往是在山林中进行。狩猎者或手执弓箭或肩扛戟矛,尽力捕捉猎物。狩猎活动中常有猎犬协助围猎。常见的猎物有鹿、兔、野猪等。汉代狩猎有相当一部分属于达官贵人的消闲娱乐手段,但也有一部分表现的是平民百姓以狩猎获取食物的情况。

武库图在南阳汉画中有数幅。武库即兵器库房。武库图中,在兵器架上挂满了弓弩、长矛、戟等兵器,还有甲衣和盾牌,武库旁有卫士守护,獒犬警戒。反映了汉代兵器制造业的情况。

南阳汉画中高大的宅院建筑,大量的武士画像、奴婢画像,以及家畜、家禽画像,反映了汉代豪强地主的田庄经济。田庄是东汉时期豪强地主势力壮大情况下出现的一种具有自给自足性质的庄园。

在南阳汉画中常见有高大的宅院建筑,厅堂内宾主二人,端坐对饮。在画像砖上,这类建筑物周围还点缀有鱼、树木、凤凰、鹤等,表示宅院周围的鱼塘、树木环境。有一幅画像砖的建筑物前还有高大的双阙和轺车③,表明此院正当车马要道。这种画像当是豪强地主田庄中的甲第建筑。

南阳汉画中有大量的武士画像,有执钺、执刀、执剑武士,还有执金吾、执钩镶、执盾武士,皆手持兵器。这些武士中有一部分属于田庄中的家兵,史书称之为部曲,是地主的私人武装,平时为豪强地主看守家园,战时跟随豪强地主打仗。

汉画中常见的端灯侍女、捧奁侍女、捧盘侍女、提卣奴婢及舞乐百戏画像中的伎人,其中有相当一部分属于豪强地主田庄中从事非生产性劳动的奴隶。主要从事家内劳役,满足豪强地主的生活需要。

在画像砖上,刻画有肥壮的牛和马,还有猪、羊、犬、鸡、鸭、鹅等家畜家禽,反映了庄园中畜牧养殖情况。

《后汉书·樊宏传》记载,樊宏"好货殖","所假(借)贷人间数百万",从事商业和高利贷活动。南阳汉代画像砖中即有借贷图④,一胡奴手提口袋,双臂前伸,作乞求状,是为借贷。新密市打虎亭汉墓也出土有类似的画像。

---

① 南阳地区文物工作队、南阳县文化馆:《河南南阳县英庄画像石墓》,《文物》1984年第3期。
② 王建中、闪修山:《南阳两汉画像石》,图3,文物出版社1990年版。
③ 赵成甫、柴中庆、陈峰:《南阳两汉画像石》,拓本1—3,文物出版社1990年版。
④ 赵成甫、柴中庆、陈峰:《南阳两汉画像石》,拓本91,文物出版社1990年版。

三、汉代思想

南阳汉画中,反映汉代思想的画像数量很多,既有反映儒家思想的,又有反映阴阳观念和神仙思想的,更有反映汉代谶纬迷信思想的祥瑞画像、辟邪画像等。

1. 儒家思想

汉武帝时,采纳董仲舒的建议,"罢黜百家,独尊儒术",自此以后,以孔孟为正宗的儒学,成为封建统治阶级的正统思想。汉画像石和画像砖中都出现有以历史故事为内容的画像,旨在宣扬忠、孝、节、义等儒家思想。

二桃杀三士图①,南阳汉画中有数幅,情形相似。画中刻一高足盘,盘内放置二桃,二壮士伸手欲取桃,一壮士怒不可遏,欲拔剑自刎。故事发生在春秋时期,详见《晏子春秋》。公孙接、田开疆、古冶子是齐国三勇士,他们自恃有功,对国相晏婴不尊,被晏婴视为破坏"君臣之义"的"危国之器"。晏婴设下二桃之谋,三勇士计功而争桃,终于自杀身死。此画像主题是为了宣扬"杀身成仁"的观念。

晏子见齐景公图②,刻画于唐河县针织厂汉墓,故事取材于《晏子春秋》。晏子是春秋时齐国名相,他多才善辩,主张礼仪,汉代统治者对他十分推崇,有人生前就在已建成的墓中画晏子的画像。《后汉书·赵岐传》云:"(岐)先自为寿藏,图季札、子产、晏婴、权向四像居宾位,又自画其像居主位,皆为赞颂。"

聂政刺侠累图③和荆轲刺秦王图④,故事均见于《史记·刺客列传》,描绘了侠义之士聂政刺韩相侠累和荆轲刺秦王嬴政的场面。

画像砖上的泗水取鼎图⑤是一幅宣扬君权神授的典型画像。

2. 阴阳观念

阴阳的观念起源很早,战国时就有一种思维方式,把世间的事物都用阴阳来表示。所谓"天地之常,一阴一阳;阳者天之德也,阴者地之刑也"。汉代时,这种观念得到了继承和发展,特别是在董仲舒的思想中更加强调阴阳相合。阴阳观念在南阳汉画中表现得比较明显。

综观南阳汉画,我们可以发现,汉画中刻画的许多形象,都是以一阴一阳的对偶形式出现的。例如,人类的始祖神伏羲和女娲,掌管太阳的日神羲和与掌管月亮的月神常羲,象征太阳的金乌与象征月亮的蟾蜍,仙界之神西王母和东王公等,这些都是以一阴一阳的对偶形式出现的。

伏羲与女娲皆为传说中的人类始祖,他们分理阴阳。伏羲为阳,女娲为阴。南阳汉画中既有许多伏羲画像,又有许多女娲画像。有一幅典型的画像,画面左刻伏羲,右刻女娲,二人皆人首蛇躯,头束发髻,身着儒服,合抱一株灵芝,相向交尾而立⑥。

羲和与常羲都是帝俊的妻子。羲和生了十个太阳,被称为日神;常羲生了十二个月亮,被称为月神。日月二神,代表阴、阳二性。老子《历中经》云:"西王母夫人两乳者,万神之精气、阴阳之津汋也。左乳下有日,右乳下有月。"汉画中的羲和捧日、常羲捧月图⑦,图左刻羲和双手举日,图右刻常羲双手捧月,二者皆人首蛇身,曲尾相交。这种画像刻画在墓中,象征着阴阳和谐,夫妻和睦。

3. 神仙思想

神仙思想起源于春秋、战国之际,当时出现了许多鼓吹神仙方术的方士。由于这种思想有很大的诱惑性,深受统治者赏识。秦始皇曾派徐福等人到东海求长生不死之药。汉武帝深信神仙,迷恋长生。《汉书·郊祀志》云:"武帝初即

---

① 南阳汉代画像石编辑委员会:《南阳汉代画像石》,图337,文物出版社1985年版。
② 南阳汉代画像石编辑委员会:《南阳汉代画像石》,图40,文物出版社1985年版。
③ 南阳汉代画像石编辑委员会:《南阳汉代画像石》,图43,文物出版社1985年版。
④ 南阳汉代画像石编辑委员会:《南阳汉代画像石》,图44,文物出版社1985年版。
⑤ 赵成甫、柴中庆、陈峰:《南阳两汉画像石》,拓本141,文物出版社1990年版。
⑥ 南阳汉代画像石编辑委员会:《南阳汉代画像石》,图143,文物出版社1985年版。
⑦ 南阳汉代画像石编辑委员会:《南阳汉代画像石》,图331,文物出版社1985年版。

位,尤敬鬼神之祀。"在南阳汉画中有不少反映神仙思想的画像,如虎车升仙、鹿车升仙、羽人、应龙、飞廉、逐疫升仙等。在有的升仙图像中,还刻有手持牛角的方士,边呼喊,边奔走,驱魔升仙。

汉代人在整理先秦古籍时,把神仙方术与上古神话一起重加册订,因此神仙思想常与神话传说交织在一起。南阳汉画中的西王母、东王公画像石①和嫦娥奔月画像石②即属此类。

西王母是中国神话传说中的大神,《山海经》记载西王母的形象是"其状如人,豹尾虎齿而善啸,蓬发戴胜",居于昆仑之丘。汉代时,西王母演化成了掌管长生不死之药之神,身旁常有玉兔伴随,为其捣制仙药。

嫦娥是羿的妻子,羿向西王母求得了不死之药。嫦娥窃服后奔向月轮,化为月精。故事见于《淮南子》一书。

汉代时,道教还与神仙思想相结合,转变为神仙道教。

4. 谶纬迷信思想

西汉晚期,由于从董仲舒开始的神学化的儒家思想的恶性发展,谶纬迷信思想开始广泛流行,东汉时期更加流行。谶是用诡秘的隐语、预言作为神的启示,向人们昭告吉凶祸福、治乱兴衰的图书符箓。纬是对经而言的,是对经书所作的神学的解释。南阳汉画中大量的祥瑞、辟邪画像反映了汉代谶纬迷信思想的兴盛情况。

(1) 祥瑞画像

主要有龙、朱雀、麒麟、仙鹤、神龟等。

南阳汉画中刻有大量龙的形象,有许多龙是代表祥瑞的。在古代,龙成为皇权的象征。《瑞应图》曰:"舜东巡狩,黄龙负图,置舜前。"汉代统治阶级把"黄龙见"视为祥瑞现象。

朱雀,一名凤凰,在古代被尊为鸟中之王,是祥瑞的象征。《山海经·南山经》曰:"丹穴之山……有鸟焉,其状如鸡,五采而文,名曰凤凰……见则天下安宁。"朱雀在古代与龙的地位不相上下,成为谶纬玄学的一个主要内容。

麒麟是一种似鹿非鹿、似牛非牛的动物,汉代人把它神化,成为一种瑞兽。

(2) 辟邪画像

汉代人认为灾难、疾病是鬼蜮作祟的结果,是升仙的大敌。驱邪逐疫是谶纬迷信的内容之一。这类画像有铺首衔环、熊(方相氏)、白虎、强良等。

铺首衔环常见于汉代画像石墓的墓门上。《汉书·哀帝纪》云:"孝元庙殿门铜龟蛇铺首鸣。"如淳注曰:"门铺首作为龟蛇形而鸣呼也。"南阳汉画中的铺首皆面目狰狞,似为饕餮,用以辟邪。

南阳汉画中常见有似人似熊的形象,即打鬼的头目方相氏。《后汉书·礼仪志》曰:"先腊一日,大傩,谓之'逐疫'……方相氏黄金四目,蒙熊皮,玄衣朱裳,执戈扬盾,十二兽有衣毛角。中黄门行之,冗从仆射将之,以逐恶鬼于禁中。"

四、汉代文化艺术

汉代时,政治的安定、经济的发展,为文化艺术的繁荣创造了有利条件。汉朝政府重视文化教育事业。从中央到郡、县、乡里,层层设置学校。在中央设立太学,给学生讲授经书的教师称"博士"。汉画像石中的讲经图,图右刻长者,戴冠着袍,凭几端坐,伸出右手,似侃侃而谈,正讲授经学。其左边七人依次席地而坐,排成一列,恭听教诲。该图反映了汉代讲经的实际情况。

汉朝是一个封建大一统的社会,汉民族注意吸收兄弟民族的文化艺术,丰富了汉文化。南阳汉画中大量的舞乐百戏画像,反映了汉代舞蹈、乐器和杂技的情况。

1. 汉代舞蹈

汉画中的舞蹈有建鼓舞、踏拊舞、长袖舞、七盘舞等。

建鼓舞是一种以建鼓为主要乐器的双人舞。在舞蹈者中间放一建鼓,建鼓两侧各有一人执桴

---

① 南阳汉代画像石编辑委员会:《南阳汉代画像石》,图 332,文物出版社 1985 年版。
② 南阳汉代画像石编辑委员会:《南阳汉代画像石》,图 205,文物出版社 1985 年版。

（鼓槌），且鼓且舞①。据考证，建鼓舞起源于楚国。

踏拊舞是在舞蹈者足下放一形状像鼓的东西做旋转动作，踏拊起舞，十分优美②。这是一种女子独舞。

长袖舞③是一种以长袖为特点的舞蹈。舞者长袖飘逸，舞姿翩翩，造型极为优美。

七盘舞，是在地上放置盘若干，舞者在盘上跳跃翻飞④，其特点是舞姿飘逸，节奏明快。南阳汉画中的盘舞所用盘子数量不一，有四盘二鼓的，也有六盘二鼓的。七盘舞亦是独舞。

2. 汉代乐器

汉朝设立有乐府机构，乐工人数众多，分工精细，乐器日臻完善。

从南阳汉画看，汉代的乐器既有打击乐器，又有管弦乐器。打击乐器有建鼓、鞞鼓、鼗鼓、铙、镈钟。管弦乐器有埙、竽、瑟、排箫等。

建鼓，为建鼓舞所用，有扁圆和长圆两种，以竖杆支撑，下有虎形座或长方形座，上饰羽葆。此鼓常置于乐队中央，在乐队中占有主导地位。

鞞鼓，从画面上看，比建鼓小得多，为扁圆形，一般置于地上，鼓员手执鼓槌，席地敲击。

鼗鼓，形体较小。在乐起之前摇鼗鼓作令，使诸乐人作好准备，引导诸乐器奏起乐章。鼗鼓还可用作道具。

铙，在汉画中一般是乐人左手执铙柄，右手握铙锤击之。击铙表明演奏一曲乐章的完毕。

镈钟，形体较大，悬于簨虡之上，二人击之。

埙，是一种古老的吹奏乐器，汉画中的埙刻画粗犷，看不出音孔的数量。但双手捧吹，音孔不会很少。

竽，亦为吹奏乐器。《汉书·礼乐志》记载宫廷乐队中设有"竽工员"。竽常与瑟配奏。

瑟，是一种弦乐器，常放在膝上，以手拨弦。

排箫，是一种弦乐器，既用于宴飨，也常用于丧葬。

3. 汉代杂技

南阳汉画中的杂技有飞剑、跳丸、倒立、走索、冲狭、戏车等。

飞剑是指手持短剑，边抛边接；跳丸是指边抛丸，边接丸，丸的数量多少不一。汉画中这两种杂技项目常由一人同时表演，丸剑并用。在汉画馆展出的许阿瞿墓志画像石⑤上，即有伎人袒胸露腹，飞二剑，跳四丸，边抛边接，抛接自如。汉画像中还有跳十二丸的。

倒立表演常在酒樽上进行，多为女伎。她们头挽高髻，身体倒竖，抬头下腰，两腿上举，体态轻盈。有双臂倒立，还有单臂倒立，有的头顶碗盏，有的以手擎物。

走索是指在绳索上走动，有走平索的，也有走斜索的。表演者技艺高超，如履平地。

冲狭，类似当今的钻刀圈。画像石上的冲狭图⑥，画面中部置一狭圈，圈右一女子纵身腾空，正欲冲向狭圈，圈左一女子衣带飘动，似刚冲过狭圈，着地未稳。两边有乐队伴奏。

戏车是一种把倒挂、走索、寻橦、马技等项目结合在一起的综合性杂技表演。新野县出土的画像砖中有数幅戏车图⑦，表演者技艺之高超、场面之精彩，令人惊叹不已。

五、汉代科学技术

南阳汉画从以下几方面反映了汉代科学技术的情况。

1. 天文学

南阳汉画中的数十幅天文图像，有些是汉代天文学家观测天象的真实记录，有些是汉代人对天象的一般认识，反映了汉代天文学的盛况，具

---

① 南阳汉代画像石编辑委员会：《南阳汉代画像石》，图89，文物出版社1985年版。
② 南阳汉代画像石编辑委员会：《南阳汉代画像石》，图56，文物出版社1985年版。
③ 南阳汉代画像石编辑委员会：《南阳汉代画像石》，图481，文物出版社1985年版。
④ 南阳汉代画像石编辑委员会：《南阳汉代画像石》，图98，文物出版社1985年版。
⑤ 南阳汉代画像石编辑委员会：《南阳汉代画像石》，图204，文物出版社1985年版。
⑥ 南阳汉代画像石编辑委员会：《南阳汉代画像石》，图491，文物出版社1985年版。
⑦ 赵成甫、柴中庆、陈峰：《南阳两汉画像石》，拓本115—122，文物出版社1990年版。

有较高的天文学价值。

彗星图,出土于南阳王寨汉墓,刻于前石室石梁下面。图左刻背负日轮的阳乌,中部刻内有蟾蜍的满月和天庙星,图右刻东欧星,东欧星上下各有一彗星,彗尾向右。根据墓葬时代,结合《汉书·天文志》的记载,可以推断,这幅彗星图表示的是公元22年出现的彗星①。

日月合璧图(即日食图),南阳汉画中有两幅。其中一幅出自南阳市东关,整幅图像由苍龙星座、毕宿、阳乌、日月合璧四部分组成。日月合璧刻画为,图中一金乌,背负日轮,日轮内刻一象征月亮的蟾蜍,表示日月重叠发生了日食。《西汉会要》载,"凡汉著纪十二世、百一十二年,日食五十三"起。

三足乌图,见于唐河县针织厂汉墓墓顶天文画像石,画面左刻一白虎,右刻一日轮,日轮内刻三足乌。三足乌是太阳的象征,又是太阳黑子的形象,是古人对太阳黑子的一种描绘。《淮南子·精神训》曰:"日中有骏乌。"张衡《灵宪》曰:"日者,阳精之宗。积而成鸟,象乌而有三趾。"

另外,南阳汉画中的日月同辉图、北斗星图、苍龙星座图、白虎星座图等都具有较高的天文学价值。

2. 建筑学

南阳汉画中有不少以建筑物为题材的画像,反映了汉代建筑具有较大的规模和较高的水平。这些画像着重表现了汉代住宅建筑、桥梁建筑及园林建筑的情况,为我们研究汉代建筑提供了宝贵的实物资料,对于今天的建筑学仍具有借鉴意义。南阳汉画中的住宅建筑有门阙、厅堂、楼阁等。阙有单层的、双层的,也有三层的,阙的层数越多,表明建筑物主人的地位越高。厅堂,一般为四阿式。桥梁见于画像砖上,皆为拱形桥,从结构上看,有砖结构的,也有木结构的。斗拱是我国古代建筑的重要构件,既实用又美观大方,在木结构建筑中占有重要地位。南阳汉画中的斗拱具有如下特点:部分楼阁和阙观建筑中仍保留柱头上承托栌斗的古制,但厅堂建筑中使用了一斗三升的斗拱,体现了斗拱的发展已进入了成熟阶段。

3. 畜牧兽医学

南阳汉画中的阉牛图,反映了汉代的畜种改良技术。

迄今为止,南阳汉画中共发现两幅阉牛图,皆出自方城县。其一,出土于方城县东关画像石墓,画右有一人头戴尖顶帽,袒上身,挽裤管,右手持削刀,左手抓牛的睾丸,正在阉割。其二,出自方城县城关镇汉画像石墓,画右一人头戴尖顶帽,手握削刀,正在割牛的睾丸,画左有一虎、一猿。汉画中的阉牛场面,是社会现实的真实写照,是研究汉代畜牧兽医学难得的形象化资料。去势术也是我国古代驯服家畜的重要手段,古称"颁马攻特"之术,源于西周时期。这种去势术,一直延续至今。

4. 计里鼓车

唐河县针织厂画像石墓出土了一块车骑出行画像石,图右刻一轺车,上乘一驭者、一尊者;中间刻一车,上置一建鼓,一人执桴鸣鼓;前有二持弩导骑,后有一持矛驺从。张维华先生在《南阳汉画像石中的计里鼓车》(见《中原文物》1981年第2期)一文中,对这幅画像进行了研究,认为画像中的鼓车即"计里鼓车",据文献记载,这种车西汉时已有,是一种能显示行进里程的计量工具。这是汉代人的一项科技发明。

综上所述,我们可以看出,南阳汉画在汉代史研究中具有很重要的价值。因篇幅所限,本人对此问题只是作了概括性论述。充分挖掘南阳汉画的历史价值,以此促进汉代史的研究,不仅是汉画研究者的任务,也是历史研究者的任务。愿汉画研究者和史学研究者携手合作,把这一研究深入下去。

---

① 陈长山、魏仁华:《南阳县王寨汉墓中的彗星图》,《中原文物》1982年第1期。

新出封泥与西汉齐国史研究

孙闻博*　周晓陆

【摘　要】　临淄(今山东省淄博市)为西汉齐国之都。清末以降,在西汉齐国遗址便出土了数量很大的古代封泥,曾经引起研究者的高度关注。进入21世纪,这里又发现了数百枚封泥,为研究西汉齐国史乃至考察汉代的中央与诸侯国关系、诸侯国的职官设置、诸侯国的属县管理等,都提供了宝贵的第一手资料。同时,也为考察古代封泥文物的时代特征,提供了具有典型意义的标本。

【关键词】　临淄;西汉齐国;职官;封泥

封泥之用见于先秦文献,封泥制度亦见于两汉文献,可是古代封泥实物,一直迟至清代道光二十二年才被人们在四川发现,这批由吴荣光首先著录的汉代封泥,一开始竟被误认为"印范"。到了咸丰初年,刘喜海从西安获得一批汉代封泥,始正确地称之为"封泥"。山东临淄出土古代封泥,大约在同治、光绪年间,陈介祺光绪二年七月四日致吴大澂函云"东土竟也有泥封",这可以视为古代封泥实物的第三批发现。临淄封泥在整个20世纪,不断有所出土,在20世纪下半叶,更有田野考古的收获,确认了出土地点、地层、时代等问题。临淄封泥的著录主要见于《铁云藏封泥》《郑厂所藏封泥》《封泥考略》《齐鲁封泥集存》《澂秋馆藏古封泥》《续封泥考略》《再续封泥考略》《封泥存真》《临淄封泥文字》《封泥汇编》《古封泥集成》《秦封泥集》等。临淄封泥品种丰富,数量很大,古代封泥就其时代大致可以分为:1.极少量东周封泥;2.一部分秦代和楚汉之交封泥,这部分在泥面文字上很难区分,可统称为"秦式封泥";3.大量西汉封泥;4.部分新莽时期封泥;5.部分东汉封泥。临淄古代封泥由于分藏于诸家,很难有确数,但数以千计,并无问题。在20世纪90年代陕西西安"相家巷南地"大量秦封泥面世之前,临淄是古代封泥出土数量最多的地点。进入21世纪,由于建筑规模的扩大,临淄古代封泥又一次面世,被一些收藏家和博物馆收藏。笔者所见到的一批收藏,年代主要为西汉时期,数量在450枚以上,品种超过300个。这批封泥中有中央、齐国、其他诸侯国、郡、县、乡等职官印,还有部分私印。本文将围绕西汉齐国相关封泥,做一些介绍考释,其他内容,拟以另文介绍。

一、新出封泥之齐职官

依据出土封泥拓片所见文字,以下对反映齐国职官的封泥做一些讨论。

（一）三公系统

"司空""司空之印"。《汉书·百官公卿

---

* 孙闻博(1983—),男,河北省石家庄市人,博士研究生,主要从事秦汉史研究。

表》:"成帝绥和元年,更御史大夫为大司空,金印紫绶,禄比丞相。哀帝建平二年又复称御史大夫。元寿二年又更为大司空。"又《后汉书·百官志》:"司空,公一人。本注曰:掌水土事。凡营城起邑、浚沟洫、修坟防之事,则议其利,建其功。凡四方水土功课,岁尽则奏其殿最而行赏罚。凡郊祀之事,掌扫除乐器,大丧则掌将校复土。凡国有大造大疑,谏争,与太尉同。世祖即位,为大司空,建武二十七年去'大'。"此司空印不冠以"大"字,是为诸侯国之故,见附图(9)(8)。

"司徒"。《后汉书·百官志》:"司徒,公一人。本注曰:掌人民事。凡教民孝悌、逊顺、谦俭,养生送死之事,则议其制,建其度。凡四方民事功课,岁尽则奏其殿最而行赏罚。凡郊祀之事,掌省牲视濯,大丧则掌奉安梓宫。凡国有大疑大事,与太尉同。世祖即位,为大司徒,建武二十七年,去'大'。"注引《汉官仪》:"王莽时,议以汉无司徒官,故定三公之号曰大司马、大司徒、大司空。世祖即位,因而不改。"此司徒不冠以"大"字,是为诸侯国之故。

(二)御史大夫

"齐御史丞"。《汉书·百官公卿表》:"御史大夫,秦官,位上卿……有两丞,秩千石。"又"景帝中五年令诸侯王不得复治国,天子为置吏,故丞相曰相,省御史大夫……"。由上"齐御史丞"当为汉代早期齐国的御史大夫属下的两丞之一,见附图(32)。

(三)奉常系统

"齐大祝印""齐祝长印""齐祠祀长""祠官之印""祠官"。《汉书·百官公卿表》:"奉常,秦官,掌宗庙礼仪,有丞。属官有……太祝。"《后汉书·百官志》:"太祝令一人,六百石。本注:掌祝小神事。"《史记·封禅书》:"汉兴,高祖悉召故秦祝官,复置太祝如其故礼仪。"属官有太祝。古代"大"与"太"通用。西汉景帝中六年更名为祠祀,武帝建元元年更名庙祀。《续封泥考略》《建德周氏藏封泥拓影》亦有"齐祠祀长"。又《汉书·百官公卿表》说詹事,属官有"祠祀……长丞"。见附图(48)(55)(56)(50)(49)。

"齐太医印""齐太医丞"。《汉书·百官公卿表》:"奉常,秦官,掌宗庙礼仪,有丞,属官有……太医。"《后汉书·百官志》:"太医令一人,六百石。本注:掌诸医。药丞、方丞各一人。"见附图(74)。

"齐悼惠寝""齐悼惠园""齐哀寝长""齐哀园印""齐文园长""齐孝寝长"。《汉书·百官公卿表》:"奉常……又诸庙寝园食官令长丞。"又《太平御览》卷559引潘岳《关中记》云:"茂陵守卫令扫除凡五千户,陵令一人,食官令一人,寝庙令一人,园长一人,园门令史三十二人,候四人。"西汉最大的帝陵情况如上,由此知齐国作为诸侯国,其陵寝制度规模一定小于茂陵,但大致情形相差不远。以上为齐悼惠王、齐哀王、齐文王、齐孝王四代的陵园庙寝的守卫和管理人员之印。见附图(22)(23)(24)(65)(66)(77)(81)。

"齐食官丞""齐食官□"。《汉书·百官公卿表》:"奉常,秦官,掌宗庙礼仪,有丞。景帝中六年更名太常。属官有……又诸庙寝园食官令长丞。"又詹事,属官有"食官令长丞"。见附图(67)(35)(59)(72)。

"齐史之印"。《周礼·天官·宰夫》:"六曰史,掌官书以赞治。"注:"赞治,若今起文书草也。"《史记·萧相国世家》:"何乃给泗水卒史事。"《索隐》引如淳曰:"律,郡卒史、书佐各十人也。"奉常属官有太史。见附图(68)。

(四)郎中令系统

"齐郎中印""齐郎中丞"。《汉书·百官公卿表》:"郎中令,秦官,掌宫廷掖门户,有丞……郎掌守门户,出入车骑,有议郎、中郎、侍郎、郎中。"《汉官仪》:"议郎,郎中,秦官也。"见附图(26)(25)。

"齐中谒者"。《汉书·百官公卿表》郎中令属官有谒者。"谒者掌宾赞事,员七十人,秩比七百石。"应劭曰:"谒,请也,白也。"《汉官仪》卷上:"谒者仆射,秦官也。"见附图(41)。

(五)卫尉系统

"齐卫士印"。《汉书·百官公卿表》说卫尉"属官有公车司马、卫士、旅贲三令丞"。见附图(79)。

(六)太仆系统

"齐太仆印""太仆之印"。《汉书·百官公卿表》:"太仆,秦官,掌舆马,有两丞。属官有太厩、未央、家马三令,各五丞一尉。"见附图(71)(73)(2)。

"齐大厩丞"。《汉书·百官公卿表》:"太仆,秦官,掌舆马,有两丞。属官有大厩……"见附图(18)。

"齐家马丞"。《汉书·百官公卿表》:"太仆……属官有大厩、未央、家马三令。"师古曰:"家马者,主供天子私用,非大祀戎事军国所须,故谓之家马也。"又"武帝太初元年更名家马为挏马"。见图(19)。

"齐中厩印""齐中厩丞""齐厩丞印"。陈直《三辅黄图校注》:"中厩,皇后车马所在。"《史记·李斯列传》:"御府之衣,臣得赐之,中厩之宝马,臣得赐之。"《汉书·戾太子传》:"因长狱倚华,具白皇后,发中厩车载射士。"见附图(39)(37)(38)(20)。

(七)典客系统

"齐大行印"。《汉书·百官公卿表》:"典客,秦官,掌诸归义蛮夷,有丞。景帝中六年更名大行令,武帝太初元年更名大鸿胪,属官有行人……"见附图(47)。

(八)宗正系统

"齐宫司空""齐宫司丞""齐宫司长""齐宫□长"。《汉书·百官公卿表》说宗正"属官有都司空令丞"。如淳曰:"……司空主水及罪人。贾谊曰:输之司空,编之徒官。"见附图(60)(10)(6)(45)(13)(14)(15)。

"齐内官丞"。《汉书·百官公卿表》:宗正属官有"内官长丞"。"初内官属少府,中属主爵,后属宗正。"师古曰:"《律历志》主分寸尺丈也。"见附图(5)。

(九)治粟内史系统

"齐仓长印""齐太仓印""齐太仓丞"。《汉书·百官公卿表》:"治粟内史,秦官,掌谷货,有两丞……属官有太仓、均输、平准……"见附图(70)(69)。

"齐采铁印""齐铁官长""齐铁官印"。《汉书·百官公卿表》治粟内史,属官有"斡官、铁市两长丞"。《睡虎地秦简·秦律杂抄》:"大官,右府,左府,右采铁,左采铁……"又《汉书·司马迁传》:"靳孙昌,为秦主铁官。"见附图(11)(75)(76)。

"斡官□□"。或作幹。《汉书·百官公卿表》:治粟内史属官有"斡官"。"初,斡官属少府,中属主爵,后属大司农"。如淳曰:"斡音筦或作幹。斡,主也,主均输之事,所谓斡盐铁而榷酒酤也。"见附图(62)。

"齐都水长""齐都水丞""齐都水印"。《汉书·百官公卿表》:"治粟内史,秦官,掌谷货,有两丞……又郡国诸仓农监、都水六十五官长丞皆属焉。"又"奉常,秦官,掌宗庙礼仪,有丞……又均官、都水两长丞"。又"少府,秦官,掌山海池泽之税,以给公养,有六丞……又胞人、都水、均官三长丞"。又"都爵中尉,秦官,掌列侯……又有都水、铁官、厩、雍厨四长丞皆属焉"。《通典·职官九》记:"秦、汉又有都水长丞,主陂池灌溉,保守河渠,自太常、少府及三辅等,皆有其官。"见附图(30)(54)(28)(29)。

"冶府"。《战国策·西周》:"函冶氏为齐太公买良剑,公不知善,归其剑而责之金。"姚宏注:"函,姓;冶,官名也。因此为氏。"依此,则冶府掌冶炼,为内史或主爵中尉、治粟内史的属官。

(十)少府系统

"少内"。《周礼·天官·职内》注:"职内主出入也,若今之泉所入谓之少内。"疏:"汉之少内亦主泉之所入。"按王氏《汉官解》云:"小官啬夫各擅其职,谓仓、库、少内啬夫之属。各自擅其条理所职主。由此言之,少内藏聚似今之少府,但官卑职碎,以少为名。"

"少府市印"。《汉书·百官公卿表》："少府，秦官，掌山海池泽之税，以给共养。"市，贸易场所。《战国策·秦一》："争利者于市。"见附图（3）。

"佐弋□丞"。《汉书·百官公卿表》，少府属官有佐弋、令丞。武帝太初元年更名佐弋为佽飞。"佽飞掌弋射，有九丞两尉"。

"齐大官丞""齐大官印"。大官即太官、泰官。《汉书·百官公卿表》：少府，属有"太官令丞"。师古曰："太官主膳食。"《汉官仪》卷上："太官令，二梁冠，秩千石，丞四人。"太官，主膳馐也。《后汉书·百官志三》："太官令一人，六百石。本注曰：掌御饮食。左丞、甘丞、汤官丞、果丞各一人。本注：左丞主饮食。甘丞主膳具。汤官丞主酒。果丞主果。"见附图（16）（17）。

"齐乐府长""齐乐府丞"。《汉书·百官公卿表》：少府属官有"乐府令丞"。《通典·职官七》记：秦少府属官，并有乐府令丞。见附图（34）（33）。

"齐居室印""齐居室丞"。《汉书·百官公卿表》：少府属官有"居室令丞""甘泉居室令丞"。《汉书·魏其武安侯传》记田蚡"劾灌夫骂坐不敬，系居室"。居室丞当为主宫中居室、置系狱事。武帝太初元年更名居室为保宫。见附图（57）（21）。

"齐御府长""齐御府印""齐御府丞"。《汉书·百官公卿表》：少府属官有"御府令丞"。师古曰："御府主天子衣服也。"《后汉书·百官志》："御府令一人，六百石。"《汉书新证》陈直按：西汉初期及末期，皆有此制度。见附图（31）（42）（36）。

"齐宦者长""齐宦者丞"。《汉书·百官公卿表》：少府属官有"宦者令丞"。《通典》有"战国宦者令，秦少府属官，其制由来久矣"。《汉书新证》陈直按：宦者令有七丞，为武帝太初以前官制。见附图（52）（51）。

"齐中谒者"。《汉书·百官公卿表》：少府属官有中书谒者，"成帝建始四年更名中书谒者令为中谒者令"。

"庙守室印"。《三辅黄图》卷5："庙，貌也，所以仿佛先人尊貌也。"《后汉书·百官志》：少府有"守宫令一人，六百石。本注曰：主御纸笔墨，及尚书财用诸物及封泥。丞一人"。守室殆与守宫为同一性质。此职当为诸侯国庙所设之官。

"葆城右官""葆城左官"。葆城殆即葆宫。《汉书·百官公卿表》载，少府属官有居室令丞，掌刑狱。武帝太初元年改居室为葆宫。《苏武传》："老母系葆宫。"此则为囚禁人质之所。《墨子·号令》："葆宫之墙，必三重。"又《杂守》："父母昆弟妻子，有在葆宫中者，乃得为侍吏，诸吏必有质，乃得任事。"左右官为葆城之吏。这两品未冠"齐"字，但也应当是齐国属官，不称"葆宫"而称"葆城"，大约反映中央和诸侯国的区别。这两品封泥在这批之中时代偏晚。

（十一）中尉系统

"齐中尉印""齐□尉印"。《汉书·百官公卿表》："中尉，秦官，掌徼循京师，有两丞、候、司马、千人。武帝太初元年更名执金吾。"《汉书新证》陈直按：中尉，此为西汉初中期官职，又中尉在西汉文帝时，全名称为备盗贼中尉。诸侯国齐国在境内亦设此职。见附图（40）（4）。

"齐武库丞"。《汉书·百官公卿表》：中尉属官有"武库令丞"。《后汉书·百官志四》："武库令一人，六百石。本注曰：主兵器，丞一人。"见附图（80）。

"寺工丞印"。《汉书·百官公卿表》：中尉属官有"中垒、寺互……"，"初寺互属少府，中属主爵，后属中尉"。这里"寺互"应该是"寺工"之误写。"寺工掌兵器、车马器、日用铜器及砖瓦制造，有丞、工师。都内、籍田五令丞"。见附图（12）。

（十二）将作少府系统

"大匠"。《汉书·百官公卿表》："将作少府，秦官，掌治宫室，有两丞、左右中候。景帝中六年更名将作大匠。"《后汉书·百官志四》："将作大匠一人，两千石。本注：承秦，曰将作少府，景帝改为将作大匠。掌修作宗庙、路寝、宫室。陵园木土之功，并树桐梓之类列于道旁。丞一人，六百石。"另据袁仲一《秦代陶文》有"大""大匠",由此知秦已称大匠。见附图(46)。

(十三)詹事系统

"齐家丞□"。此当为"齐家丞印"。《汉书·百官公卿表》:"詹事,秦官,掌皇后、太子家,有丞。属官有太子率更、家令丞。"张晏曰:"太子称家,故曰家令。"臣瓒曰:"《茂陵中书》太子家令秩八百石。"此当为齐国太子家令丞。

(十四)内史系统

"齐内史印""齐内史丞""齐史之印"。《汉书·百官公卿表》:"内史,周官,秦因之,掌治京师。景帝二年分置左、右内史。右内史武帝太初元年更名京兆尹。"见附图(61)(78)(68)。

"市府""右市""西市""左市"。《汉书·百官公卿表》:"内史……景帝二年,分置左、右内史。右内史……属官有长安市、厨两令丞,又都水、铁官两长丞。左内史更名左冯翊,属官……长安四市四长丞皆属焉。"《汉书新证》陈直按:西安汉城遗址中,出土"市府"封泥最多,文字最精。又有东西南北四市封泥,皆为半通式,为左冯翊长安四市所用者。今由出土知诸侯国齐国亦有多市设立。见附图(43)(7)(1)。

(十五)其他

"传舍"。传舍或为官吏行止之舍,又兼管驿邮之事。《史记·平原君虞卿列传》:"邯郸传舍吏事,李同说平原曰……"见附图(44)。

"左库之印"。《礼·曲礼下》:"在府言府,在库言库。"注:"库,谓车马兵甲之处也。"

"齐正之印"。《礼·王制》:"成狱辞,史以狱成告于正,正听之。"注:"正,于周乡师之属。今汉有平正丞,秦所置。"

"应门府印"。《诗·大雅·绵》:"乃立应门,应门将将。"《礼明堂位》:"九采之国,应门之外,北面东上。"疏:"《尔雅·释宫》:'正门谓之应门。'李巡云:'宫中南向大门,应门也。'应是当也,以当朝正门,故谓之应门。"《礼·曲礼

下》:"在官言官,在府言府,在库言库,在朝言朝。"注:"府,谓宝藏货贿之处也。"

"苑田"。《吕氏春秋·重己》:"昔先圣王之为苑囿园池也,足以观望劳形而已矣。"注:"畜禽兽所,大曰苑,小曰囿。"《汉书·高帝纪》:"故秦苑囿园池,令民得田之。"注:"养鸟兽曰苑,苑有垣曰囿,所以种植谓之园。"苑田殆为苑囿内之田。

"齐定□邑"。《汉书·王子侯表》,齐孝王子封定侯,传至王莽国绝。封泥或为是。

需要注意的是:以上讨论的职官中存在兼跨的问题,如奉常和詹事属官皆有"食官",治粟内史、奉常、少府等属官中皆有"都水",本文在讨论这些职官时皆附带指出。

二、余论

在今山东境内的齐国,是汉初分封的诸侯国中最早和最大的。《汉书·高帝纪》载,六年冬"以胶东、胶西、临淄、济北、博阳、城阳郡七十三县立子肥为齐王"。《汉书·高五王传》篇尾赞曰:"悼惠王之王齐,最为大国。"又据王先谦《汉书补证》记:"(齐国王)胶东、胶西、临淄、济北、博阳、城阳郡七十三县。"齐国在西汉初中期的社会历史发展中占有重要的地位。齐国历6王,75年。第一代齐惠悼王刘肥为高祖庶长子,其在惠帝时备受礼遇恩宠[1]。开国功臣曹参曾于孝惠元年辅佐惠悼王,任齐相9年[2],采行黄老之术使"齐国安集"。吕后时,惠悼王曾以献出城阳郡以益鲁元公主邑,使其得以保存在齐国的权力。其后的齐哀王襄曾帮助周勃等平定诸吕之乱,曾一度被考虑为新皇帝的人选之一,齐国的国势仍强。在孝王将闾时,齐国受到"七国之乱"的波及。虽然齐哀王因事先和吴、楚等诸侯国有联系而"饮药自杀",但因其关键时刻背约守城而未参加吴楚叛乱而使得其国祚得以延续。后又经齐懿王和齐厉王,终至无后而国除。

临淄出土的这批汉代封泥,除了以上齐国

---

[1] 《汉书·惠帝纪》:"赞曰:孝惠内修亲亲,外礼丞相,优宠齐悼、赵隐,思敬笃矣。"
[2] 事见《汉书·萧何曹参传》。

"王国设官,都如汉朝"的内容外,还有几个郡级和超过100种侯国和县级的内容。它们大致分为:1.少量距离较远的郡县;2.部分距离较近的郡县,例如在山东半岛、冀南、豫东北、苏北、皖北的,但它们从未由齐国属管;3.部分郡县,曾经由齐国属管,然每有分合。研究1、2类,可以了解齐国与其他郡县的交往,更可以了解齐国本身疆域的狭阔变化,以及造成这种变化的历史、政治原因。这一很有意义的课题,容另文讨论。

关于这批汉代齐国封泥的年代。这批封泥中以上已考的官职中,如"中尉""居室""家马""内史""太仆""御史""宦者""佐弋"等,皆与史书记载相符,并皆为汉武帝太初元年以前设立的,其后改称他名。又封泥中发现的齐诸侯王寝庙陵园的官长之印,先后有齐惠悼王、哀王、文王和孝王等四王的内容。再考这批封泥书写形式和字体风格已趋近于西汉中期。综上,将这批封泥的年代定为孝王之后的齐懿王至齐厉王时期,大致为孝景四年至元光四年(前153—前131年)。少量的封泥可能偏晚,例如"司徒""司空""葆城右官""葆城左官"等等。

这批封泥补充和拓展了地方诸侯国的官制和陵寝制度。关于西汉诸侯国的地方官制,《汉书·百官公卿表》记:"王国设官,都如汉朝。"如今通过研究新出的齐国封泥不仅印证了史载,而且有助于建立起完整的诸侯国官僚体系。陈直在《汉书新证》中曾对体现官制的包括齐国在内的一些诸侯国的封泥进行过整理,如今出土这批封泥则有很多新的发现,如"齐哀寝长""齐文园长""齐孝寝长""传舍""寺工丞印""斡官□□"等。这里特别要提到的是当时的齐国境内对于前代诸王设立单独的陵园寝庙,并设立"园长""寝长"进行专门管理。这说明诸侯国与当时的帝王陵一样建立起完整的体系,并传承有序。新中国成立以来,我国各地相继发现了相当数量的西汉诸侯王墓,对于其地下埋葬制度取得了很多研究成果,现在通过封泥可以进一步探讨其地面的陵寝制度,将对于从整体上分析研究诸侯王陵大有裨益。

【参考文献】

[1] 司马迁.史记[M].北京:中华书局,1959.
[2] 班固.汉书[M].北京:中华书局,1962.
[3] 范晔.后汉书[M].北京:中华书局,1965.
[4] 应劭.汉官仪[M].北京:中华书局,1985.
[5] 杜佑.通典[M].北京:中华书局,1988.
[6] 徐天麟.西汉会要[M].北京:中华书局,1955.
[7] 王先谦.汉书补注[M].北京:中华书局,1983.
[8] 陈直.三辅黄图校注[M].西安:陕西人民出版社,1980.
[9] 陈直.汉书新证[M].天津:天津人民出版社,1979.
[10] 周晓陆,路东之.秦封泥集[M].西安:三秦出版社,2000.
[11] 淄博市博物馆.山东临淄齐王墓[J].考古学报,1985(2);黄展岳.西汉齐王墓器物坑出土器铭考释[G]//中国考古学研究:夏鼐先生考古五十周年纪念文集.北京:文物出版社,1986.

汉画与简帛

附图：齐国封泥拓片

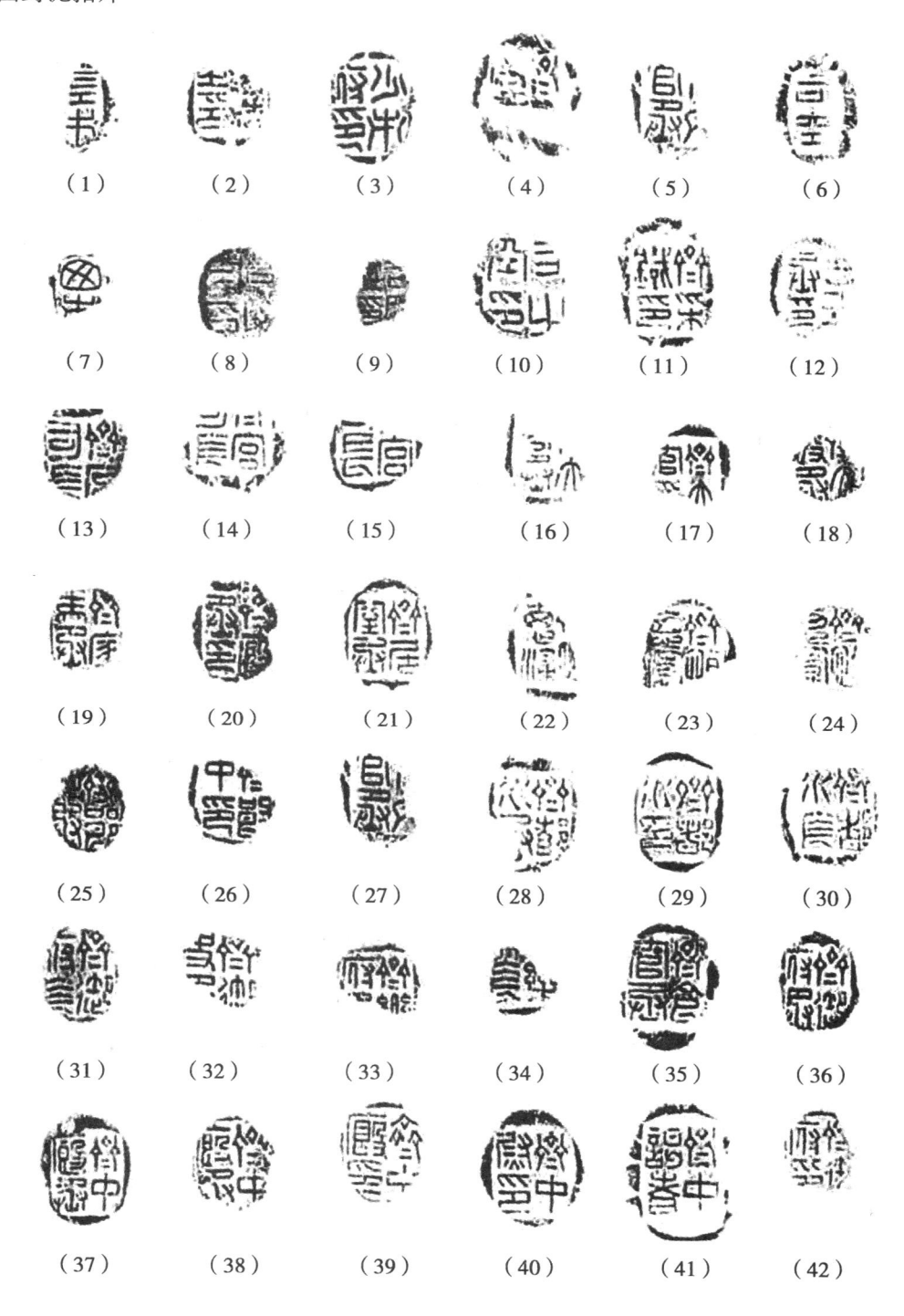

（1）　（2）　（3）　（4）　（5）　（6）

（7）　（8）　（9）　（10）　（11）　（12）

（13）　（14）　（15）　（16）　（17）　（18）

（19）　（20）　（21）　（22）　（23）　（24）

（25）　（26）　（27）　（28）　（29）　（30）

（31）　（32）　（33）　（34）　（35）　（36）

（37）　（38）　（39）　（40）　（41）　（42）

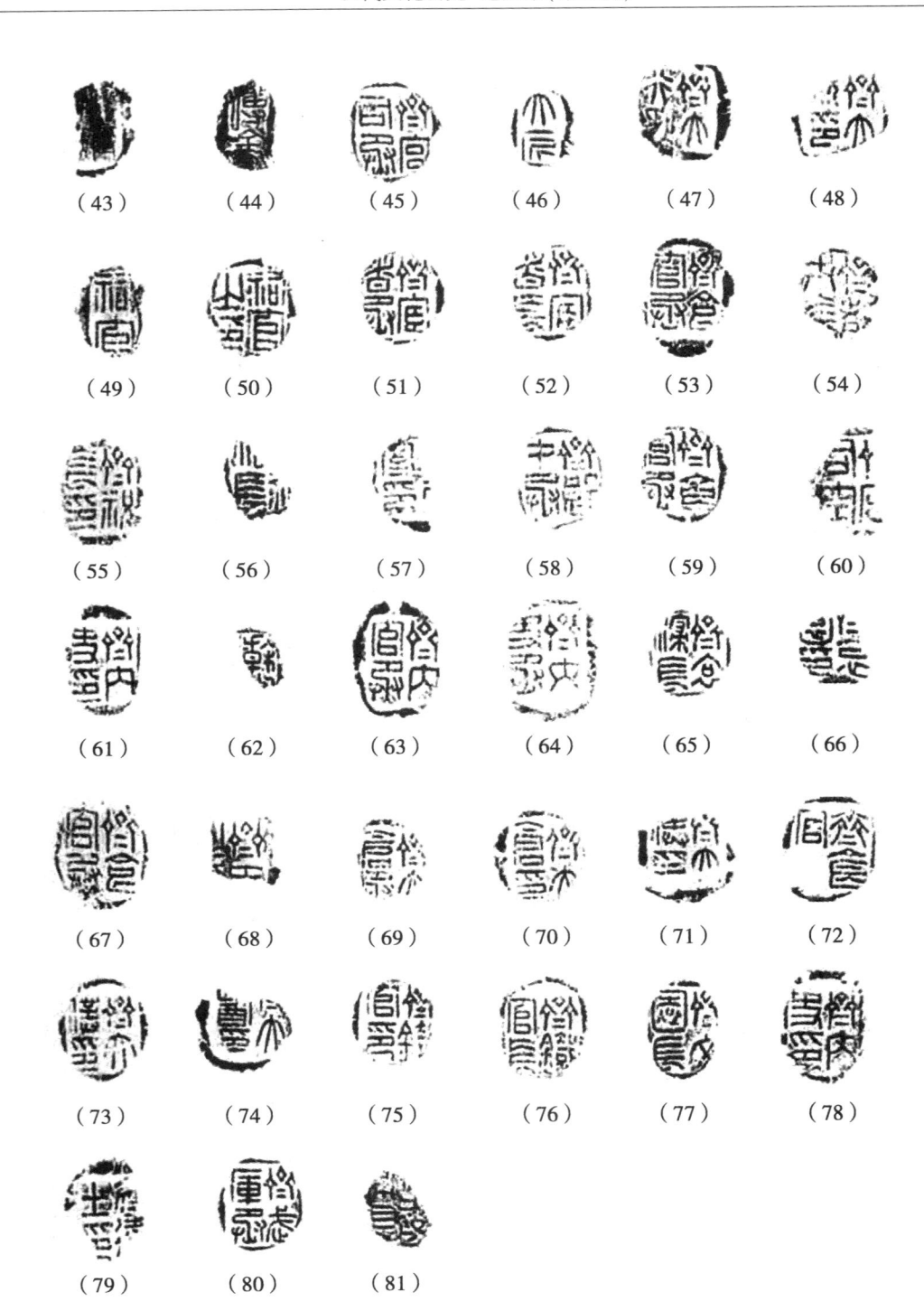

(43) (44) (45) (46) (47) (48)
(49) (50) (51) (52) (53) (54)
(55) (56) (57) (58) (59) (60)
(61) (62) (63) (64) (65) (66)
(67) (68) (69) (70) (71) (72)
(73) (74) (75) (76) (77) (78)
(79) (80) (81)

汉画像石研究二则

宋艳萍[*]

【摘 要】 第一,山东嘉祥武氏祠东阙画像中的多头兽应当是开明兽而非"天昊"或"天吴",它旁边的双头兽可能是屏蓬。第二,画像石伏羲、女娲中间的"抱持神"可能不是高禖,而是神农氏,这或许是汉为火德思想的反映。

【关键词】 汉画像石;开明兽;屏蓬;伏羲;女娲;神农;三皇

一、武氏祠门阙之上的"多头兽"及"双头兽"

山东嘉祥武氏祠墓群石刻,在中国汉画像石中占有重要地位,历代学者对其研究不辍。笔者在研究武氏祠汉画像石中,对东阙正阙身南面画像中的多头兽和双头兽很感兴趣,并形成了自己不成熟的想法,以就教于方家。

多头兽和双头兽在武氏祠东阙正阙身南面画像中同时出现(见图1[1](第1册"图版"))。

多头兽看起来好像是八个头,兽身、四足、一尾。朱锡禄先生认为它是"天昊"[①]。《山海经》中无"天昊",只有"天吴"。《山海经·海外东经》曰:

  朝阳之谷,神曰天吴,是为水伯。……其为兽也,八首,人面,八足八尾,皆青黄。[2](《海外东经》)

图1 山东嘉祥武氏祠东阙正阙身南面画像截图

天吴为八首人面,但它又有八足八尾,和画像石上的形象不符,所以不应为天吴。笔者认为,多头人面兽应当为开明兽。图1画面有些模糊,人头或许有叠加现象,让人看起来好像为八头,其实应当为九头。汉画像石中有很多九头人面兽

---

[*] 宋艳萍(1971—),女,山东省泗水县人,历史学博士,中国社会科学院历史研究所副研究员,主要从事秦汉史研究。

[①] 朱锡禄认为:"第二层刻一个八首人面戴冠怪兽,应为'天昊'。"参见朱锡禄:《武氏祠汉画像石》,山东美术出版社1986年版,第129页。

形象,有学者认为它是"开明兽"①,我赞同这一观点。开明兽在《山海经·海内西经》中有记载:

> 海内昆仑之虚,在西北,帝之下都。昆仑之虚,方八百里,高万仞。上有木禾,长五寻,大五围。面有九井,以玉为槛。面有九门,门有开明兽守之,百神之所在。在八隅之岩、赤水之际,非仁羿莫能上冈之岩。[2](《海内西经》)

昆仑山在西汉末期以后的神话故事中,成为西王母居住的场所。西王母是仙界的统治者,很多汉画像石中都有她的形象,这类题材的画像成为仙界的标志。开明兽是昆仑山上的守护神,昆仑山上有九个门,开明兽看护每个门,这可能就是它有九头的原因。居住在昆仑山上的所有神灵都在开明兽管辖、庇护之下,开明兽地位比较重要。明代董斯张在《广博物志》卷48中对开明兽诠释曰:

> 天兽也。铭曰:开明为兽,禀资乾精,瞪视昆仑,威震百灵。

开明兽"威震百灵",威力无穷,具有驱邪厌胜的作用,这可能就是开明兽出现在汉画像石中的重要原因。开明兽在墓室或祠堂的门阙中出现,有避邪厌胜作用,具有独特的符号意义,而非天吴等形象所能代替。

图1中,开明兽旁边有只双头兽。左右各一头,人面,兽身,四足,一人骑其上。开明兽是"威震百灵"的神灵庇护者,双头兽和开明兽并列出现,一定也是有重要作用的神灵形象,不然不会出现在门阙这样重要的位置。除了山东嘉祥武氏祠东阙正阙身南面画像,出土于山东嘉祥县城东南花林村的汉画像石中,也有多头兽和双头兽共同出现的画面(见图2[1](第2册"图版"))。

从图2可以清晰看出,多头人面兽有九个头,确实是开明兽。图像中有两种双头兽:一种是左右有首,和山东嘉祥武氏祠东阙正阙身南面画像上的双头兽形象相同。另一个双头兽,是从肩上生出两个头来。此为何神灵,有待以后考证。图2中开明兽和双头兽同时出现,也为图1

图2 山东嘉祥县城东南花林村出土画像

中多头人面兽不是"天吴"或"天昊"而是开明兽提供了证据。《山海经·中山经》曰:

> 《中次六经》缟羝山之首,曰平逢之山。南望伊、洛,东望穀城之山,无草木,无水,多沙石。有神焉,其状如人而二首,名曰骄虫,是为螫虫,实惟蜂蜜之庐。其祠之,用一雄鸡,禳而勿杀。[2](《中山经》)

不知《山海经》所言"骄虫"是不是汉画像石中的双头人面兽。但从《山海经》对骄虫的描述,它是一个人身两头的神,和汉画像石中兽身两头的形象不太相符。另据《山海经·大荒西经》记载:

> 大荒之中,有山名曰鏖鏊钜,日月所入者。有兽,左右有首,名曰屏蓬。[2](《大荒西经》)

屏蓬的形象为:兽身,左右有首,和汉画像石中双头兽的形象大致相符。且屏蓬所处的鏖鏊钜山,是日月所入的地方。《博物志》卷1中曰:"西方少阴,日月所入,其土窈冥。"窈冥为深远、阴暗等意,引申为阴世。如南阳画像石许阿瞿墓志铭文中曰"神灵独处,下归窈冥"[3]282—284,这里的窈冥之意便为阴世。鏖鏊钜山为日月所入之地,是光明和黑暗的交界点。引申义为阴和阳的交点,人间和阴世的分割点。屏蓬处在这样的位置,成为连接两个世界的使者。其左右之首,或许就是一个代表人世,一个代表阴世。亡灵坐于屏蓬之上,可以顺利到达阴世。

---

① 如刘弘先生。参见刘弘:《巴虎与开明兽》,《四川文物》1998年第4期。

灵魂得以安息是人们的普遍愿望。不仅死者得到安息，生者也能得到宁静，不被鬼所打扰。从南阳汉画像石许阿瞿墓志铭文中可以看出，许阿瞿死后亡魂不安，父母去吊唁，"瞿不识之，啼泣东西，久乃随逐（逝）"[3]282—284。生者和死者都不得安宁，父母于是为之迁坟，"投财连（联）篇（翩），冀子长哉"[3]282—284。

《礼记·郊特牲》曰："魂气归于天，形魄归于地。"下归窈冥的其实是形魄，而魂气却要超越形魄而升天。魂气也就是我们所说的灵魂，灵魂升天才是他们所向往的。山东省苍山县（今兰陵县）西城前村北出土的汉画像石题记，为我们描述了一幅美好的升仙画面。题记最后则曰："长就幽冥则决绝，闭圹之后不复发。"[4]124—134 可以看出，汉代人把幽冥之地视为升仙之所。汉画像石中大多数图画，为我们描述了各种升仙的场面。连接阴阳两世的双头兽，亦被视为连接人间和仙界的神兽。如山东嘉祥县城南嘉祥村出土的一幅图像（见图3[1]（第2册"图版"））。

图3 山东嘉祥县城南嘉祥村出土画像

第一层和第二层描述的是仙界。西王母端坐于第一层正中，周围有仙人服侍。第二层中，左刻神鸟拉云车，车上一尊者，一驭者。车前一仙人披长发骑兔举幡，中间二玉兔捣药。右边是双头兽，兽背上仙人吹竽；双头兽右边一长发仙人手牵三足乌和九尾狐。山东嘉祥县纸坊镇敬老院出土的"西王母、仙车"画像（见图4[1]（第2册"图版"））。

图4 山东嘉祥县纸坊镇敬老院出土画像

有学者认为"第二层为祠主升仙图"①。这幅图和图3是一个母题，都是第一层为西王母及其侍奉者，第二层为"祠主升仙图"，只不过图3多了个双头兽。根据图4，我们可以对图3第二层内容描述如下：坐在云车上的尊者可能就是墓主人，他被神鸟、仙人牵引，来到仙界。仙人骑双头兽前来迎接，并带他超越阴阳界限，完成升仙过程。

山东省嘉祥县满硐乡宋山出土的一幅画像中，也出现了双头兽。这幅画分四层：第一层为东王公和仙人，第二层为双头兽及六博游戏。笔者截取了这两层画面（见图5[1]（第2册"图版"））。

---

① 此为信立祥先生在《汉代画像石综合研究》第156页所言。参见信立祥：《汉代画像石综合研究》，文物出版社2000年版。

图5 山东嘉祥县满硐乡宋山出土画像

双头兽处于第二层最左边,似乎起到沟通人间和仙界的作用。此外,陕西省绥德县刘家沟出土的墓门右立柱画像,双头兽处于画面下格,笔者截图如下(见图6[1](第5册"图版"))。

图6 陕西省绥德县刘家沟出土画像

双头兽在玄武之上。玄武为四灵之一,是画像石中必不可少的神灵图像。双头兽与玄武出现在一个画面中,可见它在汉代人心目中地位之重。

双头兽出现于山东嘉祥武氏祠东阙正阙身南面画像及陕西省绥德县刘家沟出土的墓门右立柱之上,其重要地位可以窥知。在汉代,门阙很重要,是进出祠堂或陵墓的门户,是连接人间和仙宫的象征性符号,意义非凡。人们希望死后有神灵庇护顺利升仙。开明兽"威震百灵",是最好的庇护神。屏蓬处于"日月所入"之地,既是形魄"下归窈冥"之地,也是魂气"上归于天"之所。屏蓬处于如此重要之地,其地位自然很重要。《山海经》中没有对屏蓬之头进行描述,在汉画像石中为人面,或许是人们对其艺术加工的结果。反观骄虫,它只和蜜蜂有关,其重要程度似乎不能和屏蓬相比。

屏蓬是"日月所入"之地的神兽,形象和汉画像石中的双头兽基本相合。它有资格和开明兽并列出现于画像石的门阙之上。因此笔者怀疑山东嘉祥武氏祠东阙正阙身南面画像上的双头兽及上举其他几例双头兽为屏蓬。

二、伏羲、女娲中间的"抱持神"

伏羲、女娲是古代神话传说中的重要人物形象。在汉画像石中,伏羲、女娲是非常常见的母题。如山东嘉祥武氏祠中的伏羲、女娲图(见图7[5]50)。

图7 山东嘉祥武氏祠伏羲、女娲图

图中伏羲、女娲蛇身人面,两尾相交,分别执规和矩。

除了伏羲、女娲交尾图,还有另一类母题的画像石:伏羲、女娲中间有一神祇,抱持两者,三者共同组成画面的主题。抱持两者的神祇我们姑且称之为"抱持神"。这类母题的画像在山东、河南等地出土不少,如山东嘉祥县纸坊镇敬老院汉画像石中有一幅"抱持神"图画(见图8[1](第2册"图版"))。

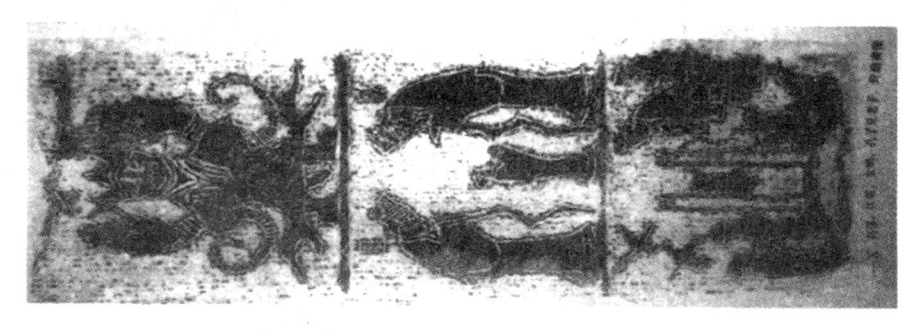

图8 山东嘉祥县纸坊镇敬老院出土画像

图中伏羲执规,女娲执矩,有一神祇站在中间,抱持着他们。山东省平邑县出土了一幅画像石(见图9[1](第1册"图版")),这幅图中,伏羲、女娲分别执规和矩,中间一神祇抱持他们。"抱持神"体态肥硕,头上似乎戴冠。

图9 山东平邑县平邑镇八埠顶出土画像

河南省南阳市也出土了这样一幅画像(见图10[3]166),一神祇抱持伏羲、女娲,伏羲、女娲作对揖状。山东沂南县出土的画像(见图11[1](第1册"图版"))中"抱持神"将伏羲、女娲紧紧抱住,规和矩分别在"抱持神"的身后。

此外还有一些这类母题的画像石图像,限于篇幅,不再一一列举。"抱持神"究竟是谁?学者们意见不一。据曾祥委先生统计,大致有西王母、高禖、燧人氏、乌龟、"众多'媒介'混合物的艺术反映"、太一、黄帝、盘古等八种说法①。曾先生主张盘古说,他在《盘古探源》一文中对这一观点进行了详细论述。盘古在秦汉时期的文献中找不到,应该是后世制造出来的神祇形象,

---

① 参见曾祥委:《盘古探源》,《广东民族研究论丛》第十二辑。

图10 河南省南阳市出土画像　　图11 山东省沂南县出土画像

"抱持神"为盘古这一说法缺乏有力的文献依据。在上述八种说法中,高禖说似乎得到学者们的普遍认同①。这种说法有一定道理。唐代徐坚的《初学记》卷10中曰:"高禖,祈子之祀也。"高禖是生育之神,相当于后世的送子观音。伏羲、女娲由高禖相抱,结合在一起而繁衍后代,这似乎是对图8到图11这类画像较为合理的解释。

翻阅史料,并无高禖和伏羲、女娲在一起的相关资料。高禖是中国古代祠祀不衰的生育神。

《礼记·月令》中曰:"(仲春)是月也,玄鸟至。至之日,以大牢祠于高禖。"玄鸟至而祠高禖,则玄鸟和高禖存在着必然的联系。《太平御览·礼仪部》中有一段引文值得我们注意:

《五经异议》曰:郑记曰:玄鸟至之日,以太牢祀于高禖。注曰:高辛氏世妃简狄吞燕子而生契,后王以为禖官,嘉祥其祀焉。王权问曰:"以注言之,先商之时,未有高禖。《生民》诗曰:'克禋克祀,以祓无子。'传以为古者必以郊禖焉。姜嫄禋祀上帝而生稷,

---

① 陈长山、信立祥、王建中等先生主张此说。参见陈长山:《高禖画像小考》,《考古与文物》1987年第5期。信立祥:《汉代画像石综合研究》,文物出版社2000年版。王建中:《汉代画像石通论》,紫禁城出版社2001年版。

是则郊禖之祀,非以生契之后立也。"谯乔答曰:"先商之时,自必有禖氏袚除之祀,位在南郊,盖亦以玄鸟至之日。然其所禋,乃于上帝娀简狄吞一子之后。王以为禖官,嘉祥祀之以配帝,谓之高禖。"

这段引文给我们透露的信息为:简狄吞玄鸟蛋而生契,后人为纪念她,便称她为高禖。高禖是简狄,高禖之前还有禖神,谯答只模糊地称之为"禖氏"。《礼记集说》卷40中认为:

> 按《世本》伏羲制以俪皮嫁娶之礼,既用之配天,其尊贵,先媒当是伏羲也。

伏羲为先媒。在神话传说系统中契要比伏羲、女娲时代为后。契之母简狄若为高禖,她之前的"禖氏"应当是作为先媒的伏羲了。伏羲既然早于高禖,高禖抱持伏羲、女娲便不合理了。

关于高禖的传说很多,除了简狄为高禖说,还有女娲为高禖、伏羲为高禖、姜嫄为高禖、鲧禹为高禖等各种说法①。在这些传说中,高禖出现的时间都没有早于伏羲、女娲者。即使伏羲或女娲为高禖,也没有自己抱持自己的道理。若"抱持神"不是高禖,那会是谁呢?

汉高祖刘邦自称为赤帝子,董仲舒《春秋繁露·三代改制质文》记载:"以神农为赤帝。"刘邦宣扬自己是神农的后代。为了配合这一说法,汉代用"五行相生"原则为古帝王排定德运。班固在《汉书·律历志下》中排定的帝王五行顺序见表1。

表1 帝王五行顺序表

	木德	火德	土德	金德	水德
帝王	太昊(伏羲)	炎帝(神农)	黄帝	少昊	颛顼
	帝喾	唐帝(尧)	虞帝(舜)	伯禹(夏)	成汤(商)
	武王(周)	汉高祖(汉)			

在这个表格中没有秦代,因为"汉高祖皇帝,著《纪》,伐秦继周。木生火,故为火德。天下号曰'汉'。"[6](《律历志下》)汉代是直接承继周而王,是木德所生的火德。司马迁亦相信汉为火德之说,所以他在《史记·高祖纪》中加入了高祖以赤帝子斩白帝子的传说。班固亦认为:"由是推之,汉承尧运,德祚已盛,断蛇著符,旗帜上赤,协于火德,自然之应,得天统矣。"[6](《高帝纪》)班固认为"汉承尧运"这一说法被汉代人所普遍认同。"汉家尧后"[6](《眭弘传》)说成为汉昭帝之后的社会思潮。汉家是尧的后代,尧为火德,所以汉代亦为火德。而尧的火德承续于炎帝,炎帝也就是神农氏。

历代对三皇有不同说法。据《古微书》卷9记载,有伏羲、女娲、神农为三皇说(郑玄),有燧人、伏羲、神农为三皇说(宋均、《礼纬含文嘉》、《尚书大传》、谯周《古史考》等),有伏羲、神农、祝融为三皇说(《白虎通》),有伏羲、神农、黄帝为三皇说(孔安国)。这四种三皇说,尽管各不相同,但共同包括的两个人物是伏羲和神农。在《汉书·律历志下》所排帝王系统中,太昊(伏羲)为木德,炎帝(神农)为火德。神农的火德继承于伏羲。

伏羲为木德,和他同为木德的还有女娲。"女娲亦木德王。"[7](《三皇本纪》)对于女娲,汉代人存在三种态度:一种是将女娲排除出帝王系统,如《白虎通义》、班固《汉书》的帝王系统等;一种是完全肯定女娲,把她放入三皇之中,如《春秋·运斗枢》、《风俗通义》、郑玄等;一种是把伏羲、女娲合并,就是把两者合为一个德运(木德)的帝王,如山东嘉祥武氏祠的帝王图(见图12[5]14)。

图12 山东嘉祥武氏祠画像石

---

① 详见方川:《媒神高禖崇拜》,《寻根》2000年第3期。

图12第一层就是古帝王图,每一格代表一个帝王,伏羲、女娲被放在右起第一格中,两者蛇身人面,两尾相交,他们中间还有个小孩。在榜题中只记载了伏羲,曰:"伏羲仓精,初造王业,画卦结绳,以理海内。"[5]103女娲在榜题中没有被提及,她和伏羲作为一体出现,可能就因两者德运都是木德。

在汉代,人们对伏羲、女娲都很敬仰。在人们心目中,伏羲、女娲都是神话传说中为人类做出巨大贡献的圣人。"伏羲作八卦"[8](《谢短篇》);女娲也做出了突出成就:"往古之时,四极废,九州裂,天不兼覆,地不周载,火爁炎而不灭,水浩洋而不息,猛兽食颛民,鸷鸟攫老弱。于是女娲炼五色石以补苍天,断鳌足以立四极。杀黑龙以济冀州,积芦灰以止淫水。"[9](《览冥训》)人们往往将伏羲、女娲并称,"伏羲、女娲不设法度,而以至德遗于后世"[9](《览冥训》);"伏羲、女娲,俱圣者也"[8](《顺鼓篇》)。看来汉代人把伏羲、女娲看作是道德完善的圣人。据《艺文类聚》卷11《帝王部一》记载,"太昊帝庖羲氏,风姓也,蛇身人首,有圣德","帝女娲氏,亦风姓也,作笙簧,亦蛇身人首,一曰女希,是为女皇"。伏羲、女娲的共同特点是,他们都为风姓,都是蛇身人首。这和画像石中伏羲、女娲的形象相似。在汉代,女娲的形象为女性,"[世]俗图画女娲之像,为妇人之形,又其号曰'女'。仲舒之意,殆谓女娲古妇人帝王者也。男阳而女阴,阴气为害,故祭女娲求福佑也。传又言:'共工与颛顼争为天子,不胜,怒而触不周之山,使天柱折,地维绝。女娲消炼五色石以补苍天,断鳌之足以立四极。'仲舒之祭女娲,殆见此传也。本有补苍天、立四极之神,天气不和,阳道不胜,倘女娲以精神助圣王止雨湛乎"[8](《顺鼓篇》)。董仲舒认为女娲为古代的妇人帝王,女子为阴,所以祭祀女娲,祈求风调雨顺,福佑万民。汉代人认为女娲为女性,女性属阴,所以把女娲与伏羲相配,阴阳相合,这或许就是汉画像石中伏羲、女娲交尾的含义。

西汉后期到东汉,谶纬盛行,人们认为"夫孔丘秘经,为汉赤制,玄包幽室,文隐事明"[10](《苏竟传》)。所谓孔丘的秘经,其实就是汉代人假托孔子所作的纬书。《春秋纬》就是纬书的重要组成部分,被当时人们所推崇。《春秋·运斗枢》中认为:"伏羲女娲神农,三者谓三皇。"这一说法在当时应当被很多人所信奉。许多大学问家,如集今古文经学于一身的郑玄,还有著《风俗通义》的应劭等都赞同这一观点。汉画像石中亦不排除有这种思想的反映。

伏羲、女娲、神农,并称三皇,他们都是传说中至圣至德之人,在汉代受到人们的膜拜。人们用最美好的语言赞美他们,如:"三皇垂拱无为,设言而民不违"[11](卷1),"德隆乎三皇,功羡于五帝"[12](《司马相如传》)。三皇时代,被人们认为是最美好的时代,是后世取法的典范。

唐代诗人卢仝写有《与马异结交》,作者用诗的形式讲了伏羲、女娲、神农的一则小故事:"伏羲画八卦,凿破天心胸。女娲本是伏羲妇,恐天怒,捣炼五色石,引日月之针,五星之缕把天补。补了三日不肯归婿家,走向日中放老鸦。月里栽桂养虾蟆,天公发怒化龙蛇。此龙此蛇得死病,神农合药救死命。天怪神农党龙蛇,罚神农为牛头,令载元气车。"这则故事中伏羲、女娲为夫妻,他们得罪了天公,被罚化作龙、蛇。龙、蛇得了绝症,神农合药救活了他们。天公责怪神农和龙、蛇同党,将神农罚为牛头人身之人。这个故事和伏羲、女娲、神农传说中的形象一致。"太昊氏以龙纪,故为龙师而龙名。"[6](《律历志下》)女娲"蛇身人面",而神农"人身牛首"[7](《三皇本纪》)。这则故事说神农与伏羲、女娲为党,肯定了三者的密切关系。正是这种密切关系,使他们成为人们心目中伟大的三皇。山东省微山县南阳镇出土汉画像石中有一幅"抱持神"图像(见图13[13]77)。图中伏羲、女娲都是蛇身人面。抱持两者的神祇,头上长有两角,很像牛角,是一个人身牛头的形象,这和传说中"人身牛首"的神农形象相符。图13中刻画的三个人物形象,和三皇的形象如此相似。《太平经》第3卷《丙部》中有一句话应当引起我们的重视:"物终,当更反始,故为亥,二人共抱一为三皇初,是故亥者,核也,乃始凝核也。""二人共抱一为三皇初",这句话的语境和"抱持神"画像中刻画的情景非常相似,二人共抱于一人,而组成了三皇,这就是三皇最初的形象,这个形象具有凝结为一个核心体的含义。如果这个含义成立,那么抱持伏羲、女娲的神祇应为神农氏。

汉代宣扬火德,他们找到的远祖就是神农。神农"以火承木,故为炎帝"[6](《律历志下》)。神农所承帝王系统,是伏羲、女娲两个木德的组合,他所拥有的,是伏羲、女娲共同创立的世界。神农氏抱持伏羲、女娲,应当是以火德承木德之意,他之所以怀抱伏羲、女娲,就因两者都是木德,木生火,火德承继两木德而来。《太平御览》卷135《皇亲部一》中记载:"炎帝神农母曰佳姒,有娇氏女,名登,为少典妃;游华阳,有龙首感之,生神农于裳羊山。"神农母亲与龙相感而生神农,神农承续了龙的血脉。而"太昊氏以龙纪,故为龙师而龙名"。伏羲以龙为族标。在神话传说中,伏羲、女娲都是"人面蛇身",而蛇和龙的形象在古人眼中相似。汉画像石中很多伏羲、女娲的形象有脚,如河南南阳出土画像石中的伏羲、女娲图(见图14[3](第160图))。

图13　山东省微山县南阳镇出土画像石

图14　河南省南阳出土伏羲、女娲图

图中伏羲、女娲有腿和脚,和龙的形象相似。神农是感龙而生,他和伏羲、女娲之间的承续关系不辩自明。"抱持神"或许是汉代人为表达汉为火德而创造出来的艺术形象,抑或是为配合当时政治而制造出来的一种图谶,显然同当时的社会思潮相吻合。

抱持神之所以会出现在墓葬中,或许有以下两种原因。第一,汉代人敬仰三皇,"道德玄泊,有似皇天,故称曰皇。皇者,中也,光也,弘也。含弘履中,开阴布纲,上含皇极,其施光明,指天画地,神化潜通,煌煌盛美,不可胜量"[11]352。看来在汉代人眼中,三皇的地位非常高,甚至超过其他神灵。在所见画像石中,抱持神画像基本居于墓室的重要位置,而且往往在画像的最上层。如图11,抱持神位于墓门东立柱之上,画像上有两组图,下图为东王公,上图为抱持神。看来在汉代人眼中,抱持神地位要超过东王公。伏羲、女娲手持规、矩,且为木德,正与"开阴布纲""指天画地"的意境相同。三皇时代为人们所向往。人们期望死后,灵魂能回归三皇时代,享受幸福安宁的生活,这或许就是抱持神进入墓葬的重要原因。第二,任何艺术形象,都与当时的社会文化生活密切相关。汉代重视图谶,汉为火德成为西汉末年和东汉时期的主流社会思潮,各种图谶应运而生,抱持神或许就是汉为火德的图谶形式之一。这种图谶形式,成为当时墓葬画像的一种题材,代表了墓主人对汉王朝的拥护和赞美。当然这只是笔者的一己之见,恳请方家批评指正。

[附记]

本文在写作过程中,得到了马怡、邬文玲、庄小霞等诸位先生的帮助和指导,在此表示衷心感谢。

【参考文献】

[1] 俞伟超,等.中国画像石全集[M].济南:山东美术出版社,2000.
[2] 山海经[M].长沙:岳麓书社,2006.
[3] 王建中,闪修山.南阳两汉画像石[M].北京:文物出版社,1990.
[4] 山东省博物馆.山东苍山元嘉元年画像石墓[J].文物,1975(2).
[5] 朱锡禄.武氏祠汉画像石[M].济南:山东美术出版社,1998.
[6] 班固.汉书[M].北京:中华书局,1996.
[7] 司马贞.补史记[M].上海:上海人民出版社,1999.
[8] 王充.论衡[M].北京:中华书局,2006.
[9] 刘安.淮南子[M].贵阳:贵州人民出版社,1993.
[10] 范晔.后汉书[M].北京:中华书局,1996.
[11] 应劭.风俗通义[M].台北:台湾"商务印书馆",1987.
[12] 司马迁.史记[M].北京:中华书局,1982.
[13] 马汉国.微山汉画像石选集[M].北京:文物出版社,2003.

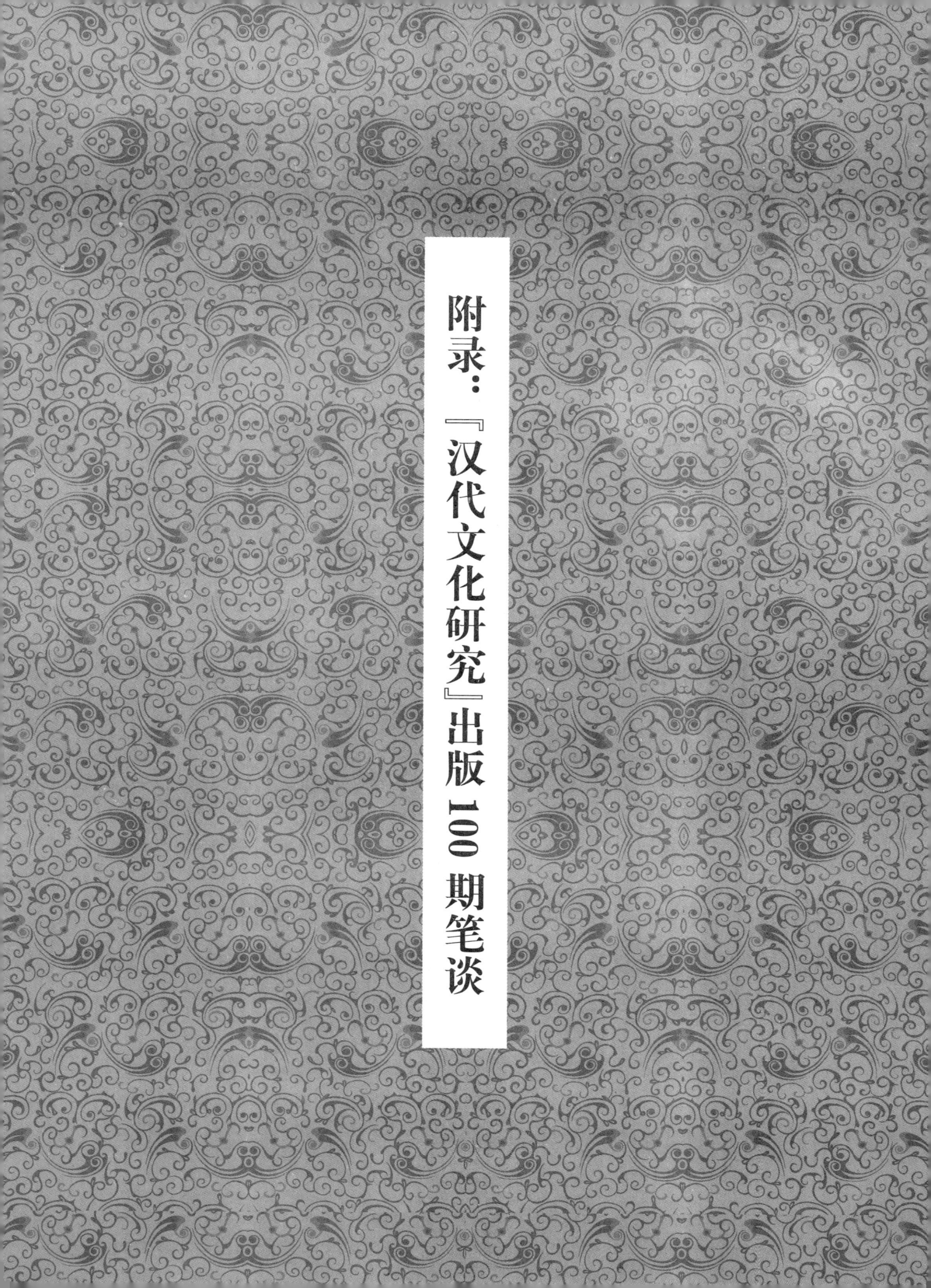

附录：『汉代文化研究』出版100期笔谈

向"汉代文化研究"出版百期祝贺

朱绍侯*

汉文化,是中国统一中央集权制国家形成后,出现的第一个文化高峰。汉文化具有永久定性的特点和永远传承的特点,如汉人、汉族、汉语、汉字、汉学、汉隶、汉赋等都是永远不变的定性文化,也是在中国和世界华人、华裔中,永远要传承下去的文化。至于由汉人创造的政治、经济、军事、教育、书法、绘画、科学等方面的文化,更是博大精深,永远是中国历史、中国文化史研究中的重点课题。《南都学坛》创设"汉代文化研究"栏目,说明南阳师范学院和《南都学坛》的领导、编辑同仁的远见卓识。"汉代文化研究"的创设,对《南都学坛》来说,是占尽了天时、地利、人和的优势。所谓"天时",就是在"文化大革命"之后,在学术界普遍兴起了历史文化的研究热潮,如中华文化、长江文化、黄河文化、姓氏文化以及各地区的区域文化和各种专题文化,等等。不论是什么文化,汉文化都必然是它的研究主要内容之一。在各种文化研究的热潮声中,《南都学坛》创设"汉代文化研究"栏目,可以说是适逢其时,巧夺天时之利。所谓"地利",就是南阳是汉代经济、文化最发达的区域,特别是在东汉,南阳是开国皇帝刘秀的故乡,向有"帝乡""南都"之美称,皇亲国戚不可胜数,王侯将相府邸相望,名人辈出,文物古迹遍布城乡,仅冶铁遗址就有六处,汉画像石、画像砖无论从数量还是质量来看,都居全国之最,可以说南阳的汉文化资源异常丰富。还有洛阳是东汉首都,河南是汉代政治、经济、文化中心,所遗留的汉文化资源,是"汉代文化研究"栏目取之不尽、用之不竭的文化宝库。所谓"人和",就是《南都学坛》掌握有众多实力雄厚的汉文化研究的作者群。南阳是河南文化、教育最发达的地区,人才济济。南阳师范学院、河南省社会科学院南阳分院、武侯祠、张仲景博物馆、张衡博物馆拥有大批汉文化研究人才。在河南几所高等院校和历史、文物、考古研究机构也有很多研究秦汉史的专家、学者,都是《南都学坛》"汉代文化研究"栏目的支柱。实际上《南都学坛》所掌握的汉文化研究的作者,远远超出南阳、河南的范围,全国的名牌大学和研究机构的著名秦汉史学家,也都愿意给

---

* 朱绍侯:辽宁省新民县人,河南大学教授,中国秦汉史学会副会长,主要从事秦汉史研究。

"汉代文化研究"栏目投稿。庞大的作者群是办好"汉代文化研究"栏目的可靠保证。据《南都学坛》"汉代文化研究"栏目的统计,自1986年"汉代文化研究"栏目创办起,至2008年第1期止,《南都学坛》已发表汉文化研究文章共321篇,涉及汉文化研究的方方面面,其中有62篇被《新华文摘》、中国人民大学"复印报刊资料"、《高校文科学术文摘》等刊物所转载,说明"汉代文化研究"所发表的文章,不仅数量多而且质量也高,可谓硕果累累,洋洋大观,在海内外汉文化研究领域已占有重要位置,产生了广泛影响,提高了《南都学坛》乃至南阳师范学院的知名度,为汉文化研究做出了重要贡献。

关于如何使"汉代文化研究"栏目"百尺竿头,更进一步"的问题,我想《南都学坛》的领导和编辑们早已成竹在胸,我这样一个落伍老人很难讲出中肯的意见,但是一点建议也不提,又有对"汉代文化研究"栏目漠不关心之嫌。于是我就想在编辑部组稿方面提两点建议:一、编辑在组稿时,对自己的作者群中每个人的研究特长应有所了解,要求作者提供他最有代表性的论文,以提高栏目的水平。二、编辑部在组稿时,要有计划地组织某些问题的专题讨论。这当然要求编辑对汉文化研究中某些难点、疑点、重点、热点有所了解,然后才能提出引人注目、引人入胜的问题,展开讨论,让专家各抒己见。组织专题讨论不应要求得出正确结论,目的是要开展百家争鸣,引导对问题的深入研究。

我既是"汉代文化研究"栏目的作者,又是热心的读者,当"汉代文化研究"栏目出版百期之际,特向为"汉代文化研究"栏目付出辛勤劳动的编辑和主持人致以崇高的敬意,对"汉代文化研究"栏目所取得的辉煌成就表示衷心的祝贺。

《南都学坛》：盛产汉代文化研究"金彩玉璞"的丰收园圃

王子今*

司马迁在《史记·货殖列传》中写道："南阳西通武关、郧关，东南受汉、江、淮。宛亦一都会也。"其经济地位已经相当可观。《汉书·地理志下》也说："宛，西通武关，东受江、淮，一都之会也。"可见，西汉时期南阳已经因交通地理方面的优势实现了区域繁荣。司马迁还曾经强调南阳地方"商贾"的作用。《汉书·地理志下》所谓"南阳好商贾"，也指明了这一地方活跃的经济特征。南阳这一特殊的经济地理条件，在两汉之际尤为突出。据《汉书·王莽传》载，王莽"分三辅为六尉郡，河东、河内、弘农、河南、颍川、南阳为六队郡，置大夫，职如太守"，南阳成为特别行政区之一。又《汉书·食货志下》记载：王莽时代，"于长安及五都立五均官，更名长安东西市令及洛阳、邯郸、临淄、宛、成都市长皆为五均司市师。东市称京，西市称畿，洛阳称中，余四都各用东西南北为称"。南阳又被正式确定为具有特殊地位的经济都市。其"南都"地位的形成，已经预示此后南阳将作为中原地区与江南地区交通的重要联系点。张衡著《南都赋》有"夫南阳者，真所谓汉之旧都者也"，"曜朱光于白水，会九世而飞荣；察兹邦之神伟，启天心而瘵灵"的语句。南阳，确实是东汉王朝的"朱光""飞荣"之都。这里因丰盈的经济发育和优越的文化滋养，作为区域典型，充分显示了东汉时期历史进步的光荣。张衡《南都赋》所说当地"宝利珍怪"，应是南阳输出的主要商品："其宝利珍怪，则金彩玉璞，随珠夜光。铜锡铅锴，赭垩流黄。绿碧紫英，青䨼丹粟。太一余粮，中黄珛玉。松子神陂，赤灵解角。"对"穰橙邓橘"等富有经济价值的果品，《南都赋》也有记录。

在某种意义上可以说，《南都学坛》的"汉代文化研究"栏目今天依然继承了汉代南阳的文化风采，成为学界公认的连年在汉史与汉文化研究领域奉献出"金彩玉璞"宝贵创获的人文科学的丰收园圃。

由于南阳师范学院领导的支持以及以刘太祥主编为首的编辑部工作人员的努力，《南都学坛》"汉代文化研究"栏目已经出版百期。以321篇汉代文化研究学术论文为支撑的这一栏目，已

---

* 王子今：河北省武安市人，中国人民大学国学院教授，主要从事秦汉史研究。

经成为汉史与汉文化研究领域的重要学术场地。这些学术论文,选题覆盖了汉史与汉文化研究的各个主要层面、各个主要领域,包括对汉代政治、经济、军事、文化、艺术、社会生活、信仰世界等专题的深入研究。有不少学术成果显示出相当高的水准,以所发表的学术创见,占据了学术制高点而得到学界的尊重。被《中国社会科学文摘》《新华文摘》《高等学校文科学术文摘》和中国人民大学"复印报刊资料"全文转载的论文多达60篇。60,正是一个甲子年代循环的满数。当我们检视《南都学坛》"汉代文化研究"栏目密致的学术年轮时,确实可以发现所发表的论作中多有堪称"金彩玉璞"的珍宝。

《南都学坛》"汉代文化研究"栏目的学术贡献,已经引起汉史与汉文化研究领域海内外学者的共同关注。除不少老一代的学术前辈曾经在这里推出过带有学术启示意义的论文外,相当多的中青年学术骨干也都把这一栏目看作非常亲近的秦汉史研究的学术之家。特别值得肯定的是,《南都学坛》"汉代文化研究"栏目为不少学术新人打开了第一扇学术之窗。一些硕士研究生甚至本科生的有学术价值的研究心得在这里最初发表。他们会永远感谢编辑老师的指导和鼓励,学术界也应当肯定栏目规划者和主持者的学术眼光和学术胸怀。

我们祝《南都学坛》"汉代文化研究"栏目继续进步,创立更显赫的学术功勋,也希望在栏目的学术设计和学术组织方面更上一层楼。或许主动地就某些前沿性学术专题多组织一些笔谈形式的系列论文,也是促进学术进步的有益方式。

以质量打造品牌　以品牌赢得读者

——贺《南都学坛》"汉代文化研究"栏目出版百期

卜宪群*

　　刊物如林,竞争激烈,一个刊物要想在竞争中求得生存和发展,其根本出路在于打造自己的品牌,突出自己的个性特色。然而刊物的品牌打造并不是一件容易之事,有多少刊物的品牌特色栏目,看似红红火火,争芳斗艳,却昙花一现,究其原因是学术质量不断滑坡,失去了读者和作者。在各个期刊打造自己的特色品牌过程中,过多关注的是"你无我有,你有我优",实际上不论"你有""我有",能否生存下去关键在学术质量,失去了质量就失去了品牌特色,失去了品牌特色就失去了作者和读者,失去了作者和读者这个品牌特色就无法生存下去了。《南都学坛》在打造"汉代文化研究"这个品牌特色栏目的过程中,始终坚持把学术质量放在第一位,引领汉代文化研究的学术新潮流,以上乘的质量赢得了作者和读者好评,使这个栏目长盛不衰,持续出版百期仍蒸蒸日上,成为全国汉代文化学术研究的一个重要阵地。

　　"汉代文化研究"始终坚持稿件的高质量,主要表现在把政治性、学术性、科学性作为取稿标准。政治性是刊物发展的灵魂。该栏目刊发的文章大都能为现代物质文明、精神文明、政治文明和社会文明建设提供精神动力和智力支持。例如,《略论秦汉中央三级保卫制》(1989年第4期)、《汉代行政监督制度探讨》(1991年第1期)、《度田斗争与光武中兴》(1996年第1期)、《论汉代执法思想中的理性因素》(2005年第1期)、《秦汉政治文明建设》(2005年第5期)、《论汉代新儒家》(2006年第4期)、《"文物并用":汉代治国才略的改革与创新》(2007年第4期)等论文都起到了"资政育人,服务社会"的作用。学术性主要体现在创新性,学术贵在创新,创新是学术期刊发展的动力和源泉,也是学术期刊的生命线。该栏目发表的论文大多是新思想、新观念、新举措、新材料、新成果,是具有原创性的学术成果,站在时代的学术的前沿,从而引领汉代文化学术研究的潮流。如《东汉史分期刍议》(1991年第1期)、《汉文帝并非薄葬》(1995

---

* 卜宪群:安徽省南陵县人,博士,中国秦汉史学会会长,中国社会科学院历史研究所研究员,主要从事秦汉魏晋南北朝史研究。

年第1期)、《南阳汉画与汉史研究》(1999年第1期)、《周代职官制度与秦汉官僚制度的形成》(2000年第1期)、《再论"矫制"——读〈张家山汉墓竹简〉札记》(2003年第4期)、《经学与汉代的制度建设》(2005年第2期)、《〈奏谳书〉与秦汉法律实际应用》(2006年第2期)、《汉代"蚩尤"崇拜》(2006年第4期)、《两汉时期丧葬风水信仰》(2007年第6期)等论文,都提出了创新性的学术观点,促进了汉代文化的学术研究,起到了"传承文明,创新理论"的作用。科学性就是"求真",既是对学术研究的科学态度,又是学术研究的物质基础,是学术期刊的骨骼。该栏目发表的论文,不仅符合马克思主义的基本原理,而且科学、准确、无误,特别是运用王国维提出的"二重证据"法,把文献资料和简帛、汉画等出土资料相结合,从而得出科学的结论。

《南都学坛》的"汉代文化研究"栏目正是坚持质量第一的取稿标准,才打造出了刊物的品牌特色,赢得了读者和作者的好评,取得了良好的社会反响。该栏目所发表的300多篇论文中,就有60多篇被《新华文摘》《中国社会科学文摘》《高等学校文科学术文摘》和中国人民大学"复印报刊资料"转摘,占发文总量的20%,这就是有力的证明。

弘扬传统文化,推进学术研究

孙家洲*

在《南都学坛》的"汉代文化研究"专栏出版100期之际,谨表示真诚的感谢、由衷的祝贺!

南阳,素有"帝乡"之称、"南都"之誉。一部《南都赋》,使得它名满天下;汉代画像的集中出土,更使它魅力倍增。就此而言,南阳对于研究秦汉史的学者而言,无疑是"圣地"。立足南阳,研究汉代文化,确实有其独特的"地利"优势。南阳师范学院的领导与学者,以弘扬传统文化、推进学术研究为己任,成功地创办了"汉代文化研究"专栏,并且与时代风云的沧桑变化同步,迎来了它出版100期的吉日良辰。"汉代文化研究"专栏刊发了许多富有学术原创性的论文,它搭建了令人信赖的学术平台,它凝聚了学术界关注的目光,它推动了青年学者的成才。

当我们共同回首它所走过的路程,感喟它为学术发展所做出的贡献的时候,我们应该想到一个或许被无意中"忽略"了的事实:这样的一个持之以恒的专题性栏目,是在一个地方性师范学院的学报之中孕育、诞生、成长、壮大起来的!在办刊质量必须确保的同时,有关办刊资金的保障、稿件来源的疑虑、刊物评级的掣肘,他们承担了多少局外人无法确知的窘迫和无奈?他们克服了多少不足为外人道的艰辛与困难?正因为如此,我想用一个真诚的心意表达:谢谢!不仅仅因为我是作者,曾经发表过两篇文章,更重要的是因为我是读者,拜读过发表于此处的若干文章而获益匪浅。更愿意献上真诚的祝福:希望它创造出更大的学术空间,展示出更加辉煌的前景!

---

* 孙家洲:山东省莱州市人,中国人民大学历史学院教授,博士生导师,主要从事秦汉史研究。

汉文化研究旗帜　社科类学报翘楚

——《南都学坛》"汉代文化研究"栏目出版百期感言

黄朴民[*]

一份地方院校主办的学术刊物能驰名海内外,为众多学术界著名专家所交口赞誉、备为推重,在于它具有内涵,具有特色,而内涵与特色的形成,则在于它办出了品牌栏目,这一点,在《南都学坛》的身上得到了生动、确凿的印证:"汉代文化研究"就是《南都学坛》的品牌栏目,它出版100期以来,在整合国内两汉历史文化研究资源,深化和推动汉代历史文化研究,弘扬和光大中华民族优秀传统文化,为建设社会主义精神文明提供宝贵的历史文化启示,以及促进南阳当地文化传承与辐射等方面,均提供了广阔的平台和强大的动力,发挥了积极重大的作用。可以毫不夸张地说,"汉代文化研究"栏目是当今汉代历史文化研究的最主要阵地之一,是国内广大秦汉史研究者贡献才智、施展"拳脚"的重要舞台,也是展示《南都学坛》办刊成就、体现南阳师范学院学术品位与追求的一个明亮的窗口。随着时间的推移,《南都学坛》"汉代文化研究"栏目在学术发展史、学报编辑史上的地位与意义必将得到更为突出的彰显。

作为一名普通的秦汉史研究者,我是《南都学坛》"汉代文化研究"栏目的忠实读者(甚至可以说是"拥趸"),也曾非常荣幸地在它上面发表过自己的习作。多年来阅读与关注"汉代文化万赖俱寂"的经历,使我对该栏目的特色与成就有了点个人的体会,值此"汉代文化研究"出版百期的喜庆日子来临之际,我乐意将自己对该栏目的观感公开表达出来,借此与栏目主办者交流和共勉,并对栏目创办百期致以最热忱的祝贺。

我个人认为"汉代文化研究"栏目办得十分成功,其标志是形成了自己鲜明的特色,其荦荦大端可以概括为以下几点:

第一,牢牢占据学术前沿,突出主流性。两汉史研究自古至今都是学人关注的重点之一,但是由于资料相对贫乏,因此要深化研究难度极大,有些问题的研究几乎到了"题无剩义"的程度。所幸的是,随着考古发掘的进展,近年来出土了不少珍贵的简牍帛书材料,从而为汉代历史

---

[*] 黄朴民:浙江省绍兴市人,中国人民大学国学院教授,博士生导师,主要从事秦汉史研究。

文化的研究注入了新的生机,换言之,文献与考古的结合、传统资料与简牍帛书的并重,是秦汉史研究走向新的境界之基础与契机,这方面做得是否成功,是学者在秦汉史领域是否"预流"(陈寅恪先生语),刊物栏目是否进入学术前沿、体现主流意识的重要标志。"汉代文化研究"栏目很显然具备这方面的主动、前沿意识,曾推出了一大批运用新出简牍资料深化汉代历史文化研究的力作,这种敏锐的学术创新意识值得充分肯定。

第二,积极追求博采并取,呈示包容性。"汉代文化研究"栏目的又一个特色,是内容丰富、异彩纷呈,体现了开阔的视野、博大的襟怀,使汉代文化的研究呈现出最大的兼容与整合,这既反映为作者队伍的整合,老、中、青汉史研究者均能在这个平台上扮演自己的角色,也反映为研究主题与方法的百花齐放,政治、经济、社会、文化、军事各个领域的优秀论著都能占一席之地,宏观叙事与微观考析、传统研究方法运用与新型研究范式实践都能擅一时之长。不求一律,唯重言之成理;不别门户,唯求质量至上,从而使得该栏目成为团结、凝聚国内汉代历史文化研究者的坚韧纽带,使得该栏目成为发表、传播国内汉代历史文化研究新成果的理想平台。"海纳百川,有容乃大",该栏目的境界庶几近之。

第三,充分体现地域优势,注重主体性。南阳物华天宝、人杰地灵,拥有十分丰厚的历史文化资源。作为南阳师范学院主办的《南都学坛》"汉代文化研究"专栏,有责任有义务弘扬本地的传统文化,并把它作为与全国两汉文化研究进行对话的后盾和窗口,在彼此互动中争取双赢。换言之,立足本地、面向全国、保持主体性、开拓空间性是栏目应有的发展思路。我们欣喜地看到,栏目在这方面做出了积极的努力,取得了卓著的成绩,这从已发表的300余篇论文中研究南阳以及河南的文章占据相当比例即可以得到印证,汉画及汉代南阳经济、政治、人才、乐舞研究的最新成果大多在栏目中率先发表,在学术界产生了很大的影响,并赢得全国各地同行的肯定和尊重。

最后,恭祝"汉代文化研究"栏目,"百尺竿头,更进一步",乘风破浪,再铸辉煌!

薪火迭传，任重道远

宋 杰[*]

  《南都学坛》期刊的"汉代文化研究"专栏已经出版百期，这是秦汉史学界值得纪念与庆贺的事件。长期以来，该栏目以发表的文章质量较高、范围宽广、内容丰富而闻名于国内史坛，为此编辑部的同志们付出了艰辛的努力，才使秦汉史研究的这一窗口和重要阵地得以坚持下来。这一栏目从最初的"南阳汉画像石研究"发展为"东汉文史研究"，后又更名为"汉代文化研究"，反映了它展示学术成果的领域在不断地拓宽，其地位和影响也随之逐渐壮大。时至今日，该栏目已经拥有了一个遍布全国著名高校和科研机构的创作群体，其中既有高敏、朱绍侯先生等前辈名人，又有年富力强的中年专家，因而佳作频出，受到同行学者和社会各界的交口称赞，对于秦汉史学与南阳地域文化的学术繁荣，起到了不可低估的推动促进作用。另外需要强调的是，该栏目多年来一贯奉行培植史学新秀的做法，为秦汉史的青年研究者提供了发表作品的机会。众所周知，当今不少单位实施所谓"量化"的考核与管理制度，硬性规定科研人员、教师和研究生每年必须发表若干篇文章，致使稿件拥挤，青年学者多有论文发表困难的感慨。部分刊物更是借此创立生财之道，专向青年教师和研究生的稿件征收"版面费"，每篇数百或逾千元不等。而《南都学坛》编辑部却正风如故，始终将"汉代文化研究"栏目作为青年学人展示科研成果的平台，这对于他们的成长有很大帮助。笔者注意到，这些年来屡屡在该栏目发表论文的一些青年史学工作者，经过锻炼之后，专业水平有显著提高，他们不仅开始在权威刊物上登载文章，所撰写的专著也获得了海内外同行的好评，可见贵刊为培养秦汉史研究的新生力量做出了重要的贡献。

  展望未来，"汉代文化研究"专栏任重而道远。值此百期纪念之际，笔者不揣冒昧，特向贵刊编辑部提出几条建议，希望能"百尺竿头，更进一步"。

  第一，"汉代文化研究"专栏刊登的论文内容丰富，涉及政治、经济、法律、军事、民族、思想、艺术等各个领域，几乎无所不笼，这是它的一项优势。愚意以为，今后还可以吸收一些兄弟杂志

---

[*] 宋杰：北京市人，首都师范大学历史学院教授，博士生导师，主要从事秦汉史研究。

的办刊经验,将"宏博"与"专精"结合起来,在保证论文质量的基础上,对发稿的编排形式做一番调整。例如,可将探讨同一课题或同属某个科研领域、某一地区历史文化的有关论文汇聚在同一期的"汉代文化研究"专栏里发表,每年一至二次,视情况而定。集中刊载的学术成果更能吸引专业读者的目光,对扩大刊物的影响更为有利。稿件的来源可以通过有意识地积累或事先组稿约稿来完成。另外,还可以就秦汉考古新发现、影响重大的新论著、历史学的新理论、新技能方法进行报道和评述。

第二,据闻贵刊已经聘请了几位全国著名的秦汉史专家作为"汉代文化研究"专栏的主持人,应该充分发挥他们的影响力和知名度,不仅是为发表文章的质量把关,还可以请他们采用笔谈或座谈的形式,定期地针对目前国内外秦汉史领域的研究状况、热点问题以及今后的发展趋势抒发看法,并对"汉代文化研究"专栏组织的讨论、发表的文章进行点评。俗话说"深人无浅语",相信他们会对读者起到开阔思路、导引前程的作用。

第三,长期以来,"汉代文化研究"专栏能够有一批国内知名学者撰写论著,其重要影响有目共睹。中国大陆与香港、台湾地区,以及日本、韩国、欧美的秦汉史研究各有所长,目前的相互交流又非常频繁,贵刊编辑部可以考虑通过中国秦汉史研究会和国内专家的个人渠道与中国香港、台湾地区的学者和外国学者联系,或邀请他们在访问之余顺便来南阳参观、讲学、座谈,或请其惠赐稿件、抒发心得、介绍当地的研究动态,这样能够进一步丰富专栏的内容,并使其影响更为显著。

期望"汉代文化研究"专栏精益求精,长盛不衰,继续为南阳地区乃至社会的学术繁荣贡献力量。

祝贺《南都学坛》"汉代文化研究"栏目出版百期

张 涛[*]

在中国历史发展进程中,南阳文化以其勃勃生机和无穷魅力,以其和谐精神与创新精神,以其大智慧、大气魄、大发展而名扬天下,成为具有典型意义的地域文化。这在汉代文化史上表现得尤为突出。进入新时期以来,历史悠久的南阳文化精神又在《南都学坛》"汉代文化研究"栏目中得到传承、弘扬和发展。这一栏目植根于南阳文化沃土,立足于地域文化特点,实事求是,与时俱进,开拓创新,组织编发了一系列高水平、高质量、高品位的研究成果,特色鲜明,定位准确,优势显著,已经成为我国汉代文化研究的重要学术园地和资讯中心,在海内外学术界、出版界产生了巨大影响。现在,这一栏目即将迎来出版百期的喜庆之日,作为作者和朋友,我衷心祝愿《南都学坛》"汉代文化研究"栏目越办越好,不断取得新的更加辉煌的成就。

---

[*] 张涛:山东省临清市人,北京师范大学教授,博士生导师,主要从事先秦秦汉史研究。

办好特色栏目 提高学报质量

——祝《南都学坛》"汉代文化研究"开办100期

宋应离[*]

"大学办学报,质量提高最重要",这是学报同仁对当前学报生存发展态势的一个简明概括。

据最保守的统计,目前全国人文社科学报也有一千多家。面对刊物如林、竞争激烈的局面,任何一家学报想在整体上占据优势,稳操全优胜券,实属困难。但从各有关院校自己的实际出发,知己知彼,扬长避短,办好一个乃至几个有特色的栏目,发挥局部优势,凸显某一方面的个性特色,提高学报质量是可以做到的。

学报的栏目是指按学科内容性质,将同范围、同类型或同主题的一组文章分类编排所用的标目。从某种意义上说,学报的办刊思想、学术水平、整体价值就体现在栏目的设置上。从传播学的角度看,栏目是编辑者、作者、读者注意力聚集的焦点。编辑试图通过栏目彰显学术研究成果,读者期待从栏目中获得某种学术信息,作者也可以从中窥视编辑意图。特别是名栏目的建设,突出的是学报的个性特色与局部优势,以局部优势带动刊物整体质量的提高。在这方面南阳师范学院主办的《南都学坛》开设的"汉代文化研究"特色栏目是一个成功的范例。特色栏目不是天生俱来、自发形成的,而是借着某种外界优势,发挥编辑自身优势形成的,"汉代文化研究"栏目就是较好借助三个优势获得成功的典型。

一是地域优势。学校所处特定的历史地理位置,底蕴丰厚的历史文化,为学报的特色栏目奠定了坚实的基础。南阳是东汉光武帝刘秀的故乡,号称"帝都""南都",先后出现了许多历史文化名人。其地经济发达、文化繁荣。南阳汉代文化遗迹遗物丰富。尤其是现有的南阳汉画馆是全国最大的汉画馆,馆藏的汉代画像石居全国之首。丰富的历史文化资源,得天独厚的地理环境,为学术研究原生态的开发提供了有利条件,也为办好特色栏目开掘稿源提供了有力支撑。

二是学科优势。学报所处学校的学科优势

---

[*] 宋应离:河南省漯河市人,河南大学教授,河南大学新闻与传播学院兼职研究员,编辑学硕士研究生导师,主要从事中国编辑出版史研究。

是办好学报特色栏目的有力保证。南阳师范学院领导十分重视汉代文化研究,多年来一直把汉代文化研究作为一个重点学科,在人力物力上给予扶持。早在1996年就成立了汉代文化研究室,后改为汉代文化研究中心。该中心现有教授5名、副教授10名、博士生4名,在年龄、职称、知识结构等方面,形成了汉代文化研究的学科梯队和学术群体。几年来,他们先后承担了国家和省社科规划项目6项,发表论文80余篇。这一学术群体为特色栏目的建设奠定了学术和人才基础。

三是编辑自身优势。地域优势、学科优势只是为特色栏目的建设提供了客观条件,能不能转化为特色栏目建设的现实资源,还需要借助编辑主动的创造性工作得以实现。学报提供的精品论著只有通过作者自身的研究创造、编者的组织发表、读者的感悟阅读三个环节才能最终实现其价值。作为介于作者与读者之间的编辑对精神产品的生产起着重要作用。在一定意义上讲,编者特别是主编制约着刊物的质量和整体面貌。《南都学坛》的编者中,有的本身就是长期从事汉代文化研究的学者,他们自身具有这方面的专业学科优势,比较了解学科发展趋势,对有关论著能做出恰当评价;在审稿中能提出中肯意见,真正起到编者的把关作用,这就有利于保证特色栏目文章的学术水平。

"汉代文化研究"栏目自1996年开办以来,至今已出版100期,由于重视发挥三个优势,这一栏目越办越好,学术影响力越来越大。据统计,该栏目开办以来,已发表汉代文化研究论文300多篇,先后被《新华文摘》、《中国社会科学文摘》、中国人民大学"复印报刊资料"转摘60多篇,占刊发文章总数的20%。《光明日报》《中国教育报》曾撰文评价该栏目:坚持正确的政治方向,利用文化名城优势,栏目办得好,办出了特色。中国人民大学孙家洲教授、中国秦汉史学会副会长卜宪群教授分别致信撰文,称赞该栏目:"突出地方特色,面向全国,追踪学术热点,反映最新出土资料和科研成果","不断推出原创性新论,很有些自己的不是人云亦云的东西"。该栏目2006年被中国人文社会科学学报研究会评为"高校学报优秀栏目",这是当之无愧的。

正值"汉代文化研究"开办百期之际,我祝贺它以往取得的可喜成绩,也希望它进一步重视作者工作,发挥名家带动作用,广泛组织省内外知名专家学者为本刊提供更多的高水平稿件;建议这个专栏长期办下去,在读者中留下连续久远的印象,成为读者心目中的一个品牌。

《南都学坛》对特色理念的固守

孙景峰*

审读南阳师范学院主办的《南都学坛》时不经意间发现,这个刊物的"汉代文化研究"专栏到今年(此处及下文中"今年"均指2008年——编者注)第3期已经开办99期了。经查,《南都学坛》自1981年创刊,至今共出版了111期,也就是说,"汉代文化研究"专栏几乎与《南都学坛》同庚。我们对《南都学坛》固守特色理念表示由衷的感佩。

《南都学坛》利用南阳得天独厚的历史文化资源和本院学科学术优势,弘扬汉代优秀的文化遗产,开辟了"汉代文化研究"专栏。这个栏目经历了"汉代画像石研究"—"东汉文史研究"—"汉代文化研究"的变迁,至今行将出版百期,发表汉代文化研究论文300余篇。该栏目荟萃了汉代文化研究的优秀成果,吸引了一批国内外的专家学者,已成为全国汉文化研究的一个重要学术阵地。2006年"汉代文化研究"被评为全国社科学报优秀栏目。《中国教育报》《光明日报》都对此栏目特色做过专题报道。

就该刊今年1—3期所刊发的专栏文章而言,既有王子今(中国秦汉史研究会会长、中国人民大学博士生导师)、张涛(北京师范大学博士生导师)这样大家的洪钟大吕,也有一些硕士研究生、本科生的研究成果,显示出"汉代文化研究"在学界的广泛影响和旺盛的生命力,也显示了该栏目既依靠名家又扶植新秀的办刊品格。

就这些成果的内容而言,涉及政治(如第2期的《论汉代政治参与机制》)、历史(如第1期的《光武帝刘秀研究辨疑》)、法律(如第1期的《汉代女性犯罪问题初探》)、军事(如第2期的《释"郎骑"》)、艺术(如第3期的《汉代传入中原的少数民族音乐及其影响》)等,向读者比较全面地展示了汉代文化的风采,极大地拓展了汉文化研究视野和研究领域,将汉文化研究推向纵深处。

办出几期有特色的刊物不难,一个栏目坚持几年也容易,难就难在像《南都学坛》这样对特色理念的固守,二十年如一日。7月份即将出版的2008年第4期将是这个栏目的百期,我们期望着这个栏目百期以后的辉煌。

---

* 孙景峰:河南省长葛市人,河南师范大学教授,《河南师范大学学报》副主编。

名栏与名刊

——写在《南都学坛》"汉代文化研究"专栏出版 100 期之际

尹选波[*]

说来惭愧,我关注《南都学坛》这份学报是从其"汉代文化研究"专栏开始的。由于工作的关系,我在选编历史论文时,发现"汉代文化研究"专栏经常发表有关汉代历史、文化、风俗等方面的名家名作,对我工作极有帮助。于是,我便开始注意这个栏目,进而关注这份学报。

改革开放以来,我国社会科学学术研究空前繁荣,展示学术成果的学术期刊、高校学报也纷纷创刊,多达数千种,形成了期刊的百花园。在这五彩缤纷的百花园中,众多学报,甚至某些知名院校的学报都淹没在鲜花的海洋中,隐而不彰,默默无闻。然而,作为地方院校的南阳师范学院的学报——《南都学坛》以其鲜明的特色在百花丛中露峥嵘,分外鲜艳美丽,引人注目:学报多次获得国家、省部级奖励,文章转载率一直名列前茅。究其原因,就是它避免了某些高校学报共有的雷同化倾向,其特色栏目——"汉代文化研究"取得了巨大成功,闯出了名声,成了名栏。这个名栏又极大提升了学报的质量,扩大了学报的影响。

当前,各个高校学报都十分重视办出自己的特色,造就自己的名栏和名刊。但是,如何创办特色栏目,如何提升学报的质量,确实是值得深思熟虑的问题。在这方面,《南都学坛》走出了一条成功的路子,它的"汉代文化研究"专栏已经开办了 22 年,出版了 100 期,发表了相关研究论文 320 余篇,取得了各界认同,形成了鲜明的特色。

首先,创办特色栏目动手早,"汉代文化研究"专栏具有连续性和发展性。强调学报特色,重视名栏建设,现在已经成为高校学报界的共识。但是,在 20 多年以前,却是先知者的卓见、先行者的突破。1986 年,《南都学坛》编辑部就认识到创办特色栏目的重要性,开始设计特色栏目了。他们依靠南阳的历史文化资源,东汉光武帝故乡所富有的汉画像石、汉画砖和陶狗等遗迹和遗物,凭借学校画像石研究队伍,开办了"南阳汉画像石研究"专栏,坚持了 3 年,极大地促进了

---

[*] 尹选波:山东省荣成人,《新华文摘》杂志编审。

南阳汉画像石的研究,丰富了南阳汉画像石研究的内容。为此,在保留"南阳汉画像石研究"专栏的特色的基础上,1989年将该栏目拓展为"东汉文史研究",南阳汉画像石研究仍然是其中的重要内容之一,并逐步形成汉代历史文化、汉代艺术和汉代社会风俗三足鼎立的格局。为此,栏目于1994年正式更名为"汉代文化研究"。这20多年,刊物主编三易其人,但是"保持栏目的连续性、特色性、学术性,以特色求质量,以特色求发展"的编辑宗旨一直坚持下来,特色栏目很好地保持着、发展着。我们知道,创业难,守成更难。在当今日益浮躁的世风下,一些刊物的主编都重视留下自己的影子。当了主编后,马上"改革",或改封面、版式,或改设栏目,另有侧重。能够保持刊物既有特色,进而发扬广大之,已经是难能可贵的事了。《南都学坛》的继任主编不仅保持和弘扬了既有特色,而且与时俱进,在研究成果充实和丰富的基础上,及时拓展、更定栏目的名称,促进了栏目的可持续发展,使之地位越来越重要。今天,《南都学坛》每期都有优秀论文和名家大作发表,已经成为发表汉代研究成果的重要刊物,成为学术界众多学者心仪的刊物。因此,读者和研究者为了了解汉代历史、文化、艺术和社会风俗的研究状况,就必须阅读《南都学坛》了。

其次,统合学校内部和外部(国内科研院所和兄弟院校)的研究力量,锻造了高素质的作者队伍,拥有稳定而高质量的稿源。南阳师范学院具有研究秦汉历史、汉画像石的传统,1996年就成立了汉文化研究室(现更名为"汉文化研究中心"),有一批学者从事汉代历史、文化、艺术和社会风俗的研究,涌现了一批学有专长的学者群体,如陈江风、黄宛峰、黄雅峰、刘太祥、郑先兴等在学界有影响的学者。他们是"汉代文化研究"专栏固定的作者队伍,是学报的基本稿源。同时,学报利用编辑对秦汉史研究界的熟识和了解,广交朋友,大力发展和扩大作者队伍。国内著名专家学者如老一辈的熊铁基、高敏和朱绍侯等,中青年的如王子今、卜宪群、孙家洲等,都不断惠赐大作,保证了学报不断有高质量的论文发表。可以说,学报已经团结了一大批高素质的作者群体,源源不断地得到他们提供的优秀论文,使特色栏目"汉代文化研究"得以持续出版,持续扩大影响。

再次,也是最基本的一点,就是有一支学者型编辑队伍,奠定了编辑好学报、编辑好特色栏目的基础。"有什么样的主编就有什么样的期刊",是期刊界的口头语。主编决定刊物的编辑方针、栏目设置、编辑水平等,对刊物担负着重大的责任。余生也晚,没有认识学报的前两任主编,只是因为阅读、选取和转发秦汉历史论文而关注《南都学坛》,尤其关注其"汉代文化研究"栏目;因为欣赏和转发刘太祥先生的论文而了解刘太祥先生。我知道他对学报倾注了极大的热情和精力,征集各方意见确定选题,利用一切可以利用的机会联系作者、约稿,编辑改稿和校对更是精益求精,甚少差错。同时,他对秦汉史的研究用功甚深,用力甚勤,不断有大作发表,是秦汉史学界有专长、有影响的学者。正因如此,他以专家学者的眼光编辑刊物,保证了学报"汉代文化研究"专栏所发文章的高质量;以勤勉的工作影响了一支队伍,使编辑齐心协力,共同完成好学报的编辑任务。

最后,名栏"汉代文化研究"既有深厚历史文化基础可供研究,又容易产生重大学术影响力,选题甚好。《南都学坛》所设立的"汉代文化研究"专栏以其鲜明的地方特色——汉画像石、汉画像砖、陶狗等汉代遗迹遗物的研究为基础,广泛涉及汉代历史、文化、艺术和社会风俗,研究资料丰富全面,又富有地方特色。而研究成果却突破了地方的局限性,涉及汉代历史文化等全局问题。可以说,研究立足于地方特色,研究基础扎实,发表的研究成果确是全局的,真正做到了由点及面,由近及远,其影响力大,影响范围广自然是理所当然的了。这就是学报"汉代文化研究"专栏能够长期持续办下去,能够引起全国各地专家学者的广泛注意和支持,地位越来越突出的原因。反观当前有不少学报也设立了地方文化研究的栏目,有的社会影响大些,有的社会影响小些,有的甚至没有什么影响。之所以如此,或是因为所设计的特色栏目的地方特色不鲜明,其所谓地方文化雷同于中国传统文化,难以通过研究地方文化增加对中国传统文化的认识;或是因为所设计的特色栏目仅仅局限于地方,走不出地方的界限,影响不能扩大到全局。其教训就是没有设计好特色栏目。

"名栏能够成就名刊,而名刊一定包含一个或多个名栏。"《南都学坛》的"汉代文化研究"专栏已经出版100期,取得了巨大成功,获得了学术界的广泛赞扬,积累了宝贵的经验。相信《南都学坛》的"汉代文化研究"专栏会再接再厉,百尺竿头,更进一步;并且弘扬"汉代文化研究"专栏的经验,进一步办好其他专栏,进而在名栏的推动下,造就名刊,让《南都学坛》更上一层楼。

特色栏目:学术期刊品牌构建的点睛之笔

钱 蓉[*]

2008年是中国改革开放也是中国出版体制改革的第30个年头。30年中,我国的出版业取得了前所未有的成就,学术期刊也取得了跨越式的发展,但同时,随着期刊种类、数量的增多,期刊之间的竞争随之加剧,学术期刊面临着改革与发展的挑战与机遇。有专家指出,21世纪的中国出版业之争将是品牌之争,品牌化是出版业的必然选择。对于学术类期刊来说,要在激烈的竞争中建立和保持优势,必须将创立品牌作为发展战略,构建和提升刊物的学术品牌是实现刊物可持续发展的前提。期刊品牌是一个各组成部分有机联系的综合系统,涉及出版文化、管理体制、政治导向、学术品位、编辑素质、编排质量、宣传经营等各个层面,特色栏目作为一种竞争手段在系统中扮演着核心竞争力的作用,以特色铸品牌是提升期刊竞争优势的捷径。期刊应根据自身的特色、优势所在,走个性化的发展道路,全力构建特色栏目品牌,使其成为期刊的特色标志,再以特色栏目为切入点,以点带面,推动期刊整体水平的提高。

早在2002年,时任教育部副部长的袁贵仁就提出,"办学报不能只是一个模式,要有自己的特色,要反映本校的优势、本地的优势,不要求大求全","对于近千份的高校社科学报来说,都要树立一个特色化的发展理念,相当一部分刊物要走特色化的发展道路",并希望学报"根据自己的地方特色、学校特色和科研优势设立专题栏目,走专题化的发展道路"[袁贵仁《新世纪新阶段高校社科学报的形势和任务:在全国高校社科学报工作研讨会上的讲话》,《北京大学学报》(哲学社会科学版)2002年第6期]。继2003年"名刊"工程后,2004年,教育部又启动了"名栏"工程,计划建设"在国内外学术界享有较高学术声誉、为解决改革开放和社会主义现代化建设中的重大理论和现实问题、为文化的积累和传承、为学科建设发挥重要作用的高校学报品牌栏目"(《教育部高校哲学社会科学学报名栏建设实施方案》教社政〔2004〕11号),以此带动高校社科学报学术质量和整体水平的提高,突出以栏目彰显期刊的品牌效应。"名栏"工程的实施,对于

---

[*] 钱蓉:中国人民大学书报资料中心副总编。

提高栏目质量、建设名牌栏目起到了引导、推动作用。越来越多的学报积极加入到名栏建设的新一轮竞争中来,这在一个侧面说明了名牌栏目对于期刊的重要意义。

任何一个栏目要办出特色,创出品牌,都需要独辟蹊径,寻找到适合自身发展的学术资源和发展空间,明确自身的优势定位。从客观上来讲,构建特色栏目,首先可以从本校的学科优势、地缘环境两方面出发考虑栏目的设置。特色栏目的建设既要有雄厚的学科实力作后盾,又要有深厚的历史文化底蕴作基础,栏目才能够可持续性地发展。《南都学坛》的"汉代文化研究"栏目正是走出了这样一条学科优势与地方特色相结合打造精品栏目、提升学报整体声誉的成功之路。

教育部1998年颁发的《高等学校学报管理办法》规定:"高等学校学报是高等学校主办的、以反映本校科研和教学成果为主的学术理论刊物,是开展国内外学术交流的重要园地。"首先,学报应依托高校丰富的学术资源,立足于反映本校的科研成果,栏目设置应突出本校的学科特点和专业优势。各个高校的学科建设都表现出不同的趋势和侧重点,尤其对于地方高校来说,其师资、科研等综合实力虽比不上著名高校,但总会以个别的专业或学科见长,这样的重点学科是学校教学科研领域的核心竞争力的体现,也是学报赖以生存、发展的有力支撑。学报应充分发挥各自学校的科研优势,扬长避短,依靠重点学科,刊发连续性的、专业性强的学术文章,从最高水准上体现本校学报的质量,将学校的学科优势转化为刊物的学术优势,以突出专业特色,形成自身的亮点。同时,特色栏目与学科建设又能相互支持、相互促进、共同发展。优势学科的科研成果可以保证学报有充足的、连续性的稿源。学报及时发表、传播相关科研成果,也可扶持重点学科、重点科研项目的开发研究,促进高校教学科研的繁荣,培养相关专业的中青年学术骨干。南阳师范学院一直将汉文化研究作为重点学科建设,汉文化研究中心自1996年创立至今,已成为河南省哲学社会科学重点研究基地,涌现出了一批汉代文化研究学者,《南都学坛》充分利用了南阳师范学院汉文化专业的坚实的学术和人才基础,及时开设"汉代文化研究"专栏,可说是引领学术期刊特色发展的风气之先。

其次,特色栏目要突出地缘优势。任何一个刊物的创建、发展都离不开其所处的地理环境,包括社会环境、文化环境和历史环境等,不同的环境资源是期刊建设的独特而牢固的基础。中华民族有着悠久的历史与灿烂的文化,各地都保留着自己独有的底蕴深厚的历史文明传承。河南是汉代文化最为发达的地区,到了东汉,作为核心文化,河南文化成为中华民族文化的结晶、汉代文化精神的典型代表,南阳是汉光武帝刘秀的故乡,名人辈出,经济繁荣,文化发达,是东汉的天下第一大郡,是我们研究汉代社会、政治、经济、军事、科技、文学、艺术、文化等的重要基地,为"汉代文化研究"栏目提供了丰富的遗迹、翔实的资料等历史资源的保障。学术研究也可与地方经济建设相互促进,弘扬南阳汉代地方优秀历史文化,不但有学术价值,也有社会现实意义。汉文化资源的开发、研究、利用对推动南阳的地方建设,尤其是旅游发展提供了深厚的文化背景,体现了学术为社会服务的"学以致用"精神。

《南都学坛》自1986年创设"汉代文化研究"栏目至今,20余年来坚持不懈,取得了出版百期的丰硕果实,聚集了海内外一大批汉文化研究知名专家,吸纳、刊载国内外优质文章,为汉文化的学术交流、探讨、传播、发扬搭建了平台,成为我国哲学社会科学领域的一朵奇葩。回顾历史,从1906年中国第一份学报《学桴》创办,学报随着高校的发展而不断壮大,至今也已走过了一百多年的发展历程。同样有着百期积淀的"汉代文化研究"栏目,也将在我国学术期刊改革创新的历史机遇面前,随着高校学报的蓬勃发展,更上一层楼。

"汉代文化研究"与我的学术道路

郑先兴*

《南都学坛》"汉代文化研究"栏目至今年的第4期已经整整100期了。当主编刘太祥先生掩饰不住内心的喜悦告诉我这一喜讯,并嘱我写一些纪念性的文字时,我也非常高兴并欣然答应。"百"乃人寿的高峰与企盼,对于期刊来说,则是其由青年步入壮年的标志,她既有着青春的朝气和梦想,又有着沧桑的经验和成熟。更何况,我见证着她的发展,她记录并哺育着我的成长。我由助教、讲师、副教授到教授,由学士、硕士到博士,每一次的晋升,每一步的跨越,都在这里留下了痕迹。

从1989年开始到今年,除了2000年和2001年两年的中断,《南都学坛》每年都发表有我的文章,其中大部分刊印在"汉代文化研究"栏目。按照我的成长史,这些文字可以分为四个阶段:

1989—1991年的助教阶段。其间我发表了《关于史学评论的几个问题》(1989年第2期)、《龙:男根崇拜和皇权崇拜的结晶》(1990年第5期)和《论谶纬》(1991年第3期)。这些文字虽然浅陋,可都是我长期学习的心得,所以其反响相当好。那篇关于史学评论的文字,成为现在流行的几本史学理论专著的相关章节;而那篇关于汉代社会谶纬思潮的文字,被中国人民大学"复印报刊资料"《秦汉史》(1991年第8期)所转载,曾获得河南省社会科学研究论文二等奖。

1992—1997年的讲师阶段。这一阶段我主要阅读《论衡》,先后发表了《王充的史学理论》(1994年第5期)、《王充的理想人格及其文论》(1995年第2期)、《王充的教育思想》(1995年第5期)和《论社会学家王充》(1996年第4期)。我之研究王充,完全是出于自觉的选择。古今学者评价王充,只是看到《论衡》中的批评和讥讽,却较少论及其建树,甚至有学者说王充只会批评,没有见解。我就从"破字当头立在其中"的原理出发,试图揭示王充所主张的东西,于是就写出了系列的文字。其中关于史学思想和社会学思想的文字,先后被中国人民大学"复印报刊资料"《历史学》(1994年第8期)、《社会学》(1996年第6期)所转载。

1998—2004年的副教授阶段。在这一段时

---

* 郑先兴:河南省南阳市人,南阳师范学院历史文化学院教授,博士,主要从事汉文化研究。

间,我扩大阅读面,涉猎《汉书》《新书》《盐铁论》《申鉴》《前汉纪》《白虎通》和《礼记》等,又与刘太祥学兄、黄宛峰学姐一起做国家"九五"社科规划项目"河南汉代文化研究",发表了《河南汉文化精神》(1998年第2期)、《论〈盐铁论〉的史学思想》(1998年第5期)、《荀悦对史学理论上的贡献》(1999年第2期)、《柳诒徵的汉代史研究》(2003年第1期)。其中关于荀悦史学思想的文字被中国人民大学"复印报刊资料"《历史学》1999年第10期全文转载。

2004年至今的教授阶段。这一阶段因为我先后致力于20世纪学术史的研究和汉画像的研究,发表在"汉代文化研究"栏目的文字有《陆贾的史学思想》(2006年第1期)和《"婚姻进程"与"原型分析"——汉画像研究的新范式》(2008年第1期)。前者被中国人民大学"复印报刊资料"《历史学》2007年第4期全文转载,后者是我的省社科规划项目"南阳汉画与汉代社会"的阶段性成果,在2008年4月山东邹城第11届中国汉画学会年会的小组讨论时,我被杨爱国先生所激励,简单介绍了此篇文字,引起了与会学者的极大兴趣,它成为此次年会上最值得关注的亮点。在这里还要说明的是,在副教授阶段,我先后到陕西师范大学和华东师范大学攻读硕士学位和博士学位。两个学位的授予都有专门发表论文的要求,而上述文字的刊发,则使我能够顺利地拿到学位。由此说,我的每一阶段的进步,都是在《南都学坛》"汉代文化研究"栏目的见证、哺育和恩惠下获得的,我对她充满着爱戴和感激!

"人能弘道,非道弘人"(《论语·卫灵公》)。《南都学坛》"汉代文化研究"栏目之所以能由地方院校刊物栏目成为秦汉史学界和汉画像学界著名的品牌栏目,成为"百期老人",正有赖于以刘太祥先生为首的编辑部同仁的辛勤经营。该栏目虽先后以"汉画像石研究""东汉文史研究""两汉文史研究"和今天的"汉代文化研究"为题,但其基本的办刊理念,如以立足于南阳汉文化地域特色、彰显学校的教研水平的宗旨,学术之上的信念和扶植新人督促旧友的胸怀,以及敢于牺牲和奉献的精神等,始终如一。据我所知,刘太祥先生原来的学术旨趣是隋唐史,只是因刊物的需要,才致力于两汉史的研究。我自己的兴趣主要是史学理论,为不使自己的研究完全流于空疏,因地制宜,才选择两汉史研究的;而我在研究和投稿中,总是把用功至深的稿件送给她,所以才赢得她的青睐。"汉代文化研究"培植了我,窃怀感激,愿为其添彩!